Organisationstheorien von Weber bis Weick

Emil Walter-Busch

Organisationstheorien von Weber bis Weick

2. Auflage

 Springer VS

Emil Walter-Busch
Zürich, Schweiz

ISBN 978-3-658-35124-3   ISBN 978-3-658-35125-0   (eBook)
https://doi.org/10.1007/978-3-658-35125-0

Die Deutsche Nationalbibliothek verzeichnet diese Publikation in der Deutschen Nationalbiblio-
grafie; detaillierte bibliografische Daten sind im Internet über http://dnb.d-nb.de abrufbar.

1. Aufl.: © Fakultas 1996
2.Aufl.: © Der/die Herausgeber bzw. der/die Autor(en), exklusiv lizenziert durch Springer
Fachmedien Wiesbaden GmbH, ein Teil von Springer Nature 2021

Planung/Lektorat: Katrin Emmerich
Springer VS ist ein Imprint der eingetragenen Gesellschaft Springer Fachmedien Wiesbaden GmbH
und ist ein Teil von Springer Nature.
Die Anschrift der Gesellschaft ist: Abraham-Lincoln-Str. 46, 65189 Wiesbaden, Germany

Vorwort

Seit einigen Jahrzehnten rezipiert die Organisationsforschung immer mehr Ansätze aus Fachgebieten, die ihr wie etwa biologische Theorien oder die Philosophie nicht sehr nahestehen. Organisationstheorien präsentieren sich heute in einer zuweilen recht verwirrend wirkenden Vielfalt.

Das hiermit vorgelegte Buch reagiert auf diese Situation, indem es aus der persönlichen Sicht des Autors der Frage, *was* Organisationsforschende unter welchen Umständen *wann* wirklich (und nicht nur zugeschriebenermaßen) *gesagt* haben *(Originaltextprinzip),* besondere Beachtung schenkt.

Im Labyrinth der unerhört vielfältigen Lebenserfahrungen, derer Menschen fähig sind, stellen die von ihnen je nach Situation so oder anders formulierten und hinterlassenen *Texte* noch die relativ greifbarsten *Sachverhalte* dar. Man kann auf sie inmitten der vielen Auslegungsmöglichkeiten, die sie bieten, immer wieder zurückgreifen: ‚X hat damals, als ... geschah, zum Thema Y dies hier, A gesagt oder geschrieben‘.

Organisationstheoretisch interessierte Leser hoffe ich mit Aussagen dieser Art historisch tiefenschärfer, also genauer über ältere und neuere Ansätze der Organisationsforschung informieren zu können, als man Lehrbüchern im Allgemeinen zutraut.

Das Buch nimmt im Übrigen nolens volens selbst an der aktuellen Modeströmung zur Historisierung von Organisationstheorien teil. Es teilt mit dieser das Bedürfnis, durch die sich immer rascher ablösenden Modewellen der Managementpraxis hindurch zu jenen beständigeren Einsichten der Klassiker vorzustoßen, die Rosabeth Moss Kanter 1995 mit dem Bild gewürdigt hat: ‚Sie überdauern [...] so wie der stille Ozean tief unter den Wellen der Management-Moden‘ (Kanter 1995, S. XIII).

Dem Grundlagenforschungsfonds der HSG danke ich dafür, dass er dieses Buchprojekt ermutigend unterstützt hat. Mit Studierenden der Universität Basel konnte ich seit dem Wintersemester 1989/1990 fortlaufend größere Teile des Buchkonzeptes unterrichtspraktisch erproben. Ich widme das Buch ihnen und Professor Werner Müller vom Wirtschaftswissenschaftlichen Zentrum der Universität Basel, die mir meine Exkursionen ins an sich recht trockene Gebiet der Organisationstheorie öfters zu einem Vergnügen machten, bei dem auch gelacht werden durfte.

Der Text der Erstauflage wurde 2021 durchgesehen und wo nötig korrigiert, aber weder inhaltlich noch formal, hinsichtlich seiner noch nicht gendergerechten Schreibweise zum Beispiel, aktualisiert.

St. Gallen   Emil Walter-Busch
Zürich
1996 und 2021

Inhaltsverzeichnis

Abbildungsverzeichnis

Einführung: Organisationen in der modernen Industriegesellschaft

1

1.1 Alltagserfahrungen in Organisationen

Angehörige moderner Gesellschaften verbringen große Teile ihres Lebens in *Organisationen.* Darunter versteht man aus der sozialwissenschaftlichen Sicht des *institutionalen* Organisationsbegriffs *zweckorientierte Kooperationssysteme.* Menschen gründen sie um bestimmter Zwecke willen, die im Alleingang schwieriger oder gar nicht realisierbar wären.

Es gibt sehr Vieles, was Hauptzweck einer Organisation werden kann: das Ziel, Möbel herzustellen und zu verkaufen; eine Bar zu betreiben; die öffentliche Sicherheit zu gewährleisten; politische Ideen zu realisieren; Schwerkranke zu pflegen und (wenn möglich) zu heilen; Lernende zu belehren; ein Freizeithobby auszuüben, usw. Bedürfen die einmaligen oder wiederkehrenden Aktivitäten, mit denen Unternehmungen, Justiz und Polizei, Parteien, Spitäler, Schulen, Vereine und andere zweckorientierte Kooperationssysteme ihre Ziele verwirklichen, zweckrationaler Planung und Regelung, so haben Organisationen auch Probleme *aufbau- oder ablauforganisatorischer Art,* d. h. „Organisationsprobleme" im engeren Sinne des *instrumentalen Organisationsbegriffs* zu lösen. Im 20. Jahrhundert befassten sich insbesondere „Organisatoren" mit solchen organisationstechnischen Fragen der Arbeitsteilung, Stellenbildung und Prozessgestaltung. Organisations- und Managementtheoretiker (z. B. H. Fayol, L. Urwick, H. Nicklisch oder F. Nordsieck) stellten ihnen dabei auch „wissenschaftliche" Fundierungen ihrer Tätigkeiten zur Verfügung.

Instrumentale Probleme aufbau- oder ablauforganisatorischer Art stehen hier so wie in fast allen neueren Lehrbüchern der Organisationstheorie *nicht* im Zentrum. Zwar haben Vertreter der betriebswirtschaftlichen Organisations- und

Managementlehre die zunehmende Verbreitung des institutionalen Organisationsbegriffs durch Sozialwissenschaftler als „semantisch überflüssig" kritisiert (so
noch Urwick 1966, S. 13). Inzwischen gehen aber mit wenigen Ausnahmen
(v. a. Laux, Liermann 1993) auch Einführungen in die betriebswirtschaftliche
Organisationslehre auf Fragen von Organisationen im institutionalen Sinne annähernd ebenso intensiv ein wie von Sozialwissenschaftlern verfasste Lehrbücher
der Organisationstheorie (z. B. Scott 1986).[1]

Um unnötige Konfusionen zu vermeiden, wird im Folgenden nur der institu-
tionale Organisationsbegriff verwendet. Auf die Sachverhalte, die der organisa-
tionstechnisch engere, instrumentale Organisationsbegriff bezeichnet, sollen vor
allem die Begriffe „Aufbau- und Ablauforganisation" hinweisen.

Als Mitglied, Klient oder Zaungast von Organisationen verfügen wir alle über
vielfältigste Erfahrungen. Im Kleinkindesalter lernten wir Außenfassaden oder
Teile des Innenlebens von Einkaufsläden, Kiosken, privaten und öffentlichen
Verkehrsmitteln, von Hotels, Kindergärten und Schwimmbädern kennen; dann,
lange und nachhaltig, die Welt der Schulen. Erfahrungen mit der Arbeitswelt der
Erwachsenen beim Jobben, während der Lehre oder in der ersten Stelle folgten,
bei Männern daneben auch häufig solche mit Militärdienst. Am längsten wäh-
ren für die meisten Erwerbsfähigen (sieht man von jener abnehmenden Anzahl
Frauen ab, die sich stattdessen der Familienarbeit zuhause widmen) Berufserfah-
rungen – qualifizierte und qualifizierende bei den einen, wenig oder gar nicht
herausfordernde bei den andern, die sich karrieremäßig keine anspruchsvolleren
Ziele setzen konnten oder setzen wollten. Nach der Pensionierung schließlich
machen viele Betagte in modernen Gesellschaften noch eine allerletzte, mehr
oder weniger menschenfreundliche Erfahrung mit Organisationen – sie ziehen,
zunehmend ruhe- und pflegebedürftig, in ein Alters- oder Pflegeheim um oder
werden, von Alterskrankheiten heimgesucht, Patient einer Spitalabteilung.

Es ist gar nicht so leicht, genau zu beschreiben, was mit uns in der einen oder
anderen Situation z. B. in einer Schule, in einer Unternehmung oder in einem Spital geschieht: Wie wir uns als Schüler, Angestellte, Spitalpatient fühlen, wie wir
uns in bestimmten Organisationssituationen zurechtfinden, deren Gegebenheiten,
Probleme und Konflikte wahrnehmen und zu lösen versuchen, uns als zufrieden oder unzufrieden bekennen und vieles Ähnliches mehr. Zu wissen, dass man
grundsätzlich über reiche Erfahrungen im Umgang mit Organisationen verfügt,

---

[1] Typische Beispiele hierfür sind Frese (1988, 1991), Hill et al. (1989/1992), Probst 1993 sowie
Kieser 1993, der die klassische betriebswirtschaftliche Organisationslehre überhaupt nicht
mehr behandelt. Selbst die ausgeprägt praxisorientierten Betriebswirtschafter Gomez und
Zimmermann (1992) versuchen ihre „Organisationsprofile" genannten Orientierungsschemen
mit sozialwissenschaftlichen Organisationstheorien wenigstens „abzusichern" (S. 32).

ist eine Sache; eine ganz andere aber, beschreiben zu können, wie im Einzelnen reagiert und agiert wurde, welche Emotionen, Wissensbestände dabei ins Spiel kamen, und was sie bewirkten. Wie hat sich da doch gestern dieser heftige Streit im bewährten Projektteam „in Wirklichkeit", „tatsächlich" abgespielt? Jener sprach dies, dieser jenes, gewiss, und wir trennten uns dann – aber in welchem Sinne, mit welchen eigentlich ganz unterschiedlichen Vorstellungen von dem, was da geschehen war (wie wir uns „richtig missverstanden" hatten) gingen wir auseinander? Je genauer man eine Situation durch die Brille eigener „Erfahrungen" betrachtet, desto vieldeutiger erscheint sie nicht selten – und droht sich gar dem Zugriff unserer grob kommentierenden Alltagssprache überhaupt zu entziehen.

Der Schriftsteller Peter Handke traut allenfalls der *poetischen Sprache* zu, das Leben von Menschen ohne „wohlfeile Abstraktheit" unversehrt „ganz" wiedergeben zu können – der *gelehrt reflektierenden Sprache,* „wo man jedem Einzelsatz das System und das Angelernte anmerkt (das ‚Dach und Fach')" (Handke 1982, S. 27), möchte er dies mit der folgenden Begründung ausdrücklich nicht zumuten:

„Einer Lebensnotwendigkeit einen Namen geben (z.B. ‚Identität' - von der ich nicht weiß, was sie ist, wohl aber, dass sie etwas Lebensnotwendiges ist), heißt schon, sie aus dem Lebenszusammenhang zu lösen - literarisch gesprochen, sie aus der ‚Erzählung' zu lösen - und diese Notwendigkeit zu einer bloßen Ansicht, Lehrmeinung (einem Terminus) zu entwirklichen -, also hieße Schreiben: die Unantastbarkeit verteidigen, indem man sich auf das Erzählen konzentriert und jede wohlfeile Abstraktheit durch höchste Erzählkonzentration unmöglich macht, und undenkbar: das heißt, unnötig, sie ausdrücklich zu denken." (ibid. S.34)

In intimeren Kammern unseres Privatlebens finden wir es durchaus nicht ungewöhnlich, auf besonders schwierige, persönliche Probleme Beschreibungsverfahren anzuwenden, die entschieden versuchen, „wohlfeile Abstraktheit" und „entwirklichende Lehrmeinungen" im Sinne Handkes zu meiden. Handke selbst gibt hierfür neben vielen anderen das nachstehende Beispiel:

„Sie hatte ihren Mann in meiner Gesellschaft - wenn sie überhaupt zu ihm sprach - nur schroff-verächtlich zurechtgewiesen. Aber an einem kurzen heimlichen Blick von ihr hin zu ihm merkte ich dann auf einmal, dass es ganz und gar ‚Liebe war'." (ibid. S.52)

Auch psychologisch weniger sensible Menschen können *erfahren,* dass scheinbar widersprüchliche Feststellungen dieser Art zuweilen durchaus sinnvoll sind – dass es sich lohnt, auf verborgenere Schichten einer Beziehung oder einer Persönlichkeit einen „zweiten Blick" zu werfen, der den ersten Augenschein dementiert.

Versucht man, solche empfindsamen „zweiten Blicke", die die Verhaltens-
fassade von Menschen durchdringen und deren tieferliegenden Beweggründe
enthüllen, *auf Organisationen* zu richten, so muss man allerdings mit der folgenden *Einschränkung* rechnen: Menschen sind am Leben einer Organisation nur mit
Teilen ihrer Persönlichkeit, nämlich *als Organisationsmitglieder* beteiligt. Selbst
„totale Institutionen" wie Gefängnisse oder traditionelle Irrenanstalten, deren
Insassen Teile ihres Lebens vollständig in einer einzigen Organisation verbringen, können nicht verhindern, dass ihre Klienten intimere Gedanken, Phantasien,
Sehnsüchte usw. verbergen, und sich eine wenn nicht äußerlich wahrnehmbare,
so doch innerlich reale Privatsphäre bewahren. In Organisationen gedeiht zwar
eine reiche Fauna „elementarer" zwischenmenschlicher Verhaltensweisen wie
gegenseitige Hilfe, Scherze und Streiche, Bluffs, Intrigen, Schikanen, Klatsch
und Tratsch usw. (Luhmann 1964, S. 331 ff.; Bardmann 1994, S. 386 ff.).
„Gefühle in Organisationen" gibt es durchaus, neuerdings sogar als ein viel-
versprechendes neues Untersuchungsfeld von Organisationsforschern (Fineman
1993). Dennoch eignen sich Organisationen für Versuche, ihr Innenleben mit literarischen Beschreibungs- oder Erzählverfahren zu entschlüsseln, nicht gut. Die
Literatur erzählt verständlicherweise lieber Geschichten, in die *ganze* Menschen,
und nicht nur Menschen *als Organisationsmitglieder* verstrickt sind. Sie behandelt deren Arbeits- und Berufsbereich darum eher stiefmütterlich – er dient ihr
allenfalls als Hintergrund und Nebenbühne, aber mit guten Gründen kaum je als
Haupttribüne, auf der die literarisch entscheidenden Auftritte stattfinden.

Handkes Arbeitsjournal „Die Geschichte des Bleistifts", dem die zitierten
Textstellen entnommen wurden, enthält zwar auch eine literarisch stilisierte
Schilderung von Realitäten des Fabriklebens. Diese erzählt aber bezeichnenderweise keine Geschichte, sondern argumentiert politisch, und ist poetisch wenig
ausbaufähig:

> „Die vollkommene Gleichgültigkeit, mit der der Portier des Werks über die Ein- und
> Ausgehenden redete: ‚Der ist ein Vertreter oder sowas', ‚der geht da irgendwo herum'
> - als seien es einfach zu viele. Dann kamen zwei Ausländer in die Portiersbaracke:
> ‚Arbeit?' -Der Portier schüttelte den Kopf: ‚Nur für Staatsbürger'. Drinnen im Werk
> schien die Atmosphäre - Inländer unter sich - gelöst, auf den zweiten Blick herrschte die
> vollkommene Despotie. Die Scherze, welche die Arbeiter untereinander austauschten,
> waren ausnahmslos Drohungen oder die Zitate von Drohungen: selbst im Spaß ging es
> einzig um Hinauswurf, Entlassung, Wegschicken (und der Spaß konnte im nächsten
> Moment ernst werden). Die einzelnen Arbeitsgänge wurden jeweils in einer finsteren
> Raserei erledigt, in Wahnsinnsschüben, aberwitzigen Wetten; dazwischen stand man
> herum, bierkistenleerend, und ließ die Drohscherze fliegen." (ibid. S.16f.)

Die nach Handke bloß auf den ersten Blick harmlose Fabrikatmosphäre enthüllte sich, genauer besehen, als „vollkommene Despotie", von messerscharf herum- schwirrenden „Drohscherzen" über „Hinauswurf, Entlassung, Wegschicken" und von Arbeitsgängen geprägt, die „Wahnsinnsschüben" und „finsterer Raserei" gli- chen. Das Wesen einer Fabrikorganisation derart kategorisch in mörderischen Ausgrenzungs- und Ausbeutungsprozessen zu erblicken, ist offenkundig keine leicht konsensfähige Betrachtungsweise – und wohl auch keine, die eben darum, als Minderheitssicht, umso wahrer wäre. Organisationsmitglieder würden sie höchstens in seltenen Ausnahmefällen auf sich selbst anwenden oder von ande- ren gerne auf sich angewendet sehen. Es ist anzunehmen, dass die Personen, die Handke erwähnt, seine Schilderung ihrer Situation mit guten Gründen für einseitig gehalten, sie zurückgewiesen oder ignoriert hätten.

Literarische Kritik an den wohlfeilen Abstraktheiten von Sozialwissenschaft- lern ist sehr bedenkens- und beherzigenswert – sie will und kann aber offen- bar gerade in Bezug auf *organisationsinterne Alltagserfahrung* kein Verfahren anbieten, das deren Geheimnisse wesentlich besser entschlüsselt. Organisations- wissenschaftliche Zugänge zum Erfahrungsobjekt „Organisation" mögen deshalb nachsichtiger beurteilt werden, als sie es an sich verdienten.

1.2 „Organisieren", das hieß einmal „ein Land auf französische Art einrichten"

Wie hat sich der moderne Organisationsbegriff eigentlich gebildet? Seit wann kennt man die Wortfamilie „Organisation", „organisieren" (bzw. „Reorgani- sation", „desorganisieren" usw.), woher stammt sie, und wann tritt sie zum ersten Mal in der uns heute selbstverständlichen, modernen Bedeutung auf? Die Geschichte des Organisationsbegriffs erweist sich unter verschiedenen Gesichts- punkten als überraschend aufschlussreich.

Altgriechisch hatte das Substativ „órganon" die Grundbedeutung von „Werk- zeug, Instrument, Körperteil, Körper". Aristoteles nannte einen Sklaven zum Beispiel ein „beseeltes Werkzeug" seines Herrn („órganon empsychón"). Mit demselben Wort bezeichnete man ferner Musikinstrumente (daher heute noch der „Organist"), außerdem auch funktionsfähige Körperteile („Organe"; davon abgeleitet die Redewendung „ein Organ (d. h. einen Sinn) haben für […]"). Das Adjektiv „organikón" bezog sich dementsprechend auf für Werkzeuge oder „organische" Körper bzw. Körperteile typische Eigenschaften. Erst im Spätmittel- alter wurden von diesen Begriffen ausgehend mittellateinisch neu das Substantiv *organisatio* (mit den Bedeutungen „Beschaffenheit, Gestaltung, Herstellung natürlicher Körper") sowie das Verb „*organisare*" („einrichten, ordnen, gestalten derselben") gebildet. Diese Begriffe verbreiteten sich schon im 14./15. Jahrhundert im Französischen („organisation", „organiser") sowie etwas später im Englischen („organization", „organize"), vorerst jedoch noch nicht im Deutschen. Dafür avancierte „Organismus" im 18. Jahrhundert als Fremdwort im deutschen Kulturbereich prononciert zum Gegenbegriff von „Mechanismus" (vgl. dazu Abb. 1.1). Die Wortfamilie „Organisation" wurde hier stärker als anderswo von Disputen zwischen einerseits eher mechanistischen, andererseits eher „organischen" Orientierungen geprägt. Erstere waren in der Aufklärung, vor allem infolge des Triumphzugs der Newtonschen Mechanik und der Uhrentechnologie (die die Welt als Uhrwerk zu sehen lehrten), sehr populär, konnten aber gerade in Deutschland organismisch-ganzheitliches Denken nie entscheidend schwächen.

Die neuzeitliche Grundbedeutung der Wortfamilie „Organisation" (das Gestalten und Ordnen von etwas derart, dass es sich zu einer wohlgeordneten Ganzheit

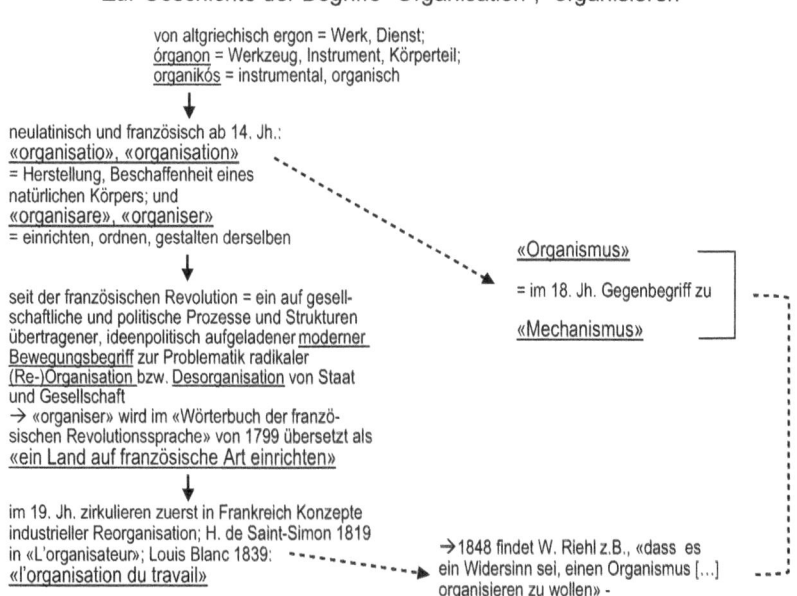

Abb. 1.1   Geschichte der Begriffe ‚Organisation', ‚organisieren'

zusammenfügt) stimmt offensichtlich mit einigen Aspekten des heutigen Sprach-
gebrauchs gut überein. Dennoch besteht zwischen der frühneuzeitlichen und der
modernen Verwendung des Organisationsbegriffs ein wesentlicher Unterschied:
Man wandte ihn erst im Gefolge der *französischen* und der *industriellen Revolution* auf *von Menschen geschaffene Institutionen der Gesellschaft* an. Erst seit
diesen beiden äußerst folgenreichen Modernisierungsschüben der europäischen
Gesellschaftsgeschichte meint man mit „Organisationen" vor allem menschengemachte Organe des Staates, der Wirtschaft und der Gesellschaft, und mit
„organisieren" primär Tätigkeiten des *Ordnens, Gestaltens* und der *ordnenden
Handhabung solcher Einrichtungen.*

Bereits in- oder ausländische Zeitgenossen der französischen Revolution
bemerkten mit Verwunderung (fasziniert-bewundernd oder bestürzt), wie einschneidend diese den Sprachgebrauch veränderte – darunter nicht zuletzt eben
die Begriffe „organisation" und „organiser". Revolutionäre Politiker verfolgten
nun auf einmal das Ziel, die Einrichtungen des ancien régime, das versagt
hatte, gründlich zu „reorganisieren", und eine vernünftige „Reorganisation" der
Gesellschaft in Gang zu setzen. Sie sahen sich selbst als politische Akteure,
die „die Revolution organisierten" – und ihre Gegner als Feinde, die sich
„desorganisierend" betätigten, und nichts als „Desorganisation" bewirkten. Es
konnte auf dem Höhepunkt der Revolutionsbewegung für jemanden also sehr
gefährlich sein (den Kopf kosten!), wenn er oder sie zu denen gehörte,
die die Revolution bewusst „desorganisierten", anstatt positiv an ihrer „Organisation" mitzuwirken. „(Des)organisieren" und „(Des-)Organisation" wurden
moderne Bewegungsbegriffe, mit denen man Prozesse des Einrichtens, Gestaltens
und Ordnens gesellschaftlicher Institutionen wesentlich auch unter *politisch-
ideologischen* Gesichtspunkten beschrieb. Ein anonymes „Wörterbuch der französischen Revolutions-Sprache" erklärte im Jahre 1799 das französische Verb
„organiser", von dem sich das nun auch in Deutschland rasch modisch gewordene
Fremdwort „organisieren" herleitete, sehr bezeichnend wie folgt: „Organiser",
d. h. *„ein Land auf französische Art einrichten"* (s. Böckenförde 1978, Anm. 282,
S. 567; vgl. auch Dohrn-van Rossum 1978, sowie Abb. 1.1).

Moderne Gesellschaften können sich mit ihrer Zukunft aber natürlich nicht
nur unter dem politisch-ideologischen Gesichtspunkt revolutionärer Veränderungsmöglichkeiten, deren Vermeidung oder Abwehr beschäftigen. Die Mittel
zur Lebensfristung der Menschen müssen zunächst, bevor man versucht, sie
wohltätiger als bisher zu verteilen, erarbeitet werden. Langsam, aber nachhaltig
veränderte in der Epoche der französischen Revolution die von Großbritannien
ausgehende *„industrielle Revolution"* auch in diesem Lebensbereich die Verhältnisse. „Organisatoren" begannen darüber nachzudenken, wie der Produktions-

und Arbeitsbereich moderner Gesellschaften bestmöglich zu „organisieren" sei. Der französische Gesellschaftstheoretiker Henri de Saint-Simon nannte 1819 ein von ihm herausgegebenes Periodikum „L'Organisateur". Da die Weise, in der Unternehmer ihre Firmengeschäfte führten, die soziale Frage des Industriezeitalters vorerst eher verschärfte als löste, erhielten viele Konzepte zur „Reorganisation der Industrie" eine ausgesprochen sozialreformerische Ausrichtung, waren also vorerst alles andere als unpolitisch. Zunächst in Frankreich, dann europaweit wurden in den 40er Jahren des 19. Jahrhunderts (vor allem aber im Revolutionsjahr 1848) Konzepte der „Organisation der Arbeit" („organisation du travail") intensiv diskutiert. Louis Blanc hatte unter diesem Stichwort schon 1839 auf Möglichkeiten zur Reorganisation der Arbeit hingewiesen. Er und seine sozialreformerisch progressiven Kollegen forderten damit den Widerspruch konservativ Gesinnter heraus, die sich insbesondere in Deutschland auf die organisch-ganzheitlichen Traditionen der politischen Romantik beriefen. Aus deren Sicht war es in einem bestimmten Sinne, wie Wilhelm Riehl 1848 formulierte, widersinnig, als „Organismen" zu verstehende Organisationen für mechanistisch „organisierbar" zu halten (vgl. Abb. 1.1). Revolutionäre Denker wie etwa Karl Marx hatten diesbezüglich natürlich überhaupt keine Skrupel. In ihren Augen war das konservative Argument, gesellschaftliche Einrichtungen ließen sich eigentlich nicht reorganisieren, eine interessenbedingte Rechtfertigung des Status quo, d. h. eine ideologische Schutzbehauptung. Die proletarische Bewegung mit ihren beiden Hauptstützen gewerkschaftlicher und politisch-revolutionärer „Organisationen" lieferte den lebendigen Beweis dafür, dass sozioökonomische und politische Lebensverhältnisse eben doch, konservativen Ermahnungen zum Trotz, reorganisierbar und entwicklungsfähig waren. In einem Brief an F. Bolte vom 23.11.1871 hat Marx in diesem Zusammenhang andeutungsweise sogar den Begriff der „Organisationsentwicklung" (obzwar natürlich nicht in dem Sinne, den er in den 50er Jahren des 20. Jahrhunderts erhalten sollte; vgl. unten, Abschn. 7.6 und 8.4) vorweggenommen: Proletarische Forderungen, z. B. das Postulat des Achtstundentags, setzten einerseits die gewerkschaftliche und politische Organisation der Arbeiterschaft schon voraus, waren aber Marx zufolge andererseits „ebenso sehr Mittel der *Entwicklung dieser Organisation*"[2].

---

[2] MEW 34, S. 333; Hervorhebung im Text E.W.-B.- Klassiker der Sozialwissenschaften werden im folgenden wenn möglich stets so zitiert, dass die Fundstellen in verschiedenen Werkausgaben nachgeschlagen werden können, sowie wenn nötig auch nach der am besten zugänglichen Gesamtausgabe ihrer Werke (hier von Bd 34 der ostdeutschen Marx-Engels-Werkausgabe).

Gegen Ende des 19. Jahrhunderts bemächtigten sich zunehmend Ingenieure und wissenschaftlich aufgeschlossene Wirtschaftsfachleute, die politisch neutral oder gemäßigt sozialreformerisch zu wirken versuchten, der neuen Terminologie. Sie boten Unternehmern ihre Dienste als „Organisatoren" an, und gründeten um 1900, als die Verwaltungs- und Unternehmungsführungspraxis einen kräftigen Verwissenschaftlichungsschub durchmachte, Publikationsorgane für Organisationsfragen aller Art. Führend auf diesem Gebiet waren jetzt nicht mehr Frankreich oder Großbritannien, sondern das ungefähr seit 1850/1860 rasant industrialisierte Deutsche Reich. Dessen Wirtschaftssektor war stark auf Modelle des staatlichen Verwaltungssektors, der als besonders effizient „organisiert" galt, ausgerichtet. Angestellte von Unternehmungen strebten danach, als „Privatbeamte" ebenso tüchtig wie staatliche Verwaltungsbeamte zu arbeiten. Öfters schrieb man die imponierende wirtschaftliche, technische, wissenschaftliche und militärische Stärke Deutschlands dem überlegenen Organisationstalent und der organisatorischen Diszipliniertheit der Deutschen zu. Der Naturwissenschaftler Wilhelm Ostwald pries im Jahre 1910 die überragenden Verdienste von Ernst Abbe, dem Begründer der Jenaer Zeiß-Werke, der „in seiner Selbstlosigkeit und sozialen Gesinnung" nach Auffassung Ostwalds sogar den historischen Jesus der Evangelien übertroffen habe (! so dachte man eben im Hauptstrom der Kultur des Wilhelminischen Deutschlands auch – Kap. 5 über Max Weber wird darauf zurückkommen). Die „allergrößte intellektuelle Leistung" im Leben von Ernst Abbe aber sei dessen Begründung eines neuen Typs einer „sozial kooperativen Organisation" gewesen (gemeint ist die Karl-Zeiß-Stiftung). Gegenwärtig (1910) erringe nämlich „nicht mehr wie früher der Entdecker und Erfinder die erste Palme […], sondern der *Organisator*". Überall bestehe „das dringendste Bedürfnis nach der Herstellung einer inneren, *organischen,* das heißt auf bestes Zusammenwirken gerichteten Verbindung […] Unter einem Organisator versteht man nun eben einen Menschen, welcher die vorhandene und täglich weitergehende Arbeitsteilung durch die einigermaßen entgegengesetzte Operation der Arbeitsvereinigung zur höchsten Wirksamkeit zu bringen vermag" (Ostwald 1910, S. 525).

Die erstaunlich reiche Geschichte der Begriffsfamilie „Organisation" birgt sicherlich noch zahlreiche weitere Beispiele, an die zu erinnern nicht nur unter antiquarischen Gesichtspunkten lohnend wäre. Hier konnte darauf nur eben kurz hingewiesen werden. Ohne Vollständigkeit zu beanspruchen, möchten die nachfolgenden Abschnitte ähnlich kursorisch auf einige Grundmotive von Diskussionen verweisen, die es zu den Themen „Individuum und Organisation in der organisierten Gesellschaft" sowie „Organisationstypen" gibt.

1.3   Individuum und Organisation in der modernen „Organisationsgesellschaft"

Menschen sind an Organisationen nur mit den Teilen ihrer Persönlichkeit, die sie zur Ausübung ihrer Rolle als Organisationsmitglied brauchen, beteiligt. Die lebensgeschichtlich spannenderen Partien ihrer Biographie spielen sich zum größten Teil jenseits der Organisationen ab, deren Mitglied sie sind. Große Romane, Novellen, Dramen oder Gedichte stellen Organisationsrealitäten darum kaum je ins Zentrum. Sie klammern sie entweder ganz aus, oder benützen sie als Hintergrund für die literarisch eigentlich relevanten Ereignisse, die sie erfinden. Wie Organisationen entstehen, sich entwickeln und verändern, mag interessant, ja manchmal geradezu spannend sein – als Hauptmotiv eines literarischen Textes würden Ausführungen darüber allzu nüchtern eindimensional wirken, und könnten mit der Farbenvielfalt, in der Lebenswege oder Situationen ganzer Menschen darstellbar sind, nie konkurrieren.

Der Tatbestand, dass Mitglieder von Organisationen ihr wahres Wesen in diesen eher verhüllen als offenlegen, gibt natürlich leicht Anlass zu gesellschaftskritischen Erwägungen:

> „[...] die in der Organisation zu spielenden Rollen [erfordern] die bewusste Dosierung affektiver Regungen, bereitwilliges Lächeln, Geschicklichkeit im zwischenmenschlichen Umgang - häufig geprägt von einer manipulativen Moral. Wenn aber jedermann argwöhnt, dass jedermann in der meisten Zeit unaufrichtig ist, fördert die daraus resultierende Enttäuschung die Entfremdung und die Abtrennung der Arbeitswelt vom Privatleben. Sein ‚wirkliches‘ Selbst zeigt man nur noch der eigenen Familie und den engsten Freunden." (Presthus 1966, S. 219 f.)

So gesehen, wirkt der Anspruch „der" Organisation an ihre Mitglieder, von privaten Angelegenheiten abzusehen, entfremdend. Die Organisation maßt sich damit scheinbar eine Macht an, die ihr, die eigentlich *Mittel* kooperierender Individuen zur besseren Erreichung von *Zwecken dieser Individuen* sein sollte, nicht zusteht. Merkwürdig mutet so gesehen der Stolz an, mit der Organisatoren einer Großunternehmung der Elektrobranche um 1900 betonten, dass bei einzelnen Missionen Organisationsangehörige „nur" als selbständige Personen, nicht jedoch als Repräsentanten ihrer Firma aufzutreten hätten. Eine Verfügung des damals bereits hochmodern organisierten Siemens-Konzerns vom 3. März des Jahres 1902 erklärte in diesem Sinne:

> „Herr B. wird also nicht als *Büro*, sondern *lediglich als Person* in Erscheinung treten."
> (zitiert von Kocka 1969, S. 555; Hervorhebung im Text von E.W.-B.)

Seitdem es die moderne Organisationsbewegung oder, was dasselbe meint, den neuzeitlichen Bürokratisierungstrend gibt (s. unten Kap. 5), versuchen Gesellschaftskritiker, *menschenfreundlichere Alternativen* zu den immer größeren und damit scheinbar auch immer unmenschlicheren Organisationen, die im Verlaufe der Modernisierung entstanden, zu entwickeln. Im 19. Jahrhundert experimentierte vor allem die Genossenschaftsbewegung mit basisdemokratischen Gemeinschaftsformen, die Privat- und Arbeitsleben harmonisch miteinander vereinigen sollten (vgl. z. B. Kanter 1972). Im 20. Jahrhundert führte zuletzt die Alternativbewegung der 70er und frühen 80er Jahre ähnliche Sozialexperimente durch (vgl. z. B. Hollstein und Penth 1980). Gegen Ende dieser bisher letzten Phase einer intensiveren Erprobung neuer Arbeits- und Lebensformen hat während einer Tagung in Altenmelle eine Arbeitsgruppe ihre diesbezüglichen Ziele formuliert. Sie kam zum Schluss, dass die erstrebte Idealorganisation keine Profite zugunsten der Geldwirtschaft und des kriegstreiberischen Staates erwirtschaften, und betriebsintern auch keine „Selbstausbeutung" zulassen sollte. Das Kostendeckungs- hatte vor dem Gewinnprinzip zu rangieren, und als erstrebenswert galten menschliche Arbeitsbedingungen, ein harmonischer Ausgleich zwischen Arbeit und Freizeit (das „Recht auf Faulheit" inbegriffen) sowie unbedingt auch die gleichberechtigte Teilnahme aller, ohne Bevorzugung sog. Experten (vgl. Abb. 1.2).

Solche Wertbekenntnisse zeugen zweifellos von einem starken Willen, es anders zu machen als die überwiegende Mehrzahl angepasster Durchschnittsbürger der organisierten Gesellschaft – derer also, in deren Namen oben (s. Abschn. 1.1) Handkes fabriksystemkritische Eingebung kritisiert wurde. Der Philosoph und Soziologe Theodor W. Adorno hat in einem Vortrag über „Individuum und Organisation" von dieser Mehrheit einmal gesagt, dass sie sich leider mit der „organisatorischen Verhärtung der Welt" und dem „Schock dessen", was Organisationen mit ihren Momenten von „Starrheit, Kälte, Äußerlichkeit, Gewaltsamkeit" den Menschen antun, allzu schnell abgefunden habe, ja dass sie teilweise „sich selbst der Apparatur ähnlich" mache (Adorno 1953, S. 69 f., 72, 80). Sympathischer als solche Unempfindlichkeit war Adorno zweifellos der Wille, dem, was Repräsentanten des kalten Prinzips Organisation tun, zu widerstehen. Acht Jahre nach dem Ende des Zweiten Weltkriegs, 1953 also, als Adorno seinen Vortrag über Individuum und Organisation hielt, gab es noch kaum irgendwo alternativökonomische Ansätze der Art, wie sie in den 70er Jahre erprobt werden sollten. Die Menschen hatten genug damit zu tun, die katastrophalen Folgen des zweiten großen Krieges dieses Jahrhunderts zu verarbeiten. Das deutsche „Wirtschaftswunder", die amerikanische „affluent society" bzw. (französisch) die „trente glorieuses", d. h. die 30 unverhofft glorreichen Prosperitätsjahre

Grundprinzipien alternativer Betriebe
(nach Arbeitsgruppen Altenmelle, August 1982)

Nach innen:

1 Mann (!) = 1 Stimme
jeder muss mitputzen

Kostendeckungsprinzip
vor Gewinnprinzip

Verhinderung von Expertentum,
auch keine Expertinnen!

Unmöglichkeit individueller
Bereicherung

Kapitalneutralisierung

Recht auf Faulheit

Kein Rückfall hinter gewerkschaftliche Forderungen

Menschliche Arbeitsbe-
dingungen

Keine Selbstausbeutung

Keine Trennung von Arbeit
und Freizeit

usw.

Nach aussen:

Gebrauchswertorientierte
Produktion

Wirtschaftsräte, Sozialräte;
kein Staat

Keine Kriegsfinanzierung durch
Steuern

Naturalwirtschaft statt Geldwirtschaft

etc.

Abb. 1.2   Prinzipien alternativer Betriebe

der Nachkriegszeit waren eben erst in ihren Anfängen erkennbar. Starke Impulse, Organisationen menschenfreundlicher zu gestalten, gingen damals einzig von der Human Relations-Bewegung aus, die das Betriebsklima mittels vertrauensvoller Führungs- und Kooperationspraktiken zu verbessern versuchte (vgl. dazu ausführlich unten, Kap. 7, Abschn. 8.4 und 9.2). Adorno beurteilte die philanthropisch gute Absicht an ihr positiv, die Bewegung als ganze aber infolge ihrer zweifelhaften Funktionen im gesellschaftlichen Reproduktionszusammenhang ziemlich kritisch:

„Gewiss, nur die sture Unvernunft könnte der Verbesserung von Arbeitsbedingungen in der technifizierten und organisierten Welt sich in den Weg stellen. Während der Fortschritt von Technik und Organisation, zu dessen Sparte heute die Menschenbehandlung wird, vorweg zugunsten von Produktion und Absatz sich realisiert, hat er immer auch sein Gutes für die Subjekte, an denen er sich betätigt." „[Indessen vermögen] Bemühungen um die Humanisierung der Organisation, wie wohlgemeint sie auch sein mögen, [...] die gegenwärtige Gestalt des gesellschaftlichen Widerspruchs zu mildern und zu schmücken, aber nicht aufzuheben [...] es wäre naiv zu erwarten, damit ließe das Individuum sich retten oder wiederherstellen." (ibid. S. 82 f.)

Als vergleichbar naiv müssen wohl, vor dem Hintergrund der Organisationsgesellschaft der 80er Jahre, die zitierten Postulate der Altenmelle-Tagung gelten. Sie sind weit radikaler als die relativ bescheidenen Forderungen der Human Relations-Bewegung nach besserer Menschenbehandlung, und lassen sich dementsprechend weniger leicht instrumentalisieren, d. h. (in Adornos Worten) „von Produktion und Absatz" in Dienst nehmen. Erwägt man aber, wie verschwindend klein in hochentwickelten Industriegesellschaften die Spielräume für alternative Formen des Wirtschaftens geworden sind, die nicht entweder selber nach geldwirtschaftlich definierten Effizienzkriterien funktionieren müssen, oder mittelbar von Ressourcen abhängen, die gemäß diesen Prinzipien erarbeitet werden, so sind alternativökonomische Leitideen, wie sie Abb. 1.2 präsentiert, doch wohl eher naiv als radikal.

Bisher wurden als Beiträge zum Konfliktfeld Individuum und Organisation nur Argumente erwähnt, die gegen den ihn bedrohenden Apparat für den einzelnen Menschen Partei ergriffen. Dasselbe Zitat von Robert Presthus, das die ihm folgenden Ausführungen in dieser Richtung vorspurte, enthält aber auch andere Anschlussmöglichkeiten. Organisationsmitglieder müssten ihr wirkliches Selbst verbergen, hieß es da, und in komplexen Rollenspielen die „bewusste Dosierung affektiver Regungen, bereitwilliges Lächeln, Geschicklichkeit im zwischenmenschlichen Umgang" usw. erlernen (Presthus 1966, S. 219 f.). Leicht zynisch-ironisch führt Presthus andernorts etwas genauer aus, worin im Einzelnen solche organisationsdienlichen Fertigkeiten, Tugenden und Untugenden bestehen:

> „Endlose Besprechungen abzusitzen; ernsthaft Meinungen und Vorschläge von Untergebenen zu diskutieren, die weder wissen noch darüber informiert werden können, dass übergeordnete organisationspolitische Erfordernisse den Bereich des Möglichen so eingeschränkt haben, dass sich jede Diskussion eigentlich erübrigt [...]; sich bereitwillig um unwichtige Dinge zu kümmern; Antipathie und Gereiztheit zu unterdrücken; Ungleiche gleich zu behandeln; [...] jedes Problem unter prinzipiellen Gesichtspunkten durchzudiskutieren, während man nur darauf achtet, welche Konsequenzen es für die eigene Macht und deren Nebenprodukte hat; [...] Fortschritt und Hoffnung da zu sehen, wo es beides nicht gibt - all dies erfordert ein großes Durchhaltevermögen [...] sowie einen unerschütterlichen Optimismus." (ibid. S. 195 f.)

Von anderen als den bisher angewandten Wertprämissen aus gesehen ist es nun durchaus möglich, hinter diesen individuell-moralisch vielleicht problematischen Verhaltensweisen eine bewundernswerte *Rationalität der Organisation als solchen* am Werk zu sehen. Die Organisation ermöglicht es ihren Mitgliedern, Spiele zu spielen, denen sie sich nicht mit Haut und Haar verschreiben müssen. Sie trennt ihre Zwecke von denjenigen der Mitglieder – und ermöglicht sich

eben dadurch eine Verfügungsfreiheit und eine nur ihr eigene Verfahrensratio-
nalität, die sie nicht besäße, wenn Mitgliedschaftsmotiv und Organisationszweck
zusammenfielen.

Vertreter dieser Sichtweise – es sind in deutschsprachigen Ländern insbesondere Arnold Gehlen und Niklas Luhmann – halten von individuenzentriert
moralisierenden Argumenten der Art, wie sie die öffentliche Diskussion über
Individuum und Organisation, über Bürokratisierung und die verwaltete Welt
beherrschen, nicht viel. Ihnen zufolge können Konzepte zur Verbesserung von
Organisationen, die von pauschal organisationskritischen Prämissen ausgehen, *in
und mit Organisationen* immer nur sehr eng begrenzte Wirkungen erzielen. Luhmann veranschaulicht diesen Gedanken u. a. am Beispiel der neuen Rolle von
„Change Agents", mit der um 1960 Spezialisten der Human Relations und der
Organisationsentwicklung zu experimentieren begannen. Organisationsmitglieder
sollten gemäß dem Change Agent-Konzept am Prozess der Entwicklung ihrer
Organisation so beteiligt werden, dass sie ihre unvermeidlichen Interessen- und
Gefühlsbindungen an den Status quo aufgeben und den Änderungsprozess selber
aktiv vorantreiben. Sofern solche Organisationsentwicklungskonzepte praktisch
auf die „Empfehlung einer vorherigen Beteiligung der Betroffenen" hinausliefen,
fand und findet sie Luhmann problematisch. Dabei übersehe man nämlich, „wie
sehr sich gerade durch vorherige ‚Stellungnahmen' und Diskussionen die Positionen verhärten können" (Luhmann 1966, S. 184). Außerdem und vor allem aber
verstelle man sich so die Aussicht auf vielversprechend neuartige Weisen der
Systemlenkung, die allein auf dem scheinbaren Umweg hochabstrakter Gedanken, wie sie große soziologische Theorie erwäge, ins Blickfeld gerieten (s. dazu
unten, Abschn. 8.3).

Im Spannungsfeld zwischen Individuum und Organisation, dem einzelnen
Menschen und der hochkomplexen Welt der Organisationsgesellschaft kann man
demnach durchaus, wie Luhmann zeigt, Organisationslob an die Stelle der eher
populäreren Organisationsschelte setzen, und Menschen mit guten Gründen emp-
fehlen, sich im Interesse höherer Systemrationalität demjenigen, was Adorno
kritisch-distanziert die „Apparatur" von Organisationen nannte, anzupassen.
Dieselben Verhaltensweisen von Organisationsmitgliedern, die einmal als bedenk-
liche Entfremdungssymptome der organisierten Gesellschaft erscheinen, beweisen
von einem anderen Standpunkt her betrachtet deren hohen Entwicklungsstand und
überlegene Rationalität.

1.4   Organisationstypen

Von der einen Person pflegen wir zu sagen, dass sie lebhaft, charmant, warmher-
zig, überaus liebenswert, von einer anderen, dass sie korrekt, aber verschlossen,
vielleicht sogar, wie wir guten Bekannten gestehen, nur vordergründig freund-
lich, in Wirklichkeit arglistig sei; jedenfalls unsympathisch – wir mögen sie eben
nicht. Dabei wissen wir andererseits, dass ihr das Leben schwer zusetzte und aus
ihr so einen Misanthropen *gemacht* haben mag.

Im Alltagsleben verfügen wir offenbar über zahlreiche Worte, mit denen
wir einerseits *Personen*, deren Handlungen und Eigenschaften, andererseits die
Situationen und das *Milieu*, die sie beeinflussen, beschreiben können. Handlungsweisen einer Person sind oft ebenso gut als Folge situativer Gegebenheiten
wie als Ausfluss ihrer persönlichen Eigenarten erklärbar. Der *Wechsel* von der
einen, personen- oder situationsbezogenen zur jeweils anderen Perspektive kann
als solcher sehr erhellend wirken. So sehen wir beispielsweise hinter einem
Vorfall, der zunächst klar situationsbedingt zu sein schien, unversehens unbewusste Motive am Werk, gegenseitige Projektionen etwa von negativ oder positiv
(oder ambivalent) ineinander verstrickten Persönlichkeiten. Oder es erweisen sich
umgekehrt persönlichkeitspsychologisch erklärte Verhaltensweisen als situationsabhängig – ungefähr dem von Lichtenberg kurz und bündig wie folgt formulierten
Verkehrungsprinzip entsprechend: „So sagt man jemand bekleide ein Amt, wenn
er von dem Amt bekleidet wird" (Sudelbücher, F 423).

Für Menschen wie Organisationen sind *Identitätsfragen* danach, wie sie
zu dem wurden, was sie jetzt sind, und was sie eigentlich sein möchten, von
großer Bedeutung. Auch Organisationen sehen sich immer wieder vor die Frage
gestellt, wie sie zu dem wurden, was sie gegenwärtig sind, und was sie in Zukunft
sein werden bzw. sein möchten. Begriffe, mit denen sie organisationsbezogen
sich selbst, ihren „Geist", „Körper" und ihre „Seele", nuancenreich beschreiben könnten, stehen ihnen indessen nicht ebenso zur Verfügung, wie Personen
persönlichkeitsbeschreibende Begriffe. Die Frage „Haben Unternehmungen eine
Seele?", die sich der Autor eines französischen Buches über Organisationskulturen stellte (Etchegoyen 1990), klingt eben darum ungewöhnlich. Normalerweise
spricht man über Organisationen primär in Worten, die deren Leistungsfähigkeit,
Menschenfreundlichkeit, Flexibilität, Entwicklungsperspektive, allenfalls auch die
in ihnen vorherrschende Atmosphäre, das „Organisationsklima" oder die „Organisationskultur" beschreiben. Das diesen Redensweisen zur Verfügung stehende
Vokabular ist wesentlich beschränkter und einförmiger als dasjenige, über das
unsere Alltags- und Laienpsychologie verfügt, wenn sie Identitätsprobleme von

Personen behandelt. Die einleitend (s. Abschn. 1.1) festgestellten Schwierigkeiten, die poetisch sensible Beschreibungen organisationsinterner Alltagsrealitäten bereiten, sind wohl auch darauf zurückzuführen.

Umso gespannter darf man darauf sein, wie gut es Organisationstheoretikern gelungen ist, Begriffe zu finden oder gegebenenfalls neu zu erfinden, die hervorstechende Eigenarten einer Organisation (deren Strukturen, Instrumente und Ressourcen, „Intelligenz", vielleicht sogar „Seele") beschreiben. *Typologien von Organisationen* zeigen, wie fündig Sozialwissenschaftler hier bisher geworden sind. Besonders bekannt gewordene Versuche von Sozialwissenschaftlern, die komplizierte Organisationslandschaft moderner Gesellschaften anhand einer typologiebildenden Leitidee besser überschaubar zu machen, stammen von A. Etzioni, P. Blau, W.R. Scott und H. Mintzberg.

Amitai Etzioni klassifiziert Organisationen nach der Art der sie charakterisierenden Gefolgschaftsbeziehungen (oder Willfährigkeitsbeziehungen: „*compliance relations*"). Diese sind danach definiert, mit welcher Art *Macht* Organisationen ihre nicht privilegierten, gewöhnlichen Mitglieder *primär* kontrollieren, und mit welcher Art *Engagement* („involvement") Organisationsmitglieder darauf reagieren. Es gibt nach Etzioni je drei Ausprägungen der Macht- und der Engagementvariablen: einerseits Zwangsmacht („coercive power"), Belohnungsmacht („remunerative power") und normative Macht („normative power", vgl. Abb. 1.3), andererseits ein entfremdetes („alienative"), ein kalkulierendes („calculative") und ein moralisches („moral") Engagement der Mitglieder einer Organisation. Daraus resultieren neun verschiedene Möglichkeiten der Kombination jeweils einer dominanten Machtart mit einer Art Involviertheit der Organisationsmitglieder (Felder 1–9 von Abb. 1.3). Von diesen neun Möglichkeiten sind Etzioni zufolge nur die drei Kombinationen 1, 5 und 9 kongruent. Die so definierten Typen der *Zwangs-,* der *utilitaristischen* und der *normativen Organisation* sind stabiler als die anderen, „inkongruenten" Typen 2–4 und 6–8. Diese kommen in der Realität nur als Ausnahme vor (ähnlich „dualen Organisationen", in denen zwei Machtarten – z. B. Zwangsmacht und normative Macht in Kampfeinheiten – relativ gleichgewichtig koexistieren; vgl. Abb. 1.3, sowie Etzioni 1975, S. 12 ff., 55 ff.).

Etzionis Typologie klassifiziert offensichtlich Organisationen nicht nur, sondern macht auch empirische Aussagen über organisationsstrukturell bestimmtes Verhalten von Organisationsmitgliedern. Als er sie 1961 erstmals in Buchform publizierte, betrachtete er sie darum bereits als einen Beitrag zum Aufbau einer Organisationstheorie „mittlerer Reichweite" (im Sinne von Robert K. Merton[3];

---

[3] Merton hatte mit diesem klug gewählten und auch erfolgreichen Begriff seine Position zwischen rein empiristischen, theorieskeptischen und der wenig empiriefreundlichen Theoriebildungstrategie von Talcott Parsons (die nach dessen Tod vor allem Niklas Luhmann

Etzionis Organisationstypologie

Beispiele für:

Art der Macht:	Art des Engagements:			Beispiele
	entfremdet	kalkulierend	moralisch	
Zwangs-macht	1: Zwangsor-ganisationen	2	3	
Beloh-nungs-macht	4	5: utilitaristi-sche Organisa-tionen	6	
normative Macht	7	8	9: normative Organisationen	

1. Zwangsorganisationen:
- Arbeitslager
- Konzentrationslager
- Gefängnisse (die meisten)

5. utilitaristische Organisa-tionen:
- Unternehmungen
- Verwaltungen
- Interessenverbände
- Business Unions
- Berufsarmeen in Friedenszeiten

9. normative Organisationen:
- Religiöse Organisationen
- Ideologische politische Parteien
- Spitäler
- Therapeutische psychiatri-sche Kliniken
- Schulen
- Berufsverbände

duale Organisationen:
- Gewerkschaften (die meisten)
- Kampfeinheiten

(nach Etzioni 1975)

Abb. 1.3 Etzionis Organisationstypologie

ibid. S. XI). Während der 14 Jahre, die bis zum Erscheinen der stark erweiterten zweiten Auflage des Buches verstrichen, wurden denn auch über 60 Studien, die Etzionis Organisationstypologie empirisch zu überprüfen oder zu erweitern versuchten, durchgeführt. Indem er die 1975 erschienene 2. Auflage seines Buches als eine zusammenfassende Würdigung und „Synthese" dieser Forschungsarbeiten gestaltete, beanspruchte Etzioni, in ihm über eines der wenigen erfolgreichen, kumulativ fortschrittsfähigen Forschungsprogramme der empirischen Soziologie berichten zu können:

> „Man kritisiert sozialwissenschaftliche Forschung oft wegen ihres Mangels an Kontinuität. Verschiedene Studien verwenden, wie man sagt, verschiedene Konzepte und inkonsistente Maße. Daraus folgt, dass es häufig schwierig, wenn nicht unmöglich ist, die Resultate unterschiedlicher Forscher zu integrieren [...] Theorietests enthalten nur selten hinreichend sichere Beweisgründe zur Annahme oder Verwerfung einer Aussage [...] Seit der Erstveröffentlichung der Compliance-Theorie im Jahre 1961 wurden mehr als sechzig Studien durchgeführt, um den einen oder andern Aspekt von ihr zu überprüfen oder ihren Anwendungsbereich auszuweiten. In dieser revidierten Neuausgabe meines Buches versuche ich, diese Studien zu sammeln, kritisch zu sichten und

fortgeführt hat) markieren wollen. Theorien sollten danach auf konkrete Realitätsbezüge auch um den Preis von Verlusten an Allgemeingültigkeit nicht verzichten.

in einer Synthese miteinander zu vereinigen [...] Das Bild, das sich so ergibt, bestätigt die Theorie in wesentlichen Details und insgesamt." (ibid. S. XXI f.)

Eine dieser über 60 empirischen Validierungsstudien unternahm es, Etzionis Klassifikation mit einer ebenso weit verbreiteten zu vergleichen, derjenigen von *Peter Blau* und *Richard Scott* (Hall et al. 1967). Blau und Scott klassifizieren Organisationen nach dem Kriterium des „cui bono" – d. h. danach, ob diese primär *im Interesse und zu Gunsten* 1) der breiten Masse ihrer Mitglieder *(„mutual benefit organizations": Zweckverbände)*, 2) ihrer Eigentümer oder Topmanager *(Geschäftsunternehmen)*, 3) ihrer organisationsinternen Klienten bzw. der unmittelbar betroffenen Öffentlichkeit *(Dienstleistungsorganisationen)* oder 4) der allgemeinen Öffentlichkeit *(Gemeinwohl-Organisationen)* wirken (s. Abb. 1.4). Auch Blaus und Scotts Typologie verfolgt nicht nur rein deskriptive Ziele, sondern ist insofern theoretisch ambitioniert, als sie annimmt, dass jeden der 4 Hauptnutznießer-Typen spezifische Struktur- und Kulturprobleme kennzeichnen. Ein Kernproblem von Zweckverbänden zum Beispiel besteht nach Blau

Die Organisationstypologie von Blau und Scott (links) und empirischer Vergleich derselben mit derjenigen Etzionis (rechts)

Hauptnutzniesser:	Organisationstyp:	Beispiele:
breite Masse der Mitglieder	Zweckverbände	politische Parteien, Gewerkschaften, Vereine, Clubs, Sekten
Unternehmer und Leiter	Geschäftsunternehmen	gewinnorientierte Unternehmen
Klienten, Öffentlichkeit i.e.S.	Dienstleistungsorganisationen	Krankenhäuser, Kliniken, Schulen
allgemeine Öffentlichkeit	Gemeinwohl-Organisationen	Militär, Polizei, Verwahrungsanstalten, staatliche Behörden, Forschungsinstitutionen

(nach Blau, Scott 1962)

75 Organisationen, klassiert nach ...

Blau/Scott als: / Etzioni als:	Zweckverbände	Dienstleistungsorganis.	Geschäftsunternehmen	Gemeinwohlorganis.	
Zwangsorganisationen	0	3	0	8	11
Utilitaristische Organisationen	6	1	24	4	35
Normative Organisationen	8	14	3	4	29
	14	18	27	16	75

(nach Hall et al. 1967)

Abb. 1.4 Blaus und Scotts Organisationstypologie, und Vergleich derselben mit derjenigen Etzionis

und Scott darin, dass der Anspruch ihrer Mitglieder auf demokratische Mitbestimmung regelmäßig durch Alleinherrschaftstendenzen der Organisationsspitze unterlaufen wird (Robert Michels hat schon 1911 ein sog. „ehernes Gesetz der Oligarchie" beschrieben, auf das hier Blau und Scott zurückgreifen). Geschäftsunternehmen haben sich primär mit Effizienzproblemen und einer kompetitiven Umwelt auseinanderzusetzen, Dienstleistungsorganisationen mit Widersprüchen zwischen Anforderungen an professionell erbrachte Dienstleistungen einerseits, Kontrollprozeduren der Verwaltung andererseits. Gemeinwohl-Organisationen schließlich beschäftigt vor allem das Problem ihrer Kontrolle durch die allgemeine Öffentlichkeit (Blau und Scott 1962, S. 43 ff., sowie Scott 1986, S. 71 f.).

Am besten stimmen die beiden Organisationstypologien verständlicherweise in ihren Untergruppen „Geschäftsunternehmen" und „utilitaristische Organisationen" miteinander überein. Von den 27 Geschäftsunternehmen der Studie von Hall et al. sind 24 zugleich als utilitaristische Organisationen in Etzionis Sinne, und von den 35 utilitaristischen Organisationen wenigstens 24 auch als Geschäftsunternehmen (nach Blau und Scott) klassifiziert (s. Abb. 1.3). Vom Standpunkt der Typologie Blaus und Scotts aus gesehen ist auf der anderen Seite die Etzioni'sche Kategorie „normativer Organisationen" besonders vage: Die 29 gezählten Organisationen dieses Typs verteilen sich, mit einem Schwerpunkt bei der Kategorie „Dienstleistungsunternehmen", recht gleichmäßig über alle 4 Organisationstypen, die Blau und Scott unterscheiden. Nur Etzioni selber fand diese doch wohl eher geringfügige Übereinstimmung zwischen den beiden Klassifikationen hinreichend (Etzioni 1975, S. 454 ff.). Hall, Haas und Johnson beurteilten sie als ziemlich schwach ausgeprägt (Hall et al. 1967, S. 124 ff.).

Wie immer man Erfolg oder Misserfolg empirisch gestützter Organisationstypologien einschätzen mag (vgl. dazu sehr kritisch Scott 1986, S. 75 ff., sowie Sanchez 1993) – diejenige von *Henry Mintzberg* umgeht die heikle Frage, wie sie allenfalls empirisch unzweideutig zu begründen wäre, indem sie primär als eine *qualitative Heuristik* zur Diagnose und zweckmäßigen Entwicklung von Organisationen verstanden werden möchte. Henry Mintzberg absolvierte ähnlich wie der englische Ingenieur Peter Checkland, der Begründer der „Soft Systems Methodology" (SSM; s. unten Abschn. 9.2), zunächst ein ingenieurswissenschaftliches Studium, und war praktisch als ein Spezialist für Operations-Research-Probleme der kanadischen Eisenbahnen tätig, bevor er sich mit der qualitativ-weichen Seite von Managementkünsten auseinanderzusetzen begann. Schon seine an der Sloan School of Management des MIT (Massachusetts Institute of Technology)

Fünf Hauptkomponenten einer Organisation nach H. Mintzberg

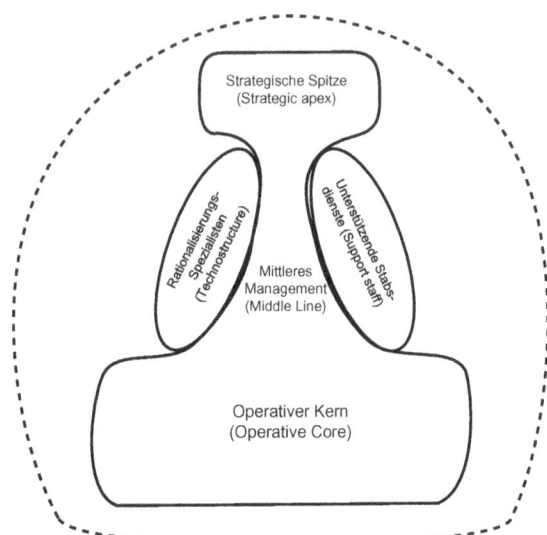

Abb. 1.5 Fünf Hauptkomponenten einer Organisation nach H. Mintzberg

erarbeitete Dissertation über wirkliche, nicht nur angebliche Realitäten der Managementarbeit war sehr erfolgreich. Der in der Harvard Business Review publizierte Kurzbericht darüber, „The Manager's Job: Folklore and Fact", gewann den McKinsey Preis des Jahres 1975. An der kanadischen McGill Universität setzte Mintzberg seine so erfolgreich lancierte Karriere alsdann mit eher praxis- als theorieorientierten Forschungsbeiträgen zum nachstehenden Fünfkomponenten-Modell von Organisationen fort, das nicht zuletzt wohl wegen seiner originellen grafischen Verpackung ebenfalls sehr bekannt geworden ist.

Mintzberg nimmt zunächst an, dass Organisationen generell aus *fünf Basiskomponenten,* die zugleich auch unterschiedliche *Organisationskräfte* verkörpern, bestehen, nämlich aus (vgl. Abb. 1.5)

1. der *strategischen Spitze* oder dem „Kopf" einer Organisation, der ihre Entwicklung kraftvoll in eine bestimmte Richtung lenkt (oder dies jedenfalls tun sollte), ihr also zielstrebige Schwungkraft (,direction') verleiht;
2. dem *operativen Kern* einer Organisation, dem der möglichst sachkundig-professionelle Vollzug ihrer Hauptaufgaben obliegt;

3. dem *mittleren Management*, das der Organisationsspitze in größer gewordenen Organisationen hilft, den operativen Kern zu lenken und mit den richtigen Arbeitsvorgaben zu versehen;

4. den die „*Technostruktur*" bildenden *Rationalisierungs-Spezialisten,* die gegebenenfalls Arbeitsabläufe standardisieren und ablauforganisatorisch perfektionieren; sowie

5. den *unterstützenden Stabsdiensten („Support Staff"),* die übrige, darunter namentlich auch kooperationsfördernde Hilfsfunktionen ausüben.

Mintzberg stellt seinem Grundmodell der fünf organisatorischen Hauptkomponenten sodann eine originelle Organisationstypologie zur Seite, mit der sich Organisationsprobleme der Praxis wesentlich besser identifizieren lassen als mit den eher akademischen Typologien von Etzioni, Blau und Scott. Nach Mintzberg dominiert in *unternehmerischen Organisationen* die „strategische Spitze". Sie wird häufig von einem Pionierunternehmer verkörpert, der seine Zielvisionen hartnäckig verfolgt, und alle organisationsbezogen wesentlichen Fäden selber in der Hand behält. Das mittlere Management und Stäbe spielen in unternehmerischen Organisationen noch keine große Rolle (vgl. dazu Abb. 1.6). Ihre Stunde schlägt dagegen in *Maschinen-Bürokratien,* die, gut organisiert, lange Zeit als industriegesellschaftliches Organisationsideal galten. Hier lenkt anstelle der Unternehmungsspitze das mittlere Management zusammen mit den kräftig gewachsenen Rationalisierungs- und sonstigen Stabsdiensten den operativen Kern der Organisation. Dessen Arbeit wird in den Diensten der Massenproduktion hochgradig standardisiert und rationalisiert – mit der Folge, dass neben den Rationalisierungsspezialisten, die dies bewirken, Experten anderer Art, z. B. Arbeits- und Organisationspsychologen, damit beauftragt werden, negative menschliche Folgeprobleme der Rationalisierung abzufedern, zu mildern sowie (auf einem fortgeschrittenen Stand ihrer Interventionen) womöglich zu verhüten.

Professionelle Bürokratien standardisieren nach Mintzberg anders als Maschinen-Bürokratien nicht die Arbeitsvollzüge, sondern die beruflichen Fertigkeiten des operativen Kerns – oder vielmehr, sie verfeinern und professionalisieren dieselben. Gegenüber den je sehr selbständig tätigen ‚Professionals' dieses Organisationstyps (z. B. Professoren an Hochschulen, Ärzten und dem Pflegepersonal an Spitälern, Juristen in großen Anwaltsbüros) haben die strategische Spitze, die Technostruktur und das mittlere Management einen schweren Stand – höchstens die übrigen Stabsdienste werden von den Spezialisten dieses Organisationstyps häufig recht intensiv beansprucht. Versuchen externe Instanzen, professionelle Bürokratien zwecks besserer Kontrolle und Effizienzsteigerung mit modernen Managementmethoden in den Griff zu bekommen, so erreichen sie

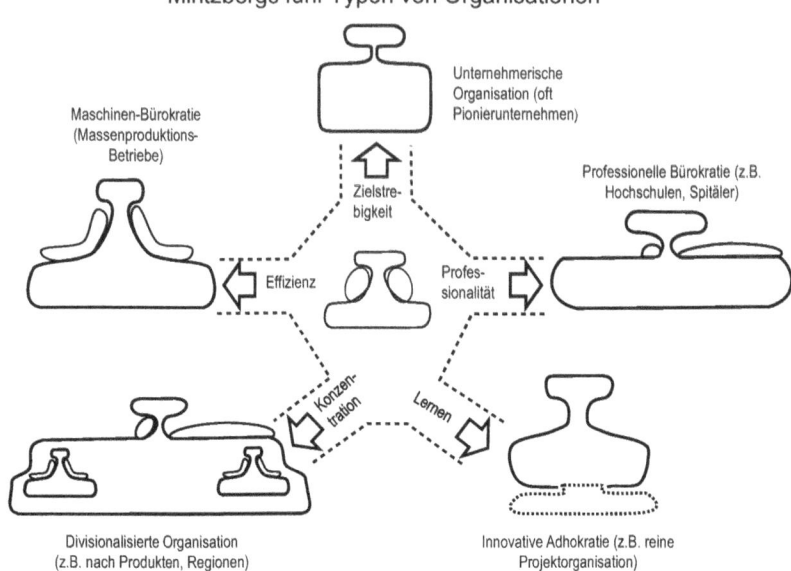

Abb. 1.6 Mintzbergs fünf Typen von Organisationen

nicht selten das Gegenteil dessen, was sie bezwecken. Denn professionelle Organisationen sind, so dynamisch und innovativ dasjenige sein kann, was in einzelnen
Fachgebieten ihrer Experten geschieht, *als Organisationen* außerordentlich träge,
schwer regierbar und resistent gegenüber Innovationen. Andere Organisationsforscher haben sie aus diesem Grunde auch als „lose verkoppelte Anarchien"
oder als „organisierte Anarchien" bezeichnet, und M. Cohen, J. March und
J. Olsen entwickelten ihr „Mülltonnen-Modell" organisationsinterner Entscheidungsprozesse vor allem am Beispiel von Hochschulsystemen (vgl. dazu unten,
Abschn. 9.3).

Divisionalisierte Organisationen (die Mintzberg auch etwas allgemeiner *diver-
sifizierte Organisationen* nennt) reagieren auf das Problem, wie sich Maschinen-
Bürokratien heterogener und komplexer werdenden Umweltbedingungen, insbesondere solchen auf Absatzmärkten, anpassen sollten. Sie lösen es, indem sie
ihren operativen Kern als eine Summe von Maschinen-Bürokratien (nun „Divisionen" genannt) gestalten, die je spezielle Marktsegmente bearbeiten. Die
Chefs dieser Divisionen werden größtenteils aus dem mittleren Management der

diversifizierten Firma rekrutiert – Divisionalisierungsprozesse liegen dementsprechend in dessen Interesse, außerdem auch in demjenigen der jedenfalls in den Divisionen nach wie vor hochentwickelten Technostruktur. (Auf der Gesamtunternehmensebene ist nach Mintzberg im Übrigen der Support Staff eher wichtiger als die Technostruktur, vgl. Abb. 1.6)

Mintzberg hat zwar verschiedentlich gesagt, dass für ihn persönlich kaum ein anderer Beruf als der eines Professors an einer Universität – einer bis zur Unregierbarkeit trägen professionellen Bürokratie also – in Frage komme. Denn nirgendwo sonst habe man so viel Freiheit zu machen, was man wolle, und werde dafür erst noch regelmäßig bezahlt (Mintzberg 1989, S. 173). Seine Vorliebe aber gehört eindeutig *innovativen Adhokratien*. Diese sind ihm zufolge den Zukunftsproblemen moderner Industriegesellschaften, die auf uns zukommen werden, am besten gewachsen. Denn sie beschäftigen sich nicht mit formalen Zuständigkeits-, Hierarchie-, Effizienz- oder Arbeitsablauffragen, sondern mit komplexen Problemen, für deren kreative Lösung sie häufig *alle* Organisationsmitglieder mobilisieren:

> „Da die Adhokratie sowohl komplex als auch nichtstandardisiert ist, kann sie von den fünf Konfigurationen am schwersten beschrieben werden. Adhokratien widersprechen in vielem den Vorstellungen, die wir von Organisationen hegen z.B. in Bezug auf Konsistenz des Outputs, Kontrolle des Managers, Einheit des Befehlsempfangs, und von der Führungsspitze ausgehende Strategieentwicklung. Es sind überaus bewegliche Strukturen, in denen die Macht ihren Standort unaufhörlich wechselt, und in denen sich Koordination und Kontrolle über gegenseitige Prozesse der Abstimmung durch informelle Kommunikation und Interaktion zwischen kompetenten Experten vollziehen." (Mintzberg 1981, S. 111; vgl. auch Abb. 1.6[4])

Während Maschinen-Bürokratien oder divisionalisierte Strukturen mit ihren ausgefeilten Führungsinstrumenten strategische Planung eher verhindern als fördern,

---

[4] Mintzbergs gestrichelte Darstellung des operativen Kerns von innovativen Adhokratien (s. Abb. 1.6) bezieht sich auf die Untervariante „administrativer Adhokratien", bei denen es im Gegensatz zu „operativen Adhokratien" noch einen von der innovationsorientierten Projektorganisation unterscheidbaren operativen Kern, der nicht in deren Projekte involviert ist, gibt (Beispiel: Raumfahrtindustrie). Operative Adhokratien, z. B. Beratungs- und anwendungsorientierte Forschungsunternehmen, sind demgegenüber durchgängig projektorientiert organisiert, d. h. ihr operativer Kern verschmilzt gleichsam mit Repräsentanten und Funktionen der übrigen vier organisatorischen Hauptkomponenten.

und professionelle Organisationen sich ausgesprochen neuerungsfeindlich verhalten[5], entstehen strategisch relevante Neuerungen in innovativen Adhokratien
laufend und über die ganze Organisation verteilt:

> „Wenn Macht anstatt auf Herrschaft auf Expertenwissen beruht, verwischt sich die
> Grenze zwischen Stab und Linie. Und wenn Macht über die ganze Struktur verteilt
> vorkommt, verblasst auch die Unterscheidung zwischen der strategischen Spitze und
> dem Rest der Struktur. In einer Projektstruktur wird die Strategie nicht oben formuliert
> und alsdann weiter unten implementiert. Sie entsteht vielmehr aus einer Vielzahl pro-
> jektbezogener Entscheidungen. Die Adhokratie entwickelt also mit anderen Worten
> kontinuierlich ihre Strategie, währenddem sie Projekte definiert und ausarbeitet, deren
> kreativen Resultate nie vorausgesagt werden können." (ibid. S. 112)

Mintzberg nimmt an, dass sich die fünf Organisationstypen nicht in allen
Nationalkulturen moderner Industriegesellschaften gleich gut entfalten können.
Emigrierte Chinesen hält er beispielsweise für besonders gut zur Gründung unter-
nehmerischer Organisationen befähigt, Amerikaner zur Leitung divisionalisierter
Organisationen, Kanadier zur Führung professioneller Bürokratien (da man in
Kanada Leute gerne ihren eigenen Weg gehen lasse; Kanadier seien daher als
Manager professioneller Bürokratien „ziemlich gut", Mintzberg 1989, S. 261).

---

[5] Mintzberg scheint mir übrigens die Dynamik und Kreativität des von Hochschulen weiterentwickelten *Fachwissens* von der Trägheit der *Organisationsstrukturen*, innerhalb derer es
gedeiht, nicht deutlich genug zu unterscheiden. Von der Struktur professioneller Bürokratien
sagt er einmal unnötig zweideutig: „Das ist keine Struktur, um innovativ zu sein, sondern
eine zur Perfektion des schon Bekannten." (Mintzberg 1981, S. 109) Ihm zufolge arbeiten im
Gegensatz dazu Adhokratien, deren organisationsstrukturelle Flexibilität er bewundert, innovativ: „Die Adhokratie verlässt sich zur Erledigung des Hauptteils ihrer Arbeit nicht anders
als die professionelle Bürokratie auf ausgebildete und spezialisierte Experten. In Adhokratien aber arbeiten Experten zusammen, um neue Dinge zu schaffen, anstatt dass jeder für
sich schon bekannte Fertigkeiten perfektioniert." (ibid. S. 112) - Es mag anwendungsorientierte Disziplinen geben, etwa die Unternehmensberatung, deren in einer professionellen
Bürokratie tätigen Spezialisten es in der Tat schwerfällt, in und für die Praxis innovative
Ideen zu entwickeln oder gar umzusetzen. In vielen anderen Disziplinen aber, z. B. den
Natur- und Geisteswissenschaften, stellt gerade die verlässlich *träge* Grundstruktur der pro-
fessionellen Bürokratie Schonräume zur Verfügung, in deren „Einsamkeit und Freiheit" (wie
Theoretiker des deutschen Universitätswesens früher sagten) zahlreiche kleine, und hin und
wieder sogar umwälzend große Innovationen gedeihen können, die in hektisch betriebsamen
Adhokratien keine Chance hätten. Man sollte also stets die Neuerungsfreundlichkeit und Flexibilität einerseits von *Organisationsstrukturen*, andererseits des in ihrem Rahmen gepflegten
Fachwissens klar auseinanderhalten. Mintzbergs unglückliche Definition beruflicher Pro-
fessionalisierungsprozesse (die er Prozesse der „Standardisierung beruflicher Fertigkeiten"
nennt, ibid. S. 109) ist selbst ein Symptom dafür, dass er diese notwendige Unterscheidung
vernachläßigt.

Die Tatsache berücksichtigend, dass Mintzberg Maschinen-Bürokratien wegen der Werte, die sie verkörpern, am wenigsten, innovative Adhokratien dagegen am sympathischsten findet, darf man gespannt sein, mit welchen Nationen (oder vielmehr Stereotypen von Nationen) er diese beiden Organisationstypen assoziiert. Es ist im Falle innovativer Adhokratien Schweden, das für flexibel-unbürokratische, kreative Kooperation die besten Voraussetzungen mitbringe, und im Falle des Typs Maschinen-Bürokratie die Schweiz, mit ihrem Hang zur Pünktlichkeit, Gewissenhaftigkeit, Ordentlichkeit (ibid. S. 260 f.).

Natürlich kann und will Mintzberg seine Beurteilung professioneller Bürokratien, die bestmöglich in Kanada, von innovativen Adhokratien, die in Schweden, und von Maschinen-Bürokratien, die am besten in der Schweiz gedeihen, nicht mit beweiskräftig „harten" Tatsachen begründen. Sowohl seine Typologie wie auch deren kulturdiagnostische Applikation beruhen auf Schätzungsurteilen, die intersubjektiv nicht ohne weiteres nachvollziehbar sind. Mintzberg versteht sein Organisationsmodell indessen gar nicht so sehr als einen Ansatz, der erklärt, „weshalb Organisationen so sind, wie sie sind" (Kieser 1993, S. 191). Er betrachtet es in erster Linie als eine *Heuristik* zur Gewinnung jenes praxisnahen, lebendigen Sachwissens, ohne das gute Managementpraxis seiner Ansicht nach nicht möglich ist:

> „Ich sage nun [...] den Führungskräften, vor denen ich doziere: ,Erwarten Sie von mir bitte keine Vorschriften, wie etwas zu machen sei. Das Beste, was ich für Sie tun kann, [...] ist, Ihnen dichte Beschreibungen der Welt anzubieten sowie neue Möglichkeiten, sie zu sehen.'" (Mintzberg 1989, S. 88)

Nicht jede „dichte Beschreibung" einer Organisation in Mintzbergs Sinne hält einer genaueren Nachprüfung stand – solche Beschreibungen beanspruchen dies indessen auch gar nicht. Da sie nur *Momente* eines intuitiv erzeugten, qualitativ *fließenden* Sachwissens sein möchten, sollte man ihren Wahrheitsanspruch – vor allem, jedoch nicht nur im Falle der Mintzberg'schen Organisationstypologie – nicht allzu wörtlich, sondern eher spielerisch leichtnehmen.

1.5   Zusammenfassung

1. Organisationen können sozialwissenschaftlich als *zweckorientierte Kooperationssysteme* definiert werden (*institutionaler* Organisationsbegriff). Menschen gründen Organisationen um bestimmter Zwecke willen, die sie im Alleingang schwerer oder gar nicht realisieren könnten.

2. Organisationen im institutionalen Sinne, also z. B. Unternehmungen, Justiz und Polizei, Parteien, Spitäler, Schulen, Vereine usw., haben auch *aufbau- oder ablauforganisatorische Probleme*, d. h. „Organisationsprobleme" im engeren Sinne des *instrumentalen* Organisationsbegriffs zu lösen. Diese vor allem von der betriebswirtschaftlichen oder verwaltungswissenschaftlichen Organisationslehre behandelten Probleme sind nicht Gegenstand dieses Buches.

3. Die im 14. Jahrhundert entstandenen, neulateinischen Begriffe *„organisatio"*, d. h. „Beschaffenheit, Herstellung eines natürlichen Körpers" und *„organisare"*, d. h. „einrichten, ordnen, gestalten desselben" wurden erst im Verlaufe der französischen Revolution auf von Menschen geschaffene, also veränderungs- und gestaltungsfähige Einrichtungen des Staates, der Wirtschaft und Gesellschaft übertragen: Die Revolution „reorganisierte" nun die Gesellschaft, deren Feinde „desorganisierten" sie, die Wirtschaft musste neu „organisiert" werden usw. Ein 1799 erschienenes, deutsches „Wörterbuch der französischen Revolutions-Sprache" übersetzte französisch „organiser„ demzufolge kurzerhand mit „ein Land nach französischer Art einrichten".

4. Gegen Ende des 19. Jahrhunderts galt an erster Stelle Deutschland als dasjenige Land, dessen „Organisatoren" die Kunst der zweckmäßigen Gestaltung staatlicher oder privater Organisationen am perfektesten beherrschten.

5. Organisationen üben in modernen Gesellschaften sehr wichtige Funktionen aus – man spricht darum auch von der modernen *„Organisationsgesellschaft"*. Individuen sammeln im Verlaufe ihres Lebens als Mitglieder von Organisationen die unterschiedlichsten Erfahrungen.

6. Individuen nehmen an einer Organisation nicht als „ganze Persönlichkeiten", sondern „nur" über ihre *Rolle als Organisationsmitglied* teil. Das Rollenspiel von Organisationsmitgliedern setzt sehr komplexe Fähigkeiten eines teils förmlichen, teils persönlichen Umgangs mit Vorgesetzten, Kollegen und Untergebenen voraus.

7. Lebendige Beschreibungen des Verhaltensrepertoires von Organisationsmitgliedern gibt es nicht allzu viele. Schriftsteller ziehen es vor, Menschen als ganze Persönlichkeiten umfassend, und nicht nur in ihrer Rolle als Organisationsmitglied zu portraitieren. Erzählungen oder Romane, in deren Mittelpunkt Menschen in ihrer Funktion als Gestalter und Lenker von Organisationen stehen, sind daher selten.

8. Organisationsdienliche Verhaltensanforderungen an Organisationsmitglieder kann man einerseits *organisations- und gesellschaftskritisch* auslegen – das Individuum erscheint dann, wie u. a. T. W. Adorno ausgeführt hat, als ein von der verwalteten, d. h. verhärteten und entfremdeten Organisationsgesellschaft

bedrohtes Lebewesen, dem eigentlich nur ganz anders, alternativ strukturierte Formen des Zusammenlebens gerecht werden könn(t)en.

9. Dieselben Verhaltensanforderungen kann man andererseits auch als eine komplexe Organisationsleistung, ja als *Chance* des Individuums sehen, sich in der mobilen Organisationsgesellschaft so *frei* zu bewegen, wie es ihm in anderen Gesellschaftstypen versagt wäre (N. Luhmann).

10. *Organisationstypologien* versuchen, die verschiedenartigen Organisationen, die es gibt (von Vereinen, Verbänden, Parteien, Sekten und Kirchen über Spitäler, Gefängnisse, Armeen, Verwaltungsorganisationen bis zu Unternehmungen), sinnvoll zu ordnen. A. Etzionis Typologie unterscheidet nach der Art der intern dominierenden Machtart *Zwangs-, utilitaristische* und *normative Organisationen*. P. Blau und R. Scott klassifizieren Organisationen danach, ob diese primär *im Interesse und zu Gunsten* 1) der breiten Masse ihrer Mitglieder *(Zweckverbände)*, 2) ihrer Eigentümer oder Topmanager *(Geschäftsunternehmen)*, 3) ihrer organisationsinternen Klienten bzw. der unmittelbar betroffenen Öffentlichkeit *(Dienstleistungsorganisationen)* oder 4) der allgemeinen Öffentlichkeit *(Gemeinwohl-Organisationen)* wirken.

11. Bisher konnten keine Messverfahren entwickelt werden, die diese oder andere Organisationstypen empirisch überzeugend zu identifizieren erlauben. Etzionis Versuch, auf der Grundlage seiner Typologie ein kumulativ fortschrittsfähiges Programm empirischer Organisationsforschung in Gang zu setzen, war nicht zuletzt darum kein Erfolg beschieden.

12. Empirisch weniger anspruchsvoll, dafür praxisrelevanter als Etzionis Typologie ist H. Mintzbergs Unterscheidung von je fünf Basiskomponenten, Kräften und Typen von Organisationen. Danach dominiert bei *unternehmerischen Organisationen, Maschinenbürokratien, professionellen Bürokratien, divisionalisierten Organisationen* und *Adhokratien* je (in dieser Reihenfolge) eine der Organisationkräfte Zielstrebigkeit, Effizienz, Professionalität, Konzentration und Lernen; die fünf Organisationskomponenten *strategische Spitze, mittleres Management, operativer Kern, Technostruktur* und *unterstützende Stabsdienste* sind bei den fünf Typen dementsprechend je unterschiedlich stark ausgebildet.

Teil I

Standorte und Standards verschiedener Arten des Wissens über Organisationen

Probleme der Organisationspraxis 2

2.1 Praktikerwissen

Organisationen haben sich im Wandel moderner Gesellschaften mit den folgenden drei Grundfragen auseinanderzusetzen:

1. Wie erfolgreich (*„effektiv"*) und – im Verhältnis zu den eingesetzten Mitteln – wie *effizient* erreicht eine bestimmte Organisation die Ziele, die sie sich setzt?
2. Wie wirken sich die Aktivitäten der Organisation auf das *Leistungsvermögen und das Wohlergehen ihrer Mitglieder,* auf die *Zufriedenheit ihrer Eigentümer, Klienten und Kunden* sowie auf übrige *Außenstehende* aus, die direkt oder indirekt mit ihr zu tun haben?
3. Welche Chancen zur *Verbesserung* ihrer Handlungsweisen (Strukturen und Prozesse, Problemlösungs-, Lernfähigkeiten etc.) könnte und soll die Organisation ergreifen?

So einfach sich die genannten Grundfragen nach der Effektivität und Effizienz, nach der Menschenfreundlichkeit und nach Verbesserungsmöglichkeiten von Organisationen anhören, so schwer fällt es oft theoretisch wie praktisch, gute Antworten auf sie zu finden und praktisch zu verwirklichen.

Das Gestalten und Leiten von Organisationen kann mit anderen Worten eine *anspruchsvolle Kunst* sein, die nur beherrscht, wer über einige *Praxiserfahrung* und über ein *Fachwissen* verfügt, das sich in bestimmten Fragen besser auskennt als der Allgemeinverstand des Laien.

Schon in vormodernen Zeiten gab es Organisationspraktiker (Kaufleute, Zunftmeister, Gutsverwalter, Staats- und Kirchenbeamte usw.), die es je nach ihrer persönlichen „Managementbegabung" mehr oder weniger gut verstanden, einen Handwerksbetrieb, ein landwirtschaftliches Gut, Handels- oder Bankengeschäft, ein Bergwerk, Spital, Gefängnis, eine staatliche oder kirchliche Verwaltungsstelle u. ä. zu leiten. Im Zeitalter der Industrialisierung kamen Eigner und Leiter großer Gewerbebetriebe, Fabrik- und Dienstleistungsunternehmungen, etwa von Textil- und Maschinenfabriken, Eisenbahn-, Banken- und Versicherungsgesellschaften hinzu. Sie übertrafen hinsichtlich Reputation und Macht alsbald die meisten ihrer Kollegen aus älteren Berufen, etwa denen des Zunftwesens.

Lese- und schreibkundige Wirtschafts- und Verwaltungspraktiker konnten sich ihre Arbeit bei schwierigeren Problemen dadurch erleichtern, dass sie betriebsintern wichtige Ereignisse wie Transaktionen, Berechnungen oder Verlautbarungen *schriftlich fixierten*. Hierzu eigneten sich im allgemeinen *finanzielle Transaktionen* wie Ein- und Auszahlungen, Kreditaufnahmen, Kostenberechnungen, Zwischen- und Schlussbilanzen besonders gut. Das offenkundig sehr nützliche *Prinzip der Schriftlichkeit* organisationsinterner Vorgänge erlaubte es, solche Geschäftsvorfälle z. B. mit Mitteln der einfachen oder der doppelten Buchhaltung wesentlich effizienter als früher zu erledigen. Das Schriftlichkeitsprinzip setzte sich so auch rasch im Bereich der Regelung der *inneren Ordnung* und der *Zweckbestimmung* einer Organisation durch. Die erste Fabrikordnung des 1886 gegründeten Basler Chemieunternehmens Sandoz zum Beispiel enthielt u. a. die folgenden Regeln:

> „*Arbeitszeit*
>
> Die gewöhnliche Arbeit beginnt: Vom 1. März bis 31. Oktober morgens 6 Uhr und endet abends 6 Uhr, vom 1. November bis 1. März morgens 7 Uhr und endet abends 6 Uhr. Außer der Mittagsstunde ist in den Monaten März bis Oktober um 9 Uhr morgens und abends 4 Uhr jeweilen ¼ Stunde Ruhe gestattet. – An Samstagen und an den Vorabenden hoher Festtage wird eine Stunde früher geschlossen [...]
>
> *Besondere Bestimmungen*
>
> [...] Der Arbeiter hat nur Zutritt zu denjenigen Lokalen, welche ihm angewiesen sind. Er darf niemanden in der Fabrik einführen und ist es ihm strenge verboten, Mitteilungen über Fabrikationen an Unberufene zu machen.- Das Rauchen, Einschleppen von Branntwein ist verboten.- Basel, im Juli 1886" (s. Walter-Busch 1986, S. 54)

In Organisationen des Typs Verein, Interessenverband und politische Partei konnte die Festlegung unscheinbarster Details von Zieldefinitionsdokumenten und Organisationsstatuten heftige Auseinandersetzungen entfachen. Organisationsintern unlösbare Konflikte endeten dann manchmal erst mit dem Auszug oder dem Ausschluss eines Teils der Organisationsmitglieder, also mit der Spaltung der Organisation.

Je mehr Organisationen solche Schriftstücke intensiv nutzten, desto naheliegender war es, das von diesen repräsentierte Praktikerwissen nicht nur intern, sondern auch *organisationsübergreifend zu überliefern.* Für manche Zwecke höchst aufschlussreich wäre wohl nur schon eine Sammlung der von Institutionen gleichen Typs meistgebrauchten Hilfsmittel zur Gestaltung der Organisationsstruktur, des Finanz- und Rechnungswesens sowie der Kundenbetreuung gewesen. Dem stand indessen bis Anfang des 20. Jahrhunderts eine generell sehr strenge Auslegung des sog. Firmen- oder Verwaltungsgeheimnisses entgegen. Organisationsübergreifende Sammlungen aussagekräftiger Arbeitsdokumente wären so wahrscheinlich auf den heftigen Widerstand derer gestoßen, die dies für Verrat von Betriebsgeheimnissen hielten. Noch zu Beginn des 20. Jahrhunderts, als Praktiker mit ähnlichen Aufgabenfeldern, aber aus verschiedenen Firmen überbetriebliche Erfahrungsgruppen („Erfa-Gruppen") gründeten, um sich gegenseitig über aktuelle Probleme und Problemlösungen ihrer Berufspraxis zu informieren, wurde diese Innovation von vorsichtigen Firmengeheimniskrämern beargwöhnt. Heute lässt sich solches Misstrauen kaum noch beobachten. Privatwirtschaftliche Unternehmungen halten inzwischen meistens nur noch dasjenige Firmenwissen strategischer, produktionstechnischer oder personalpolitischer Art geheim, dessen Kenntnis die Konkurrenz wirklich bevorteilen, und die – wie man hofft – unzufriedenheitsmindernde Undurchsichtigkeit firmeninterner Personaldaten gefährden würde.

Jene Praktiker, Lehrer und Gelehrten, die gleichwohl schon im 17. und 18. Jahrhundert organisationsinternes Praktikerwissen allgemein zugänglich zu überliefern begannen, gaben diesem wegen seiner beschränkten Verfügbarkeit darum gewöhnlich die Form eines *maßvoll theoretisierten Lehrbuchwissens.* Da sie nicht intim aus der Praxis für die Praxis sprechen konnten, *theoretisierten* sie stattdessen das ihnen zugängliche Praktikerwissen in der Hoffnung, es so im Medium mehr oder weniger praxisferner Theorie womöglich auch praktisch fruchtbar weiterentwickeln zu können. Solche organisationsübergreifend *aus Theorie und Praxis für die Praxis sprechende Publikationen* beschrieben anfänglich einerseits erfolgversprechende Buchführungs-, Einkaufs- und Verkaufstechniken von Kaufleuten (vgl. v. a. Löffelholz 1935), andererseits hauswirtschaftlich-„kameralistische" Administrationskenntnisse, die bei der Leitung von Landwirtschafts-, Bergbau- und Manufakturbetrieben oder ganzer Staatswirtschaften benötigt wurden (Maier 1986, sowie Schneider 1981, S. 107 ff.). Im 19. Jahrhundert stellten immer mehr Publikationen auch Errungenschaften der Organisationspraxis, die nicht als Betriebsgeheimnisse galten, dar. Fachzeitschriften des Verkehrswesens veröffentlichten beispielsweise Graphiken, die zeigten, wie große Eisenbahngesellschaften ihre organisatorischen

Probleme, die überdurchschnittlich komplex waren, lösten. Wer sich für anderswo erwogene oder realisierte Regelungen von Unterstellungs- und Zusammenarbeits-verhältnissen (Organigramme), für ablauforganisatorische Tricks und Tips oder für schwierigere Fragen des Finanz- und Rechnungswesens, des Verkaufs, der Lohnfindung usw. interessierte, konnte bereits im 19. Jahrhundert von einer reichhaltigen Fachliteratur für Praktiker profitieren. Eine 1846 veröffentlichte „Bibliothek der Handlungswissenschaft oder Verzeichnis der vom Jahre 1750 bis zu Anfang des Jahres 1845 in Deutschland erschienenen Bücher über alle Teile der Handlungskunde und deren „Hilfswissenschaften" enthielt (obwohl sie die damals durchaus schon aktuellen Fragen der Gestaltung und Lenkung großer Landwirtschafts- und Gewerbebetriebe, von Fabriken und Dienstleis-tungsunternehmungen ausklammerte) über 3000 einschlägige Titel (Engelmann 1846).

Wie instruktiv solches Praktikerwissen in der Tat sein kann, möge ein eher ungewöhnliches Dokument illustrieren. Es entstammt keiner Abhandlung über betriebspraktische, z. B. aufbau- oder ablauforganisatorische Fragen einer ein-zelnen Organisation. Es ist im zweiten Zwischenbericht des schweizerischen Delegierten für Arbeitsbeschaffung aus dem Jahre 1944 enthalten, und stellt mit graphischen Mitteln, die gewöhnlich die organisationsinterne Stellengliederung abbilden, ein „Organisations-Schema für die Arbeitsbeschaffung" in der Schweiz während des Zweiten Weltkrieges dar (Abb. 2.1).

Am Schema fällt zunächst auf, dass es sich darum bemüht, die wirtschafts- und arbeitsmarktpolitischen Aktivitäten eines ganzen Landes gleichsam mit der Organigramm-Brille auf einen Blick gesamthaft zu erfassen. Die Ausnah-mesituation des Zweiten Weltkrieges, mit ihren kriegswirtschaftlichen General-mobilmachungszwängen, kam einer solchen Betrachtungsweise wohl entgegen. Erstaunlich sind sodann die Detailkenntnisse, über die der oder die Autoren dieses nationalen Organigramm-Panoramas offenkundig verfügten. Die wich-tigsten Beziehungen zwischen den ins Auge gefassten Instanzen einerseits der öffentlichen Hand (von Bund, Kantonen und weiteren öffentlich-rechtlichen Insti-tutionen), andererseits von Vereinen und Verbänden werden im Schema nicht nur für den Fall *formeller* Unterstellungs-, Koordinations- oder Subventionsbeziehun-gen wiedergegeben. Auch feiner gesponnene *informelle*, als „enger" oder „lose" bezeichnete Beziehungen gelangen zur Darstellung – zum Beispiel diejenigen zwischen den Bundesstellen, die die arbeitsbeschaffenden Maßnahmen des Bun-des koordinierten, und zwei wirtschaftswissenschaftlichen Forschungsinstituten (Nr. 103 und 212 von Abb. 2.1).

Es darf vermutet werden, dass selbst erfahrungswissenschaftlich bestens vor-bereitete Sozialwissenschaftler – Politologen zum Beispiel, die mittels Interviews

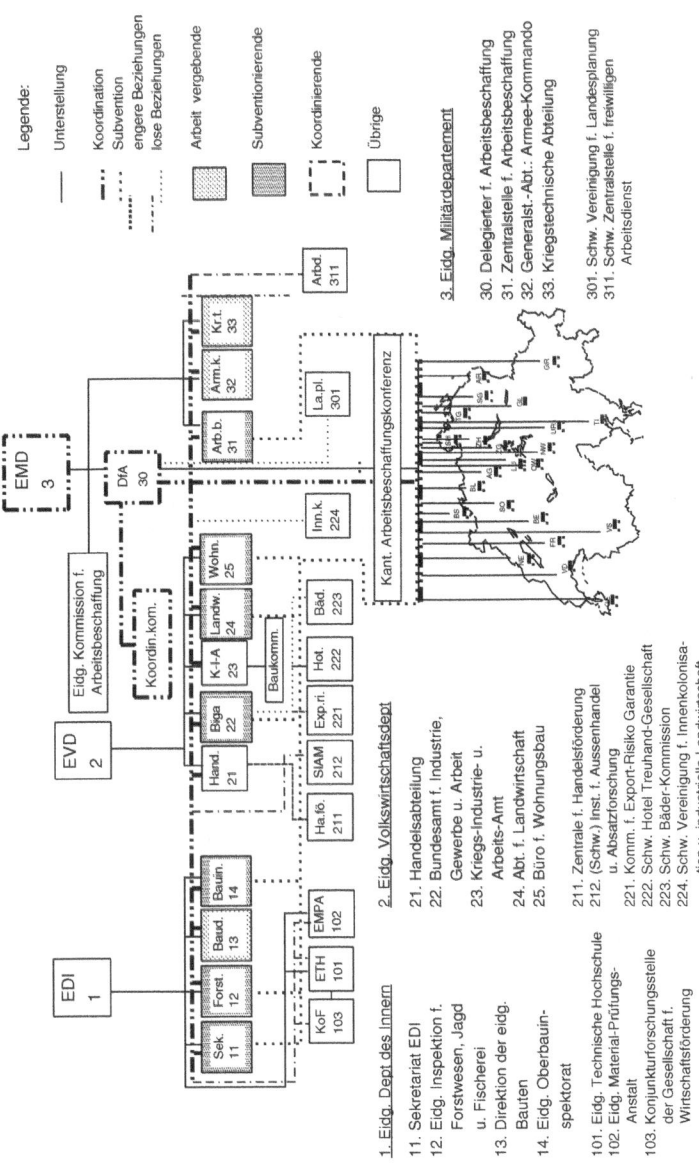

Abb. 2.1 Organisations-Schema für die Arbeitsbeschaffung 1944

und Dokumentenanalysen „Probleme staatlicher und quasistaatlicher Arbeits-
marktpolitik in der Schweiz, 1930–45" erforschen wollten – sich die von Abb. 2.1
angedeuteten Kenntnisse nur mit Mühe, wenn überhaupt, hätten erwerben können – eben weil rein *akademisch Forschenden Praktikerwissen,* wie relevant auch
immer es für sie wäre, grundsätzlich schwer zugänglich ist.

2.2 Die Verwissenschaftlichung organisationspraktischen Erfahrungswissens im 20. Jahrhundert

Einige jener ersten Lehrer und Gelehrten, die kaufmännisches und verwaltungspraktisches Führungswissen organisationsübergreifend zu tradieren begannen,
versuchten schon im 18. Jahrhundert, sich hierfür *an Universitäten akademische Lehr- und Forschungsstätten* zu schaffen. Nach der im 18. Jahrhundert
vorübergehend erfolgreichen Etablierung der sog. „Kameralwissenschaften" an
deutschen Universitäten brach diese Tradition im 19. Jahrhundert aus verschiedenen Gründen ab. Andere Disziplinen, neben der Jurisprudenz, der Staats- und
Verwaltungswissenschaft und der Volkswirtschaftslehre vor allem die Kenntnisse
und Fertigkeiten der Ingenieure, ließen sich vorerst wesentlich besser verwissenschaftlichen, d. h. im Medium akademisch-wissenschaftlicher Forschung und
Lehre reproduzieren.[1] Den Befürwortern einer akademischen „Veredelung" kaufmännischen und unternehmerischen Führungswissens gelang es erst gegen Ende
des 19. Jahrhunderts, sich gegen die in Wissenschaft *und* Praxis traditionell
starken Widerstände dagegen durchzusetzen.

Die um 1900 in fast allen Industriestaaten erstaunlich erfolgreiche *Handelshochschulbewegung* schuf zwischen 1895 und 1920 vor allem an Handelsaka-
demien (Schools of Business Administration in den USA, Hautes Écoles de
Commerce in Frankreich), an Technischen Hochschulen und an Universitäten
Einrichtungen zur *akademisch erweiterten Reproduktion* kaufmännischen und
industriell-großbetrieblichen Führungswissens. Die neue Fachwissenschaft wurde
in deutschsprachigen Ländern zunächst „Handelswissenschaft", „Privat-" oder

---

[1] Als organisationstheoretisch relevante Fach*wissenschaften* wollen wir hier nur akademisch
entwicklungsfähige Hochschulfächer in diesem engeren, nicht in dem allgemeineren Sinne
von Engelmanns „Handlungswissenschaften" (s. Abschn. 2.1) verstehen. Zur modernen,
zunehmend interdisziplinären Organisationswissenschaft leisten insbesondere Teilgebiete
der Volks- und Betriebswirtschaftslehre, der ingenieurswissenschaftlichen Organisations-
und Arbeitswissenschaft, der Verwaltungswissenschaft, der Betriebs-, Industrie-, Arbeits-,
Organisationspsychologie und -soziologie Beiträge (vgl. dazu unten, Abschn. 3.3).

„Betriebswirtschaftslehre" oder auch (von der kleinen Minderheit ingenieurswissenschaftlich orientierter Hochschullehrer) „Betriebswissenschaft", in den
USA „Commercial Science" oder „Business Administration" genannt. Überall
stießen die neuen, ausgesprochen praxisorientierten Disziplinen in ihrer Pionierphase auf *zwei Arten von Widerständen:* Einerseits fanden viele Praktiker, dass
sich der Produktionsumweg der Verwissenschaftlichung des praktischen Erfahrungswissens, das ihnen vertraut war, nicht lohne; theoretisch seien die von
schönklingenden Theorien gewonnenen Erkenntnisse vielleicht richtig, „taugten
jedoch nicht für die Praxis". Andererseits hielten manche Vertreter akademisch
etablierter Vorbild- oder Konkurrenzdisziplinen (z. B. Volkswirtschaftler und
Juristen) die neuen Möchtegern-Fachwissenschaften, die um Anerkennung war-
ben, für unwürdig, auf Hochschulniveau gepflegt zu werden. Universitäten hatten
in Deutschland noch in den 70er und 80er Jahren des 19. Jahrhunderts zu
verhindern versucht, dass die an Technischen Hochschulen gelehrten, ihnen
zu praxisorientiert erscheinenden Ingenieurswissenschaften das Promotionsrecht
erhielten. Gleich erging es den in den meisten Industriestaaten einige Jahrzehnte
nach den Technischen Hochschulen gegründeten Handelshochschulen. Die hier
gepflegten „Handelswissenschaften", aus denen in deutschsprachigen Ländern die
„Betriebswirtschaftslehre" und in den USA das Fach „Business Administration"
entstanden, waren mit wenigen Ausnahmen bis in die 20er und 30er Jahre des
20. Jahrhunderts keine Disziplin, in der und für die man den Doktortitel erwerben
konnte.

Technische Hochschulen tradieren technisches und naturwissenschaftliches,
Handels- und Wirtschaftshochschulen kaufmännisches Fachwissen sowie die
ihm zudienenden „Hilfswissenschaften". Die Organisationspraxis unterschied
ursprünglich speziell bei Industrieunternehmen analog zwischen einem *technischen* und einem *kaufmännischen* Führungsbereich. Der technischen Direktion
oblag die Entwicklung und Fabrikation nützlicher Produkte, der kaufmännischen
Direktion der Verkauf derselben sowie die Beschaffung und effiziente Verwendung der notwendigen Finanzmittel. Wer die recht komplizierten Wege, auf
denen Managementwissen im 20. Jahrhundert verwissenschaftlicht worden ist,
verstehen möchte, sollte darauf achten, ob entsprechende Initiativen von Trägern
technischen, oder ob sie von solchen *kaufmännischen* Fachwissens ausgingen.
Selbst der bekannte Firmen- und Wirtschaftshistoriker Alfred Chandler scheint
mir die Professionalisierung des Managementwissens insofern einseitig beschrieben zu haben, als er dessen *ingenieurswissenschaftlichen* Traditionsstränge sehr
ausgeprägt, die an europäischen Handelshochschulen und deren amerikanischen
Parallelinstitutionen gepflegten *kaufmännischen* Wissenstraditionen dagegen zu

wenig berücksichtigt hat (Chandler 1977, S. 464 ff.; vgl. ähnlich u. a. Noble 1977, S. 276, 312 sowie Wren 1994).

Annähernd alle Darstellungen der Entwicklung organisations- und managementtheoretischen Praktikerwissens verkennen außerdem die große Bedeutung, die man „dem Menschen" und menschlichen Verhaltensaspekten des Organisationsgeschehens *von Anfang an* zuschrieb. „Der Mensch im Betrieb" wurde nicht erst von Sozialwissenschaftlern des 20. Jahrhunderts, etwa den Hawthorne-Forschern der Harvard Business School, „entdeckt". Viele Kaufleute, Ingenieure, Unternehmer oder Bankiers hielten ihn vielmehr schon im 19. Jahrhundert für einen Erfolgsfaktor ersten Ranges, und brachten dies auch schriftlich unmissverständlich zum Ausdruck. Der französische Ingenieur Emile Cheysson umschrieb um 1885 die Aufgaben von „Sozialingenieuren" beispielsweise wie folgt:

> „Früher gab es für einen Unternehmer zwei Möglichkeiten, sich mit Sicherheit zugrunde zu richten: [...] ein schlechter Kaufmann oder ein schlechter Industrieller zu sein. Heute und in Zukunft noch mehr gibt es dazu eine dritte Möglichkeit: sein Personal nicht zu behandeln wissen, ein schlechter Menschenführer (conducteur d'hommes) zu sein, [...] dem die Sozialwissenschaften fremd sind, und der in der Hauptsache auf die Technik beschränkt bleibt [...] So muss der Betriebsleiter, indem er ein *technischer Ingenieur* und ein *Kaufmann* bleibt, sich zu einem *Sozialingenieur* verdoppeln, d.h. seine Kenntnisse derart erweitern, dass er die vom Werkmeister oft nicht befriedigend wahrgenommenen Funktionen der Einstellung und Entlassung, Arbeitsplatzverteilung usw., kurz, alles was die Arbeits- und Lohnverhältnisse angeht, mit Sachkenntnis zu besorgen vermag." (Cheysson 1885, zitiert von Geck 1953, S. 32 f.; Hervorhebungen im Text von E.W.-B.)

Wesentliche Teilbereiche des mehr oder weniger gelehrt aufbereiteten oder verwissenschaftlichten Fachwissens technischer und kaufmännischer Führungskräfte haben sich schon immer mit Fragen der „Menschenführung" und der Aufgaben von „Sozialingenieuren" in Cheyssons Sinne beschäftigt – eben darum wurde zu Beginn dieses Kapitels ja als die zweite der drei relativ konstanten Grundfragen moderner Organisationen die Frage bezeichnet, wie sich deren Aktivitäten einerseits auf das Leistungsvermögen, andererseits auf das Wohlergehen der Organisationsmitglieder und sonstigen Stakeholders auswirken.

Die im 20. Jahrhundert schließlich erfolgreiche Verwissenschaftlichung organisationspraktischer Managementkünste hatte zur Folge, dass sich neben dem gemeinverstandesnahen *Praktikerwissen* ein eigenständiger Bereich akademisch *verwissenschaftlichten Wissens* über Organisationen entwickeln und mit der Praxis in Interaktion treten konnte (vgl. Abb. 2.2). Das Praktikerwissen blieb dabei, wie die abnehmende Schattierungstiefe der oberen Hälfte von Abb. 2.2 anzeigt, von den Modellen, Daten und Entscheidungshilfen, die die Theoretiker entwarfen, nicht unbeeinflusst. In der *Pionierphase* der Begründung der neuen Disziplin Betriebswirtschaftslehre (ähnliches gilt auch für die ungefähr gleichzeitig entstandene angewandte Psychologie, die Arbeitswissenschaft und Soziologie) waren der Praxis die meisten Ergebnisse dieser Disziplinen noch fremd. Während der *Ausbauphase* derselben entstanden dann aber immer mehr Praxisbereiche, die sich Teile des neuen Wissens aneigneten, oder daraus selbständig Konsequenzen zogen. Von der deutschen Betriebswirtschaftslehre übernahm die Unternehmungsführungspraxis beispielsweise einzelne Methoden und Auffassungen des Rechnungswesens- und der Bilanzierungslehre; vom amerikanischen „Scientific Management" Techniken der Arbeitsanalyse und der Entlöhnung, von der Psychotechnik Verfahren der Personalauswahl, usw.

Das letzte der drei Stadien der Verwissenschaftlichung, die Abb. 2.2 unterscheidet, wird darum *Reifestadium* genannt, weil hier der expansive Prozess

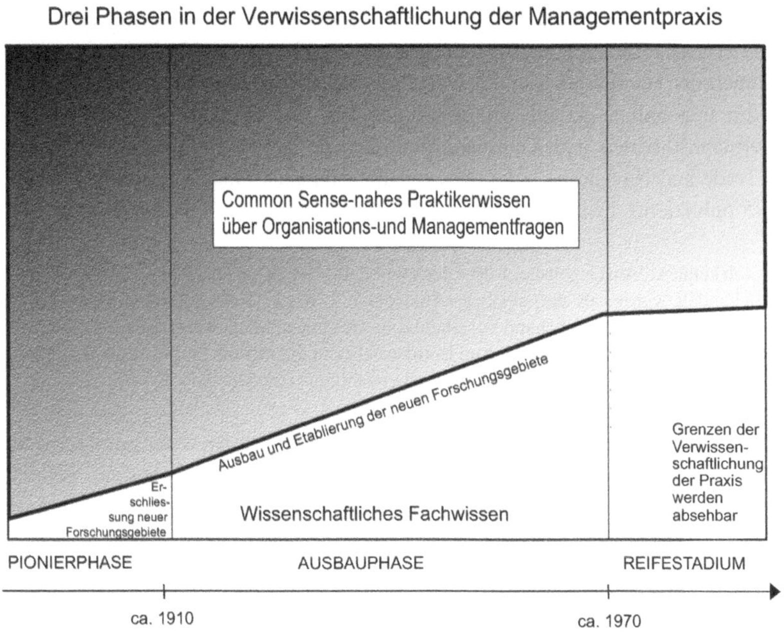

Drei Phasen in der Verwissenschaftlichung der Managementpraxis

Abb. 2.2 Drei Phasen in der Verwissenschaftlichung der Managementpraxis

der Beeinflussung und Verdrängung wissenschaftlich unberührten Praktikerwissens durch Gelehrtenwissen, das sich diesem zu überschichten versucht,
im Wesentlichen abgeschlossen ist. Ein neues Gleichgewicht zwischen einem
wirtschafts- und sozialwissenschaftlich gut informiertem Praxisbereich auf der
einen, reifestadiumstypisch operierender Fachwissenschaft auf der anderen Seite
pendelt sich ein. Diese reifestadiums*spezifischen,* insofern *variablen* Probleme
hochentwickelter Organisationswissenschaften werden weiter unten ausführlicher
besprochen werden (Kap. 9). Hier seien stattdessen zwei *relativ konstante* Pro-
blembereiche beschrieben, nämlich einerseits die *Theorie-Praxis-Problematik* von
Organisations- und Managementwissen, andererseits (im letzten Abschn. 2.3 dieses Kapitels) konkrete *Hauptaufgabenbereiche* der modernen Organisations- und
Managementpraxis.

Zwischen dem Praktikerwissen, das die Praxis tatsächlich benützt, und den
Formen, in denen es schriftlich überliefert wird, bestehen unabhängig vom Entwicklungsstand der Verwissenschaftlichung *Unterschiede,* die sich leicht zum
berühmten *Graben,* der die *„Theorie"* von der *„Praxis"* trennt, vertiefen können. Dieser Graben wurde beklagt, schon lange bevor die Akademisierung und
Verwissenschaftlichung kaufmännischen und administrativen Praktikerwissens im
Rahmen der Handelshochschulbewegung ernsthaft einsetzte.

Ein erstaunlich aktuell wirkendes Zeugnis, das die Divergenzen zwischen
Kaufmannstheorien und Kaufmannspraktiken beklagt, stammt aus den „Essays
on Trade and Navigation", die ein Engländer namens Francis Brewster im Jahre
1695 publizierte. Er beschrieb diese Diskrepanz mit den folgenden Worten:

> „Ich kenne keinen Gegenstand, über den mehr geschrieben, und der zugleich schlechter
> behandelt wurde, als derjenige des Handels [...] Wenn feiner gebildete Menschen
> Probleme des Handels behandeln, erheben sie sich gewöhnlich ebenso weit über deren
> Bedeutung und Natur, wie ihnen an Berufserfahrung überlegene Praktiker die Realität
> mit inkohärentem Gerede überziehen und entstellen." (Larson 1941, S. 44)

Kaufmännisch erfahrene Praktiker äußern sich demnach Brewster zufolge, wenn
sie *darstellen* sollen, was sie tun, häufig nur seicht oder inkohärent, während
umgekehrt die theoretisch raffinierteren Texte *über* Organisationspraktisches, die
gebildete Theoretiker zu formulieren verstehen, Gefahr laufen, in die Sackgasse
praxis- und wirklichkeitsfremder, schlecht akademischer Theorie zu münden.

Dasselbe Dilemma praxisnahen, aber seichten Rezeptwissens für Praktiker
und gelehrter, aber wirklichkeitsfremder Theorie kann auch 300 Jahre, nachdem es Brewster beschrieb, immer noch häufig beobachtet werden. *„Aus der
Praxis für die Praxis"* schreibende Bücher oder Aufsätze organisationspraktisch

erfahrener Autoren begnügen sich oft damit, aktuellen *Modeströmungen* des Sprechens über Praxisprobleme folgend Exempel vorzuführen, die demonstrieren, wie man es (nicht) machen sollte. Dem fortgeschrittenen Verwissenschaftlichungsstand der Management- und Organisationspraxis entsprechend, wird dabei öfters auch auf theoretisches Fachwissen zurückgegriffen, das die befürworteten Klugheitsregeln für Praktiker theoretisch *irgendwie* zu stützen scheint. T. Peters und R. Waterman ziehen in ihrem Millionenbestseller „In Search of Excellence" beispielsweise als einen Gelehrten, dessen Überlegungen ihren Organisationskulturansatz theoretisch gewährleiste, den Organisationspsychologen Karl Weick (vgl. unten, Abschn. 9.1) heran, und G. Gerken nennt analog als theoretische Basis seiner provokativen Marketingideen naturwissenschaftliche Chaos- und Selbstorganisationstheorien, New Age Philosophien und andere Denkströmungen, die im letzten Viertel des 20. Jahrhunderts postmodern modisch geworden sind (Peters und Waterman 1982; Gerken 1989). In diesen wie in vielen anderen Fällen bleibt dabei die Zuordnung theoretischen Fachwissens zu praktischen Orientierungsregeln ungefähr ebenso unbestimmt-vage, ja zuweilen willkürlich, wie wenn man eine Verkehrsregel direkt aus dem kategorischen Imperativ Kants ableiten wollte. Dies ist, unabhängig vom praktischen Anregungswert vieler aus Theorie und Praxis für die Praxis sprechender Ansätze, das bis heute beobachtbare Element der Seichtheit und Inkohärenz (um Brewster zu zitieren), das diesen anhaftet (vgl. dazu v. a. Kieser 1995).

Ansätze akademischer Organisationstheorie, die primär *aus der Theorie für die Theorie* sprechen, und eher nur ausnahmsweise sich *auch* an die Praxis wenden, weisen diese Mängel in der Regel nicht auf. Wenn sie ein theoretisches Modell oder empirische Beobachtungsverfahren benützen, tun sie es überwiegend gelehrt-kompetent. Dabei lässt sich allerdings die natur- und ingenieurswissenschaftlich so vielfach bewährte Devise, dass nichts so praktisch ist wie eine gute Theorie, nur selten einlösen (vgl. Abb. 2.3: Komplementärbeziehung von Theorie und Praxis). Viel häufiger sind aus einer noch so interessanten Organisations- oder Managementtheorie *direkt* und *schlüssig keine* neuartigen, praktisch relevanten Konsequenzen ableitbar. Man kann ihr allenfalls einen gewissen *Selbsterhellungseffekt,* der ein adäquateres Bewusstsein davon erzeugt, was die Praxis eigentlich macht, zusprechen, oder *heuristische Anregungsfunktionen.* Zumal methodenkritische Sozial- und Wirtschaftswissenschaftler verzichten im Allgemeinen aber lieber auf solche Ansprüche, als dass sie sich auf das dünne Geäst voreiliger Praxisverbesserungsversprechen von Theoretikern hinauswagten. Sie sind dann geradezu stolz darauf, *nur* aus der Theorie für die Theorie sprechende Gedanken zu produzieren (vgl. dazu z. B. typisch Schneider 1981, sowie Abb. 2.3).

Zwei Ansichten der Beziehungen zwischen Theorie und Praxis

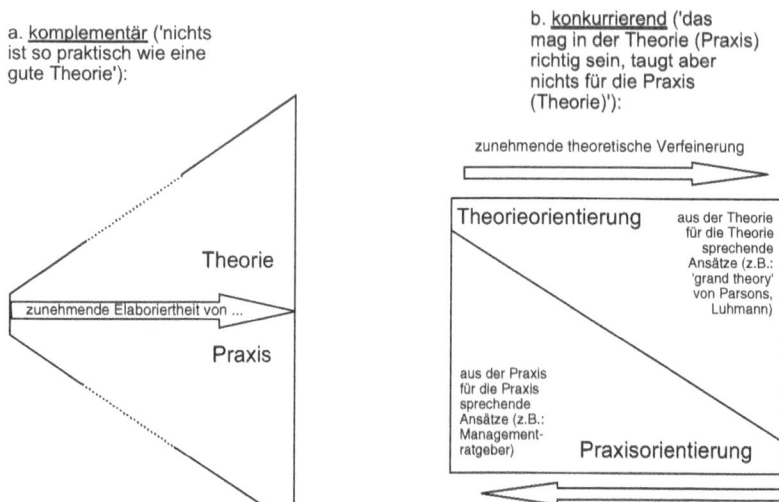

a. komplementär ('nichts
ist so praktisch wie eine
gute Theorie'):

b. konkurrierend ('das
mag in der Theorie (Praxis)
richtig sein, taugt aber
nichts für die Praxis
(Theorie)'):

zunehmende theoretische Verfeinerung

Theorie

Theorieorientierung   aus der Theorie
                             für die Theorie
                             sprechende
                             Ansätze (z.B.:
                             'grand theory'
                             von Parsons,
                             Luhmann)

zunehmende Elaboriertheit von ...

Praxis

aus der Praxis
für die Praxis
sprechende
Ansätze (z.B.:
Management-
ratgeber)   Praxisorientierung

zunehmende Common Sense- und Praxis-Nähe

Abb. 2.3   Zwei Ansichten der Beziehungen zwischen Theorie und Praxis

Durch die Praxisrelevanzbrille der Praxis besehen, sind dies andererseits wiederum bloß Gedankenflüge, die im Sinne Brewsters weit über die eigentlich relevanten Realitäten der Organisationspraxis hinwegsegeln.

Autoren, die rein der Theorieentwicklung dienende Texte verfassen, sind meistens nicht mit solchen identisch, die aus der Praxis für die Praxis schreiben. Denn streng theoretische Texte müssen gelehrt, die letzteren allgemeinverständlich und dem Common Sense der Praxis nahestehend sein. Organisationspraktiker verfassen so in der Regel nur allgemeinverständlich aus Praxis und Theorie für die Praxis sprechende Texte, und unter Organisationstheoretikern beteiligen sich höchstens solche, die auch über solide Praxiserfahrungen verfügen, an der Konkurrenz der um die Aufmerksamkeit des Publikums werbenden, populären Organisationspraxis- und Managementliteratur. Es gibt bislang nur sehr wenige Autoren, die gleichmäßig über *beide* Fähigkeiten verfügen. Chester Barnard (vgl. zu ihm unten Abschn. 8.1) war ein solcher Ausnahmefall. Als Topmanager des amerikanischen AT&T-Konzerns beherrschte Barnard einerseits die Kunst der Führung größerer Einheiten moderner Unternehmungen, und verstand es, seine dabei erworbenen Erfahrungen andern in der Sprache der Praxis gut verständlich

mitzuteilen. Barnard war andererseits der bedeutendste Pionier entscheidungs-
und systemtheoretischer Ansätze der Organisationstheorie, und konnte seine diesbezüglichen Ideen durchaus auch sehr gelehrt darstellen. Er lebte also, wie man
in seinen eigenen Worten sagen kann, nicht nur, als Praktiker und *„actor"*, in
„Wolken von Ereignissen", sondern auch, als theoretischer *„abstractor"*, in *„Wolken von Abstraktionen"*. Als ihn ein praxisorientierter Professor (!) der Harvard
Business School einmal wegen der akademischen Weltfremdheit einzelner Teile
seiner Organisationstheorie kritisierte, rechtfertigte Barnard die Welt von „ab-
stractors", indem er verschiedene Weisen des Sprechens über Organisationen,
die er *„levels of discourse"* (Diskursniveaus) nannte, voneinander unterschied.
Er sprach sich dabei entschieden dagegen aus, das Verhältnis zwischen diesen
Redeweisen – abstrakt-theoretisch im einen, allgemeinverständlich-praktisch im
anderen Falle – als ein „entweder / oder" zu konzipieren: Er selbst gebrauche
beide Redeweisen, und könne sich darüber, was er praktisch eigentlich mache,
nur theoretisch klar werden. Organisationspraktiker orientieren nach Barnard ihr
Handeln weitgehend „intuitiv", ohne angeben zu können, von welchen impliziten
Wissensbeständen sie sich dabei leiten lassen. Eine wichtige Aufgabe sozialwissenschaftlicher Organisations- und Managementtheorie besteht eben darin, dieses
handlungsleitende Wissen zu explizieren, und gegebenenfalls zu erklären, warum
Praktiker sich seiner gar nicht bewusst sein *können,* und häufig anderen Theorien
folgen, als sie es zu tun glauben.[2]

Das vorliegende Buch interpretiert das Verhältnis zwischen gelehrter Organisationstheorie und praktisch bewährtem Wissen von Organisationspraktikern
sowohl im Sinne von Brewsters Konfliktmodell *als auch* in demjenigen von
Barnards Toleranzprinzip. Es tritt mit anderen Worten dafür ein, dass die

---

[2] Vgl. Barnard (1937, 1939/1940). Wie Barnard in seiner Auseinandersetzung mit dem
Marketing-Professor M. Copland *sowohl* für *„scientific discourse"* (Gelehrtenwissen) als
auch für *„practical discourse"* (Praktikerwissen) eingetreten ist, verdient einlässlicher zitiert
zu werden: „Professor Copland zieht, wie mir scheint, ein Diskursniveau (‚level of discourse')
vor, das deutlich tiefer liegt als das der Wissenschaft. Er mag ‚realistische' und ‚praktische'
Darlegungen – so wie ich unter Umständen auch [...] *Ich behandle einen Gegenstand je
nach Situation auf mehreren Diskursniveaus* [...] Hätte Professor Copeland gesagt, dass der
größte Teil meines Buches – ob erfolgreich oder nicht, sei dahingestellt – nicht unmittelbar
anwendungsorientiert, sondern wissenschaftlich zu argumentieren versucht, so könnte ich
dem zustimmen. Aber seine Kritik meint anderes – er lehnt solche Versuche grundsätzlich ab
[...] Ich glaube im Gegenteil, dass es angesichts der erheblichen Probleme, die großangelegte
Aktivitäten heutzutage in der Wirtschaft, Politik und im Schulwesen aufwerfen, *praktisch* sehr
wichtig ist, dass möglichst viele Menschen das anspruchsvolle Problem lösen helfen, wie wir
zu vertrauenswürdigen Generalisierungen über soziale Kooperation gelangen. Wir müssen
uns eine passende theoretische Grundlage zur Ausbildung professioneller Führungskräfte
erst noch erarbeiten." (Barnard 1939/1940, S. 304 f.; Hervorhebungen von E.W.-B.).

beiden Wissensarten als *gleichwertige* Partner miteinander *dialogisch* kommunizieren sollten (vgl. dazu Abschn. 4.3). Anstatt der Theorie umso stärkere Belehrungs- und praktische Aufklärungskompetenzen zuzugestehen, je besser sie ihre Gelehrtenideale verwirklicht, wollen wir davon ausgehen, dass noch die elaboriertesten Organisationstheorien von der Praxis ebenso viel lernen können, wie diese von jenen. Organisationspraktiker denken und handeln im Allgemeinen in guter Nachbarschaft mit dem Common Sense, derjenigen Instanz also, die allen oder den meisten Leuten einleuchtende, allgemeinverständliche Gesichtspunkte zur Verfügung stellt. Es lohnt sich auch für Organisationswissenschaftler, mit dem Common Sense der Praxis *und demjenigen ihrer eigenen Theorien* gute Beziehungen zu pflegen – inwieweit und warum, wird Kap. 4 erörtern.

2.3 Hauptaufgaben der modernen Organisations- und Managementpraxis

Was sich im Verlaufe der Zeit in der unendlich vielfältigen, äußerst komplexen Organisations- und Managementpraxis alles *verändert* hat, zeigen selbst Dutzende dickleibiger Werke der Firmen- und Managementgeschichte immer nur sehr annäherungsweise auf. Ähnlich kompliziert und im Einzelnen sogar noch schwerer genau *beschreibbar* ist der Wandel, den organisationstheoretische „Wolken von Abstraktionen" (wie Barnard zu sagen pflegte) durchmachen. Ideen- und Wissenschaftshistoriker befinden sich da annähernd in derselben Lage wie ein Meteorologe, der während eines Jahres den Gestaltwandel der Wolkenbildungen über einem größeren Territorium beschreiben wollte, ohne über exakte Wetterbeobachtungstechniken zu verfügen.

Angesichts dieser schlechthin unüberschaubaren Vielfalt verschiedenartigster Organisationspraktiken und -theorien mag es tröstlich sein, dass sich durchaus auch das Gedankenschema bewährt, das umgekehrt mit einer relativ großen *Konstanz organisationspraktischer Grundprobleme* rechnet. Vor allem *Unternehmungen,* der in modernen Wirtschaftsgesellschaften bedeutsamste Organisationstyp, hatten und haben früher wie heute immer wieder folgende *Hauptaufgaben* ihrer *zentralen Funktionsbereiche* zu lösen (vgl. Abb. 2.4):

a. Auf den verschiedenen *Beschaffungsmärkten,* die den *Versorgungsbereich* einer Unternehmung alimentieren, müssen Mitarbeiter rekrutiert, Finanzen beschafft sowie Anlagen und Materialien gekauft werden. Je größer und in der Regel deshalb auch je spezialisierter eine Unternehmung ist, desto professioneller kann sie diese Funktionen ausüben. Personalabteilungen obliegt

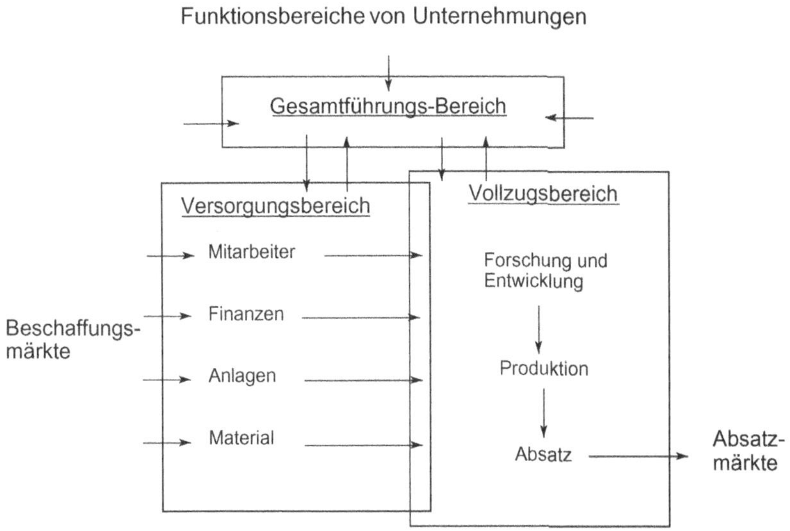

Funktionsbereiche von Unternehmungen

```
                    ┌──────────────────────────────┐
              ──────┤     Gesamtführungs-Bereich     ├◄─────
                    └──────────────────────────────┘

        ┌─────────────────────────┬──────────────────────────────┐
        │  Versorgungsbereich      │   Vollzugsbereich             │
        │                          │                               │
        │    ──► Mitarbeiter ────► │   Forschung und               │
        │                          │   Entwicklung                 │
Beschaffungs-   ──► Finanzen ────► │        │                      │
märkte  │                          │        ▼                      │
        │    ──► Anlagen   ────►   │   Produktion                  │
        │                          │        │                      │
        │                          │        ▼                      │       Absatz-
        │    ──► Material  ────►   │   Absatz ──────────────────►  │       märkte
        └─────────────────────────┴───────────────────────────────┘
```

Abb. 2.4 Wichtige Funktionsbereiche von Unternehmungen

dann etwa die Beobachtung der organisationsinternen und externen Arbeits-
marktverhältnisse, die Auswahl, Ausbildung, Entlöhnung und Förderung von
Mitarbeitern sowie die soziale Sicherung und gegebenenfalls auch Nach-
betreuung ehemaliger Mitarbeiter. Unter Bedingungen verwissenschaftlichter
Unternehmungsführung geht dies mit der Anwendung und eigenständigen
Weiterentwicklung von Erkenntnissen anwendungsorientierter Sozialwissenschaften einher. So werden etwa Personalselektionsverfahren der angewandten
Psychologie (anfänglich „Psychotechnik" genannt) übernommen, oder Ideen
der Human Relations-Schule zur Verbesserung der Personalführungskom-
petenzen und der Organisationsentwicklung adaptiert. Mehr oder weniger
verwissenschaftlichen lassen sich analog auch die Funktionen der Finanzierung, der Anlagen- und der Materialbeschaffung: Betriebswirtschaftliche oder
nationalökonomische Finanzierungsmodelle orientieren über optimale Kapi-
talstrukturen verschiedener Unternehmungsarten, Theorien des Rechnungswesens über zweckmäßige Kostenzurechnungsmethoden, logistische Modelle des
Operations-Research über optimale Lagerhaltungspraktiken, usw.

b. Entscheidend für den Erfolg, d. h. primär die Effektivität und die Effizienz einer Unternehmung sind vor allem die drei Kernfunktionen in deren *Vollzugs-bereich:* Gelingt es den Mitarbeitern, die *Forschungs- und Entwicklungsfunktionen* ausüben, Produkte herzustellen, die der Konkurrenz gewachsen sind? Im Prinzip lässt sich diese Frage auch auf Dienstleistungsfirmen z. B. der Versicherungs- oder der Bankenbranche anwenden. Besonders spektakulär, da gut verwissenschaftlichungsfähig sind aber natürlich vor allem die Forschungs- und Entwicklungsfunktionen hochtechnisierter Industrieunternehmungen, etwa der Elektro- und der Elektronikbranche oder der chemischen Industrie. Hier arbeiteten bereits um 1900 in einzelnen Großfirmen wie Siemens, General Electric oder DuPont Dutzende, ja Hunderte akademisch ausgebildeter Ingenieure und Naturwissenschaftler an der Erfindung neuer oder der Perfektionierung bestehender Produkte. Die Figur des eigenbrötlerischen Erfinders, der seine technisch innovativen Ideen in neue Produkte umzusetzen versucht, war dadurch zwar noch nicht ganz überholt, aber doch stark relativiert worden.

Ein bestimmtes Produkt mag technisch noch so innovativ sein – wirtschaftlich verwertbar ist es unter modern marktwirtschaftlichen Bedingungen nur, wenn es zu konkurrenzfähigen Kosten *produziert* und alsdann auf Absatzmärkten gewinnbringend *verkauft* werden kann. Spezialisten der Verfahrenstechnik und der (Massen-)Produktion einerseits, des Marketing andererseits nahmen und nehmen sich dieser wichtigen Aufgaben an. Auch sie sind im Laufe der Zeit immer mehr verwissenschaftlicht und technisiert worden – im Marketing-Bereich mit Marktforschungstechniken, vor allem aber im Produktionsbereich. Henry Ford hatte seine den „Fordismus" begründende Grundidee, dass ein nützliches Luxusgut (z. B. das Automobil) als Standard-Massenprodukt (Fords berühmtes Modell T) auch Massenproduktionsarbeitern erschwinglich sein müsste, noch in Zusammenarbeit mit ingenieurswissenschaftlich wenig vorgebildeten Betriebspraktikern realisieren können. Hochautomatisierte und zugleich flexible moderne Produktionsanlagen lassen sich inzwischen ohne hochwertiges wissenschaftliches Fachwissen kaum noch verwirklichen.

c. Erfolgreich behaupten kann sich eine Unternehmung sodann nur, wenn sie die Aktivitäten ihrer vielen verschiedenen Spezialisten im Rahmen einer *integrierenden Gesamtführung* sinnvoll bündelt und fokussiert. Die speziellen Sichtweisen der Funktionsbereiche müssen aufeinander abgestimmt, effizient koordiniert und innovationsfähig gemacht werden. Sie müssen „aufbauorganisatorisch" in Strukturen und „ablauforganisatorisch" in Prozesse eingebettet sein, die ihre Leistungsfähigkeit fördern, anstatt sie zu blockieren (seit ungefähr 1900 widmen sich vor allem sog. „Organisatoren", seit etwa 1920 auch sozialwissenschaftlich ausgebildete Organisationsberater dieser Aufgabe). Welche Herausforderungen die Umweltentwicklung der Unternehmung bescheren könnte, und wie diese hierauf, mit ihren Stärken und Schwächen, reagieren sollte, stellen in einer Unternehmung vor allem deren mit vorausschauenden Planungs- und strategischen Führungsfunktionen beauftragten Spezialisten oder Führungskräfte fest. Die Aufgabe des *Topmanagements* bzw. des *Unternehmers* war und ist es dabei, dafür zu sorgen, dass praktisch erfolgversprechende Ideen dieser strategisch orientierenden Art eine die ganze Organisation durchdringende Schwungkraft entwickeln. (Neuerdings nennt man dies (wieder) die Aufgabe, „Visionen" zu entwickeln und umzusetzen, vgl. unten Abschn. 9.2) Praxisorientierte Betriebswirtschaftler oder Sozialwissenschaftler versuchen seit einigen Jahrzehnten, auch diese Kunst der integrierenden Gesamtführung mit wissenschaftlichen Mitteln zu verbessern. Die hierfür erarbeiteten allgemeinen „Unternehmungs- und Managementmodelle" stehen aber, so praktisch nützlich sie sein mögen, dem Common Sense wesentlich näher als der wissenschaftliche Kern etwa des produktionstechnischen Fachwissens hochgradig technisierter Unternehmungen.

Ob in verwissenschaftlicht-technisierten Formen oder nicht – Unternehmungen müssen in den drei knapp umrissenen Hauptaufgabenbereichen Aktivitäten entwickeln, und in wenigstens einigen von ihnen müssen dies auch die meisten anderen Typen von Organisationen tun. Wirtschaftsorganisationen vormoderner Zeiten, etwa solche des Spätmittelalters, waren zweifellos ganz anders beschaffen als Institutionen moderner, dynamischer Marktwirtschaften (Kieser 1989). Gesellen wohnten häufig im Hause ihres Meisters, und gehörten dem „ganzen Haus", das dieser regierte, mit anderen und wahrscheinlich auch „mehr" Anteilen ihrer Persönlichkeit an, als es Organisationsmitgliedschaften im modernen Sinne verlangen. Alle Beschaffungs- und Absatzmärkte, vor allem aber die Arbeits- und Finanzmärkte waren streng gemäß den nicht-egalitären Grundwerten der Ständegesellschaft reguliert. Zu Reichtum und Ansehen gekommene Kaufleute verschenkten nicht selten große Teile ihres Vermögens wohltätigen Institutionen, wenn sie ihren Tod und damit Gottes Gericht, vor dem sich nur wenige Menschen nicht fürchteten, nahen fühlten. – Gleichwohl, trotz dieser erheblichen Differenzen gilt ebenso: Auch Zunftmeister, Kaufleute oder Bergwerksbesitzer des Spätmittelalters mussten darum besorgt sein, dass in den Institutionen, denen sie vorstanden, zur Herstellung und zum Vertrieb der „richtigen" Produkte geeignete Leute, genügend Kapital sowie zweckdienliche Arbeitsinstrumente zur Verfügung standen. Die „Fluktuation" des Personals in diesen gemäß modernen Standards statischen Institutionen war keineswegs gering, und auch die Umweltbedingungen

konnten sich – anders, als wir es uns gemäß dem Gedankenschema „dynamische
Gegenwart, statische Vergangenheit" vorzustellen belieben – infolge kriegerischer
Verwicklungen, von Seuchen, Hungersnöten und anderen Widerfahrnissen schlag-
artig verändern. In solchen Situationen zeigte sich dann jeweils, wem eigene
Tüchtigkeit oder glückliche Umstände bessere Chancen zur erfolgreichen Leitung
eines bestimmten Handwerk- oder Bergwerkbetriebs, eines Fernhandelsgeschäfts
usw. zuspielten.

Das einfache Übersichtsschema über *relativ konstante* Hauptaufgabenbereiche
von Unternehmungen sollte es mit anderen Worten erleichtern, sich möglichst
konkret jeweils beides, sowohl den *Wandel* wie auch die *Konstanz* einzelner
Kernaktivitäten von Organisationen vorzustellen.

2.4   Zusammenfassung

1. Schon in vormodernen Zeiten haben Organisationspraktiker (Kaufleute,
   Zunftmeister, Gutsverwalter, Staats- und Kirchenbeamte usw.) ihre Berufs-
   erfahrungen mit Standeskollegen ausgetauscht und an ihre Nachfolger wei-
   tergegeben. Die zunehmende Verbreitung von Techniken der *schriftlichen
   Fixierung* von Geschäftsvorfällen und Grundsätzen der Geschäftsführung
   hob die praktische Bedeutung dieses Erfahrungsaustauschs an, machte ihn
   anforderungsreicher und ergiebiger.
2. Seit dem 17. Jahrhundert haben immer mehr „gelehrte Praktiker" versucht,
   den in der Praxis erreichten Stand des Erfahrungswissens auch *organisationsübergreifend* weiterzugeben. Diese sich *aus Theorie und Praxis an die
   Praxis* wendenden Publikationen hatten dabei vor allem Bedenken, dass sie
   Betriebsgeheimnisse verrieten, zu beschwichtigen.
3. Erste Versuche, kaufmännisches und verwaltungspraktisches Führungswissen
   in *akademisch gelehrter* Form an innovativen Universitäten des 18. Jahrhunderts zu etablieren, waren nur vorübergehend erfolgreich, und wurden
   im 19. Jahrhundert eingestellt. Dagegen bewirkte in fast allen Industriegesellschaften die *Handelshochschulbewegung,* dass zwischen 1895 und 1920
   Universitäten, Technische Hochschulen und solche des Handels Lehrstühle
   und Institute einrichteten, welche sich der Lehre und Forschung auf dem
   Gebiet der neuen Fachwissenschaft „Betriebswirtschaftslehre" (in den USA
   „Business Administration", in Frankreich „Sciences Commerciales" u. ä.
   genannt) widmeten.
4. Die neue Fachwissenschaft hatte sich sowohl gegen Widerstände von Praktikern, die sie für unnötig, als auch gegen Widerstände etablierter Disziplinen,

etwa Volkswirtschaftler, die sie für akademisch zu wenig elaborierungsfähig hielten, durchzusetzen.

5. Die Betriebswirtschaftslehre und die ihr nahestehenden neuen Organisationswissenschaften behandelten an erster Stelle Probleme des sog. *kaufmännischen* Führungsbereichs der Praxis, daneben aber immer *auch* solche aus dem Bereich der *technischen* Direktion sowie *soziale Betriebs- und Personalführungsprobleme.*

6. Mit der fortschreitenden *Verwissenschaftlichung* kaufmännischer, technischer und sozialer Betriebsführungsprobleme folgte auf die *Pionierphase,* während der die neuen Territorien akademischer Forschung und Lehre abgesteckt und definiert wurden, deren *Ausbau- und Etablierungsphase.* Immer mehr Praxisbereiche eigneten sich wenigstens Teile des neuen akademischen Fachwissens an, beispielsweise Kostenrechnungs- und Planungstechniken, Personaleinstellungstests, Techniken der Arbeitsanalyse und der Organisation usw.

7. Dieser Trend zur *relativen* Zurückdrängung und Ersetzung praktischen Erfahrungswissens durch wissenschaftliches Fachwissen verlangsamt sich im *Reifestadium* der Verwissenschaftlichung der Organisations- und Managementpraxis. Ein neues Gleichgewicht zwischen der wissenschaftserfahrenen Praxis und den hochentwickelten Organisationswissenschaften, deren Ansatzvielfalt und -dichte sehr groß geworden ist, pendelt sich ein.

8. Hinsichtlich des seit je problematischem Verhältnis praktischen Erfahrungs- zu wissenschaftlichem Fachwissen kann man nach wie vor entweder von einer *Harmonie-* oder von einer *Konfliktprämisse* ausgehen. Gemäß ersterer ist „nichts so praktisch wie eine gute Theorie", vertritt die theorieskeptische Praxis, ohne es zu wissen, Theorien von gestern, usw. Der Konfliktprämisse zufolge gewährleisten Fortschritte akademischer Theorie oder Empirie keineswegs, dass die Praxis ihre Probleme besser lösen kann – denn nicht selten „taugt, was in der Theorie richtig ist, nichts für die Praxis".

9. *Aus der Praxis für die Praxis sprechenden,* d. h. ausgesprochen *praxisorientierten Ansätzen* stehen früher wie heute *aus der Theorie für die Theorie* sprechende, sowie in der einen oder anderen Weise zwischen Theorie und Praxis *vermittelnde Ansätze* gegenüber. Autoren, die wie etwa C. Barnard auf beiden „Diskursniveaus" – in „Wolken von Abstraktionen" ebenso wie in „Wolken von Ereignissen" – sich gleich kompetent und geschickt bewegen können, sind eher die Ausnahme als die Regel.

10. Das Karussell der Organisations- und Managementmoden dreht sich im Reifestadium der Verwissenschaftlichung der Managementpraxis immer

schneller. Relativ konstante Grundfragen des besonders wichtigen Organi-
sationstyps „Unternehmung" sind aber nach wie vor a) die Lösung von
Problemen der Forschung und Produktentwicklung, der Produktion und des
Absatzes im *Vollzugsbereich,* b) die Lösung der Kernprobleme des *Versor-
gungsbereichs,* sowie c) die der wesentlichen Probleme der integrierenden
Gesamtführung einer Unternehmung.

11. Ob hochgradig verwissenschaftlicht oder nicht: Seit je muss sich die Organisationspraxis ferner mit Grundfragen a) der *Effektivität* und der *Effizienz* der
angestrebten Ziele und eingesetzten Mittel, b) der *Auswirkungen* der eigenen
Aktivitäten auf das *Leistungsvermögen* und das *Wohlergehen* ihrer Mitglieder, auf die *Zufriedenheit ihrer Eigentümer, Klienten und Kunden* sowie auf
übrige *Außenstehende,* sowie c) der Möglichkeiten zur *Verbesserung* dieser
Aktivitäten auseinandersetzen.

Methoden und Ansätze der Organisationswissenschaften

3

3.1 Gattungen der organisationswissenschaftlichen Fachliteratur

Organisationswissenschaftler präsentieren ihre Arbeitsergebnisse nicht anders als Kollegen aus Nachbarwissenschaften im Gefäß einer der nachstehenden *Hauptgattungen sozialwissenschaftlicher Literatur:*

1. als *sozialwissenschaftliche Erzählungen: Chroniken* und andere Arten von *Faktensammlungen, Reportagen, Anekdoten, Kurzgeschichten, Erzählungszyklen* und *epische Großerzählungen (Romane);*
2. als *empirische Traktate: Demonstrations- oder Beweisstücke;* sowie.
3. als *theoretische Traktate* bzw. *Theorierätsel.*

In stark verwissenschaftlichten Humanwissenschaften, etwa der experimentellen Psychologie oder der Volkswirtschaftslehre, überwiegen empirische Demonstrations- und Beweisstücke bzw. (in der theoretischen Volkswirtschaftslehre) theoretische Traktate. Weniger stark nach naturwissenschaftlichem Vorbild verwissenschaftlichte Disziplinen, z. B. die Soziologie, Politologie oder Ethnologie, verfügen über eine gleichmäßig gestreute Sammlung von Beispielen aus allen Gattungen sozialwissenschaftlicher Fachliteratur. Dabei können manche Arbeiten mehr als nur einer Gattung zugeordnet werden. Freuds meisterhaft erzählten Fallgeschichten zum Beispiel sind gemäß der hier vorgeschlagenen Systematik primär der Gruppe dramatischer Kurzgeschichten, sekundär derjenigen empirischer Demonstrations- und Beweisstücke sowie von theoretischen Traktaten zuzuordnen (H. Bude (1993, S. 422) klassiert sie als „Novellen").

© Der/die Autor(en), exklusiv lizenziert durch Springer Fachmedien Wiesbaden GmbH, ein Teil von Springer Nature 2021
E. Walter-Busch, *Organisationstheorien von Weber bis Weick*,
https://doi.org/10.1007/978-3-658-35125-0_3

Offenbar wird das literarische Formenprofil einer Sozialwissenschaft stark von deren methodischen Standards bestimmt. Setzt eine Disziplin großes Vertrauen in fachwissenschaftlich diszipliniert und präzise, wenn möglich mathematisch formulierte *Theorien und Modelle,* so kommen in ihr theoretische Traktate häufig vor. Hält sie zusätzlich Theorien für empirisch überprüfungsbedürftig, so produzieren ihre Forscher in größerer Anzahl auch *empirische Traktate,* normalerweise vor allem theorientestende *Beweisstücke.* „Bloß" explorative Demonstrationsstücke oder Theorierätsel, in deren dunklen Tiefen sich nur wenige auskennen, sind verpönt.

In Fachwissenschaften, die über schwächere Theoriebildungsmöglichkeiten, dafür aber über einen ausgeprägten Willen zur empirischen Forschung *und* über gute Instrumente, ihn diszipliniert umzusetzen, verfügen, dominieren demgegenüber *empirische Demonstrations- und Beweisstücke.* Empirisch unfundierte theoretische Traktate haben es in ihnen schwer.

Am Ende der Ausbauphase im Verwissenschaftlichungsprozess der Organisationsforschung, während der zwei Jahrzehnte ab Mitte der 50er bis ungefähr Mitte der 70er Jahre also, glaubten viele Organisationsforscher, dass es ihnen annähernd gelungen sei, zwischen Organisations*theorien* und der *empirischen Untersuchung* von Organisationen eine ähnlich feste Beziehung herzustellen, wie sie wissenschaftlich fortgeschrittenere Disziplinen kennen. Die theoretischen Modelle von Organisationsforschern würden, wie man hoffte und erwartete, umso erklärungskräftiger, je strenger man sie – wenn möglich nicht nur in Einzelfallstudien, sondern in größeren Organisationspopulationen – empirischen Bewährungsproben unterzöge. Umgekehrt werde die empirische Forschung von den Fortschritten der Theoriebildung profitieren. Zeitgemäße Lehrbücher der Organisationstheorie hatten die Unterscheidungen, die sie präsentierten, in dazu passende Beispiele empirischer Traktate einzubetten, und die maßgebenden Organisationsforschungszeitschriften (so gut wie ausschliesslich solche aus den USA) bevorzugten dementsprechend empirische Beweis- und Demonstrationsstücke oder theoretische Traktate.

Seit diesem Höhepunkt einer sich als solide sozial*wissenschaftlich* verstehenden Organisationsforschung ist die Skepsis gegenüber dem Methodenideal, das ihr zugrunde liegt, wesentlich größer geworden (vgl. dazu sowie zu daraus ableitbaren Konsequenzen Kap. 4). Empirische Beweisstücke entpuppten sich, methodenkritisch genauer besehen, bestenfalls als Demonstrationsstücke, wenn nicht gar „bloß" – so wie manche theoretischen Traktate – als Geschichten (insbesondere Kurzgeschichten mit einer bestimmten „Moral von der Geschicht"). Dementsprechend größer ist in den 80er und 90er Jahren die Vielfalt der auch organisations„wissenschaftlich" zugelassenen Fachliteraturgattungen geworden.

Qualitative, nicht quantifizierende Einzelfallstudien, die vorübergehend außer Kurs geraten waren, werden wieder respektiert, und auch die schlichte Reportage Funktion empirischer Sozialforschung ist anerkannt. Epische Großerzählungen vom Werdegang ganzer Organisationen finden Anerkennung, selbst wenn sie ohne „grand theory" auskommen. Unter den einst sehr anspruchsvollen Theorien gibt es nur noch wenige, deren Bewusstsein, im Gewande eines theoretischen Traktates auf der Bahn wissenschaftlichen Erkenntnisfortschritts zu wandeln, ungebrochen ist. Man traut allenfalls noch einer *Mehrzahl* unterschiedlicher, ja widersprüchlicher Theorien *zusammen* zu, die komplexen Realitäten von Organisationen fortschreitend besser erhellen zu können. Richard Hall, ein entschiedener Befürworter einer empirisch-induktiven Organisationstheorie, hat dies im Vorwort zur 5. Auflage seines Lehrbuches, wo er auf hervorstechende neuste „Veränderungen im engeren Feld der Organisationstheorie" eingeht, wie folgt ausgedrückt:

> „Der entscheidende Wandel [...] besteht in der weitverbreiteten Erkenntnis, dass wir mit unserer Einsicht in Organisationsphänomene nur vorankommen, wenn wir mehrere theoretische Perspektiven *kombiniert* verwenden." (Hall 1991, S.VII)

Dieser Tendenz zu einem größeren Theorienpluralismus und theoretischen Eklektizismus entspricht auch eine zu einer bunteren Formenvielfalt organisationswissenschaftlicher Fachliteratur.

3.2 Quantifizierende und qualitative Verfahren der Organisationsforschung

Die exakten Naturwissenschaften haben seit dem 17. Jahrhundert, als die Newtonsche Physik entstand, mit ihren beiden Methodenzielen *„miss, was messbar ist, und mache messbar, was noch nicht gemessen werden kann"* und *„erkläre mittels allgemeingültiger Theorien, was erklärbar ist, und mache erklärbar, was noch nicht erklärbar ist"* spektakuläre Erfolge erzielt. Die praktisch so folgenreiche Technisierung moderner Industriegesellschaften – von der, wie oben Abschn. 2.2 berichtete, auch die Akademisierung der Organisations- und Managementpraxis starke Impulse empfing – wäre ohne die Verwissenschaftlichung von immer mehr Gebieten naturphilosophischen Wissens undenkbar gewesen. Es war unter diesen Umständen ein naheliegender Gedanke, die theoriebildenden und empirisch theorieprüfenden Forschungsstrategien, die in den exakten

Naturwissenschaften offensichtlich äußerst erfolgreich waren, auch in denjenigen Bereichen humanwissenschaftlicher Forschung zu erproben, die für eine eher natur- als geisteswissenschaftliche Ausrichtung geeignet erschienen. Solche Versuche forderten von Anfang an die Argumentationskunst einerseits der *Befürworter*, andererseits der *Kritiker* exakt wissenschaftlicher, d. h. im Idealfall streng quantitativer Standards humanwissenschaftlicher Forschung heraus. Worin unterscheiden sich quantifizierungsfreundliche von quantifizierungskritischen, „qualitativen" Organisationsforschern, und welche Konsequenzen hat dies – in der Organisationsforschung nicht anderes als in den Sozialwissenschaften im Allgemeinen – für den Prozess der Erkenntnisgewinnung?

Zur Beantwortung dieser Frage ist zunächst – in aller Kürze – an eine wichtige Eigenschaft quantifizierender Sozialforschung, ihr *Datenmatrixprinzip*, zu erinnern. Wenn sie ihre Realitätsbeschreibungen zeitlich, sachlich und intersubjektiv möglichst eindeutig vergleichbar und überprüfbar machen möchten, *müssen* empirische Sozialforscher ihre Beobachtungen in einer *Datenmatrix* festhalten, die tabellenförmig aufzeichnet, welchen *Untersuchungsobjekten* in einem bestimmten Zeitintervall (meistens „Zeitpunkt" genannt) hinsichtlich welcher *Beobachtungsgrößen* (oder Eigenschaften; den Variablen einer Datenmatrix) welche *Eigenschaftsausprägungen* zugeschrieben wurden. Die prinzipiell endlose Diskussion über *möglicherweise* relevante Untersuchungsobjekte, Beobachtungsgrößen und deren angemessene Interpretation muss also vorübergehend abgeschlossen, und ein Entschluss zugunsten *eines* klar definierten, möglichst gut operationalisierbaren und auf die Untersuchungsobjekte gut anwendbaren Variablensets gefasst werden.

Jede tabellenförmig aufgebaute Datei, die man mit einem Tabellenkalkulations- oder Datenbankprogramm erstellt, ist eine solche Datenmatrix. Abb. 3.1 präsentiert einen Auszug aus einer fiktiven Organisationsforschungsstudie, der beiläufig darauf hinweist, dass sich hinter schlichten Zahlencodes einer Datenmatrix messtechnisch sehr verschiedenartige Vorgänge verbergen können: relativ unproblematische im Falle der zweiten und dritten Variablen[1], offensichtlich komplexe, und in manchen Belangen durchaus fragwürdige im Falle der Variablen „Zufriedenheitsindex" und „Prozentsatz von Mitarbeitern mit hohem Führungspotential". Bei der Messwertreihe V_4, die

---

[1] Selbst hier können sich indessen in verschiedenen Umgebungen (Abteilungen, Organisationen, Landesteilen, ganzen Ländern) unterschiedliche Messpraktiken eingespielt haben, die sich wie ein – schwer durchschaubarer – systematischer Messfehler auswirken. Statistische Daten werden leider viel zu häufig ohne jeglichen Hinweis darauf publiziert, *wie* sie *konkret* erhoben wurden. Hätte sich ein solcher Brauch durchgesetzt, wäre er in wenige Zeilen enthaltenden Anmerkungen realisierbar; mangels publizierter Informationen ist aber meistens die

Beispiel einer Datenmatrix

Untersu-chungs-objekt Nr.:	Beobachtungsgrössen (Eigenschaften, Variablen):				
	V_1 Name der Abteilung	V_2 Anzahl Mit-arbeiter	V_3 Anzahl Füh-rungsstufen	V_4 Zufrieden-heitsindex I	V_m % mit hohem Führungspotential
1	AVOR	15	1	2.3	...	33 %
2	Dreherei	43	3	2.1		5 %
3	Montage	21	2	2.4		10 %
...	...	...	...	...	...	...
n	Export	13	1	1.8		30 %

Definition der numerischen Codes
für Eigenschaftsausprägungen:

V_2: inkl. auf Vollzeitstellen
umgerechnete Teilzeitstellen

V_3: nur Vorgesetztenebenen, exkl.
Niveaus der Spezialistenlaufbahn

V_4: arithmetisches Mittel der Antworten auf
5 allgemeine Zufriedenheitsfragen der
Betriebsumfrage 1991
(Bedeutung der fünfstufigen Antwortskala:
1 = sehr gut, 2 = gut, 3 = durchschnittlich,
4 = schlecht, 5 = sehr schlecht)

V_m: Führungspotential vom Abteilungsleiter an
der letzten Qualifikation in x% der Fälle als
"sehr gut" beurteilt

Abb. 3.1 Beispiel einer Datenmatrix

arithmetische Mittel aggregierter Einstellungsdaten präsentiert, wird ein relativ hohes Messniveau (Intervalldatenniveau) vorausgesetzt, und die Vertrauenswürdigkeit der von V_m wiedergegebenen Prozentzahlen hängt ersichtlich vor allem davon ab, aufgrund welches Beurteilungsverfahrens und wie einheitlich die Vorgesetzten bei der Qualifikation ihrer Mitarbeiter zum Urteil „Führungspotential sehr gut" gelangten[2].

Sehr treffend ist darum, was ein bekannter Methodenspezialist für sozialwissenschaftliche Empirie, D. Campbell, von den „Löchern in einer Lochkarte", mit

---

Suche nach entsprechenden Angaben – etwa bei international vergleichenden Statistiken – derart aufwendig, dass man sie lieber gleich unterlässt – was wiederum den unguten Brauch, auf solche Angaben überhaupt zu verzichten, unterstützt.

[2] Dieses Beispiel zeigt zugleich, wie kompliziert die Grenze zwischen „quantifizierender" und „qualitativer" Sozialforschung verlaufen kann. Denkbar ist, dass ein durch und durch qualitativ orientierter Seelenforscher Menschen am Ende aufwendiger Untersuchungen bestimmte komplexe Diagnosen ausstellt. Der Anteil, der also mit bestimmten Diagnosen Bedachten ist dann so, wie es V_m (s. Abb. 3.1) vorführt, *abzählbar* – falls diese Diagnosen nachträglich oder vorbeugend nicht mit dem sie gegen Kritik immunisierenden Argument relativiert werden, „so eindeutig", dass sie gezählt und damit quantifiziert werden könnten, seien sie nicht gemeint (vgl. dazu unten, Grundsatz 7 von Abb. 3.3).

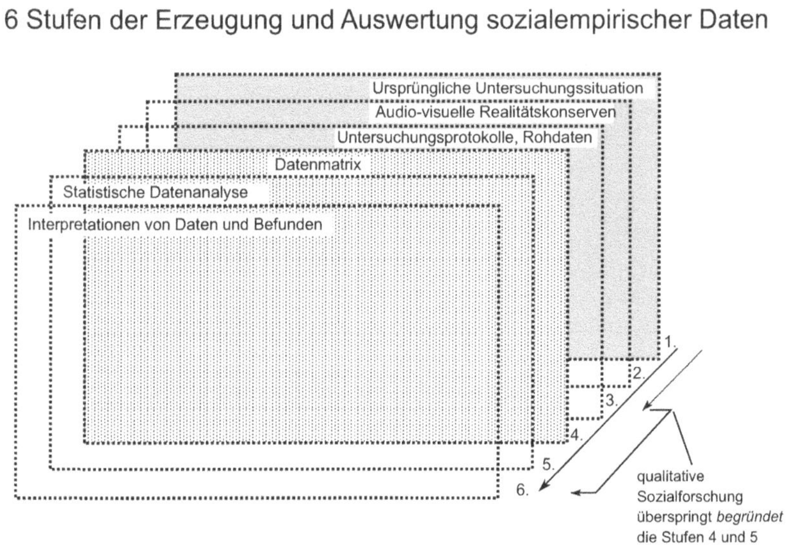

6 Stufen der Erzeugung und Auswertung sozialempirischer Daten

Abb. 3.2 Sechs Stufen der Erzeugung und Auswertung sozialempirischer Daten

denen man früher Massendaten in Datenmatrizen eintrug, gesagt hat: „Man kann der qualitativen Grundlagen quantitativer Daten gewahr werden, indem man der Spur eines jeden beliebigen Löchleins in einer IBM-Lochkarte zurück bis zu den Quellen seiner Entstehung folgt" (vgl. Abb. 3.2). Im Falle eines Personalbeurteilungsverfahrens, das Auswertungen wie von Abb. 3.1 dargestellt ermöglicht, würde diese Spur beispielsweise zu jenen Beurteilungsgesprächen führen, in deren Verlauf die Qualifizierenden zum Schluss gelangten, ihren Kandidaten je nachdem die Qualifikation „Führungspotential sehr gut" oder auch „Führungspotential schwach" zuzuschreiben. Gäbe es von diesen Gesprächssituationen audiovisuelle Video-Aufzeichnungen (einem bei qualitativen Sozialforschern und Verhaltensforschern (Ethologen) beliebten Mittel der Erzeugung von *„Realitätskonserven"*, vgl. Bergmann 1985, S. 309), so könnte man an diese Qualifikationsverfahren nachträglich immer wieder (unter wechselnden Gesichtspunkten) die Frage stellen, warum sie wohl so gelaufen sind, wie sie gelaufen sind. Viel wahrscheinlicher ist es indessen, dass von der ursprünglichen Untersuchungssituation (nach Abb. 3.2) außer Erinnerungsspuren in den Köpfen der Beteiligten nur *verbale Situationsprotokolle* (etwa Notizen im Qualifikationsformular) erhalten geblieben sind. Auf diese mehr oder weniger dürftigen Überreste muss man bei der Erstellung der Datenmatrix hauptsächlich zurückgreifen – deren Eintragungen beruhen ganz allgemein auf einschneidenden Vereinfachungen von viel komplexeren *(und entsprechend vielfältig rekonstruierbaren)* Realitäten der ursprünglichen Untersuchungssituation. Die jederzeit *sehr verschiedenartigen Möglichkeiten der statistischen Analyse und Interpretation* der in eine Datenmatrix aufgenommenen Daten[3] reflektieren insofern nur diese *unerschöpfliche Sinn-Offenheit humanwissenschaftlicher Untersuchungssituationen,* und reagieren mit ihrer eigenen auf deren *prinzipielle Mehrdeutigkeit* durchaus sinnvoll.

Während quantifizierende, eher naturwissenschaftlich orientierte Sozialforscher sich dadurch in ihrer Zielsetzung, lieber weniges genau als vieles ungenau zu erkennen, nicht beirren lassen, streben qualitativ forschende Sozialforscher nach einer Art „zarter Empirie" (ein Wort Goethes), die den Besonderheiten des Untersuchungsobjektes Mensch besser gerecht wird. Sie entziehen sich der immer auch einschränkenden Disziplin, welche die Stufen 4 und 5 dem quantitativen Sozialforscher auferlegen, und springen von der Stufe 3 des Sozialforschungsprozesses direkt zur Stufe 6 (vgl. Abb. 3.2). Die Gefahr einer selbstherrlichen oder willkürlichen Interpretation der erhobenen Befunde versuchen sie dabei zu reduzieren, indem sie, beispielsweise über *Dialoge* mit den als Kommunikations*teilnehmer* behandelten *Menschen,* die sie untersuchen, mit der ursprünglichen Untersuchungssituation in Kontakt bleiben. Entziehen sie damit, wie ein naheliegender Einwand besagt, ihre wie immer auch dialogischen, offen-flexiblen Untersuchungsverfahren nicht einfach nur härteren Tests der Theorien, mit denen unausweichlich auch sie operieren (vgl. Anm. 3)? Dieser Kritik antwortet u. a. die Regel, vieles „ungenau" zu erkennen sei besser als mit den nur scheinbar streng theorietestenden Methoden quantifizierender Sozialforschung allzuweniges scheingenau zu durchschauen (vgl. Abb. 3.3).

Die diversen Ansätze empirischer und theoretischer Organisationsforschung, die es gibt (vgl. dazu Abschn. 3.4), unterscheiden sich hinsichtlich ihrer Präferenz für quantifizierende und/oder qualitative Untersuchungsverfahren. Diese sind auch auf den drei Ebenen der *Makro-, Meso- und Mikroanalyse* von Organisationen unterschiedlich stark vertreten. Für makroanalytische *Weitwinkelaufnahmen* ganzer Organisationspopulationen eignen sich quantifizierende Verfahren, welche die Entstehung, den Werdegang und das Verschwinden einer oder mehrerer Arten von Organisationen beschreiben, sehr gut (vgl. dazu unten, Abschn. 8.5 über die Populationsökologie). Bei mikroanalytischen *Nahaufnahmen* von Organisationen

---

[3] Zu beachten ist dabei, dass das „Aufnehmen von Daten in eine Datenmatrix" nie voraussetzungslos geschieht, sondern stets und unvermeidlich von mehr oder weniger deutlich bewussten Vor-Interpretationen der Daten geleitet ist. Insofern gilt auch für explorative Sozialforscher, die nicht theorietestend vorgehen, der Grundsatz des Primats der Theorie.

Regulative quantifizierender und qualitativer Sozialforschung

a) quantifizierend:	b) qualitativ:
1. Natur- und sozialwissenschaftliches Fachwissen soll exakt sein	(1) Humanwissenschaftliches Fachwissen in Geistes- und Sozialwissenschaften ist oft unexakt "weich"
2. "Miss, was messbar ist, und mache messbar, was es noch nicht ist"	(2) "Zarte Empirie" soll auch Unwägbares ("Imponderabilien") erfassen
3. "Erkläre mittels allgemeingültiger Theorien, was erklärbar ist, und mache ('nomothetisch') erklärbar, was es noch nicht ist"	(3) Umfassendes "idiographisches" Verstehen des Einzelfalles in seiner Besonderheit und "Totalität"
4. Monologisches Erkennen: die Beforschten als Untersuchungsobjekte	(4) Dialogisches Verstehen: die Beforschten als Dialogpartner
5. Distanziert-beobachtende, streng kontrollierte (idealerweise experimentelle) Untersuchungsmethoden	(5) Engagiert teilnehmende Untersuchungs-verfahren
6. Hypothesentestendes Vorgehen	(6) Explorative Vorgehensweisen
7. Standardisierte Messinstrumente	(7) Offen-flexible Untersuchungsverfahren
8. "Lieber Weniges genau als Vieles ungenau erkennen"	(8) "Lieber Vieles ungenau als Weniges pseudogenau erkennen"

Abb. 3.3 Regulative quantifizierender und qualitativer Sozialforschung

bieten sich umgekehrt eher qualitative als quantifizierende Verfahren an. Hier sind detailgenaue Analysen der Strukturen der Lebenswelt und des Verhaltens einzelner Organisationsmitglieder gefragt, zu denen quantifizierende Sozialfor-schungsmethoden mit ihrer standardisierenden Ausrichtung nicht so viel beitragen können. „Mesoanalytische" *Großaufnahmen* von Organisationen schließlich eig-nen sich ungefähr ebenso gut für quantifizierende wie für qualitative Studien. Letztere verzichten dabei auf quantifizierende Verfahren häufig vor allem dann, wenn sie „idiographisch" einzigartige Organisationsgeschichten herausarbeiten. Quantitative Techniken der Datenanalyse können grundsätzlich auch bei der Untersuchung von Einzelfällen sinnvoll eingesetzt werden. Ihre Stärke liegt aber weniger hier, als in der Durchleuchtung der Zusammenhänge, die mehr oder weniger verallgemeinerungsfähig zwischen den Eigenschaften einer Mehrzahl von Untersuchungsobjekten feststellbar sind.

3.3 Disziplinenspezifische Prämissen

Die Verschiedenheit der fachwissenschaftlichen Gesichtspunkte, unter denen Humanwissenschaften menschliches Verhalten beschreiben, provoziert zuweilen heftige Kontroversen – zumal, wenn eine Disziplin ihre Sichtweise für wissenschaftlicher hält als alle andern, und diesen die eigene aufzudrängen versucht. Sigmund Freuds Aussage, dass es eigentlich nur eine wirkliche Wissenschaft vom Menschen gebe, nämlich die psychoanalytische, wurde von Psychologen oder Soziologen anderer Ausrichtung natürlich nicht gerne gehört, und gegebenenfalls auch entschieden bestritten. Auguste Comtes Rangfolge positiver Wissenschaften, an deren Spitze er eine von ihm „Soziologie" genannte Wissenschaft setzte (die im 19. Jahrhundert freilich noch eher Fiktion und Wunschbild als Realität war), weckte verständlicherweise vor allem bei den Ökonomen, gegen die sich Comtes Rangordnung wandte, wenig Begeisterung. Deren Modell des homo oeconomicus, das sie in verschiedenen Varianten wiederholt zur wissenschaftlich besten Erklärungsmöglichkeit menschlichen Verhaltens deklarierten, gilt wiederum bei „ökonomismuskritischen" Sozialwissenschaftlern als keineswegs besonders erklärungskräftig oder allgemeingültig – wobei es durchaus Psychologen, Soziologen und Politologen gibt, die den Anspruch mancher Mikroökonomen, über die wissenschaftlich bestmögliche Theorie nicht allein zweckrational-ökonomischen Handelns, sondern menschlichen Verhaltens überhaupt zu verfügen, akzeptieren, und ihn in ihrer eigenen Disziplin durchzusetzen versuchen (vgl. dazu v. a. Kirchgässner 1991; Esser 1991).

Bevor abschließend wichtige Ansätze der Organisationstheorie überblicksweise kurz vorgestellt werden, ist es zweckmäßig, auf die diesen je zugrundeliegenden *fachwissenschaftlichen Perspektiven* – die sich teilweise markant voneinander unterscheiden – hinzuweisen. Ein organisationswissenschaftlicher Ansatz kann erfahrungsgemäß wesentlich besser verstanden werden, wenn man sich einerseits seine *fachwissenschaftliche Herkunft,* andererseits Art und Ausmaß seiner *Praxisorientierung* vergegenwärtigt. Diese lockert nicht selten die Bindung einer Subdisziplin an die „Mutterwissenschaft", der sie entstammt. Denn praktische Probleme treten eher nur ausnahmsweise in einer exklusiv fachwissenschaftlich behandelbaren Form auf; meistens müssen sie unter Beizug zusätzlichen praktischen Erfahrungswissens *interdisziplinär* definiert und gelöst werden.

Denken wir uns Fachwissenschaften nach der Relevanz, die sie für die Organisationstheorie haben, um diese herum angeordnet, so kann man einen inneren Kreis von ihr ziemlich bis sehr nahestehenden *Nachbarwissenschaften* unterscheiden, die ihrerseits den verschiedenen humanwissenschaftlichen Kerndisziplinen

Ökonomie, Psychologie, Soziologie, Jurisprudenz usw. zuzuordnen sind (s. Abb. 3.4). Die wichtigsten Nachbarwissenschaften der Organisationstheorie sind die Arbeits-, Betriebs-, Industrie- und Organisationspsychologie bzw. -soziologie sowie betriebswirtschaftliche Disziplinen, namentlich die Organisations- und die Personalwesenslehre. Ebenfalls ziemlich relevant sind die von der ingenieurswissenschaftlichen Betriebswissenschaft geprägten Arbeitswissenschaften, die Verwaltungswissenschaft, die schon in den Rechts- und Staatswissenschaften des 19. Jahrhunderts eine wichtige Rolle spielte, sowie die volkswirtschaftlich orientierte Organisationstheorie, die neuerdings im Gefolge der Transaktionskostentheorie und anderer Ansätze der neuen Ökonomie der Institutionen einen kräftigen Aufschwung erlebte.

Das Prinzip der Unterscheidung zwischen den Subdisziplinen Arbeits-, Betriebs-, Industrie- und Organisationspsychologie bzw. -soziologie ist in beiden Fällen (auf der Seite der psychologischen Fächer einerseits, der soziologischen

Abb. 3.4 Der engere (Nachbarwissenschaften) und weitere disziplinäre Kontext moderner Organisationstheorien

andererseits) sehr ähnlich: Zuerst haben sich in der Psychologie wie in der Soziologie die Betriebs-, die Arbeits- und die Industriepsychologie bzw. -soziologie ausdifferenziert. Die Betriebs- und Arbeitspsychologie waren in der Psychologie, ihrem weniger auf die Gesellschaft als ganze als auf den einzelnen Menschen gerichteten Blick entsprechend, deutlich höher entwickelt als die Industriepsychologie (bzw. diese von jenen nicht deutlich verschieden). Soziologen war umgekehrt die global industriesoziologische Makroperspektive besser vertraut als eine betriebssoziologische Mesoperspektive. Diese wurde demzufolge (in Deutschland z. B. von G. Briefs und seinen Schülern) eher weniger kräftig und später ausgebildet als jene. Um 1960 entwickelten sich als neue Subdisziplinen die Organisationspsychologie und die Organisationssoziologie. Deren Promotoren versuchten, mit besseren Theorien den Gesetzmäßigkeiten zweckorientierter Kooperationssysteme im Allgemeinen, nicht nur denjenigen von Wirtschafts- oder Verwaltungsbetrieben, auf die Spur zu kommen. In der Organisationspsychologie spielen seitdem zunehmend auch nichtpsychologische Organisationstheorien eine Rolle, so wie umgekehrt in diesen organisationspsychologische Modelle (etwa dasjenige von Karl Weick, s. unten, in Abschn. 3.5 Abb. 3.5 und 3.6, sowie Abschn. 9.1). Die verstärkte *Theorieorientierung* und *Interdisziplinarität* der modernen Organisationstheorie geht insofern wesentlich auf die Ausdifferenzierung der beiden Fachrichtungen „Organisationspsychologie" und „Organisationssoziologie" zurück.

Traditionell am stärksten *praxisorientiert* sind von den aufgeführten Nachbarwissenschaften der Organisationstheorie die betriebswirtschaftliche Organisationslehre, die Arbeitswissenschaften, die Personalwesenslehre sowie die Betriebs-, Arbeits- und die Organisationspsychologie. Um typische Eigenarten der Blickweise dieser Subdisziplinen zu verstehen, sollte man sich stets die praktischen Probleme vor Augen halten, zu deren wissenschaftlicher Definition und Lösung sie beitragen sollen. Es sind primär.

- in der betriebswirtschaftlichen Organisationslehre Fragen der Gestaltung und Lenkung aufbau- und ablauforganisatorischer Regelungen;
- in den Arbeitswissenschaften Fragen der Arbeitsgestaltung, d. h. v. a. der menschengemäßen Konstruktion und Handhabung von Maschinen und Arbeitssystemen;
- in der Personalwesenslehre solche der Beschaffung, Auswahl, Ausbildung, Entlöhnung und Entwicklung von Personal (vgl. dazu oben, Abschn. 2.3); sowie
- in der Arbeits-, Betriebs- und Organisationspsychologie Fragen der psychologisch kompetenten Erstellung von Arbeitsanforderungsprofilen (menschen-

und maschinenbezogen), von Berufseignungs-, Fähigkeiten- sowie Persönlichkeitsdiagnosen, der Mitarbeiterschulung und Organisationsentwicklung.

Besonders die ökonomische Organisationstheorie, aber auch weite Bereiche der
Industrie-, Arbeits-, Betriebs- und Organisationssoziologie waren und sind demgegenüber wesentlich weniger, oder jedenfalls in anderer Weise praxisorientiert.
Theoretische Erklärungs- und gesamtgesellschaftliche Hinterfragungsprobleme
stehen für sie im Vordergrund. Dabei setzen die Arbeitsverbesserungskonzepte
von Industrie- und Arbeitssoziologen die Tradition jener arbeitnehmerorientierten
Ideen zur „organisation du travail" fort, mit denen sich Frühsozialisten und andere
Gesellschaftsreformer seit den 40er Jahren des 19. Jahrhunderts beschäftigten (s.
oben, Abschn. 1.2). Manche gesellschaftskritischen Arbeits- und Industriesozio-
logen gehen mit Recht davon aus, dass sie ihre systemkritischen Überzeugungen
verraten müssten, wenn die wirtschaftlich und politisch herrschenden Kreise ihre
Dienste direkt in Anspruch nähmen (vgl. dazu z. B. Beckenbach 1991; sowie
Walter-Busch 1992). Ihre Konzepte erhalten allenfalls während politisch progressiven, reformfreudigen Phasen der Gesellschaftsgeschichte (so etwa zwischen
1965 und 1975, als in mehreren Ländern Programme zur Humanisierung der
Arbeit sowie arbeitnehmerorientierte Organisationsentwicklungspraktiken sozi-
alstaatlich gefördert wurden) eine vorübergehende Praxisrelevanz. Sobald der
Spielraum für sozialstaatliche Reforminitiativen, wie zuletzt nach 1975, wieder
kleiner wird, drohen solche politisch weitausgreifenden Veränderungskonzepte
alsdann zwischen „Auftragsforschung und sozialer Bewegung" zu versanden (vgl.
Offe 1982 sowie Beck 1982, S. 397–473; Beck, Bonss 1989, S. 248 ff.).

Ihre Distanz zur Praxis hat es der Organisationssoziologie andererseits nicht
etwa erschwert, sondern eher erleichtert, organisations*theoretisch* fruchtbar zu
sein. Die moderne, zunehmend interdisziplinäre Organisationstheorie ist bisher
am stärksten wohl von industrie- und organisationssoziologischen Untersuchungen geprägt und beeinflusst worden (vgl. dazu z. B. Luhmann 1966; Scott 1986).
Ob sich dies in Zukunft, unter dem Einfluss der neuen institutionentheoretischen
Ansätze der Ökonomie (vgl. dazu Abschn. 9.5), ändern wird, ist vorläufig noch
eine offene Frage.

3.4   Ansätze der Organisationstheorie: eine Übersicht

Wer eine brauchbare Auslegeordnung der zahlreichen Organisationstheorien,
die es gibt, erstellen möchte, muss relevante Ansätze identifizieren, in ihren
wesentlichen Eigenschaften charakterisieren, und einer überschaubaren Anzahl

trennscharf definierter Theoriegruppen – auch Typen oder Cluster von Theorien
genannt – eindeutig zuordnen. Was aber schon im Falle von Organisationen nicht
einfach ist, wie die oben referierten Ausführungen über die Organisationstypologien von Etzioni, Blau, Scott und Mintzberg zeigten (Abschn. 1.4), fällt bei
Organisationstheorien, als rein gedanklichen, sehr unterschiedlich auslegbaren
Gebilden, noch schwerer. Entsprechend vielfältig sind die bis heute ausgearbei-
tete Typologien von Organisationstheorien – der Versuch, sie ihrerseits mit einer
Typologie von Organisationstheorietypologien zu ordnen, wäre durchaus möglich
und unter Umständen sogar sinnvoll.

Stattdessen wird hier im Folgenden einfach eine grobe Übersichtskarte der
von diesem Buch in Betracht gezogenen, teils mehr, teils weniger gründlich
besprochenen Ansätze präsentiert. Um etwaige Fehler oder Unvollständigkeiten
der Karte besser einsehbar zu machen, sei ihr wenigstens eine andere, recht weit
verbreitete Typologie, diejenige von R. Scott, vorangestellt (Abb. 3.5).

Sie unterscheidet drei organisationstheoretische Gesichtspunkte, unter denen
man Organisationen als *rationale,* als *natürliche* oder als *offene Systeme* betrachten kann. Jede der Perspektiven verwendet einen anderen Organisationsbegriff.
Der erste, historisch älteste nennt „Organisation […] eine an der Verfolgung relativ spezifischer Ziele orientierte Kollektivität mit einer relativ stark formalisierten
Sozialstruktur" (Scott 1986, S. 45). Nachdem die Human Relations-Bewegung die
überragende Bedeutung der informalen Organisationsstruktur „entdeckt" hatte,
lernte man Organisationen als „natürliche" Kollektive von Menschen sehen, die
„durch die formale Struktur oder die offiziellen Ziele kaum beeinflusst werden,
jedoch ein gemeinsames Interesse am Fortbestehen des Systems haben und sich
an informell strukturierten Kollektivaktivitäten zugunsten seiner Erhaltung beteiligen" (ibid. S. 47). Die dritte Sichtweise schließlich konzipiert Organisationen
nicht wie die ersten beiden Begriffe als geschlossene, sondern als umweltoffene Systeme. Eine Organisation ist so gesehen „eine Koalition wechselnder
Interessengruppen, die ihre Ziele in Verhandlungen entwickelt; die Struktur
dieser Koalition, ihre Aktivitäten und deren Resultate sind stark geprägt von
Umweltfaktoren" (ibid. S. 47).

Berücksichtigt man zusätzlich, dass es auch in der dritten Perspektive einen
Fortschritt (oder Wandel?) von rationalen zu natürlichen Modellen gibt, so lassen sich Scott zufolge die wichtigsten Ansätze der Organisationstheorie so wie
von Abb. 3.5 dargestellt den Theorietypen I (rational, geschlossen), II (natürlich,
geschlossen), III (rational, offen) und IV (natürlich, offen) zuordnen.

Scott hält die drei Perspektiven bzw. vier Typen I–IV einerseits für „Entwicklungsstufen" der Organisationstheorie, deren Fassungsvermögen für Komplexität

Typen und Ansätze der Organisationstheorie nach R. Scott

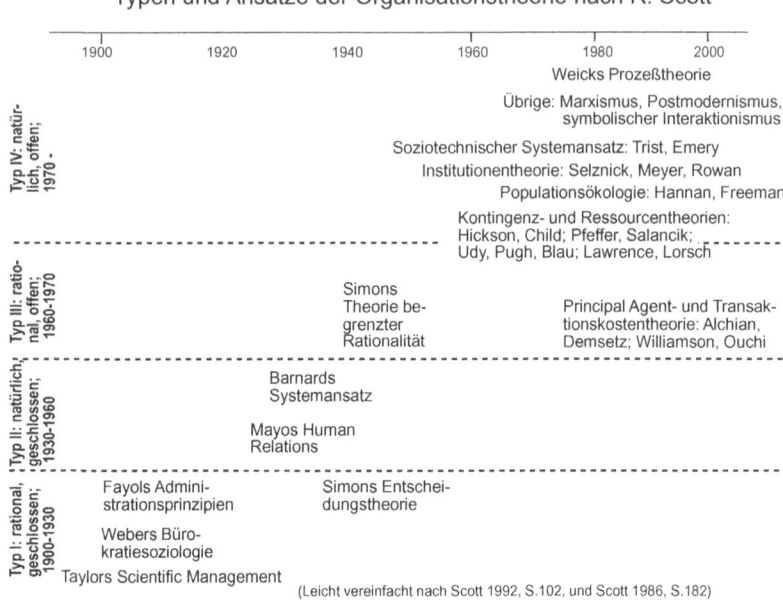

(Leicht vereinfacht nach Scott 1992, S.102, und Scott 1986, S.182)

Abb. 3.5 Typen und Ansätze der Organisationstheorie nach R. Scott

von Stufe zu Stufe größer wurde. Sie markieren insofern Fortschritte der Erkenntnis. Andererseits hebt Scott hervor, dass es sich bei ihnen nicht um echte Paradigmen im Sinne von Kuhn handle (s. dazu Kap. 4), sondern eher um „Präparadigmen" (ibid. S. 174). Denn der Widerstreit zwischen ihnen (ibid. S. 147) lasse sich vorläufig weder durch ein allen anderen überlegenes, echtes Paradigma – dasjenige des vielleicht kommenden Newtons der Organisationswissenschaften sozusagen (ibid. S. 174) – überwinden, noch wäre dies (vorläufig) angesichts der sich gegenseitig *auch* fruchtbar ergänzenden Wirkung der Perspektiven erwünscht:

„[...] wenngleich die Perspektiven sich zu verschiedenen Zeiten herausbildeten, ist es den späteren keineswegs gelungen, die früheren zu verdrängen. Die [...] Perspektiven leben nebeneinander fort, und jede hat nach wie vor ihre Gefolgschaft." (ibid. S.89)

Das nachstehende Übersichtschema verzichtet darauf, den gemeinsamen Nenner, den organisationstheoretische Ansätze in einer bestimmten Zeitspanne allenfalls aufweisen, näher zu umschreiben. Versuche dieser Art führen aus Gründen, die Kap. 4 ausführlicher erörtern wird, häufiger in Sackgassen der Erkenntnis hinein als aus ihnen heraus. Auch wer so wie etwa Scott den Erkenntnisfortschritt der Sozialwissenschaften relativ zurückhaltend beurteilt, neigt doch unwillkürlich dazu, ältere Theorien für einfacher und einseitiger zu halten als auf ihren Schultern stehende neue. Selbst als Klassiker einer Disziplin anerkannte Autoren werden darum häufig in die primitiven Theoriekästen gesteckt, die ihnen früher angeblich allein zur Verfügung standen. R. Scott beispielsweise weist Max Webers Bürokratiemodell „rationalen, geschlossenen Modellen" zu, und die den Umweltbezug von Organisationen sehr betonende Theorie Chester Barnards (wie Scott 1990, S. 44 durchaus zutreffend hervorhebt) dem ebenfalls völlig unpassenden Kästchen „natürlicher, geschlossener Modelle" (s. Abb. 3.5).

Relativ unproblematisch ist es demgegenüber, die *fachwissenschaftliche Herkunft* von Theorien zu bestimmen. Organisationstheorien sind inhaltlich und methodisch ganz wesentlich von der oder den Mutterdisziplin(en), denen sie entsprungen sind, geprägt (vgl. dazu Abschn. 3.3). Die neue Institutionenökonomie beispielsweise (s. Abb. 3.6) argumentiert als eine typisch nationalökonomische Fachrichtung völlig anders als die verhaltenswissenschaftlich orientierte Theorie und Praxis der Organisationsentwicklung. Der hochgradig inter-, ja transdisziplinäre Charakter vieler System- und Entscheidungstheorien unterscheidet diese markant von der ausgeprägt soziologischen Denkweise der strukturvergleichenden Organisationssoziologie oder der Populationsökologie, usw.

Die von Abb. 3.6 aufgeführten dreizehn Ansätze der Organisationstheorie können im Übrigen durch die *Kernfragen* charakterisiert werden, auf die sie einzeln oder zusammen mit anderen Ansätzen Antworten gaben. Diese Fragen lassen sich – möglichst einfach, aber hoffentlich nicht zu einfach – wie folgt formulieren:

1.–3. Scientific Management, Psychotechnik, allgemeine Verwaltungs- und Organisationslehre: *Was für a. leistungssteigernde sowie b. menschengerechte Organisations-, Management- und Arbeitsgestaltungsprinzipien gibt es?* – Den drei ersten, pionierhaften Bewegungen zur Professionalisierung und Verwissenschaftlichung von Organisations- und Managementpraktiken ging es vor allem darum, praktisch fruchtbare *Regeln und Instrumente* (z. B. Arbeitsanalysemethoden, Eignungstests, Managementprinzipien) zu erarbeiten. Mit ihnen sollte die Praxis ausführende Arbeiten besser vorbereiten und durchführen, arbeitende Menschen zweckmäßiger einsetzen und grundlegende Führungsaufgaben weitsichtiger wahrnehmen können,

Ansätze der Organisationstheorie II

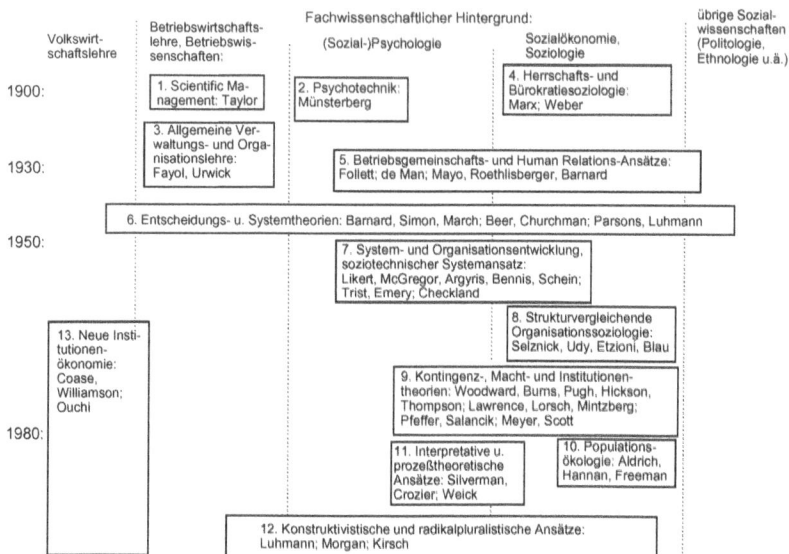

Abb. 3.6 Ansätze der Organisationstheorie II

als es ihr ohne diese mehr oder weniger „wissenschaftlichen" Hilfsmittel möglich gewesen wäre. Die Verhaltensregeln waren dabei nicht immer so situationsunempfindlich und unflexibel formuliert, wie man es ihnen später, als angeblich rigiden „one best way"-Prinzipien, gerne unterstellt hat. Die Initianten der drei Ansätze bemühten sich außerdem ausdrücklich darum, ihre Grundsätze und Instrumente nicht nur als Mittel der Leistungssteigerung, sondern auch menschengerecht zu gestalten. Wie gut letzteres gelang, war allerdings von Anfang an umstritten. Die nächste Generation von Betriebsgemeinschafts- und Human Relations-Theoretikern setzte sich von den Pionieransätzen nicht zuletzt dadurch ab, dass sie deren einseitige Effizienzorientierung zu korrigieren versprach. Diese Kritik ist in dem Maße, in dem sie die (nachweislich falsche) Auffassung nahelegt, der „Faktor Mensch" sei erst von der Human Relations-Bewegung „entdeckt" worden, irreführend. Die obenstehende Kernfrage erwähnt darum ausdrücklich Ziele der Leistungssteigerung *und* der Menschengemäßheit, denen die Pionieransätze folgten.

4. **Herrschafts- und Bürokratiesoziologie:** *Wie wirkt sich die kapitalistische Entwicklungsdynamik (Marx) bzw. die Rationalisierung und Bürokratisierung der Gesellschaft (Weber) in und auf Organisationen aus?* – Das Erkenntnisinteresse sowohl der kapitalismuskritischen Perspektive von Marx als auch der Bürokratiesoziologie Webers ist ganz anderer Art als dasjenige der ausgesprochen praxisorientierten Pionieransätze 1–3. Beide Sozialökonomen wollten vor allem die merkwürdig unwiderstehliche, krisenhafte Entwicklungsdynamik moderner Gesellschaften verstehen. Zu deren wichtigsten Promotoren gehören Organisationen (vornehmlich Unternehmungen). Während Marx Organisationsprobleme eher pauschal unter dem Gesichtspunkt der kapitalentwicklungslogisch unvermeidlichen Ausbeutung des Proletariats analysierte, untersuchte sie Weber in seiner Bürokratisierungsforschung eingehend. Da marxistische Ansätze eher in der Industrie- als in der Organisationssoziologie wichtig geworden sind, werden sie in diesem Buch bloß kurz erwähnt. Demgegenüber zählt Webers Bürokratiemodell zu den Klassikern der Organisationssoziologie. Es soll weiter unten (s. Kap. 5) relativ ausführlich – unter spezieller Berücksichtigung der geistes- und der lebensgeschichtlichen Hintergründe der Fragestellung Webers – dargestellt werden.

5. **Betriebsgemeinschafts- und Human Relations-Ansätze:** *Welche zufriedenheitsfördernden, d. h. leistungssteigernden Möglichkeiten zur Verbesserung von Arbeitsverhältnissen und Personalführungspraktiken gibt es?* – Der zentrale Schlüsselfaktor der europäischen Betriebsgemeinschafts-Ansätze der 20er und 30er Jahre und der ungefähr um 1930 entstandenen, amerikanischen Human Relations-Bewegung (die sich in den späten 40er und 50er Jahren auch in Europa stark verbreitete) war „der Mensch" mit seinen Gefühlen, Bedürfnissen, Werten usw. Behandelte man ihn menschlich, und setzte ihn unter den ihm und seinen Kollegen oder Kolleginnen gemäßen Bedingungen richtig ein, so ließen sich diesen Konzepten zufolge auch die sachlichen Leistungsaufgaben von Organisationen wesentlich besser erledigen. Es waren demnach primär die „weichen" Schlüsselfaktoren der Menschenführung, der Gewährleistung menschenfreundlicher Arbeitsbedingungen und eines guten Betriebsklimas, denen die Human Relations-Bewegung die allergrößte Bedeutung beimaß. Zu untersuchen,

wie Sozialforscher im einzelnen diese Faktoren definiert, forschend „entdeckt" und ihre Erkenntnisse verbreitet haben, ist eine auch heute noch reizvolle, lohnende Aufgabe (s. dazu v. a. Kap. 7).

6. **Entscheidungs- und Systemtheorien:** *Wie funktionieren Organisationen als Systeme, z. B. als Systeme kollektiven Entscheidungshandelns?* – Eine Möglichkeit, die neuen Erkenntnisse der Human Relations-Bewegung theoretisch zu verankern, bestand darin, Organisationen als zugleich „formale" und „informale" *Systeme* – z. B. als „Systeme kollektiven Entscheidungsverhaltens" – zu konzipieren. Eine Organisation besteht danach einerseits aus der Gesamtheit ihrer formal ausdrücklich fixierten Regeln, Verfahrens- und Verhaltensvorschriften, etwa aus allgemeinen und speziellen Zielvorgaben, Planungsverfahren oder Stellenbeschreibungen. Ohne die ungemein vielfältigen „informalen" Verhaltensweisen von Organisationsmitgliedern (deren Macht- und Rollenspiele, Solidaritäts-, Freundschafts- und Vertrauensbekundungen, Aushorchtaktiken usw.) wären formal noch so raffiniert eingerichtete Organisationen andererseits nicht funktionsfähig. Man kann dabei auch die informalen Verhaltensaspekte von Organisationen als „systemisch" oder sonst wie systemähnlich organisiert auffassen – wie genau im Einzelnen, wurde und wird allerdings sehr verschieden beurteilt. Manche Systemtheoretiker und Kybernetiker gehen beispielsweise davon aus, dass menschliche Handlungssysteme denselben Gesetzmäßigkeiten unterliegen, wie sie an komplexen Systemen im Allgemeinen, vor allem an Organismen, beobachtet werden können. Organisationstheoretikern obliegt es dann, in Organisationen diese allgemeinen Regel- oder Gesetzmäßigkeiten zu identifizieren, und für sie in der Praxis gegebenenfalls bessere Wirkungsmöglichkeiten geltend zu machen.

7. **System- und Organisationsentwicklung, soziotechnischer Systemansatz:** *Wie kann man auf der Grundlage systemtheoretischer oder verhaltenswissenschaftlicher Erkenntnisse Organisationen so beeinflussen, dass sie sich zu humaneren und leistungsfähigeren Systemen entwickeln?* – Managementpraktisch interessierte Organisationstheoretiker brauchten sich in der Etablierungs- und Ausbauphase ihrer Wissenschaft nicht mehr mit typischen Pionierphasenproblemen auseinanderzusetzen. Praktisch und teilweise auch theoretisch wohlausgebildete Fachleute der Entwicklung und Fabrikation von Gütern, des Finanz-, Absatz-, Organisations-, Personalwesens usw. pflegten und mehrten nun vor allem in fortschrittlich geführten Organisationen fortlaufend deren Kompetenzen und Intelligenz. Man betrachtete es zunehmend als selbstverständlich, dass nicht nur Erfinder und innovative Unternehmer, sondern auch Organisationen als Ganze

mit ihrem hochdifferenzierten Sachverstand sich permanent entwickeln und fit halten müssen. Modelle der System- und Organisationsentwicklung setzten hier an: Sie boten der Praxis Methoden an, mit denen Organisationen teilweise oder ganz „aufgetaut", in Bewegung versetzt und auf einem höheren Problemlösungsniveau restabilisiert werden konnten. Verhaltenswissenschaftlich ausgebildete Organisationsentwickler wandten dabei primär gruppendynamische Trainings- und Umfragemethoden an, die vernachlässigte oder verdrängte Beziehungsprobleme innerbetrieblicher Kooperation thematisierten. Vertreter des soziotechnischen Systemansatzes intervenierten in Organisationen, indem sie speziell die Spielräume für mehr Autonomie und Selbstbestimmung in der Arbeit, die auch und gerade (entsprechend gründlich analysiert) hochtechnisierte Arbeitssysteme einräumen, zu nutzen versuchten.

8. **Strukturvergleichende Organisationssoziologie:** *Worin unterscheiden sich Organisationen hinsichtlich ihrer sozialstrukturellen Eigenschaften und gesellschaftlichen Funktionen?* – Es waren in den 50er Jahren typischerweise Soziologen, die den Eindruck hatten, dass die damals noch dominierende Human Relations-Forschung Organisationen zu theorielos und zu unsystematisch untersuche. Viel mehr theoretisch als praktisch interessiert, versuchten sie die Eigenschaften formaler und informaler Organisationsstrukturen theoretisch tiefgründiger in ihrem Zusammenhang mit den allgemeinen Funktionsproblemen der Gesellschaft zu erforschen. Die meisten dieser organisationssoziologischen Forschungen waren Einzelfallstudien. Einige unter ihnen untersuchten aber auch schon in systematisch strukturvergleichender Absicht eine größere Anzahl unterschiedlicher Organisationstypen.

9. **Kontingenz-, Macht- und Institutionentheorien:** *Welche Beziehungen bestehen zwischen den Umweltgegebenheiten, den strukturellen Eigenarten, den Strategien und den Wirkungen von Organisationen?* – Die strukturvergleichende Organisationssoziologie orientierte sich in den 60er Jahren in dem Maße zunehmend „kontingenztheoretisch", in dem sie systematisch die für die wichtigsten Organisationstypen theoretisch wie managementpraktisch wesentlichen Strukturmerkmale zu erfassen versuchte. Unter den kontingenztheoretisch untersuchten Strukturmerkmalen befanden sich nun also wieder solche, an denen auch die Praxis interessiert war: die Dynamik oder Statik einfacher oder komplexer Umweltgegebenheiten, Merkmale der Technologie, der Aufbau- und Ablauforganisation, strategische und taktische Zielorientierungen, Leistungsdaten usw. Da gleichzeitig die Epoche der Human Relations endgültig überwunden erschien, konnten sich

Kontingenztheorien als Synthese der je angeblich viel zu einseitigen Prinzipienlehren effizienten Managements einerseits, menschenorientiert „weicher" Human Relations-Praktiken andererseits stilisieren. Die zu simplen Rezepte beider Forschungstraditionen sollten nun durch erfahrungswissenschaftlich solider fundierte, allgemeine Kausalaussagen, über die je nach situativen Gegebenheiten so oder anders bestehenden Zusammenhänge zwischen den wesentlichen Strukturmerkmalen von Organisationen abgelöst werden. Die englischen Begriffe „contingency theory" oder „contingency approach" wurden darum öfters auch mit „situativer Ansatz" ins Deutsche übersetzt.- Soziologisch orientierte Kontingenztheoretiker, denen die Praxisorientierung namentlich ihrer betriebswirtschaftlichen Kollegen zu weit ging, versuchten im Übrigen, mit macht- und ressourcentheoretischen oder „institutionentheoretischen" Varianten kontingenztheoretischer Forschung deren (durchaus mangelhaften) Theoriebezug zu verbessern.

10. **Populationsökologie:** *Wie prägen die Umweltbedingungen, unter denen Organisationen entstehen, deren managementpraktisch kaum veränderbare Grundform?* Noch entschiedener als Ressourcen- und Institutionentheoretiker distanzierte sich die Populationsökologie, die in den 70er Jahren entstand, vom (in ihren Augen) allzu direkten Praxisbezug der Kontingenztheorie. Indem sie Organisationen als prinzipiell gleich wie biologische Organismen von bestimmten Umweltbedingungen selektionierte Exemplare ganzer Organisationspopulationen betrachtete, bestritt die Populationsökologie, dass das Management die umweltökologisch ein für allemal geprägte Grundform einer bestimmten Organisationsgattung wesentlich verändern könne.

11. **Interpretative und prozesstheoretische Ansätze:** *Wie konstruieren Organisationsmitglieder oder Organisationen ihre Alltagswelten?* – Die überwiegend quantitativen Forschungsmethoden der Kontingenztheorie und der Populationsökologie haben Vor-, aber auch Nachteile. Als sich gegen Ende der 70er Jahre Ernüchterung über die sachlich doch eher dünnen Ergebnisse kontingenztheoretischer Forschungsprogramme verbreitete, wurden selbst in den Vereinigten Staaten qualitative Methoden der Organisationsforschung – die z. B. noch die maßgebenden Human Relations-Forscher ganz bewusst bevorzugt hatten – kräftig wiederaufgewertet. Qualitative, interpretative Organisationsmodelle, die nie ganz verstummt waren, erhielten namentlich im Zusammenhang der Organisationskulturforschung starken Auftrieb. Unter diesen qualitativen Ansätzen galt ein „prozesstheoretischer", der die Prozesse zu bestimmen versuchte, durch die Organisationen

ihre Alltagsrealitäten konstruieren und ihnen Sinn verleihen, als besonders innovativ.

12. **Konstruktivistische und radikalpluralistische Ansätze:** *Wie funktionieren Organisationen als sich selber erzeugende, selbstorganisierende Systeme, und wie konstruieren Organisationspraktiker und -theoretiker ihre Realitätsdefinitionen?* Typisch für das „postmoderne" Reifestadium der Verwissenschaftlichung von Organisationstheorien und -praktiken seit ungefähr 1980 ist einerseits eine hochgradige *Theorieskepsis,* andererseits ein sehr ausgeprägter *Theorienpluralismus.* Der Glaube, dass sich unter den zahlreichen Theoriesprachen, die es gibt, eine befinde, die allen anderen anerkanntermaßen überlegen ist, schwindet. Nicht nur Praktiker, auch immer mehr Theoretiker sind mehr oder weniger entschieden der Ansicht, dass sich je nach situativen Gegebenheiten bald diese, bald jene Organisationstheorie am besten dazu eignet, aktuelle Theorie- oder Praxisprobleme zu lösen. Der – im weitesten Sinne – „konstruktivistische" Gedanke, dass es keine „objektiv abbildbare Realität" gibt, an der sich Theorien als wahr oder falsch erweisen lassen, unterstützt diesen skeptisch stimmenden Theorienpluralismus. Man beobachtet zunehmend nicht nur, wie *Organisationsmitglieder,* sondern auch, wie *Organisationstheoretiker* die für sie maßgebenden sozialen Realitäten, d. h. vornehmlich Theorien und Fakten, konstruieren. Die Frage, ob sich unter den verschiedenen Varianten dieses ausgesprochen selbstreflexiven, d. h. sich selbst ebenfalls konstruktivistisch interpretierenden Konstruktivismus eine befindet, die ihren Konkurrenten allgemein konsensfähig überlegen ist (und den derzeit bestehenden Theorienpluralismus künftig vielleicht aufheben könnte), kann derzeit noch nicht schlüssig beantwortet werden. Ansprüche dieser Art erheben insbesondere aus der Biologie importierte Theorien autopoietisch geschlossener, sich selbst erzeugender Systeme, die Sozialwissenschaftler seit einiger Zeit auf psychische, soziale, politische und wirtschaftliche Probleme von Menschen anzuwenden versuchen.

13. **Neue Institutionenökonomie:** *Unter welchen Bedingungen verursacht der Koordinationsmechanismus Organisation (Markt) weniger Transaktionskosten als derjenige des Marktes (der Organisation)?* – Ökonomische Modelle spielten in der Organisationstheorie, da ihre Prämissen überwiegend als völlig unrealistisch galten, lange Zeit kaum eine Rolle. Dies ist anders geworden, seitdem ein unkonventioneller Seitenzweig der neoklassischen Theorie danach fragt, wann Menschen ihre wirtschaftlichen Aktivitäten effizienter innerhalb von Firmen, d. h. über den Koordinationsmechanismus hierarchischer Organisation, und wann besser in Märkten über

Markttransaktionen ausüben. Warum gibt es überhaupt Firmen – darunter bekanntlich Großunternehmen mit Zehntausenden, ja Hunderttausenden von Mitarbeitern – und nicht nur Transaktionen zwischen hochspezialisierten Marktteilnehmern, denen der Preismechanismus die gesamtwirtschaftlich optimale Position und Rolle zuweist? Der Transaktionskostenansatz der neuen Institutionenökonomie erklärt die variablen Grenzen zwischen den Koordinationsmechanismen Markt und Organisation mit dem für ihn zentralen Begriff der *Transaktionskosten.* Danach schneiden Markttransaktionen, wenn man deren von der Ökonomie lange Zeit vernachlässigten Anbahnungs-, Vereinbarungs-, Kontroll- und Anpassungskosten berücksichtigt, unter bestimmten Bedingungen am kostengünstigsten ab. Unter anderen Bedingungen, die in der modernen Organisationsgesellschaft offenbar häufig gegeben sind, verursacht andererseits der Koordinationsmechanismus hierarchischer Organisation weniger Transaktionskosten als derjenige des Marktes. Es lohnt sich für Firmen alsdann, Markttransaktionen zu internalisieren, und anstatt firmenextern auf Märkten organisationsintern durch weisungsbefugte Vorgesetzte und deren Mitarbeiter durchführen zu lassen. – Da ökonomische Diskurse nicht zuletzt dank ihrer Mathematisierung weitgehender und strenger verwissenschaftlicht sind als so gut wie alle anderen Sozialwissenschaften, stellt die neue Institutionenökonomie für die Organisationstheorie eine ernsthafte Herausforderung dar: Werden die neuen ökonomischen Antworten auf alte Fragen der Organisationstheorie dazu führen, dass deren verwirrende Theoriesprachenvielfalt endlich überwunden werden kann? Wird uns die neue Institutionenökonomie die postmoderne Qual der Wahl unter annähernd beliebig vielen Möglichkeiten der sozialen Konstruktion organisationstheoretischer Realitäten abnehmen?

3.5   Zusammenfassung

1. Das *Profil literarischer Formen* der Organisationswissenschaften ist vielfältig. Es kommen in ihnen ziemlich gleichmäßig *alle sozialwissenschaftlichen Literaturgattungen* vor, d. h. a) *Erzählungen:* Chroniken und andere Arten von Faktensammlungen, Reportagen, Anekdoten, Kurzgeschichten, Erzählungszyklen und epische Großerzählungen (Romane); b) *empirische Traktate: Demonstrations- oder Beweisstücke;* sowie c) *theoretische Traktate* bzw. *Theorierätsel.*

2. In einem fortgeschrittenen Stadium der Ausbauphase der Organisationswissenschaften glaubte man, dass ihrem Erkenntnisfortschritt einerseits

quantifizierende empirische Beweisstücke, andererseits theoretische Traktate am besten dienen könnten. Im Reifestadium der Verwissenschaftlichung
der Organisationspraxis entpuppten sich solche empirischen Beweisstücke
und theoretischen Traktate aber immer mehr als Erzählungen, so dass
in den Organisationswissenschaften seitdem wieder das ganze Spektrum
sozialwissenschaftlicher Literaturgattungen als wissenschaftlich legitim gilt.

3. Grundsätzlich zugunsten *quantifizierender* Verfahren auch in den Organisationswissenschaften sprechen die in den exakten Naturwissenschaften
   überwältigenden Erfolge der beiden Methodenziele *„miss, was messbar ist,
   und mache messbar, was noch nicht gemessen werden kann"* und *„erkläre
   mittels allgemeingültiger Theorien, was erklärbar ist, und mache erklärbar,
   was noch nicht erklärbar ist".* Beide Methodenziele sind in den Sozial-
   und Wirtschaftswissenschaften indessen nicht ohne Schwierigkeiten realisierbar – beispielsweise ist hier der standardisierende „Datenmatrixblick"
   ungleich problematischer als in Naturwissenschaften, deren hochpräzise
   Messinstrumente es ermöglichen, Datenmatrizen unzweideutig zu definieren.

4. Die (konsequenzenreichen!) *„qualitativen Hintergründe"* einer jeden Eintra-
   gung in einer *organisationswissenschaftlichen Datenmatrix* werden deutlich,
   sobald man ihre Spur zurück bis zu den Quellen ihrer Entstehung verfolgt.
   Qualitative Organisationsforschungsmethoden versuchen die Erinnerung an
   den komplexen Entstehungszusammenhang sozialwissenschaftlicher Erfahrungen und Daten präsent zu halten, und nicht voreilig zugunsten der
   Scheineindeutigkeit von Eintragungen in die Datenmatrix zu reduzieren. Sie
   werden seit einiger Zeit als Methoden betrachtet, die quantifizierende Techniken der Organisationsforschung *sinnvoll ergänzen* oder ihnen *gleichwertig*
   zur Seite stehen können.

5. Für *makro*analytische *Weitwinkelaufnahmen* ganzer Organisationspopulationen eignen sich quantifizierende Forschungsmethoden besonders gut. Bei
   *mikro*analytischen *Nahaufnahmen* von Organisationsprozessen, der detail-
   lierten Beobachtung einer Interaktionssituation etwa, überwiegen die Vorteile qualitativer Methoden. Die (häufigkeitsmäßig dominierende) Gattung
   „*meso*analytischer" *Großaufnahmen* von Organisationen eignen sich ungefähr
   ebenso gut für quantifizierende wie für qualitative Untersuchungsverfahren.

6. Organisationstheoretische Ansätze lassen sich nach Art und Ausmaß ihres
   Praxisbezugs, sowie nach ihrer *fachwissenschaftlichen Herkunft* charakterisieren. Moderne Organisationstheorien sind das zunehmend interdisziplinäre Produkt neuerer Entwicklungen in den *Nachbardisziplinen* der
   Arbeits-, Betriebs-, Industrie- und Organisationspsychologie, der Arbeits-,

Betriebs-, Industrie- und Organisationssoziologie, der betriebswirtschaftlichen Organisations- und Managementlehre, Institutionenökonomik, der
Verwaltungs- und Arbeitswissenschaften sowie der Personalwesenslehre. Die
diese Nachbarwissenschaften mehr oder weniger dominant bestimmenden
Fachperspektiven sind die der Wirtschaftswissenschaften, der Psychologie, der Soziologie und der übrigen Sozialwissenschaften (namentlich der
Politologie und Ethnologie).

7. Herkömmlicherweise *am stärksten praxisorientiert* sind von den erwähnten Nachbarwissenschaften der Organisationstheorie die betriebswirtschaftliche Organisationslehre, die Arbeitswissenschaften, die Personalwesenslehre
sowie die Betriebs-, Arbeits- und die Organisationspsychologie. Sie tragen
zur wissenschaftlichen Definition und Lösung von Problemen der Gestaltung
und Lenkung aufbau- und ablauforganisatorischer Regelungen, von Fragen
der Arbeitsgestaltung, der Beschaffung, Auswahl, Ausbildung, Entlöhnung
und Entwicklung von Personal sowie der psychologisch kompetenten Erstellung von Arbeitsanforderungsprofilen, von Berufseignungs-, Fähigkeiten-
sowie Persönlichkeitsdiagnosen, der Organisationsentwicklung u. ä. bei.

8. Wesentlich weniger praxisorientiert sind demgegenüber die ökonomische
Organisationstheorie, aber auch weite Bereiche der Industrie-, Arbeits- und
der neueren Organisationssoziologie. Man befürwortet hier manchmal sogar,
dass es die Aufgabe der Theorie sei, der Praxis das Entscheiden nicht zu
erleichtern, sondern zu erschweren.

9. R. Scott differenziert die zahlreichen Ansätze der Organisationstheorie,
die es gibt, danach, ob sie Organisationen als *rationale,* als *natürliche*
oder als *offene Systeme* betrachten. Jeder der drei Perspektiven liegt ein
anderer Organisationsbegriff zugrunde. Da nach Scott der Übergang von
der Perspektive geschlossener zu denjenigen offenen Systemen zweimal
stattgefunden hat, unterscheidet er in der ungefähren Reihenfolge ihrer Entstehung die vier Theorietypen a) rational-geschlossener, b) rational-offener,
c) natürlich-geschlossener und d) natürlich-offener Modelle. Scott interpretiert diese Theorietypen als beschränkt fortschrittsfähige Entwicklungsstufen
bzw. „Präparadigmen" der Organisationsforschung.

10. Die im vorliegenden Buch teils gründlicher, teils oberflächlicher vorgestellten dreizehn organisationstheoretischen Ansätze lassen sich stark verkürzt
nach den *Fragen* charakterisieren, um deren Beantwortung sie sich primär
bemühen. Diese Fragen lauten für die dreizehn Ansätze:

a.–c. *Scientific Management, Psychotechnik, allgemeine Verwaltungs- und Organisationslehre* (Taylor; Münsterberg; Fayol, Urwick): Was für leistungssteigernde sowie menschengerechte Organisations-, Management- und Arbeitsgestaltungsprinzipien gibt es?

d. *Herrschafts- und Bürokratiesoziologie* (Marx; Weber): Wie wirkt sich die kapitalistische Entwicklungsdynamik (Marx) bzw. die Rationalisierung und Bürokratisierung der Gesellschaft (Weber) in und auf Organisationen aus?

e. *Betriebsgemeinschafts- und Human Relations-Ansätze* (Follett; de Man; Mayo, Roethlisberger, Barnard): Welche zufriedenheitsfördernden, d. h. leistungssteigernden Möglichkeiten zur Verbesserung von Arbeitsverhältnissen und Personalführungspraktiken gibt es?

f. *Entscheidungs- und Systemtheorien* (Barnard, Simon, March; Beer, Churchman; Parsons, Luhmann I): Wie funktionieren Organisationen als Systeme, z. B. als Systeme kollektiven Entscheidungshandelns?

g. *System- und Organisationsentwicklung, soziotechnischer Systemansatz* (Likert, McGregor, Argyris, Bennis, Schein; Trist, Emery; Checkland): Wie kann man auf der Grundlage systemtheoretischer oder verhaltenswissenschaftlicher Erkenntnisse Organisationen so beeinflussen, dass sie sich zu humaneren und leistungsfähigeren Systemen entwickeln?

h. *Strukturvergleichende Organisationssoziologie* (Selznick, Udy, Etzioni, Blau): Worin unterscheiden sich Organisationen hinsichtlich ihrer sozialstrukturellen Eigenschaften und gesellschaftlichen Funktionen?

i. *Kontingenz-, Macht- und Institutionentheorien* (Woodward, Burns, Pugh, Hickson, Thompson; Lawrence, Lorsch, Mintzberg; Pfeffer, Salancik; Meyer, Scott): Welche Beziehungen bestehen zwischen den Umweltgegebenheiten, den strukturellen Eigenarten, den Strategien und den Wirkungen von Organisationen?

j. *Populationsökologie* (Aldrich, Hannan, Freeman): Wie prägen die Umweltbedingungen, unter denen Organisationen entstehen, deren managementpraktisch kaum veränderbare Grundform?

k. *Interpretative und prozesstheoretische Ansätze* (Silverman, Crozier; Weick): Wie konstruieren Organisationsmitglieder oder Organisationen ihre Alltagswelten?

l. *Konstruktivistische und radikalpluralistische Ansätze* (Luhmann II; Morgan, Kirsch): Wie funktionieren Organisationen als sich selber erzeugende, selbstorganisierende Systeme, und wie konstruieren Organisationspraktiker und -theoretiker ihre Realitätsdefinitionen?

m. *Neue Institutionenökonomie* (Coase, Williamson; Ouchi): Unter welchen Bedingungen verursacht der Koordinationsmechanismus Organisation (Markt) weniger Transaktionskosten als derjenige des Marktes (der Organisation)?

Organisationswissenschaften und Common Sense

4.1 Erkenntnisfortschritt in Natur- und Geisteswissenschaften

Nicht nur Organisationen, auch Sozial- und Wirtschaftswissenschaftler, die über sie schreiben, unterstehen einem konkurrenzbedingten Leistungsdruck, der unter Umständen recht stark werden kann. Möchte ein Organisationswissenschaftler als Forscher Anerkennung finden, so muss er seine Fachkollegen mit bemerkenswerten Beiträgen zur Vertiefung ihres *empirischen* oder *theoretischen Fachwissens* beeindrucken. Er muss mit anderen Worten neue *Beschreibungen, Daten, wohlbegründete Argumente, Modelle* oder *Theorien* zur Diskussion stellen, die das bisherige Wissen über Organisationen erweitern, indem sie es kritisch modifizieren, ergänzen oder gar (im Falle umwälzend neuartiger Erkenntnisse) tiefgreifend, vielleicht sogar „revolutionär" erneuern.

In den Humanwissenschaften (d. h. den Geistes-, Sozial-, Wirtschafts- und Rechtswissenschaften) gibt es im Wesentlichen – worauf oben mit Blick auf forschungsmethodische Probleme schon Abschn. 3.2 hinwies – zwei verschiedene Kriterienarten, gemäß denen Vorschläge zur Erweiterung des bisherigen Wissens als annehmbar – oder unannehmbar – erscheinen. Die eine Kriterienart ist eher *exakt-naturwissenschaftlich (a)*, die andere eher *geisteswissenschaftlich-philosophisch (b)* ausgerichtet.

a. Dem Vorbild der *exakten Naturwissenschaften* folgend kann man zum einen Fortschritte in der *Präzision* der erhobenen Daten und vorgeschlagenen Theorien zum Maßstab erheben, den vielfach äußerst erfolgreichen naturwissenschaftlichen Devisen entsprechend „miss, was messbar ist, und mache messbar, was es noch nicht ist" bzw. „erkläre mittels allgemeingültiger Theorien, was erklärbar ist, und mache erklärbar, was es noch nicht ist" (vgl. dazu oben, Abschn. 3.2).

Der wissenschaftliche Erkenntnisfortschritt bewirkt nach dieser Ansicht längerfristig, dass ältere Partialmodelle der Realität von immer umfassenderen, allgemeingültigeren und erklärungskräftigeren Theorien abgelöst, bzw. jene in und durch diese (im mehrfachen Wortsinn) aufgehoben werden (vgl. Abb. 4.1). Je präziser dabei, etwa mit Mitteln der Mathematik, die allgemeinen Theorien formuliert, und je genauer die sie stützenden Daten vermessen sind, umso besser steht es um die Chancen, allgemein anerkannte Erkenntnisfortschritte erzielen zu können. Denn wie realitätsgerecht eine Theorie ist, kann umso eindeutiger beurteilt werden, je präziser sie formuliert ist, und je genauer die sie positiv oder negativ bewährenden Daten erhoben wurden. *Messtechnische Fortschritte erleichtern* solche der *Theoriebildung, und umgekehrt* Fortschritte allgemeingültiger Theorien solche der Messtechnologie. Zahlreiche Messgeräte der modernen Naturwissenschaften und Technik konnten nur auf der Grundlage neuer theoretischer Erkenntnisse, denen sie dann ihrerseits wieder mit verbesserten Messresultaten zudienten, konstruiert werden.

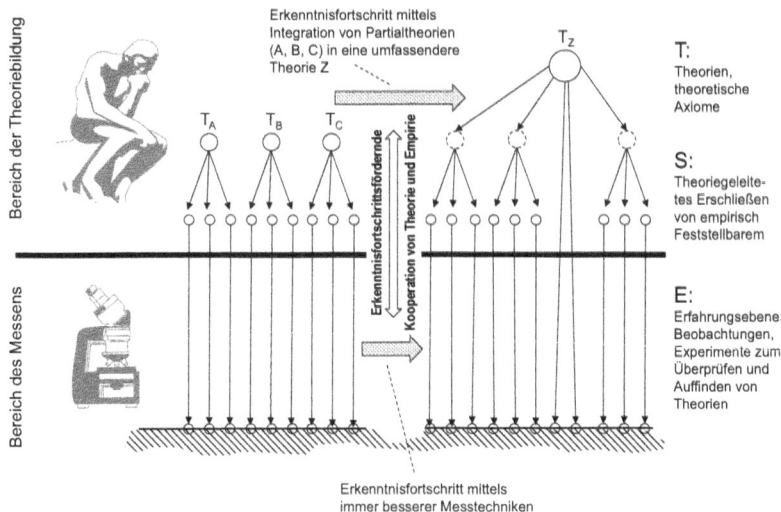

Abb. 4.1 Erkenntnisfortschritt in exakten Naturwissenschaften

Das Wissen, das in diesem *strengen Sinne fortschrittsfähige* Fachwissenschaften produzieren, ist dank seinen gut durchschaubaren Empirie- und Theoriebezügen vergleichsweise *wohlgeordnet:* Im Allgemeinen herrscht unter Fachkundigen Einigkeit darüber, welche älteren Forschungsergebnisse als überholt, welche Theorien als besonders erfolgreich, und welche Forschungsfrontprobleme vorläufig als kontrovers zu betrachten seien. Unter Physikern galten beispielsweise ziemlich rasch die Maxwellschen Feldgleichungen (T_Z gemäß Abb. 4.1) als eine äußerst leistungsfähige Theorie des Elektromagnetismus, die ältere Partialtheorien T_{A-C} der Optik, des Magnetismus und der Elektrizität in sich vereinigte und „aufhob". Etwas länger hatten die Gelehrten einzelner Länder (v. a. Frankreichs) noch im späten 17. und frühen 18. Jahrhundert gebraucht, bis sie den mindestens ebenso spektakulären Erkenntnisfortschritt der Newtonschen Mechanik und Gravitationstheorie anerkannten. Auch sie aber erhoben alsbald Newton zum Symbol des exakten Wissenschaftlers par excellence, dem das Unerhörte gelungen war, einer ganzen Fachwissenschaft definitiv die sichere Bahn kumulativer Erkenntnisfortschritte zu erschließen. Anderen, noch nicht so weit wie die Physik entwickelten Disziplinen gesteht man seitdem zu, dass es in ihnen vielleicht schon einen Kopernikus oder Galilei, vorläufig aber noch keinen Newton gegeben habe. Exakte Naturwissenschaften sind demnach in einem gut präzisierbaren, wenig umstrittenen Sinne echt fortschrittsfähige Fachwissenschaften. Wissenschaftstheoretiker und Philosophen beschreiben und erklären diesen Sachverhalt in verschiedener Weise: Karl R. Popper z. B. mit seinem falsifikationistischen Abgrenzungskriterium (demzufolge echte, nichtmetaphysische Wissenschaften ihre Theorien strengen Widerlegungsversuchen aussetzen), Thomas Kuhn mit seinem Paradigmen- und Hans-Georg Gadamer mit seinem Methodenbegriff[1]. Wichtiger als solche Auslegungsdifferenzen ist, dass die Tatsache als solche einer

---

[1] T. Kuhn zufolge ist der Erkenntnisfortschritt exakter Wissenschaften darum kumulativ, weil sie anders als vorparadigmatische Wissenschaften oder solche im Zustand eines revolutionären Paradigmenwechsels ein „Paradigma" (d. h. einen fachwissenschaftsintern allgemein anerkannten Theorie- und Methodenrahmen) besitzen, unter dessen Voraussetzung sie sich auf das (durchaus herausfordernde!) Lösen wissenschaftlicher „Rätsel" konzentrieren können (Kuhn 1962). Nach H.-G. Gadamer stehen dem Naturforscher anders als Geisteswissenschaftlern Methoden der Erforschung der Natur zur Verfügung, die seine Erkenntnisse echt fortschrittsfähig machen: Deren bisherige „Irrtümer und Irrwege haben für ihn nur noch historisches Interesse, weil der Fortschritt der Forschung der selbstverständliche Maßstab der Betrachtung ist." Naturforscher pflegen die Geschichte ihres Faches deshalb mit gutem Grund „vom gegenwärtigen", d. h. dem je fortgeschrittensten „Stande des Wissens her" zu betrachten (Gadamer 1960, S. 267; vgl. dazu zusammenfassend auch Böhme 1993).

allgemein konsensfähigen Fortschrittsfähigkeit exakter Naturwissenschaften kaum ernsthaft bestritten wird[2].

b. Die *Geisteswissenschaften*, insbesondere die Theologie, Philosophie, die Literatur- und die Geschichtswissenschaften, sind primär *philologisch textpflegende* und *textauslegende* Disziplinen. So rekonstruieren etwa Theologen und Altphilologen minutiös die Überlieferungsgeschichte und die mutmaßliche Originalgestalt biblischer oder antiker Texte, Musikwissenschaftler die Überlieferungsgeschichte schriftlich überlieferter Werke von Komponisten, Historiker historische Dokumente. Auf der Grundlage solcher philologisch *textpflegenden* Arbeiten kann alsdann *textauslegend* untersucht werden, was ein Autor mit seinem Werk wohl gemeint haben mag, und was es vom unvermeidlich einseitigen Standpunkt der Gegenwart aus gelesen – oder reinszeniert, aufgeführt und fortgeschrieben[3] – aktuell bedeuten könnte. Ihren textauslegenden Kernaufgaben entsprechend, bevorzugen Geisteswissenschaftler mehrdimensional-vielseitige, weniger direkt fortschrittsorientierte Wahrheitskriterien der „Stimmigkeit", „Sachadäquatheit", „Scharfsinnigkeit", „Zeitgemäßheit", „Originalität" usw. Insoweit sie *technisch perfektionierbare* Untersuchungsverfahren benützen, in philologischen oder kunstwissenschaftlichen Disziplinen z. B. chemo-physikalische Methoden zur Analyse von Papieren und Farben[4], oder in den Geschichtswissenschaften statistische Methoden, können auch sie sich nach quasinaturwissenschaftlichen Idealen der Modell- und Datenpräzisierung ausrichten, und diese für sich als teilweise realisiert oder realisierbar ansehen. Die interpretatorisch-textauslegenden Kernfunktionen geisteswissenschaftlich orientierter Humanwissenschaften entziehen sich aber strenger naturwissenschaftlichen Erkenntnisnormen. Denn neue Lesarten bedeutender Texte *ersetzen* nie, sondern *ergänzen* stets nur ältere Lesarten. Und selbst wenn es – selten genug – gelingt, dem tradierten Wissen eine umwälzend neuartige Perspektive hinzuzufügen – z. B. einen dialektischen, sprachanalytischen oder tiefenpsychologischen Neuansatz der Erkenntnis –, fasst

---

[2] Dies trifft sogar auf den wissenschaftstheoretisch provokativ anarchistisch (oder radikal falsifikationistisch) argumentierenden Paul Feyerabend zu, dessen Unterscheidung „abstrakter" (formal- und naturwissenschaftlicher) und „historischer" (z. B. geisteswissenschaftlicher) Traditionen dasselbe meint wie die von Anm. 1 zitierten Differenzierungen Kuhns und Gadamers (Feyerabend 1980, 1984).

[3] Ob und inwieweit einen Text lesen und verstehen bedeutet, ihn (neu) fortzuschreiben, diskutierten und diskutieren Vertreter älterer, „hermeneutischer" und neuerer, z. B. „dekonstruktivistischer" Verstehenslehren (vgl. dazu z. B. Gadamer 1960; Jauss 1982; Culler 1988).

[4] Mit ihnen sind heute Partituren von Komponisten des 18. oder 19. Jahrhunderts wesentlich genauer als früher datierbar.

dieser Teilperspektiven, die nun als „überholt" gelten, kaum je ebenso vollständig zusammen, wie beispielsweise die Newtonsche Gravitationstheorie und die Maxwellsche Theorie des Elektromagnetismus ältere physikalische Partialtheorien in sich aufhoben.

Zum Bestand geisteswissenschaftlich aktueller Erkenntnisse gehören neben den allerneusten stets auch bedeutende ältere Perspektiven, zumal natürlich definitionsgemäß solche von „klassischem" Rang. Von „Erkenntnisfortschritten" kann hier darum nur in einem kontroversen metaphorischen Sinn ungefähr so die Rede sein, wie man eher vage als präzise von „Fortschritten" der Künste, der Moral oder der gesellschaftlichen Entwicklung spricht (vgl. Feyerabend 1984, 1989; Gombrich 1987; Koselleck 1980). Je allgemeiner und je weniger man das Fortschrittsschema *spezifisch* erkenntnisfortschrittsbezogen (im Sinne von Abb. 4.1) verwendet, desto vieldeutiger und umstrittener wird es. Dies gilt auch für die sozialen Folgen, das heißt stets auch Vor- *und* Nachteilfolgen des wissenschaftlich-technischen Fortschritts (vgl. dazu Böhme 1993). Wie man diese Folgen bewertet, hängt von weltanschaulichen Prämissen ab, die nicht allgemein konsensfähig sind.

Da ihnen weltanschaulich unkontroverse, anerkanntermaßen trennscharfe Fortschrittskriterien des Wissens wie theoretische Erklärungskraft, Allgemeingültigkeit und empirische Wahrheit fehlen, sind geisteswissenschaftlich orientierte Humanwissenschaften ziemlich bis sehr *unübersichtlich* strukturiert. Eher exakt wissenschaftlich als philologisch-textauslegend ausgerichtete Humanwissenschaften, z. B. die Ökonomie, die Experimentalpsychologie und die Verhaltenswissenschaften, ziehen den unübersichtlich „weichen" Wahrheitskriterien (b) deshalb die schärfer konturierten Erkenntnisfortschrittskriterien der Modell- und Datenpräzisierung (a) vor. Die Organisationstheorie, die, wie oben Abschn. 3.3 zeigte, ziemlich interdisziplinär strukturiert ist, sieht sich dadurch vor die Frage gestellt, welchen Erkenntnisstandards *sie* sich primär verpflichtet fühlt – ob eher den strengen Kriterien der Naturwissenschaften, oder denen der (im weitesten Sinne) textverstehenden Geisteswissenschaften.

Für ein Lehrbuch, das über neuere Errungenschaften der Organisationswissenschaften informieren möchte, wäre es natürlich in jedem Falle gut, wenn es von einer empirisch wie theoretisch unbestritten herrschenden Theorie ausgehen könnte, der es gelang, die bloß partiellen Ansichten und Forschungsergebnisse ihrer Vorgängertheorien T_A, T_B etc. sowohl zu berichtigen wie auf das höhere Niveau einer allgemeineren, erklärungsmächtigeren Theorie T_Z (nach Abb. 4.1) zu heben. Gab oder gibt es in der Organisationstheorie solche Ansätze? Wenn nicht, warum nicht, und wie fest kann damit gerechnet werden, dass es sie (auch) in Zukunft (nicht) geben wird?

4.2   Wegweiser im Dschungel aktueller Organisationstheorien: Paradigmenmonismus, Radikalpluralismus

Erkenntnisnormen können wie alle normativen Standards stets einerseits danach beurteilt werden, inwieweit dasjenige, was sie befürworten oder vorschreiben, *vernünftig* oder sonst wie *sinnvoll begründbar* ist. Andererseits müssen sie sich auch kritischen Fragen nach ihrer *Realisierbarkeit* stellen. Dass sie sich bisher kaum oder gar nicht realisieren ließen, kann sowohl den Schluss „umso schlimmer für die Wirklichkeit", als auch Kritik an zu hoch angesetzten, vielleicht sogar grundsätzlich unrealisierbaren Ansprüchen nahelegen. Als sinnvolle Reaktionen auf Diskrepanzen zwischen Ideal und Wirklichkeit kommen „realistische" Korrekturen des Anspruchniveaus ebenso wie normative Unbeirrbarkeit (die allerdings, je nach Situation und Standpunkt, sehr verschiedenartig benennbar ist[5]) in Frage. Dass sich eine Disziplin *bisher* nicht als fortschrittsfähig im strengen Sinne exakter Wissenschaften erwies, bedeutet so gesehen nicht unbedingt, dass nichts für die Wünschbarkeit und Möglichkeit einer *künftigen* Verwirklichung der betreffenden Norm spricht (bzw. des Strebens nach ihr im vollen Bewusstsein, ihr als einer regulativen Idee nie vollauf gerecht werden zu können).

Wenn die Organisationswissenschaften *bisher* also wenig bis kaum echt fortschrittsfähig im naturwissenschaftlichen Sinne waren, schließt dies weder die Forderung aus, dass man eine solche paradigmengeleitete Fortschrittsfähigkeit *zukünftig* anstreben sollte; noch dementiert es die Annahme, dass einem jetzt schon vielversprechenden Paradigma der Organisationsforschung voraussichtlich die Zukunft gehöre. Befürwortern eines solchen *Paradigmenmonismus* (a) stehen in den Organisationswissenschaften *Theoriepluralisten* (b) gegenüber, die Paradigmenmonismus für grundsätzlich verfehlt halten, und ihm eine – mehr oder weniger vorbehaltlos positiv bewertete – Vielfalt unterschiedlichster Theorien vorziehen.

a. Es ist in den Sozialwissenschaften üblich geworden, die verschiedenen Ansätze oder Schulen, die es in ihnen gibt, „Paradigmen" zu nennen. Nun ist Thomas Kuhns Paradigma Begriff recht mehrdeutig, und lässt unterschiedliche Deutungen zu. Am einfachsten und am aufschlussreichsten scheint es mir aber nach wie vor zu sein, wenn man sich an die ursprüngliche, recht klare Hauptfunktion des Kuhnschen Begriffs, der so verblüffend populär wurde, hält (vgl. dazu

---

[5] Der einen Person normativ-ethische Unbeirrbarkeit ist der andere Dogmatismus oder Sturheit, der einen Verantwortungsethik der anderen Opportunismus oder Gesinnungslosigkeit, usw.; vgl. dazu auch unten, den vierten der sechs von Abschn. 4.3 dargestellten Grundsätze.

oben, Anm.1): Der Naturwissenschaftler Kuhn wollte, nachdem er an einem interdisziplinären Forschungszentrum die erheblichen Unterschiede zwischen klar fortschrittsfähigen Natur- und wenig fortschrittsfähigen Humanwissenschaften kennengelernt hatte, mit „Paradigma" eine plausible Erklärung und Rechtfertigung eben dieser Differenz liefern. Die exakten Formal- und Naturwissenschaften schienen Kuhn *darum* kumulativ fortschrittsfähig zu sein, weil sie es eben im Gegensatz zu humanwissenschaflichen Disziplinen geschafft hatten, sich *einem* Paradigma, d. h. einem von allen anerkannten Theorie- und Methodenrahmen, zu unterstellen. Sie hatten damit den permanenten Grundlagenstreit ihres vorparadigmatischen Entwicklungsstadiums beenden können. Zwar löst ein Paradigma, etwa das der Newtonschen Mechanik und Gravitationstheorie, die Grundprobleme einer Disziplin nie definitiv – schon Newton ging in seinen berühmten forschungsmethodischen Regeln davon aus, dass naturwissenschaftliche Sätze immer nur so lange Geltung besäßen, bis sie durch bessere, d. h. mehr Dinge präziser erklärende Theoreme abgelöst würden. Häufen sich die vom bisherigen Paradigma schlecht oder gar nicht erklärten Phänomene („Anomalien"), so entsteht das Bedürfnis nach einem weniger durch Anomalien belasteten Paradigma. In Perioden des *revolutionären Paradigmenwandels* löst alsdann ein neues Paradigma (z. B. die relativistische Physik Einsteins) das zunehmend als problematisch empfundene alte ab. Weil Kuhn zwei konkurrierende Paradigmen für unvergleichbar oder „inkommensurabel" hielt – da es ja gleichsam definitionsgemäß außerhalb eines paradigmatischen Theorie- und Methodenrahmens keinen neutralen dritten Beobachtungsstandpunkt geben kann, von dem aus der Streit zweier Paradigmen „objektiv" zu schlichten wäre –, schien seine Paradigmenlehre vorübergehend die Fortschrittsfähigkeit gerade auch sog. reifer, paradigmengeleiteter Wissenschaften in Frage zu stellen. Inzwischen geht man aber mit guten Gründen eher wieder davon aus, dass es auch in revolutionären Phasen der Wissenschaftsgeschichte durchaus konsensfähige Verfahren eines kritischen Paradigmenvergleichs gibt, und dass es überhaupt gar nicht so leicht fällt, etwas für strikt „inkommensurabel" im Verhältnis zu etwas anderem zu erklären.

Von einer Mehrzahl sozialwissenschaftlicher Paradigmen zu sprechen, widerspricht also eigentlich dem Kuhnschen Paradigma Gedanken – *entweder* eine Wissenschaft ist reif-paradigmengeleitet, dann hat sie den anhaltenden Streit verschiedener Schulen, Weltanschauungen oder Paradigma Kandidaten zugunsten *eines* Paradigmas überwunden; *oder* eine Wissenschaft befindet sich im Zustand des permanenten Grundlagen-, Perspektiven-, Schulen- oder Quasi-Paradigmenstreits – dann erfüllt sie das Kuhnsche Abgrenzungskriterium für echte, d. h. paradigmengeleitet fortschrittsfähige Wissenschaften nicht.

Man kann aus diesen Gründen von streng wissenschaftlich gesinnten Organisationstheoretikern sagen, dass sie sich für einen *Paradigmenmonismus* einsetzen:
An die Stelle der vielen bisherigen, theoretisch-methodisch höchst problematischen Organisations „theorien" soll in Zukunft *ein* umfassender Theorie- und
Methodenrahmen treten, dessen überlegene Erklärungskraft (gemäß Abb. 4.1)
feststeht. Sozialwissenschaftliche Kandidaten für ein solches organisationstheo-
retisches Paradigma der Zukunft gibt es vorläufig kaum – die Zeiten, da man
mit den Theorieprogrammen mittlerer Reichweite von Etzioni oder anderen
Kontingenztheoretikern solche Hoffnungen verknüpfte, sind vorbei (vgl. dazu
Abschn. 1.4). Der Soziologe und Philosoph Luhmann legte zwar mit seiner autopoietischen Organisationstheorie einen theoretisch äußerst anspruchsvollen und
auch sehr exklusiven Theorieentwurf vor (vgl. dazu unten, Abschn. 8.3) – er
pflegt ihn aber derart flexibel und experimentell-spielerisch zu präsentieren, dass
die Kennzeichnung „Paradigmenmonismus" nicht gut zu ihm passt.

Dem erklärten Selbstverständnis konsequent ökonomisch denkender Organisationstheoretiker entspricht diese Kennzeichnung hingegen durchaus. G. Kirchgässner beansprucht für das richtig verstandene homo oeconomicus-Modell
der Nationalökonomie, dass es, obwohl aus der Ökonomie stammend, „deren Grenzen in Richtung auf eine einheitliche Sozialwissenschaft" überwinde
(Kirchgässner 1991, S. 23). Das Rationalitätsprinzip des sozialwissenschaftlich allgemein verwendungsfähigen ökonomischen Verhaltensmodells dürfte in
den Sozialwissenschaften darum „einen ähnlichen Stellenwert haben wie das
‚Kausalitätsprinzip' in den Naturwissenschaften":

> „So wie dort das Reden über (Natur-)Gesetze erst dann möglich ist, wenn man das Kau-
> salitätsprinzip akzeptiert, ist in den Sozialwissenschaften das Verstehen menschlichen
> Handelns erst möglich, wenn man die im ökonomischen Verhaltensmodell ange-
> legte Unterscheidung zwischen Präferenzen und Restriktionen (Zielen und Mitteln)
> akzeptiert und außerdem davon ausgeht, dass die Individuen die ihnen zur Verfügung
> stehenden Mittel (rational) zur Erreichung ihrer Ziele einsetzen [...]" (ibid. S. 18 f.)

Eine Organisationstheorie, die, auf der Grundlage dieses allgemeingültigen
mikroökonomischen Verhaltensmodells, die wesentlichen Handlungsweisen in
und von Organisationen auch auf deren Meso- und Makroebene überzeugend
erklären könnte, *wäre* in der Tat das lange gesuchte Paradigma der Organisationsforschung. Es wird in der Organisationstheorie gegenwärtig vor allem von
Anhängern der neuen Institutionenökonomie vertreten (vgl. dazu Abschn. 9.5) –
und stößt dabei natürlich auf den Einspruch von Sozialwissenschaftlern, die sich
solch „ökonomistischem Theorieimperialismus" widersetzen. Für das gegenwärtige Reifestadium der Entwicklung von Organisationstheorie und -praxis typisch

dürfte sein, dass sich manche dieser ökonomiekritischen Sozialwissenschaftler zugleich zu einem konsequenten Theorienpluralismus bekennen, der ökonomischen *und* nichtökonomischen (aber auch umgekehrt: nichtökonomischen *und* ökonomischen) Ansätzen Raum gibt.

b. Als „reifestadiumstypisch" wollen wir hier den gegenwärtigen Zustand der Organisationswissenschaften nicht im Kuhnschen Sinne, sondern schlicht nach dem einfachen Verwissenschaftlichungs- und Professionalisierungsschema von Abschn. 2.2 bezeichnen: Nachdem die Pioniere der Verwissenschaftlichung der Organisations- und Managementpraxis in deren Etablierungs- und Differenzierungsphase Nachfolger fanden, die ihren Anliegen auf breiter Basis zum Durchbruch verhalfen, ist das „Reifestadium" der Organisationswissenschaften durch ein neues Gleichgewicht zwischen einer weitgehend schon verwissenschaftlichten Praxis und einer hohen Populationsdichte unterschiedlichster Ansätze der Organisationstheorie gekennzeichnet. Bereits H. Koontz hat in einem anderen Zusammenhang vom „Organisationstheorien-Dschungel" gesprochen (Koontz 1961). Versuche, ihn mit guten Landkarten etwas überschaubarer zu machen, waren bisher nur beschränkt erfolgreich – die methodischen Probleme von Organisations*theorie*-Typologien (Abschn. 3.4) sind, wie sich zeigte, womöglich noch schwerer zu lösen als die von Organisationstypologien (Abschn. 1.4).

Dennoch argumentiert dieses Buch entschieden pluralistisch. Ohne gegenüber weniger toleranten, paradigmenmonistischen Auffassungen selber intolerant zu sein, rechnet es (vorläufig) nicht damit, dass diese *das* organisationswissenschaftliche Paradigma der Zukunft werden etablieren können. Es rechnet ferner auch nicht damit, dass die Organisationstheorie *empirisch* demnächst festen Boden unter die Füße bekommen, und das alte Ideal einer sozialempirisch kumulativ fortschrittsfähigen Disziplin verwirklichen kann. Der Koontz'sche „Organisationstheorien-Dschungel" wird hier mit anderen Worten als ein *Dauer*provisorium betrachtet, über das auch zukünftige „Fortschritte" organisationswissenschaftlicher Erkenntnis kaum werden hinausführen können.

Wenn aber über Organisationsphänomene nicht eine einzige, die gegenwärtig fortgeschrittenste Theorie allein hinreichend Aufschluss geben kann, sondern immer nur eine Mehrzahl verschiedener Perspektiven – wie ist, was ein solcher *radikalpluralistischer Vielheitsblick* aufdeckt, am besten zu verstehen?

4.3 Konsequenzen des Prinzips Gleichwertigkeit verschiedener Arten und Generationen des Wissens über Organisationen

Organisationen stehen praktisch je nach Typ, individueller Eigenart und Wertprämissen sehr unterschiedliche Verbesserungs- und Fortschrittskriterien zur Verfügung. Gefängnisse kennen andere Selbstverbesserungsstandards als Schulen oder Firmen der Privatwirtschaft, kleine Handwerksbetriebe andere als ein multinationaler Chemiekonzern, ein Schachklub andere als eine Gewerkschaft oder ein Unternehmerverband. Es ist so gut wie unmöglich – und wird gewöhnlich auch gar nicht erwartet –, für alle diese verschiedenartigen Organisationen und Situationen ein einziges, einheitliches Bündel organisationspraktisch konkreter Verbesserungs- oder Fortschrittskriterien zu formulieren.

Wer den „Dschungel" akademischer Organisationstheorien betritt, sollte analog darauf gefasst sein, dass diese sich zueinander keineswegs immer komplementär verhalten, also gegenseitig zum größeren Ganzen ergänzen. Es ist hier vielmehr mit einer ungeordneten Vielfalt voneinander mehr oder weniger heftig *widersprechenden* Theorieperspektiven zu rechnen. Wie man deren Widerstreit beurteilen, und das zwischen gegensätzlichen Ansätzen entscheiden sollende „entweder-oder" allenfalls auch in ein tolerantes „sowohl-als auch" verwandeln kann, bedarf gründlicher Überlegung. Im Folgenden sollen hierfür sechs Grundsätze zur besseren Orientierung im unübersichtlichen Dschungel organisationswissenschaftlicher Texte eine geeignete Grundlage schaffen (vgl. dazu auch Walter-Busch 1977a, S. 276 ff., 1989, S. 15 ff.).

1. Das Prinzip Gleichwertigkeit verschiedener Arten des Wissens. – Bisher wurde vor allem zwischen zwei Wissensarten, dem gemeinverstandesnahen Praktikerwissen einerseits und akademisch verwissenschaftlichtem Fachwissen andererseits (vgl. dazu Kap. 2), differenziert. Fügt man diesen beiden Arten des Wissens, die unterschiedlichen Argumentationsregeln folgen, noch als dritten Typ das weder akademisch-wissenschaftlich noch durch ein bestimmtes Praxisfeld gebildete *Laien- oder Betroffenenwissen* des allgemeinen Common Sense hinzu, so kann zunächst der Grundsatz der *Gleichwertigkeit verschiedener Arten des Wissens* wie folgt formuliert werden (vgl. dazu Abb. 4.2):

Einseitige Überlegenheitsansprüche einer besonderen Wissensart sollen dem *dialogischen Prinzip der Gleichwertigkeit aller drei Arten des Wissens* weichen. Betroffenenwissen mag man für „authentischer" halten als akademisch „abgehobenes" Fachwissen, dieses gemäß anderen Maßstäben für wesentlich präziser

Das organisationswissenschaftlich praktizierte Dialogprinzip

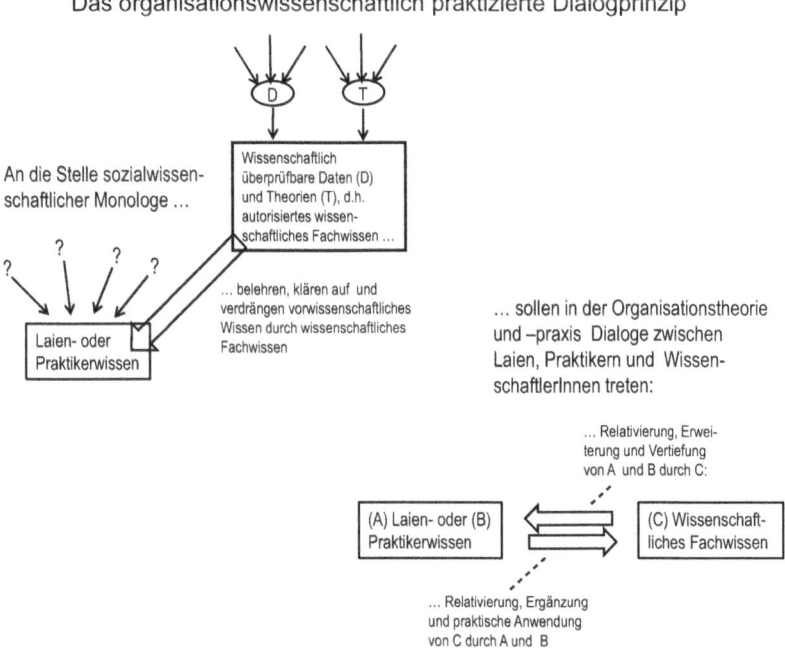

Abb. 4.2 Das organisationswissenschaftlich praktizierte Dialogprinzip

und erklärungskräftiger als Laien- oder Praktikerwissen, Praktikerwissen wiederum für praktisch fruchtbarer als weltfremde Theorie – gegenüber solchen Superioritätsstreits soll hier indessen gerade auch zum Zwecke einer besseren organisations*wissenschaftlichen* Orientierung eine *neutrale Vermittlungsposition* eingenommen werden. Sie geht davon aus, dass zwischen zwei konkurrierenden Wissensarten in der Regel stets *zweiseitig-symmetrische Lernprozesse* möglich und sinnvoll sind. Die Praxis etwa könnte von „weltfremder Theorie" lernen, wie es theoriegeleitet vielleicht eben doch Alternativen zu bewährten Praktiken zu entdecken gäbe; und umgekehrt die Wissenschaft von der Praxis oder vom Laien, als wie eindimensional und ergänzungsbedürftig sich ihre Modelle im Zusammenhang lebensweltlich komplexer Realitäten vielfach erweisen (s. die Abb. 4.2 und 4.3).

2. Das Prinzip Gleichwertigkeit verschiedener Generationen des Wissens. –
Was in den Gefäßen der verschiedenen Arten menschenbezogenen Wissens, die

es gibt, von Menschen gedacht, mitgeteilt oder praktisch umgesetzt wird, unter-
liegt natürlich stets dem historischen Wandel. Dinge, die gegenwärtig nicht mehr
relevant erscheinen, werden es später doch – mitunter über eine „Wiederkehr des
Gleichen" ungefähr so, wie sie es einst schon einmal waren. Und nicht nur die
Problemrelevanzen, auch die Weisen, ein bestimmtes Problem zu definieren und
zu lösen, verändern sich jedenfalls in modernen Gesellschaften relativ rasch. Um
den permanenten Wandel von Formen und Inhalten menschenweltlichen Wissens
besser überblicken zu können, *periodisiert* man es häufig, indem man es unterschiedlichen Epochen oder Generationen des Wissens zuordnet. Ähnlich wie man
Kunstwerke beispielsweise dem Barockzeitalter oder eine bestimmte generationen-
typische Mentalität „der Generation von 1914" (oder 1890, „den Frühromantikern"
usw.) zuweist, können organisationswissenschaftliche Texte als typisch für Zeit und
Ansatz des Scientific Management (der wissenschaftlichen Betriebsführung), des
Fordismus, der Human Relations usw. erklärt werden.

Für Texte der Organisationstheorie und -praxis, die in diesem Sinne *verschiedene
Generationen des Wissens* repräsentieren, soll nun das erwähnte Gleichwertig-
keitsprinzip gleichfalls gelten, und von ihm nur in begründeten Ausnahmefällen
abgewichen werden. Ältere Einsichten der Organisationsforschung sollen demnach im Vergleich mit neueren und neusten Errungenschaften von Forschung und
Praxis als *anders,* gegebenenfalls auch als *vorläufig nicht mehr aktuell,* jedoch
nicht als vom Erkenntnisfortschritt überholt, sondern als *grundsätzlich gleichwertig*
aufgefasst werden. Der Weg von älteren zu neuen Erkenntnissen der Organisationstheorie und -praxis wird dementsprechend nicht als Aufstieg zu immer
höherstehenden, d. h. weiter und tiefer blickenden Einsichten, sondern als ein *komplexer Wandlungsprozess* aufgefasst, der neben Errungenschaften stets auch Verluste
produziert.

Die beiden Prinzipien der Gleichwertigkeit verschiedener Arten und Generationen des Wissens verursachen auch in der Organisationstheorie vor allem zwei Arten
von Schwierigkeiten, die beide am einfachsten als unterschiedliche Erscheinungsformen des „Dilemmas seichter Breite und schmaler Tiefe" beschrieben werden
können. Während die erste der beiden Varianten des Dilemmas relativ einfach lösbar
erscheint, wirft die zweite schwerer zu beantwortende Fragen auf.

3. Das Dilemma seichter Breite und schmaler Tiefe I. – Möchte man in einem
Wissensgebiet, so wie es hier vorgeschlagen wird, außer den je neusten auch ältere
Erkenntnisse kennenlernen, die bloß angeblich, nicht wirklich überholt sind, so
wird natürlich die Stoffmasse, über die man eigentlich Bescheid wissen sollte, rasch
unheimlich groß. Es stellt sich alsdann das bekannte *Dilemma seichter Breite und
schmaler Tiefe:* Versucht man den Stoff möglichst umfassend und „vollständig" zu

erfassen, so ist dies gewöhnlich nur um den Preis der Oberflächlichkeit möglich; während umgekehrt das Bohren in die Tiefe an einer bestimmten Stelle blickverengend, ja borniert wirken kann – insbesondere bei Spezialisten im schlechten Sinne, die bekanntlich immer mehr über immer weniger wissen, bis sie am Ende alles über nichts wissen.[6]

Als gangbarer Mittelweg im Dilemma seichter Breite und schmaler Tiefe bietet sich hier wie anderswo die *exemplarische Methode* an. Sie reduziert einerseits die Risiken einer blickverengenden Überspezialisierung, indem sie ihre „exemplarischen" Detailanalysen möglichst feldüberdeckend ansetzt. Der Gefahr der Seichtigkeit in der Breite begegnet sie andererseits mit dem Mut zur Lücke, d. h. sie übergeht eigentlich auch noch Darstellungswürdiges, um so – an ausgewählten Stellen – Tiefensondierungen vorzunehmen, die einen Begriff von der eigentlich überall gebotenen Gründlichkeit des Untersuchungsverfahrens vermitteln.

4. Das Schönberg-Prinzip als Beitrag zur Lösung des Dilemmas seichter Breite (Toleranz) und schmaler Tiefe (Intoleranz) II. – Wer vielen Denk- und Handlungsformen gerecht werden möchte, stößt auf eine weitere, wesentlich heiklere Variante des Dilemmas seichter Breite und schmaler Tiefe: Er muss sich zwischen *Toleranz* gegenüber allen möglichen (darunter auch durchaus problematischen) Wahrheitsansprüchen, und entschiedener *Parteinahme* für *eine* Wahrheit, die doch vielleicht nur lokal gilt, entscheiden.

Während „Paradigma – Monisten" (gemäß Abschn. 4.2) in paradigmageleiteten Wissenschaften dem Dogmatismusvorwurf im Allgemeinen entgehen, gibt es in weniger fortschrittsfähigen Disziplinen wie der Organisationstheorie definitionsgemäß kaum Paradigmakandidaten, deren Anspruch auf ausschließliche Geltung nicht sogleich von anderen Standpunkten aus als einseitig, dogmatisch, intolerant usw.

---

[6] Eine geistreiche Variante dieser Gedankenfigur findet sich beim Logiker Spencer Brown, welcher der axiomatischen Methode der Mathematik im Gegensatz zu „oberflächlicheren Formen von Sachkenntnis" die Eigenschaft zuschreibt, „weniger und weniger über mehr und mehr zu sagen" (zitiert bei Baecker 1993, S. 11; gleiches gilt in gewisser Weise auch vom Erkenntnisfortschritt mathematisierter Realwissenschaften durch Theorienintegration, vgl. Abb. 4.1). Praxisnahe Managementtheoretiker variieren die ursprüngliche Dilemma-Idee des Gedankenschemas, indem sie andererseits betonen, wie wichtig es sei, sorgfältig zwischen der richtigen Beantwortung einer Frage („doing things right") und dem Stellen der richtigen Frage (unter mehreren möglichen: „doing the right things") zu unterscheiden. Misst man den Erfolg des sachgemäßen Durchführens von etwas mit Effizienzmaßstäben, so kann man engeren Effizienz- umfassendere oder „ganzheitlichere" Effektivitätskriterien gegenüberstellen (so z. B. Gomez, Zimmermann 1992, S. 32 f., 58–60). Diese Möglichkeit, zwischen Effizienz und Effektivität zu differenzieren, ist nicht mit Chester Barnards Definition von „efficiency" und „effectiveness" zu verwechseln (vgl. dazu Abschn. 7.5).

kritisiert werden könnte (und häufig auch so kritisiert wird). Meistens schleifen sich im Verlaufe solcher Theorie- und Methodendispute die zuerst sehr exklusiven Ansprüche konkurrierender Paradigma Kandidaten ab, finden gegenseitige Desillusionierungs-, Lern- und Öffnungsprozesse statt, und weichen die anfänglich dominierenden Denkhaltungen des „entweder-oder" solchen des „Sowohl-Als-Auch". Die Zeit der Vorherrschaft von Paradigmamonisten wird alsdann von einer abgelöst, in der mehr oder weniger konsequent bis radikal Theoriepluralisten dominieren.[7]

An „theoriepluralistischen" Standpunkten ist andererseits kritisierbar, dass ihre „Sowohl-als-auch"-Haltung nur allzu leicht zu jener fragwürdigen Universaltoleranz der Parole „anything goes" verführt, der alle Lebensformen gleich gültig, und damit letztlich auch gleichgültig sind. Wohin gelangt man, wenn man, dogmatische Wahrheitsansprüche *einer* Theorie, Philosophie oder Lebensform scheuend, von der Möglichkeit „wesentlich verschiedener und doch gleich wahrer" Wahrheiten (wie der junge Hegel es einmal formulierte) ausgeht? Für Hegel stand unzweifelhaft fest, dass dies, da „die Vernunft nur *eine* ist", und da es unmöglich „verschiedene Vernunften geben kann", eine vernunftwidrige, unhaltbare Position sei (Hegel 1802, S. 172). Auch wenn es uns heute aus verschiedenen Gründen viel schwerer als noch Hegel fällt, eine „Einheit der Vernunft in der Vielfalt ihrer Stimmen" zu bestimmen, die nicht sogleich als „Instrument der Herrschaft einer Kultur (oder Theorie, Philosophie, Lebensform; E.W.-B.) über die anderen" diskreditiert werden kann (Habermas 1988, S. 153 ff., 1990, S. 30) – verschweigen nicht doch Theorieskeptiker und Pluralisten die allgemeinmenschlichen Maßstäbe vernünftigen Urteilens, die auch und gerade sie voraussetzen, anstatt sie sich bewusst zu machen, und sich offen zu ihnen zu bekennen?

K. Türk kritisiert pluralistische Ansätze der neueren Organisationstheorie wie denjenigen von G. Morgan in diesem Sinne mit dem Argument, dass theoretische Pluralisten den „metatheoretischen" Maßstab, der die einzelnen Ansätze oder „Metaphern" der Organisationstheorie allererst zu beurteilen erlaube, zugleich voraussetzten und verleugneten. Morgan zum Beispiel begnüge sich mit der allzu unverbindlichen Feststellung, dass der einen Metapher fehle, was die andere habe:

---

[7] Vgl. dazu z. B. oben Abschn. 3.1 (Halls Abschwächung der einst recht exklusiven Ansprüche empirisch fundierter Kontingenztheorien). Auch Scott spricht in seinem Lehrbuch den drei grundlegenden Perspektiven der Organisationstheorie, denen er deren wichtigsten Ansätze zuordnet, bloß eine „praeparadigmatische Bedeutung" zu; ältere würden durch jüngere Ansätze nicht definitiv überholt, und seien keineswegs nur von „historischem Interesse" (Scott 1986, S. 173 f., 90; vgl. dazu oben, Abschn. 3.4).

„Diese Annahme ist aber solange nicht überprüfbar, wie Inkompatibilitäten zwischen den Ansätzen vorliegen und vor allem, solange kein Bezugsrahmen ‚für das Ganze‘ entwickelt wurde; denn nur dann wäre die Hauptthese Morgans prüfbar: ‚Organizations are many things at once‘ - dann allerdings (und darin besteht der Widerspruch oder zumindest die Paradoxie eines solchen pluralistisch-metaphorischen Konzepts) wären die einzelnen Bezugsrahmen [bzw. Ansätze, E.W.-B.] ja entbehrlich!" (Türk 1989, S. 22)

Gibt es eine Regel, mit der man sich im Streit zwischen Paradigmamonisten (wie K. Türk) und Theoriepluralisten (z. B. G. Morgan) orientieren, und in ihm zu einer gut begründeten eigenen Stellungnahme gelangen kann? Auf den ersten Blick scheint K.R. Poppers Falsifikationsverfahren „kritischer Vernunft" die gesuchte Regel zu bieten: Derjenige Wissenschaftler, der objektiv genug ist, sich dem Richtspruch strenger Falsifikationstests unbedingt zu unterziehen, selbst wenn dieser gegen die eigene und für eine konkurrierende Theorie spricht, beweist vernünftige Toleranz gegenüber der Wahrheit anderer ebenso wie unnachsichtige Strenge gegenüber der eigenen Unwahrheit. Falsifikationsregeln schließen indessen selbst in paradigmen-geleitet fortschrittsfähigen Wissenschaften nie aus, dass eine umwälzend neuartige Theorie (wie etwa die allgemeine Relativitätstheorie) gegen angebliche empirische Widerlegungen mit „produktiver Intoleranz" verteidigt wird. (Von Albert Einstein wird glaubhaft überliefert, dass er gegenüber empirischen „Widerlegungen" seiner größten theoretischen Leistung so reagiert habe.) Denn auch hier entscheiden über Wahrheit oder Falschheit einer Theorie immer nur theoretisch oder methodisch problematisierbare Falsifikationsverfahren, nie „die" Realität als solche.

Die einzige mir bekannte Regel, anhand derer insbesondere Humanwissenschaftler, und damit auch Organisationstheoretiker tatsächlich besser entscheiden können, ob sie sich grundsätzlich eher tolerant oder eher intolerant verhalten möchten, stammt vom Komponisten Arnold Schönberg. Sie findet sich in einem Brief, in dem Schönberg die Frage des Musikkritikers O. Downes, was von Komponisten zu halten sei, die selber parteiische Musikkritiken schrieben, wie folgt beantwortete:

„Ich glaube, sie [die Musiker] sind in erster Linie Kämpfer für ihre eigenen musikalischen Ideen. Die Ideen anderer Komponisten sind ihre Feinde. Man kann einen Kämpfer nicht zurückhalten. Seine Schläge sind recht, wenn sie hart treffen, und nur dann ist er ehrlich. So nehme ich nicht übel, was Schumann über Wagner sagte, oder Hugo Wolf über Brahms. Aber ich nehme übel, was [der Musikkritiker] Hanslick gegen Wagner und Bruckner sagte. Wagner, Wolf, Mahler und Strauss kämpften auf Tod und Leben für ihre Idee.- Aber Sie [O. Downes, als Musikkritiker; E.W.-B.] kämpfen nur für Prinzipien oder vielmehr für die Anwendung von Prinzipien." (Stuckenschmidt 1989, S. 451)

Auf das Problem von tolerantem Theorienpluralismus vs. intolerantem Paradigmamonismus in den Organisationswissenschaften übertragen, besagt Schönbergs

Regel: Wer für sich beansprucht, die Organisationstheorie mit wesentlichen neuen Ideen bereichern zu können, kann und darf – so wie es beispielsweise S. Freud getan hat – intolerant „kämpfen". Wer an solchen innovativen Entwicklungen nur aus einiger Distanz oder kommentierend teilnimmt, tut hingegen gut daran, sich eher tolerant als intolerant einzustellen. Denn ihm oder ihr fehlt dann wahrscheinlich, was die Intoleranz kreativer Forscher oder Forscherinnen als produktive Intoleranz auszeichnet.

5. Drei Komponenten im Wandel von Organisationstheorien und -praktiken. – Die Annahme, dass vom Standpunkt der neusten, fortgeschrittensten Theorie aus ältere Ansätze, da ganz oder teilweise falsch, verblassen, und nur noch von historischem Interesse sind, vereinfacht entsprechende Blicke zurück in die Vergangenheit natürlich sehr. Wenn man – so wie das vorliegende Buch – den Weg von älteren zu neuen organisationstheoretischen Erkenntnissen nicht als einen eindimensionalen Fortschrittspfad, sondern als einen teils mehr, teils weniger bis gar nicht fortschrittsfähigen *Wandlungsprozess* verstehen möchte, empfiehlt es sich, mindestens die folgenden *drei Komponenten im fortschreitenden Wandel von Organisationstheorien und -praktiken* in Rechnung zu stellen (vgl. Abb. 4.3):

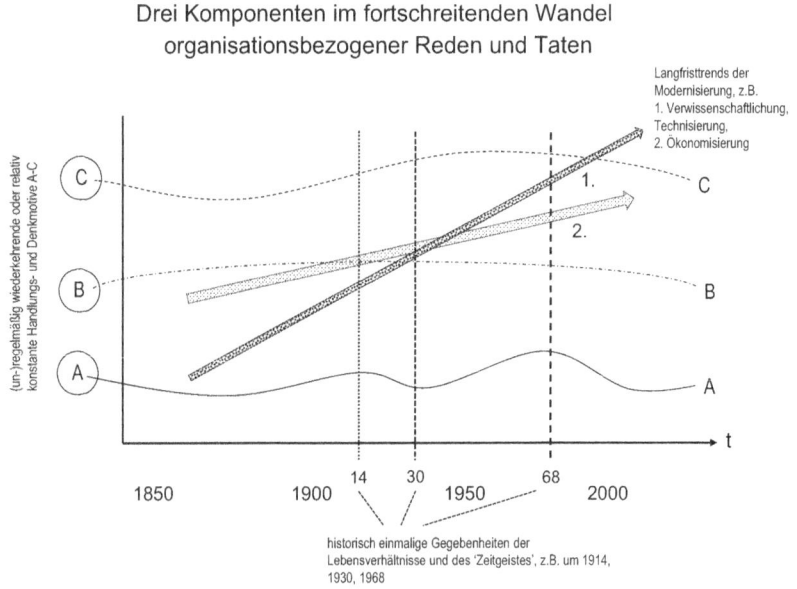

Abb. 4.3 Drei Komponenten im Wandel organisationsbezogener Reden und Taten

a. **Irreversible Langfristtrends der Modernisierung:** Moderne Gesellschaften sind wesentlich von unumkehrbaren Langfristtrends der Entwicklung geprägt, insbesondere von denen der Verwissenschaftlichung, Technisierung und Professionalisierung, der Verwirtschaftlichung und Ökonomisierung, der Demokratisierung, Urbanisierung, Globalisierung und Dynamisierung. Hin und wieder mag die eine oder andere dieser Entwicklungen auf innere oder äußere Grenzen des Wachstums stoßen, in ihrem Sinn bezweifelt oder zunehmend negativ bewertet werden – dass sie sich dadurch anhaltend unterbrechen oder gar umkehren ließen, ist äußerst unwahrscheinlich. Die Organisationswissenschaften des Jahres 2020 werden sich demnach mit ziemlicher Sicherheit in einer noch weitergehend verwissenschaftlichten, technisierten, professionalisierten, global ökonomisierten, urbanisierten Umwelt zu behaupten haben, als die Organisationswissenschaften heute im Vergleich mit denen des fünften oder des ersten Jahrzehnts des 20. Jahrhunderts (vgl. dazu auch oben, Abb. 2.2 von Abschn. 2.2).

b. **Konstante oder (un)regelmäßig wiederkehrende Motive:** Von manchen Argumentations- oder Handlungsweisen kann man annehmen, dass sie auch unter veränderten Bedingungen einigermaßen konstant am Werk sind. Die Theorie- Praxis-Thematik gehört beispielsweise, wie Abschn. 2.2 andeutete, zu den eher gleichbleibenden Grundmotiven des Nachdenkens über Organisationen. Gemäß welchen Regeln oder Zyklen der „Wiederkehr des Gleichen" solche Motive und Thematiken jeweils aktuell werden, ist dabei meistens schwer durchschaubar. Modezyklen sind zwar im hochprofessionalisierten Reifestadium der Entwicklung mancher Praxisfelder, darunter auch dem des Managements von Organisationen, besonders häufig beobachtbar (vgl. Walter-Busch 1991; Eccles und Nohria 1992; Kieser 1995) – als „ewige Wiederkehr des Neuen" (wie Walter Benjamins treffliche Definition der Mode lautet) können indessen gerade sie nicht gut prognostiziert werden.

c. **Historisch einmalige Gegebenheiten des „Zeitgeistes":** Was sich in Reden und Taten der Organisationstheorie und -praxis weder auf Langfristtrends noch auf relativ konstante Denk- oder Handlungsmotive zurückführen lässt, kann nicht selten, näher betrachtet als Symptom historisch einmaliger, zeittypischer Gegebenheiten verstanden werden: Der „Geist von 1914–1918" (oder 1933, 1968 usw.) ist auch in organisationswissenschaftlichen Äußerungen dieser Zeiten deutlich erkennbar. Leicht missverständlich kann man sagen, dass auch und gerade Organisationstheorien und -praktiken vom je vorherrschenden „Zeitgeist" (der freilich stets sehr unterschiedlich interpretierbar ist) durchdrungen sind.

Reden und Taten von Organisationstheoretikern oder -praktikern dürfen in der Regel dann als gut verstanden gelten, wenn an ihnen hinreichend deutlich Äußerungen und Wirkungen dieser drei formalen Hauptkomponenten ihrer

Entwicklung (von Langfristtrends, relativen Motivkonstanten und historisch einmaligen Gegebenheiten also) identifiziert werden können.

6. Von Originaltextlektüre ermöglichte „Blicke zurück nach vorn". – Geisteswissenschaftlich orientierte Humanwissenschaften machen vom Prinzip der Gleichwertigkeit verschiedener Generationen des Wissens vor allem in ihrem Umgang mit „klassischen" Texten Gebrauch. Dazu zählt man hochrangige, für Klassikverehrer sogar vorbildliche Werke, die höchstens vorübergehend außer Mode geraten, eigentlich aber zu jeder Zeit als höchst aktuell und von starker Wirkung erfahren werden können (vgl. dazu v. a. Gadamer 1960). In den Sozial- und Wirtschaftswissenschaften sind als „Klassiker" ziemlich allgemein anerkannt insbesondere der Begründer der Psychoanalyse, Sigmund Freud, der bedeutende Ökonom John Maynard Keynes und der Sozialwissenschaftler Max Weber – Gelehrte, deren Werke bezeichnenderweise je in verschiedenen, mehr oder weniger „vollständigen" Gesamtausgaben gesammelt vorliegen.

Eher prestigearme Disziplinen wie die Organisationstheorie und -praxis, deren Allgemeinbildungswert nicht besonders hoch eingeschätzt wird, verfügen nur über einen kleinen Bestand an „klassischen" Texten. An erster Stelle kommen hier vor allem Texte jener Autoren in Frage, die so gut wie jedes Lehrbuch dieses Faches, wenn es dessen Entwicklungsgeschichte skizziert, zu nennen pflegt; also Texte von F. Taylor, H. Fayol, M. Weber, E.Mayo, K. Lewin, C. Barnard, H.A. Simon u. a.

Um die, genauer besehen, oft erstaunliche Komplexität und Aktualität von solchen Originaltexten erkennen zu können, genügt es freilich nicht, sich über sie bloß aus zweiter Hand zu informieren. Man sollte sie wenn möglich stets „unverkürzt", eben im Original, selber lesen. Dazu möchten die Kap. 5–10 des zweiten Teils wenigstens *anregen*. Die hier zitierten Textauszüge „klassischer" Organisationstheoretiker von Weber bis Weick führen *alle,* richtig verstanden, zu einem besseren Verständnis *gegenwärtiger* Probleme der Organisationsforschung – ob man sie sich nun (gemäß Abb. 4.4) in der einen Richtung vom Standort der Vergangenheit, „wie sie gewesen ist", aus, oder in der umgekehrten Richtung vom Standpunkt der sich vergangener Dinge entsinnenden und sie aktualisierenden Gegenwart aus erschließt. Mit andern Worten sollen hier Dokumente aus der Entwicklungsgeschichte von Theorien und Praktiken der Organisationsgestaltung möglichst *originaltextnah* ausgelegt werden. Dies sollte ein kritisches Urteil darüber erleichtern, inwieweit die aktuelle Organisationsforschung die Traditionen, in denen sie steht, hinreichend begreift. Denn in Disziplinen, in denen die Prinzipien der Gleichwertigkeit verschiedener Arten *und* Generationen des Wissens sinnvoll anwendbar sind, gilt, dass, wer die übergreifenden Zusammenhänge nicht kennt, die den Weg der je neusten Entwicklungen in die Zukunft bestimmen, diese Entwicklungen selbst verkennt.

Wege von Weber bis Weick - und zurück

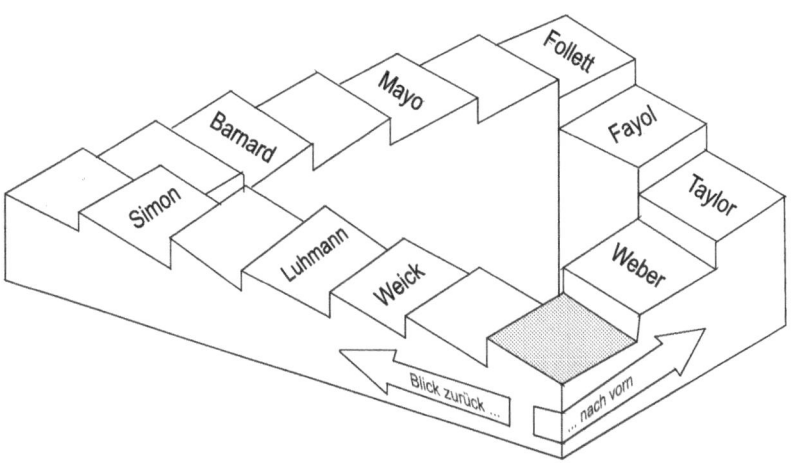

Abb. 4.4 Wege von Weber bis Weick – und zurück

4.4 Zusammenfassung

1. Die Wahrheitskriterien, nach denen sich organisationswissenschaftliche Forschung orientieren kann, stammen entweder eher aus den *Naturwissenschaften*. Als erstrebenswert gelten dann möglichst präzise empirische Untersuchungsverfahren, die, zusammen mit den von ihnen streng kontrollierten Fortschritten der Theoriebildung, in die Richtung von immer umfassenderen, zugleich allgemeingültigen und erklärungskräftigen Theorien weisen. Die Gesamtheit der erkenntnisleitenden Hintergrundannahmen, Theorien und Methoden von Wissenschaften, die echter Erkenntnisfortschritte im naturwissenschaftlichen Sinne fähig sind, nennt man T. Kuhn folgend auch ein *Paradigma*.

2. Die andere Art Wahrheitskriterien, von denen sich organisationswissenschaftliche Forschung leiten lassen kann, sind die eher *hermeneutischen* Wahrheitskriterien der textpflegenden und textauslegenden *Geisteswissenschaften*. Welche der geisteswissenschaftlich hergestellten Kommentare zu, Auslegungen und Erklärungen von älteren oder gegenwärtigen Zeugnissen der Menschheitsgeschichte besser als andere zu überzeugen vermögen, hängt

von ziemlich mehrdeutigen Kriterien der „Stimmigkeit", „Sachadäquatheit", „Scharf-" oder „Tiefsinnigkeit", „Originalität", „Zeitgemäßheit" etc. ab.

3. Eine nach naturwissenschaftlichem Vorbild szientifisch betriebene Organi-sationswissenschaft strebt *paradigmenmonistisch* nach *einem* allgemeinver-bindlichen und allgemein zustimmungsfähigen Paradigma. Geisteswissen-schaftlich verstehende Sozialwissenschaften rechnen demgegenüber in der Regel mit einer Mehrzahl theoretisch oder sonst wie erklärender Textaus-legungsperspektiven, die sich gegenseitig mehr oder weniger gut ergänzen bzw. widersprechen *(Theorienpluralismus)*.

4. Obwohl es paradigmenmonistisches Streben nach dem einen, allen andern überlegenen Theorieparadigma für wissenschaftlich jederzeit gut begründ-bar hält, ist das vorliegende Buch *pluralistisch* eingestellt. Diese Einstellung kommt in den folgenden sechs Grundsätzen, die den Gang der nachfolgenden Darlegungen orientieren sollen, zum Ausdruck.

5. Der erste Grundsatz, das *Prinzip der Gleichwertigkeit verschiedener Arten des Wissens,* geht davon aus, dass das *Common Sense-Wissen von Laien, praktisches Erfahrungs-* und *wissenschaftliches Fachwissen gleichwertige Wissensarten* sind, zwischen denen jederzeit *zweiseitige, symmetrische* Lern-prozesse stattfinden können und in der Regel auch stattfinden sollten. Die Asymmetrie zwischen wissenschaftlichem Fachwissen einerseits, Praktiker- und Laienwissen andererseits, die für reife, paradigmengeleitete Wissen-schaften typisch ist, wird hier also, in der Organisationstheorie und -praxis, für grundsätzlich problematisch gehalten.

6. Das *Prinzip Gleichwertigkeit verschiedener Generationen des Wissens* behan-delt ältere im Vergleich mit neuen Einsichten der Organisationsforschung analog als *anderes,* gegebenenfalls auch als *vorläufig nicht mehr aktuelles,* jedoch *nicht als vom Erkenntnisfortschritt überholtes,* sondern als *grundsätz-lich gleichwertiges Wissen.* Der Weg von älteren zu neuen Erkenntnissen der Organisationstheorie und -praxis wird dementsprechend nicht als Aufstieg zu immer höher stehenden, weiter reichenden und tiefer blickenden Ein-sichten, sondern als ein *komplexer Wandlungsprozess* aufgefasst, der neben Errungenschaften stets auch Verluste produziert.

7. Da man von anderen Wissensarten oder von älteren Standpunkten erarbei-tete Erkenntnisse gemäß den beiden vorstehenden Grundsätzen grundsätzlich nicht außer Betracht lassen, vergessen oder gar verdrängen sollte, wird der Umfang der organisationswissenschaftlich eigentlich relevanten Wissens-menge sehr groß. Im *Dilemma seichter Breite und schmaler Tiefe,* das sich damit auftut, bietet sich hier wie anderswo als gangbarer Mittelweg die *exem-plarische Methode* an. Sie versucht der Gefahr der Seichtigkeit in der Breite

mit dem Mut zur Lücke zu begegnen, indem sie an ausgewählten Stellen Tiefensondierungen vornimmt, die einen Begriff von der eigentlich überall gebotenen Gründlichkeit des Untersuchungsverfahrens vermitteln sollen.

8. Im *analogen Dilemma* eines allseitig toleranten, d. h. indifferent seichten Theorienpluralismus und der potentiell dogmatisch schmalen Tiefe des Paradigmenmonismus kann man sich gemäß dem „Schönberg-Kriterium" entscheiden: Wer für sich beansprucht, ein Wissensgebiet – etwa die Organisationstheorie – mit wesentlichen neuen Ideen bereichern zu können, kann und darf – so wie es beispielsweise S. Freud getan hat – *intolerant „kämpfen"*. Wer an solchen innovativen Entwicklungen nur aus einiger Distanz oder kommentierend teilnimmt, sollte sich dagegen eher *tolerant* einstellen. Denn ihm oder ihr fehlt dann wahrscheinlich, was die Intoleranz kreativer Gelehrter *produktiv* macht.

9. Um die überaus komplizierten Prozesse des Wandels der verschiedenen Arten und Formen des Wissens über Organisationen, die es gibt, besser überschauen zu können, kann man den folgenden *drei Komponenten* solcher Wandlungsprozesse besondere Beachtung schenken: erstens *unumkehrbaren Langfristtrends der Modernisierung* wie insbesondere der Verwissenschaftlichung, Technisierung und Professionalisierung; zweitens *relativ konstanten oder (un)regelmäßig wiederkehrenden Motiven* (d. h. Mustern oder Figuren des Argumentierens und Handelns, z. B. zum Verhältnis zwischen organisationswissenschaftlicher Theorie und Praxis); sowie drittens *historisch einmaligen Gegebenheiten des „Zeitgeistes".-* Man hat Reden und Taten von Organisationstheoretikern und -praktikern in der Regel dann gut verstanden, wenn man in ihnen die drei erwähnten Diskurskomponenten identifizieren kann.

10. Es gibt in den eher prestigearmen, kognitiv eingeschränkten Organisationswissenschaften nicht allzu viele „*klassische*", jederzeit aktualisierbare Texte. Das *Prinzip Originaltextlektüre* ermöglicht jedoch auch in ihnen, wie der nachstehende zweite Teil des Buches mit Exempeln der Organisationsforschung von Weber bis Weick zeigen möchte, aufschlussreiche „*Blicke zurück"* (auf die Auffassungen angeblich überholter oder vergessener Autoren und Autorinnen), die zugleich aktualitätsbezogene „*Blicke nach vorn"* sind.

Teil II

Exempel der Organisationsforschung von Weber bis Weick

5.1 Fragestellungen Webers

Max Weber (1864–1920) verfügte selbst nicht über Managementerfahrungen in Unternehmungen oder größeren Verwaltungsbürokratien. Mit obersten Führungskräften der deutschen Wirtschaft seiner Zeit, etwa Ernst Abbe, Wilhelm Merton oder Walther Rathenau, pflegte er gar keine oder eher nur oberflächliche Kontakte – wesentlich weniger intensive jedenfalls als mit bedeutenden Politikern, Gelehrten und Künstlern. Webers Bürokratiemodell gehört dennoch zum eisernen Bestand der weitaus meisten organisationswissenschaftlichen Lehrbücher – sehr zu Recht, wie die folgende Einführung in die bürokratiesoziologische Fragestellung Webers darlegen möchte. Max Weber studierte wie sein angesehener Vater Max Weber Senior Jurisprudenz (1882–1886 in Heidelberg, Strassburg, Berlin und Göttingen). 1889 beim Berliner Professor Levin Goldschmidt mit einer handelsrechtlichen Dissertation promoviert, habilitierte er sich zwei Jahre danach für römisches Recht. 1893 wurde er als Stellvertreter des erkrankten Levin Goldschmidt zum außerordentlichen Professor an der juristischen Fakultät der Berliner Universität ernannt. Mehr als die Karriere als Rechtsprofessor und Anwalt, die sich ihm damit eröffnete, faszinierten Weber jedoch seine weitausgreifenden wirtschafts-, sozial- und ideengeschichtlichen Studien. Der hervorragende Ruf, den er sich mit materialreichen Sozialenquêten über die Lage der ostelbischen Landarbeiter erworben hatte, verhalf ihm 1894 zu einer Berufung auf eine nationalökonomische Professur an der Universität Freiburg. 1896 wurde er zum Nachfolger des Heidelberger Nationalökonomen Karl Knies ernannt. Weber lebte seitdem zusammen mit seiner Frau Marianne Weber-Schnitgen, die er 1893 geheiratet hatte, vor allem in Heidelberg. 1898 erkrankte er unter Umständen, die noch eingehender dargestellt werden sollen, psychisch, und war während mehrerer Jahre annähernd vollkommen arbeitsunfähig. Alle Aufsätze und Buchentwürfe zu methodologischen, religionssoziologischen und sozialökonomischen Fragen, die seinen anhaltenden Nachruhm begründeten, entstanden, nachdem er (definitiv im Jahre 1903) sein Heidelberger Lehramt aufgegeben hatte, und sich nurmehr als Privatgelehrter sowie als Redaktor des „Archivs für Sozialwissenschaft und Sozialpolitik" von Edgar Jaffé betätigte. Während des Ersten Weltkrieges stark politisch engagiert, ließ sich Weber 1919, nach erfolgreicher Absolvierung eines „Probesemesters" in Wien (1918), erneut auf einen Lehrstuhl berufen, denjenigen des Nationalökonomen Lujo Brentano an der Universität München. Wenige Monate nach Antritt seines letzten Lehramtes starb er in München am 14. Juni 1920 völlig unerwartet an einer Lungenentzündung (vgl. Fügen 1985).

Webers persönliche Ausstrahlung als Redner, Lehrer, als öffentlicher und privater Gesprächspartner muss, wie viele Augenzeugen berichten, ganz außergewöhnlich gewesen sein. Karl Jaspers, der Weber sehr verehrte, hat diese Wirkung in einer Gedenkrede 1920 wie folgt gedeutet:

> „Was war Max Weber, wenn er im besonderen Beruf weder bloß Politiker noch bloß Gelehrter, im Weltanschaulichen weder Stoiker noch Christ war? [...] Er hat der philosophischen Existenz gegenwärtigen Charakter verschafft. In ihm konnten wir sehen, was jetzt ein Philosoph sei, wenn wir zweifelten, ob es heute überhaupt noch Philosophen gebe. Wesen einer philosophischen Existenz ist jedenfalls das Bewusstsein des Absoluten und ein Handeln und Verhalten, das getragen ist in seiner Unbedingtheit von dem lebendigen Ernst des Absoluten. Das war bei Max Weber das Einzigartige, dass dieses Wesen von ihm ausstrahlte, dass er das Absolute gegenständlich erkannte und zeigte." (Jaspers 1920, S. 45 f.)

Man unterstellt dem Weberschen Bürokratiemodell manchmal merkwürdigerweise, dass es empfehle, Organisationen wie Routinemaschinen zu organisieren; es sei daher heute, da dynamische Umweltbedingungen und anspruchsvollere Mitarbeiter flexiblere Organisationsmodelle erforderten, historisch überholt. Demgegenüber soll hier Jaspers' Bemerkung als mahnender Hinweis darauf ernstgenommen werden, dass es gerade auch *in* Webers bürokratiesoziologischen Überlegungen eine *„philosophische"* Dimension zu entdecken gibt. Sie zeigt sich in der *zentralen Fragestellung Webers,* die allen seinen religionssoziologischen, gesellschaftsgeschichtlichen und bürokratiesoziologischen Arbeiten zugrunde liegt.

Weber lebte in einer Zeit, da die stärksten Fortschrittsmächte der europäischen Moderne, Wissenschaft, Technik, kapitalistische Wirtschaft und Menschenrechtsideen der Aufklärung, erstmals weltumspannend wirksam wurden. Die führenden

Industriemächte Großbritannien, USA, Frankreich und Deutschland[1] teilten im Zeitalter des Imperialismus die letzten noch nicht abendländisch „zivilisierten" Territorien der Erde unter sich auf. Man war in den tragenden Schichten dieser weltweit dominierenden Staaten auf das Erreichte überwiegend stolz und, was mögliche Entwicklungen der Zukunft betraf, zuversichtlich. Die Weltausstellungen etwa, die periodisch in London, Paris und in anderen Großstädten veranstaltet wurden, demonstrierten eindringlich Größe und Unbegrenztheit der erzielten Fortschritte. Nur unter der Oberfläche der bürgerlichen Gesellschaft regten sich zunehmend Zweifel und Gegenentwürfe avantgardistischer Künstler, Schriftsteller und Intellektueller. Sie demaskierten schonungslos die Hohlheit der offiziösen Fortschrittsrhetorik, legten die neurotischen Hintergründe bürgerlicher Selbstzwänge frei, erklärten die herrschende Kultur für epigonal, ja dekadent, und hofften, besonders in Deutschland, auf politisch bessere Zeiten. Dazu kam in allen hochentwickelten Industriestaaten die wachsende Unzufriedenheit derer ganz unten in der Gesellschaftspyramide, der Fortschrittsverlierer: armer Land- und Heimarbeiter sowie des ab 1870 rasch wachsenden Proletariats von Fabrikarbeitern, das sich zunehmend sozialistisch orientierte.

Weber reagierte auf diese Zeichen der Zeit äußerst sensibel. Seine geradezu unheimlich ausgedehnten und dennoch nie oberflächlichen, sondern gründlichen[2] Kenntnisse der abendländischen und der asiatischen Gesellschaftsgeschichte zu

---

[1] Die vier Länder werden hier in der Rangfolge von Alter und Stabilität ihrer demokratischen Institutionen aufgeführt. Danach hat Großbritannien als erstes Land und am kontinuierlichsten einen parlamentarisch regierten Rechtsstaat verwirklicht, Deutschland nach dem Misslingen der Revolution von 1848 und den von Bismarck und Wilhelm II sehr eigenmächtig gehandhabten Institutionen des 1871 gegründeten Deutschen Reiches am spätesten. Nach Wirtschaftskraft pro Einwohner geordnet, lautete die Rangfolge um 1870: Großbritannien, USA, Frankreich, Deutschland, nur vier Jahrzehnte später um 1910 aber: USA, Deutschland, Großbritannien, Frankreich (nach Landes 1983).

[2] Es ist, als ob für Weber das oben erwähnte Dilemma seichter Breite und schmaler Tiefe (s. Abschn. 4.3) nicht gegolten hätte. Unter Sozialwissenschaftlern kommt ihm hierin der ebenfalls äußerst belesene Niklaus Luhmann wohl am nächsten. Anders als Luhmann aber, der die von ihm erfassten, nicht selten sehr entlegenen Quellen des Wissens regelmäßig nur (und öfters ziemlich gewaltsam) als Belege für die ihn über alles interessierende Systemtheorie interpretiert, diskutiert Weber seine interdisziplinär gewonnenen Belegstellen stets in Begriffen und unter Verwendung der Standards der Fachwissenschaft, der er sie entnommen hat. Sinologen, Indologen, Althistoriker, Theologen, Musikwissenschaftler, Psychologen usw. können deshalb mit Webers Beiträgen zu ihren Disziplinen etwas anfangen, ohne zuvor – wie es bei Luhmann unumgänglich ist – den Standpunkt eines fachfremden theoretischen Ansatzes einnehmen zu müssen.

Rate ziehend, versuchte er in *universalhistorischer Absicht* (d. h. weltgeschichtlich umfassend) vor allem auf die folgende Frage eine befriedigende Antwort zu
finden:

> „[...] welche Verkettung von Umständen hat dazu geführt, dass gerade auf dem
> Boden des Okzidents, und nur hier, Kulturerscheinungen auftraten, welche doch - wie
> wenigstens wir uns gern vorstellen - in einer Entwicklungsrichtung von *universeller*
> Bedeutung und Gültigkeit lagen?" (Weber 1920, S. 1)

Zu den im „Okzident, *und nur hier*" entstandenen Besonderheiten westli-
cher Gesellschaften zählte Weber vor allem die *Rationalisierung* der modernen
Lebensverhältnisse, d. h. Langfristtrends wie die Verwissenschaftlichung, Professionalisierung, Technisierung, Ökonomisierung und Bürokratisierung. Seiner
Auffassung nach gab es:

– empirische Kenntnisse, philosophisch-theologisches Wissen und Weisheit im Ver-
laufe der Menschheitsgeschichte „auch anderwärts, vor allem: in Indien, China,
Babylon, Ägypten"; aber exakt mathematische Experimentalwissenschaft *nur* in
Europa (ibid.);

– ähnlich in den Künsten, vor allem der Musik: über ein feines Gehör, raffinierte
Musikinstrumente und Polyphonie verfügten viele Völker – „rationale harmonische
Musik" aber, wie sie inzwischen die Konservatorien und Konzertsäle der ganzen Welt
dominiert, entstand – auf der Grundlage mönchischer Kirchenmusik – *nur* im Okzident
(ibid. S. 2);

– gut geschulte und erfahrene Fachbeamte gab es in außereuropäischen Hochkulturen,
insbesondere der chinesischen, auch – das moderne, vor allem juristisch geschulte
„Fachmenschentum" aber, „die absolut unentrinnbare Gebanntheit unserer ganzen
Existenz, der politischen, technischen und wirtschaftlichen Grundbedingungen unseres Daseins, in das Gehäuse einer fachgeschulten Beamten*organisation*", erwuchsen
nur auf europäischem Boden (ibid. S. 3);

– und schließlich gilt nach Weber selbst für die „schicksalsvollste Macht unseres
modernen Lebens", die kapitalistische Wirtschaft: – gewinnorientiertes Herstellen und
Tauschen von Gütern gab es jederzeit und überall – eine von den Heilsprämien der protestantischen Religion motivierte innerweltliche Askese kapitalistischer Unternehmer
aber, als wesentliche Ursache der Entstehung modern rationaler Arbeitsorganisationen,
nur in Europa.[3]

---

[3] Ibid. S. 4 ff.; zu dieser Protestantismus-These Webers, die neben seinem Bürokratiemodell, dem Wertfreiheitspostulat und der idealtypischen Methode sein am besten bekanntes
Lehrstück ist, vgl. im übrigen v. a. Weber 1920. Dabei gilt es zu beachten, dass wir uns
als Angehörige der wissenschaftlich entzauberten, säkularisierten Welt des 19. und 20. Jahrhunderts kaum noch vorzustellen vermögen, wie *stark einst* die „lebensumwälzende Macht"

Weber bestimmte diese religiösen Wurzeln des spezifisch abendländischen Rationalisierungsprozesses vor allem im Rahmen seiner umfassenden religionssoziologischen Studien (Weber 1920/1921). Er beanspruchte für sie Geltung strikt nur
unter den drei *einschränkenden Bedingungen* a) der *Wertfreiheit*, b) *idealtypischer
Modellierung* sowie c) des *Primats fachwissenschaftlichen Wissens*.

a. Empirische Wissenschaften können gemäß Webers *Wertfreiheitsprinzip* prinzipiell „niemanden [...] lehren, was er *soll*, sondern nur, was er *kann* und – unter
   Umständen – was er *will*" (Weber 1904, S. 150). Welche der Kulturen Asiens
   und Europas, die er miteinander verglich, unter *Wertgesichtspunkten* vorzuziehen sei, stand nach Weber deshalb in seinen durchwegs „streng empirischen"
   religionssoziologischen Studien *überhaupt nicht* zur Diskussion. „Wer ,Schau'
   wünscht, gehe ins Lichtspiel [...] Und [...] wer ,Predigt' wünscht, gehe ins
   Konventikel" (Weber 1920, S. 14). Humanwissenschaftler sollten sich insbesondere vor *„Erschleichungen"* subjektiver Werturteile, die im trügerischen
   Gewand wissenschaftlich objektiver Sachurteile einherkommen, hüten; denn
   nur allzu schnell interpretiert man Beschreibungen oder Erklärungen menschlicher Angelegenheiten *normativ* so, als ob sie auch Werturteile beinhalteten
   (Weber 1904, S. 199).
b. Weber wollte mit seiner vergleichenden Gegenüberstellung okzidentaler und
   außereuropäischer Hochkulturen keineswegs „umfassende" Kulturanalysen
   asiatischer oder europäischer Hochkulturen vorlegen. Er verglich sie vielmehr miteinander *nur* unter dem *speziellen, idealtypisch vereinfachenden
   Gesichtspunkt* der Herausarbeitung *wesentlicher Besonderheiten der okzidentalen Entwicklung*. Er betonte mithin an jeder der von ihm untersuchten
   außereuropäischen Kulturen „ganz geflissentlich das, was im *Gegensatz* stand
   und steht zur okzidentalen Kulturentwicklung" – und *nur* dies (Weber 1920,
   S. 13). Analog beruht Webers Protestantismus These (s. Anm. 3) auf dem
   die wirklichen Verhältnisse *bewusst vereinfachenden* Gedanken, im Gegensatz
   zu Karl Marx oder anderen „Materialisten" nicht die Abhängigkeit geistiger

---

religiöser „Heilsprämien" wirkte (im Falle der protestantischen Wirtschaftsethik prämierten
sie ein methodisch rationales Berufs- und Privatleben, vgl. ibid., Anm. S. 40). Weber zufolge
erschwert vor allem dies ein angemessenes Verständnis des von der Protestantismus-These
entdeckten Zusammenhangs, dass einer „der konstitutiven Bestandteile des modernen kapitalistischen Geistes", nämlich „die rationale Lebensführung auf Grundlage der *Berufsidee*,
[...] aus dem Geist der *christlichen Askese*" geboren ist: „Die innerweltliche protestantische
Askese [...] wirkte [...] mit voller Wucht gegen den unbefangenen *Genuss* des Besitzes [...]
Dagegen [...] sprengte [sie] die Fesseln des Gewinnstrebens, indem sie es [...] direkt als
gottgewollt ansah" (ibid. S. 202, 190).

Überbauphänomene vom ökonomischen Unterbau der materiellen Lebensverhältnisse, sondern umgekehrt an einem guten Beispiel die entgegengesetzte
Kausalbeziehung aufzuzeigen – *nicht* um den historischen Materialismus
(wie man Weber manchmal unterstellt) zu „widerlegen", sondern um ihn um
interessante neue Gesichtspunkte zu *ergänzen* (ibid. S. 12, 205 f.).

c. Das Kriterium „interessanter neuer Gesichtspunkte" rechtfertigte es letztlich
    auch, dass sich Weber trotz seiner starken Betonung des Primats fachwissen-
    schaftlich spezialisierten Wissens mit seiner Untersuchung außereuropäischer
    Kulturen auf Fachgebieten zu betätigen wagte, für die eigentlich professionelle
    Sinologen, Indologen, Ägyptologen usw., die die einschlägigen Quellen in der
    Originalsprache lesen können, zuständig wären:

> „Es ist ganz klar, dass jemand, der auf die Benutzung von Übersetzungen [...] angewie-
> sen ist, [...] allen Grund hat, über den Wert seiner Leistung sehr bescheiden zu denken
> [...] Aus alledem folgt der vollkommen *provisorische* Charakter [...] insbesondere der
> auf Asien sich beziehenden Teile [dieser Arbeiten]. Nur den Fachmännern steht ein
> endgültiges Urteil zu. Und nur weil, begreiflicherweise, fachmännische Darstellungen
> mit diesem besonderen Ziel und unter diesen besonderen Gesichtspunkten [b.] bisher
> nicht vorlagen, sind sie überhaupt geschrieben worden. Sie sind in einem ungleich
> stärkeren Maß und Sinn dazu bestimmt, bald ‚überholt' zu werden, als dies letztlich
> von aller wissenschaftlichen Arbeit gilt." (ibid. S. 13 f.)

Es ist vertretbar, hinter dieser entsagungsvoll selbstkritischen Haltung des Fach-
manns[4], zu der sich Weber zeitlebens bekannte, ein säkularisiertes Stück protestantischer Askese am Werk zu sehen. Selbstüberheblich denkt demnach der
Fachwissenschaftler, der verkennt, „dass das, was er gearbeitet hat, in 10, 20,
50 Jahren veraltet ist":

> „Das ist das Schicksal, ja: das ist der *Sinn* der Arbeit der Wissenschaft, dem sie [...]
> unterworfen und hingegeben ist: jede wissenschaftliche ‚Erfüllung' bedeutet neue ‚Fra-
> gen' und *will* ‚überboten' werden und veralten. Damit hat sich jeder abzufinden, der
> der Wissenschaft dienen will." (Weber 1919, S. 15)

Dem Prinzip der Gleichwertigkeit verschiedener Generationen des Wissens entsprechend, möchte die nachstehende Auswahl bürokratiesoziologischer Überlegungen Webers demgegenüber zeigen, dass wir diese auch noch viele Jahrzehnte

---

[4] Weber berücksichtigt frauenemanzipatorische Forderungen sprachlich zwar kaum – nicht
anders als so gut wie alle seine zeitgenössischen Kollegen. Die beruflichen Aktivitäten seiner
Frau Marianne Weber, die in der bürgerlichen Frauenbewegung mit bedeutenden eigenen
Werken hervortrat, oder seiner Lieblingsschülerin Else Jaffé – von Richthofen unterstützte er
jedoch vorbehaltlos und uneigennützig.

nach seinem Tod mit großem Gewinn lesen können – es handelt sich bei ihnen offenbar um „klassische", immer wieder neu aktualisierbare Formulierungen.

5.2 Weber über Prozesse der Bürokratisierung

Weber entwickelt sein Bürokratiemodell im Rahmen seiner *Herrschaftssoziologie,* die drei (idealtypisch) „reine" Typen legitimer Herrschaft unterscheidet, nämlich 1) *legale,* 2) *traditionale* und 3) *charismatische* Herrschaft:

> „Es gibt drei *reine* Typen legitimer Herrschaft. Ihre Legitimitätsgeltung kann nämlich primär sein:
>
> 1. *rationalen* Charakters: auf dem Glauben an die Legalität gesetzter Ordnungen und des Anwendungsrechts der durch sie zur Ausübung der Herrschaft Berufenen ruhen (legale Herrschaft), – oder
> 2. *traditionalen* Charakters: auf dem Alltagsglauben an die Heiligkeit von jeher geltenden Traditionen und die Legitimität der durch sie zur Autorität Berufenen ruhen (traditionale Herrschaft), – oder endlich
> 3. *charismatischen* Charakters: auf der außeralltäglichen Hingabe an die Heiligkeit oder die Heldenkraft oder die Vorbildlichkeit einer Person und der durch sie offenbarten oder geschaffenen Ordnungen ruhen (charismatische Herrschaft)." (Weber 1922, S. 159)

Unter dem Regime der *legal-rationalen Herrschaft* gehorcht man einer unpersönlichen Ordnung, konkret den formal legalen Anordnungen von *Vorgesetzten.* Im Falle der *traditionalen Herrschaft* „wird der Person des durch Tradition berufenen und an die Tradition (in deren Bereich) gebundenen *Herrn*" gehorcht (ibid.). *Charismatische Führer* schließlich erwirken Gehorsam, indem sie ihre Gefolgschaft ihrem – religiös oder weltlich begründeten – *Charisma* unterwerfen.

Der reine Typus legaler Herrschaft lässt sich am besten mittels *bürokratischer Verwaltungsstäbe* verwirklichen. Darunter versteht Weber – wiederum im idealtypisch reinen Fall – die Aktivitäten *monokratisch,* d. h. nicht kollegial funktionierender Einzelbeamten, die [...]

> „1. persönlich frei nur *sachlichen* Amtspflichten gehorchen,
>
> 2. in fester Amts*hierarchie,*
>
> 3. mit festen Amts*kompetenzen,*
>
> 4. kraft Kontrakts, also (prinzipiell) auf Grund freier Auslese nach

5. *Fachqualifikation* – im rationalsten Fall: durch Prüfung ermittelter, durch Diplom beglaubigter Fachqualifikation – *angestellt* (nicht: gewählt) sind, –

6. entgolten sind mit festen Gehältern in *Geld*, meist mit Pensionsberechtigung, unter Umständen allerdings (besonders in Privatbetrieben) kündbar auch von Seiten des Herrn, stets aber kündbar von Seiten des Beamten; dies Gehalt ist abgestuft primär nach dem hierarchischen Rang, daneben nach der Verantwortlichkeit der Stellung, im Übrigen nach dem Prinzip der ‚Standesgemäßheit' [...] ,

7. ihr Amt als einzigen oder Haupt-*Beruf* behandeln,

8. eine Laufbahn: ‚Aufrücken' je nach Amtsalter oder Leistungen oder beiden, abhängig vom Urteil der Vorgesetzten, vor sich sehen,

9. in völliger ‚Trennung von den Verwaltungsmitteln' und ohne Appropriation der Amtsstelle arbeiten,

10. einer strengen einheitlichen Amts*disziplin* und Kontrolle unterliegen." (ibid. S. 162 f.)

Die Verwaltungstechniken moderner Bürokratien haben ihren Ursprung in verschiedenen Ländern. „Virtuosenhaft" entwickelten sie sich aber vor allem im preußischen Deutschland:

> „Wie die Italiener und nach ihnen die Engländer die moderne kapitalistische Wirtschaftsorganisation, so haben die Byzantiner, nach ihnen die Italiener, dann die Territorialstaaten des absolutistischen Zeitalters, die französische revolutionäre Zentralisation und schließlich, alle anderen übertreffend, die Deutschen die rationale, arbeitsteilige, fachmäßige bürokratische Organisation aller menschlichen Herrschaftsverbände, von der Fabrik bis zum Heer und Staat, virtuosenhaft entwickelt und sich nur in der Technik der Parteiorganisation von anderen Nationen, insbesondere den Amerikanern, vorläufig und teilweise übertreffen lassen. Der [Erste] Weltkrieg aber bedeutete vor allem den Siegeszug dieser Lebensformen über die ganze Welt." (ibid. S. 1058)

Der unwiderstehliche Siegeszug der Bürokratie „über die ganze Welt" ist vor allem auf ihre *„rein technische Überlegenheit"* zurückzuführen. So wie die Maschinen des Industriezeitalters vorindustrielle Kraftmaschinen leistungsmäßig weit übertreffen, ist speziell die „monokratische Verwaltung durch geschulte Einzelbeamte" allen anderen, gerade auch kollegialen oder ehrenamtlichen Verwaltungspraktiken überlegen:

> „Der entscheidende Grund für das Vordringen der bürokratischen Organisation war von jeher ihre rein *technische* Überlegenheit über jede andere Form. Ein voll entwickelter bürokratischer Mechanismus verhält sich zu diesen genau wie eine Maschine

zu den nicht mechanischen Arten der Gütererzeugung. Präzision, Schnelligkeit, Eindeutigkeit, Aktenkundigkeit, Kontinuierlichkeit, Diskretion, Einheitlichkeit, straffe Unterordnung, Ersparnisse an Reibungen, sachlichen und persönlichen Kosten sind bei streng bürokratischer, speziell: monokratischer Verwaltung durch geschulte Einzelbeamte gegenüber allen kollegialen oder ehren- und nebenamtlichen Formen auf das Optimum gesteigert. Sofern es sich um komplizierte Aufgaben handelt, ist bezahlte bürokratische Arbeit nicht nur präziser, sondern im Ergebnis oft sogar billiger als die formell unentgeltliche ehrenamtliche. Ehrenamtliche Tätigkeit ist Tätigkeit im Nebenberuf, funktioniert schon deshalb normalerweise langsamer, (ist) weniger an Schemata gebunden und formloser, daher unpräziser, uneinheitlicher, weil nach oben unabhängiger, diskontinuierlicher und schon infolge der fast unvermeidlich unwirtschaftlicheren Beschaffung und Ausnutzung des Subaltern- und Kanzleiapparats auch oft faktisch sehr kostspielig." (ibid. S. 716 f.)

An Verwaltungshierarchien beeindruckt Weber offenbar vor allem deren maschinenförmig glatte Funktionsweise. Verhalten sich Menschen im Rahmen ehrenamtlicher Kollegialitätsprinzipien nicht „monokratisch" diszipliniert, sondern „nach oben unabhängig", so resultieren hieraus Effizienz- und (vor allem) Zeitverluste. Insbesondere moderne Unternehmungen aber sind unabdingbar darauf angewiesen, ihren Geschäftsverkehr mit „zunehmender Präzision, Stetigkeit und vor allem Schleunigkeit der Operationen" abzuwickeln:

„Die Forderung einer nach Möglichkeit beschleunigten, dabei präzisen, eindeutigen, kontinuierlichen Erledigung von Amtsgeschäften wird heute an die Verwaltung in erster Linie von Seiten des modernen kapitalistischen Wirtschaftsverkehrs gestellt. Die ganz großen modernen kapitalistischen Unternehmungen sind selbst normalerweise unerreichte Muster straffer bürokratischer Organisation. Ihr Geschäftsverkehr ruht durchgehend auf zunehmender Präzision, Stetigkeit und vor allem Schleunigkeit der Operationen. Dies wieder wird durch die Eigenart der modernen Verkehrsmittel bedingt, zu welcher u.a. auch der Nachrichtendienst in der Presse gehört. Die außerordentliche Beschleunigung in der Übermittlung von öffentlichen Bekanntmachungen, von wirtschaftlichen oder auch rein politischen Tatsachen übt nun schon rein als solche einen stetigen scharfen Druck in der Richtung auf möglichste *Beschleunigung des Reaktionstempos* der Verwaltung gegenüber den jeweils gegebenen Situationen [aus], und das Optimum darin ist normalerweise nur durch straffe bürokratische Organisation gegeben. (Dass der bürokratische Apparat auch wieder bestimmte Hemmungen für eine dem individuellen Fall angepasste Erledigung erzeugen kann und tatsächlich erzeugt, gehört im Einzelnen nicht hierher)." (ibid. S. 717)

Weber verkennt anscheinend mögliche Fehl- oder „Dysfunktionen" der bürokratischen Verwaltungsapparate, zu denen sich staatliche *und* große privatwirtschaftliche Organisationen moderner Industriegesellschaften entwickelt haben, keineswegs. Sie mögen komplexe Sonderprobleme von Kunden oder Mitarbeitern zu schematisch, d. h. nicht ohne Reibungen und Hemmungen, behandeln. Dennoch ist und bleibt nach Weber die Bürokratisierung des staatlichen wie auch des privatwirtschaftlichen Gesellschaftssektors unvermeidlich. Denn universalhistorisch vergleichend betrachtet, gibt es zur modern bürokratischen Verwaltungs- und Entscheidungstechnik keine rationellere Alternative:

> „Die rein bürokratische, also: die bürokratisch-monokratische aktenmäßige Verwaltung ist nach allen Erfahrungen die an Präzision, Stetigkeit, Disziplin, Straffheit und Verlässlichkeit, also: Berechenbarkeit für den Herrn wie für die Interessenten, Intensität und Extensität der Leistung, formal universeller Anwendbarkeit auf alle Aufgaben, rein *technisch* zum Höchstmaß der Leistung vervollkommenbare, in all diesen Bedeutungen: formal *rationalste,* Form der Herrschaftsausübung. Die Entwicklung ‚moderner‘ Verbandsformen auf *allen* Gebieten (Staat, Kirche, Heer, Partei, Wirtschaftsbetrieb, Interessentenverband, Verein, Stiftung und was immer es sei) ist schlechthin identisch mit Entwicklung und stetiger Zunahme der *bürokratischen* Verwaltung: ihre Entstehung ist z.B. die Keimzelle des modernen okzidentalen Staats. Man darf sich durch alle scheinbaren Gegeninstanzen, seien es kollegiale Interessenvertretungen oder Parlamentsausschüsse oder ‚Räte-Diktaturen‘ oder Ehrenbeamte oder Laienrichter oder was immer (und vollends durch das Schelten über den ‚hl. Bürokratius‘) nicht einen Augenblick darüber täuschen lassen, dass alle *kontinuierliche Arbeit* durch *Beamte* in *Bureaus* erfolgt. Unser gesamtes Alltagsleben ist in diesen Rahmen eingespannt. Denn wenn die bürokratische Verwaltung *überall* die ceteris paribus! - formal-technisch rationalste ist, so ist sie für die Bedürfnisse der *Massen*verwaltung (personalen oder sachlichen) heute schlechthin unentrinnbar." (ibid. S. 164)

Von den diversen Definitionsmerkmalen bürokratischer Verwaltung, die dem universalhistorisch umfassend gebildeten Weber einfallen mussten, ist das Prinzip *rationalen Fachwissens* das wichtigste. Ohne sachkundiges Fachwissen sind die technischen Hochzivilisationen der Moderne nicht funktionsfähig – zumal in ihren wirtschaftlichen Produktionssystemen nicht:

> „[...] das große Mittel der Überlegenheit der bürokratischen Verwaltung ist: *Fachwissen,* dessen völlige Unentbehrlichkeit durch die moderne Technik und Ökonomik der Güterbeschaffung bedingt wird, höchst einerlei ob diese kapitalistisch oder - was, wenn die *gleiche* technische Leistung erzielt werden sollte, nur eine ungeheure *Steigerung* der Bedeutung der Fachbürokratie bedeuten würde - sozialistisch organisiert ist [...] Der Bedarf nach stetiger, straffer, intensiver und *kalkulierbarer* Verwaltung, wie ihn der Kapitalismus nicht: *nur* er, aber allerdings und unleugbar: er vor allem - historisch geschaffen hat (er kann ohne sie nicht bestehen) und jeder *rationale* Sozialismus einfach übernehmen müsste und steigern würde, bedingt diese Schicksalhaftigkeit der Bürokratie als des Kerns *jeder* Massenverwaltung. Nur der (politische, hierokratische, vereinliche, wirtschaftliche) *Klein*betrieb könnte ihrer weitgehend entraten. Wie

der Kapitalismus in seinem heutigen Entwicklungsstadium die Bürokratie *fordert* -
obwohl er und sie aus verschiedenen *geschichtlichen* Wurzeln gewachsen sind -, so
ist er auch die rationalste, weil fiskalisch die nötigen *Geld*mittel zur Verfügung stel-
lende, wirtschaftliche Grundlage, auf der sie in rationalster Form bestehen kann. [...]
Die bürokratische Verwaltung bedeutet: Herrschaft kraft *Wissen:* dies ist ihr spezifisch
rationaler Grundcharakter." (ibid. S. 165)

Über die Bürokratisierung moderner Lebensverhältnisse sollte man sich nach
Weber demzufolge, da sie tragender Bestandteil des universalhistorischen Rationalisierungsprozesses ist, keine Illusionen machen. Wer heutzutage meint, den
„heiligen Bürokratius" leichthin als eine vorübergehende Fehlentwicklung, die
flexiblere Organisationsmethoden inzwischen längst überholt hätten, abtun zu
können, verkennt die tiefliegenden Voraussetzungen und Ursachen der Bürokratisierung. Deren „großes Mittel der Überlegenheit" ist das *„Fachwissen"* – und
zwar Fachwissen keineswegs nur im engen Sinne als hochentwickeltes Rou-
tinewissen, sondern als Befähigung verstanden, komplexe Organisations- und
Managementprobleme innovativ anzugehen. Engt man Webers Bürokratiebegriff
nicht zu sehr etwa auf bestimmte Formen „straffer Unterordnung" ein, sondern
fasst ihn dem wohlverstandenen Fachwissensprinzip entsprechend weiter, so mag
man sogar die von Mintzberg bevorzugte, extrem flexible „Adhokratie" (s. oben,
Abschn. 1.4) als eine Organisationsform betrachten, die nicht etwa außerhalb,
sondern *innerhalb* der Grenzen des Weberschen Bürokratiemodells steht, und
dieses gleichsam auf hoher Entwicklungsstufe *realisiert.*

Die Rationalisierung und Bürokratisierung moderner Gesellschaften ist also
schlechthin unentrinnbar, sie ist nach Weber, mit ihren Chancen wie mit ihren
Gefahren, „unser Schicksal". Nur wer dieser Einsicht illusionslos standzuhalten vermag, erfasst das wahre Ausmaß der *Gefährdung des Individuums* in der
durchrationalisierten Welt:

„Wo aber der moderne geschulte Fachbeamte einmal herrscht, ist seine Gewalt
schlechthin unzerbrechlich, weil die ganze Organisation der elementarsten Lebens-
versorgung alsdann auf seine Leistung zugeschnitten ist. Theoretisch wohl denkbar
wäre eine immer weitergehende Ausschaltung des Privatkapitalismus, - wennschon
sie wahrlich keine solche Kleinigkeit ist, wie manche, die ihn nicht kennen, träumen.
Aber gesetzt, sie gelänge einmal: so würde sie praktisch keineswegs ein Zerbrechen des
stählernen Gehäuses der modernen gewerblichen Arbeit bedeuten, vielmehr: dass nun
auch die Leitung der verstaatlichten oder in irgendeine ‚Gemeinwirtschaft' übernom-
menen Betriebe bürokratisch würde. Die Lebensformen der Angestellten und Arbeiter
in der preußischen staatlichen Bergwerks- und Eisenbahnverwaltung sind durchaus
nicht irgendwie fühlbar andere als die in den großen privatkapitalistischen Betrieben.
Unfreier jedoch sind sie, weil jeder Machtkampf gegen eine staatliche Bürokratie aus-
sichtslos ist und weil keine prinzipiell gegen sie und ihre Macht interessierte Instanz

angerufen werden kann, wie dies gegenüber der Privatwirtschaft möglich ist. Das wäre der ganze Unterschied. Die staatliche Bürokratie herrschte, wenn der Privatkapitalismus ausgeschaltet wäre, allein. Die jetzt neben und, wenigstens der Möglichkeit nach, gegeneinander arbeitenden, sich also immerhin einigermaßen gegenseitig im Schach haltenden privaten und öffentlichen Bürokratien wären in eine einzige Hierarchie zusammengeschmolzen. Etwa wie in Ägypten im Altertum, nur in ganz unvergleichlich rationalerer und deshalb: unentrinnbarerer Form." (ibid. S. 1060)

Idealistische Promotoren sozialer Bewegungen, die die moderne Gesellschaft entbürokratisieren und humanisieren möchten, verkennen nicht selten das Ausmaß, in dem *sie selbst* den im richtigen Sinne *umfassend* verstandenen Bürokratisierungsprozess weiter vorantreiben:

„[...] dieser nüchterne Tatbestand der universellen Bürokratisierung verbirgt sich in Wahrheit auch hinter dem, was euphemistisch der ‚Sozialismus der Zukunft' genannt wird, hinter dem Schlagwort von der ‚Organisation', der ‚Genossenschaftswirtschaft' und überhaupt hinter allen ähnlichen Redewendungen der Gegenwart. Stets bedeuten sie (auch wenn sie das gerade Gegenteil erstreben) im Resultat: die Schaffung von Bürokratie. Gewiss ist die Bürokratie bei weitem nicht die einzige moderne Organisationsform, so wie die Fabrik bei weitem nicht die einzige gewerbliche Betriebsform ist. Aber beide sind diejenigen, welche dem gegenwärtigen Zeitalter und der absehbaren Zukunft den Stempel aufdrücken. Der Bürokratisierung gehört die Zukunft." (ibid. S. 1059)

Staats- und Privatbeamte errichten mit ihren einmalig effizienten technischen Großorganisationen „das Gehäuse jener Hörigkeit der Zukunft", in die „vielleicht die Menschen sich, wie die Fellachen im altägyptischen Staat, ohnmächtig zu fügen gezwungen sein werden, wenn ihnen eine rein technisch gute und das heißt: eine rationale Beamten-Verwaltung und -Versorgung der letzte und einzige Wert ist, der über die Art der Leitung ihrer Angelegenheiten entscheiden soll" (ibid. S. 1060). Unter politisch-moralischen Gesichtspunktes wirft der unentrinnbare Bürokratisierungsprozess Weber zufolge u. a. die folgenden zwei Fragen auf:

„1. Wie ist es angesichts dieser Übermacht der Tendenz zur Bürokratisierung überhaupt noch möglich, irgendwelche *Reste* einer in irgendeinem Sinn ‚individualistischen' Bewegungsfreiheit zu retten? Denn schließlich ist es eine gröbliche Selbsttäuschung zu glauben, ohne diese Errungenschaften aus der Zeit der ‚Menschenrechte' vermöchten wir heute auch der Konservativste unter uns - überhaupt zu leben.

2. Wie kann, angesichts der steigenden Unentbehrlichkeit und der dadurch bedingten steigenden Machtstellung des uns hier interessierenden staatlichen Beamtentums, irgendwelche Gewähr dafür geboten werden, dass Mächte vorhanden sind, welche

die ungeheure Übermacht dieser an Bedeutung stets wachsenden Schicht in *Schran-
ken* halten und sie wirksam kontrollieren? Wie wird Demokratie auch nur in diesem
beschränkten Sinn überhaupt möglich sein?" (ibid. S. 1061)

Webers religionssoziologischen Schriften betonen die *Bedrohung individueller
Bewegungsfreiheit* durch moderne Gesellschaften eher noch schärfer als diese
zuletzt zitierten Passagen aus „Wirtschaft und Gesellschaft":

> „Der Puritaner *wollte* Berufsmensch sein, - wir *müssen* es sein. Denn indem die
> Askese aus den Mönchszellen heraus in das Berufsleben übertragen wurde und die
> innerweltliche Sittlichkeit zu beherrschen begann, half sie an ihrem Teile mit daran,
> jenen mächtigen Kosmos der modernen, an die technischen und ökonomischen Voraus-
> setzungen mechanisch maschineller Produktion gebundenen, Wirtschaftsordnung zu
> erbauen, der heute den Lebensstil aller einzelnen, die in dies Triebwerk hineingeboren
> werden [...] mit überwältigendem Zwange bestimmt und vielleicht bestimmen wird,
> bis der letzte Zentner fossilen Brennstoffs verglüht ist. Nur wie ‚ein dünner Mantel, den
> man jederzeit abwerfen könnte', sollte nach [Richard] Baxters Ansicht die Sorge um
> die äußeren Güter um die Schultern seiner [puritanischen, E.W.-B.] Heiligen liegen.
> Aber aus dem Mantel ließ das Verhängnis ein stahlhartes Gehäuse werden [...] Nie-
> mand weiß noch, wer künftig in jenem Gebäude wohnen wird und ob am Ende dieser
> ungeheuren Entwicklung ganz neue Propheten oder eine mächtige Wiedergeburt alter
> Gedanken und Ideale stehen werden, *oder* aber - wenn keins von beiden - mechani-
> sierte Versteinerung, mit einer Art von krampfhaftem Sichwichtignehmen verbrämt.
> Dann allerdings könnte für die ‚letzten Menschen' dieser Kulturentwicklung das Wort
> zur Wahrheit werden: ‚Fachmenschen ohne Geist, Genussmenschen ohne Herz: dies
> Nichts bildet sich ein, eine nie vorher erreichte Stufe des Menschentums erstiegen zu
> haben.'" (Weber 1920, S. 203 f.)

5.3   Geistes- und lebensgeschichtliche Hintergründe der Fragestellung Webers

Energien welcher Art alimentieren bei Weber eigentlich derart düstere Diagnosen, zu denen er sich auffallenderweise Weise bekennt, obwohl er seine „rein
historische Darstellung" des Rationalisierungsprozesses doch – dem Wertfreiheitsprinzip zuliebe – lieber nicht mit „Wert- und Glaubensurteilen" belasten
wollte (ibid. S. 204)?

Webers leidenschaftlich wertendes Nachdenken über Stellung und Wert des
Individuums im durchrationalisierten „Gehäuse der Hörigkeit der Zukunft"
antwortet zunächst auf die radikale Gesellschaftskritik und die großen Zukunftserwartungen des *Marxismus*. Weber hielt ihn – neben Nietzsches Philosophie – für
eine geistige Herausforderung ersten Ranges, der sich jeder ernstzunehmende

Sozial- und Wirtschaftswissenschaftler stellen müsse. Karl Marx und Friedrich
Engels haben bekanntlich beansprucht, aus der selbstzerstörerischen Entwick-
lungslogik des Kapitals, die sie mit Mitteln ihrer kritischen Politökonomie
entzifferten, die Notwendigkeit einer proletarischen Revolution ableiten zu können. Nach deren Sieg – der vor allem in den revolutionär bewegten Jahren
1917–1920 nicht mehr nur utopisch erschien – könnten sozialistische Gesellschaften alsdann schrittweise die ersehnte „Assoziation" unentfremdet freier, sich
allseitig entwickelnder Individuen verwirklichen.

Webers Bürokratisierungsthese erklärt diese revolutionäre Zukunftserwartung
zur *Illusion*. Innerkapitalistische Gegenbewegungen zur Bürokratisierung – selbst-
verwaltete Genossenschaften etwa oder alternative Arbeits- und Lebensformen – bedeuten nach Weber, „selbst wenn sie das gerade Gegenteil erstreben",
insgesamt doch stets nur „die Schaffung von Bürokratie". Für sozialistische
Gesellschaften gelte dies umso mehr, je konsequenter sie den Privatkapitalismus
ausschalteten, und je konkurrenzloser in ihnen demzufolge die mit der Partei-
herrschaft verzahnte staatliche Bürokratie dominiere. Zur Erzielung eines dem
kapitalistischen vergleichbaren Leistungsniveau müsste also gerade der Sozialismus „eine ungeheure *Steigerung* der Bedeutung der Fachbürokratie" in Kauf
nehmen – Hoffnungen auf deren künftige Ablösung durch eine kommunistische
Assoziation freier Individuen sind Weber zufolge vollkommen illusionär. Intellektuelle, die an solchen Gesellschaftsutopien festhalten, hat er in einem Vortrag
des Jahres 1918 auch schlicht als „Romantiker" bezeichnet, die „dem Alltag des
Lebens und seinen Anforderungen seelisch nicht gewachsen oder abgeneigt [sind]
und daher nach dem großen revolutionären Wunder" sich sehnen. Dieses Wunder
wird, dessen ist sich Weber gewiss, so wie von Linksintellektuellen imaginiert
bestimmt nie stattfinden (Weber 1918, S. 514).

Weber hält die Bürokratie demnach aufgrund des „Fachwissens" als ihres
„großen Mittels der Überlegenheit" für unersetzbar und leistungsmäßig unüber-
trefflich. Zum Fachwissensprinzip gibt es nach Weber auch in den Wissenschaften
keine Alternative, weder solche philosophischen noch solche interdisziplinär-
ganzheitlichen Denkens. Weber akzeptiert indessen Fachwissen und dessen
praktische Anwendung strikt nur in den Grenzen seiner je *partiellen* Gültigkeit.
Anders als der überwiegend optimistische Zeitgeist des liberalen 19. Jahrhunderts schließt er vom unbestrittenen Fortschritt der Wissenschaften und Technik
nicht unmittelbar auf *insgesamt* verbesserte Daseinsmöglichkeiten der Menschen.
Ja er hält *denselben* Prozess der Rationalisierung, der die großen Errungenschaften der neuzeitlichen Wissenschaft, Technik und Wirtschaft ermöglichte, *zugleich*
auch für eine den *Persönlichkeitstyp* des modernen Menschen *zutiefst gefährdende*
Kraft. Wer naiv behauptet, die Menschheit habe alles in allem inzwischen „eine

nie vorher erreichte Stufe des Menschentums" erstiegen, wird von ihm äußerst polemisch als ein ebenso borniertes wie eitles „Nichts" geschmäht.

Der Marxschen Zeitdiagnose, die kapitalistische Verhältnisse als vollkommen verkehrt und entfremdet, aber zugleich auch mit ihrem „Gegenteil schwanger gehend", d. h. radikal revolutionierbar darstellte, hält Weber kein eindeutig positives, die bestehenden Verhältnisse unkritisch bejahendes Gegenbild entgegen. Die gleichen Prozesse der kapitalistischen Wirtschaftsentwicklung und Technisierung, die Marx unter dem *eindeutigen* Gesichtspunkt einer *totalen, aber umwälzbaren Selbstentfremdung* analysiert hatte, betrachtet Weber, wie vor allem Karl Löwith überzeugend herausgearbeitet hat, *universalhistorisch-„wertfrei"* unter dem *zweideutigen* Gesichtspunkt einer *universalen und unentrinnbaren Rationalisierung:*

> „[...] wie, muss man sich fragen, stellt sich denn Weber selbst zu dem irrationalen Faktum der universalen Rationalisierung, deren menschlicher Ausdruck das Berufs- und Fachmenschentum ist, nachdem er sie offenbar *weder* vom Standpunkt des Glücks aus marxistisch als eine ‚Unmenschlichkeit' verneint *noch* als eine Stufe im Fortschritt des Menschentums bejaht? Warum kämpft er nicht auch, gleich Marx, gegen diese universale ‚Selbstentfremdung' des Menschen? Warum bezeichnet er ‚dasselbe' Phänomen [...] mit dem wissenschaftlich neutralen und seiner möglichen Bewertung nach zweideutigem Begriff der ‚Rationalität' - zweideutig, weil er die spezifische Errungenschaft der modernen Welt und zugleich die ganze Fragwürdigkeit dieser Errungenschaft zum Ausdruck bringt. *Bejaht und verneint Weber nicht in einem Atem diesen schicksalhaften Prozess der Rationalisierung?*" (Löwith 1932, S. 28)

Auf tieferliegende Bedeutungsschichten der Bürokratisierungsthese Webers stößt man in der Tat, sobald man diese *widersprüchliche Zweideutigkeit* in Webers Darstellung und Bewertung des Rationalisierungsprozesses beachtet. Weber identifiziert sich einerseits vorbehaltlos mit der vom modernen Fachmenschentum geforderten, unbefangen areligiösen Einstellung zur zunehmend entzauberten Welt. Zugleich aber und gewissermaßen tatsächlich „in einem Atem" prangert er leidenschaftlich die menschenunwürdigen Folgen der Rationalisierung an, die möglicherweise „Fachmenschen ohne Geist, Genussmenschen ohne Herz" erzeugt. Er nimmt teil am Werk, unterwirft sich und fühlt sich als Teil des okzidentalen Rationalisierungsprozesses – bezeichnet aber dessen Ordnungswerk andererseits auch als eines von „kalten Skeletthänden", denen bestimmte Regionen des Lebendigen „ewig unzugänglich" bleiben (Weber 1920, S. 561).

Manchen *politischen Stellungnahmen* Webers liegen ähnlich starke Ambivalenzen zugrunde – besonders ausgeprägt dort, wo er der deutschen Nation *und sich selbst* rigoros vorwirft, „die harte Schule" protestantischer Askese nie richtig

durchgemacht zu haben. Es ist möglich, das Demokratiedefizit des wilhelmini-
schen Deutschlands, unter dem Weber litt, mit der Tradition des lutherischen
Staats-Kirchentums in Verbindung zu bringen, und umgekehrt die relativ frühe
Demokratisierung protestantisch-calvinistisch geprägter Länder, z. B. Schott-
lands, Englands, der USA, Hollands und der Schweiz (vgl. dazu oben, Anm.
1), mit deren anderen Religionsentwicklung, die Weber für „asketischer" hielt.
In einem aufschlussreichen Brief an den Theologen Adolf von Harnack, der die
Staatskirche Luthers positiv beurteilt hatte, schrieb Weber in diesem Sinne:

> „So turmhoch Luther über allen andern steht, - das *Luthertum* ist für mich, ich leugne
> es nicht, in seinen *historischen* Erscheinungsformen der schrecklichste der Schrecken
> [...] *Niemand* von uns könnte *selbst* Sekten-Mensch, Quäker, Baptist etc. sein [...] Und
> die Zeit für ‚Sekten' oder etwas ihnen Wesensgleiches ist, vor allem, historisch vorbei.
> Aber dass unsere Nation die Schule des harten Askezismus niemals, in *keiner* Form
> durchgemacht hat, ist [...] der Quell alles desjenigen, was ich an ihr (wie an mir selbst)
> hassenswert finde, und vollends bei *religiöser* Wertung steht aber - darüber hilft mir
> nichts hinweg - der Durchschnitts-Sektenmensch der Amerikaner ebenso hoch über
> dem landeskirchlichen ‚Christen' bei uns, wie, als religiöse Persönlichkeit, Luther über
> Calvin, Fox *e tutti quanti* steht." (Brief vom 5. Februar 1906, zitiert bei Mommsen
> 1974b, S. 83 f.)

Ein Teil der Kräfte in Webers harter Kritik an der wissenschaftlich entzauberten, d. h. areligiösen Welt der Moderne stammt offenbar, wie der zitierte
Briefauszug zeigt, aus Webers *Identifikation mit der „Schule des harten Askezis-
mus" protestantischer Religiosität.* Diese hat ihm zufolge nicht nur ungewollt die
kapitalistische Entwicklung, sondern auch demokratisch antiautoritäre Verhaltens-
standards alimentiert, deren Schwäche Weber im wilhelminischen Deutschland
mit zu dessen größten Mängeln zählte. Sich mit den rigorosen Glaubensmaß-
stäben protestantischer Sekten der Vergangenheit identifizierend, ist und bleibt
für Weber andererseits die moderne Welt unwiderruflich entzaubert, von Gott
verlassen, und persönlich hat er sich mehrfach – etwas missverständlich – als „religiös absolut unmusikalisch" bekannt. Diese Neigung, zur Bearbeitung wichtiger
Fragen *gegensätzliche* Prinzipien, die These und zugleich auch deren Antithese, herbeizuziehen, ist für Weber allgemein, nicht nur im beschriebenen Falle,
typisch. Beispielsweise hob er während seiner großen Amerika-Reise vor amerikanischen Zuhörern provokativ die Überlegenheit der preußischen Bürokratie
hervor, heimgekehrt in Deutschland aber nicht weniger provokativ die Überlegenheit amerikanischer Staatsverwaltungsformen, die um 1900 noch alles andere

als hoch entwickelt waren[5]. Vor österreichischen Offizieren betonte er im Jahre 1918, einige Monate nach der bolschewistischen Machtergreifung in Russland und als strenger Befürworter wertfreier Wissenschaftlichkeit, dass das *politische* Gründungsdokument des marxistischen Sozialismus, das Kommunistische Manifest, „eine wissenschaftliche [!] Leistung ersten Ranges" darstelle (Weber 1918, S. 504 f.). Seinen Gegnern warf er eher mangelnde Inkonsequenz in der Vertretung *ihrer* Wertbeziehungen und Prinzipien als diese Prinzipien selbst vor – selbst und gerade dann, wenn er sie persönlich ablehnte. Weber ging offenbar davon aus, dass die einander „ewig" befehdenden, zutiefst *widersprüchlichen* Wertgrundlagen menschlichen Denkens und Handelns letztlich *gleichwertig* sind. Aber er zog aus der ihm unzweifelhaft erscheinenden Tatsache der unvermeidlichen *Wertekollision keine* platt *relativistischen* Konsequenzen: Obwohl sie zusammen keine allgemeinverbindliche Tafel „objektiv" gegebener Werte mehr ergeben, bleiben für ihn die Wahrheitsansprüche dieser letzten Wertmaßstäbe solange gewährleistet, als sich Menschen im Sinne seines rechtverstandenen Wertfreiheitspostulates *entschieden und sehenden Auges zu den Werten, die ihrer persönlichen Identität je bestmöglich entsprechen, bekennen* (s. dazu v. a. Henrich 1952, S. 118 ff.).

Positiv kann man demnach die spannungsvollen Widersprüche, ja Ambivalenzen in Webers Werk als ein methodisches Prinzip interpretieren, das ihm eine ungewöhnliche *Weite* und *Unabhängigkeit* seiner wissenschaftlichen wie auch politisch-weltanschaulichen und privaten Urteile ermöglichte (vgl. dazu die linke Hälfte von Abb. 5.1):

> „Als Weber einmal nach dem Sinn seiner Wissenschaft für ihn selbst gefragt wurde, antwortete er: ‚Ich will sehen, wieviel ich aushalten kann.' – Was wollte er damit andeuten? Vielleicht – dass er es als Aufgabe ansehe, die *Antinomien* des Daseins zu ertragen, ferner: seine Kraft zur *Illusionslosigkeit* aufs äußerste anzuspannen und trotzdem die Ungebrochenheit seiner Ideale und die Hingabefähigkeit an sie zu bewahren." (Marianne Weber 1926, S. 690)

---

[5] Mit dem gleichen Prinzip erschloss sich Weber die ihm aufregend neuartige Welt der Vereinigten Staaten, in denen er zusammen mit Marianne Weber vom August bis Dezember 1904 weilte: „Sein heftiges Interesse an der neuen Welt lässt ihn den Mangel gewohnter Annehmlichkeiten kaum bemerken, […] er will alles liebend verstehen, sich möglichst viel einverleiben […] [So] lehnt er alle aus der Fremdheit stammende Kritik des Neuen erst einmal ab – er nimmt seine Partei, verwandelt sich gleichsam hinein, um ihm gerecht zu werden […] er findet dank seines Temperaments und wohl auch seines überschauenden Wissens und wissenschaftlichen Interesses erstmal grundsätzlich alles schön und besser als bei uns – die Kritik kommt dann erst später […] [Er ärgert sich] über die deutschen Mitreisenden, die nach 1½ Tagen New York über Amerika stöhnen […]" (Marianne Weber 1926, S. 294 f.).

Max Webers Lebens-Werk

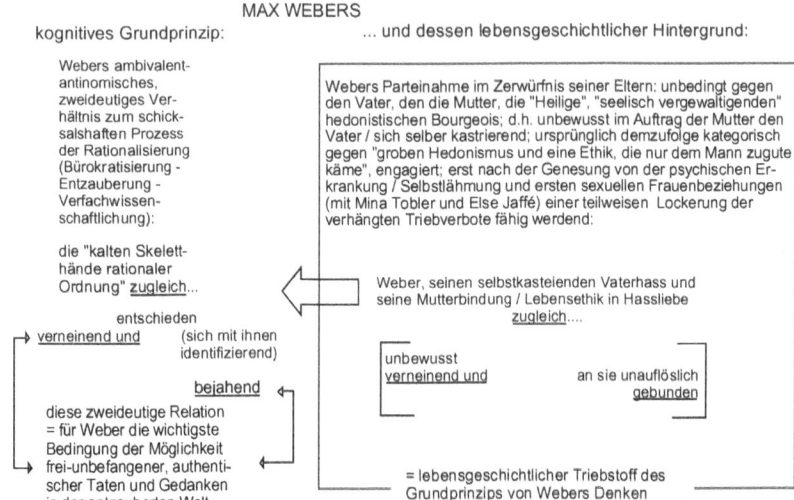

Abb. 5.1 Das Lebens-Werk von Max Weber

Für Weber wird, wie K. Löwith sehr richtig gesehen hat, „gerade die unentrinnbare *Einordnung* in den rationalen Betriebscharakter aller modernen Einrichtungen zum Ort des möglichen *Selbstseins*", und das „Gehäuse der ‚Hörigkeit' zum einzigen Spielraum jener ‚Bewegungsfreiheit', um die es Weber als Mensch und Politiker ging":

„Der eigentliche Sinn seines [...] Vorgehens liegt [...] darin, dass Weber mit seinem Verzicht auf [...] umfassende ‚Weltformeln' *jegliche Festlegung* auf irgendwelche bestimmten Gegebenheiten entkräften wollte und damit auch deren mögliche Ausweitung zu einem illusorischen ‚Ganzen'. Was er faktisch bekämpft, ist [...] die mögliche Versteifung einer Partikularität zu einem Ganzen, also eine [...] Art von scheinbarer Totalität. Die [...] Totalität aber, welche er selbst praktizierte, war nicht die Zusammennahme aller möglichen Einseitigkeiten zu einer sogenannten Vielseitigkeit[6], sondern die negative Totalität der Bewegungsfreiheit nach allen Seiten, die Durchbrechung

---

[6] Das um 1990 erneut sehr modisch gewordene „ganzheitliche Denken" in der organisatorischen Theorie und Praxis wäre von Weber wahrscheinlich als eine solche zu einem illusorischen Ganzen sich aufblähende „Zusammennahme aller möglichen Einseitigkeiten" kritisiert worden.

eines jeden ‚Gehäuses‘, [...] - um jenen Rest von ‚Individualismus‘ auch in der Wissenschaft zu bewahren, der ihm das wahrhaft Menschliche bedeutete." (Löwith 1932, S. 26, 65)

So lässt sich, wie mir scheint, die philosophische Tiefendimension, die auch Webers Bürokratiemodell zugrunde liegt, am treffendsten kennzeichnen. Als Karl Jaspers in seiner eingangs zitierter Gedenkrede (s. Abschn. 5.1) sagte, dass Weber der „philosophischen Existenz gegenwärtigen Charakter" verliehen habe, meinte er gewiss auch diese tief in Webers Persönlichkeit verwurzelte Radikalität der Identifikation/Konstruktion und des Durchbrechen-müssens der von den „kalten Skeletthänden rationaler Ordnung" errichteten „Gehäuse der Hörigkeit".

1964 publizierte Eduard Baumgarten, dem wichtige Teile des Weberschen Nachlasses anvertraut worden waren, einige Dokumente, die nicht gut zu Jaspers' Überzeugung passten, dass, wie er Marianne Weber einmal sagte, „Max Weber die Wahrheit selber" war (Green 1976, S. 201). Da Jaspers das neue, weniger idealistisch stilisierte Weber-Bild Baumgartens heftig kritisierte, gab ihm dieser einige Briefe Webers, die dessen Verhältnis zu Else Jaffé dokumentierten, zum Lesen. Auf den alten Jaspers wirkten diese Dokumente wie ein Schock, und er wandte sich fortan „von beidem, vom Werk wie von der Person Webers, beinahe hassend ab" (Baumgarten 1977, S. 300).

Wenn auch die Briefe, die Baumgarten Jaspers mitteilte, von der seit 1984 erscheinenden Max Weber Gesamtausgabe bisher noch nicht veröffentlicht wurden, ist inzwischen doch ziemlich klar, warum Jaspers sein Weber-Bild, das er so lange verehrt hatte, zuletzt schroff fallenließ. Schon Marianne Webers subtile und geistreiche Biografie ihres verstorbenen Gatten enthielt erstaunlich intime Informationen, die einen nach wie vor hervorragenden Einblick in Webers Lebenswerk – das Werk im Leben ebenso wie das Leben im Werk – gewähren.[7] Baumgartens aufschlussreicher Band „Max Weber, Werk und Person" (1964) fügte dem einige neue Facetten hinzu. Ein amerikanischer Psychohistoriker (A. Mitzman 1970) stützte sodann seine These, Webers Denken und psychischer Zusammenbruch seien Symptome eines generationentypischen Ödipuskomplexes gewesen, auch auf mündliche Informationen über Webers Privatleben. Einen eigentlichen Durchbruch aber erzielte erst der Literaturhistoriker Martin Green mit seinem Buch „Else und Frieda, die Richthofen-Schwestern" (1974/1976). Weil ihm Else Jaffé und Eduard Baumgarten Privatgeheimnisse preisgaben, die sie bis dahin sorgsam verschwiegen hatten, konnte er ein Bild von Webers

---

[7] Das harte Urteil, das vor einigen Jahren Dirk Käsler über das „Lebensbild" Marianne Webers, der ihr Gatte angeblich „im Grunde ‚fremd‘ blieb", gefällt hat (Käsler in Weiss 1989, S. 32), ist m. E. völlig verfehlt.

Intimleben entwerfen, das trotz einiger Unklarheiten und Verzerrungen nach
wie vor die wichtigste Quelle für Versuche darstellt, Kerngedanken Webers
lebensgeschichtlich vertieft zu verstehen.

Wenn im Folgenden abschließend einige bemerkenswerte Fakten aus dem Privatleben des Heidelberger Weber-Kreises dargestellt werden, so geschieht dies
nur in der Absicht, Webers Texte auf dem Hintergrund des Sozialkontextes,
in dem sie gediehen, besser zu verstehen – nicht jedoch, um das von Jaspers
gezeichnete Idealbild Webers zu zerstören. Webers Schwächen verkleinern, wie
mir scheint, die Stärken seines Lebenswerks nicht, sondern machen es eher noch
eindrücklicher.

Max Weber jun. war das erste von insgesamt acht Kindern seiner Mutter Helene Weber-Fallenstein, einer feinsinnigen, tiefreligiösen Frau, und seines
Vaters Max Weber sen., einem eher robusten, lebensfreudigen Juristen und erfolgreichen Politiker, der gemäß eigener Aussage in seinem Leben stets großes Glück
hatte. Der Erstgeborene identifizierte sich als Jüngling zunächst eher mit seinem
Vater, als reifer Student und einkommensloser Referendar, der von väterlichen
Geldzuwendungen abhängig war, zunehmend mit seiner Mutter. Diese hatte ihm
schon früh, wie Marianne Weber berichtet, strenge Moralmaßstäbe beigebracht,
denen er u. a. durch exzessives Arbeiten zu genügen suchte:

> „Ja, der junge Student hatte sich dem derben Übermut des Burschenlebens hingegeben,
> viel getrunken, weit mehr Geld verbraucht als nötig war [...], und er hatte in Strass-
> burg Kumpane gehabt, die auch ihre sonstige Sinnlichkeit in groben, verantwortungs-
> und gemütlosen Formen befriedigten. Aber die Mutter durfte ihm dankbar sein: Ohne
> Worte - denn man ließ damals die dunklen Untergründe des Daseins und ihre dro-
> hende Problematik tief verhüllt nur durch die heilige Reinheit ihres Wesens hatte sie
> ihm unzerstörbare Hemmungen gegen die Hingabe an das Triebhafte eingepflanzt. Er
> widerstand dem Beispiel der andren: lieber sich zunehmend quälen mit den dämo-
> nischen Anfechtungen des Geistes durch eine robuste Leiblichkeit, als der Notdurft
> ihren Zoll zahlen." (Marianne Weber 1926, S. 98)

„Der Notdurft ihren Zoll zahlen" bedeutete damals konkret, die von der bürgerlichen Gesellschaft unterdrückten Sexualtriebe des Mannes in Bordellen oder
mit „leichtsinnigen Mädchen" zu befriedigen – mit Frauen also, die, da sie als
angsterzeugende „rote Schwestern" (vgl. Theweleit 1977/1978) nur die eine,
sexuelle Seite des gespaltenen Frauenbildes verkörperten, als Ehepartner nicht
in Frage kamen. Zur zunehmenden Beunruhigung seiner puritanischen Mutter
versagte sich Weber indessen nicht nur diese zu seiner Zeit weitverbreiteten
Sexualpraktiken, sondern bekundete auch Mühe bei der Suche nach einer reinen,
heiratswürdig „weißen" Frau. Früh resigniert, fand er während der Jahre, die er

als vielversprechender Gelehrter bei seinen Eltern zuhause verbrachte, dass er kein Mann sei, der Frauen glücklich machen könne, und dass „auch er selbst kein Anrecht auf volles Menschenglück habe". Die Mutter wünschte ihm deshalb „sehnlichst das Verlassen des Hauses und Heirat":

> „Er spricht sich nie aus, aber sie [die Mutter] ahnt die Schwere, die auf ihm lastet, und warum er sich derart in Arbeit verkrampft. Sie sieht, wie er, kraft seines Geistes und angespannten Willens, jeder benennbaren Leidenschaft Gefolgschaft versagt, dafür aber hinter den Mauern, mit denen er sich umgibt, eine dämonische Leidenschaftlichkeit zu bändigen hat, die ab und an mit vernichtender Glut aus ihm herausbricht." (Marianne Weber 1926, S. 171, 180)

Noch als er, wider Erwarten, in Marianne Schnitgen schließlich doch noch, wie er ihr schreibt, „meinen hochherzigen Kameraden" gefunden hat, mit dem [!] er „aus dem stillen Hafen der Resignation hinaus auf die hohe See" ehelicher Liebe fahren möchte[8], löst das ihm während der Verlobungszeit „neu zuströmende Leben nur allmählich die Verkrustung des Wesens durch Schuldgefühl, Entsagung und Verdrängungen aller Art" (ibid. S. 190 f.). Die 1893 mit Marianne Schnitgen geschlossene Ehe ist, wie man seit ihrer Weber-Biographie ahnen konnte und seit Greens Buch (1976) weiß, infolge von Webers Impotenz sexuell unerfüllt, es ist und bleibt eine „weiße Ehe". Webers psychische Verkrampfung kann sich so in den ersten Ehejahren, obwohl ihm seine Frau ihre Liebe keineswegs entzieht, kaum wirklich lockern. Die erneut mit einem Übermaß an – äußerlich erfolgreicher – Arbeit verdrängten Komplexe schlagen durch, als er im Frühsommer 1897 im Zwist zwischen seinen Eltern unbedingt die Partei der Mutter ergreift. Der Freiraum, den sich diese inzwischen mit karitativen Aktivitäten geschaffen hat, wird von ihrem verunsicherten, autoritär besitzergreifenden Gatten immer wieder in Frage gestellt. Sie soll ihn, wie er ihr anlässlich eines Besuches bei Max und Marianne Weber in Heidelberg mitteilt, früher als sie es wünscht nach Hause begleiten.

> „Da entlädt sich das lange drohende Unheil. Der Sohn kann den aufgespeicherten Grimm nicht mehr an sich halten. Die Lava bricht aus. Das Ungeheuerliche geschieht: Ein Sohn hält Gerichtstag über den Vater. Im Beisein der Frauen erfolgt die Abrechnung. Keine Stimme hält ihn zurück. Er hat das beste Gewissen, ihm wird wohler bei

---

[8] Auch der weit weniger puritanische Ernst Bloch hat übrigens einmal die Ehe, nicht „die Landabenteuer der Liebe", mit einer „großen Schifffahrt" verglichen („Prinzip Hoffnung", Kap. 21).

dieser Entladung, die der bisherigen diplomatischen Behandlung aller Familienschwie-
rigkeiten ein Ende macht. Es geht um die Freiheit der Mutter, sie ist die Schwächere,
niemand hat das Recht, sie seelisch zu vergewaltigen." (Marianne Weber 1926, S. 243)

Wenige Wochen nach dieser „Entladung" stirbt der Vater, mit seinem ältesten
Sohn und seiner Frau unversöhnt, auf einer Reise. Vorerst noch ohne Schuldgefühle, mehren sich beim Sohn gegen Ende des Wintersemesters Krankheits-
zeichen wie Schlaflosigkeit, Übernervosität, Arbeitsblockierungen. Schubweise
wird die Krankheit immer schlimmer, bis Weber, auf dem Tiefpunkt seiner „Höl-
lenfahrt" (ibid. S. 250), vollkommen arbeitsunfähig und kindlich pflegebedürftig
ist. Zu den Symptomen, die er in einer selber verfassten, von seiner Frau später auf Anraten von Jaspers vernichteten Krankengeschichte festhält, gehört auch
Schlaflosigkeit aus „Angst vor unkontrollierten [Samen-]Ergüssen" (Green 1976,
S. 293).

Auf den ersten Blick scheint Webers psychische Erkrankung klar durch die
Schuldgefühle ausgelöst worden zu sein, die bei ihm die unerwartete Erfüllung
des Todeswunsches erzeugte, den er gegenüber dem die Mutter, die unberührbar
fromme „Heilige", vergewaltigenden Vater hegte. Wie bei anderen, sozial ähnlich verorteten Söhnen seiner Generation (etwa Werner Sombart) wäre Webers
Fragestellung psychohistorisch also auf ödipale Konflikte zurückzuführen, die
ihn in schwere, verlustreiche Kämpfe mit dem Vater verwickelten (Mitzman
1970, 1988). Ohne Motive dieser Art für unerheblich zu erklären, weisen andere
Autoren indessen mit Recht darauf hin, dass noch entscheidender wahrscheinlich Webers praeoedipale Mutterbindung gewesen sei. Sie verunmöglichte ihm
sexuelle Frauenbeziehungen, indem sie ungestraft (ohne Selbstkastration) keine
feindseligen Gefühle gegen die von der Mutter verhängten Triebverbote zuließ.
Einer „Lava" gleich durfte sein Unbewusstes sich allenfalls in Aggressionen
gegen den Vater „entladen" und aus ihm „herausbrechen" – wie Marianne Weber
in sexuell anspielungsreichen Worten gesagt hat –, nicht jedoch gegen die beiden in ihrer Wirkung auf Weber unheilvoll geeinten Frauen. Green entnimmt
einzelnen Briefen Webers, „dass die geheimsten Gefühle, die er für seine Mutter empfand, feindseliger Natur waren. *Sie* war es, die er zu zerstören wünschte,
denn sein Vater schrumpfte neben ihr zur nichtssagenden Figur" (Green 1976,
S. 141; dazu ausführlicher Homans 1989).

Wie immer die psychische Erkrankung Webers psychoanalytisch kompetent
auszulegen wäre – wesentlicher für ein sozialkontextuell vertieftes Verständnis
seiner Kerngedanken sind Informationen darüber, was ihn kurz- und längerfristig gesunden ließ. Hier sind an erster Stelle wohl zu nennen Marianne Webers
Liebe und Fürsorge, die sich gerade im tiefsten Krankheitsunglück bewährten

(a), Webers positive Auseinandersetzung mit und Verstrickung in die erotische Befreiungsbewegung der Jahre 1905–1914 (b), sowie Webers auch intellektuell produktive Verarbeitung der religiös motivierten Triebverzichtgebote seiner Mutter (c).

a. Marianne Weber sah klar, dass ihrem kranken Mann nur die vollkommene Entlastung von allem, was auch nur von fern an die einstigen Arbeitszwänge erinnerte, Linderung bringen konnte. Lange Aufenthalte im mediterranen Süden beruhigten Webers zerrüttete Nerven zusätzlich. Marianne konnte sich aufgrund eigener leidvoller Erfahrungen gut in die Lage ihres Mannes einfühlen. Sie verlor dabei, in „tiefer Solidarität" mit ihm, nie das Gefühl, dass seine Seele und sein Geist unversehrt geblieben seien, spürte „selbst in den bösesten Tagen sein Charisma". Hatte sie früher manchmal daran gezweifelt, ob ihr selbstgenügsamer Gatte sie wirklich brauche, so sind hieran nun keine Zweifel mehr möglich. „Der starke Mann ist ihrer ständigen Fürsorge und Gegenwart bedürftig, sie darf ihm dienen." Ihr Zusammenleben gewinnt „eine Innigkeit und Nähe", die ihm wie ihr „als neues Glück" erscheinen (Marianne Weber 1926, S. 249 f., 279). In der Endphase von Webers Genesung schreiben sie sich zum zehnten Jahrestag ihrer Hochzeit:

> „Nun wollen wir hoffen, dass die nächsten 10 Jahre uns ebenso viel inneren Lebensreichtum bringen, wie es in unendlicher Fülle das verflossene Jahrzehnt getan hat. Wir sind uns ja noch heut so neu wie damals, nur dass der eine den Weg zur Seele des andern so viel sicherer gefunden hat." (Max an Marianne Weber, 19.09.03) „Wohl wäre unser gemeinsames Leben nicht so tief und reich geworden, wären wir nicht in den letzten fünf Jahren so ausschließlich aufeinander angewiesen gewesen [...] Ich denke, dadurch sind wir so unauflöslich miteinander verwachsen, wie [...] wohl nur wenige Ehepaare." (ibid. S. 280 f.)

b. Tatsächlich blieb diese eheliche Verbundenheit erhalten, auch nachdem Weber theoretisch wie praktisch den Herausforderungen der erotischen Befreiungsbewegung, die ab 1905 in mehreren europäischen Ländern eigenartig gleichzeitig breitenwirksam wurde, sich vorsichtig öffnete. Freie Liebe auf Zeit sollte die heuchlerische Sexualmoral des viktorianischen Zeitalters überwinden, den Frauen mehr Gleichberechtigung, den Männern mehr erotische Gleichwertigkeit und Liebesfähigkeit ermöglichen. Weber lehnte die neue Bewegung zunächst als „groben Hedonismus", der „nur dem Mann zugutekäme", heftig ab (ibid. S. 376). Eine Abhandlung des anarchistischen Psychoanalytikers Otto Gross, der befreite Sexualität als Königsweg hin zu einer besseren Gesellschaft nicht nur predigte, sondern auch praktizierte (s. Abb. 5.2)[9], hielt er für viel zu wenig wertfrei-

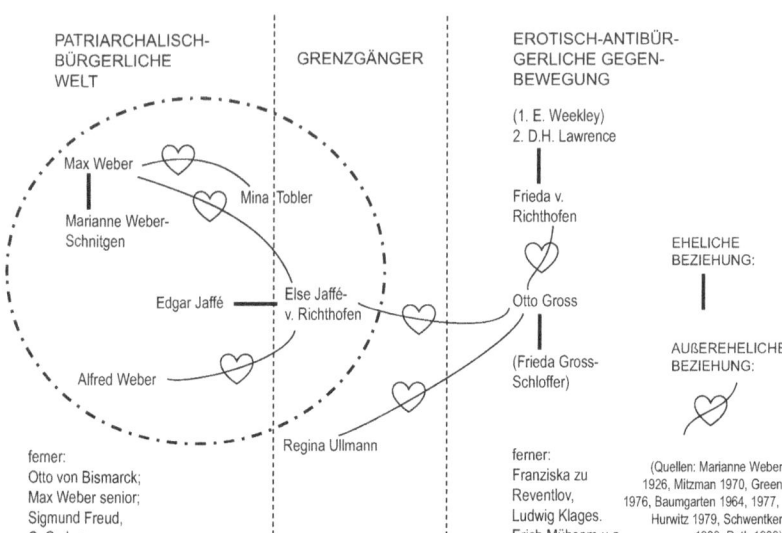

Abb. 5.2 Liebesbeziehungen im Weber-Kreis

---

[9] Dieses Schema gibt einen Überblick über die den Weber-Kreis betreffenden Beziehungsgeschichten, die M. Green veröffentlicht hat (1976). Else Jaffé-v. Richthofen, Gattin des wohlhabenden Gelehrten und linksorientierten Politikers Edgar Jaffé, Freundin Marianne Webers und Webers letzte Geliebte, war danach vorübergehend mit Otto Gross, der mit ihr ein Kind zeugte, sowie (vor allem nach dem Tode Edgar Jaffés im Jahre 1921) mit Max Webers Bruder Alfred Weber liiert. Otto Gross hatte außerdem eine für ihn besonders wichtige Liebschaft mit der unglücklich verheirateten Frieda Weekley-v. Richthofen, Elses Schwester, die im Übrigen als „Liebesgöttin" und spätere Ehefrau des Schriftstellers D.H. Lawrence prominent wurde. Über Lawrence ließen sich die vom Schema angedeuteten Privataffairen auch mit der ungefähr gleichzeitigen erotischen Emanzipationsbewegung des englischen Bloomsbury-Kreises verknüpfen, über Otto Gross mit derjenigen in der Münchner Bohème, in Wien und in Zürich/Ascona (über die St.Galler Dichterin Regina Ullmann, deren zusammen mit Otto Gross gezeugte Tochter Camilla zeitweise von Else Jaffé in Heidelberg betreut wurde, verlaufen sich feine Zeitgeistfäden dieser Art sogar bis in die Ostschweiz). – Im allgemeinen zuverlässig informieren über diese Zusammenhänge vor allem Marianne Weber 1926, Green 1976, Baumgarten 1977, Hurwitz 1978, 1979, Schwentker 1988 und Roth 1989. Einseitig positiv für Gross und negativ gegen Weber voreingenommen ist Sombart 1976 (vgl. dazu als wichtige Korrektive Baumgarten 1977 und Hurwitz 1979); Sombarts psychohistorische Untersuchungen (1987, 1991) wirken dennoch anregend.

objektiv, um im „Archiv für Sozialwissenschaft und Sozialpolitik" publiziert werden zu können (Baumgarten 1964, S. 644 ff.). Eingehende Gespräche mit Else Jaffé, die vorübergehend so wie ihre Schwester Frieda mit Otto Gross liiert war, überzeugten ihn aber allmählich vom Eigenwert der Erotik (Green 1976, S. 200). Elses Sohn Peter, dessen leiblicher Vater Gross war, wurde sein Patenkind, und er setzte sich persönlich in Ascona für die Rechte von Otto Gross' Frau ein, als diese mit in den Strudel der gegen ihren Ehemann inszenierten Kampagne geriet (s. dazu Hurwitz 1979). Else verzichtete zwar zunächst auf eine Liebschaft mit Max Weber, u. a. aus Rücksicht auf dessen Frau, die ihre Freundin war. Weber erlebte so seine erste sexuell erfüllte Liebesbeziehung nicht mit Else, sondern mit der schweizerischen Pianistin Mina Tobler (ca. 1911–1914, s. Green 1976, S. 161).

Gegen Ende seines Lebens kam es aber zwischen Weber und Else Jaffé doch noch zu einer intensiven, seiner letzten Liebesaffäre. Marianne Weber wusste von dieser Beziehung und litt unter ihr insgeheim mehr, als sie später preisgeben mochte. Weber starb im Beisein und gepflegt von seiner Frau und Else Jaffé. Als er im Fieberdelirium einmal nach Else rief, und an ihrer Stelle Marianne erschien, wies er diese böse zurück (ibid. S. 193; vgl. auch S. 192 f.). Dennoch wirkt glaubhaft versöhnt, was E. Baumgarten über das Begräbnis Webers berichtet:

> „Nachdem Max Weber im Krematorium in den Nachrufen als Gelehrter, als Politi- ker und als Lehrer gerühmt worden und die unkirchliche Feier [...] schon beendigt zu sein schien, erhob sich Marianne Weber; in einem gegen die vorigen dunklen ‚Beerdigungs'-Stimmen der Männer plötzlich einsetzenden hohen und hellen Sopran sagte sie (dem Sinne nach): alle die großen Gaben ihres Mannes seien richtig dar- gestellt worden, aber gar nicht seine höchste und köstlichste: seine Liebeskraft. Von ihr könne freilich nur sie selbst zeugen und ‚hier, neben mir, meine Freundin'." (Else Jaffé; Baumgarten 1977, S. 198).

Als Marianne Weber im Jahre 1954 hochbetagt starb, „hielt sie Elses Hand und flüsterte sie Elses Namen" (Green 1976, S. 218). Else hatte ihr die Liaison, die sie mit Max Weber verband, stets sorgfältig verheimlicht. Ihr und Max Weber darum vorzuwerfen, wie es der alte Jaspers tief enttäuscht tat, „die Wahrheit" verraten zu haben, übergeht das Lebensrecht Webers auf ein nicht nur vom mütterlichen Triebverbot beherrschtes Leben. Die unwahrscheinlich difficile Dreiecksbezie- hung Marianne Weber – Max Weber – Else Jaffé *ist* in gewisser Weise diese Wahrheit.

c. Weber widmete die drei Bände gesammelter Aufsätze zur Religionssoziolo- gie kurz vor seinem Tode: Band 1 „Marianne Weber, 1893 ‚bis ins Pianissimo

des höchsten Alters"', Band 2 Mina Tobler und Band 3 Else Jaffé. Wir dürfen diese Widmungen ruhig symbolisch nehmen. Es ist Weber alles in allem
gelungen, sein kognitives Grundprinzip, eine komplexe Einstellung zum Ratio-
nalisierungsprozess, die Unbefangenheit des Urteilens gewährleistet (s. Abb. 5.1),
im Dienste seiner Lebensthematik zu vertiefen und fruchtbar auch auf diese
selbst anzuwenden. Der religiös motivierte Puritanismus der Mutter bildet das
lebensgeschichtliche Motivzentrum seiner Gedanken über die protestantische
Ethik, die Entzauberung und Bürokratisierung der modernen Welt. Indem Weber
gesellschaftliche Voraussetzungen und Folgen protestantischer Askese analysierte, arbeitete er mittelbar immer auch die eigene Psycho- und Soziogenese
durch. Sinnigerweise ist deshalb der erste Band seiner religionssoziologischen
Aufsätze, der u. a. die Protestantismus Studien enthält, Marianne gewidmet, der
seinem Mutterbild ähnlichsten und nach ihm ausgewählten Frau. Das Werk im
Leben und das Leben im Werk, das er so auf den Weg brachte, führte ihn über
Mina Tobler aber auch zu Else Jaffé. Dass dies Weber im Einvernehmen mit den
beiden Frauen, die ihn am tiefsten berührten, möglich wurde, sei diesem Mann,
der so sehr auf rigoroses Unterscheiden und stürmisches Trennen hin angelegt
war, gegönnt.

5.4   Zusammenfassung

1. *Max Weber (1864–1920)* studierte wie sein angesehener Vater Max Weber
   senior im Hauptfach Jurisprudenz. Er wurde ab 1893 kurz nacheinander auf
   zwei außerordentliche Professuren berufen, und übernahm 1896 an der Universität Heidelberg das Ordinariat des renommierten Nationalökonomen Karl
   Knies. Seitdem lebte er zusammen mit seiner Frau Marianne Weber Schnitgen, die er 1893 geheiratet hatte, vor allem in Heidelberg. 1898 erkrankte er
   kurz nach dem Tode seines Vaters psychisch und physisch schwer, und war
   während mehrerer Jahre annähernd vollkommen arbeitsunfähig. Von seinen
   Universitätspflichten entbunden, publizierte er nach seiner Genesung seine
   bedeutendsten wissenschaftlichen sowie, besonders während des Ersten Weltkrieges, sehr einflussreiche politische Texte. 1919 ließ sich Weber erneut auf
   einen Lehrstuhl berufen, denjenigen des Nationalökonomen Lujo Brentano
   an der Universität München. Er starb wenige Monate nach Antritt seines
   letzten Lehramtes in München am 14. Juni 1920.
2. Webers bekannteste *Lehrstücke* sind neben seinem *Bürokratiemodell* seine
   Protestantismus-These (ihr zufolge war *eine* der wesentlichen Ursachen des

kapitalistischen Geistes der Moderne die innerweltliche Askese, zu der protestantische, vor allem calvinistische Unternehmer sich religiös verpflichtet
fühlten), das *Wertfreiheitspostulat* (es besagt, dass empirische Wissenschaften
prinzipiell „niemanden […] lehren [können], was er *soll,* sondern nur, was er
kann und – unter Umständen – was er *will*") sowie die *idealtypische Methode*
(ihr zufolge kann man die unendlich komplexen Realitäten der Menschenwelt immer nur *approximativ* unter *bewusst vereinfachenden Gesichtspunkten,*
deren *Abstand* zur Realität man sich stets bewusst sein sollte, *modellieren*).

3. Weber übte auf seine Zeitgenossen nicht nur mit seiner überragenden Gelehr-
samkeit, sondern auch moralisch und politisch eine sehr starke Wirkung aus.
K. Jaspers fand, dass Weber „der philosophischen Existenz gegenwärtigen
Charakter verschafft" habe.

4. Um diese philosophische Tiefendimension auch im Weber'schen Bürokratiemodell erkennen zu können, muss man sich die *Fragestellung* verge-
genwärtigen, die Weber vielen seiner äußerst vielseitigen Studien zugrunde
legte. Es ist die *universalhistorische,* d. h. weltgeschichtlich umfassende
Frage danach, warum die abendländische Rationalisierung der Welt mit ihren
unumkehrbaren Langfristtrends der Verwissenschaftlichung, Technisierung,
Professionalisierung usw. sich als global derart durchschlagskräftig erwies.

5. Zur Rationalisierung der modernen Welt gehört auch deren *Bürokratisierung.*
Weber stellt ihre Grundzüge im Rahmen seiner *Herrschaftssoziologie* dar, die
drei reine Typen legitimer Herrschaft unterscheidet: Herrschaft *traditionaler*
Art, die „auf dem Alltagsglauben an die Heiligkeit von jeher geltender Traditionen" und an die „Legitimität der durch sie zur Autorität Berufenen"
beruht; *charismatische* Herrschaft, deren Prinzip die „außeralltägliche Hin-
gabe an die Heiligkeit oder die Heldenkraft oder die Vorbildlichkeit einer
Person und der durch sie offenbarten oder geschaffenen Ordnungen" ist;
sowie die *legal- rationale* Herrschaft, die „Glauben an die Legalität gesetzter Ordnungen und des Anwendungsrechts der durch sie zur Ausübung der
Herrschaft Berufenen" voraussetzt.

6. Legal-rationale Herrschaft funktioniert im idealtypisch reinen Fall mittels
bürokratischer Verwaltungsstäbe, d. h. über nicht kollegial, sondern monokratisch operierende Beamte, die in festen Amtshierarchien mit hierarchisch
fixierten Kompetenzen aufgrund ihrer Fachqualifikation eingestellt und
hauptberuflich tätig sind sowie „einer strengen einheitlichen Amtsdisziplin
und Kontrolle unterliegen".

7. Das „große Mittel der Überlegenheit der bürokratischen Verwaltung" ist nach
Weber deren „*Fachwissen*", ohne das die moderne Technik und Wirtschaft
nicht funktionsfähig wären. Kapitalistische Großfirmen bezeichnet Weber

darum als „normalerweise unerreichte Muster straffer bürokratischer Organisation": „Der entscheidende Grund für das Vordringen der bürokratischen
Organisation [ist] [...] ihre rein *technische* Überlegenheit über jede andere
Form."

8. Weber verkennt keineswegs gewisse Fehl- oder „Dysfunktionen" bürokratischer Verwaltungsapparate, etwa Tendenzen zum Übergehen menschlicher
   Aspekte, von Einzel- oder Sonderfällen. Es gibt aber aus seiner universalhistorisch vergleichenden Perspektive zu modern bürokratischen Verwaltungs-
   und Entscheidungstechniken keine funktionsfähigere Alternative. Im real
   existierenden, nicht nur erträumten Sozialismus der Zukunft würde die Bürokratie nicht etwa allmählich absterben, sondern noch unumschränkter zur
   Herrschaft gelangen als in kapitalistischen Industriegesellschaften.

9. Angesichts dieser schlechthin unentrinnbaren Tendenz zur Rationalisierung
   und Bürokratisierung moderner Gesellschaften fragt sich Weber, inwieweit
   ihr das moderne Individuum *illusionslos standzuhalten* und im bürokratischen „Gehäuse der Hörigkeit der Zukunft" wenigstens noch *Reste* einer
   substanziellen Bewegungsfreiheit zu bewahren vermag. Offenbar hält er *denselben* Prozess der Rationalisierung, der die großen, universell bedeutsamen
   Errungenschaften der abendländisch bestimmten Neuzeit, nämlich deren Wissenschaft, Technik und Wirtschaft ermöglichte, *zugleich* auch für eine den
   Persönlichkeitstyp des modernen Menschen *zutiefst gefährdende* Kraft.

10. Während Marx die kapitalistische Wirtschaftsentwicklung und Rationalisierung unter dem *eindeutigen* Gesichtspunkt einer *totalen, aber umwälzbaren
    Selbstentfremdung* betrachtete (da für ihn als Dialektiker der Kapitalismus
    gleichsam mit der sozialistischen Zukunftsgesellschaft schwanger ging), analysiert Weber die gleichen Prozesse *universalhistorisch-"wertfrei"* unter dem
    zweideutigen Gesichtspunkt einer *universalen und unentrinnbaren Rationalisierung*. Weber bejaht und verneint diesen „schicksalhaften Prozess" in
    einem Zug – er steht ihm, sich mit den „kalten Skeletthänden rationaler Ordnung" zugleich *identifizierend* und sie radikal *negierend, zutiefst ambivalent*
    gegenüber.

11. Zu diesem *kognitiven Grundprinzip* Webers gibt es einen lebensgeschichtlichen Hintergrund, der es wenn nicht „psychohistorisch" erklärbar, so doch
    besser verstehbar macht. Denn seine Beziehung zum Vater und, vor allem,
    zur Mutter ist von einer *analogen Ambivalenz* gleichzeitiger Unterwerfung
    unter das mütterliche Triebverbot und der Auflehnung dagegen geprägt.
    Weber *erkrankte* psychisch, als er seine in Wirklichkeit gegen die Mutter

gewandte Aggression und Auflehnung gegen deren Triebverbot bei passender Gelegenheit dem Vater gegenüber, der kurze Zeit danach mit seinem Sohn unversöhnt starb, zur „Entladung" brachte.

12. Weber *gesundete* in dem Maße, in dem die sexuell beziehungslose Ehe mit seiner Frau Marianne diesen extremen Belastungen standhielt, und er im Zusammenhang der erotischen Befreiungsbewegung zu Beginn des 20. Jahrhunderts zweier für ihn sehr wichtiger außerehelicher Beziehungen (zu Mina Tobler und Else Jaffé – von Richthofen) fähig wurde.

13. Als K. Jaspers von diesem „Verrat" Webers an Marianne erfuhr – die jedoch zeitlebens eine intime Freundin von Else Jaffé blieb –, zerbrach er tief enttäuscht das Idealbild einer philosophischen Existenz, das er sich von Weber gebildet hatte. Weber in dieser Weise vorzuwerfen, dass er „die Wahrheit" verraten habe, übergeht indessen das Lebensrecht Webers auf ein nicht nur vom mütterlichen Triebverbot beherrschtes Leben. Die unwahrscheinlich difficile, letztlich geglückte Dreiecksbeziehung Marianne Weber – Max Weber – Else Jaffé *ist* diese Wahrheit.

14. Weber ist es alles in allem gelungen, in seinen religions-, bürokratie- und sonstigen wirtschaftssoziologischen Studien sein kognitives Grundprinzip, eine überaus komplexe, Unbefangenheit des Urteilens gewährleistende Einstellung zur schicksalhaften Rationalisierungsdynamik, im Dienste seiner Lebensthematik zur Entfaltung zu bringen. Indem er Voraussetzungen und Folgen protestantischer Askese, der Bürokratisierung und Rationalisierung der Welt analysierte, arbeitete er mittelbar immer auch die eigene Psycho- und Soziogenese durch. Webers Widmungen der drei Bände seiner gesammelten Aufsätze zur Religionssoziologie – Band 1 an Marianne Weber, Band 2 an Mina Tobler und Band 3 an Else Jaffé – erinnern *auch* an diesen Zusammenhang.

Pioniere der Verwissenschaftlichung der Organisations- und Managementpraxis, 1900–1925

6

6.1 Frederick Taylors System wissenschaftlicher Betriebsführung

Wissenschaft und Technik waren und sind im Industriezeitalter Kräfte, die sehr vieles in Bewegung setzen. Zu Beginn der Industrialisierung trieben an erster Stelle *Erfinder und Ingenieure,* die unternehmerisch initiativ waren oder eng mit wagemutigen Unternehmern kooperierten, die wirtschaftliche Entwicklung voran. Sie verstanden es, neue Produkte und deren Einzel- oder Massenfertigung (von der Eisenbahn, dem Stahlguss, Telegraphen bis zu Teerfarben, Glühbirnen, Telefonen, Kühlschränken, Automobilen usw.) erfinden oder sonst wie innovativ verbessern zu können. Die Verwissenschaftlichung dieser technischen Kernkompetenzen erfolgte je nach Wirtschaftszweig unterschiedlich rasch (in der Textil- und Nahrungsmittelindustrie zum Beispiel langsamer als in der elektrotechnischen oder chemischen Industrie). Selbst in produktionstechnisch weniger verwissenschaftlichten Branchen aber konnten sich deren Techniker auf fachliche Fähigkeiten berufen, neben denen die ihrer Kollegen aus den meist sehr kleinen kaufmännischen Abteilungen einer Firma eher bescheiden aussahen.

Es war darum naheliegend, das imponierend fortschrittsfähige Fachwissen der Ingenieure nicht nur auf technische Verfahren und Maschinen, sondern auch auf Organisationstechniken, mit denen man deren Einsatz steuerte, ja sogar auf Arbeitskräfte selber, als die *„Menschen-Maschine"* einer Fabrik sozusagen, anzuwenden. Grundsätzlich in allen Industriestaaten verbreitet, setzten sich diese Tendenzen zur *Ausweitung des Anwendungsbereichs ingenieurswissenschaftlichen Fachwissens auf Organisations- und Managementprobleme* in den

Vereinigten Staaten, die industrieller Massenproduktion die besten Bedingungen boten, besonders kräftig durch. Hatte man hier Ingenieurswissenschaften zunächst ausschließlich als „die Wissenschaft der Kontrolle und Nutzung der Materie" definiert, so ergänzte das American Engineering Council diese Definition zu Beginn des 20. Jahrhunderts durch den Ausdruck „[...] *und* die Kunst, die damit verbundenen Aktivitäten der Menschen zu organisieren und anzuleiten" (Noble 1977, S. 311). Das Engineering Council machte sich damit zum Sprecher jener in höhere Führungspositionen aufgestiegenen Ingenieure, die beanspruchten, organisations- und managementpraktische Probleme ingenieurswissenschaftlich besser als mit anderen Verfahren lösen zu können.

Das „Scientific Management" von *Frederick Taylor (1856–1915)* ist einer unter mehreren solcher *ingenieurswissenschaftlichen* Ansätze zur Verwissenschaftlichung der Managementpraxis, die ungefähr gleichzeitig vor allem, aber keineswegs nur in den Vereinigten Staaten entstanden. Er wurde aus verschiedenen Gründen sowohl national wie international am meisten beachtet. Man identifiziert so öfters die Anfänge modernen Managementwissens schlechthin mit Taylors Theorie und Praxis „wissenschaftlicher Betriebsführung[1]". Dafür spricht, dass Taylor selber sich ausdrücklich dagegen ausgesprochen hat, das „Scientific Management" *einzelnen* der von ihm erfundenen oder weiterentwickelten Techniken, etwa effizienzsteigernden Zeit- und Bewegungsstudien, dem Leistungslohn, der Kostenrechnung, dem Funktionsmeistersystem usw. gleichzusetzen:

> „Ich habe weder an Systemen der Kostenrechnung, an Zeitstudien, dem Funktionsmeistersystem noch an neuen, verbesserten Schemen zur Entlöhnung von Arbeitern oder sonstigen effizienzsteigernden Methoden irgendetwas auszusetzen, wenn es wirklich Mittel sind, um die Effizienz zu verbessern. Ich glaube an sie. Jedoch haben [...] diese Instrumente ganz oder teilweise nichts mit wissenschaftlicher Betriebsführung zu tun, es sind bloß deren nützlichen Hilfsmittel [...] Wissenschaftliche Betriebsführung besteht in ihrem Wesen aus einer umfassenden Revolution des Verhaltens sowohl der Arbeiter [...] als auch der Manager [...] Dies eben, diese große mentale Revolution, ist das Wesen der wissenschaftlichen Betriebsführung." (Taylor 1947, S. 27)

So wie es Taylor hier definiert, wäre seinem Forschungsprogramm annähernd jedes intensive Streben nach einer wissenschaftlichen Erneuerung herkömmlicher

---

[1] So übersetzte man das englische Wort „Management", das in den USA in seiner heutigen Bedeutung um 1900 rasch populär wurde (Geck 1953, S. 30), ins Deutsche, solange es hier noch nicht als Fremdwort gebraucht wurde (was sich relativ langsam erst nach dem Zweiten Weltkrieg durchsetzte). Französisch umschrieb man das „scientific management", da „administration" zu sehr nach „Staatsverwaltung" klang, relativ umständlich mit „l'organisation scientifique du travail".

Managementpraktiken zuzuzählen. Seinem Ansatz kämen dann Stammvaterfunktionen für alle entsprechenden Verwissenschaftlichungstendenzen zu. „Mentale Revolutionen" bedürfen indessen, wenn die Rede von ihnen mehr als bloß rhetorisch sein möchte, der Spezifikation *konkreter Ziele und Mittel,* mit denen die erstrebte Veränderung des unbefriedigenden Status quo realisiert werden soll. Während nun Taylors Ziele, da sie ein wichtiges Motiv der Industrialisierungsdynamik aufnahmen, relativ gut allgemein zustimmungsfähig waren – jedenfalls unter Befürwortern der Verwissenschaftlichung der Organisationspraxis –, waren es seine Mittel weit weniger.

Die „wissenschaftliche Betriebsführung" geht nach Taylor von der „unumstößlichen Überzeugung" aus, dass Arbeitgeber- und Arbeitnehmerinteressen sich einander nicht, wie insbesondere Klassenkampfmodelle behaupten, unversöhnlich gegenüberstehen, sondern in Wirklichkeit „ganz in derselben Richtung liegen"; dass also die „Prosperität des Arbeitgebers auf lange Jahre hinaus nur bei gleichzeitiger Prosperität des Arbeitnehmers bestehen kann", und dass es möglich ist, „gleichzeitig dem Arbeiter seinen höchsten Wunsch – nach höherem Lohn – und dem Arbeitgeber sein Verlangen – nach geringeren Herstellungskosten seiner Waren – zu erfüllen" (Taylor 1911, S. 8).

> „Die große Revolution, der sich unter dem Regime der wissenschaftlichen Betriebsführung die zwei Parteien [der Arbeitgeber und Manager einerseits, der Arbeiter andererseits] in ihrer geistigen Einstellung unterziehen müssen, besteht darin, dass beide Seiten so lange nicht mehr die Aufteilung, sondern die Vermehrung des wirtschaftlichen Ertrags als die Hauptsache betrachten, bis dieser so groß geworden ist, dass seine Verteilung keinen Streit mehr verursacht." (Taylor 1947, S. 29)

Alltagskonflikte zwischen Menschen gelten als besonders glücklich gelöst, wenn eine Nullsummen-Situation (die eine Partei gewinnt, was die andere verliert) als Gewinn Gewinn-Situation, in der beide Seiten durch Kooperation gewinnen, redefiniert werden kann. Wem eine solche konstruktive Konfliktlösung auf der gesamtwirtschaftlichen Ebene der Produktion und Verteilung von Gütern gelingen sollte, wo weit gewichtigere Einsätze auf dem Spiele stehen, darf sich größter Dankbarkeit für seine „große Gabe an die Menschheit" (wie L. Urwick noch 1930 (S. 41) Taylors Leistung qualifiziert hat) gewiss sein. Worauf aber gründete sich Taylors „unumstößliche Gewissheit", im „Scientific Management" einen Weg zur Überwindung der zermürbenden Verteilungskämpfe zwischen Arbeitgebern und Arbeitnehmern gefunden zu haben? Taylor studierte nebenberuflich Ingenieurswissenschaften, während er bei der Midvale Steel Company, einer vom progressiven Fabrikanten William Sellers geführten, ausgesprochen experimentierfreudigen Firma, tätig war. Taylor arbeitete hier – nach einem abgebrochenen

CollegeStudium[2] – während zweier Jahre zunächst als Arbeiter (als Hilfskraft an Maschinen, Schlosser u. ä.), dann als Vorarbeiter, Meister und schließlich, nach Abschluss seines Abendstudiums am Stevens Institute of Technology, als Chefingenieur. Zwei Erfahrungen verdichteten sich ihm dabei schon früh zu Überzeugungen, an denen er allen Widerständen und Einwänden zum Trotz zäh festhielt. Erstens bewiesen ihm seine überaus aufwendigen, aber erfolgreichen Experimente mit Metallschneideverfahren, dass *wissenschaftliche Experimentiermethoden ganz allgemein auch* dazu fähig seien, die traditionellen Orientierungsmittel der Managementpraxis – deren widersprüchlich-vielfältige Alltagstheorien, Faustregeln, sog. Prinzipien und Vorgehensmethoden also – entscheidend zu verbessern. Zweitens hielt er den herkömmlichen Schlendrian von Betriebsleitern, Meistern und Arbeitern, vor allem aber die weitverbreitete Praxis der Leistungszurückhaltung von Arbeitern (deren Weigerung, bestimmte obere Leistungsgrenzen zu überschreiten, weil dies längerfristig nur den Lohnsatz verschlechtere), für *moralisch verwerflich* und verhängnisvoll *wohlstandsmindernd*.

Taylors aufsehenerregende Erfindung des Schnelldrehstahls – für die er an der Pariser Weltausstellung des Jahres 1900 eine goldene Medaille gewann – muss ihn in seiner Annahme bestärkt haben, dass die Übertragung ingenieurswissenschaftlicher Experimentiermethoden auf Fragen der Arbeitsgestaltung, der Entlöhnung, Kostenrechnung, Organisation usw. es nicht nur ermögliche, herkömmliche Managementpraktiken zu verwissenschaftlichen, sondern auch erlaube, moralisch verwerfliches Verhalten im inner- und überbetrieblichen Verteilungskampf industrieller Gesellschaften zu überwinden. Bis Taylor und seine Mitarbeiter die zwei einfachen Fragen, 1) mit welcher Schnittgeschwindigkeit und 2) mit welcher Spanbreite man Metallbearbeitungsmaschinen am besten laufen lassen sollte, präzise beantworten konnten, mussten sie während 26 Jahren rund 40.000 verschiedene Versuche mit insgesamt mehr als 400.000 kg Stahl durchführen (Taylor 1911, S. 113 ff.). Sein jahrelanger Einsatz ähnlich aufwendiger Methoden zur Messung der Dauer einzelner Arbeitsvollzüge, der Erholungszeiten, Arbeitsleistung usw. von Arbeitern erlaubte es Taylor in seinen Augen, hinsichtlich der „wahren" Leistungsfähigkeit eines Arbeiters (der von Arbeitern zu bewältigenden „Pensen") zu wissenschaftlich *vergleichbar objektiven* Schlüssen zu gelangen. Denn die Gesetze menschlichen Verhaltens mochten, als die eines

---

[2] Dieser mit einem Augenleiden begründete Studienabbruch war wohl, wie man S. Kakars psychohistorischer Taylor-Biographie entnehmen kann, psychosomatisch motiviert (Kakar 1970). In einer christlich strenggläubigen Familie aufgewachsen, neigte Taylor nach Kakar zu zwangsneurotisch rigiden Handlungsweisen und zur Disziplinierung seiner eigenen inneren Konflikte durch äußeren Kampf gegen das, was er als schlimmen Schlendrian einerseits der Arbeiter, andererseits der Arbeitgeber wahrnahm.

komplexen Organismus, von mehr Variablen gleichzeitig bestimmt sein und mehr Ausnahmen unterliegen „als die Gesetze, die sich auf materielle Dinge beziehen" (ibid. S. 128) – die Annahme, dass mit exakten Methoden der Arbeitszeit- und Arbeitsleistungsmessung solche Gesetze doch gefunden werden könnten, bewährte sich in seinen Augen immer wieder. Als solche Versuchsserien einmal scheinbar überhaupt keine stimmigen Resultate ergaben, nahm sie Taylor einige Jahre später unverzagt wieder auf:

> „Auch das kleinste Element, welche das ganze Problem in irgendeiner Weise beeinflussen konnte, wurde vermerkt und sorgfältig studiert. Zwei Leute widmeten den Versuchen fast volle drei Monate. Die neuen Resultate wurden auch in Meterkilogramm und Pferdestärken umgerechnet, und es zeigte sich, dass tatsächlich keine direkte Beziehung zwischen der täglichen Leistung eines Menschen und ihrer ermüdenden Wirkung besteht. Dennoch blieb ich so fest wie bisher bei meiner Überzeugung, dass ein unzweideutiges Gesetz sich aufstellen lassen müsse [...] Unsere Zahlen waren so sorgfältig [...] gesammelt worden, dass ich sicher war, die nötigen Informationen seien irgendwie in diesen Aufzeichnungen enthalten. Die Aufgabe, dieses Gesetz aus ihnen abzuleiten, wurde deshalb Carl G. Barth übertragen, der der beste Mathematiker unter uns war [...] In verhältnismäßig kurzer Zeit hatte Barth das Gesetz gefunden [...] Dieses Gesetz ist so einfacher Natur, dass es uns wirklich sonderbar erschien, dass es nicht schon vor Jahren gefunden und klar erkannt worden war." (ibid. S. 59 f.)

Mit derselben Hartnäckigkeit, um nicht zu sagen Sturheit beharrte Taylor in der Phase, da er sich als Privatier und selbständiger Unternehmensberater nurmehr der Verbreitung seiner Ideen widmete, darauf, dass Firmen, die sie anzuwenden wünschten, seinen und seiner engsten Mitarbeiter Anordnungen unbedingt Folge zu leisten hätten – andernfalls der Beratungsvertrag hinfällig werde. Das angeblich revolutionär neuartige und vor allem: das ungemein produktivitätssteigernde Fachwissen, das er anbot, bezog sich dabei auf die folgenden vier Sachgebiete (ibid. S. 140, 38 f.):

1. Ableitung und Aufstellung einer wirklichen Wissenschaft „Die Leiter entwickeln ein System, eine Wissenschaft für jedes einzelne Arbeitselement, die an die Stelle der alten Faustregel-Methode tritt." Anstelle willkürlicher Schätzungen des mutmaßlichen Arbeitsaufwandes sollten exakte Zeit- und Bewegungsstudien mit der Stoppuhr treten, sorgfältig kontrollierte Arbeitsleistungsexperimente, die systematische Verbesserung der Arbeitsmittel, Arbeitsablaufstudien, genaue Selbstkostenrechnung, leistungsgerechte Entlöhnung usw.

2. Systematische Auslese der Arbeiter „Auf Grund eines wissenschaftlichen Studiums wählen sie [die Leiter] die passendsten Leute aus, schulen sie, lehren sie und bilden sie weiter, anstatt wie früher den Arbeitern selbst die Wahl ihrer Tätigkeit und ihre Weiterbildung zu überlassen." – Taylor wandte sich mit diesem Grundsatz vor allem gegen das in den Vereinigten Staaten weitverbreitete „inside contract system". Damit bezeichnete man den Brauch, einem selbstständigen Facharbeiter oder Meister fabrikeigene Maschinen und Materialien zur Verfügung zu stellen, damit er mit diesen zu einem vereinbarten Preis fristgemäß bestimmte Werkstücke von Arbeitern, die er selbst einzustellen, zu schulen und zu bezahlen hatte, herstellen lasse (vgl. Englander 1987). Die Fabrikleitung wurde dadurch von vielen organisatorischen und Personalführungsaufgaben entlastet – allerdings konnte sie das Leistungsverhalten des Auftragnehmers und der Arbeiter desselben so nicht mehr direkt beeinflussen. Selbst in Firmen, die das „inside contracting" nie gekannt oder es aufgegeben hatten, fehlte es häufig an Erfahrungen und an Fähigkeiten im Umgang mit eigenen Meistern und Arbeitern. Diese waren umgekehrt häufig noch Anhänger traditioneller Arbeitsbräuche, die ihnen mehr Freiraum gewährten als das Fabrikregime – kein Wunder, dass der pedantische Ordnungs- und Effizienzliebhaber Taylor alles, was auch nur von ferne an das „inside contracting" erinnerte, kategorisch bekämpfte. Die vielleicht wichtigste Prämisse seines „Scientific Management" ist *darum* die Behauptung, „dass in fast allen Zweigen der Technik die wissenschaftlichen Momente, die jeder einzelnen Handlung eines Arbeiters zugrunde liegen, so verwickelt und so schwer verständlich sind, dass der fähigste praktische Arbeiter aus Mangel an Bildung oder Begabung die wissenschaftliche Seite ohne Anleitung und Hilfe seiner Mitarbeiter und Vorgesetzten nicht voll erfassen kann" (ibid. S. 26). Der (im engeren Sinne) organisatorische Ausdruck dieser Bemühungen um eine umfassende Verwissenschaftlichung *und Umverteilung* firmeninterner Wissensbestände ist Taylors *Funktionsmeistersystem* (vgl. Abb. 6.1). Es ersetzt das Prinzip, dass jeder Untergebene jeweils nur einen Vorgesetzten hat, durch ein extrem ausgelegtes Mehrliniensystem, gemäß dem für Arbeitsprobleme von Arbeitern je nachdem „Instandhaltungsmeister", „Vorrichtungsmeister", „Geschwindigkeitsmeister", „Zeit- und Kostenbeamte" usw. zuständig sind (s. Abb. 6.1).

Wie vordringlich für Taylor sein Kampf gegen den Schlendrian des traditionellen „inside contracting" organisatorisch unterentwickelter Fabriken war, zeigen auch die beiden letzten seiner vier Grundsätze, die ziemlich redundant eigentlich nur diesen Kampf umschreiben:

3. Wissenschaftliche Erziehung und Weiterbildung der Arbeiter Die in die Prinzipien des „scientific management" eingeweihten Führungskräfte „arbeiten in herzlichem Einvernehmen mit den Arbeitern; so können sie sicher sein, dass alle Arbeit nach den Grundsätzen der Wissenschaft, die sie aufgebaut haben, geschieht." (ibid. S. 39).

Taylors *Functional Plan of Organization* für *Bethlehem Steel*

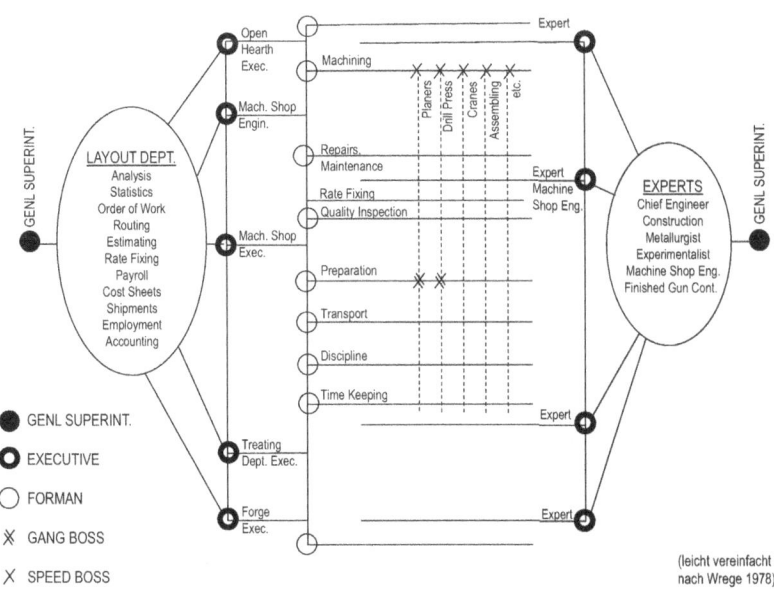

Abb. 6.1   Taylors ‚Functional Plan of Organization' für Bethlehem Steel

4. Innige Zusammenarbeit zwischen Leitung und Arbeitern   „Arbeit und Verantwortung verteilen sich annähernd gleichmäßig auf Leitung und Arbeiter. Die Leitung
nimmt alle Arbeit, für die sie sich besser eignet als der Arbeiter, auf ihre Schultern,
während bisher fast die ganze Arbeit und der größte Teil der Verantwortung auf die
Arbeiter gewälzt wurde." (ibid. S. 39).

Taylors inniger Zusammenarbeitswunsch erfüllte sich in Wirklichkeit allerdings nur ausnahmsweise. Seine Berechnungen der fairen Arbeitsleistung eines
Arbeiters erwiesen sich häufig als nicht besonders „objektiv" und gültig, und
mussten revidiert werden. Gewerkschaftlich organisierte Arbeiter kritisierten Taylors „wissenschaftliches" System als rücksichtsloses Arbeitsbeschleunigungs- und
arbeitgeberfreundliches Ausbeutungssystem. Die mit offen gezeigten oder auch verdeckten Stoppuhren operierenden Zeitnehmer waren bei ihnen äußerst unbeliebt. In
einzelnen Fällen (z. B. im Watertown Arsenal 1911 oder in der Automobilfabrik
Renault 1912) kam es zu Aufsehen erregenden Streiks, mit denen die Arbeiter –
recht erfolgreich – die Einführung des Taylorsystems verhinderten. Unternehmer

und Manager, von solchen schlechten Nachrichten über soziale Folgeprobleme des Taylorismus erschreckt, verhielten sich ihm gegenüber zurückhaltend. Die Informationen Taylors oder seiner Anhänger, wonach tayloristische Methoden fabelhafte Produktivitätssteigerungen erzielen könnten, wurden nicht immer zum Nennwert genommen – mit gutem Grund, wie managementhistorische Nachforschungen inzwischen ergeben haben. So ist beispielsweise die berühmte Geschichte vom Roheisen Verlader Schmidt, den Taylors Mitarbeiter dazu konditionierten, anstelle der bisher üblichen 12,5 t 47,5 t täglich zu verladen (er erhielt dafür 60 % mehr Lohn als seine Kollegen), weitgehend legendär (ibid. S. 44–50, Wrege und Perroni 1974; Wrege und Greenwood 1991, S. 97 ff.). Erfahrenen Managern musste auch ohne genauere Kenntnisse der wirklichen Begleitumstände von Taylors arbeitswissenschaftlichen „Experimenten" auffallen, wie aufwändig diese waren. Konnten die vielerlei Arten „Experten" des Funktionsmeistersystems (s. Abb. 6.1) die zusätzlichen Kosten, die sie verursachten, über Produktivitätssteigerungen der Werkstätten wirklich ausgleichen? Betrachtet man das Originalorganigramm Taylors für die von ihm ab 1893 beratene Bethlehem Steel Company, so fällt außerdem auf, wie rigoros es das Prinzip der Alleinherrschaft spezialisierten Expertenwissens realisiert – höhere Vorgesetzte sind nicht wie üblich in der Vertikalen oben, sondern je nach Fachrichtung links und rechts im Schema eingezeichnet. Vielleicht hat auch diese „expertokratische" Tendenz Taylors, zusammen mit seinen unflexibel rechthaberischen Beratungspraktiken, dazu beigetragen, dass das Management der Bethlehem Steel Company seine Beziehungen zu Taylor im Jahre 1901 abrupt abbrach.

1906 ernannte die renommierte „American Society of Mechanical Engineers" (ASME) Taylor zu ihrem Vorsitzenden, zwei Jahre danach zu ihrem Ehrenpräsidenten. Indessen gab es selbst hier unter Fachkollegen keineswegs nur Befürworter, sondern auch viele Kritiker des „Scientific Management". Diese bezweifelten weniger Taylors Verdienste als Erfinder des Schnelldrehstahls als vielmehr die „Wissenschaftlichkeit" seiner Beiträge zur Managementtheorie und -praxis. Als Taylor im Zusammenhang öffentlicher Kontroversen die ASME darum ersuchte, den Wissenschaftlichkeitsanspruch seines Systems zu bestätigen, wurde ihm zuliebe zwar eine Kommission eingesetzt. Deren Schlussfolgerungen fielen aber anders aus, als Taylor es sich erhofft hatte:

> „[...] das Komitee lehnte die Anerkennung von Taylors Ansprüchen auf Wissenschaftlichkeit ab. Es schrieb, dass der Begriff ‚wissenschaftliche Betriebsführung' eher allgemein und lose auf neue Systeme und Methoden angewandt werde. ‚Man legt dies im Allgemeinen so aus, dass es sich hier also eher um eine Wissenschaft als um eine Kunst der Betriebsführung handele. Wahrheitsgemäßer wäre es, von einem sich

wissenschaftlicher Methoden bedienenden Management zu sprechen [...]' Sogar Taylors Freund Dodge, der das Komitee präsidierte, wies zuletzt die wissenschaftlichen Ansprüche von Taylors System zurück [...] Taylor gestand Dodge zu, dass sein System immer noch - so wie alle Wissenschaften - einige wenige unexakte Elemente enthalte. Letztlich jedoch, argumentierte Taylor, werde man alle Komponenten industriellen Managements auf eine ‚exakte Wissenschaft' reduzieren können."[3]

Taylors Anspruch, mit seinem System eine „mentale Revolution" in der Theorie und Praxis des Managements in Gang gesetzt zu haben, hat sich über alle diese Einwände und Widerstände hinweg dennoch durchgesetzt. Dies ist einerseits wohl darauf zurückzuführen, dass uneingelöste oder uneinlösbare Versprechungen einem Praxisberatungskonzept dann, wenn es sonst hinreichend viele Anforderungen erfüllt, nicht allzu viel anhaben können – ja dass solche wie immer auch illusorischen Ansprüche neuerungs*rhetorisch* nützliche Funktionen erfüllen.[4] Maßgebenden Anteil hatten an den alles in allem beträchtlichen Erfolgen des Taylorismus andererseits auch verschiedene von Taylors Schülern, jüngeren Kollegen und Freunden (vgl. dazu zusammenfassend Merkle 1980). Es gelang ihnen, unnötige Rigiditäten der Betriebsberatungspraxis Taylors auszumerzen. Vor allem aber versuchten sie dem früh aufgekommenen Vorwurf, dass Taylor den „Faktor Mensch" unzulänglich berücksichtigt habe, durch *sozialwissenschaftliche Erweiterungen und Ergänzungen* seines Systems Rechnung zu tragen.

---

[3] Noble (1977, S. 273). – Die oben gegebene, erweiterte Definition von Ingenieurswissenschaften (als „the science of controlling the forces and utilizing the materials of nature *and* the art of organizing and directing human activities in connection therewith") impliziert also wohl, dass sich Ingenieurswissenschaftler für managementtheoretisch und -praktisch kompetent erklären; nicht aber unbedingt, dass damit zugleich die Managementkunst als solche verwissenschaftlicht, d. h. zur „science" gemacht werden soll.

[4] Man lese unter diesen Gesichtspunkten noch einmal die oben zitierten Ausführungen Taylors über das von ihm unbeirrt vermutete Gesetz hinter den arbeitswissenschaftlich erhobenen Messdaten, die zunächst nicht sinnvoll interpretierbar erschienen; das dank speziellen Berechnungen des beigezogenen Mathematikers dann tatsächlich gefundene Gesetz; sowie schließlich dessen dem Common Sense gar nicht so fernstehende Einfachheit, die es umso akzeptabler macht. – Managementberater, die ihre praxisorientierten Konzepte ins Gerede bringen oder praktisch angewandt sehen wollen, verwenden diese neuerungsrhetorisch geschickte Argumentationsfigur auch heute noch.

6.2 Pioniere der Verwissenschaftlichung verhaltensorientierter Organisationsforschung: Sozialenquêten, Arbeitshygiene, Psychotechnik, Fabrikfürsorge, Personalwesen

Die Entwicklung von Organisations- und Managementtheorien wird öfters so dargestellt, als ob an deren Anfang Vorstellungen gestanden hätten, in denen der Mensch mit seinen persönlichen oder sozialen Motiven überhaupt nicht vorkam. Schrittweise habe man dann das Individuum, seine individuellen Fertigkeiten und Bedürfnisse, den „sozialen Menschen" mit seiner Gruppenorientierung, sowie noch komplexere, z. B. selbstverwirklichungsorientierte Dimensionen des Menschseins entdeckt und den also fortschreitend komplizierteren Erkenntnissen der Organisationswissenschaften vom Menschen hinzugefügt.

Diese Auffassung entspricht jedenfalls dem *Selbstverständnis,* das die Pioniere „wissenschaftlicher Betriebsführung" hegten, überhaupt nicht. Sowohl Taylor selber als auch seine drei bekanntesten, mehr oder weniger orthodoxen Schüler und Anhänger Carl Barth (1860–1939), Henry G. Gantt (1861–1919) und Frank Gilbreth (1868–1924) glaubten durchaus, Konzepte zu vertreten, die die Fähigkeiten, die materiellen *und* die immateriell-höheren Bedürfnisse arbeitender Menschen angemessen berücksichtigten. Am prononciertesten behauptete dies die Lebens- und Kampfgefährtin Frank Gilbreths, *Lillian Gilbreth Moller (1878–1972),* die nach dem frühen Tode ihres Gatten das „Scientific Management" national und international noch lange, zunächst sehr erfolgreich, propagierte. In ihrer 1914 erstmals publizierten Dissertation mit dem vielversprechenden Titel „The Psychology of Management" versuchte sie nachzuweisen, dass die von „Dr. Taylor" erfundenen wissenschaftlichen Betriebsführungsmethoden *verhaltens*wissenschaftlich korrekt und *darum* allen anderen überlegen seien:

> „Das psychologische Element der wissenschaftlichen Betriebsführung ist ihr wichtigstes Element [...] Weil die wissenschaftliche Betriebsführung psychologisch richtig liegt, ist sie die endgültige Form des Managements." (Gilbreth 1914, S. 20)

Mochten Taylors Arbeitsvereinfachungsmethoden vor allem auch qualifizierteren Arbeitern als Verfahren erscheinen, die ihren Betätigungsspielraum rigoros einengten, ja sie ihres lebendigen Arbeitsvermögens beraubten[5] – L. Gilbreth

---

[5] Prozesse der Enteignung des Arbeitsvermögens der Arbeiterschaft durch das monopolkapitalistische „Scientific Management" hat vor allem Harry Braverman (1974) beschrieben; vgl. als ähnliche Beiträge zu einer kritisch arbeitshistorischen Interpretation der Entwicklung von Organisations- und Managementpraktiken auch Edwards 1979 und Montgomery 1979.

hielt sie genau umgekehrt für Methoden, die die Arbeit von Funktionsmeistern *und* Arbeitern in den Rang der Betätigung von Spezialisten erhoben:

> „Unter dem Regime der wissenschaftlichen Betriebsführung werden sowohl der Arbeiter wie auch der Vorarbeiter Spezialisten. Sie werden dies, indem man sie von allen Dingen, für die sie sich nicht am besten eignen, entlastet, und indem man ihnen ferner erlaubt, sich mit exakten und wissenschaftlich begründeten Methoden den Aufgaben zuzuwenden, in denen sie Experten sind." (ibid. S. 76)

L. Gilbreth setzt damit (ohne eingehende Begründung) einfach voraus, dass das Bedürfnis von Funktionsmeistern und Arbeitern, sinnvolle Arbeit zu leisten, exakt ihrer tayloristischen Experten-Definition dessen, was effiziente Spezialistenarbeit sei, für die sich jene am besten eigneten, entspreche. Sehr unplausibel ist dabei insbesondere ihre Annahme, dass ungelernte, ja sogar gelernte Arbeiter, die ihnen von tayloristischen Rationalisierungsspezialisten oktroyierten, äußerst monotonen Arbeitsvollzüge darum als anspruchsvolle („skilled") „Expertenarbeit" erführen, weil sog. Experten des „Scientific Management" sie ausgetüftelt hatten. Ganz vom neuen (Quasi-) „Paradigma" wissenschaftlicher Betriebsführung voreingenommen, beurteilte L. Gilbreth selbst in dieser offenkundig besonders fragwürdigen Beziehung die Folgen der Taylorisierung für den arbeitenden Menschen ausschließlich positiv:

> „Im Gegensatz zur weitverbreiteten Vorstellung, dass die wissenschaftliche Betriebsführung die Individualität töte, geht diese ganz im Gegenteil vom grundlegenden Prinzip der Anerkennung des nicht nur eine ökonomische Einheit, sondern auch eine Persönlichkeit darstellenden Individuums aus, das über alle Eigenarten, die eine Person auszeichnen, verfügt […] Die wissenschaftliche Betriebsführung fördert die Individualität, indem sie die Arbeit funktionalisiert." „Die wissenschaftliche Betriebsführung bewirkt zugleich,
> a. dass der Output und der Lohn gesteigert, die Kosten reduziert werden;
> b. dass überflüssiger Ausschuss eliminiert wird;
> c. dass sich ungelernte zu gelernten Arbeitern entwickeln;
> d. dass ein sich selber erhaltendes Wohlfahrtssystem entsteht;
> e. dass die Lebenshaltungskosten sinken;
> f. dass der Graben zwischen Arbeitern, die eine Lehre absolvierten und solchen, die ein College besuchten, überbrückt wird;
> g. dass Kapital und Arbeit zur Zusammenarbeit und Förderung des industriellen Friedens gezwungen werden." (ibid. S. 18 f., 20)

L. Gilbreths Versuch einer sozialwissenschaftlichen Fundierung tayloristischer Betriebsführungspraktiken vermag aus heutiger Sicht kaum zu überzeugen. Daraus folgt aber nicht, dass die gängige These, die ersten Organisationskonzepte seien solche von Organisationen ohne Menschen gewesen, eben doch zutrifft – da diese These zwar dem Selbstverständnis der Tayloristen, nicht aber dem Tatbestand einer anfänglich völlig ungenügenden Berücksichtigung des Faktors Mensch widerspreche. Denn zurzeit, als L. Gilbreth ihr Buch „Psychologie des Managements" veröffentlichte, gab es noch manche anderen, heute längst vergessenen Ansätze, die der großen Bedeutung menschlicher Zusammenarbeitsprobleme in Organisationen weniger einseitig als sie gerecht zu werden versuchten. Ohne auf Details der an sich sehr interessanten Ideen- und Professionsgeschichte dieser *übrigen Pioniere verhaltenswissenschaftlichen Wissens über Organisationen* eingehen zu können, seien im Folgenden kurz fünf Praxisfelder beschrieben, deren Promotoren überwiegend Prinzipien einer sozial sensiblen, verantwortungsbewussten Unternehmungsführung unterstützten. Die fünf Praxisfelder, die diesen Grundsatz direkt oder indirekt am stärksten förderten, waren (in der ungefähren Reihenfolge ihrer Entstehung) 1) Sozialenquêten, 2) die Arbeitshygiene, 3) Psychotechnik, 4) Fabrikfürsorge und 5) das Personalwesen.

1. Sozialenquêten Alle Industriestaaten bemühten sich im 19. Jahrhundert darum, mit fortlaufend verfeinerten Methoden der Bevölkerungs-, Wirtschafts-, Sozial- und Moralstatistik die Entwicklung der Lebensverhältnisse in der Landwirtschaft, im Gewerbe, in der Dienstleistungsbranche und (vor allem) in der Industrie, der großen Hauptverursacherin brisanter Sozialfragen, zu untersuchen. Die von diesen Agrar-, Fabrik- oder sonstigen Sozialenquêten erhobenen Daten und Expertenmeinungen wurden öffentlich nicht selten intensiv diskutiert, und schärften so den Blick für soziale Voraussetzungen und Folgen der Industrialisierung. In den primär branchen-, regions- oder länderbezogenen Enquêten waren einzelne Organisationen, z. B. Firmen zwar eher nur ausnahmsweise Gegenstand von Fallstudien. Wie in einer Unternehmung die Arbeitsverhältnisse ungefähr geregelt sein mussten, um die öffentlich angeprangerten und von den Enquêten überprüften Missstände bei der Beschaffung, dem Einsatz, der Behandlung, Entlöhnung und Unterbringung von Personal zu vermeiden, konnte indirekt indessen auch vielen Sozialenquêten entnommen werden. Je professioneller sie im Laufe der Zeit wurden, desto einlässlicher beschäftigten sie sich überdies auch mit der Entwicklung der Sozialverhältnisse einzelner Organisationen. Dies trifft beispielsweise auf die von den Brüdern Max und Alfred Weber initiierten und geleiteten Erhebungen des Vereins für Sozialpolitik über „Auslese und Anpassung der Arbeiterschaft der geschlossenen Großindustrie" zu. Die für Max Weber typische Frage danach, „was für Menschen [...] die moderne Großindustrie kraft der ihr immanenten Eigenart" *präge,* sollte hier von Untersuchungen der sozialen Betriebsverfassung ausgewählter Industriebetriebe beantwortet werden (Weber 1908, S. 37).

2. Arbeitshygiene Die Fertigung und Nutzung von Erzeugnissen der modernen Industrie erfolgt vielfach unter hohen Risiken, die technisch wenn möglich vermieden oder wenigstens sozial abgefedert werden müssen. Arbeiten in großen Kohlebergwerken, in Chemiefabriken, Stahlwerken, an Eisenbahntunnels, Brücken usw. sind ohne vorbeugende Vorsichtsmaßnahmen wesentlich gefährlicher als die meisten Arbeiten vorindustrieller Art. Der Schutz der betroffenen Bevölkerung und der Arbeitnehmer vor gesundheitsgefährdenden Immissionen und vor Unfallgefahren von Industrieprodukten war darum schon früh eine wichtige Aufgabe entsprechend ausgebildeten Spezialisten. Gut als Experten für solche Fragen der Unfallverhütung und der (im weitesten Sinne) „Arbeitshygiene" eigneten sich an erster Stelle Ingenieure, Ärzte (Sozial- und Arbeitsmediziner sowie Psychiater), Chemiker und Pharmazeuten. Speziell Ärzte interessierten sich dabei schon früh für psychosoziale Aspekte arbeitsbedingter Erkrankungen, von Unfallfolgen oder der subjektiven Unfallneigung. Probleme der Arbeitshygiene konnten sich so leicht in solche der sog. „Mentalhygiene", die Seelisches thematisierte, verwandeln. Wie man aus deren Sicht, die heute fast gänzlich vergessen ist, psychosoziale Aspekte des Verhaltens von Organisationsmitgliedern definierte, werden weiter unten Erläuterungen zur Vorgeschichte des Human Relations-Ansatzes in Erinnerung rufen (Abschn. 7.3).

3. Psychotechnik Die moderne Psychologie ist entstanden, als man Fragen der philosophischen Seelen- und Erkenntnislehre naturwissenschaftlich zu stellen und zu beantworten lernte. Nach dem Vorbild biologischer Erfahrungswissenschaften, vor allem der Physiologie, begannen Forscher Mitte des 19. Jahrhunderts zunächst wahrnehmungs- und denkpsychologische Probleme, sodann auch solche des Gefühlslebens und der Motivation von Menschen experimentell zu bearbeiten. Experimentalpsychologen untersuchten in Versuchslabors mittels immer raffinierterer Testapparate die Reaktionsgeschwindigkeit, die Ausdauer, Reizschwellen, das Wahrnehmungsvermögen usw. von Menschen. Da viele dieser Experimente deutliche Bezüge zu praktisch bedeutsamen Fragen etwa der Reaktionsgeschwindigkeit und der Ausdauer Berufstätiger aufwiesen, war es naheliegend, ausdrücklich *anwendungsorientierte* Subdisziplinen der naturwissenschaftlich erneuerten Psychologie zu begründen. Pioniere dieser auf Probleme von Wirtschaft und Verwaltung, von Schulen, der Verbrechensbekämpfung usw. *angewandten Psychologie* oder *Psychotechnik,* wie man zunächst sagte, waren u. a. Alfred Binet (1857–1911), der erste Intelligenztests konstruierte, Emil Kraepelin (1856–1926), der Ermüdungs- und Erholungsaspekte anstrengender Arbeit erforschte, sowie die sich primär wirtschaftspsychologisch betätigenden Hugo Münsterberg (1863–1916) und Walter Dill Scott (1869–1955). Nachdem der Erste Weltkrieg das Wirkungsfeld von

Psychotechnikern stark erweitert hatte – mit der Einführung von Eignungstests für Armeeangehörige, der Verbesserung von Arbeitsbedingungen und Betreuungsmethoden in der Kriegsindustrie, der Berufsberatung u. ä. –, wurden in den 20er Jahren an Hochschulen wie auch privat psychotechnische Forschungs- und Beratungsinstitute gegründet, die selektionspsychologisch, Berufs beraterisch, arbeitspsychologisch oder sonst wie anwendungsorientiert aktiv waren. Die hierbei von den zahlreichen, mehr oder weniger professionell ausgebildeten Psychotechnikern konstruierten Testapparate könnten, wären sie erhalten geblieben, große Museen füllen – der Erfindungsreichtum vor allem derjenigen Psychotechniker, die für Wirtschaft, Verwaltung, Schulen und Armeen Eignungs- und Neigungstests entwickelten, schien vorerst unerschöpflich zu sein (vgl. z. B. Baumgarten 1928; Moede 1930).

4. Fabrikfürsorge Ebenfalls im Ersten Weltkrieg nahm das vereinzelt schon früher verbreitete Fabrikfürsorgewesen einen starken Aufschwung. Es waren vor allem fürsorgerisch engagierte und vorgebildete Frauen, denen nun mit Unterstützung staatlicher oder militärischer Stellen die Aufgabe zufiel, für die Einhaltung arbeitshygienischer Betriebsvorschriften zu sorgen, private oder staatliche Betriebe bei der Einstellung und der Ausbildung neuen Personals (das vielfach ebenfalls weiblichen Geschlechts war) zu unterstützen, und sich um dessen physisches wie auch psychisches Wohlergehen zu kümmern. Nationale Berufsverbände wurden gegründet (zahlenmäßig besonders erfolgreich in Großbritannien[6]), und 1922 fasste die erste internationale „Conference of Industrial Welfare Workers" in Argeronne (Normandie) den Beschluss, nach dem Vorbild zahlreicher anderer Verbände eine internationale Dachorganisation ins Leben zu rufen. Diese konnte 1925 in Holland gegründet werden, wurde vorläufig „International Association for the Study and Promotion of Satisfactory Human Relations and Conditions in Industry" (später etwas weniger umständlich das „International Industrial Relations Institute", I.R.I.) genannt, und leistete im nächsten Jahrzehnt vor allem mit ihren vielbeachteten Konferenzen in Cambridge (1928) und mit ihrem „World Social Economic Congress" in Amsterdam (1931) wichtige Beiträge zur Professionalisierung der Behandlung sozialer Aspekte des „Scientific Management" (vgl. Abb. 6.2).

Die Leiterin der Industrieforschungsabteilung der Russell Sage Foundation, *Mary van Kleeck (1883–1972)*, die ab 1926 die treibende Kraft des I.R.I. war, gelangte um 1930 zunehmend zur Überzeugung, dass das Scientific Management

---

[6] Der entsprechende Berufsverband hieß hier zunächst „Welfare Workers' Association", nach der Abwertung der Begriffe „Wohlfahrtsarbeit", „Fabrikfürsorge" usw. „The Institute of Labour Management" und schließlich „The Institute of Personnel Management".

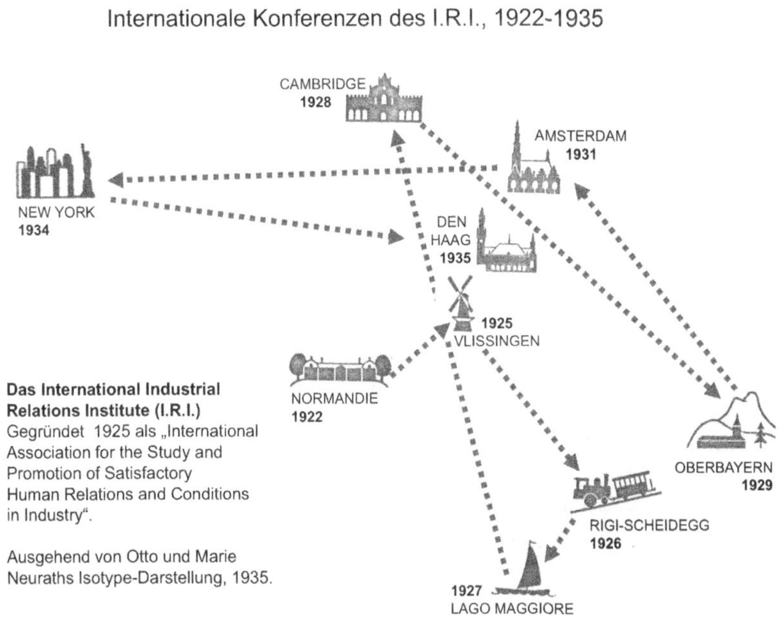

Internationale Konferenzen des I.R.I., 1922-1935

CAMBRIDGE
1928

AMSTERDAM
1931

NEW YORK
1934

DEN
HAAG
1935

1925
VLISSINGEN

Das International Industrial
Relations Institute (I.R.I.)
Gegründet 1925 als „International
Association for the Study and
Promotion of Satisfactory
Human Relations and Conditions
in Industry".

NORMANDIE
1922

OBERBAYERN
1929

Ausgehend von Otto und Marie
Neuraths Isotype-Darstellung, 1935.

RIGI-SCHEIDEGG
1926

1927
LAGO MAGGIORE

Abb. 6.2 Internationale Konferenzen der I.R.I., 1922–1935

eigentlich auch die grundlegenden Prinzipien und Techniken einer allgemeinen sozialökonomischen Wirtschaftslenkung, von der man sich in den 30er Jahren vielfach die Überwindung der Weltwirtschaftskrise versprach, enthalte. Das I.R.I., obwohl unter dem Einfluss von Mary van Kleeck entschieden für Theorien und Praktiken eines sozial verantwortungsbewussten Scientific Management eintretend, verlor so aus politischen Gründen die Unterstützung sozial aufgeschlossener Unternehmerkreise, derer es sich zunächst erfreut hatte. Mary van Kleecks Befürwortung revolutionärer Gesellschaftsveränderungs- und Gesellschaftsplanungsmethoden, mit denen sie beispielsweise im Jahre 1935 die nationale Konferenz amerikanischer Sozialarbeiter zu begeistern verstand[7], ging schließlich selbst sozial

---

[7] Seit ihrer Studienreise in die UdSSR im Jahre 1932 trat Mary van Kleeck so wie manche andere von der Weltwirtschaftskrise radikalisierten Kapitalismuskritiker (etwa Beatrice und Sydney Webb, die Begründer der „London School of Economics") offen für sowjetische Planungspraktiken ein. Die schwierige Zeitkonstellation der 30er Jahre begünstigte sowohl in Europa wie in den USA solche Entwicklungen. Über ihren Vortrag vom 22. Mai 1934 vor weit über 1000 amerikanischen Sozialarbeitern, die vom „New Deal" Präsident Roosevelts

aufgeschlossenen, ihr grundsätzlich wohlwollend gesinnten Unternehmern wie Henry Dennison oder Owen D. Young zu weit. Die I.R.I. wurde nicht wie erhofft zum wichtigsten Promotor einer sozial umwälzend neuartigen Unternehmungs- und Gesellschaftsgestaltung, sondern endete in der Sackgasse politischer Isolation.

5. Personalwesen Die Theorien und teilweise auch Praktiken des Personalwesens sind in enger Berührung mit der angewandten Wirtschaftspsychologie (vor allem natürlich mit Spezialisten der Personalauswahl und Personalqualifikation) sowie der Fabrikfürsorge entstanden. Als um 1920 die Begriffe „Welfare Work", „Fabrikfürsorge" u. ä. nicht mehr zeitgemäß erschienen, nannten Fabrikfürsorgerinnen ihre Arbeit anders (u. a. auch „Personalarbeit", vgl. oben Anm. 6). Die Personalwesensfunktion unterscheidet sich durch ihre stärkere Einbindung in das Führungssystem von Organisationen dennoch vom ähnlich oder gleich benannten Fabrikfürsorgewesen. Dessen Spezialisten war eher nur ausnahmsweise und vorübergehend (während des Ersten Weltkriegs in Großbritannien vornehmlich) die Kompetenz zur Einstellung und weitergehenden Betreuung von Personal übertragen worden. Diejenigen Firmen, die die Funktionen der Beschaffung und Betreuung von Personal auch nach Beendigung dieser kriegswirtschaftlichen Sonderbedingungen an Fachleute des „Personnel Management" delegieren wollten, griffen hierfür häufiger auf eigene (männliche) Vorgesetzte als auf Fabrikfürsorgerinnen zurück. Besonders in Europa hegten technisch oder kaufmännisch ausgebildete Führungskräfte überdies noch lange Vorbehalte gegenüber einer voll ausdifferenzierten und mit entsprechenden Kompetenzen versehenen Personalwesensfunktion. Denn in zentralen Fragen der Personalpolitik (Konzessionen gegenüber Gewerkschaftsforderungen, Verhalten bei Streiks, Gestaltung des Gehaltssystems, Auswahl oberster

---

enttäuscht waren, berichtete die Fachzeitschrift „The Survey" glaubwürdig: „Niemals zuvor in der langen Geschichte seiner Konferenzerfahrungen ist der Beobachter je Zeuge einer derart langanhaltenden Ovation gewesen, wie sie am Ende von Miss van Kleecks kühlem, sehr schön durchdachtem und unvoreingenommen begründetem Plädoyer zugunsten eines Bruchs mit der gegenwärtigen Regierungsform und Übergangs in einen Kollektivismus jenseits des Profitmotivs ausbrach. Miss van Kleeck schenkte ihren bedrückten und entmutigten Kollegen der Sozialarbeit, als diese das Hoffen und Träumen bereits aufgegeben hatten, neue Hoffnungen und Träume [...]" (The Survey 60/1934, Nr. 6, S. 179). Abb. 6.2 ist übrigens ein Beispiel für die „bildpädagogische" Methode zur allgemeinverständlichen Veranschaulichung gesellschaftlicher Sachverhalte, die der marxistische Positivist Otto Neurath erfunden und unternehmerisch ausgewertet hat (u. a. indem er sie sowjetischen Volksaufklärungsspezialisten zur Verfügung stellte, Neurath 1991, S. 207 ff.). Mary van Kleeck half dem Emigranten und politischen Gesinnungsgenossen Neurath, indem sie ihm einige bildpädagogische Aufträge, darunter eben auch den zur Darstellung der Geschichte des I.R.I., erteilte.

Führungskräfte usw.) behielten sich die höchsten Linieninstanzen alle wesentlichen Entscheidungsbefugnisse selber vor. Der von der Personalwesensbewegung theoretisch wie empirisch geförderte Nachweis der überragenden Bedeutung des Faktors Mensch in Organisationen durfte also keinesfalls als Begründung dafür verstanden werden, die Betreuung dieser menschlichen Belange in die Hände *eines* hierfür am besten geeigneten, obersten Personaldirektors zu legen. Personalwesensspezialisten, die Probleme dieser (neben der technischen und der kaufmännischen) „dritten Dimension" der Unternehmungsführung bearbeiteten, konnte man allenfalls in der Organisationstheorie Vordenker- und in der Organisationspraxis Stabsfunktionen zubilligen – nicht jedoch die exklusive Zuständigkeit für alle wesentlichen Verhaltensaspekte von Organisationen.[8]

Alle fünf hier kurz beschriebenen Gebiete des Könnens und Wissens mehrten je auf ihre Weise die Wissensbasis, auf die Ingenieure, Kaufleute und „Sozialingenieure" (in E. Cheyssons Sinne) zurückgreifen konnten, wenn sie neben- oder hauptberuflich sozialwissenschaftlicher Informationen über den „Faktor Mensch" in Organisationen bedurften. Je mehr die fortschreitende Verwissenschaftlichung und Professionalisierung diese Wissensgebiete verselbständigte, desto weniger brauchten sie sich als Teil der integrierenden Bewegung des „Scientific Management" zu betrachten. Henri Fayols ausgeprägt verhaltensorientierte Organisations- und Managementlehre unterlag allerdings dieser Tendenz, die sich erst mit der Human Relations-Bewegung und den Betriebsgemeinschaftsmodellen der 30er Jahre definitiv durchsetzte (s. Kap. 7), noch nicht.

---

[8] Tatsächlich folgte die Professionalisierung des Personalwesens ungefähr diesen beiden Richtlinien: *Theoretisch* haben Fachleute des Personalwesens zusammen mit Organisatoren das Nachdenken über praxisorientierte *allgemeine* Prinzipien der Führung von Organisationen mit am intensivsten gefördert; symptomatisch hierfür ist beispielsweise, dass die 1923 gegründete „American Management Association" (AMA) vor allem aus der 1918 entstandenen „National Association of Employment Managers" hervorging (die Abteilung für Personalfragen war demzufolge noch lange „die größte und [...] die bedeutendste" der AMA, s. Geck 1953, S. 45). *Organisationspraktisch* hat man außerdem Fachleute des Personalwesens überwiegend gemäß dem Stab-Linienprinzip eingesetzt. Danach gehört es ganz allgemein zu den wichtigsten Pflichten aller Vorgesetzten einer Organisation, gute menschliche Beziehungen zu schaffen und zu pflegen. Angestellte des Personalwesens unterstützen die Linienvorgesetzten bei dieser Arbeit, und üben eigenverantwortlich in Zusammenarbeit mit ihnen Spezialfunktionen wie die Gewinnung, Auswahl und Ausbildung von Mitarbeitern oder die Beziehungspflege mit Personalverbänden und Gewerkschaften aus (vgl. dazu z. B. Urwick 1948).

6.3   Konvergenz von Taylorismus und Fayolismus um 1925

Henri Fayol (1841–1925) war wie Frederick Taylor ein Ingenieur, der ingenieurswissenschaftlich Respektables leistete, an den man sich heute aber vor allem wegen seines Beitrags zur Verwissenschaftlichung oder vielmehr Professionalisierung[9] der Managementpraxis erinnert. Nach Absolvierung einer höheren Bergbauschule trat Fayol schon mit neunzehn Jahren (im Jahre 1860) der Firma Commentry-Fourchambault bei, der er ununterbrochen bis 1918 (also annähernd 60 Jahre lang!) angehörte. Er profilierte sich in ihr rasch, indem er in firmeneigenen Kohlegruben erfolgreich Sicherheitsvorkehrungen gegen Brände realisierte. Zum Direktor zunächst einer, dann mehrerer Kohlenbergwerke ernannt, machte sich Fayol außerdem als Autor einer geologischen Sedimentierungstheorie einen Namen. Seine ausgezeichneten Geologie- Kenntnisse anwendend, erkannte er, dass eine wichtige Kohlenmine seines Unternehmens früher als erwartet erschöpft sein werde. Mitten in einem kritischen Stadium der Firmengeschichte (1888) zum alleinigen Generaldirektor berufen, reorganisierte er die Pariser Konzernleitungszentrale und sanierte – vorübergehend erfolgreich[10] – kriselnde Stahlwerke und eisenverarbeitende Fabriken des eigenen Unternehmens sowie die 1892 günstig erworbenen Minen und Stahlwerke Decazeville eines Konkurrenten. Fayol hatte dabei seine vergleichsweise modernen Prinzipien der Unternehmungsführung gegen beträchtlichen Widerstand eines Verwaltungsrates durchzusetzen, der sich erst allmählich von der Opportunität, ja Unumgänglichkeit einer wachstumsorientierten Modernisierungsstrategie überzeugen ließ. Da Fayol seinen Berufserfolg vor allem auf diese allgemeinen, ihm durchaus lehr- und lernbar erscheinenden Grundsätze der Unternehmungsführung zurückführte, ist verständlich, dass er gegen Ende seiner Karriere versuchte, sie auszuformulieren und zu verbreiten. Fayols Managementtheorie kann, wie D. Reid zutreffend ausgeführt hat, als

---

[9] Die Begriffe „Verwissenschaftlichung" und „Professionalisierung" einer Berufspraxis überschneiden sich, so wie sie hier gebraucht werden, weitgehend, sind aber miteinander nicht ganz identisch. Fayol hat im Gegensatz zu Taylor und anderen (z. B. Herbert A. Simon, s. unten, Abschn. 8.2) für seine Bemühungen um eine methodisch wohlgeordnete Theorie und Praxis des Managements und des Verwaltens keinen starken Anspruch auf Wissenschaftlichkeit erhoben. Man kann so sagen, dass Taylor und Simon Beiträge zur Professionalisierung und (dem Anspruch nach) Verwissenschaftlichung, Fayol dagegen eher nur einen solchen zur Professionalisierung des Managements geleistet haben.

[10] Das von den Pariser Archives Nationales aufbewahrte Firmenarchiv des montanindustriellen Unternehmens Commentry-Fourchambault-Decazeville (59AQ/1 ff.) zeigt, dass Fayols 30-jährige Aktivität als Generaldirektor dieser Firma nicht durchwegs so erfolgreich war, wie manche derer, die über ihn schrieben (z. B. Reid 1986), behaupten.

eine „theoretische Rechtfertigung jenes Triumphs der Rolle des Generaldirektors"
aufgefasst werden, den Fayol in seiner Berufskarriere erzielte (Reid 1986, S. 87).
Grundsätze welcher Art aber nun waren es, die Fayol ab ungefähr 1898 formulierte, bis er sie zusammenfassend erstmals 1916 in seinem Buch „Administration
industrielle et générale" veröffentlichte?

Fayols Administrationsgrundsätze gehen zunächst – ähnlich wie diejenigen
anderer Managementtheoretiker oder „Sozialingenieure" – von der Überzeugung
aus, dass neben technischen und kaufmännischen Aspekten die dritte, ver-
haltensproblembezogene Dimension der Organisations- und Managementpraxis
(deren *„service administratif"*) überaus bedeutsam sei. In seinem Diskussionsbeitrag zu einem internationalen Kongress von Fachleuten des Bergbaus und der
Metallurgie sagte Fayol im Jahre 1900, dass man inzwischen die technischen und
die kaufmännischen Funktionen von Arbeitsorganisationen (den „service techni-
que et [...] commercial") ziemlich gut durchschaue – nicht jedoch ihren „service
administratif". Diese praktisch so wichtige Hauptfunktion des Managements, die
viele Kenntnisse und persönliche Qualitäten voraussetze, bestehe vor allem aus
der „Kunst der Menschenführung" („l'art de manier les hommes", Fayol 1900,
S. 140, 145). Fayol pflegte auch in späteren Schriften zu betonen, dass die
technisch-kaufmännischen, schon recht hoch entwickelten Disziplinen des Könnens und Wissens Fragen behandelten, die „Dinge und Maschinen" betreffen,
die Administrationsfunktion sich dagegen „ausschließlich auf das Personal" einer
Organisation beziehe (Fayol 1916, S. 19). Deren personellen Ressourcen waren
für ihn stets ein Erfolgsfaktor – oder auch Misserfolgsfaktor – ersten Ranges.
Fayol führte in unveröffentlichten Notizen seine Erfolge als Sanierer mehrerer
Werke vor allem auf das Aktivierungspotential guter Grundsätze der Organisation
und Menschenführung zurück:

„Als ich die Verantwortung für die Sanierung und Erneuerung der Werke Decazeville
übernahm, rechnete ich weder mit meiner technischen Überlegenheit noch mit derjenigen meiner Mitarbeiter. Ich vertraute vielmehr meiner Fähigkeit, zu organisieren und
Menschen zu führen. Ich wusste, dass mir alle meine Mitarbeiter *auf der Grundlage
der [managementtheoretischen] Prinzipien und Regeln, denen ich folgte,* viel würden
bieten können. Nach wenigen Jahren erbrachten die dreitausend Arbeiter von Decazeville, die man für ungeschickt und undiszipliniert gehalten hatte, Leistungen, die
genügten, um diese Werke (Minen und Fabriken) auf eines der höchsten Prosperitäts-
niveaus anzuheben [...] Wahrhaftig ein einmaliger Vorgang: dass dieselben Menschen,
innerhalb so kurzer Zeit, Instrumente sowohl des Verfalls wie der Erneuerung zu sein
vermochten. – Die technische Seite [der Managementkunst] ist demnach nicht die
wichtigste [...] So wie es eben für schlechte Arbeiter keine guten Werkzeuge gibt,
braucht man sich um das Werkzeug des guten Arbeiters nicht zu sorgen: Er wird es

schon finden [...] In Management und Verwaltung machen menschliche Angelegenheiten meines Erachtens mehr als die Hälfte der Schwierigkeiten aus." (Fayol 1898,
S. 38 f.; Hervorhebung im Text von E. W.-B.)

Fayol versuchte in seinem organisations- und managementtheoretischen Hauptwerk, das 1916 erschien, im Wesentlichen eben diese „Prinzipien und Regeln",
die sich während seiner langjährigen Berufspraxis anscheinend bewährt hatten, möglichst prägnant so zu formulieren, dass sie zur Grundlage einer lehr-
und lernbaren *Doktrin* (s. Fayol 1916, S. 15 f.) werden konnten. Da er nicht
damit rechnete, dass sich solche stets hochgradig kontextsensitiven Prinzipien
wissenschaftlich, etwa mathematisch präzise darstellen ließen, unterstellte er sie
gleichsam einem *Unschärfeprinzip:*

> „Die Gesetze des Administrierens lassen sich nicht in mathematische Formeln fassen.
> Sobald man sie so präzisieren und gleichsam beziffern möchte, stößt man auf eine
> Menge von Einwänden." – „Ich werde [darum] das Wort *Prinzipien* bevorzugt ohne
> jegliche Rigidität gebrauchen. In Angelegenheiten der Verwaltungskunst gibt es weder
> Strenges noch Absolutes; alles ist hier eine Frage des *Maßes*. Man kann fast nie unter
> sonst gleichen Bedingungen zweimal hintereinander dasselbe Prinzip anwenden. Denn
> es gilt den verschiedenen wechselnden Umständen, den gleichfalls verschiedenartigen
> und sich verändernden Menschen sowie zahlreichen anderen Variablen Rechnung zu
> tragen." (Fayol 1916, S. 19)

Traditionell ist für solche typischen Probleme der Organisationspraxis nicht
die exakte Wissenschaft (scientia) oder strenge Erkenntnis (episteme), sondern die Klugheit (prudentia) zuständig. Fayol war durchaus bekannt, was
mit deren Stimme und Kompetenz bisher zu den ihn managementtheoretisch
beschäftigenden Fragen gesagt worden war:

> „Es mangelt uns nicht an Prinzipien. Wenn es genügen würde, sie zu proklamieren, um
> sie wirken zu lassen, würden wir uns überall der besten aller möglichen Management-
> und Verwaltungspraktiken erfreuen können. Wer hat nicht schon hundertfach von der
> Notwendigkeit der großen Prinzipien der *Autorität*, der *Disziplin*, der *Unterordnung*
> *partikularer Interessen unter das Allgemeininteresse*, der *Einheit der Weisungsbefug-*
> *nisse*, der *Koordination der Leistungsbeiträge*, der *Voraussicht* usw. usf. gehört?" (ibid.
> S. 15 f.)

Offensichtlich fand Fayol einerseits solche herkömmlichen Klugheitsregeln guter
Organisation und Menschenführung nicht befriedigend. Das Bestreben von Wis-
senschaftlern, sie darum, als bloß gemeinverständige „proverbs of administration"
(nach H.A. Simon, s. Abschn. 8.2), zu verwerfen, und durch theoretisch oder

empirisch wirklich gesicherte, wissenschaftliche Erkenntnisse zu ersetzen, überzeugte ihn andererseits auch nicht. Ganz im Gegensatz zum Geiste von Taylors
„Scientific Management" pflegte Fayol vor wichtigen Entscheidungen regelmäßig
einen „wenig gebildeten Mann in subalterner Stellung, der aber viel gesunden
Menschenverstand besaß", zu konsultieren (Blancpain 1973, Anm. 2, S. 613).
Das für die Kunst des Administrierens relevante Wissen war für Fayol unaufheb-
bar vage, und ließ sich grundsätzlich nur als Praktikerwissen artikulieren. Um es
zu verbessern, musste man es Fayol zufolge demnach, wenn nicht wissenschaftlich exakt, so doch wenigstens möglichst *klar, systematisch geordnet* und – vor
allem – von *bewährten Praxiserfahrungen ausgehend* formulieren.

Gemessen an diesen relativ bescheidenen Maßstäben, kann Fayols Versuch,
eine schulmäßig lehr- und lernbare allgemeine Managementdoktrin (Lehre von
der „administration générale") zu begründen, als gut gelungen gelten. Fayol unterschied *allgemeine Administrations-* von den folgenden zwei technischen und drei
kaufmännischen *Spezialfunktionen* der Organisationspraxis, deren Probleme und
Problemlösungstechniken er als vergleichsweise gut bekannt voraussetzte:

- *Technik:* „opérations techniques" (Produktion, Fabrikation);
- *Kommerzielles:* „opérations commerciales" (Kauf, Verkauf);
- *Finanzen:* „opérations financières" (Kapitalbeschaffung und -verwaltung);
- *Sicherheit:* „opérations de sécurité" (Schutz von Sachen und Personen);
- *Rechnungswesen:* „opérations de comptabilité" (Inventar, Bilanz, Kostenrech-
  nung, Statistik etc.) (Fayol 1916, S. 1 f.).

Arbeiter, Meister, Abteilungsleiter usw. brauchen in größeren Organisationen
Fayol zufolge nicht alle sechs Hauptfunktionen gleich gut zu beherrschen (s.
Abb. 6.3). Ein Abteilungschef beispielsweise muss sich technisch *relativ* wesentlich weniger auskennen (30 %) als ein Meister (60 %) oder Arbeiter (85 %).
Dafür ist für ihn die Administrationsfunktion bereits ungefähr ebenso wichtig
wie die Hauptfunktion „Technik". Diese Tendenz verstärkt sich, je höher man in
der innerbetrieblichen Hierarchie aufsteigt (Gewicht der Administrationsfunktion
für die Direktion: ca. 40 %, für den Verwaltungsrat: 60 %, s. Abb. 6.3).

Fayols allgemeine Organisations- und Managementlehre möchte den anstö-
ßigen Zustand, dass ausgerechnet diese mit zunehmender Ranghöhe immer
bedeutungsvollere Hauptfunktion „Administration" bisher nicht gründlich genug
erforscht und gelehrt wurde, endlich überwinden. Seine Lehre unterscheidet sich
so von Taylors Scientific Management auch dadurch, dass sie nicht gleichsam von
der Werkstatt aus von unten nach oben, sondern umgekehrt von höheren Gesichtspunkten der Gesamtführung aus nach unten ausgerichtet ist (ohne darum etwa

Fayols Gewichtung der relativen Bedeutung von 6 Hauptfunktionen
für 6 Kategorien von Mitgliedern großer Unternehmungen; in %

	Aktio-näre	Verwal-tungsrat	Direktion	Abtei-lungschef	Meister	Arbeiter
1. Administration	15	60	40	30	15	5
2a. Technik	0	5	15	30	60	85
2b. Kommerzielles	0	5	15	5	5	0
2c. Finanzen	80	15	10	5	0	0
2d. Sicherheit	0	5	10	10	10	5
2e. Rechnungswesen	5	10	10	20	10	5

(nach Fayol 1916, Tabellen 3 und 5)

Abb. 6.3 Fayols Gewichtung der relativen Bedeutung von 6 Hauptfunktionen für 6 Kategorien von Mitgliedern großer Unternehmungen

zur übersichtlichen Gliederung der Managementprobleme mittlerer oder unterer
Vorgesetzter ungeeignet zu sein).

Fayol beschreibt nun jene unternehmungsführungsbezogen zentralen, aber
noch nicht als Doktrin zugänglichen Hauptaufgaben und Probleme der Administrationsfunktion, indem er zunächst vierzehn in seiner persönlichen Führungspraxis bewährte *„principes généraux d'administration"* (ibid. S. 19–47) formuliert.
Erkenntnismethodisch konsequent hebt er sie nicht grundsätzlich von altbekann-
ten Klugheits- oder Weisheitsregeln des Administrierens ab, sondern erklärt sie
für eine *Auswahl* organisationspraktisch bewährter Grundsätze, die auch anders
zusammengesetzt sinnvoll wirken könnte. Von den vierzehn Prinzipien ist denn
auch keines eigentlich neu – höchstens in der Formulierung, die ihm Fayol
gegeben hat, und unter seinem Namen besonders bekannt und verbreitet.[11]

---

[11] Dies betrifft vor allem die Prinzipien Nr. 4 und 5 (Einheit der Auftragserteilung bzw.
der Leitung), mit denen Fayol Taylors Funktionsmeisteridee kritisierte, sowie Prinzip Nr. 9
(Hierarchie), das horizontale Kooperation als sinnvollen Verstoß gegen das Dienstwegprinzip
legitimiert.

Origineller als seine „Prinzipien" sind Fayols fünf „Elemente *des Verwaltens*"
(éléments d'administration):

1. *Voraussicht (prévoyance)*, d. h. „die Zukunft erforschen und das Aktionspro-
   gramm erstellen";
2. *Organisation*, d. h. „den zweifachen, materiellen und sozialen Organismus der
   Unternehmung aufbauen";
3. *Führung („commandement")*, d. h. „das Personal in Aktivität versetzen";
4. *Koordination*, d. h. „alle Handlungen und Anstrengungen miteinander verknüpfen, vereinen, harmonisieren";
5. *Kontrolle*, d. h. „darauf achten, dass alles den geltenden Regeln und den gegebenen Anordnungen entsprechend geschieht" (ibid. S. 5, sowie ausführlich
   S. 48–136).

Bis heute vermitteln vor allem angelsächsische Autoren praxisorientierter
Organisations- und Managementlehrbücher ihren Stoff, indem sie in direkter
Anknüpfung an Fayol vorausschauende Planungsverfahren unter der Rubrik
„Planning", aufbau- oder ablauforganisatorisch gestaltende Aktivitäten unter
dem Titel „Organizing" und „Coordinating", Verfahren der Personalbehandlung
(der Gewinnung, Motivation und Ausbildung von Personal) unter Titeln wie
„Staffing", „Directing" oder „Influencing", sowie quantitative oder qualitative
Kontrolltechniken unter der Überschrift „Controlling" behandeln (vgl. dazu z. B.
Thomas 1978, S. 87 ff.).

Fayol selbst betrachtete seine allgemeine Organisations- und Managementlehre keineswegs als eine Alternative, sondern als eine teilweise Korrektur und
Ergänzung des Taylorismus. Das von ihm geförderte „Centre d'études adminis-
tratives", von dem er sich vor allem auch Impulse zur überfälligen Reform der
trägen Staatsverwaltungsstrukturen Frankreichs erhoffte, fusionierte mit der tayloristischen „Conférence de l'Organisation française" im Jahre 1925 zum „Comité
national de l'Organisation française" (CNOF). In seinem Beitrag zur zweiten internationalen Rationalisierungskonferenz, die im Oktober 1925 in Brüssel
stattfand, betonte Fayol noch einmal ausdrücklich, dass seine administrationstheo-
retischen Versuche dem größeren Ganzen der Scientific Management-Bewegung
angehörten, und deren großes Ziel der Professionalisierung der Managementpraxis vorbehaltlos unterstützten. – Als Fayol dies kurz vor seinem Tode
ausführte, hatte eine jüngere Generation von Sozialwissenschaftlern freilich jene
Betriebsgemeinschafts- und Human Relations-Modelle, die das tayloristische
Quasiparadigma alsbald verdrängen sollten, in ihren Grundzügen bereits ausge-
arbeitet. Sie brauchte eigentlich, vom Standpunkt des später Geschehenen aus

rückblickend betrachtet, nur noch darauf zu warten, bis veränderte Zeitkonstellationen *ihrem neuen,* einem anti- und nachtayloristischen Quasiparadigma, zum Durchbruch verhalfen.

6.4 Zusammenfassung

1. Der amerikanische Ingenieur *Frederick Taylor (1856–1915)* setzte ingenieurswissenschaftliche Probier- und Experimentiermethoden zunächst sehr erfolgreich zur Entwicklung neuer Verfahren der Metallbearbeitung ein. Für die Erfindung des Schnelldrehstahls wurde ihm an der Pariser Weltausstellung des Jahres 1900 eine Goldmedaille zugesprochen. An Taylor erinnert man sich heute aber vor allem, weil er seine Experimentiermethodik auch (im weitesten Sinne) *arbeitswissenschaftlich,* als Verfahren *„wissenschaftlicher Betriebsführung"* (des Scientific Management) zur systematischen Analyse und Verbesserung der Arbeit, fruchtbar zu machen versuchte.

2. Taylor waren alle Arten des Schlendrians und der Vergeudung von Arbeitszeit und Arbeitsmitteln ein Greuel. Er bekämpfte diesen Schlendrian, indem er Managern und Arbeitern *Instrumente systematischer Arbeits-, Zeit- und Bewegungsstudien* zur Verfügung stellte. Diese Instrumente ermöglichten Taylor zufolge gewaltige Produktivitätsfortschritte und, in Form von Arbeitslohnerhöhungen von bis zu 60 %, Konsumausweitungen, die, wie er hoffte, den Umverteilungspostulaten klassenkämpferischer Gewerkschaften und Arbeiterparteien in Zukunft die Spitze nehmen könnten.

3. Taylor betrachtete seine wissenschaftliche Betriebsführungsmethodik als eine „große geistige Revolution", die mehr sein sollte als bloß eine Summe spezieller Arbeitsverbesserungstechniken. Er definierte das „Scientific Management" über die folgenden vier Merkmale: *1) Ableitung und Aufstellung einer wirklichen Wissenschaft* („Die Leiter entwickeln [...] eine Wissenschaft für jedes einzelne Arbeitselement, die an die Stelle der alten Faustregel-Methode tritt"); *2) systematische (d. h. psychotechnisch kompetente) Auslese der Arbeiter; 3) wissenschaftliche Erziehung und Weiterbildung der Arbeiter; 4) innige Zusammenarbeit zwischen Leitung und Arbeitern.*

4. Da Taylors Betriebsberatungskonzept rigide war, von Arbeitern und Gewerkschaften teilweise heftig bekämpft wurde, und die Schaffung zahlreicher mit Expertenmacht versehener Spezialisten stellen vorsah *(Funktionsmeistersystem),* deren Rentabilität fraglich war, erzielte es in der Managementpraxis eher weniger Erfolge als in der Managementpublizistik. Auch scheiterte Taylors Versuch, sich von der „American Society of Mechanical Engineers"

(ASME) ausdrücklich die Wissenschaftlichkeit seiner „großen Revolution"
der Betriebsführungskunst bescheinigen zu lassen. Die ASME blieb dabei,
dass Management keine Wissenschaft, sondern eine *Kunst („art")* sei, die
sich allenfalls gewisser wissenschaftlicher Methoden (u. a. eben derjenigen
des Scientific Management) *bedienen* könne.

5. Sowohl Taylor selber wie auch seine Schüler betonten die überragende
   Bedeutung menschlicher Betriebsführungsaspekte. Am weitesten ging diesbezüglich die Tayloristin Lillian Gilbreth mit ihrem Versuch, nachzuweisen,
   dass das Scientific Management gerade unter psychologischen Gesichtspunkten korrekt und *darum* allen anderen Managementmethoden überlegen
   sei.

6. Andere Pionierarbeiten zur Begründung von (im weiten Sinne) *verhaltens-
   wissenschaftlichem Fachwissen über Organisationen* finden sich in den fünf
   Fachgebieten 1) von Sozialenquêten, 2) der Arbeitshygiene, 3) Psychotechnik, 4) Fabrikfürsorge und 5) dem Personalwesen. Viele Experten dieser
   Fachgebiete leisteten wesentliche Beiträge zur mehr oder weniger „wissenschaftlichen" Erhellung menschlicher Verhaltensaspekte der Organisations-
   und Managementpraxis.

7. Während die Leistungen der Autoren und Autorinnen von Sozialenquêten,
   von Spezialisten der Arbeitshygiene und der Psychotechnik i. a. auch heute
   noch unvergessen sind, erinnert man sich der Pioniere und (vor allem)
   der Pionierinnen der Fabrikfürsorge und des Personalwesens kaum noch.
   Besonders erwähnenswert ist hier das Lebenswerk der zeitweise radikal
   linksorientierten Tayloristin *Mary van Kleeck (1883–1972),* deren Zusammenarbeit mit progressiven Unternehmern erst ins Stocken geriet, als sie
   vorschlug, die Wirtschafts- und Gesellschaftskrise der 30er Jahre mit gesamt-
   gesellschaftlich verallgemeinerten Methoden eines gemeinwirtschaftlichen
   „Scientific Management" ganzer Wirtschaftsbranchen zu überwinden.

8. Der französische Bergbauingenieur *Henri Fayol (1841–1925)* erbrachte wie
   F. Taylor natur- und ingenieurswissenschaftlich respektable Leistungen, ist
   heute aber wie dieser vor allem als ein bedeutender Management*theoretiker*
   bekannt. Fayol machte im Gegensatz zu Taylor nicht die ausführende
   Arbeit von Angestellten und Arbeitern (deren Arbeitsfeld er nicht demotivie-
   rend einschränken wollte), sondern diejenige leitender Führungskräfte zum
   Gegenstand seiner Überlegungen.

9. Fayol kam um 1900 zum Schluss, dass man mittlerweile die *technischen* und
   die *kaufmännischen* Funktionen von Unternehmungen und Verwaltungen,
   d. h. deren Angelegenheiten der *Technik,* des *Kommerziellen,* der *Finanzen,*

der *Sicherheit* und des *Rechnungswesens*, ziemlich professionell handhabe – nicht jedoch die Funktion der *„administration générale"*. Darunter verstand er die anspruchsvolle Hauptfunktion des Managements, die nach Fayol vor allem aus der „Kunst der Menschenführung" („l'art de manier les hommes") besteht.

10. Die Gesetze dieser allgemeinen Administrationsfunktion können Fayol zufolge zwar niemals mit mathematischer Präzision formuliert werden – etwa analog zu Taylors „Scientific Management" als eine exakte „science d'administration". Die Fayol am wichtigsten erscheinenden 14 allgemeinen Prinzipien des Managements stehen praktisch erfahrenen Klugheitsregeln des Common Sense ziemlich nahe. Über diese Grenzen hinausführen wollte Fayol vor allem mit seinen 5 *„Elementen"* des Managements, nämlich 1) der *Voraussicht („prévoyance"),* 2) der *Organisation,* 3) der *Führung („commandement"),* 4) der *Koordination* und 5) der *Kontrolle.*

11. Manche praxisorientierte Organisations- und Managementlehrbücher der Vereinigten Staaten präsentieren ihren Stoff bis heute in enger Anlehnung an Fayols fünf allgemeine Administrationsfunktionen unter Rubriken wie „Planen", „Entscheiden", „Organisieren", „Koordinieren", „Führen" und „Kontrollieren".

12. Da die Managementpraxis sich zum Zeitpunkt, als Fayol seine allgemeine Administrationstheorie ausarbeitete, erst im Pionierstadium ihrer Verwissenschaftlichung und Professionalisierung befand, betonte Fayol klugerweise eher die Übereinstimmungen mit als die Differenzen zu Taylors System „wissenschaftlicher" Betriebsführung. 1925 fusionierten die Organisationen der Tayloristen und Fayolisten Frankreichs – ohne damit freilich verhindern zu können, dass in der Organisationstheorie und -praxis die Zeit tayloristischer, psychotechnischer und fayolistischer Managementkonzepte alsbald vorbei war. An die Stelle dieses alten trat ab ungefähr 1930 ein neues Quasiparadigma, das der bis Mitte der 50er Jahre immer wichtigeren Human Relations-Modelle.

Betriebsgemeinschafts- und Human Relations-Modelle, 1925–1950

7

7.1 Kritik und Überwindung des psychotechnisch erweiterten Taylorismus: Kurt Lewin und Hendrik de Man

Es fällt erstaunlich schwer, die einfache Frage, inwieweit sich Handlungs- und Denkweisen von Menschen *kontinuierlich* oder *diskontinuierlich* entwickeln, klar zu beantworten. Oft passt auf die gleiche Entwicklung sowohl die Kontinuitäts- wie die Diskontinuitätsannahme. Unscheinbare, aber anhaltende Veränderungen in verschiedenen Lebensbereichen ergeben zusammen manchmal ein Gesamtbild, das sich von demjenigen einige Zeit zuvor prägnant abhebt, und von ihm gleichsam durch einen „qualitativen Sprung" oder „Gestaltwechsel" geschieden ist. Umgekehrt lohnt es sich selbst bei umwälzend neuartigen Entwicklungen – etwa bei politischen oder intellektuellen Revolutionen, die Altes rasch und radikal verändern –, danach zu fragen, was an den neuen Verhältnissen denn nun wirklich neu, und nicht vielmehr Fortsetzung älterer, nach wie vor wirksamer Entwicklungstendenzen sei. Das Sprichwort „plus que ça change, plus c'est la même chose" bringt diese Kontinuitätsvermutung zum Ausdruck. Alexis de Tocqueville hat sie auf die französische Revolution angewandt, und von dieser behauptet, dass sie anders als man sie meistens verstehe eigentlich nur vom ancien régime längst Angefangenes fortgeführt habe. Dies ist eines unter vielen Beispielen, die zeigen, wie politisch konservatives Denken Kontinuitätsannahmen und deren rhetorische Figuren bevorzugt (Hirschman 1991, S. 43 ff.).

Die hier getroffene Annahme, dass die Betriebsgemeinschafts- und Human Relations-Modelle der späten 20er und 30er Jahre *eher* einen Bruch mit dem Taylorismus verkörpern als kontinuierlich aus ihm hervorgingen, gilt demnach nicht

© Der/die Autor(en), exklusiv lizenziert durch Springer Fachmedien Wiesbaden GmbH, ein Teil von Springer Nature 2021
E. Walter-Busch, *Organisationstheorien von Weber bis Weick*,
https://doi.org/10.1007/978-3-658-35125-0_7

ohne Einschränkungen. Denn es kann wahrscheinlich empirisch kaum je eindeutig entschieden werden, ob diese Phasen in der Evolution von Organisations-und Managementwissen „in Wirklichkeit tatsächlich" ähnlich wie zwei (Quasi-) Paradigmen voneinander geschieden waren, oder ob sie nicht eben doch über zahlreiche Berührungspunkte, Gemeinsamkeiten und Entwicklungsstränge in einer Weise miteinander zusammenhingen, die Diskontinuitätsmodelle zu Unrecht verkennen. Beide Annahmen machen hier wie anderswo Sinn – die eine jeweils besonders als Korrektur einseitiger Applikationen der andern. Kontinuitäts- und Diskontinuitätsargumente sind insofern *komplementäre rhetorische Denkfiguren*.

Gemeinsam ist den zwei Autoren lesenswerter Texte der Organisationstheorie, die nachfolgend kurz besprochen werden sollen, dass ihre Ansätze anderen Quellen als denen des Scientific Management entstammen, und sie beide früher oder später *Alternativen* zu diesem entwickelten. Der Sozialpsychologe *Kurt Lewin (1890–1947)* experimentierte mit gruppendynamischen Verfahren, die für die Theorie und Praxis der Organisationsentwicklung sehr bedeutungsvoll wurden, erst im letzten Jahrzehnt seines Lebens, als das Quasiparadigma wissenschaftlicher Betriebsführung gerade von demjenigen der Human Relations verdrängt wurde (s. dazu unten, Abschn. 7.6). Vorübergehend hatte er sich jedoch schon einmal am Anfang seiner Karriere, als er bei seinem Lehrer Carl Stumpf in Berlin forschte und lehrte, arbeits- und organisationspsychologischen Fragen zugewandt. 1920 publizierte er eine Abhandlung zur „Sozialisierung des Taylorsystems", die über die Grenzen des Taylorismus hinaus in die Zukunft organisationspraktisch angewandter Sozialwissenschaften verweist.

Um die frühen arbeits- und berufspsychologischen Texte Lewins richtig zu verstehen, sollte man sich zuvor deren Sozialkontext, d. h. die sozialrevolutionär und politisch höchst bewegten Zeitumstände der Jahre 1915–1925 in Erinnerung rufen. Spannungen zwischen verschiedenen Gesellschaftsklassen, die der Erste Weltkrieg zunächst überdeckt, dann verstärkt hatte, führten selbst in nicht direkt kriegsbeteiligten, als sozial ausgeglichen geltenden Ländern wie der Schweiz zu Generalstreiks. 1917–1923 wurden mehrere Staaten (vor allem Russland, Deutschland, Österreich und Italien) von revolutionären oder revolutionsähnlichen Umbrüchen erschüttert. Einer der Begründer deutscher Betriebsgemeinschaftsideen, Josef Winschuh, hat während einer Arbeitstagung über Betriebspsychologie im Mai 1944 (!) die stürmischen Anfänge seiner betriebssozialpolitischen Praxis wie folgt geschildert:

„Anfang 1920 trat ich als junger Sozialsekretär[1] in einen Großbetrieb der rheinisch-westfälischen Eisenindustrie ein. Es war eine Zeit schärfsten sozialen Kampfes. Der Betrieb, mit einer Belegschaft von 1600 Mann, war jung, technisch und kaufmännisch auf der Höhe, aber ohne Tradition und Stammarbeiterschaft. Niederlage und Novemberrevolte [des Jahres 1918] hatten Autorität und Vertrauen in den enttäuschten Massen vernichtet. Die Kommune hetzte, und selbst die Gewerkschaften hatten in der Belegschaft wenig zu sagen. Aus nichtigen Anlässen wurde demonstriert oder gar gestreikt, es kam vor, dass der Generaldirektor am Leben bedroht wurde, und ich galt natürlich als Kapitalistenknecht [...]" „Arbeitsfreude und Arbeitsdisziplin lagen lange darnieder. Meister und Ingenieure waren eingeschüchtert, [...] ‚schwammen' in der sozialen Unruhe [...] Die älteren Arbeiter und die Facharbeiter hatten nichts zu sagen. Die Masse der Jungen und Hilfsarbeiter gab den Ton an, der rüde und aufsässig war." „Mir wurde der Vorschlag gemacht, die kapitalistische Front zu verlassen und mich der Sache des Proletariats anzuschließen; ein führender Posten war für mich im Sozialisierungsplan vorgesehen. Obwohl ich ablehnte, durfte ich den Antrag als Beweis wachsenden Vertrauens, als Anerkennung eines sozialen Nervs, auffassen [...] " (Winschuh 1954, S. 7 f.)

Lewins Abhandlung über die Sozialisierung des Taylorsystems nimmt zu mehreren der von Winschuh erwähnten Motive innerbetrieblicher Sozialkonflikte direkt Stellung. Dem damals offenbar naheliegenden Einwand, dass die Psychotechnik „objektiv" bloß der Ausbeutung der Arbeiter diene, d. h. ein „Kapitalistenknecht" sei, entgegnet Lewin, sie sei im Verhältnis zu den ihr gesetzten Zwecken, „wie alle Technik, nichts als *Mittel*" (Lewin 1920, S. 5). Der eine der beiden großen Zwecke, denen der psychotechnisch erweiterte Taylorismus dient, ist Lewin zufolge das *Produktionsinteresse*. Darunter versteht er das Interesse von „Leistungskonsumenten" an einer möglichst produktiven Wirtschaft. Stünde die Psychotechnik ausschließlich in den Diensten solcher Produktionsinteressen, so wäre ihr Einsatz unproblematisch. Denn unabhängig von der – z. B. kapitalistischen oder sozialistischen – Gesellschaftsform sucht sich „jeder Betrieb und Betriebsteil [...] *den* Arbeiter und *die* Arbeitsweise [...], die die zu leistende Arbeit möglichst gut, das heißt hier möglichst ökonomisch, erledigen" (ibid. S. 8). Unter der Voraussetzung, dass die Psychotechnik solche Berufsverteilungs- und Arbeitsverbesserungsprobleme besser lösen kann als wissenschaftlich unausgebildete Laien oder Praktiker, fördert somit das Produktionsinteresse der Gesellschaft automatisch den Einsatz psychotechnischer Methoden.

---

[1] Eine der Stelle von „Welfare" bzw. „Personnel Workers" vergleichbare, gegenüber derjenigen von „Fabrikfürsorger(innen)" vermutlich leicht aufgewertete Position (vgl. dazu oben, Abschn. 6.2, Absatz „Fabrikfürsorge").

In Wirklichkeit muss man indessen neben dem Produktionsinteresse immer auch das berücksichtigen, was Lewin das „Arbeitskonsumenteninteresse" arbeitender Menschen nennt. Einsatzmöglichkeiten oder Wirkungen der Psychotechnik sind stets mindestens anhand der *beiden* Kriterien der Wirtschaftlichkeit und der Menschlichkeit zu beurteilen.

Arbeitende Menschen sind als „Arbeitskonsumenten" entweder am *Lebenswert sinnvoller Arbeit,* oder an der *Befreiung von sinnentleerter Arbeit* interessiert. Die Arbeit hat Lewin zufolge ein „Doppelantlitz":

> „Arbeit ist einmal Mühe, Last, Kraftaufwand. Wer nicht durch Renten oder Herrschaft oder Liebe versorgt ist, muss notgedrungen arbeiten [...] Arbeit ist unentbehrliche Voraussetzung zum Leben, aber sie ist selbst noch nicht wirkliches Leben. Sie ist nichts als ein Mittel, ein Ding ohne eigenen Lebenswert [...] Darum Arbeit so kurz und so bequem wie möglich! [...] Aller Fortschritt in Arbeitsdingen gehe auf [...] möglichste Befreiung vom Zwang zur Arbeit durch Herabdrücken ihrer zeitlichen Ausdehnung und ihres Gewichtes den anderen Lebensdingen gegenüber auf ein Minimum. Wenn die Arbeit dazu gleichförmiger und einseitiger werden muss, so schadet das nichts, solange es ihrer Produktivität keinen Abbruch tut." (ibid. S. 11)

Das „andere Gesicht der Arbeit" ist demgegenüber das von Arbeit als sinnvollem Selbstzweck und „Lebenswert". Nach ihr sucht und strebt man, selbst wenn man nicht arbeiten müsste:

> „Dieses Bedürfnis nach Arbeit, die Flucht vor dauerndem Müßiggang, die bei zu kurzer Arbeitszeit zur Arbeit außerhalb des Berufes treibt, beruht nicht auf bloßer Gewohnheit zu arbeiten, sondern gründet sich auf den ‚Lebenswert' der Arbeit [...] Diese Fähigkeit der Arbeit, dem individuellen Leben Sinn und Gewicht zu geben, [...] kommt [...] verschiedenen Arbeiten in sehr verschiedenem Maße zu. Weil die Arbeit selbst Leben ist, darum will man auch alle Kräfte des Lebens an sie heranbringen und in ihr auswirken können. Darum will man die Arbeit reich und weit, vielgestaltig und nicht krüppelhaft beengt [...] Sie hemme die persönliche Entwicklungsmöglichkeit nicht, sondern bringe sie zur vollen Entfaltung. Der Fortschritt der Arbeitsweise gehe also nicht auf möglichste Verkürzung der Arbeitszeit, sondern auf Steigerung des Lebenswertes der Arbeit, mache sie reicher und menschenwürdiger." (ibid. S. 12)

Zweifellos gibt es viele Fälle, in denen die Psychotechnik unproblematisch „zweiseitige" Verbesserungen *sowohl* der Wirtschaftlichkeit *als auch* der Menschlichkeit einer Arbeitsweise realisieren kann (gleichviel ob diese als Sinnerfüllung durch *oder* als Befreiung von Arbeit definiert ist). Da Investitionen in mehr Menschlichkeit sich dann definitionsgemäß lohnen, ist in solchen Fällen die Anwendung der Psychotechnik „ohne weiteres zu fordern" (ibid. S. 17).

Umstritten bleibt dabei höchstens, wie oft in der Realität solche Fälle vorkommen: Optimistische Standpunkte gehen lieber von positiven, gesellschafts- und fortschrittskritischen Positionen dagegen häufiger von negativen Korrelationen zwischen Wirtschaftlichkeit und Menschlichkeit aus.

Wie aber soll bewertet und entschieden werden, wenn die beiden Größen negativ miteinander korrelieren, und „eine bestimmte Veränderung der Arbeitsweise zwar eine wirtschaftliche Verbesserung bedeutet, aber zugleich eine Verschlechterung des Lebenswertes der Arbeit"? Die Tendenz, das letztere schwächer als das erstgenannte Kriterium zu gewichten, besteht nicht nur unter kapitalistischen Bedingungen, sondern auch dann, wenn Produktionsinteressen gemeinwirtschaftlich legitimiert sind. Lewin kritisiert sozialistisch begründete Bevorzugungen des Produktionsinteresses gegenüber dem Menschlichkeitskriterium ebenso wie die Dominanz des Profitmotivs im Kapitalismus:

> „Solchen Fällen gegenüber ist der Grundsatz zur Geltung zu bringen, dass der Mensch nicht für die Produktion, sondern die Produktion für den Menschen da ist. Der Taylorismus im angegebenen Sinne ist eine Methode, die sozialistisch auch dann nicht zu rechtfertigen ist, wenn an Stelle des individuellen Unternehmers die an einer hohen Produktion interessierte Gemeinschaft tritt, weil eine derartige Ausgestaltung als einseitige Überspannung der Interessen der Leistungskonsumenten [...] zu werten wäre." (ibid. S. 17 f.)

Diese Sätze hören sich nachträglich wie eine hellsichtige Kritik an Lenins Lob tayloristischer Arbeitsorganisation an, die für den Arbeiter im Kapitalismus schlecht, im Sozialismus aber nur gut sei (Lenin 1971; vgl. Merkle 1980, S. 103 ff.). Tatsächlich kam es im sowjetrussischen Arbeiter und Bauernstaat zu einer „Überspannung" staatswirtschaftlicher Produktionsinteressen, die weit mehr als in kapitalistischen Demokratien auf Kosten der Menschlichkeit der Arbeitsverhältnisse ging. Lewins Forderung, die Psychotechnik dürfe sich „nicht einseitig in den Dienst der Produktion" stellen, sondern solle ebensosehr den Lebenswert der Arbeit steigern (d. h., in heutiger Sprache, sie solle die *Qualität des Arbeitslebens* verbessern, ibid. S. 22, 31), formuliert ein nach wie vor aktuelles, relativ konstantes Grundmotiv der Humanisierung von Arbeitsverhältnissen.Ähnlich zukunftsträchtig – vorab für die Theorie und Praxis der Organisationsentwicklung und der Aktionsforschung (Abschn. 7.6) – ist die *Vorgehensmethodik*, mit der Lewin schon im Jahre 1920 Zielvorstellungen lebenswerter Arbeitsverhältnisse zu realisieren empfahl:

> „Es ist [...] nötig, den Arbeitskonsumenten bei Einführung psychotechnischer Arbeitsveränderungen Gelegenheit zur Wahrung ihrer Interessen zu geben. Wie man auch im

einzelnen die Grenze bestimmen mag zwischen den zulässigen Arbeitsmethoden und denen, die trotz ihrer Produktivität wegen ihres negativen Konsumtionswertes abzulehnen sind, ob man nur die Arbeitsveränderungen zulassen will, bei denen höhere Wirtschaftlichkeit und höherer Konsumtionswert Hand in Hand gehen [...] Jedenfalls muss der Arbeitskonsument in irgendeiner Form mitbestimmen können [...] psychologische Betriebsveränderungen [lassen sich] [...] nicht über den Kopf der Arbeiter hinweg oder gar gegen ihren Willen durchführen [...] Schon die *Untersuchung* darüber, welche Arbeitsweise die ökonomischere ist, lässt sich in der Mehrzahl der Fälle nicht im abgelegenen Laboratorium an einer beliebigen Versuchsperson durchführen, sondern hat in der Fabrik selbst bei den betreffenden Facharbeitern stattzufinden [...] eine fruchtbringende Untersuchung des Arbeitsprozesses [bedarf] der Unterstützung, ja der direkten *Mitarbeit* des Arbeiters [...]" (ibid. S. 19)

Lewins sozial aufgeschlossene Einstellung erleichterte es ihm anscheinend, selbst als arbeitspsychologischer Experte seine Beziehungen zu Praktikern *dialogisch-partnerschaftlich* so zu gestalten, dass *gemeinsame Lernprozesse* möglich wurden. Hierin unterschied er sich von vielen (nicht allen) Tayloristen und tayloristischen Psychotechnikern, die weniger bescheiden (oder weniger selbstbewusst?) vor allem daran interessiert waren, zu demonstrieren, wie sehr vorwissenschaftliches Praktikerwissen ihrer wissenschaftlich fundierten Expertenkompetenz unterlegen, ihr also unterzuordnen sei.

Ungefähr gleichzeitig mit Lewin überschritt auch der antimarxistische Sozialist *Hendrik de Man (1885–1953)* die Grenzen wissenschaftlicher Betriebsführungskonzepte. Er setzte es sich zum Ziel, psychische Erscheinungsformen und Hintergründe proletarischer Lebensformen genauer zu erfassen, als es dem historischen Materialismus von Marx gelungen war. De Mans Untersuchungen zur „Psychologie des Sozialismus" (1926) wollten neue Wege einer sozialistischen Transformation des Kapitalismus erschließen. Denn dieser schien vielen in den 20er Jahren auf traditionellen Wegen des Klassenkampfes kaum noch überwindbar zu sein. De Man nahm an, dass man die Sozialage von Arbeitern in Betrieben nicht mittels historisch-materialistischer Abstraktionen, sondern nur auf der Grundlage psychosozial sensibler Untersuchungsverfahren angemessen beschreiben könne. Eine schriftliche Umfrage, die er in den Jahren 1924–1926 unter Aktivisten der Arbeiterbewegung, die an der Frankfurter Akademie für Arbeit studierten, durchführte, ergab 78 zum Teil sehr ausgiebige Berichte, die er, durch Interviews ergänzt, in seinem bekannten Buch „Der Kampf um die Arbeitsfreude" (1927) auswertete. Diese Arbeit bereitete in Europa Theorien und Praktiken der Betriebsgemeinschafts-Modelle der 30er Jahre gleichsam von der Seite der Arbeiterbewegung aus, die ihnen zunächst sehr misstrauisch begegnete, den Boden. Sie verstärkte jene an der Überwindung innerbetrieblicher Klassenkampffronten arbeitenden Kräfte, auf die Winschuh eingangs zitierten

Erfahrungsberichte über einen deutschen Großbetrieb des Jahres 1920 *auch*[2] verweist.

De Man teilte die Vorbehalte, die viele Sozialwissenschaftler seiner Zeit quantifizierenden Methoden der Sozialwissenschaften gegenüber hegten (vgl. dazu oben, Abschn. 3.2). Der Sinn bestimmter Äußerungen seiner Untersuchungspartner erschloss sich ihm allein „von ihrem Zusammenhang mit dem Gesamtschicksal der Einzelnen" her (de Man 1927, S. 9). Für aufschlussreich hielt er psychotechnisch oder arbeitswissenschaftlich noch so korrekt erhobene Leistungskurven von Arbeitnehmern nur, wenn sie als Äußerungen des „Arbeits- und Lebensraums" und der einzigartigen Lebensgeschichte einzelner Menschen ausgelegt wurden.[3] Indessen drängte es auch de Man dazu, seine Leser mit einem summarisch *quantifizierenden* Urteil über die ungefähre Verteilung von Arbeitsfreude („Plus-Aussagen", s. Abb. 7.1) und Arbeitsunlust („Minus-Aussagen") unter seinen 78 Auskunftspersonen zu informieren. Diese Verteilung ist, wie Abb. 7.1 zeigt, insofern überraschend positiv ausgefallen, als bei ungelernten Arbeitern zwar gemäß de Mans Feststellungen Arbeitsunlust, bei angelernten und vor allem bei gelernten Arbeitern aber umgekehrt Arbeitsfreude stark überwog. De Man führte dies einerseits darauf zurück, dass zahlreiche Betriebe mittlerweile doch gelernt hätten, Arbeitsunlust verursachende Hemmnisse der Arbeitsfreude zu reduzieren. Andererseits nahm er an, dass jeder Arbeitende ungefähr so nach Arbeitsfreude strebt, „wie jeder Mensch nach Glück strebt":

> „Arbeitsfreude verlangt gar nicht danach, ‚gefördert' zu werden; es kommt nur darauf an, dass sie *nicht gehemmt* wird." (ibid. S. 148)

Unter den Hemmnissen positiver Arbeitsmotivation gab es nach de Man manche, die von einer sozial aufgeschlossenen Betriebsführung direkt beeinflussbar waren (vgl. Abb. 7.1). Welchen darunter er besondere Bedeutung beimaß,

---

[2] Nämlich dort, wo Winschuh beschreibt, wie selbst militante Arbeiter den „sozialen Nerv", über den er als Klassenfeind und Sozialsekretär verfügte, *anerkannten.*

[3] Vgl. de Man 1930, sowie de Man 1927, S. 247: „Die mechanistische Denkweise der meisten Psychotechniker und ‚instrumentalistischen' Physiologen hindert sie leider noch immer daran, die Wichtigkeit der voluntaristischen und psychogenen Faktoren […] vom Gesamtzustande her zu erfassen. Der Ergograph in der Fabrik verzeichnet keine Kurve, die erklärbar wäre ohne Beziehung auf all die seelischen Tatbestände der Arbeiterpsyche, deren Ursprung man sowohl in dem Familienleben, in der Vorgeschichte und in der politischen und sozialen Umwelt jedes einzelnen Arbeiters, wie in seiner eigentlichen Arbeitsleistung zu suchen haben wird." – Elton Mayo propagierte in den Vereinigten Staaten ungefähr gleichzeitig einen ähnlich qualitativ-ganzheitlichen Untersuchungsansatz, den er „total situation approach" nannte (s. unten, Abschn. 7.3 und 7.4).

Hendrik de Man's Studie über Arbeitsfreude (1927)

Positive und negative Elemente, die Arbeitsfreude…
hemmen (-):   fördern (+):

I. Arbeitstechnisches:	I. Elementare Motive:

1. Teilbeit   1. Tätigkeits-
2. Repetitivarbeit   2. Spiel-
3. Ermüdung   3. Aufbau-
4. Betriebsumstände   4. Erkenntnis-   ⎱ Trieb
                           5. Geltungs-
II. Innerbetriebliches: 6. Besitz-
                           7. Kampf-
1. schlechte Arbeits-
bedingungen   II. Gelegentlich för-
2. ungerechtes   dernde Motive:
Lohnsystem
3. Autokratische   1. Herdentrieb
Betriebshierarchie   2. Herrschsucht, Unter-
                           ordnungsverlangen
III. Außerbetriebliches: 3. Ästhetische Be-
                           friedigung
1. Klassenzugehörigkeit   4. Privatvorteile
2. Existenzunsicherheit   5. Sozialer Nutzen
3. Geringschätzung
der Handarbeit   III. Soziales Pflicht-
                           gefühl

Verteilung von Arbeitsfreude
und Arbeitsunlust unter den 78
sozialistischen Arbeitern, die
Hendrik de Man befragte:

	Stellung zur Arbeitsfreude:			
	-	±	+	total
Ungelernte	6	2	1	9
Angelernte	4	6	8	18
Gelernte	5	11	35	51
total	15	19	44	78

Abb. 7.1   Hendrik de Mans Studie über Arbeitsfreude (1927)

wird deutlich, sobald man auf seine scharfe Kritik an den Fiktionen materialistischer Klassenkampftheorien achtet, die marxistische Intellektuelle mit der Realität zu verwechseln pflegten. Proletarisches Klassenbewusstsein war für de Man ein „Produkt der Gelehrtenstube und des Katheders", das als Gegenstand theoretisch-weltanschaulicher Debatten oder politischer Agitation eine Rolle spielen mochte, „in der eigentlichen Betriebsatmosphäre" jedoch „wirklichkeitsfremd und blutleer" sei:

„[...] die Einstellung der in diesen [78] Berichten zu Worte gekommenen sozialistischen Arbeiter zu ihrer Arbeit [ist] eigentlich viel weniger von ihrem marxistischen Klassenbewusstsein beeinflusst, als man es auf den ersten Blick erwarten sollte. Siebenundfünfzig Prozent Bekenntnisse zur Arbeitsfreude, neunzehn Prozent zur Arbeitsunlust! Leute, die die kapitalistische Weltordnung in Bausch und Bogen verdammen, denen dennoch die geringste Unterbrechung der Arbeitsmonotonie, die dürftigste Verschönerung ihrer Arbeitsumgebung, die gelindeste Milderung des betriebshierarchischen Druckes, die leiseste Andeutung eines menschlicheren, freieren Vertrauensverhältnisses von seiten ihrer Vorgesetzten genügt, damit dieser schwache Sonnenstrahl ihr ganzes inneres Leben mit den Farben des Glücks erleuchtet!

[...] Unversöhnliche Klassenkämpfer, die sich nur danach sehnen, sich tüchtigen und gerechten Vorgesetzten unterordnen zu dürfen! Orthodoxe Anhänger des historischen Materialismus, die vor Glück aus dem Häuschen geraten, wenn ein freundliches Wort vom Unternehmer sie fühlen lässt, dass sie für ihn auch Menschen sind!" (ibid. S. 287 f.)

De Mans Aufzählung positiver Faktoren der Arbeitsmotivation liest sich wie eine Liste der Maßnahmen, mit denen die Human Relations-Bewegung alsbald tatsächlich versuchte, aus misstrauischen Proletariern firmentreue Mitarbeiter zu machen. „Unterbrechungen der Arbeitsmonotonie", die die Arbeitszufriedenheit verbessern sollten, „Verschönerungen der Arbeitsumgebung", „Milderungen des betriebshierarchischen Druckes", die Ausbildung von „tüchtigen und gerechten Vorgesetzten", zu denen, da sie mit „freundlichen Worten" ihre Mitarbeiter nun auch als Menschen anerkannten, ein „freieres Vertrauensverhältnis" möglich war – die europäische Betriebsgemeinschafts- und die amerikanische Human Relations-Bewegung verwendeten in der Tat personalpolitische Instrumente eben dieser Art, um die Wiederkehr innerbetrieblicher Verhältnisse, wie sie Winschuh 1920 erlebt hatte, ein für alle Mal auszuschließen (vgl. dazu u. a. auch Deters 1990; Geck 1951, 1953; Hinrichs 1981; Hinrichs und Peter 1976; Jacoby 1984; Rummler 1984; Schuster 1987).

7.2 Mary Parker Follett über Selbstorganisationsprozesse in Organisationen

Hendrik de Man hat diesen folgenreichen Wandel des Aggregatzustandes menschlicher Beziehungen in europäischen und in amerikanischen Unternehmungen von einer arbeiterpsychologischen Position aus beschrieben und gerechtfertigt, die zugleich antimarxistisch und sozialrevolutionär sein wollte. Es gehört zu den sehr bemerkenswerten, bis heute unzureichend gewürdigten Verdiensten von *Mary Parker Follett (1868–1933), dass sie als erste die managementtheoretische Relevanz derselben Entwicklung aus einer höheren Vorgesetzten- und umfassenden Organisationsentwicklungsperspektive darstellte.*

Nachdem sie am Radcliffe College (USA) und an der Universität Cambridge (England) Philosophie und Staatswissenschaften studiert hatte, betätigte sich Mary P. Follett zunächst – so wie viele initiative Frauen ihrer Generation – im Sozialarbeitswesen. Ihre ersten zwei Bücher, „The Speaker of the House of Representatives" (1896) und „The New State" (1918), wurden sogleich als hervorragende Leistungen anerkannt, und verschafften ihr in den Vereinigten Staaten und in Großbritannien eine glänzende Reputation. Da das Buch „The New State" traditionelle Parteipolitik scharf kritisierte, und stattdessen neue Wege einer „integrativen" Demokratiereform über das bisherige Parteiensystem hinaus vorschlug, war es allerdings auch ziemlich umstritten (Crawford 1971; s. ferner Graham 1991, 1995).

In den 20er Jahren eng mit progressiven Unternehmern wie dem Amerikaner Henry Dennison und dem Engländer Seebohm Rowntree zusammenarbeitend, wandte sich Follett zunehmend Fragen der Theorie und Praxis des Managements zu. Hier, in diesem unter Mitwirkung von Taylor, Fayol, Dennison u. a. „verwissenschaftlichten" oder jedenfalls professionalisierten Praxisfeld, schienen ihr ungemein spannende Entwicklungen im Gange zu sein. Deren Bedeutung erschloss sich freilich nur interdisziplinär-ganzheitlichem Denken, das, wie sie zu sagen pflegte, „entdepartementalisiert" war. Ihre philosophische Theorie integrativer Einheiten (von „integrative unities"), die Theoretiker und Praktiker der *Politik* eher skeptisch beurteilt hatten, fiel in der innovativen *Wirtschaftspraxis* anscheinend auf fruchtbareren Boden – sei es, dass Manager, ohne es zu wissen, bereits dieser Theorie entsprechend handelten, sei es, dass sie mit ihr als Leitstern neuartigen Gestaltungs- und Führungspraktiken auf der Spur waren.

Die von Denkfiguren idealistischer Philosophie mitbeeinflusste Organisations- und Managementtheorie Mary P. Folletts ist an sich recht abstrakt. Man kann sich gut vorstellen, dass die Organisationspraktiker, die ihr zuhörten, beispielsweise mit der aus einem einzigen Satz bestehenden Kurzformel für ihren Ansatz, die sie während einer New Yorker Vorlesung im März 1927 vortrug, wenig anzufangen wussten.[4] Follett verstand es andererseits sehr geschickt, eigene Beobachtungen der Aktivitäten von Managern, Gewerkschaftlern oder Staatsbeamten, mit denen sie zusammenarbeitete, als anschauliche Belege dafür anzuführen, dass ihre scheinbar idealistisch weltfremde Theorie praktisch eben doch brauchbar war. Einen ihrer Grundgedanken, der Organisationen als *in sich dynamische, selbstentwicklungsfähige Einheiten* auffasste, die nur mittels *kreativ prozessorientierter Konzepte* lenkbar seien, pflegte sie zu illustrieren, indem sie verschiedene Arten von Durchsetzungsvermögen bei Gruppenbesprechungen beschrieb. Die faktische Führungskompetenz und Macht zur Beeinflussung des Gruppengeschehens lag da, wie sie wiederholt beobachten konnte, einmal beim Vorsitzenden, dann wieder, je nach Diskussionsverlauf, bei besonders kompetent wirkenden Sachverständigen. Zuweilen aber ging die informelle Führungskompetenz auch an jemanden über, der einen durchdringenden Blick für die Diskussionssituation als

---

[4] H. Metcalf und L. Urwick berichten, dass in Großbritannien – für die dort überwiegende Skepsis gegenüber wissenschaftlichen Betriebsführungsmethoden bezeichnenderweise – nur eine kleine Minderheit ihrer Zuhörer erkannten, wie überaus fortschrittlich Mary P. Folletts Ansatz war (Metcalf und Urwick in ihrer Einleitung zu Follett 1941, S. 9, 17).

Ganzes sowie, vor allem, für diejenigen Kräfte in ihr hatte, die vom momenta-
nen Diskussionsstand gleichsam entwicklungslogisch konsequent zum nächsten
führten:

> „Diese Männer schienen über die ungewöhnliche Fähigkeit zu verfügen, die Situation
> als Ganze zu erfassen, sowie [...] über jene außerordentliche Gabe, die Bedingungen zu
> identifizieren, die sie am besten von der gegebenen zur nächstfolgenden Situation füh-
> ren würden. Eine erstklassige Führungskraft versteht die sich entwickelnde Gegenwart
> - im Moment, in dem sie sich wandelt." (Follett 1927, S. 240)

Kompetente Führungskräfte zeichnen sich nach Follett ganz allgemein dadurch
aus, dass sie es verstehen, für evolvierende Einheiten, etwa Organisationen und
deren Untereinheiten, im richtigen Moment *Zielvisionen („purposes")* zu formulieren sowie diese integrativ-ganzheitlich so umzusetzen, dass aus aktiven
Teileinheiten eine „sich entwickelnde Ganzheit" (eine *„evolving"* oder auch
„emerging unity") entsteht. Hauptaufgaben von Führungskräften sind nach Follett dementsprechend das Antizipieren und Formulieren erfolgversprechender
Zukunftsprojekte sowie ganzheitlich und prozesstheoretisch richtig verstandenes
„Koordinieren":

> „[...] die Aufgabe einer Führungskraft besteht an erster Stelle darin, die Momente
> des Wandels und der Veränderung zu verstehen [...] Sie sollte mehr können, als
> Dinge vorherzusagen - sie [...] sollte aktiv dazu beitragen, dass eine Situation sich
> wie gewollt entwickeln kann. Die fähigsten Leitungskräfte [...] haben eine Zukunfts-
> vision [...] eine Führungskraft muss *alle* vorwärtsdrängenden Tendenzen erkennen
> und sie integrieren können. Unternehmungsführung heißt immer das Entwickeln von
> etwas. Entscheidungen haben die Entwicklung zu antizipieren." „[...] wenn Ganzheit
> (‚unity‘) ein Schlüsselwort in Biologie, Psychologie und Philosophie ist, stellt das,
> was wir Koordination nennen, zweifellos den Kern fast eines jeden Problems dar, mit
> dem Organisationsingenieure (‚organization engineers‘) und Manager von Unterneh-
> mungen sich zu beschäftigen haben [...] Sie beide beginnen die Koordinationsfunktion
> als das Herbeiführen einer ‚integrativen Ganzheit‘ (‚integrative unity‘) zu begreifen
> [...] wir kommen über sich fortschreitend entwickelnde Ganzheiten voran." (ibid. S.
> 236 f., 165)

Man sollte nach Follett Koordinieren in diesem Sinne, der Anspruchsvolleres
meint als Fayols Koordinationsbegriff, nicht als autoritär verfügendes Ausgleichen missverstehen. Auf dem „Prinzip funktionalen Verbindens" (von *„functional
relating")* beruhend, ist Koordinieren für Follett vielmehr eine von unten nach
oben wirkende *Vernetzungsfunktion* (ibid. S. 195, 199). Eine Organisationsein-
heit ist kein Produkt und keine Entität, ja nicht einmal das Resultat vernetzender
Aktivitäten: „Ganzheiten, Einheiten sind immer Prozesse, keine Produkte." Sie

sind „nicht das Resultat vernetzender Aktivitäten (,interweaving'), sondern *sind*
das Vernetzen" (ibid. S. 167). Um dies einzusehen, bedarf es einer konsequent
prozessorientierten Denkweise:

> „Integrierende Unternehmungsführung (,business unifying') muss als ein Prozess,
> nicht als ein Produkt verstanden werden. Wir sollten prozessual denken lernen. Ich
> glaube, dass dies essentiell ist, wenn man wirtschaftliche Organisationen verstehen
> möchte [...] Es ist dieselbe Aktivität, die gleichzeitig das Ganze und dessen Teile macht.
> Nie ,fügen wir Teile zusammen', selbst dann nicht, wenn wir dies zu tun glauben.
> Wir beobachten das Zusammenspiel von Teilen, und die Weise, wie sie wechselseitig
> interagieren, *ist* das Ganze." (ibid. S. 168)

So reagieren etwa Kapitalisten oder einzelne Nationen nicht direkt auf ihre Kon-
fliktpartner, sondern wesentlich auf die zwischen diesen und ihnen bestehende
Beziehung:

> „Der Kapitalismus reagiert nicht auf das Gewerkschaftswesen, sondern auf die Bezie-
> hung zwischen ihm und dem Gewerkschaftswesen [...] Das Verhalten Frankreichs ist
> [...] eine Funktion der gegenseitigen Vernetzung (,interweaving') von Frankreich und
> Deutschland. Wir benötigen ein Verständnis dieses Gesetzes für alle Situationen, in
> die menschliche Wesen involviert sind." (ibid. S. 167)

Organisationen kann man nur *kontrollieren,* wenn man sie als integrative Einheiten behandelt:

> „Weil wir Kontrolle nicht verstehen können, ohne Ganzheiten zu verstehen, [...] kann
> der Organisationsingenieur [...] etwas nur als Ganzheit kontrollieren [...] Biologen,
> Psychologen und Philosophen [...] machen uns auf den selbstregulierenden, selbst-
> kontrollierenden Charakter ganzer Organismen aufmerksam. Sie meinen damit, dass
> die organisierende Aktivität die richtungsweisende Aktivität *ist.* Die gegenseitige Inter-
> aktion *ist* die Kontrolle - sie richtet mitnichten (um die fatale Ausdrucksweise einiger
> Autoren zu zitieren, die über staatliche und wirtschaftliche Verwaltung schreiben)
> einen Kontrollmechanismus ein." (ibid. S. 175)

Konsequenterweise definiert Follett *Macht* nicht traditionell als „power-over",
d. h. als hierarchisch von oben zugreifende Lenkung, sondern als Selbstkontrolle
kontrollbedürftiger Aktivitäten („power-with"; Follett 1941, S. 298). Die Macht
von Gruppen besteht aus den „vereinigten Fähigkeiten" ihrer wechselseitig inter-
agierenden, sich miteinander vernetzenden Mitglieder. Analog resultiert *Autorität*
aus Koordination, und nicht umgekehrt Koordination aus Autorität:

„Wir erlangen Macht nur über effektive Beziehungen [...] Derjenige ist der Führer, der es versteht, die verschiedenen Willensrichtungen miteinander zu verbinden, [...] und der weiß, wie man, anstatt persönliche Macht auszuüben, Gruppenmacht generieren kann." „[...] bald werden wir jene als Führungskräfte definieren, welche die Erfahrungen einer Gruppe organisieren und sie am wirkungsvollsten verfügbar machen, aus der Gruppe also die größtmögliche Macht herausholen können." „Autorität sollte während und im Verlauf integrierender Prozesse entstehen [...] Legitime Autorität entspringt dem Koordinieren, nicht die Koordination der Autorität [...] Legitime Autorität ist die Vernetzung aller relevanten Erfahrungen." (Follett 1927, S. 221, 231, 177)

Führungskräfte müssen, wenn sie aus ihren Organisationsbereichen progressiv emergierende Einheiten machen wollen, brachliegende Handlungsenergien entfesseln, die Entstehung organisationsweit verteilter „multipler Führung" fördern sowie dafür sorgen, dass bestehende Zielsetzungen laufend kreativ erweitert werden:

„Eine Führungskraft entfesselt und setzt etwas frei, öffnet Wege zur Entfaltung latenter Fähigkeiten und Möglichkeiten [...] Sie müssen das Potential eines jeden Mitglieds Ihrer Organisation aktivieren, bevor Sie diese Potentiale zusammenführen und vereinen können. Etwas zu aktivieren und freizusetzen ist das Fundament der Koordination." „Der Vorgesetzte aktiviert Energien, bündelt sie, und all dies in der Absicht, nicht nur ein Ziel zu verwirklichen, sondern fortwährend neue und größere Ziele zu kreieren." (ibid. S. 170, 224, 242)

Folletts vier „grundlegenden Organisationsprinzipien" sind demnach 1) die Entfesselung von Energien (*„evoking"*), 2) das Interagieren (*„interacting"*), 3) das Integrieren (*„integrating"*) sowie 4) kreativ emergierende Selbstentwicklung (*„emerging";* ibid. S. 240). Sie sind besonders in *Konfliktsituationen* sehr nützlich, da man diese in der Wirtschaft, vor allem aber in der Politik nur zu schnell als problematische Situationen definiert, die entweder mit dem Sieg einer Partei (d. h. mit dem Prinzip *Dominanz,* „domination") oder mit *Kompromissen* (mittels „compromise") zu bewältigen sind. Follett bewertet diese herkömmlichen Konfliktlösungsmethoden sehr kritisch: Bei der ersten gewinnt nur eine Seite, was sie will, bei der zweiten keine der beiden. Der aus ihrer integrationsphilosophischen Perspektive ableitbare dritte Lösungsweg, derjenige der *Integration* („integration"), eröffnet demgegenüber die Chance (ohne deren Realisierung garantieren zu können), dass die Konfliktparteien sich in einen *gemeinsamen Lernprozess* einlassen und so allmählich alle bekommen, was sie erstreben (ibid. S. 186). Denn gemeinsame Lern- sind immer auch wertvermehrende Wachstumsprozesse, und als solche von „sterilen Ausgleich- und Verteilungsprozessen vollkommen verschieden" (ibid. S. 178). Selbst in harten Interessenkonflikten

zwischen Arbeitgebern und Arbeitnehmern etwa können integrierend wirkende
Vermittler meistens Inkongruenzen zwischen Fremd- und Selbstbildern zur kreativen Redefinition der Konfliktsituation benützen, und so neue Lösungswege
aufzeigen. Der seit je für unumgänglich gehaltene Interessenkampf, der entweder
zum Sieg einer Seite oder zu allseitig unbefriedigenden Kompromisslösungen
führt, erweist sich dann eben doch – so wie das „Denken in Kampfbegriffen"
überhaupt – als entbehrlich:

> „Denken in Kampfbegriffen: [...] da wir dies nun schon während Tausenden von Jah-
> ren getan haben, anscheinend ohne dass es sehr erfolgreich gewesen wäre - warum
> sollten wir nicht einmal eine andere Methode ausprobieren? Und eine andere Methode
> ist uns angewiesen, angewiesen nämlich in der Idee, dass ein Teil zwar nie dauerhaft
> Macht über einen anderen Teil gewinnen kann, dass man aber sehr wohl Selbstbe-
> stimmung erreichen kann, indem man integrative Einheiten bildet. Wenn Arbeitgeber
> und Arbeitnehmer bereit sind, sich zusammenzusetzen, um ihre Probleme zu lösen,
> anstatt miteinander auf der Grundlage der Frage zu verhandeln, wer momentan die
> größere Macht besitzt - wenn wir dies tun, werden wir den Weg zur Lösung der sog.
> ‚Arbeiterfrage' gefunden haben." (ibid. S. 177)

Von den „grundlegenden Prinzipien menschlicher Beziehungen" („fundamen-
tal principles of human relations", ibid. S. 183), die sie im Verlaufe ihrer
interdisziplinär-ganzheitlichen, integrationsphilosophischen Studien entdeckte,
erhoffte sich Mary P. Follett politisch, wirtschaftlich und sozial offenbar große
Dinge. Vor allem jene Phase in Verhandlungen von Konfliktparteien, während der „eine neue Beziehung" zwischen den Verhandlungspartnern „geboren
wird", faszinierte sie. Sie betrachtete sich gewissermaßen als Geburtshelferin
solcher Ereignisse: „I am the midwife to that birth" (ibid. S. 216). Follett war
davon überzeugt, dass die sich unaufhaltsam verwissenschaftlichende Managementpraxis – von der Öffentlichkeit weitgehend unbemerkt – die menschlichen
Beziehungen in Industriegesellschaften demnächst auf eine völlig neue Grundlage
stellen werde:

> „Führungskräfte der Wirtschaft sind im Stillen, ohne große theoretische Debatten,
> dabei, ein Organisationssystem auszuarbeiten, das nicht demokratisch, sondern noch
> etwas Besseres ist, nämlich ein [...] auf funktionaler Ganzheit (‚functional unity')
> beruhendes System." (ibid. S. 222)

Rückblickend kann man solche Erwartungen natürlich leicht als überschwäng-
lich kritisieren, ja es gehört geradezu zur Grammatik retrospektiver Urteile, dass
sie die illusionären Elemente einstiger Zukunftsbilder besonders hervortreten

lassen. Mit der vorliegenden Erinnerung an Folletts Organisations- und Managementtheorie sollte indessen eine andere Art Illusion durchschaut werden. Diese
auszugsweise präsentierten, erstaunlichen Texte sollten demonstrieren, wie direkt
uns originelle Denkleistungen der Vergangenheit ansprechen können, und wie
wenig vergangen solche Vergangenheiten tatsächlich sind, wenn wir das Prinzip der Gleichwertigkeit verschiedener Generationen humanwissenschaftlichen
Wissens ernst nehmen. Welchen Erkenntnisfortschritt haben eigentlich neuere
Theorien der Organisationsentwicklung (Abschn. 8.4) oder neuste prozesstheoretische Perspektiven (Kap. 9) über den schon von Follett erreichten Stand
des Wissens hinaus erzielt? Diese Frage schlicht darum nicht beantworten zu
können, weil Folletts Ansatz vorübergehend in Vergessenheit geriet und erst neuerdings wieder besser präsent ist (Graham 1995), hält, wie mir scheint, weit
verbreitete Erkenntnisfortschritts-*Illusionen* am Leben, deren Desillusionierung
nun allerdings dringend geboten ist.

In einer ihrer letzten Vorlesungen versuchte Follett, ihre Grundideen möglichst
praxisnah darzustellen. Sie leitete aus ihnen die folgenden vier allgemeinverständlichen Klugheitsregeln für Manager ab:

„Die vier grundlegenden Prinzipien des Organisierens sind:

1. Koordination über direkte Kontakte zwischen allen betroffenen Personen.
2. Koordination in einem frühen Stadium.
3. Koordination als das gegenseitige in Beziehung-Setzen aller Situationsfaktoren.
4. Koordination als ein kontinuierlicher Prozess." (Follett 1941, S. 297)

Was solchen Formulierungen abgeht, sind die spekulativ überschießenden
Momente von Gedankengängen, die im Falle Folletts, wenn nicht zur „Wahrheit", so doch in interessante Tiefenschichten ihrer Überlegungen führen. So sei
dieser allgemeinverständlichen Zusammenfassung abschließend eine weitere zur
Seite gestellt, die ihrem „Schlüsselwort" für Organisationen, „Beziehungsorientierung"[5], besser gerecht wird. Es ist jene theoretische Kurzformel, von der oben
gesagt wurde, dass sie Folletts Hörern (anders als den Lesern der vorliegenden
Ausführungen über sie, wie ich hoffe) vermutlich reichlich dunkel erschienen ist:

---

[5] „[…] mein organisationstheoretischer Schlüsselbegriff ist Beziehungsorientierung (‚rela-
tedness‘)" (Follett 1927, S. 231).

„Funktionales Verknüpfen ist der *kontinuierliche Prozess der Selbsterzeugung von Kohärenz*": „Functional relating is the continuing process of self-creating coherence."[6]

7.3　Elton Mayo als Mentalhygieniker

In den 20er Jahren waren nicht nur Theoretiker und Praktiker der Unternehmensführung, sondern auch die meisten Arbeitnehmerverbände daran interessiert, klassenkampfbedingte Gefährdungen der innerbetrieblichen Ordnung und Leistungsfähigkeit, wie sie Winschuh schildert (s. Abschn. 7.1), zu vermeiden. Professionell-„wissenschaftliches" Management schien vielen, ob sie nun politisch konservativ, liberal oder sozialistisch gesinnt waren, sowohl die Produktivität wie auch die Menschlichkeit von Arbeitsverhältnissen verbessern zu können. K. Lewin und H. de Man betrachteten den psychotechnisch erweiterten Taylorismus als eine taugliche Ausgangsbasis für arbeits- oder arbeiterpsychologisch richtig angesetzte Arbeitsverbesserungskonzepte. M.P. Follett sah überdies mit der zunehmenden Verbreitung wissenschaftlicher Betriebsführungsmethoden eine neue Ära kreativ entwicklungsfähiger Organisations- und Managementpraktiken anbrechen.

Auf ihr Denken passen somit Diskontinuitäts- so gut wie Kontinuitätsannahmen: Nach seinen Anknüpfungsstellen in der Praxis progressiver Vertreter des Scientific Management (von H. Dennison u. a.) beurteilt, ist es der tayloristischen Professionalisierungsbewegung zuzuordnen; hinsichtlich seiner Ambitionen und sehr weitgehenden Zukunftserwartungen stellt es ein eigenes, nachtayloristisches Quasiparadigma dar.

Ähnlich verhält es sich mit den Ideen von *Elton Mayo (1880–1949)*, dem prominentesten Begründer der amerikanischen Human Relations-Bewegung. Auch er konnte sich zu Beginn seiner organisationswissenschaftlichen Forschungs- und Beratungstätigkeit durchaus als jemanden präsentieren, der an der Entwicklung wissenschaftlicher Betriebsführungsideen mitwirkte. Von einem bestimmten Punkt des Veraltens tayloristischer Ansätze an und mit dem Aufkommen von Human Relations-Ideen aber interpretierte er diese lieber als revolutionären Bruch

---

[6] Ibid. S. 173; Follett hat diese Kurzformel wie folgt kommentiert: „Meine Philosophie ist größtenteils in diesem einen Satz enthalten. Sie können ihn [...] als einen Test für beliebige Teile einer Unternehmensorganisation oder des Managements von Unternehmungen auffassen: Wenn Sie die richtige Art funktionalen Verknüpfens beherrschen, werden Sie einen Prozess bzw. eine selbsterzeugende Progression (‚a selfcreating progression') in Gang setzen, die eine Ganzheit erzeugt, die zu weiteren Ganzheiten führt." (ibid. S. 173)

mit dem abtretenden Alten – und ist später in der Tat als derjenige, der diesen Bruch am wirkungsvollsten vollzog, in die Lehrbücher eingegangen.

Wer Mayos heute zuweilen recht befremdlichen Vorstellungen verstehen möchte, sollte ihren Ursprung in der Tradition *mentalhygienisch-industriepsychiatrischen Wissens* berücksichtigen. Weiter oben wurde bereits darauf hingewiesen, dass die vor allem von Medizinern geförderte Arbeitshygiene zu den stärksten Promotoren der „Versozialwissenschaftlichung" von Wissen über Organisationen gehört (s. Abschn. 6.2). Der ärztliche Blick sucht nach Zusammenhängen zwischen Lebens- und Arbeitsbedingungen einerseits, physischen *und* psychischen Erkrankungen von Menschen andererseits. Arbeitsmedizin und Arbeitshygiene sowie die Psychiatrie, als die auf menschliche Geisteskrankheiten spezialisierte Heilkunde, förderten demzufolge auch die psychodiagnostische Untersuchung von Berufskrankheiten. Zu Beginn des 20. Jahrhunderts gab es in einigen Industriestaaten Psychiater, die sich speziell mit Problemen der Prophylaxe und Therapie psychischer Krankheiten in Arbeitsorganisationen beschäftigten. Wie sollten Organisationen sog. „Psychopathen" behandeln, und deren unerwünschte Anstellung verhindern? Wie konnten krankmachende in physisch *und* psychisch gesundheitsfördernde Arbeitsbedingungen transformiert werden? War es ferner wirklich sinnvoll, leicht Geisteskranke zusammen mit schweren Fällen in Irrenhäusern zu hospitalisieren? Lohnten sich hier nicht Versuche, sie stattdessen mit Hilfe ambulanter sozialpsychiatrischer Dienste und verständnisvoller Arbeitgeber möglichst weitgehend ins normale Arbeitsleben zu integrieren?

Wesentliche Beiträge zu solchen – im weitesten Sinne – *industriepsychiatrischen* Fragestellungen der *Mentalhygiene* haben vor allem der französische Psychiater Edouard Toulouse (1865–1947) und sein amerikanischer Kollege Elmer Southard (1876–1920) geleistet. Toulouse organisierte den französischen Ableger der internationalen Mentalhygiene-Bewegung, die für die Humanisierung psychiatrischer Einschließungs- und Therapiepraktiken sowie ganz allgemein für durchgreifende Verbesserungen der Prophylaxe seelischer Erkrankungen eintrat. 1920 gründete er die „Ligue d'hygiène mentale", deren Ziel es war, die in Frankreich kriegsbedingt besonders geschwächten Volksgesundheitskräfte zu regenerieren. Als Präsident der vierten internationalen Konferenz für Psychotechnik in Paris plädierte er 1927 dafür, den zu engen Begriff des Psychotechnischen durch den der *„biocratie"*, d. h. Herrschaft kraft humanbiologischen Wissens, zu ersetzen – die angewandte Psychologie allein, ohne den Beistand von Physiologie und Psychiatrie, schien ihm die entscheidenden mentalhygienischen Probleme des modernen Menschen nicht lösen zu können (Toulouse 1929, 1932).

E. Southard vertrat selber keine spekulativ ausgreifenden „Biokratie„-Konzepte, machte aber andererseits bei seinen eigenen industriepsychiatrischen Untersuchungen für die „Engineering Corporation" (1919/1920) ebenfalls einige recht weitgehenden Versprechungen. Sie betrafen Möglichkeiten der Identifikation und Heilung „psychopathologischer" Ursachen industrieller Unrast (wobei „Unrast" hier primär die potentiell klassenkämpferische Unzufriedenheit von Arbeitern meint). Southard war der Ansicht, dass Industriepsychiater nach Durchführung hinreichend gründlicher Untersuchungen imstande seien, die psychologisch tieferen Wurzeln „unruhiger" Arbeitnehmer zu identifizieren, und dadurch an der Heilung des von Klassenkämpfen gepeinigten Sozialkörpers mitzuwirken (Southard 1920a, b, c). Wertvolle Hilfe schienen ihm hierbei psychiatrisch spezialisierte Sozialarbeiterinnen leisten zu können. Mary Jarrett, eine seiner Mitarbeiterinnen am „Boston Psychopathic Hospital", initiierte und leitete am Smith College erste Studiengänge für künftige „psychiatric social workers".[7]

Ungefähr zur selben Zeit, als Southard Zwischenberichte über sein industriepsychiatrisches Forschungsprojekt publizierte – mit für Unternehmer vielversprechenden Titeln wie „TradeUnionism and Temperament" oder „The Modern Specialist in Unrest: A Place for the Psychiatrist in Industry" –, entwickelte in Australien ein anderer Mentalhygieniker, Elton Mayo, Überzeugungen, die denen von E. Toulouse und E. Southard (ohne von ihnen direkt beeinflusst zu sein) sehr nahestanden. Mayo hatte sein 1899 begonnenes Studium der Medizin 1903 zwar abgebrochen, um anschließend, nach einigen erneut gescheiterten

---

[7] Vgl. Lubove 1965, S. 55 ff., sowie Laughead 1930. – Mary van Kleeck, die oben (Kap. 6.2) als treibende Kraft hinter der aus der Fabrikfürsorge-Bewegung herausgewachsenen I.R.I. kurz erwähnt wurde, präsidierte im Jahre 1922 übrigens ein Komitee ehemaliger Absolventinnen des Smith College, das die 1918 gegründete, zunächst von Mary Jarrett geleitete Sozialarbeitsschule des College evaluierte. Van Kleecks „Report of the Smith College Alumnae Committee" vom 19.10.1922 empfahl, die Sozialarbeitsschule, die mit ihrer ausgeprägt psychiatrischen Grundausrichtung Pionierdienste leistete, auf Postgraduiertenniveau weiterzuführen (Van Kleeck-Nachlass in der Sophia Smith Collection des Smith College, Folder 41c).- Sehr viele Wegbereiter wirtschafts-, ingenieurs- oder sozialwissenschaftlich fundierter Organisations- und Managementpraktiken, die das vorliegende Buch erwähnt, korrespondierten miteinander, lernten sich an den zahlreichen nationalen und internationalen Konferenzen ihrer Fachgesellschaften kennen, und unterstützten einander in der Regel bei ihren Professionalisierungs- und Verwissenschaftlichungsinitiativen direkt oder (wenn es Konkurrenz- und Futterneidprobleme oder sachliche Differenzen gab) indirekt. Die eingehende Beschreibung dieser recht komplizierten Netzwerke von Sozialexperten würde eine Geschichte industriegesellschaftlich angewandter Sozialwissenschaften ergeben, die weniger einseitig wäre als herkömmlich disziplinengeschichtliche Werke zur Entwicklung der angewandten Psychologie, der Soziologie, Betriebswirtschaftslehre, der Arbeitswissenschaften usw. (vgl. als ersten Ansatz dazu v. a. Baritz 1960).

Versuchen in anderen Berufen, Philosophie, Psychologie, Politik- und Sozialwissenschaften zu studieren. Nach Abschluss seiner Studien im Jahre 1911 an der Universität von Queensland in Brisbane zum Hochschuldozenten für Logik, Psychologie und Ethik ernannt, betrachtete er jedoch die politischen und sozialen Fragen, die ihn interessierten, schon früh mit einem *quasi-medizinischen, gesellschaftstherapeutischen Blick.* Mayo glaubte, dass den dogmatischen Kämpfen politischer Demagogen vielfach psychosoziale Mangelerscheinungen, ja Neurosen zugrunde lägen, deren Vermeidung oder Heilung wirksamer wäre als alles, was traditionelle Reformkonzepte z. B. zur Demokratisierung oder wohlfahrtstaatlichen Absicherung der Gesellschaft zu tun empfahlen. Diese Tendenz, gesamtgesellschaftliche Fragen mit qualitativ-klinischen Untersuchungsverfahren zu psychologisieren, verstärkte sich, als Mayo Werke der tiefenpsychologischen Bewegung seiner Zeit – vor allem solche von P. Janet und C.G. Jung, nicht jedoch von S. Freud – rezipierte. Ab 1919 mit dem Arzt Dr. T. Matthewson zusammenarbeitend, entdeckte und pflegte er das bemerkenswerte psychotherapeutische Talent, über das er verfügte (vgl. Trahair 1984, S. 104 ff.). Mayo verstand es, bei leichteren Fällen neurotischer Erkrankungen (bei zwangsneurotischen, hysterischen oder depressiven Klienten z. B.) mit Mitteln der Hypnose, der Jungschen Assoziationsmethode und der Gesprächstherapie kurzfristige Heilungseffekte zu erzielen.[8] Er fühlte sich nicht zuletzt wohl auch darum berechtigt, außerhalb Australiens der Anrede „Dr. Mayo", die ihn als ausgebildeten Arzt kennzeichnete, nicht zu widersprechen. Noch in den 30er Jahren erlaubte er sich, während klinischen Beobachtungsstudien in Spitälern oder Firmen wie ein Arzt gekleidet in Erscheinung zu treten.

Die frühen industriepsychiatrischen Auffassungen Mayos sind am besten einzelnen Heilungsgeschichten, die er erzählte, sowie einer Serie populärer Artikel, die er im „Industrial Australian Mining Standard" veröffentlichte, zu entnehmen. Das oben zitierte Motiv des „Sozialingenieurs" E. Cheysson reproduzierend, dass in Wirtschaft und Politik soziopsychische Faktoren „letztlich entscheidend" seien (Abschn. 2.2), führte Mayo die heillose Zerrissenheit seiner Zeit auf Erkrankungen soziopsychischer „Moral"-Faktoren zurück. Die Ökonomie sei, da sie die Rationalität des Menschen weit überschätze und seine Irrationalität verkenne, eine

---

[8] A. Zaleznik, der auf Psychoanalysen von Managern spezialisierte Professor der Harvard Business School und ehemalige Mitarbeiter von F. Roethlisberger und G.C. Homans (vgl. dazu unten, Abb. 7.2), hat Mayos therapeutische Praxis aus jener freudianischen Sicht, die Mayo stets ablehnte, sehr kritisch beurteilt (Zaleznik 1984) – mit guten Gründen, wie mir scheint.

„Pseudowissenschaft" – nicht von ihr, sondern von der psychologischen Erforschung der tieferen Ursachen gesellschaftlicher Spannungen seien die für unsere Zukunft entscheidenden Impulse zu erwarten:

> „Diese heute vorherrschende Einstellung gegenseitigen Misstrauens, diese Abneigung und Furcht müssen überwunden werden. Sozialforschungen, die ihre Ursachen aufdecken, sind unter den gegenwärtigen Bedingungen noch dringender erforderlich als materielle oder mechanische Erfindungen [...] Die Zivilisation leidet unter einer industriellen Arbeitsmoral, die schwer angeschlagen ist. Psychologische Forschung muss uns sagen, warum [...] Wir werden dabei wahrscheinlich entdecken, dass viele der vermuteten Ursachen nur Symptome sind. Möglicherweise sind Löhne und materielle Arbeitsbedingungen gar nicht der wirklich strittige Punkt, sondern eine in den unbewussteren, ‚zwielichtigen' Bereichen des menschlichen Bewusstseins verborgene Unzufriedenheit." (Mayo 1922, I)

Den Schlüssel zur Aufklärung dieser unbewusst-„zwielichtigen" Hintergründe menschlichen Handelns hielten nach Mayo tiefenpsychologisch kompetente „sozio-psychologische Forscher" in Händen (also er selber). Anhand „medizinisch-psychologischer" Einzelfallanalysen konnten sie beispielsweise zeigen, wie Reden und Taten sozialrevolutionärer Agitatoren weitgehend „deren eigene seelische Zerrissenheit auf die Gesellschaft projizierten". Solche Agitatoren seien insofern geisteskrank („mentally ill"):

> „[...] die allgemeinen Theorien des Sozialismus, gewerkschaftlicher Gemeinwirtschaft, des Anarchismus etc. sind weitgehend die Konstruktionen und Phantasiegebilde von Neurotikern." (Mayo 1922, III).

Mitschuldig an diesen verhängnisvollen Entwicklungen war für Mayo der Verwissenschaftlichungs- und Technisierungstrend, der den Arbeiter in der „sogenannt ‚kapitalistisch' organisierten Industrie" sozial entwurzelte:

> „[...] Wissenschaft [und Technik] haben den Arbeiter mindestens vorübergehend sozial entwurzelt, und ihn seines Platzes in der sozialen Struktur beraubt." (Mayo 1922, IV)

Psychotherapeutische Heilpraktiken verfolgten für Mayo demnach auch das Ziel, Klienten der sozialen Nische, der sie entfremdet worden waren, wieder zuzuführen. Zu Beginn seiner Lehrtätigkeit an der Harvard Business School drückte er diesen für ihn wichtigen Gedanken einmal so aus, dass Individuen, die keine „ihnen gemäße Nische im Gesellschaftskörper" gefunden hätten, „unruhig, unglücklich oder neurotisch" würden.[9] Mayo betätigte sich nie nur *individual-psychologisch,* sondern immer auch als *Gesellschaftstherapeut.* Nicht weniger als die *Soziogenese individueller Probleme* interessierte ihn die *Psychogenese sozialer Probleme.* Es schien ihm wenig sinnvoll zu sein, die eine Perspektive auf Kosten der anderen einseitig zu bevorzugen. Er pflegte dies mit einem Ausdruck, der in den 20er Jahren recht populär wurde (den etwa auch Mary P. Follett anerkennend erwähnt hat) den *„total situation approach"* zu nennen: Komplexere Probleme von Menschen waren danach „ganzheitlich" von verschiedensten Seiten her zu betrachten, Privatsorgen zum Beispiel als Konsequenz arbeitsplatzbedingter Entbehrungen, und umgekehrt Arbeitsprobleme als Folge privater, ihrerseits wiederum sozial bedingter Belastungen. – Es ist so gesehen kein Zufall, dass man Mayo später ungefähr ebenso oft als einen Vorläufer oder Pionier der modernen Organisations*psychologie* wie der Organisations*soziologie* in Anspruch nahm.

Für den Psycho- und Gesellschaftstherapeuten Mayo lange Zeit am wichtigsten aber waren Fallgeschichten, die schilderten, wie sich die „Unrast" eines klassenbewussten Arbeiters tiefenpsychologisch auf eine persönliche Neurose zurückführen, und zusammen mit dieser psychotherapeutisch auflösen ließ:

> „Ich möchte nun auf einige Episoden eingehen, die während des Krieges [1914-1918] geschahen [...] Ein führender Exponent der sog. ,illoyalen' Linken, ein gelernter Schreiner, hielt es in keinem Job aus, da er eine Arbeit aufgab, sobald ihm ein Vorgesetzter ,Befehle' gab. Er war ein begabter Redner, und zeigte sich logischen Argumenten konservativen Zuschnitts gegenüber vollkommen unzugänglich. Er suchte wegen gewisser neurotischer Symptome eine Klinik auf. Man fand hier rasch heraus, dass seine Neurose mit Kindheitserfahrungen zusammenhing, einer Kindheit, in der seine Mutter und er dem brutalen, oft betrunkenen Vater zum Opfer gefallen waren. Klinisch behandelt, wurde er gesund, indem er zugleich von seinen persönlichen und sozialen Hassgefühlen wie auch von seinen radikalen Theorien befreit wurde." (Mayo 1937, S. 24 f.)

Mayo nahm schon während seiner Dozententätigkeit an der Universität von Queensland an, dass seine mentalhygienischen Diagnose- und Therapieinstrumente die sozialen Probleme und Krankheiten des Industriezeitalters weitaus besser behandeln könnten als es traditionell ökonomische oder politische Reformkonzepte vermochten. Die Resonanz, auf die er mit solchen Ideen in Australien stieß, fand er aber zu lau, die Trägheit des bestehenden Systems zu groß. Mittel, seine Vorstellungen in anwendungsorientierten Forschungsprojekten praktisch zu

---

[9] „It is the individual who has not found his appropriate niche in the social structure who is restless, unhappy or psychoneurotic." (Mayo an Dean Donham, 17.09.1928, S. 6; zitiert von Walter-Busch 1989, S. 112)

erproben, standen kaum zur Verfügung. So ließ sich Mayo 1922 von seiner Universität, die ihn 1919 zum Professor befördert hatte, beurlauben, und begab sich über die Vereinigten Staaten, wo er sein Einkommen mit Vorträgen aufstocken zu können hoffte, auf den Weg nach Großbritannien, dem von ihm und seiner Frau bevorzugten Land. Sobald er hier eine ihm zusagende Berufsposition gefunden haben würde, sollte ihm seine Frau zusammen mit ihren beiden Töchtern nachfolgen. Eines seiner Empfehlungsschreiben, das ihm kein geringerer als der australische Premierminister selber ausgestellt hatte, stellte ihn teils zutreffend, teils irreführend als „Professor für Psychologie und Physiologie an der Universität von Queensland" und als eine „in soziologischen Fragen führende Autorität" vor. Mayo plane, „spezielle Recherchen" durchzuführen, welche „die Anwendung der Psychologie auf soziale Untersuchungen (z. B. die Ursachen sozialer Unrast), auf die Erziehung und auf industrielle Organisationsfragen" beinhalteten.[10]

7.4 Mayo in den Vereinigten Staaten: von der Industriepsychiatrie zur Human Relations-Bewegung

Aus Mayos mutigem Schritt in eine neue berufliche Zukunft wäre beinahe ein Fehltritt geworden. Die Lebenshaltungskosten in den Vereinigten Staaten waren hoch, Mayos Honorare für Vorträge, Artikel und vereinzelte Therapien unzureichend. Hätte er noch genügend Geld für die Heimreise gehabt, so wäre er nicht lange nach seinen ersten, frustrierenden Versuchen, in Kalifornien Fuß zu fassen, noch so gerne nach Australien heimgekehrt (Trahair 1984, S. 147). Nachdem er eine Chance, seine Vorstellungen an der Ostküste zu präsentieren, erhalten und gut ausgenützt hatte, zeigte sich allmählich aber doch, dass die Vereinigten Staaten Mayos Ideen in den 20er Jahren hervorragende Entfaltungsmöglichkeiten boten, wie sie ihm in dieser Form anderswo kaum begegnet wären. Zur Konstellation, auf die er hier stieß, passte er in den folgenden fünf Hinsichten ausgezeichnet: *Erstens* standen Sozialwissenschaftlern, die industrielle Arbeitsbeziehungen untersuchen wollten, seit den frühen 20er Jahren unter

---

[10] Nach Trahair (1984, S. 145), und Walter-Busch (1989, S. 69). – Richtig an dieser Umschreibung von Mayos Verdiensten und Berufsaktivitäten ist, dass letztere ebenso soziologisch wie psychologisch, also ausgeprägt interdisziplinär waren. Mayo bekleidete andererseits eine Psychologie-Professur, nicht eine für Psychologie und Physiologie. Diese unzutreffende Lehrgebietsumschreibung begünstigte – vielleicht nicht unerwünschtermaßen, vielleicht sogar gewollt – die ebenso falsche Annahme, dass Mayo ein „Medical Doctor" sei, und erleichterte ihm den Zutritt zur primär medizinisch geprägten Mentalhygiene-Bewegung.

gewissen Bedingungen beträchtliche Gelder amerikanischer Stiftungen zur Verfügung. *Zweitens* konnte Mayo mit seinen industriepsychiatrischen Ideen das Erbe E. Southards antreten, das seit dessen frühem Tod im Jahre 1920 verwaist war. *Drittens* bestand Mayo die erste Bewährungsprobe, die er, von John D. Rockefeller Junior persönlich finanziert, zunächst an der Wharton School in Philadelphia bestehen musste, so gut, dass er den Ruf erwarb, über interessante neue Ideen *und* Techniken zur Verbesserung organisationsinterner Beziehungsprobleme zu verfügen. Diese Reputation sowie einige andere, glückliche Umstände bewirkten *viertens,* dass für Mayo persönlich an der renommierten Harvard Business School 1926 eine Forschungsprofessur für „Industrial Research" geschaffen wurde, deren erklärtes Ziel es war, Menschenbehandlungsprobleme der Wirtschaft endlich sozialwissenschaftlich fundiert lehr- und lernbar zu machen. Und schließlich stieß Mayo *fünftens* in den Hawthorne-Experimenten der Firma Western Electric auf *die* Gelegenheit, an einem eindrücklichen Beispiel zu demonstrieren, welch umwälzend neuartiger Dinge sein mentalhygienischer Human Relations-Ansatz fähig war.

1. Private Stiftungsgelder finanzieren managementdienliche oder gemeinnützige Industrieforschung. Die rasche Industrialisierung hatte es im Lande der „offenen Grenzen" und der „unbegrenzten Möglichkeiten" einigen Industriellen und Bankiers (z. B. A. Carnegie, J. Rockefeller, H. Ford u. a.) ermöglicht, rasch unvorstellbar große Privatvermögen zu erwerben. Teils aus religiösen und philanthropischen, teils aus anderen Motiven zweigten sie selber oder ihre Witwen davon Stiftungsgelder ab, mit denen gemeinnützige Aktivitäten – vorerst v. a. Projekte der Sozialhilfe, der Gesundheitspflege und des Bildungswesens – gefördert wurden (Whitaker 1979). Wachsende Anteile dieser Stiftungsmittel kamen den im 20. Jahrhundert stark expandierenden Sozialwissenschaften, denen man gesellschaftspolitisch fortschrittliche Wirkungen zutraute, zugute. Da die amerikanische Öffentlichkeit die Rolle von John D. Rockefeller jun. bei äußerst gewalttätigen Arbeitskämpfen in seinem Wirtschaftsimperium sehr negativ beurteilt hatte, war dieser an Forschungen über menschliche Beziehungsprobleme der Wirtschaft besonders interessiert.[11] Als der Verwaltungsrat des Laura Spelman Rockefeller

---

[11] Walter-Busch 1989, S. 49 f., 76, sowie Collier, Horowitz 1976, S. 106 ff. – Die von den Rockefeller-Stiftungen geförderte Industrieforschung bewegte sich im Großen und Ganzen innerhalb der Grenzen des „Managementdienlichen". Andere Stiftungen, vor allem diejenige von Russell Sage, gewährten auch scharf kapitalismuskritischen Erkenntnisinteressen Spielraum (d. h. Spiel-Raum?). Mary van Kleeck zum Beispiel hatte bei der Russell Sage Foundation bis zu ihrer Pensionierung eine leitende Stellung inne, obwohl sie ungefähr seit 1930 entschieden linksorientiert war (s. oben Anm. 7, sowie Kap. 6, Anm. 7). Sie wurde

Memorial, der in den 20er Jahren gemäß den ehrgeizigen Plänen seines jungen Direktors B. Ruml gegen 80 Mio. US-Dollar für sozialwissenschaftliche Forschung ausgeben sollte, Mayos Forschungspläne noch als zu vage beurteilte, und stattdessen in traditioneller Manier Sozialarbeitsprojekte förderte, half vorübergehend J.D. Rockefeller jun. persönlich aus: Mayos erste Recherchen in der amerikanischen Industrie wurden anfänglich, bevor sie eine der Rockefeller-Stiftungen längerfristig und in großem Maßstab förderte, aus Rockefellers Privatkasse finanziert (Trahair 1984, S. 166).

2. Mayo als Erbe der Industriepsychiatrie Southards. Anders als in Australien stand Mayo in den USA mit seinen Ideen nicht völlig allein da. Der Industriepsychiater Southard hatte wie er die Zukunft organisationspraktisch angewandter Humanwissenschaften nicht so sehr in der Psychotechnik oder in Sozialenquêten erblickt; wichtiger war es ihm erschienen, psychisch kranke Arbeitnehmer rechtzeitig zu identifizieren, bei ihnen und scheinbar Gesunden psychopathologische Tendenzen zu heilen, und die solchen Krankheiten zugrundeliegenden Ursachen zu beseitigen. Als Mayo seinen amerikanischen Zuhörern verkündete, die herkömmlichen Instrumente der Psychotechnik, vor allem Selektionstests, müssten durch industriepsychiatrische Untersuchungsverfahren der Tiefenpsychologie ergänzt werden, wenn man die Dauerkrise industrieller Gesellschaften wirklich überwinden wolle, sahen ihn Experten sogleich als potenziellen Nachfolger von E. Southard. Referenzen, die Mayo den Entscheidungsgremien der zuständigen Rockefeller-Stiftung als förderungswürdigen Industrieforscher empfahlen, verwiesen ausdrücklich auf diesen Zusammenhang: Seit dem frühen Tode Southards im Jahre 1920 habe niemand dessen Erbe angetreten – und niemand sei besser geeignet, es zu übernehmen, als E. Mayo (ibid. S. 166).

3. Mayos „Zuhörposten" als Konkretisierung seiner industriepsychiatrischen Ideen. Mayo wusste, als er in Zusammenarbeit mit der Wharton School in Philadelphia zu Beginn des Jahres 1923 seine industriepsychiatrischen Studien aufnahm, was er *nicht* wollte – nämlich Unternehmungen bei der Einführung psychotechnischer Selektionstests, die damals schon einigermaßen bekannt waren, zu beraten. Wie er seine mentalhygienische Vision in der amerikanischen Industrie, deren Vertrauen er nun gewinnen musste, konkret umsetzen sollte, war aber eine offene Frage. Mayo hatte sein psychotherapeutisches Talent in Australien u. a. an sog. „Shell-Shock"-Patienten des Ersten Weltkrieges erprobt, die unter Traumen litten, die ihnen ihre

---

wegen ihrer Sympathien für die Sowjetunion und die kommunistische Partei noch in den 50er Jahren vom Staat observiert.

Fronterfahrungen zugefügt hatten. Also entwickelte er nun zuerst die Vorstellung, geeignete Firmen so zu behandeln, als ob sie Shell-Schock-Kliniken wären:

> „Meine ursprüngliche Idee war, eine Fabrik so zu behandeln, als ob sie ein Spital für psychisch Kriegsgeschädigte sei. Ich wollte in ihr also jede Person untersuchen mit dem Ziel herauszufinden, erstens, inwieweit ihre Lebenseinstellung anormal oder defizitär war, sowie zweitens, wie sich eine solche Anomalie oder ein Defekt auf die Zusammenarbeit in der Fabrik auswirkten.- Ich halte diese Methode nach wie vor für die an sich beste, habe aber herausgefunden, dass sie in der Praxis auch Nachteile hat." (Mayo am 14.05.1923, S. 3; s. Walter-Busch 1989, S. 71)

Die von Mayo erwähnten Nachteile seiner ersten Versuche bestanden vor allem darin, dass Unternehmern wie Angestellten der Sinn einer aufwendigen Suche nach wirklich oder potentiell psychopathologischen Mitarbeitern (zumal, wenn man hierfür selber Kandidat war) nicht so recht einleuchten wollte. Mayo ergänzte sein betriebspsychologisches Beratungsbesteck deshalb um Ratschläge, wie mit neuen Pausenregelungen und Entspannungsübungen die Ermüdung des Personals („fatigue", ein damals häufig verwendeter Schlüsselbegriff) leistungsfördernd reduziert werden könne. Vor allem aber kam ihm in der gleichen Firma „Continental Mills", wo seine Pausenkonzepte gut ankamen, die Idee, wie er über einen sog. *„Zuhörposten"* *(„listening post")* seine betriebspsychotherapeutischen Ziele in reduzierter Form doch noch realisieren könnte. Eine von ihm ausgewählte und geschulte Krankenschwester sollte im Sanitätszimmer der Firma Angestellte medizinisch versorgen, und ihnen außerdem auch als gute Zuhörerin und Gesprächspartnerin zur Verfügung stehen:

> „Während meiner ersten [industriepsychiatrischen] Recherchen merkte ich, dass ich Abteilungs- und Managementprobleme zu wenig berücksichtigt hatte [...] Schließlich entschloss ich mich zu einem Experiment, in dem ich das Sanitätszimmer [einer Firma] als einen ‚Zuhörposten' benützte, um meine persönlichen Untersuchungen von dieser Basis aus voranzutreiben [...] Ich stellte eine gelernte Krankenschwester an und setzte sie mit Einwilligung der Firma ‚Continental Mills' in deren Sanitätszimmer ein. Die Krankenschwester musste sorgfältig ausgelesen werden, da sie nicht nur gute medizinische Arbeit zu leisten, sondern zusätzlich auch mitfühlend, intelligent und eine ‚gute Zuhörerin' zu sein hatte. Die erste Frau, die diese Position innehatte, Mrs L. H. Gilbert, war sehr erfolgreich; die zweite, Miss Emily P. Osborne, war es sogar noch mehr [...]" (Mayo im April 1925, S. 3 f., s. Walter Busch 1989, S. 72)

Gewiss war von jeher das Talent, einfühlsam zuhören zu können, eine der Eigenschaften, die gute Fabrikfürsorgerinnen auszeichneten. Einigen unter ihnen mögen außerdem die Effekte ihrer Zuhörpraktiken auf Angestellte, wie sie Mayos zweite

Mitarbeiterin, Emily Osborne, im Jahre 1930 beschrieb, durchaus bekannt gewesen sein:

> „Nachdem er festgestellt hatte, dass der psychologische Faktor von größter Bedeutung sei, ließ Dr. Mayo[12] durch eine Krankenschwester im Sanitätszimmer einen Zuhörposten einrichten. Die Krankenschwester stand den Angestellten jeden Morgen zur Verfügung [...] alle Mitarbeiter, die ins Sanitätszimmer kamen, wurden ermuntert, sich auszusprechen und so oft zu kommen, wie sie wollten. Es gab bei diesen Besuchen weder eine Zeitgrenze noch eine mehr als allgemein Kontrolle durch Vorarbeiter. Da die Krankenschwester durch medizinische Dienstleistungen nicht genügend ausgelastet war, hatte sie viel Zeit, den Arbeitern zuzuhören [...] Sie erstellte Berichte über diese Besuche und hielt Vieles aus den Gesprächen schriftlich fest, so dass die über eine längere Zeitspanne sich erstreckenden Interviews mit einigen der Angestellten höchst aufschlussreich wirken. Es besteht kein Zweifel, dass dieses Angebot der Firma viele Absenzenstunden ersparte. Mitarbeiter, welche die Krankenschwester aufsuchten in der Absicht, nachher heimzugehen, wurden mit einem warmen Getränk bewirtet, aufgefordert, sich auszusprechen, und gingen alsbald, nachdem sie zum Schluss gekommen waren, dass eigentlich nichts Schwerwiegendes vorliege, zurück an ihre Arbeit [...]" (Osborne 1930, S. 7)

In der verwissenschaftlichten Zivilisation kommt es aber wesentlich darauf an, wie eine an sich einfache, dem Common Sense vertraute Beobachtung menschlichen Verhaltens wissenschaftlich eingebettet, garniert oder sonst wie zubereitet wird. Hinter Emily Osbornes Zuhörposten stand groß in seinem weißen Arztgewand „Dr. Mayo". Seine Funktion war es einerseits, schwere Fälle psychosomatisch auffälliger Angestellter eingehender zu untersuchen und gegebenenfalls Ärzten oder Psychiatern zu überweisen (vgl. Walter-Busch 1989, S. 73). Andererseits stand es ihm und nur ihm zu, aus den Fallgeschichten, die seine Mitarbeiter protokollierten, *wissenschaftlich wahre* Geschichten zu machen.

4. Mayos Mission an der Harvard Business School. Um sich in seinem neuen Wirkungsfeld einen Namen zu schaffen, publizierte Mayo in den Jahren 1923–1925 mehrere allgemeinverständliche Artikel über unbewusste Beweggründe arbeitender Menschen, deren Tagträumereien („revery"), Zwangsvorstellungen usw. Sie gefielen *Wallace Donham (1877–1954)*, der von 1919 bis 1942 Dekan (bzw. „Dean") der Harvard Business School war, ausgezeichnet. Dean Donham teilte Mayos Vorbehalte gegenüber psychotechnisch zu eng definierten Anwendungen der Psychologie in der Wirtschaft. Als Donham Mayo im Sommer 1925 traf, um dessen Eignung und Neigung zur Übernahme einer Professur abzuklären, verstand er sich mit ihm auf Anhieb sehr gut. Von Mayos Berufung an die Harvard Business School erhoffte

---

[12] Vgl. dazu oben, Anm.10, und den dazugehörigen Haupttext.

er sich nun die Lösung eines hochschulstrategischen Problems, das ihn als Dekan besonders intensiv beschäftigt hatte: Seine Hochschule bildete künftige Manager aus, ohne diesen doch für den vielleicht wichtigsten Teil ihrer Berufstätigkeit, der den schwer wägbaren Faktor Mensch im Betrieb und Menschenführungskompetenzen betraf, adäquates Sachwissen mit auf den Weg zu geben. Donham hatte diesen Mangel zunächst im Integrationskurs der Schule über „Business Policy" selber zu beseitigen versucht – mit unzureichendem Erfolg, wie er später einmal schrieb, da ihm *„die Sprache fehlte"*, die er zur Beschreibung der Imponderablen menschlichen Verhaltens in Organisationen benötigt hätte. Mayo schien Donham nun eben der Sozialwissenschaftler zu sein, der die schmerzliche Lücke im Forschungs- und Lehrsystem seiner Schule endlich werde schließen können (s. Walter Busch 1989, S. 49 ff.). In der Folge hat Mayo tatsächlich, zusammen mit seinen Kollegen bzw. Schülern L.J. Henderson, C. Barnard, T.N. Whitehead, F. Roethlisberger, L. Warner und G. C. Homans (s. Abb. 7.2), diesen Auftrag seines Dekans Donham weitgehend erfüllt: Der Harvard Hawthorne-Ansatz der Human Relations, der neben ihrer Fallmethodik zur zweiten strategischen Erfolgsposition der Harvard Business School wurde, ist in erster Linie ein Produkt der alles in allem erfolgreichen Zusammenarbeit Mayos mit Praktikern des Personalwesens, die in den Hawthorne-Werken des AT&T-Konzerns seit 1924 ein großangelegtes Personalforschungsprogramm durchführten.

5. Die Hawthorne-Experimente als erfolgreiches Demonstrationsobjekt für Mayos Human Relations-Ideen. Als Mayo im Herbst 1926 den Schwerpunkt seiner Industrieforschung an die Harvard Business School nach Boston verlegte, wandte er die gleichen Grundsätze an, die sich bereits während seiner Untersuchungen in Philadelphia – insbesondere bei der Firma „Continental Mills" – bewährt hatten. Er versuchte in kooperationswilligen Unternehmungen seine Mitarbeiter so zu platzieren, dass er über sie als seine „Zuhörposten" Symptome der Unzufriedenheit und Unrast rechtzeitig erfassen und richtig deuten konnte. Wo es ihm gestattet wurde, erprobte er auch physiologische Messverfahren, z. B. Pulsaktivitätsmaße vor und nach bestimmten Betätigungen. Sie schienen ihm psychophysische (Un-) Gleichgewichtszustände zu indizieren. Mayo glaubte, dass man in der Industrie mit diesen Methoden soziale Unrast rechtzeitig entdecken, abfedern und längerfristig sogar verhindern könne:

> „Unrast' von Arbeitern und eine schlechte Arbeitsmoral [...] sind Symptome einer Störung des Gleichgewichts zwischen dem Arbeiter und seiner Arbeit. Daraus resultieren [...] pessimistische Obsessionen [...] Überall wo es in der Industrie Personen

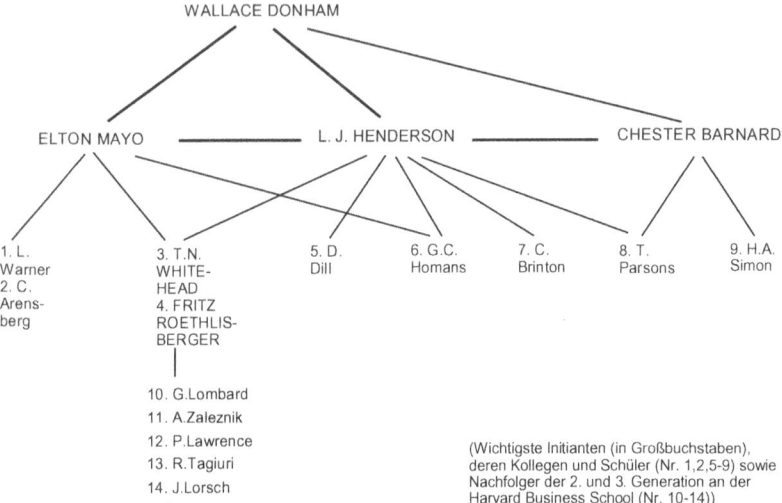

Der Harvard-Kreis von Human Relations-Theoretikern

WALLACE DONHAM

ELTON MAYO ——————— L. J. HENDERSON ——————— CHESTER BARNARD

| 1. L. Warner | 3. T.N. WHITE- | 5. D. Dill | 6. G.C. Homans | 7. C. Brinton | 8. T. Parsons | 9. H.A. Simon |
| 2. C. Arens-berg | HEAD 4. FRITZ ROETHLIS-BERGER | | | | | |

10. G.Lombard
11. A.Zaleznik
12. P.Lawrence
13. R.Tagiuri
14. J.Lorsch
etc. ...

(Wichtigste Initianten (in Großbuchstaben),
deren Kollegen und Schüler (Nr. 1,2,5-9) sowie
Nachfolger der 2. und 3. Generation an der
Harvard Business School (Nr. 10-14))

Abb. 7.2 Der Harvard-Kreis von Human Relations-Forschern

gibt, die dafür ausgebildet sind, sorgsam auf die ersten Anzeichen für solche Präokku-pationen zu achten, ist es jederzeit möglich, den Ausbruch von ‚Unrast' zu antizipieren und zu verhindern." (Mayo 1929, S. 185)

Vorerst fand Mayo jedoch keine Firma, die an seinen Ideen und Techniken anhaltend interessiert war und mit ihnen etwas anzufangen wusste. Besonders schmerzhaft berührte ihn wohl der schwache Erfolg oder vielmehr Misserfolg seiner Beratungs-arbeit für Rockefellers Colorado Fuel and Iron Company (CF&I) – ausgerechnet für jene Firma also, deren blutig niedergeschlagenen Arbeiterunruhen John D. Rocke-feller jun. 1914/1915 landesweit im negativen Sinne bekannt gemacht, und damit indirekt zur Förderung sozialwissenschaftlicher Industrieforschung motiviert hat-ten. Mayo wäre hier ein eindeutiger Beratungserfolg natürlich vor allem darum höchst willkommen gewesen, weil er so vermutlich mit Rockefeller persönlich ins Gespräch gekommen wäre. Die Firma CF&I hatte jedoch ein zu wenig elaboriertes Management- und Personalentwicklungssystem. Es sprach auf Mayos mentalhygie-nischen Zuhörpraktiken ebenso wenig an wie dieser seinerseits die vergleichsweise einfachen Entwicklungsbedürfnisse der CF&I verstand (vgl. dazu Walter-Busch 1989, S. 50, 80 ff.).

Im Falle der *Hawthorne-Werke* der Firma Western Electric, die zur fortschrittlich geleiteten, erfolgreichen und mächtigen American Telephone and Telegraph Company (AT&T) gehörte, verhielt sich dies von Anfang an ganz anders. Mayo reagierte auf einen firmeninternen Zwischenbericht über arbeitswissenschaftliche Experimente mit Arbeiterinnen im sog. Relay Assembly Testraum, den man ihm Anfang 1928 zugesandt hatte, sehr positiv, stieß hier seinerseits schon anlässlich seiner ersten Betriebsbesichtigung im April 1928 mit seinen Zuhörpraktiken und mentalhygienischen Ideen auf viel Verständnis, und profilierte sich rasch als der wichtigste *auswärtige Interpret* der sehr großzügig angelegten Personalforschungs- und Personalentwicklungspraktiken dieses dynamischen Tochterbetriebes[13] der AT&T. Da die Vereinigten Staaten monopolistische Konkurrenzbeschränkungen schärfer bekämpften als andere Industriestaaten, war AT&T, die die amerikanische Telekommunikationsbranche beherrschte, lebhaft daran interessiert, sich das Image einer wirtschaftlich und sozial progressiven Firma, die eher gemeinnützigen Dienstleistungszielen als privaten Profitinteressen diente, zu erwerben. Ein Topmanager des New Yorker Hauptquartiers der Western Electric schrieb einem der Leiter der Hawthorne-Experimente in diesem Zusammenhang, dass die Firmenführung ihre Personalpolitik den Befunden der experimentellen Untersuchungen entsprechend zu gestalten gedenke:

> „Die Arbeit, die Sie machen, [...] ist für das Problem der Beziehungen zwischen Arbeitgebern und Arbeitnehmern in jeder Hinsicht von grundlegender Bedeutung. Ihr wird, wie ich glaube, eine neue Managementtechnik entspringen [...] Ich glaube, dass dies nur mittels sorgfältiger, kontrollierter Experimente der Art, wie Sie sie durchgeführt haben, erreicht werden kann. Diesen Experimenten können, wie ich annehme, die meisten der wichtigsten Daten entnommen werden, die wir zur Durchführung unserer Personalpolitik benötigen." (Willard an Pennock am 28.02.1929, zit. bei Gillespie 1991, S. 122)

Mayo seinerseits bestätigte demselben Untersuchungsleiter G.A. Pennock einige Monate später, dass das Industrieforschungsprogramm der Hawthorne-Werke

---

[13] Die Arbeitskräfte der Hawthorne-Werke nahmen in typisch amerikanischem Tempo von 5'200 im Jahre 1900 auf 22'000 (1927) und sogar 40'300 im Jahre 1929 zu, um wirtschaftskrisenbedingt vorübergehend im Zeitraum von nur 4 Jahren auf 7'500 (1933) zu schrumpfen (Gillespie 1991, S. 12, 128, 149). – Übrigens waren die Hawthorne-Werke im Stadtteil Cicero von Groß-Chicago ausgerechnet dem Hauptquartier des berüchtigten Gangster-Königs Al Capone benachbart.

nicht nur firmenintern, sondern für die Zukunft menschlicher Beziehungen in Industriegesellschaften überhaupt von der allergrößten Bedeutung sei:

> „Was ich während meiner letzten zwei Besuche in den Hawthorne-Werken gesehen habe, brachte mich zur Überzeugung, dass Sie höchstwahrscheinlich im Begriffe stehen, einen Wandel industrieller Führungsmethoden zu bewerkstelligen, der alle Merkmale einer revolutionären Umwälzung aufweist. Damit meine ich, dass seine unmittelbaren und mittelbaren Wirkungen ebenso revolutionär sein werden [...] wie es die der industriellen Revolution waren [...] Diese führten ins Maschinenzeitalter [...] Ihre werden menschlicher Art sein; sie werden [...] auf eine erhebliche Zunahme menschlicher Selbstkontrolle hinauslaufen - auf eine markante Reduktion irrationaler und unnötiger Konflikte." „Wenn eine Mehrheit der Vorgesetzten als Interviewer ausgebildet ist, [...] wird die Industrie in eine neue, bisher kaum vorstellbare Ära aktiver Zusammenarbeit eintreten, die einen fast unglaublichen menschlichen Fortschritt ermöglichen wird." (Mayo an Pennock, 28.10.1929, S. 1,4; zit. bei WalterBusch 1989, S. 91)

Mayo war offenbar davon überzeugt, dass hier in den Hawthorne-Werken endlich kreativ realisiert wurde, was ihm an mentalhygienisch inspirierten Verfahren zur Heilung industriegesellschaftlicher Übel schon so lange vorgeschwebt hatte: Indem *Vorgesetzte* ihren Untergebenen *menschlich einfühlsam zuzuhören* lernten, stellten sie die menschlichen Beziehungen in ihrer Organisation auf eine völlig neue Grundlage, und verunmöglichten so ein für alle Mal Rückfälle in das neurotische System unmenschlicher Beziehungen der Klassenkampfgesellschaft. *Das alte Klassenkampf-Paradigma der Industriegesellschaft stand im Begriff, vom neuen der Human Relations-Bewegung abgelöst zu werden* – in der Folge verkündete und erläuterte Mayo sowohl der Managementpraxis wie seinen Kollegen in der Welt anwendungsorientierter Sozialwissenschaften immer wieder diese eine Hauptbotschaft der Hawthorne-Experimente.

Eine Pressemitteilung der Harvard Business School informierte die Öffentlichkeit zu Beginn des Jahres 1935 über Mayos Industrieforschung in den folgenden Worten: „Efficiency of Industrial Workers Affected More by Human Relations than by Scientific Planning of Work" (s. Walter-Busch 1989, S. 152). Gewiss hatten im Wesentlichen dasselbe schon längst auch alle jene Autoren behauptet, die wie beispielsweise E. Cheysson (1885) Menschenführungsprobleme für viel erfolgsentscheidender hielten als Fragen technischer oder kaufmännischer Betriebsführung. Erst jetzt aber, nach Durchführung der großen Kooperationsprojekte von Hawthorne-Praktikern und anwendungsorientierten Sozialwissenschaftlern, wurden Verhaltensaspekte des Organisationsgeschehens in einer *wissenschaftlich elaborierten Expertensprache* darstellbar. *Eine* zur Diskussion solcher Probleme geeignete Fachsprache, nach der Dean Donham gesucht, und deren Fehlen ihm

1925/1926 die Berufung Mayos nahegelegt hatte (s. oben, Abschn. 7.4), war damit grundsätzlich gefunden worden.

Daran gemessen, in wie vielen Ländern das „Harvard Hawthorne-Evangelium"[14] bis Mitte der 50er Jahre tatsächlich verbreitet und erhört wurde, war Mayos zweite Karriere in den Vereinigten Staaten sicherlich ein großer Erfolg. Er verstand es, die verschiedenen Erkenntnis- und Entwicklungsinteressen der Hochschule, deren Auftrag er erfüllte, gleichgesinnter Wissenschaftler sowie der Firma, die er beriet, so miteinander zu *vernetzen,* dass daraus ungefähr im Sinne von Mary P. Follett eine *kontinuierlich sich selbst verstärkende, selbsttragende Paradigmawechselrede* entstand. Von ihr profitierten einerseits die von Donhams Hochschulstrategie geprägte Harvard Business School, deren Hawthorne-Experimente und Human Relations-Doktrin bis heute zu ihren größten Erfolgen zählen, sowie verschiedene Kollegen und Schüler Mayos. Mayos Paradigmawechselrhetorik kam andererseits ebenso sehr auch der Muttergesellschaft der Hawthorne-Werke zugute, indem sie deren ambitiösen Personalwesensfachleuten die Bedeutung und unabsehbare Tragweite ihrer personalführungspraktischen Pionierarbeiten bestätigte.

7.5   Stationen und Ergebnisse der Hawthorne-Experimente

Die Hawthorne-Experimente zählen zu den bekanntesten Exempeln angewandter Sozialforschung. Sie waren das Flagschiff der Human Relations-Bewegung, die in der Managementwelt zunächst der Vereinigten Staaten, ab 1945 auch Europas auf die Ära der wissenschaftlichen Betriebsführung von Taylor, Fayol u. a. folgte. So gut wie jedes Lehrbuch der Organisationspsychologie und Organisationssoziologie erwähnt oder bespricht diese erfolgreiche Folge von Untersuchungen, da man wesentliche Neuerungen in der Entwicklung beider Fachrichtungen auf sie zurückzuführen pflegt.

Die Hawthorne-Experimente sind freilich stets auch sehr umstritten gewesen. Sie provozierten immer wieder Kontroversen, zuletzt eine in den späten 70er und 80er Jahren über die wahre Bedeutung der Untersuchungsbefunde, die der Relay Assembly Testraum hergab. Dementsprechend aufwendig ist es, sich über sie ein einigermaßen zutreffendes Bild zu verschaffen, das weniger einseitig ist

---

[14] So nannte Pennock in einem Brief vom 14.03.1943 an Mayo, was er seit seinem Austritt aus der Firma Western Electric zusammen mit vielen anderen Gesinnungsgenossen tat: *„spreading the Harvard Hawthorne gospel"* (zit. ibid. S. 155).

als die Karikaturen, die Lehrbücher, engagierte Kritiker oder Apologeten lange Zeit von ihnen überlieferten.[15] Nachstehend sollen die charakteristischen Umrisse eines solchen Bildes, das die Experimente nicht nur aus der Sicht der beteiligten Forscher, sondern auch aus derjenigen der sie hauptsächlich bestimmenden Firmenpraktiker schildert, skizziert werden.

Zu den Hawthorne-Experimenten in den gleichnamigen Werken der Firma Western Electric, einer Tochtergesellschaft der AT&T, zählen

1. die sog. Beleuchtungsstudien *(„Illumination Studies")* über Wirkungen von „Qualität und Quantität der Beleuchtung" am Arbeitsplatz, 1924–1927;
2. Versuche über Auswirkungen unterschiedlicher Arbeitsbedingungen im *Relay Assembly Testraum (RATR)*, 1927–1932 (inkl. zwei kleinere, hier nicht besprochene Ergänzungsstudien: eine erste mit der sog. „Second Relay Assembly Group", 1928/1929, eine Zweite im „Mica Splitting Test Room", 1928–1930);
3. innerbetriebliche Meinungsforschung im Rahmen des sog. *„Interviewing Program"*, 1928–1932; sowie schließlich
4. eine Beobachtungsstudie im *„Bank Wiring Observation Room"*, 1931/1932.

Die innerbetrieblich wichtigste *Konsequenz* dieser außergewöhnlich aufwendigen Organisationsforschungen war ein vergleichbar großzügig dotiertes Personalberatungsprogramm namens *„Personnel Counseling"*, das 1936 begann (vier Jahre nach dem Abbruch der Experimente, den die Weltwirtschaftskrise im Jahre 1932 erzwungen hatte) und während rund 20 Jahren bis 1956 betrieben wurde.

1. Die Beleuchtungsstudien, 1924–1927. Edisons Erfindung der Glühbirne erschloss der aufstrebenden Elektroindustrie einen vielversprechenden Massenmarkt, in dem außer Glühbirnen und Geld bald auch das Verkaufs*argument* zirkulierte, dass eine gute Arbeitsplatzbeleuchtung „weniger Unfälle, mehr Leistung und eine bessere Arbeitsmoral" erzeuge. Einer Gruppe von Ingenieuren, die mit der amerikanischen Elektroindustrie liiert war, gelang es 1923/1924, unter der

---

[15] Die bisher umfassendsten Gesamtüberblicke mit zahlreichen Literaturhinweisen bieten Gillespie (1991) und Walter-Busch (1989). Die beiden Studien, die ungefähr gleichzeitig und dennoch ganz unabhängig voneinander erarbeitet wurden, ergänzen sich insofern, als Gillespie stark auch von firmengeschichtlichen Quellen ausgeht, mein Buch demgegenüber mehr als Gillespie Entwicklungstendenzen einzelner Disziplinen des Wissens betont, die an der Harvard Business School gepflegt wurden. Obwohl die theoretischen Prämissen der beiden Untersuchungen ziemlich unterschiedlich sind, stimmen die empirischen Befunde, die sie erzielten, gut miteinander überein.

Schirmherrschaft des National Research Council der Vereinigten Staaten ein größeres Forschungsprogramm zur Überprüfung und wissenschaftlichen Fundierung dieses Verkaufsargumentes in Gang zu setzen (s. Walter-Busch 1989, S. 83 f., sowie Wrege 1961). Mehrere an den Versuchen beteiligte Firmen und Großbetriebe, darunter die Hawthorne-Werke, variierten daraufhin in geeignet erscheinenden Produktionsabteilungen (es waren meistens große Säle mit zahlreichen Montagearbeitsplätzen) die Quantität und Qualität der Arbeitsplatzbeleuchtung. Zur Enttäuschung der Versuchsleitung konnten jedoch keine eindeutigen Zusammenhänge zwischen den unabhängigen Experimentiervariablen und den wichtigsten abhängigen Variablen Arbeitsleistung und Arbeitsmoral (oder Arbeitszufriedenheit, wie man später eher sagte) festgestellt werden. M. Hibarger und G.A. Pennock, die seitens der Hawthorne-Werke die Beleuchtungsexperimente firmenintern betreuten, vermuteten zusammen mit einem Mitarbeiter des zentralen Leitungsgremiums schon früh, dass unkontrolliert intervenierende *psychologische Variablen,* vor allem Art und Intensität von *Führungspraktiken* („supervision"), den Mangel konsistenter Beziehungen zwischen Beleuchtung, Leistung und Zufriedenheit erklären könnten. Um die Bedeutung dieser immateriell-psychologischen Faktoren zu demonstrieren, führte Hibarger in den Hawthorne-Werken im Sommer 1926 und im Februar 1927 zwei kleinere Experimente durch. Sie zeigten, wie leicht die Versuchsleitung *suggerieren* konnte, dass sie die (objektiv unveränderte) Beleuchtungsintensität verändert habe, und wie stark Mitarbeiter auf taktvollere Führungspraktiken von Vorgesetzten reagierten: Zwei für das zweite Experiment ausgewählte Arbeiterinnen machten selbst extreme Reduktionen der Beleuchtungsstärke bereitwillig mit, ohne ihre Leistungsbereitschaft und Zufriedenheit zu reduzieren – wahrscheinlich, weil der Versuchsleiter Hibarger sie wesentlich besser behandelte als die vergleichsweise grob-autoritären Vorarbeiter, denen ungelernte Arbeiterinnen und Arbeiter der Firma häufig unterstellt waren.

Da dieses Teilergebnis den elektroindustriellen Erkenntnisinteressen ihrer Auftraggeber nicht gut entsprach, überging es die Leitung der Beleuchtungsexperimente. Obwohl die Versuche sehr kostspielig gewesen waren, hofften ihre Initianten, dass man sie, nachdem sie den erwünschten Kausalbeweis nicht erbracht hatten, wenig beachten, und baldmöglichst vergessen werde (Wrege 1961, S. 507 ff., 687 ff.). Ganz andere Konsequenzen zogen demgegenüber die zuständigen Vorgesetzten der Hawthorne-Werke. Sie fassten ihre Erfahrungen mit den Experimenten als wertvollen Hinweis darauf auf, dass man das weitverbreitete *Misstrauen* von Arbeitern und Angestellten gegenüber der Firmenleitung grundsätzlich abbauen, und stattdessen *kooperative, vertrauensbildende Methoden zur Verbesserung der Arbeitsbedingungen erproben* könnte.

2. Die Experimente im Relay Assembly Testraum (RATR), 1927–1932. Die Versuche mit sechs Arbeiterinnen, die die Hawthorne-Werke auf eigene Kosten ab Ende April 1927 im eigens hierfür eingerichteten RATR durchführten, waren von Anfang an als ein solches *Kooperationsexperiment zur Verbesserung der Arbeitsbedingungen und der Arbeitsleistung* geplant. Die eine der sechs Arbeiterinnen hatte die Relais-Montagearbeit der übrigen fünf (in Berichten jeweils „Nr. 1" bis „Nr. 5" genannt) vorzubereiten. Umgebaute Telegraphenapparate hielten auf Papierbändern Zahl und Zeitpunkt der fertigmontierten Relais fest, und der in den RATR delegierte Beobachter M. Hibarger registrierte einerseits jede ungeplante oder geplante, mit den Versuchspersonen *vereinbarte* Veränderung der Arbeitsbedingungen – Relaisarten, Pausen, Arbeitsdauer, Verpflegung, Lohn, Wetterbedingungen usw. –, andererseits die Stimmung und Arbeitsleistung der Arbeiterinnen. Deren grundsätzliche Kooperationswilligkeit hatte man vor allem durch das gewonnen, was T. N. Whitehead später die *„Magna Carta"* der RATR-Experimente nannte: Die Arbeiterinnen konnten ihren Lohn anders als ihre Kolleginnen und Kollegen außerhalb des RATR direkt beeinflussen, da er ihnen als ergebnisabhängiges Durchschnittsgehalt ihres kleinen Sechserteams, und nicht wie sonst üblich als das einer individuell kaum beeinflussbaren Großgruppe von 50 und mehr Personen ausgezahlt wurde. Die Versuchsleitung hatte den Arbeiterinnen im RATR außerdem zugesichert, dass sie außergewöhnliche Steigerungen der Arbeitsleistung *nicht* wie sonst unter Akkordarbeitsbedingungen üblich mit einer Herabsetzung der Akkordsätze bestrafen würde – es bestünde hier demnach wirklich die Gelegenheit, „frei nach Gefühl zu arbeiten" *(„to work as you feel"*, Walter-Busch 1989, S. 113).

Trotz dieser günstigen Ausgangsbedingungen gab es anfänglich im RATR einige Reibereien, die Ende 1927 vor allem den Umgang mit den Arbeiterinnen Nr. 1a und 2a erschwerten – Nr. 1a und 2a genannt darum, weil sie auf dem Höhepunkt der Konflikte Ende Januar 1928 aus dem RATR wegversetzt und durch die Arbeiterinnen Nr. 1 und Nr. 2 ersetzt wurden. Seitdem stieg die Arbeitsleistung im RATR relativ unabhängig von den vorgenommenen Änderungen der Arbeitsbedingungen kontinuierlich bis auf ein erstaunlich hohes Niveau, und auch die Stimmung und Arbeitszufriedenheit der RATR-Arbeiterinnen entwickelten sich gut.

Wie diese Steigerung von Arbeitsleistung *und* Arbeitsfreude, die die Betriebsleitung natürlich sehr erfreute, zu erklären sei, war und blieb eine firmenintern ziemlich unterschiedlich beantwortete Frage. Die Versuchsleiter selber betonten, dem Design ihrer Experimente entsprechend, die große Bedeutung führungspsychologischer

Faktoren[16] – *ohne* freilich zu bestreiten, dass außerdem sicher auch das neue Ent-
lohnungsprinzip, die reduzierte Anzahl unterschiedlicher Relais-Typen, veränderte
Pausenregelungen und andere Faktoren arbeitszufriedenheits- und leistungsstei-
gernd gewirkt haben mochten. Der Versuchsleitung eher fernstehende Mitarbeiter
der Firma relativierten demgegenüber insbesondere die angebliche Schlüsselfunk-
tion führungspsychologischer Wirkgrößen (ibid. S. 114 ff., und Gillespie 1991,
S. 84 ff.,159).

Betriebsintern wichtiger als diese Auslegungsdifferenzen, deren Feinheiten
ohnehin eher Sozialwissenschaftler als Organisationspraktiker interessierten, waren
die *praktischen Konsequenzen,* die man aus den RATR-Experimenten zog. Sie
bestanden vor allem darin, dass erstens die im RATR bewährten Pausenregelungen in anderen Abteilungen ebenfalls eingeführt wurden, und dass man zweitens für
untere Vorgesetzte vermehrt Personalführungskurse organisierte. Zu einer wichtigen
Arbeitsgrundlage dieser Kurse wurden Ergebnisse des im Herbst 1928 begonnenen
„Interviewing Program". Der einige Monate zuvor als Berater beigezogene Elton
Mayo beeinflusste am stärksten eben dieses große Personalbefragungsprogramm (s.
nachstehend Punkt 3). Mayo leistete außerdem aber auch einen ebenso unschein-
baren wie folgenreichen Beitrag zur Auslegung der RATR-Experimente: Er wandte
auf sie seine *Paradigmenwechselrhetorik* (s. dazu oben Abschn. 7.3 und 7.4) in
einer Weise an, die erstens den Berufsinteressen der aufstrebenden Fachleute des
Personalwesens bei Western Electric und in anderen Großfirmen sehr nützlich war,
und die zweitens die bekannte *Legende vom sog. Hawthorne-Effekt* ins Leben rief.

Warum hatten sich in Mayos Augen die Arbeitsleistung und die Arbeitsfreude
der Arbeiterinnen im RATR derart erfreulich entwickelt? Ihre von einfühlsamen
Versuchsleitern veränderte „geistige Einstellung" spielte gewiss eine Rolle – es
kam aber nach Mayo vor allem darauf an, den damit verbundenen *Systemwechsel*
in seiner ganzen, umwälzenden Bedeutung zu erkennen:

> „Es hatte ohne Zweifel ein bemerkenswerter Wandel der geistigen Einstellung in der
> Gruppe stattgefunden [...] Zuerst scheu und gehemmt, still und vielleicht auch den
> vermuteten Absichten der Firma gegenüber etwas misstrauisch, wird die Einstellung
> der Arbeiterinnen später zunehmend vertrauensvoll und offen [...] Wie kann man sich
> einen solchen Wandel erklären? [...] Die bedeutsamste Veränderung, welche die Firma
> Western Electric in ihrem Testraum einführte, hing mit den experimentellen Manipula-
> tionen nur oberflächlich zusammen. Die Firma bewirkte für die Gruppe in Wirklichkeit
> eine *vollständige Rekonstruktion ihrer ganzen industriellen Lebenssituation* [...] Die

---

[16] Die weitverbreitete Ansicht also, dass erst der Sozialwissenschaftler Mayo die im ingenieurswissenschaftlichen Quasiparadigma befangene Versuchsleitung auf die neue Schlüssel-
variable „Führungsstil" und deren überragende Bedeutung aufmerksam machte, trifft nicht
zu (s. Walter-Busch 1989, S. 88, 93 ff., und Gillespie 1991, S. 64 f.).

Gruppe musste sich einem neuen industriellen Milieu anpassen, einem Milieu, in dem ihre eigene Selbstbestimmung und ihre soziale Wohlfahrt, nicht die Arbeit, an erster Stelle rangierten." (Mayo 1933, S. 6971; Hervorhebung im Text von E.W.-B.)

Dass Mayo als außenstehender Fachmann die Vorgänge im RATR für eine industriegesellschaftsgeschichtlich revolutionäre „Rekonstruktion" der Lebenslage der betroffenen Arbeiterinnen hielt – für deren Entrückung gleichsam vom alten, krankmachenden ins neue Paradigma der Human Relations-Ära – kam den Professionalisierungsinteressen der Personalwesensfachleute, die sich als Experten für den Schlüsselfaktor „Mensch" in Organisationen verstanden, natürlich sehr entgegen. Es konnte dem Ansehen ihrer Arbeit nur nützen, wenn Hochschulprofessoren ihnen bestätigten, dass sie umwälzend neuartige Wege zur Verbesserung des Schlüsselfaktors Menschenführung in Organisationen gefunden hatten. Manche Fachleute des Personalwesens bei der Firma Western Electric – zumal solche mit einer College-Ausbildung – erlebten so in den 30er Jahren eine eigentliche „Bekehrungs-Erfahrung" (eine „conversion experience", s. Gillespie 1991, S. 90, 121, 149). Sie waren davon überzeugt, dass die Verwirklichung wirtschaftlich und menschlich befriedigender Verhältnisse in der Industriegesellschaft vor allem davon abhing, ob sich in der Wirtschaft ihre neuen Personalbehandlungspraktiken würden durchsetzen können.

Mayo hielt die Entdeckung neuer Grundsätze der Menschenführung im RATR überdies gerade darum für besonders schlüssig, weil sie ihm als eine durchaus *unbeabsichtigte* Folge der Mühe erschien, mit der die *ingenieurswissenschaftlich* orientierte Versuchsleitung das Verhalten ihrer Versuchspersonen zu kontrollieren versuchte:

„Indem die Firma eine [für sie] neue Form wissenschaftlicher Kontrolle in Form genauer Beobachtung und Messung entwickelte, veränderte sie unabsichtlich das Muster [der Situation] total [...]" (Mayo 1933, S. 70)

Diese Behauptung Mayos entspricht allerdings den *wirklichen* Konzeptionen, Anordnungen und Handlungsweisen der Versuchsleitung ausgesprochen schlecht. Da die Versuchsleiter die beteiligten Arbeiterinnen nie wie psychotechnisch streng zu kontrollierenden Versuchskaninchen behandelten, konnten sie auch gar nicht von den unbeabsichtigten Konsequenzen solcher Kontrollbemühungen, eben dem Hawthorne-Effekt, überrascht werden. Eine beiderseits vertrauensvolle Zusammenarbeit mit den Arbeiterinnen gehörte vielmehr von Anfang an zu den erklärten Zielen des Kooperationsexperimentes im RATR. Es war zwar eine *rhetorisch* geschickte und *darum* wohl außerordentlich erfolgreiche Argumentationsfigur Mayos, in einer Zeit, da der ingenieurswissenschaftliche Taylorismus zunehmend als veraltet galt, den Durchbruch der neuen Human Relations-Ära gerade auf ungewollte Konsequenzen des Bestrebens, am Alten festzuhalten, zurückzuführen. Da dieses Argument aber eine freie Erfindung Mayos war, sollte der berühmte Hawthorne-Effekt eigentlich eher Mayo-Effekt heißen (vgl. dazu im einzelnen Walter-Busch 1989, S. 93 ff.).

3. Das „Interviewing Program", 1928–1932. Während der ersten zwei Jahre des im September 1928 gestarteten „Interviewing Program" befragten Hunderte von neben- oder hauptamtlichen Interviewern mehr als 21'000 Mitarbeiter der Hawthorne-Werke über deren positiven und negativen Arbeitserfahrungen. Die zunächst knappen, später ausführlicheren Gesprächsprotokolle wurden von einer Auswertungsabteilung inhaltsanalytisch durchgearbeitet, um danach, nach bestimmten Themen sortiert, als Diskussionsgrundlage für die seit 1926 intensivierte Führungskräfteschulung zu dienen. War gerecht und traf zu, was Untergebene eines bestimmten Firmenbereichs an ihrer Arbeit, dem Vorgesetzten und sonstigen Arbeitsbedingungen auszusetzen fanden? Wie konnten erkannte Missstände beseitigt und in Zukunft überhaupt vermieden werden? Mit Fragen dieser Art ließen sich in der Vorgesetztenschulung Prozesse in Gang setzen, die den Personalwesensfachleuten der Firma unumgänglich und fruchtbar erschienen.

Als Mayo zusammen mit seinem Mitarbeiter Fritz Roethlisberger, den er zu einem tüchtigen Berater und Therapeuten von Studenten der Harvard Business School ausgebildet hatte, die Gesprächsführungsmethodik des „Interviewing Program" zu beeinflussen begann, stand für ihn fest, dass dies in Richtung einer verstärkt tiefenpsychologischen Orientierung desselben zu geschehen hatte: Die eingesetzten Interviewer mussten sich vom Vorurteil, mit ihren Fragen „objektive Tatbestände" erfassen zu können, lösen, und ihre Interviewtechnik neu als Methode auffassen, unbewusste Hintergründe der Mitarbeiterpsyche zu enthüllen. Anstatt sie Techniken geschickten Fragens nach Tatbeständlichem üben zu lassen, mussten sie zu *methodisch geschulten Zuhörern* ausgebildet werden. Mayo und Roethlisberger stellten den Mitarbeitern des Interviewing Program für diese von ihnen „indirekt" genannte Gesprächsführungsmethode, die derjenigen der „nicht-direktiven Gesprächsführung" der humanistischen Psychologie sehr nahesteht, die [folgen]den Regeln zur Verfügung:

„1. Schenken Sie der interviewten Person Ihre ganze Aufmerksamkeit, und zeigen Sie dies ihr ausdrücklich.
2. Hören Sie, anstatt selbst zu sprechen, aufmerksam zu.
3. Argumentieren Sie nie, und geben Sie keine Ratschläge.

4. Achten Sie darauf
    a. was die interviewte Person sagen möchte.
    b. Was sie nicht sagen möchte.
    c. Was sie nicht ohne Hilfe sagen kann.
5. Während Sie zuhören, skizzieren Sie für sich versuchsweise [...] das Verhaltens-
    muster, das sich Ihnen darbietet. Um es zu überpüfen, fassen Sie das von der
    interviewten Person Gesagte zusammen und lassen Sie es kommentieren. Tun
    Sie dies mit Vorsicht - das heißt, klären Sie die Dinge, aber ohne ihnen etwas
    hinzuzufügen oder sie zurechtzubiegen." (Mayo 1937, S. 33)

Mayo nahm an, dass man nur mit nichtdirektiven Zuhörmethoden den eigentlichen
Mitarbeiterproblemen auf die Spur kommen – und sie damit nicht selten zugleich
auch heilen könne. Seine Lehre fand in der Interviewerabteilung, der man firmenintern die Durchführung des Personalbefragungsprogramms übertragen hatte, viele
Anhänger. Vor allem weibliche Interviewerinnen ergriffen gerne die Gelegenheit,
so wie es schon Emily Osborne als Mayos „Zuhörposten" getan hatte, einfühlsame
nichtdirektive Gesprächsmethoden gegebenenfalls auch therapeutisch einzusetzen.
In der Endphase der Hawthorne-Experimente versuchte dies Imogen Rousseau beispielsweise, indem sie die sechs Arbeiterinnen des RATR 1931/1932 alle drei bis
vier Wochen wiederholt, d. h. insgesamt rund 120mal befragte (vgl. zu den ca. 700
Seiten Gesprächsprotokollen, die Miss Rousseau von diesen Interviews anfertigte,
Walter-Busch 1989, S. 105 ff.).

4. Die Beobachtungsstudie im „Bank Wiring Observation Room", 1931/1932.
Mayo dachte nie nur rein psychologisch, sondern immer auch sozialpsychologisch,
sozialwissenschaftlich und politisch-weltanschaulich (s. Abschn. 7.3). Er versuchte
stets, seine industriepsychiatrischen Untersuchungen mit qualitativen Sozialfor-
schungsstudien über die privaten Lebensverhältnisse arbeitender Menschen zu
ergänzen. Kontakte mit Kulturanthropologen, vor allem B. Malinowski oder L. Warner, lagen ihm dabei näher als solche mit Soziologen – besonders wenn Ethnologen
bereit waren, ihre ethnographischen Forschungsmethoden auf moderne Gesellschaften anzuwenden. L. Warner tat dies im Rahmen seiner bekannten „Yankee
City"-Studien. Sie wurden anfänglich mit Rockefeller-Geldern Mayos finanziert,
wiesen anders als ursprünglich geplant aber bald keinen direkten Bezug mehr zu
den Hawthorne-Experimenten auf. Immerhin war die Beobachtungsstudie im „Bank
Wiring Observation Room" der Hawthorne-Werke direkt von Warner beeinflusst.
Man wollte hier im Gegensatz zu allen vorangegangenen Untersuchungen das informale Sozialsystem einer größeren Gruppe männlicher Arbeiter beobachten, ohne in
es mit reaktiven Interviewverfahren oder sonst wie feldexperimentell einzugreifen.

Dementsprechend stark betonten die ersten Untersuchungsberichte, wie eigensinnig und erfolgreich die Arbeitergruppe ihre Normen gegenüber den weitgehend ergebnislosen Lenkungsversuchen des Managements zu verteidigen verstand. Diese Berichte waren firmenintern schwer verdaulich, und verzögerten noch in der abgeschwächten Form, in der sie in den großen Schlussbericht von Roethlisberger und Dickson über die Hawthorne-Experimente eingingen, dessen Publikation – das Topmanagement der Western Electric wollte vorab ihretwegen Roethlisbergers und Dicksons 1936 fertiggestelltes, aber erst 1939 erschienenes Buchmanuskript „Management and the Worker" lange nicht zur Publikation freigeben (s. Gillespie 1991, S. 158 ff., 205 f.).

Mit zunehmender Verbreitung von Grundorientierungen der Human Relations-Bewegung gewöhnte man sich indessen allmählich auch in höheren Managementkreisen an den Gedanken, dass zwischenmenschliche Beziehungsnetze im Betrieb als eigensinnige, einer eigenen Logik folgende *soziale Systeme* zu betrachten seien, und dass demzufolge selbst formell anordnungsbefugte Vorgesetzte solche informellen Sozialsysteme nicht einfach mit Befehlen in die gewünschte Richtung zu bewegen vermögen. Mayo und seine Schüler, unter ihnen vor allem Roethlisberger, stellten in den 30er Jahren zunehmend diesen *sozialsystemischen Gedanken* ins Zentrum ihrer „Harvard Hawthorne-Botschaft",. Gleichzeitig schwächten sie deren mentalhygienisch-industriepsychiatrischen Komponenten, mit denen sich Mayo Expertenmacht verschafft hatte, ab. Sie passten immer weniger gut zum neuen Zeitgeist, und wurden nach dem Durchbruch des Quasiparadigmas der Human Relations auch gar nicht mehr benötigt. Aus einem ursprünglich stark psychopathologisch krankheitsorientierten Ansatz entstand so eine positiv gesundheitsorientierte Bewegung, die betonte, wie Individuen über ein voll entfaltetes Gruppen- und Gemeinschaftsleben in Organisationen zum gesunden Kern ihres Wesens zurückfinden könnten.

5. Das „Personnel Counseling"-Programm, 1936–1956. Die von der Wirtschaftskrise verursachten Umsatzeinbußen der Firma Western Electric, die dramatische Entlassungsaktionen zur Folge hatten (vgl. dazu oben Anm. 13), führten 1932 auch zum Abbruch der Hawthorne-Experimente. Aber schon ab 1936 ging es wieder aufwärts. Das Personalmanagement konnte es sich leisten, die vier Jahre zuvor beendeten Interviewing-Aktivitäten in modifizierter Form als sog. „Personnel Counseling"-Programm fortzuführen. 1937 beschäftigte man in der Firma 12 „Personalberater", 1941 bereits 31, und 1947/1948, auf dem Höhepunkt der Programmanwendung, 52 bzw. 55 überwiegend hauptamtliche „counselors" (Dickson und Roethlisberger 1966, S. 5–7). Deren Aufgabe war es *erstens,* Vorgesetzte von jenen reinen Zuhör- und Beratungsfunktionen, die sie als Repräsentanten der

Organisationshierarchie immer nur teilweise erfüllen konnten, zu entlasten. Wenn
Mitarbeiter dies wünschten, offerierten ihnen psychologisch geschulte Personalberater diskrete Hilfeleistungen zur besseren Bewältigung innerbetrieblicher oder
privater Schwierigkeiten.[17]

Die *zweite* Hauptaufgabe der Personalberater der Firma Western Electric und
anderer Tochtergesellschaften der AT&T bestand darin, die *sozialsystemischen Diagnosefähigkeiten* des Managements zu verbessern. Sie konnten dabei u. a. von
Überlegungen Gebrauch machen, wie sie Roethlisberger in seinen Kursen für höhere
Vorgesetzte und Studenten vorzutragen pflegte. Roethlisberger stellte den zweck-
rationalistischen Grundbegriffen traditionellen Managements (linke Kolonne von
Figur 7c) die neuen, ihm zufolge bislang unbekannten oder unterschätzten Unterscheidungen des Harvard Hawthorne-Ansatzes der Human Relations – „soziale
Interaktionen", „Gefühle", „informale Organisation" usw., s. Abb. 7.3 – gegenüber.
Unter dem Eindruck der Umbruchsrhetorik Mayos hielt Roethlisberger anfänglich die neu „entdeckten" Realitäten informaler Sozialsysteme für die *eigentliche*
Managementrealität, und schrieb zweckrationalen Planungs- und Entscheidungstechniken, Rationalitätsannahmen usw. nur die Eigenschaft *sozialwissenschaftlich*
zu entschlüsselnder *Fiktionen* zu (Roethlisberger 1977, S. 189, 269 f.). Er entschied
zunächst also die Frage[18], ob das Neue *an die Stelle* des überholten Alten treten, oder
ob es *komplementär* zu ihm eine es bloß *ergänzende* Rolle spielen sollte, zugunsten der ersten, intoleranteren Alternative. Dieser starke *Prioritätsanspruch* für
die von der Human Relations-Bewegung bevorzugten Realitätsdefinitionen erwies
sich allerdings aus verschiedenen Gründen als unhaltbar. Nach teilweise heftigen
Auseinandersetzungen mit Fachkollegen, die solche Ausschließlichkeitsansprü-
che entschieden zurückwiesen, transformierte Roethlisberger sein ursprüngliches

---

[17] Vgl. dazu Dickson und Roethlisberger 1966, S. 40, 351. Unter den 331 männlichen und
405 weiblichen Angestellten, die zwischen September 1953 und Dezember 1954 Beratungs-
hilfe verlangt und erhalten hatten, waren die häufigsten Leidensquellen bei den Männern 1)
Karriereprobleme (62 Fälle = 18,7 %), 2) Unzufriedenheit mit der Arbeit und/oder dem Lohn
(61 Fälle = 18,4 %) sowie 3) private Beziehungsschwierigkeiten (54 Fälle = 16,3 %). Bei den
405 Frauen waren es geschlechtsrollentypisch an erster Stelle private Beziehungsprobleme
(128 Fälle = 31,6 %), 2) Unzufriedenheit mit der Arbeit und/oder dem Salär (74 Fälle =
18,3 %) sowie 3) Probleme menschlicher Beziehungen am Arbeitsplatz (60 Fälle = 14,8 %;
ibid. S. 71).

[18] Dieser einfachen Frage nach der Art des erzielten Erkenntnisfortschritts (vgl. oben, Kap. 4)
können Sozialwissenschaftler – nicht nur, wenn sie überholte ältere ihren neuen Einsichten formal ähnlich wie Roethlisberger gegenüberstellen, vgl. unten, Abschn. 9.3 und 9.4
– grundsätzlich nicht ausweichen.

Roethlisberger über blinde Flecken traditionellen Managements
(links) und die neue Human Relations-Perspektive (rechts)

als "wirklich relevant und wichtig" gelten herkömmlicherweise:	bisher ignorierte oder verdrängte Neuentdeckungen der Hawthorne-Forscher:
1. logische Handlungen	1. soziale Interaktionen
2. tatsachenorientiertes Handeln	2. Interaktionen, Gefühle, Verhalten
3. formale Organisation	3. informale Organisation
4. technologische Organisation	4. soziale Organisation
5. geplantes Handeln	5. emergierendes Verhalten
6. intendierte Handlungsfolgen	6. unintendierte Handlungsfolgen
7. zweckrationale Handlungslogik	7. Kommunikationen zwischen Subjekten
8. effiziente Beziehungen	8. situativ befriedigende Beziehungen
9. logische Konflikte	9. alogische Konflikte
10. Organisationsziele und -entscheidungen	10. persönliche Ziele und Entscheidungen
11. nutzenmaximierende Entscheidungen	11. persönlich befriedigende Entscheidungen
12. ökonomische Rentabilitätskalküle	12. persönliches Engagement, Involviertheit

Abb. 7.3 Roethlisberger über blinde Flecken traditionellen Managements und die neue Human Relations-Perspektive

„entweder – oder" in ein toleranteres „sowohl – als auch", und hielt die beiden Sichtweisen zuletzt nicht mehr für inkompatible, sondern für sich gegenseitig spannungsreich *ergänzende* Perspektiven (ibid. S. 431, 465).

Führungskräfte der AT&T lernten so schon früh – nicht etwa nachdem, sondern eher *bevor* Organisationsforscher die entsprechenden Annahmen theoretisch fixiert hatten – Probleme ihrer Unternehmung als solche eines *offenen Sozialsystems* zu verstehen. Einige der acht diesbezüglichen Orientierungsregeln für „counselors" der AT&T antizipierten Grundeinsichten des „open system"-Ansatzes sozialwissenschaftlicher Organisationsforschung, der in den 60er Jahren populär werden sollte (vgl. Abschn. 8.4, 8.5):

„4. Diagnostizieren und klären sie die ganze Situation (‚the total situation') [...] 7. Denken Sie in Begriffen eines natürlichen, organischen, offenen sozialen Systems [...], nicht jedoch in Begriffen rationaler, inorganischer oder mechanischer Systeme

[...] 8. Denken Sie funktionalistisch: Identifizieren Sie die Funktion, die ein wohleta-
bliertes Verhaltensmuster in einem System ausübt als Beitrag a. zur Selbsterhaltung
des Systems, b. zu dessen Kapazität, Umweltprobleme zu bearbeiten." (zit. in Dickson,
Roethlisberger 1966, S. 40–42)

Da sie die Kompetenzen Vorgesetzter tangierten, waren die Personalberatungs-
praktiken, die die Hawthorne-Werke eingeführt hatten, selbst dem Management,
dessen Führungsaufgaben sie erleichtern sollten, nie nur willkommen. Innerhalb
wie außerhalb der AT&T hegten außerdem vor allem wirtschaftskritisch gesinnte
Kreise – Laien, Praktiker und Gelehrte – den Verdacht, dass nichtdirektive Per-
sonalberatungspraktiken dazu dienen könnten, unliebsame Arbeitnehmer- und
Gewerkschaftspostulate zu umgehen oder abzuwehren (Gillespie 1991, S. 212,
222 ff.). Gewerkschaftsfreundliche Sozialwissenschaftler wie Arthur Kornhauser
hoben darum hervor, es sei wichtig, die von Mitarbeiterbefragungen ermittelten Kri-
tikpunkte ernst zu nehmen und in konkreten Arbeitsverbesserungsprogrammen auch
tatsächlich zu berücksichtigen. Fritz Roethlisberger betonte in Schulungskursen für
Personalberater der Hawthorne-Werke gerade umgekehrt, dass es ihm weniger um
die objektive als um die subjektive Bedeutung der erfragten Einstellungen gehe – um
das also, was sie über die Menschen, die sie hegten, verrieten. Das stark von Human
Relations-Ideen geprägte Personalschulungsprogramm „Training within Industry"
(TWI), das während des Zweiten Weltkrieges Hunderttausende amerikanischer Vor-
gesetzter absolvierten, postulierte in diesem Sinne: „Es ist wichtiger, die Art der
Person zu kennen, die ein Problem hat, als die Art des Problems, das sie hat" (ibid.
S. 142, 147, 235).

Das Mayo'sche Zuhörprinzip der Human Relations-Bewegung glaubte in der
Tat auf Mitarbeiter „als Menschen" gerade dadurch, dass es empfahl, auf deren
Sachprobleme nicht einzugehen, *besonders gut* eingehen zu können. Als Prinzip des Umsteigens von der *Inhalts-* auf die *Beziehungsebene* innerbetrieblicher
Kommunikation interpretiert, blieb es zwar bis heute auch in der Organisationsentwicklung, deren Anfänge abschließend kurz skizziert werden sollen, wichtig.
Einige Organisationsberater, denen nach dem Zweiten Weltkrieg im Windschatten
der Human Relations-Bewegung der Durchbruch gelang, grenzten sich von dieser aber eben dadurch ab, dass sie versuchten, die *informalen Beziehungs*probleme
eines *sozio*technischen Systems nicht isoliert, sondern im Zusammenhang mit den
*sozio*technischen *Sach*problemen des betreffenden Systems zu verstehen.

7.6 Anfänge des soziotechnischen Systemansatzes und der Organisationsentwicklung

Die Human Relations-Bewegung, die ab Ende der 30er Jahre in den USA und nach 1945 auch in Europa bis ungefähr Mitte der 50er Jahre zu großer Wirkung gelangte, betonte, wo sie Organisationsprobleme behandelte, andere als die klassischen Erfolgsfaktoren des Taylorismus und der Psychotechnik. Nicht mehr optimale Arbeitsvorbereitung, Selektions-, Planungs-, Koordinations- oder Kontrolltechniken, sondern einfühlsame Eingriffe in soziale Beziehungssysteme galten nun als *das* Führungsinstrument, dem die Zukunft gehörte. Hatten sich während des Ersten Weltkrieges im Personalführungsbereich kriegsführender Länder vor allem psychotechnische Selektionsverfahren und innerbetriebliche Wohlfahrtsarbeit verbreitet, so waren es nun in den Vereinigten Staaten während des Zweiten Weltkrieges – *zusätzlich* zu, nicht *anstelle* dieser älteren Praktiken – Führungskurse und Arbeitszufriedenheitsstudien in militärischen und in nichtmilitärischen Organisationen, die starken Auftrieb bekamen. Das 1940 in Gang gesetzte Programm „Training within Industry" (TWI) stellte bis Ende 1945 insgesamt nicht weniger als 1751 Mio. Zeugnisse für erfolgreich absolvierte Vorgesetztenkurse aus. Rund eine halbe Million Vorgesetzte (vor allem Vorarbeiter und Meister) besuchten allein in der amerikanischen Kriegsindustrie Kurse über menschliche Beziehungen am Arbeitsplatz (weitere 139.000 im kanadischen und im britischen Kriegsindustriekomplex, s. Gillespie 1991, S. 234). Eines der in riesigen Auflagen vervielfältigten Merkblätter, die dabei abgegeben wurden, enthielt die folgenden, für den Human Relations-Ansatz typischen Richtlinien:

> „*Grundlagen guter Beziehungen*:
>
> Teilen Sie jedem Arbeiter mit, wo er leistungsmässig steht.
>
> Sprechen Sie verdiente Anerkennungen auch aus.
>
> Orientieren Sie Mitarbeiter im Voraus über Veränderungen, die sie betreffen.
>
> Machen Sie von den Fähigkeiten einer jeden Person den bestmöglichen Gebrauch.
>
> Jedermann muss individuell behandelt werden." (ibid. S. 235)

Nach dem Ende des Zweiten Weltkrieges nahmen in den Vereinigten Staaten viele Akademiker oder Angehörige der helfenden und lehrenden Berufe an, dass die zunächst „Sciences of Human Relations", später „Behavioral Sciences" genannten Sozialwissenschaften Wesentliches zur Humanisierung der Gesellschaft beitragen könnten. Die USA standen damals nicht nur mit ihren technischen, sondern auch mit ihren wirtschaftlichen, politischen und menschenerzieherischen Leistungen auf einem Höhepunkt ihres Ansehens. Sie hatten seit den 20er Jahren die Sozialwissenschaften weitaus großzügiger gefördert als Europa – ließen sich etwa ihr enormes Wirtschaftspotential und ihr insgesamt glücklicherer Umgang mit sozialen oder politischen Konflikten auf den überlegenen Entwicklungsstand „ihrer" Sozialwissenschaften zurückführen? Weite Kreise der gebildeten Öffentlichkeit erhofften sich von den in den USA – und im Wesentlichen nur hier entstandenen – „Sciences of Human Relations" (nach Chase 1948) konkrete Hinweise darauf, wie man in Zukunft soziale Vorurteile noch besser als bisher abbauen, Volksmeinungen genau erforschen, Städte menschenfreundlich gestalten, Schulen, Spitäler, Gefängnisse, Verwaltungen und Unternehmungen human und wirtschaftlich entwickeln sowie ganz allgemein soziale Konflikte friedlich lösen könne. Mit den in der Nachkriegskonjunktur reichlich fließenden Mitteln privater Stiftungen einerseits, des Staates andererseits wurden an Universitäten Dutzende von Departementen und Instituten für Human Relations, vereinzelt auch für Social Relations gegründet. Roethlisberger erhielt das Geld, das er zur Finanzierung seiner „Human Relations Clinic" benötigte, ohne um es nachsuchen zu müssen (Walter-Busch 1989, S. 165). Er bildete an einer solchen „Human Relations Clinic" Lehrer von Lehrern der Mayo'schen Zuhör- und Kommunikationspraktiken aus – als Multiplikatoren der Human Relations-Bewegung in der damals von vielen geteilten Hoffnung, so die gesellschaftlichen Verhältnisse zugleich humaner und leistungsfähiger gestalten zu können.

Die Sozialwissenschaftler, die nach 1945 am spektakulären Aufschwung der „Sciences of Human Relations" mitwirkten, gehörten keineswegs nur dem Mayo-Kreis an, der den Human Relations-Ansatz im engeren Sinne begründet hatte. Die wichtigsten Promotoren der vielversprechenden neuen Wissenschaften waren nach Stuart Chase, der 1948 ein populärwissenschaftliches Buch über sie verfasste, neben Mayo Kulturanthropologen und Soziologen, die (wie die Autoren der berühmten „Middletown-" und „Yankee City"-Studien) Gemeinden erforschten; Politologen und Soziologen, die systematisch Meinungsumfragen durchführten; Kulturanthropologen, Soziologen und Sozialpsychologen, die Völker- und Rassebeziehungen, das Verhalten von Militärpersonal in Krieg und Frieden untersuchten; sowie Ökonomen, die exakte Methoden und Theorien erfanden, mit denen sie unerwünschte Entwicklungen der Wirtschaft rechtzeitig erkennen und korrigieren konnten (Chase 1948 und 1956). Mayos Human Relations-Forschungen verhielten sich zur Gesamtheit der „Sciences of Human Relations" der unmittelbaren Nachkriegszeit somit wie ein Nebenfluss, der im gleichnamigen großen Strom, in den er mündet und dem er den Namen gegeben hat, aufgeht (und nicht etwa dieser in ihm).

Allgemein wie speziell organisationswissenschaftlich waren Sozialpsychologen, die psychologische mit soziologischen Fragestellungen *anwendungsorientiert* zu verbinden verstanden, besonders erfolgreich. Unter ihnen errang sich der 1933 in die USA emigrierte Kurt Lewin (s. oben, Abschn. 7.1) eine führende Stellung. Lewin richtete seine zunächst gestaltpsychologisch, dann – als Eigenentwicklung – „feldtheoretisch" konzipierten Forschungen in den Vereinigten Staaten zunehmend praxisorientiert aus. Er nannte sie, wenn sie in ein Praxisfeld unmittelbar eingriffen, „Aktionsforschung". 1945 gelang es Lewin, am MIT (Massachusetts Institute of Technology) ein „Research Center for Group Dynamics" (RCGD) zu gründen, das die von ihm schon während der 30er Jahre an der Universität Iowa begonnenen Forschungen über gruppendynamische Prozesse, etwa solche der Wirkungen autoritärer und demokratischer Führungsstile (Lippitt 1940), intensivierte. Rensis Likert, der ein Pionier der sozialwissenschaftlichen Umfrageforschung war und mit Lewin kooperierte, gründete im darauffolgenden Jahr in Michigan das „Survey Research Center" (SRC). Ebenfalls 1946 fanden unter der Leitung Lewins am Teachers' College in Connecticut gruppendynamische Trainingskurse statt, in deren Verlauf die Auszubildenden sich erstmals selber an der Auswertung der von der Kursleitung veranstalteten Gruppenübungen beteiligen konnten.[19] Diese Kurse wurden ab 1947 in Bethel (Maine) in Form der sog. Trainings- (T-) Gruppenkurse der „National Training Laboratories for Group Development" (NTL) fort geführt. Nach dem frühen Tode Lewins im Jahre 1947 fusionierten das SRC und das RCGD 1948 unter der Leitung R. Likerts zum „Institute for Social Research" (ISR), das der Universität Michigan angeschlossen wurde. An diesem Institut und seinen Vorläufern (dem RCGD, dem SRC und Lewins Forschungsstelle an der Universität Iowa) haben sehr viele der später in der sozialpsychologischen Forschung oder der Organisationsentwicklungspraxis führenden Sozialwissenschaftler die sie akademisch prägende Ausbildung erfahren (vgl. dazu u. a. Cartwright und Zander 1968; Festinger 1980; French und Bell 1977; Marrow 1977).

---

[19] Als die Kursteilnehmer der Kursleitung ihren Wunsch, an der Auswertung der Übungsresultate teilnehmen zu können, vorbrachten, soll ihn im Leitungsteam vor allem Lewin unterstützt haben. Offenbar war er seiner politischen Überzeugung des Jahres 1920, dass „eine fruchtbringende Untersuchung des Arbeitsprozesses der direkten *Mitarbeit* des Arbeiters" bedürfe (s. oben, Abschn. 7.1), treu geblieben. Nach dem Bericht Bradfords, eines Mitglieds des Leitungsteams, reagierten die Kursteilnehmer auf die Daten, die ihr Verhalten betrafen, „wie auf einen ‚gewaltigen elektrischen Stromstoß'. Auf diese Weise wurde die Bedeutung des Feedbacks in einer T- (Trainings-) Gruppe entdeckt" (Marrow 1977, S. 230).

Kaum von Mayo, dagegen sehr stark von Kurt Lewins feldtheoretischen und gruppendynamischen Konzepten beeinflusst waren auch die Gründer des „*Tavistock Institute of Human Relations*", E. Trist und A.T.M. Wilson. Sie errichteten es 1946 – einmal mehr mit Geldern der Rockefeller-Stiftungen – an der Londoner Tavistock-Klinik. Die ab 1948 erscheinende Institutszeitschrift trug zwar, dem Zeitgeist entsprechend, den Namen „Human Relations". Sie wurde aber ebenfalls in enger Zusammenarbeit mit den Nachfolgern Lewins am ISR herausgegeben, und konzeptionell wie methodisch übernahm das Institut ausdrücklich Lewins „Feldtheorie" und Aktionsforschungskonzept. Man fasste am Tavistock Institut menschliches Verhalten mit anderen Worten als „Feld miteinander interagierender Kräfte" auf, in das mit Mitteln der Aktionsforschung einzugreifen war (Jaques 1951, S. XIV). Die sozialen Feldkräfte sollten sowohl in ihren bewussten wie – der psychoanalytischen Orientierung der 1920 gegründeten Tavistock-Klinik gemäß – in ihren unbewussten Erscheinungsformen je nach Maßgabe ihrer Stärke, Richtung, Distanz und Valenz erfasst werden. Die erste große Publikation über die Organisationsforschungen des Instituts (Elliott Jaques' Analyse sozialwissenschaftlich begleiteter Entwicklungsprozesse in der „Glacier Metal Company", 1948–1950) führte dazu zusammenfassend aus:

> „Die Fallstudie, über die hier berichtet wird, zeigt, wie *unbewusste Kräfte im Gruppenverhalten* und unbeabsichtigte Zusammenstöße von Gruppen im Hinblick auf Zwecke, derer sie sich nur vage bewusst sind, wichtige Faktoren in Prozessen der sozialen Anpassung sind. Sie zeigt ferner, wie solche Kräfte [...] eine Hauptursache von Schwierigkeiten bei der Verwirklichung schon beschlossener Pläne der *sozialen Entwicklung* und des *sozialen Wandels* sein können. Für die Praxis interessant ist in diesem Zusammenhang die Beschreibung von *Methoden des tiefenpsychologischen Durcharbeitens von Problemen.* Organisationsmitglieder lernen durch diese in ihren Entscheidungen einen weiteren Bereich von Faktoren zu berücksichtigen, und werden so in ihrer Arbeit flexibler. Die Studie illustriert aus sozialwissenschaftlicher Sicht das Zusammenspiel der (aus Rollen-Systemen bestehenden) *sozialen Struktur* mit der *Kultur* und dem *Persönlichkeitssystem* [...] Sie erinnert ferner an die unvermeidlichen *Wechselwirkungen zwischen der technischen und der sozialen Entwicklung,* sowie daran, dass man die beiden Aspekte in Industriegesellschaften nicht nacheinander, sondern simultan in Betracht ziehen sollte." (ibid. S. XVII; Hervorhebungen im Text von E.W.-B.)

Das Zitat zeigt, dass E. Jaques und seine Mitarbeiter (darunter A.K. Rice und E.L. Trist) auf die vom progressiven Unternehmer W. Brown initiierten Veränderungsprozesse in der Glacier Metal Company[20] zwar den *Begriff* der

---

[20] Wilfred Brown war von 1939 bis 1965 Chairman und Managing Director dieser mittelgroßen Firma der metallverarbeitenden Branche. Er führte 1941 gegen den Widerstand vieler

Organisationsentwicklung, der erst Ende der 50er Jahre gefunden und häufiger verwendet wurde, noch nicht anwandten. *Inhaltlich* aber entsprachen die Praktiken, mit denen Jaques soziale Entwicklungsprozesse in Browns Firma diagnostizierte und mitbeeinflusste, weitgehend denen, die in der Praxis der Organisationsentwicklung später üblich wurden. Jaques trat bei Glacier nie als der Experte auf, der die wahren Firmenprobleme erkannt habe. Er beanspruchte nur, als *Change Agent* eines Änderungsprozesses, den die Betroffenen selbst zu tragen hatten, diesen hin und wieder nützliche Hinweise darauf geben zu können, wo sich hinter ihren *Sach*problemen seiner Auffassung nach individuelle oder kollektive *Beziehungs- und Kommunikationsprobleme* verbargen. Wechselten seine Klienten alsdann während Gruppendiskussionen von der konventionellen Inhaltsebene der Kommunikation auf die Beziehungsebene, und versuchten so die mehr oder weniger verborgenen Geheimnisse der Beziehungen zwischen ihnen zu enträtseln, so ließen sich öfters erstaunlich produktive Entwicklungsprozesse, die auch Lösungen für zuvor als unlösbar geltende Sachprobleme in sich bargen, in Gang setzen. Die Sozialwissenschaftler des Tavistock Institutes nannten diese Vorgehensmethodik – mit deutlichen Anklängen an die Psychoanalyse – die Theorie und Praxis des Bearbeitens bzw. Durcharbeitens (des „working-through") von Problemen. Ziel dieses Bearbeitens einer Firmenproblematik war es je nach den persönlichen Präferenzen eines Experten manchmal eher, der Organisation Unbewusstes, von ihr Verdrängtes ins Bewusstsein zu heben (s. z. B. ibid. S. 206 ff. und Bion 1959). Eher soziotechnisch als psychoanalytisch orientierte Mitarbeiter des Institutes, vor allem K.W. Bamforth, A.K. Rice und E.L. Trist, folgten andererseits dem normativen Leitbild einer menschengerechten Gestaltung der Arbeitstechnik. Sie trauten insbesondere *selbststeuernden*

Führungskräfte eine Unternehmungsverfassung ein, die den Arbeitern weitgehende Mitwirkungsrechte einräumte. Brown interpretierte sie nicht nur als ein Betriebsgemeinschaftsmodell, das Gewerkschaftsaktivisten zur Kooperation einlud. Sein Mitwirkungskonzept diente ihm vor allem auch dazu, die Führungsfähigkeiten seiner Manager, die englischen Traditionen gemäß managementtechnisch eher unflexibel und im Umgang mit der Arbeiterbasis ungeschickt waren, schrittweise zu verbessern. Browns erste Zusammenarbeit mit externen Sozialwissenschaftlern – solchen des National Institute of Industrial Psychology (NIIP), die in den Jahren 1944–1946 Meinungsumfragen unter insgesamt rund 250 Firmenangehörigen durchführten – fiel für ihn anscheinend nicht voll befriedigend aus. Ab 1946 wandte er sich jedenfalls ans Tavistock Institut – mit bestem Erfolg nun (vgl. u. a. Jaques 1951; Brown 1960, 1971; Brown und Jaques 1965; Jaques war noch bis 1964 der wichtigste externe „Change Agent" und sozialwissenschaftliche Berater der Glacier Metal Company). – Das 1921 als zentrale Institution der psychotechnischen Bewegung Großbritanniens eröffnete NIIP, das um 1930 international sehr renommiert war, wurde tatsächlich vom Tavistock Institut relativ rasch in den Schatten gestellt. 1973 erholte sich das NIIP von der schlimmsten seiner nicht wenigen Krisen nicht mehr, und wurde (ein in Europa seltener Fall) geschlossen.

Arbeitsgruppen zu, die teils scheinbaren, teils realen Sachzwänge industrieller Produktionstechnologien menschengemäß auslegen und entwickeln zu können (vgl. dazu v. a. Trist und Bamforth 1951; Rice 1958; Miller 1975). Dieser *soziotechnische Systemansatz* des Tavistock Institutes, der Lewins Grundüberzeugungen (s. Abschn. 7.1) sehr nahestand, sollte in den 60er und 70er Jahren, im Rahmen der Bewegung zur Humanisierung der Arbeit (HdA, s. Abschn. 9.3), noch große Bedeutung erlangen.

Amerikanische Organisationsentwickler beriefen sich anders als die des Tavistock Institutes eher selten auf soziotechnische oder psychoanalytische Konzepte. Als sie Ende der 50er Jahre Methoden des „geplanten sozialen Wandels" (Bennis et al. 1961) auf alle möglichen Organisationen, ja theoretisch auf ganze Gesellschaften anzuwenden versuchten, wandten sie einerseits häufig Lewins T-Gruppenpraktiken, andererseits Likerts Verfahren des Rückspielens von Umfrageergebnissen (Survey Feedback) an. Auch ihre Organisationsentwicklungspraktiken sind aber gleich wie die schon um 1950 erstaunlich avancierten des Tavistock Institutes definierbar: Hier wie dort *entfesselte man hierarchisch blockierte Handlungsenergien* von Organisationen, indem man Organisationsmitglieder dazu anleitete, phasenweise vor allem *über Beziehungs-, nicht Sachprobleme* ihrer Arbeit zu kommunizieren.

7.7   Zusammenfassung

1. Bereits in den 20er Jahren haben der deutsche Sozialpsychologe *Kurt Lewin (1890–1947)* und der belgische Politiker *Hendrik de Man (1885–1953)* zukunftsweisende Kritik an den traditionellen Menschenbehandlungskonzepten des Taylorismus und der Psychotechnik geübt. K. Lewin plädierte dafür, das Scientific Management als ein Instrument zu betrachten, das primär dem Menschen, und erst in zweiter Linie der wirtschaftlichen Leistungsverbesserung diene. Es sollte Lewin zufolge arbeitende Menschen von sinnentleerter Arbeit entlasten, und zur Steigerung des Lebenswertes befriedigender Arbeit beitragen. An den notwendigen Untersuchungen von Arbeitsprozessen sollten die betroffenen Arbeiter und Angestellten dabei selber mitwirken können.

2. H. de Man stellte bei Umfragen unter klassenbewussten Arbeitern und Arbeiterinnen in den Jahren 1924–1926 fest, dass diese in einem gewissen Widerspruch zu ihrem damals noch weitgehend marxistischen Selbstverständnis an sinnvoller Arbeit und Zusammenarbeit mit einem aufgeklärten, kooperationswilligen Management durchaus interessiert waren. Jeder arbeitende Mensch strebt nach de Man zur Arbeitsfreude – „Arbeitsfreude verlangt

gar nicht danach, ‚gefördert' zu werden; es kommt nur darauf an, dass sie *nicht gehemmt* wird."

3. Als Hemmnisse der Arbeitsfreude, die im Rahmen einer fortschrittlichen, sozialen Betriebspolitik beseitigt werden sollten, wertete de Man u. a. die „Arbeitsmonotonie", eine unattraktive Arbeitsumgebung, „betriebshierarchischen Druck" und eine Misstrauenskultur, welche „die leiseste Andeutung eines menschlicheren, freieren Vertrauensverhältnisses" zwischen Untergebenen und Vorgesetzten vermissen lässt. Die europäische Betriebsgemeinschafts- und die amerikanische Human Relations-Bewegung setzte ungefähr zwischen 1930 und 1950 ihre personalpolitischen Instrumente ziemlich genau an diesen Schwachstellen an.

4. Die amerikanische Politologin und Managementtheoretikerin *Mary P. Follett (1868–1933)* hat als erste diese bedeutsame Wandlung in den Beziehungen zwischen Arbeitgebern und Arbeitnehmern aus einer *höheren Vorgesetzten-* und ganzheitlichen *Organisationsentwicklungsperspektive managementtheoretisch umfassend gewürdigt.* Sie ließ sich dabei vom sehr modernen Grundgedanken leiten, dass Organisationen *in sich dynamische, selbstentwicklungsfähige Einheiten* sind, denen nur *kreativ prozessorientierte Konzepte* angemessen sind.

5. Organisationen und deren Teile sind nach M.P. Follett keine Entitäten oder Produkte – es sind „immer Prozesse, keine Produkte". Sie sind „nicht das Resultat vernetzender Aktivitäten (‚interweaving'), sondern *sind* das Vernetzen." *Macht* definiert Follett dementsprechend nicht traditionell als „power-over", d. h. als hierarchisch von oben zugreifender Lenkung, sondern als Selbstkontrolle kontrollbedürftiger Aktivitäten („power-with"). Analog resultiert *Autorität* aus Koordination, und nicht umgekehrt Koordination aus Autorität.

6. Führungskräfte müssen zur Förderung der Entwicklungsfähigkeit ihrer Organisationsbereiche brachliegende Handlungsenergien entfesseln, die Entstehung organisationsweit verteilter „multipler Führung" fördern sowie dafür sorgen, dass bestehende Zielsetzungen und Visionen laufend erneuert werden. Folletts vier grundlegende Organisationsprinzipien sind 1) die *Entfesselung von Energien („evoking"),* 2) das *Interagieren („interacting"),* 3) das *Integrieren („integrating")* sowie 4) *kreative Selbstentwicklung („emerging").*

7. Mit diesen Organisations- und Führungsprinzipien können nach Follett Konflikte viel öfters, als man „realistischerweise" annimmt, nicht gemäß den herkömmlichen, problematischen Prinzipien der *Dominanz* (eine Partei siegt auf Kosten der anderen) oder des *Kompromisses,* sondern der *Integration* (alle Konfliktparteien gewinnen) gelöst werden.

8. Während M.P. Follett ihren managementtheoretischen Ansatz noch als Beitrag zur kontinuierlichen Weiterentwicklung wissenschaftlicher Betriebsführungspraktiken betrachtete, brach der australische Sozialphilosoph und Sozialpsychologe *Elton Mayo (1880–1949)* in den 30er Jahren mit dem tayloristischen Quasiparadigma, und versuchte es durch dasjenige des *Harvard Hawthorne-Ansatzes der Human Relations* zu ersetzen. Dieser wurzelt in den *mentalhygienischen Ideen,* die Mayo zu Beginn seiner akademischen Karriere in Australien entwickelte.

9. Mayo, der ein Medizinstudium abgebrochen hatte und über eindrückliche psychotherapeutische Heilfähigkeiten verfügte, betrachtete die gesellschaftlichen Probleme seiner Zeit mit einem ausgesprochen *klinischen,* gleichsam *gesellschaftstherapeutischen* Blick. Traditionelle Umverteilungs- und Demokratisierungskonzepte hielt er zur Lösung der um 1920 überall dramatisch zugespitzten sozialen Frage des Industriezeitalters für völlig ungeeignet. Er zog ihnen, da er von der zutiefst *psychischen* Natur dieser Probleme überzeugt war, *psychotherapeutische, „mentalhygienische"* Heilungskonzepte vor.

10. Mayo hielt klassenkämpferische Einstellungen militanter Arbeiter oder Arbeitgeber für Symptome psychischer, manchmal auch psychosomatischer *Erkrankungen.* Eigene Therapieerfolge in Australien bestärkten ihn in dieser Ansicht – er glaubte dort mehrere Arbeiterführer *zugleich* von ihren neurotischen Symptomen *und* von ihrem klassenkämpferischen Radikalismus geheilt zu haben.

11. Von J.D. Rockefeller jun. finanziert, erprobte Mayo diese Ideen als Nachfolger des Industriepsychiaters E. Southard ab 1923 erstmals in amerikanischen Industriebetrieben. Am besten bewährte sich seiner Erfahrung nach die Einrichtung sog. *Zuhörposten* („listening posts"): Eine von ihm ausgebildete Krankenschwester versorgte im Sanitätsraum einer Firma Arbeiter und Angestellte medizinisch, und ging dabei gleichzeitig, wenn sie dies wünschten, auf ihre privaten oder beruflichen Probleme ein. Der Erfolg dieser einfühlsamen Zuhörtechniken überzeugte Mayo davon, dass Firmen, die sie über Vorgesetzte oder Spezialisten systematisch einzusetzen verstanden, menschlich und wirtschaftlich wesentlich produktiver sein könnten.

12. Als Professor an die renommierte Harvard Business School berufen, interpretierte Mayo insbesondere die *Hawthorne-Experimente* der Firma Western Electric (AT&T) als Beweis dafür, dass seine Ideen richtig waren. Diese Experimente umfassten 1) die (von Mayo noch nicht beeinflussten) sog. Beleuchtungsstudien *(„Illumination Studies")* über Wirkungen von „Qualität und Quantität der Beleuchtung" am Arbeitsplatz, 1924–1927; 2) Versuche

über Auswirkungen unterschiedlicher Arbeitsbedingungen im *Relay Assembly Testraum (RATR)*, 1927–1932; 3) innerbetriebliche Meinungsforschung im Rahmen des sog. „*Interviewing Program*", 1928–1932; sowie schließlich 4) eine Beobachtungsstudie im „*Bank Wiring Observation Room*", 1931/1932.

13. Die firmeninternen Betreuer der Beleuchtungsstudien bei Western Electric hatten im Gegensatz zu deren externen Initianten *führungspsychologische Einflüsse* schon früh für wichtiger als physische Arbeitsbedingungen gehalten – die Experimente im RATR mit 5 Arbeiterinnen sollten von Anfang an die Wichtigkeit dieser Variablen demonstrieren. Mayo legte dagegen die spektakuläre Steigerung von Arbeitsfreude und Arbeitsleistung im RATR als einen *unbeabsichtigten Nebeneffekt* der Experimentiermethodik der Versuchsleitung aus *(Hawthorne – Effekt)*. Danach bewirkte gerade die (angebliche) Absicht der Versuchsleiter, ihre Versuchspersonen psychotechnisch zu manipulieren, dass ihre Beziehungen zu den Arbeiterinnen auf eine völlig neue Grundlage gegenseitigen Vertrauens gestellt wurden. Da Mayo diese Deutung ziemlich frei erfunden hat, kann man den *Hawthorne-* auch als *Mayo-Effekt* bezeichnen.

14. Mayo spielte ab 1929 auch im „Interviewing Program" eine wichtige Rolle. Die firmeninternen Interviewer, die insgesamt über 20.000 Interviews mit Angehörigen der Firma durchführten, wurden zunehmend in seiner nichtdirektiven, von Mayo „indirekt" genannten Zuhörmethodik unterwiesen.

15. Gemäß Mayos Grundsätzen bildete man später ferner die Personalberater aus, die im Rahmen der für die Ära der Human Relations typischen *Personnel Counseling-Programme* von AT&T (1936–1956) tätig waren. Diese bezweckten einerseits, Firmenangehörige, die dies wünschten, in persönlichen Angelegenheiten zu beraten; andererseits sollten die Personalberater und Spezialisten der Personalabteilung die *sozialsystemischen Diagnosefähigkeiten* der Vorgesetzten verbessern helfen. Das Management sollte sich so an den Gedanken gewöhnen, dass zwischenmenschliche Beziehungsnetze im Betrieb als eigensinnige, einer eigenen Logik folgende *soziale Systeme* zu betrachten sind, und dass selbst *formell* anordnungsbefugte Vorgesetzte solche *informellen* Sozialsysteme nicht einfach mit Befehlen in die gewünschte Richtung bewegen können.

16. Mayos Nachfolger an der Harvard Business School, F. Roethlisberger, hielt die ab 1945 auch international weit verbreitete „Harvard Hawthorne-Botschaft" vorübergehend für derart umwälzend, dass er die neu „entdeckten" Realitäten informaler Sozialsysteme zur *eigentlichen* Managementrealität erklärte, und formellen Organisations- und Planungstechniken, Rationalitätsannahmen usw. nur die Eigenschaft *sozialwissenschaftlich* zu

entschlüsselnder *Fiktionen* zuschrieb. Dieser starke *Prioritätsanspruch* für das von der Human Relations-Bewegung bevorzugte Quasiparadigma erwies sich aus verschiedenen Gründen allerdings als unhaltbar. Roethlisberger musste sein ursprüngliches „entweder – oder" alsbald in ein toleranteres „sowohl als auch" transformieren.

17. Weitgehend unabhängig von Mayos und Roethlisbergers Bestrebungen entwickelten nach dem Zweiten Weltkrieg anwendungsorientierte Sozialpsychologen, die Schüler des in die USA emigrierten Kurt Lewin waren, *gruppendynamische Trainingsmethoden,* die später zu den wichtigsten Interventionspraktiken von *Organisationsentwicklern* gehören sollten. Mit ihrer Hilfe lernen Organisationsmitglieder, offen nicht nur über *Sach-,* sondern auch über *Beziehungsprobleme ihrer Arbeit* zu kommunizieren. Umsichtig operierende *„Change Agents"* können so hierarchisch blockierte Handlungsenergien entfesseln und zur Ingangsetzung produktiver Prozesse der Organisationsentwicklung einsetzen.

18. In Europa wurden solche Methoden, wenn nicht dem Namen, so doch der Sache nach (der Begriff „Organisationsentwicklung" kam erst Ende der 50er Jahre auf) zuerst vom 1946 in London gegründeten *Tavistock Institute of Human Relations* angewendet. Am Tavistock Institute betätigten sich bereits um 1950 der psychoanalytisch orientierte E. Jaques als „Change Agent" komplexer Organisationsentwicklungsprozesse sowie A.K. Rice und E.L. Trist als *„soziotechnisch"* operierende Systementwickler, die in der Praxis vor allem das Konzept *selbststeuernder Arbeitsgruppen* umzusetzen versuchten.

Etablierung und Diversifikation sozialwissenschaftlicher Organisationsforschung, 1940–1980

8

8.1 Chester Barnards organisationstheoretische Pionierleistung

Chester Barnard (1886–1961) hat zeitlebens nicht mehr als zwei Bücher über Organisationstheorie und Management veröffentlicht – eine erweiterte Sammlung seiner Vorträge am Lowell Institut, „The Functions of the Executive" (1938), und die Aufsatzsammlung „Organisation and Management" (1948). Vor allem das erstgenannte Werk trug Wesentliches zur Verbreitung akademischer Weisen des Sprechens über Organisationsprobleme bei. Gewiss gab es schon vor Barnard einige Autoren, die nicht nur so wie etwa Taylor, Fayol oder Urwick ausgeprägt praxisorientierte, allgemeinverständliche Texte über Organisationen verfassten. Max Webers Bürokratiemodell und Mary P. Folletts originelle Selbstorganisationstheorie, die man wohl an vorderster Stelle als Beispiele für erste Gelehrtentexte der Organisationswissenschaften nennen könnte[1], wirkten jedoch aus verschiedenen Gründen nicht eigentlich schulbildend. Barnards Ansatz

---

[1] Dabei wird hier von der deutschen Tradition einer betriebswirtschaftlichen Organisationslehre, die gelehrte Systeme aufbau- und ablauforganisatorischer Aspekte der Betriebsführungspraxis zu erstellen versuchte, abgesehen. Nach Frese war es in den 30er Jahren vor allem Fritz Nordsieck, der „den ersten geschlossenen betriebswirtschaftlichen Organisationsansatz" entwickelte (Frese 1988, S. 94). Das merkwürdige Ideal „geschlossener" Theoriegebäude spielte demgegenüber in der angelsächsischen Tradition sozialwissenschaftlicher Organisationsforschung kaum je eine Rolle. Methodologisch eher amerikanisch als deutsch orientieren sich seit den 70er Jahren mit guten Gründen auch immer mehr deutsche Betriebswirtschaftler (z. B. Kirsch 1970, 1971; Staehle 1991; Kieser 1993). Die Frage, welcher Preis für das damit einhergehende Vergessen der deutschen Pioniere einer eigenständigen betriebswirtschaftlichen Organisationslehre zu entrichten ist, möchte ich vorläufig bloß stellen, nicht beantworten.

war demgegenüber insofern eine Pionierleistung, als sich primär auf ihn die zwei bedeutenden Traditionen *systemtheoretischer* und *entscheidungstheoretischer Organisationsforschung* zurückführen lassen.

Barnards Leistung ist umso erstaunlicher, als er kein hauptberuflich zur Forschung verpflichteter Professor, sondern ein erfolgreicher Manager war, der sein Hobby „Organisations- und Managementtheorie" immer nur nebenbei ausüben konnte. Barnard wuchs in Massachusetts unter sehr bescheidenen Verhältnissen auf, und musste sich den Lebensunterhalt seit seinem zwölften Lebensjahr größtenteils selbst verdienen. Sein Studium am Harvard College vorzeitig abbrechend, übernahm er mit 23 Jahren bei AT&T – ähnlich Fayol – eine Stelle, ohne bis zu seiner Pensionierung im Jahre 1948 je noch einmal die Firma zu wechseln. Zunächst in statistischen Stabsabteilungen beschäftigt, stieg er mit 36 Jahren ins höhere Management auf. Von 1927 bis 1948 war er Präsident der AT&T-Tochtergesellschaft New Jersey Bell Telephone. Seine zeitweisen recht intensiven Beziehungen zu Harvards Hawthorne-Forschern kamen nicht etwa firmenintern – Western Electric gehörte ja zur AT&T – zustande, sondern wurden von Dean Donham initiiert, der von 1919 bis 1942 als Dekan der Harvard Business School wirkte. Barnard hatte sich, seitdem er als Präsident der New Jersey Bell Telephone Company Vorträge z. B. über Funktionen des menschlichen Geistes im Alltagsleben hielt, den Ruf erworben, ein erstklassiger Managementtheoretiker zu sein. Donham zog ihn darum u. a. als externen Begutachter der Human Relations-Forschung seiner Schule bei. Dabei machte Barnard die Bekanntschaft von Lawrence Henderson, dem Biochemiker und Biologen, der den humanbiologischen Teil von Mayos großem Industrieforschungsprojekt betreute (vgl. oben, Abschn. 7.4 und Abb. 7.2). Der wegen seiner schroffen Urteile gefürchtete Naturwissenschaftler Henderson hielt Barnard auf Anhieb für „einen der intelligentesten Menschen", den er je getroffen habe (vgl. Walter-Busch 1989, S. 132 ff.). Das Buch „The Functions of the Executive" sowie einige andere Arbeiten Barnards wären ohne Hendersons Ermunterung und Initiative vielleicht nie zustande gekommen. Barnard gingen zwar in den 30er Jahren ständig Gedanken über neue Möglichkeiten, das Verhalten von Organisationen und deren Mitglieder zu beschreiben, durch den Kopf. Er setzte sich, sobald er Zeit dafür fand, intensiv mit anregender Fachliteratur der Human- und der Naturwissenschaften auseinander. Seine Pflichten als Topmanager sowie einige anspruchsvolle Ehrenämter beschäftigten ihn aber derart intensiv, dass er nur Teile seiner organisations- und managementtheoretischen Ideen zu Papier bringen konnte. Wie erstaunlich breit der Horizont und wie zukunftsweisend diese Ideen waren, kann man ermessen, wenn man sich einige der Themen vor Augen führt, die Barnard, wie er Dean Donham Anfang 1937 schrieb, in einem Buch über Organisationstheorie[2] auszuführen gedachte:

„[...] 2. Die Eigenschaften dynamischer Systeme im Allgemeinen und ihre Bedeutung für die Organisationstheorie [...]

4. Prinzipien der Effektivität von Organisationen, unter besonderer Berücksichtigung ihrer physischen Umweltbeziehungen

5. Prinzipien der Effektivität von als umweltbeobachtende Systeme konzipierten Organisationen

6. Prinzipien der Effektivität von als Systeme aus Gedanken und Vorstellungskraft („as Systems of Thought and Imagination') konzipierten Organisationen

7. Genese und Wachstum von Organisationen und die Funktion der Zwecksetzung

8. Der Energiehaushalt [...] einer Organisation [...]

13. Die Natur organisationaler Autorität

14. Persönliche Faktoren in Organisationen

15. Macht, Herrschaft, Unterwerfung und Gefolgschaft als Ausdruck von Organisationskräften [...]

17. Organisationen als Elemente ihrer Umwelt

18. Symbiotische, parasitäre and funktionale Organisationen

19. Organisationskonflikte

20. Allgemeine Ursachen der Desintegration und des Todes von Organisationen

21. Die Bedeutung der Zeit in Organisationen [...]

31. Die Bedeutung der Theorie für die Sozialwissenschaften

32. Die Bedeutung der Theorie für die Organisationspraxis [...]" (vgl. ibid. S. 133)

„Organisationen als Systeme aus Gedanken und Vorstellungskraft", „die energetische Bewirtschaftung von Organisationen", „Organisationen als Elemente ihrer Umwelt", „die Bedeutung der Zeit in Organisationen" sind Themen, die auch noch 60 Jahre, nachdem sie Barnard erstmals formulierte, kaum veraltet anmuten. Die prononciert umweltoffene, systemische Sichtweise, der sie entsprungen sind,

---

[2] Vgl. dazu das unveröffentlichte Buchkonzept, das Barnard Dean Donham am 5. Januar 1937 zusandte. Mit Donhams Konzept interdisziplinär-praxisorientierter Sozialwissenschaften übereinstimmend, bezeichnete Barnard sein Buchprojekt an anderer Stelle auch als einen „vom Standpunkt der Kunst der Organisationslenkung aus formulierten Ansatz der Sozialwissenschaften" (Barnard an Donham, 01.09.1936; vgl. Walter-Busch 1989, S. 58 ff.).

ist sicherlich mit von Mary P. Follett und – vor allem – vom Protosystemtheoretiker L.J. Henderson, mit dem Barnard einen lebhaften Gedankenaustausch pflegte[3], beeinflusst. Indessen war Barnard intellektuell eigenständig genug, um für die Fragen, die ihn beschäftigten, originelle eigene Formulierungen und Antworten zu finden.

Barnards Überlegungen wirken manchmal etwas dunkel und schwer verständlich. Dies ist aber einfach, wie Henderson zutreffend bemerkt hat, darauf zurückzuführen, dass sie die Pionierarbeit eines Autodidakten sind. Man kann sich das Verständnis des in viele Sprachen übersetzten und immer wieder neu aufgelegten Hauptwerks von Barnard erleichtern, wenn man die klärenden Erläuterungen beizieht, mit denen Barnard sein Werk gegen den Vorwurf, es sei zu akademisch und zu wenig praxisnah, verteidigte (s. Abb. 8.1). Barnards Organisationstheorie enthält danach Gedanken zu den fünf *Struktur*begriffen Individuum – kooperatives System – formale Organisation – komplexe formale Organisation – informale Organisation, sowie solche über die sieben *dynamischen* Grundbegriffe freier Wille – Kooperation – Kommunikation – Autorität – Entscheidungsprozess – dynamisches Gleichgewicht – Verantwortung von Vorgesetzten. Barnards diesbezüglichen Überlegungen sollen nachfolgend in der Reihenfolge der vier Themenkreise 1) Individuum, kooperative Systeme und Organisationen, 2) formale und informale Organisation, 3) Kommunikation und Autorität sowie 4) Funktionen der Zielorientierung, Entscheidungsprozesse und Aufgaben des Managements in Organisationen kurz zusammengefasst werden.

1. Individuum, kooperative Systeme und Organisationen: Barnard sieht Menschen als von Bedürfnissen motivierte, soziale Lebewesen, die sich an eigenen sowie an den Intentionen anderer Menschen orientieren, und die über eine von physischen, biologischen und sozialen Restriktionen beschränkte „Entscheidungsfreiheit" verfügen. Menschen sind für Barnard einerseits frei, andererseits unfrei. Sie kontrollieren ihre Handlungen und diejenigen anderer ebenso wie sie von diesen kontrolliert werden. Sie sind unabhängig und abhängig zugleich, in ihren Wahlhandlungen autonom und determiniert.

Um bestimmte Ziele besser als im Alleingang realisieren zu können, gründen Menschen zweckorientierte Kooperationssysteme. Indem sie miteinander kooperieren, können Menschen über die ihnen physisch und biologisch gesteckten Grenzen

---

[3] Zu Hendersons „humanbiologischem" Ansatz, der in den systemtheoretischen Komponenten von T. Parsons' soziologischer „grosser Theorie" weiterlebte, vgl. i. Ü. zusammenfassend Walter-Busch (1989, S. 124–132 und 139–144).

individueller Leistungsfähigkeit hinauswachsen. Wichtige *Komponenten* kooperativer Systeme sind nach Barnard neben Individuen, physischen und sozialen Systemen auch *(formale) Organisationen,* d. h. *unpersönliche Systeme von bewusst zweckorientiert koordinierten, persönlichen Aktivitäten.* Barnard definiert „Organisation" als ein *„unpersönliches System koordinierter menschlicher Bestrebungen"* (Barnard 1938, S. 94; auch S. 72 f.). Organisationen bestehen *nicht* aus Individuen, sondern „ausschließlich aus koordinierten menschlichen Aktivitäten" (ibid. S. 73, Anm.6). Sie folgen darum anderen Regeln als denen der Handlungen einzelner Menschen. Da sie aus koordinierten Aktivitäten bestehen, sollte man sie nicht aus der individuellen Handlungsperspektive, sondern systemtheoretisch betrachten. Individuen sind nie als ganze Persönlichkeiten, sondern immer nur in ihrer Rolle als Organisationsmitglied an Organisationen beteiligt:

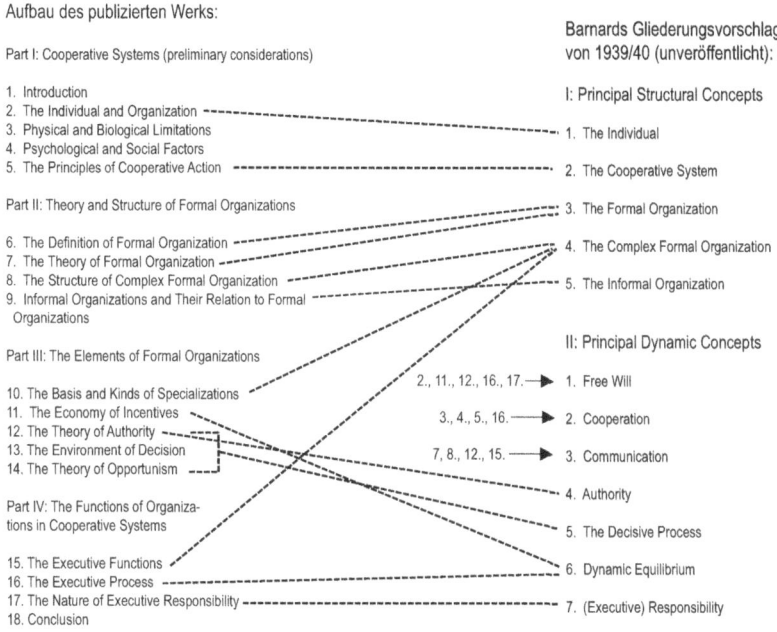

Barnards Revision der Gliederung von *The Functions of the Executive*

Aufbau des publizierten Werks:

Part I: Cooperative Systems (preliminary considerations)

1. Introduction
2. The Individual and Organization
3. Physical and Biological Limitations
4. Psychological and Social Factors
5. The Principles of Cooperative Action

Part II: Theory and Structure of Formal Organizations

6. The Definition of Formal Organization
7. The Theory of Formal Organization
8. The Structure of Complex Formal Organization
9. Informal Organizations and Their Relation to Formal Organizations

Part III: The Elements of Formal Organizations

10. The Basis and Kinds of Specializations
11. The Economy of Incentives
12. The Theory of Authority
13. The Environment of Decision
14. The Theory of Opportunism

Part IV: The Functions of Organizations in Cooperative Systems

15. The Executive Functions
16. The Executive Process
17. The Nature of Executive Responsibility
18. Conclusion

Barnards Gliederungsvorschlag von 1939/40 (unveröffentlicht):

I: Principal Structural Concepts

1. The Individual
2. The Cooperative System
3. The Formal Organization
4. The Complex Formal Organization
5. The Informal Organization

II: Principal Dynamic Concepts

2., 11., 12., 16., 17. ➤ 1. Free Will
3., 4., 5., 16. ➤ 2. Cooperation
7, 8., 12., 15. ➤ 3. Communication
4. Authority
5. The Decisive Process
6. Dynamic Equilibrium
7. (Executive) Responsibility

Abb. 8.1 Barnards Revision der Gliederung von ‚The Functions of the Executive'

„Wir müssen klar zwischen Organisationszweck (‚organization purpose') und individuellem Motiv unterscheiden. In unseren Gedanken über Organisationen gehen wir häufig davon aus, dass der gemeinsame Zweck und das individuelle Motiv identisch seien oder sein sollten [...] unter modernen Bedingungen [...] [ist] ein individuelles Motiv stets etwas Persönliches, ein innerer subjektiver Sachverhalt; ein gemeinsames Ziel dagegen ist unvermeidlich, wie subjektiv es individuell auch interpretiert werden mag, etwas Äußerliches, Unpersönliches, Objektives. Die einzige - wichtige - Ausnahme von dieser Regel liegt vor, wenn die Verwirklichung eines Organisationszwecks direkt zur Quelle persönlicher Befriedigung und zum Bedürfnis für viele Menschen in vielen Organisationen wird. Dass Organisationszwecke zum *alleinigen* oder auch nur zum bedeutsamsten Motiv eines Individuums werden, ist indessen, wenn überhaupt, nur selten der Fall, etwa in Verbindung mit speziell gearteten familiären, patriotischen oder religiösen Organisationen." (ibid. S. 89)

Individuen verhalten sich kooperativ und bringen Organisationen in Schwung, weil sie sich davon etwas versprechen. Die Intensität der Bereitschaft, an einer Organisation mitzuwirken, schwankt zwischen den Extremen einerseits einer sehr großen und positiven, andererseits einer widerwilligen bis ausgeprägt negativen Mitarbeitbereitschaft. Viele, wenn nicht die meisten Mitglieder moderner Gesellschaften stehen deren Organisationen relativ indifferent bis ablehnend gegenüber (ibid. S. 84 f.). Organisationsmitglieder sind bereit, sich für die Verwirklichung konkreter oder abstrakterer Organisationszwecke einzusetzen, solange ihnen das dabei in Aussicht stehende Verhältnis von Anreizen und Beiträgen, verglichen mit anderswo erzielbaren Netto-Belohnungen, akzeptabel erscheint. Je eher sie den Eindruck gewinnen, dass ihre Leistungen im Vergleich mit denjenigen anderer Personen oder Personengruppen angemessen bis gut entschädigt werden, desto kooperationswilliger sind sie:

„In der Bereitschaft zur Kooperation, sei sie positiv oder negativ, drückt sich die Erfahrung oder die Erwartung eines Reingewinns an Befriedigung oder Nichtbefriedigung, verglichen mit Erfahrungen oder Antizipationen alternativer Gelegenheiten, aus. Solche alternativen Gelegenheiten können individuell-persönlicher Natur sein, oder von anderen Organisationen angeboten werden. Die Bereitschaft zur Kooperation ist demnach eine Resultierende erstens aus den die getätigten Opfer ausgleichenden Anreizen, und zweitens aus dem Vergleich mit den von Alternativen angebotenen Befriedigungen. Die entscheidenden Fragen, die, wenn sie logisch bearbeitet würden, zu beantworten wären, drehen sich darum, erstens, ob eine Gelegenheit zur Kooperation im Vergleich mit unabhängigem Handeln Vorteile brächte; sowie, zweitens, falls dies zuträfe, ob die Vorteile größer oder kleiner wären als die aus einer anderen Gelegenheit zur Kooperation resultierenden Vorteile. Vom Standpunkt des Individuums aus gesehen ist Bereitschaft zur Zusammenarbeit somit das Gesamtergebnis persönlicher Wünsche und Bedenklichkeiten, vom Standpunkt einer Organisation aus, das Gesamtergebnis der offerierten, objektiven Anreize und der verlangten Opfer. Der Maßstab, nach dem das Ergebnis beurteilt wird, ist freilich ganz und gar individuell, persönlich und subjektiv. Insofern sind Organisationen abhängig von den Motiven der Individuen und den diese zufriedenstellenden Anreizen." (ibid. S. 85 f.)

Dieses Barnard'sche *Anreiz-Beitragsmodell* der Motivation von Organisationsmitgliedern zählt bis heute zum Kernbestand system- und entscheidungstheoretischer Erkenntnisse der Organisationswissenschaften.

2. Formale und informale Organisation: Organisationen sind nach Barnard *effektiv ("effective"),* wenn sie die Ziele, die sie sich setzen, erreichen. Sie sind *effizient ("efficient"),* wenn sie ihren Mitgliedern genügend Kooperationsanreize bieten:[4]

„Die Dauerhaftigkeit der Kooperation hängt von zwei Bedingungen ab: (a) von ihrer Wirksamkeit, (b) von ihrer Leistungsfähigkeit. Die Wirksamkeit bezeichnet den Grad, in dem das Kooperationsziel, das seiner Natur nach sozial und unpersönlich ist, erreicht wurde. Die Leistungsfähigkeit meint die Befriedigung individueller Motive und ist persönlich." (ibid. S. 60) „Für den Bestand einer Organisation ist *Wirksamkeit ('effectiveness')* oder *Leistungsfähigkeit ('efficiency')* notwendig; und je länger die Organisation besteht, desto notwendiger wird beides. Organisationen gewinnen ihre Lebenskraft aus der Bereitschaft von Individuen, sich für das Kooperationssystem einzusetzen. Diese Bereitschaft setzt die Überzeugung voraus, dass das Ziel erreicht werden kann - eine Überzeugung, die umso schwächer wird, als je unerreichbarer sich das Ziel erweist [...] Die anhaltende Bereitschaft, mitzuwirken, hängt außerdem aber auch davon ab, wie zufriedenstellend einzelne Teilnehmer den Prozess der Zielverwirklichung finden. Wenn frustrierende Erfahrungen die geforderten Opfer übertreffen, schwindet die Mitarbeit bereitschaft, und die Organisation tendiert zur Ineffizienz. Übersteigen dagegen die Gratifikationen die Opfer, so hält die Bereitschaft zur Kooperation an; die Organisation verbleibt im Zustand der Leistungsfähigkeit [...] Das Überleben [einer Organisation] hängt davon ab, inwieweit es ihr gelingt, das Gleichgewicht des Systems aufrechtzuerhalten. Dieses Gleichgewicht ist einerseits intern, ein Problem des richtigen Verhältnisses der einzelnen Elemente zueinander, andererseits und vor allem auch ein Gleichgewicht zwischen dem System und der gesamten äußeren Situation. Dieses externe Gleichgewicht besteht aus zwei Komponenten: erstens aus der Wirksamkeit der Organisation, zu der die Relevanz ihrer Ziele für ihre Umgebung gehört; sowie zweitens aus ihrer Leistungsfähigkeit, die das Resultat von Austauschprozessen zwischen Organisation und Individuen ist." (ibid. S. 82 f.)

---

[4] Barnards Effizienzbegriff unterscheidet sich demnach von demjenigen der Ökonomen, die Effizienz als Prinzip der sparsamsten Mittelverwendung und größtmöglichen Nutzenerzielung definieren. Wiederum ganz anderes meint Peter Druckers problemlösungsheuristisch wertvolle Unterscheidung von Effizienz ('doing things right') und Effektivität ('doing the right things') - eine der vielen Anwendungen der Gedankenfigur „schmale Tiefe" vs. „seichte Breite", die es gibt.

Formale Organisationen bilden hierarchisch strukturierte Netzwerke, an deren Spitze in den meisten Gesellschaften die besonders umfassenden und auch besonders *komplexen Organisationen* des Staates und der Staatskirche stehen. Organisationen können nur auf der Grundlage *informaler* Kontakte, Gewohnheiten, Bräuche, Gruppennormen und Werte funktionieren. Deren Funktion ist es u. a., organisationale Kommunikations- und individuelle Orientierungsprozesse zu erleichtern:

> „Ohne lange und gründlich zu beobachten, übersieht man leicht, dass ein wichtiger und häufig auch unentbehrlicher Teil des formalen Kooperationssystems informaler Natur ist. Selbst berufserfahrene Leute (Beamte sowie leitende Angestellte verschiedenster Arten formaler Organisationen) bestreiten oder vernachlässigen nicht selten, dass es in ‚ihren' formalen informale Organisationen gibt. [...] Höhere Vorgesetzte, ja ganze Führungsorganisationen sind sich öfters der verzweigten Einflussbeziehungen, der Einstellungen und sozialen Prozesse innerhalb ihrer Organisationen nicht bewusst. Das gilt nicht nur für wirtschaftliche, sondern auch für politische Organisationen, für Regierungen, Armeen, Kirchen und Universitäten [...] Meines Wissens hat man informale Organisationen im Zusammenhang mit formalen Organisationen - über das intuitive Verständnis hinaus, mit dem ihnen Manager, Politiker und andere Organisations-Fachleute begegnen - wissenschaftlich bisher allein in Produktionsabteilungen industrieller Organisationen untersucht.[5] Tatsächlich erfahren wir informale Organisation - ob im Zusammenhang mit formaler Organisation oder nicht - tagtäglich als etwas derart Selbstverständliches, dass wir sie sei es überhaupt nicht, sei es in den uns involvierenden Interaktionen nur sehr auszugsweise wahrnehmen. Zweifellos aber beinhalten Assoziationen von Menschen im Zusammenhang mit einer formalen oder spezifischen Aktivität immer auch informale Interaktionen." (ibid. S. 121 f.)

Praktisch sehr bedeutungsvoll sind zunächst die Kommunikationsfunktionen informaler Prozesse: In Organisationen verbreiten sich Informationen über vermutete oder wirkliche Vorkommnisse, Beziehungen, Befindlichkeiten usw., die offiziell nicht mitteilbar sind, über informale Informationskanäle (ibid. S. 109, 223 ff.). Informale Organisationsprozesse festigen ferner die soziale Kohäsion von Organisationsmitgliedern und die „Stabilität formal objektiver Autoritätsformen" (ibid. S. 122). Sie erleichtern es Organisationsmitgliedern, „Gefühle der persönlichen Integrität, der Selbstachtung und unabhängiger Wahlentscheidung" zu entwickeln (ibid. S. 122):

> „Da die Interaktionen informaler Organisationen nicht bewusst durch vorgegebene objektive Ziele oder durch Autorität als Strukturelement der Organisation gesteuert

---

[5] Eine Anmerkung Barnards zählt an dieser Stelle wichtige Publikationen über Harvards Hawthorne-Experimente auf, und verweist außerdem ausdrücklich auf Mary P. Folletts „großes Verständnis für die dynamischen Elemente von Organisationen" (ibid. Anm. 5, S. 121 f.).

sind, gehen sie anscheinend auf Wahlentscheidungen zurück und bieten häufig Gelegenheit, persönliche Einstellungen prononcierter auszudrücken. Obwohl man diese Funktion häufig für der formalen Organisation schädlich hält, ist sie eher als ein Mittel zu betrachten, das die Persönlichkeit des Individuums gegen gewisse Auswirkungen der formalen Organisation, die individuell desintegrierend wirken, schützt." (ibid. S.122)

3. Kommunikation und Autorität: Für die Dynamik in Organisationen sorgen einerseits formale, andererseits und vor allem *informale Kommunikationsprozesse.* Die Gestaltung und Lenkung passender Kommunikationsstrukturen und -prozesse ist eine der wichtigsten Aufgaben von Vorgesetzten. Das Medium Kommunikation vermittelt in dynamischer Weise zwischen den beiden entgegengesetzten Polen formaler Organisationen – deren Zwecksetzung einerseits, potenziellen Kooperationsmotiven von Individuen andererseits. *Autorität* ist in formalen Organisationen derjenige Aspekt einer Kommunikation, der – innerhalb situationsspezifischer „Indifferenzzonen" des unhinterfragten Akzeptierens von Anordnungen – Organisationsmitglieder zur Ausführung der Aufträge vorgesetzter Stellen veranlasst (ibid. S. 163). Die Entscheidung darüber, ob und inwieweit eine Anordnung angenommen oder übergangen, stillschweigend redefiniert oder sabotiert wird, liegt demnach nicht etwa bei den Anordnungsbefugten, sondern bei den Befehlsempfängern. Dies wirft die Frage auf, wie es unter solchen Bedingungen überhaupt möglich ist, „jene wichtige und anhaltende Kooperation zu sichern, die wir überall beobachten können – wenn im Prinzip und in der Praxis die Entscheidung über die Annahme der Autorität doch bei den ihr Unterworfenen liegt" (ibid. S. 167).

Nach Barnard ist dies eben darum möglich, weil Organisationsmitglieder innerhalb einer bestimmten „*Indifferenzzone*" („zone of indifference") Anordnungen akzeptieren, ohne diese bewusst in Frage zu stellen. Dabei sind Mitglieder von Organisationen in der Regel daran interessiert, „dass diese Zone der Indifferenz relativ stabil bleibt" (ibid. S. 167). Über formale *und* über große persönliche Autorität verfügende Führungskräfte können ihre Gefolgschaft allerdings zur Durchführung von Anweisungen motivieren, die außerhalb der normalen Indifferenzzone liegen:

„Manche Menschen zeichnen sich durch überlegene Fähigkeiten aus. Unabhängig von der Position flößen ihr Wissen und ihre Auffassungsgabe Respekt ein [...] Das ist die *Autorität der Führungskompetenz (‚authority of leadership')*. Ist diese Autorität mit derjenigen der Position verknüpft, so werden Organisationsmitglieder sie generell respektieren und Befehle weit außerhalb der Zone der Indifferenz akzeptieren. Das also erzeugte Vertrauen macht gelegentlich sogar Gehorsam zum reizvollen Selbstzweck.- Dennoch liegt die Entscheidung darüber, ob und in welchem Maße Autorität gilt, immer beim Einzelnen. Sobald formale ‚Positionen' der Autoritätsausübung sich als unfähig erweisen, Entscheidungsbedingungen verkennen oder das, was zu tun wäre, nicht mitteilen; sobald sie es ferner (in ihren konkreten Handlungen zumal) versäumen, ihrer Abhängigkeit von informalen Beziehungen zwischen Individuum und Organisation Rechnung zu tragen, wird die Autorität, sobald man sie ernsthaft auf die Probe stellt, zusammenbrechen." (ibid. S. 173 f.)

4. Funktionen der Zielorientierung, Entscheidungsprozesse und Aufgaben des Managements in Organisationen: *Kollektive Entscheidungsprozesse* sind in formalen Organisationen stets mehr oder weniger direkt auf deren zentralen Zweck *("purpose")* ausgerichtet. Dieser Zweck liegt nach Barnard klar zutage, wenn er gleichsam physisch konkrete, greifbare Objekte wie die Fabrikation von Dachziegeln oder eines speziellen Schuhtyps beinhaltet. Definiert man den Organisationszweck abstrakter, so wird er dadurch einerseits vieldeutiger und empirisch schwerer operationalisierbar. Unter der Hülle abstrakterer Zieldefinitionen (etwa „Fabrikation von Hausbedachungen") können andererseits ältere laufend durch neue, der veränderten Situation besser angepasste Zielsetzungen ersetzt werden:

> „Die meisten [...] Organisationen müssen sich ständig neue Zwecke setzen. Im Alltag bleibt dies dadurch verborgen, dass wir eine Vielzahl spezieller Zwecke zu einem einzigen Zweck, der dann ‚den' Zweck der Organisation bezeichnet, generalisieren. Auf staatliche und öffentliche Dienstleistungsorganisationen trifft dies exakt zu [...] Deren wirklichen Zwecke sind offenbar nicht ‚Dienste' genannte Abstraktionen, sondern konkrete Serviceleistungen. Von einer Industrieunternehmung sagt man zum Beispiel, dass sie existiere, um Schuhe herzustellen; das ist ihr ‚Zweck'. Aber offenkundig ist nicht die Schuhproduktion im Allgemeinen, sondern die von Tag zu Tag wiederholte Herstellung konkreter Schuhe ihre Folge von Zwecken. Der Mechanismus der Generalisierung von Organisationszwecken sorgt gleichsam automatisch dafür, dass laufend neue Zwecke gesetzt werden - so automatisch, dass die Generalisierung in unserer Vorstellung an die Stelle der konkreten Leistungen tritt, die die wirklichen Ziele sind." (ibid. S. 92)

Eine wichtige Aufgabe von Vorgesetzten besteht darin, Organisationsmitglieder davon zu überzeugen, dass es sich lohnt, wie immer auch mehrdeutigen *allgemeinen Zielorientierungen* und *Zielvisionen* zu folgen. *Symbolisches Management,* das überzeugende Zielorientierungen vermittelt, kann Energien der informalen Organisation entfesseln, die sonst ungenutzt blieben:

> „Wir können [...] sagen, dass ein Zweck nur so lange als Ferment eines kooperativen Systems fungieren kann, wie die Teilnehmer nicht erkennen, dass sie sich über das Ziel der Kooperation eigentlich uneins sind [...] die unterschiedlichen Auffassungen werden rasch offenbar, wenn das Ziel konkret, greifbar, physisch ist; wenn es jedoch allgemein,

ungreifbar und affektiv bestimmt ist, können die Unterschiede in den Auffassungen sehr groß sein, und doch unbemerkt bleiben. Daher eignet sich nur ein solcher [...] Zweck als Basis eines Kooperationssystems, von dem die Teilnehmer (oder die potenziellen Teilnehmer) *glauben* können, dass er der bestimmte Zweck der Organisation sei. Glauben an die reale Existenz eines gemeinsamen Organisationszwecks zu erzeugen, ist eine wesentliche Vorgesetztenfunktion. Dies erklärt den großen Stellenwert erzieherischer und sogenannt moralisch aufbauender Veranstaltungen in politischen, industriellen und religiösen Organisationen, der anders oft unerklärlich bliebe." (ibid. S. 87)

Was geeignete Mittel für gegebene Zwecke, oder umgekehrt was passende Zwecke für vorhandene Handlungsressourcen sein könnten, stellt sich jeweils im Verlaufe komplexer *Entscheidungsprozesse,* von denen manche ganz oder teilweise selbstorganisierend sind, heraus. Bedeutsam sind in Organisationen nie nur zweckrational *zielorientierte* Aktivitäten, sondern immer auch „explorativ" ziel*interpretierende* Handlungen, denen bestimmte Ziele jeweils erst *nachträglich* zugeschrieben werden. Viele Organisationsprozesse bilden lokal oder organisationsweit mehr oder weniger prekäre *„Gleichgewichte".* Dabei sprechen insbesondere Anreiz- und Beitragssysteme, die über die Effizienz, und damit das Überleben einer Organisation entscheiden, auf Störungen ihres Gleichgewichtes ziemlich empfindlich an. Es gehört zu den wesentlichen Aufgaben von *Vorgesetzten,* solche dynamischen Gleichgewichtslagen und deren Entwicklungsmöglichkeiten richtig einzuschätzen. Hierzu ist häufig ein *intuitives,* analytisch nur schwer oder gar nicht reproduzierbares *Gefühl für komplexe Systemzusammenhänge* unentbehrlich. Da formale wie informale Organisationsprozesse zu einem schönen Teil *selbstorganisierender* Art sind, erzeugen voreilige Eingriffe des Managements in sie manchmal eher schädliche als nützliche Folgen. Barnards Gedanken über solche selbstorganisierenden Eigenschaften sozialer Systeme wirken auch heute noch, wie das nachstehende Zitat beweist, erstaunlich wenig veraltet:

„Mein letzter Vorschlag, wie man das Verständnis für menschliche Beziehungsfragen verbessern könnte, betrifft Kurse über formale Organisationen *als organisch sich entwickelnde Systeme.*" „[In solchen Kursen] [...] sollte betont werden, dass das Verhalten sozialer Gruppen größtenteils autonom-selbstregulierender Art ist. Ich meine damit, dass es nicht von oben gelenkt, sondern das ‚spontane' Resultat der Interaktionen zwischen Menschen ist. Praktisch bedeutet dies, dass Leute mittels Erziehung, Ausbildung und auf vielen anderen Wegen indirekt zu kollektiv erwünschtem Verhalten konditioniert werden können. Vorausgesetzt, diese Methoden werden angemessen eingesetzt, kann der Vorgesetzte zuversichtlich Autorität auf Gebieten delegieren, in denen sein spezialisiertes Fachwissen nicht ausreicht. [...] Dies ist wahrscheinlich die effektivste aller Organisationstechniken, mit relevanten Sachverhalten umzugehen, die als ganze unbekannt, ja im Prinzip von einzelnen Vorgesetzten nicht wissbar sind." (Barnard 1948, S. 199, 206; Hervorhebung im Text von E.W.-B.)

Sinnvoll aufeinander abgestimmte formale und informale Organisationsstrukturen vorausgesetzt, können und sollen sich Vorgesetzte im Normalfall darum an der folgenden Regel orientieren, die Barnard, obwohl sie in einer reinen *Praktiker Sprache* formuliert ist, doch stets für organisations*wissenschaftlich* gut begründet hielt:

„Die hohe Kunst des Entscheidens besteht für Vorgesetzte darin, Fragen, die nicht dringlich sind, nicht zu entscheiden, keine voreiligen und auch keine Entscheidungen zu treffen, die nicht effektiv umgesetzt werden können, sowie schließlich nichts zu entscheiden, was andere entscheiden sollten." (Barnard 1938, S. 194)

8.2 Herbert A. Simons Beitrag zur Etablierung system- und entscheidungstheoretischer Ansätze

An den Wänden des Studierzimmers, das der 1916 in Milwaukee (Wisconsin, USA) geborene *Herbert A. Simon* bewohnte, während er an der Universität von Chicago Politologie, Wirtschafts- und Verwaltungswissenschaften studierte, hingen Bilder von sieben Persönlichkeiten, die Simon verehrte. Es waren Fotografien von Simons Vater, einem erfinderischen Ingenieur deutscher Abstammung, von Abraham Lincoln, Franklin D. Roosevelt und Albert Einstein, seinen Lehrern C. Ridley und C. Merriam sowie – in dieser Reihe vorbildlicher Gelehrter und berühmter Politiker eher ungewöhnlich – von Chester Barnard (Simon 1991a, S. 72). Simon hatte bei Vorarbeiten zu seiner Dissertation Barnards „The Functions of the Executive" als ein Werk schätzen gelernt, das er allen übrigen Publikationen der Verwaltungswissenschaften[6] vorzog (ibid. S. 54, 73 f.). Seiner starken mathematischen Begabung gemäß exakten Wissenschaften zugeneigt, versuchte Simon, die verwaltungswissenschaftliche Kunstlehre seiner Zeit in eine entscheidungslogisch forschende Wissenschaft zu transformieren (vgl. dazu programmatisch Simon 1946). Barnard seinerseits war schon im Jahr 1940 zur

---

[6] Da zum Studiengang der von ihm ursprünglich bevorzugten Ökonomie an der Universität Chicago ein Buchhaltungskurs gehörte, den er unbedingt umgehen wollte, studierte Simon im Hauptfach Politische Wissenschaften (Simon 1991, S. 39). Simon betrat das Feld moderner Organisationsforschung so von der Seite der in den „Staatswissenschaften" bzw. in der Politologie verankerten Verwaltungswissenschaften; vgl. dazu oben Abschn. 3.3, und Abb. 3.4.

Überzeugung gelangt, dass „Prozessen persönlichen und organisierten Entscheidens in den Sozialwissenschaften" zukünftig „eine Schlüsselstellung" zukommen werde: „the processes of personal and organized decision [are] a leading organizing idea of social science" (zitiert bei Walter Busch 1989, S. 145). Dieselben Prinzipien legte Simon seiner 1947 erschienenen Dissertation „Administrative Behavior" über „Entscheidungsprozesse in Verwaltungsorganisationen" zugrunde. Ihr zufolge war gerade auch die anwendungsorientierte Erforschung von Verwaltungssystemen nur auf der Grundlage „entscheidungstheoretischer Analysen des Verwaltungshandelns" möglich, bestand das „Herz des Administrierens aus dem Treffen von Entscheidungen", und war demzufolge das „Vokabular verwaltungswissenschaftlicher Theorie aus der Logik und Psychologie menschlicher Wahlhandlungen abzuleiten" (Simon 1976, S. 240, xlviii).

Simon und Barnard traten also beide für eine system- und (vor allem[7]) für eine entscheidungstheoretische Orientierung wissenschaftlicher Organisationsforschung ein. Darüber, wie diese im Einzelnen zu realisieren sei, waren sie sich allerdings nicht völlig einig. Barnard maß, wie vorstehendes Abschn. 8.1 darlegte, dem intuitiven Handeln von Praktikern größte Bedeutung bei. Der strenger naturwissenschaftlich gesinnte Simon rechnete demgegenüber damit, dass analytische Sozialwissenschaft in Zukunft das meiste von dem, was man gemeinhin „intuitives" Verhalten von Menschen nennt, als Folge klar definierter, heuristisch sinnvoller Problemlösungsschritte werde entschlüsseln können. So eng er auch seine eigene Organisationstheorie an diejenige Barnards anschloss – da, wo Barnard die intuitive Seite der Managementkunst für unverzichtbar, ja deren wissenschaftliche Präzisierung für problematisch erklärte, steckte er in Simons Augen dem Feld sozial*wissenschaftlicher* Organisations- und Managementforschung zu enge Grenzen, und verspielte so die Chance, die vagen Grundsätze intuitiver Managementkünste wissenschaftlich präziser zu reformulieren. „Sogar Barnard", dessen „kritisches Urteil" ihn normalerweise vor den Fallstricken wissenschaftlich unüberprüften Praktikerwissens bewahrte, gestand Simon zufolge

---

[7] Die beiden Perspektiven der sozialwissenschaftlichen System- und Entscheidungstheorie werden hier als zwei einander nahestehende, komplementäre, aber nicht deckungsgleiche Theoriesprachen aufgefasst. Kollektive Entscheidungsprozesse können, aber müssen nicht unbedingt als systemische Funktionszusammenhänge modelliert werden, so wie man umgekehrt sozialsystemische Prozesse von Nahem als Folge informationsverarbeitender Entscheidungssequenzen betrachten (vgl. dazu v. a. Kirsch 1970, 1971, Bd 3) oder Entscheidungstheorien die Aufgabe einer zweckorientierten Umsetzung systemtheoretischer Problemdefinitionen zuweisen mag (Luhmann 1968, S. 151 ff., 345 ff.; vgl. unten, Abschn. 8.6).

„intuitiven Fähigkeiten eine wesentlich größere Validität zu, als ihnen gebührt"
(ibid. Anm. 15, S. 190).

In welcher Richtung hoffte Simon selber über den Forschungsstand, den ihm
sein organisations- und managementtheoretischer Mentor vermittelt hatte, hin-
ausgelangen zu können? Simon hat in seiner lesenswerten Autobiographie die
einfache Regel, von der er sich in diesem Zusammenhang leiten ließ, beschrieben. Es war der Grundsatz, sich mit einer Schlüsselinnovation der Zeit nach 1945,
der Computertechnologie, früher und gründlicher, als es seine akademischen
Fachkollegen taten, vertraut zu machen:

> „Meine Forschungskollegen und ich hatten gleichsam eine Geheimwaffe - einen Com-
> puter, verbunden mit der Idee, die wir aus unserer Arbeit mit ihm ableiteten, dass man
> Computer als Universalmaschinen zur Verarbeitung von Symbolen einsetzen konnte."
> „Während meiner Studienjahre an der Universität von Chicago machte ich mich mit
> den ganz großen Fragen vertraut: Ich studierte eifrigst die Großen Bücher, stieß auf
> Whitehead und Russell, vergrub mich, kaum dass ich von ihnen Kenntnis bekom-
> men hatte, in die Werke von Walter Pitts und Warren McCulloch (1943) über die
> Anwendung der Boole'schen Logik auf neuronale Netzwerke und von Claude Shan-
> non über Schaltungskreise (1938). Mechanische Rechenwerke und IBM-Lochkarten
> faszinierten mich. Ich machte mich mit ihnen vertraut und benützte sie. Ich versuchte,
> die spezielle Relativitätstheorie zu verstehen [...] Ich studierte von Neumann und Mor-
> genstern [...] und las die ganze Nacht durch, bis ich meine Lektüre von W. Ross Ashbys
> *Design for a Brain* (1952) abgeschlossen hatte." (Simon 1991a, S. 111, 114)

Da Simon nach Beendigung seiner Studien an führenden Technischen Hochschulen der Vereinigten Staaten lehrte (1942–1949 am Illinois Institute of Technology
in Chicago, ab 1949 an der Graduate School of Industrial Administration (GSIA)
des Carnegie Institute of Technology in Pittsburgh), fand er für ein solches Vorhaben ausgezeichnet geeignete Rahmenbedingungen vor. Simon arbeitete sich
in John von Neumanns Computertheorie ein, und lernte die maschinennahen,
komplizierten Programmiersprachen anzuwenden, mit denen die ersten Computer funktionierten. Er traute diesen früh weit Besseres zu, als nur in größter
Geschwindigkeit und Präzision Massen von Daten verarbeiten zu können. Von
heuristischen Problemlösungsprogrammen gesteuert, schienen sich ihm Computer
grundsätzlich wie *intelligente lernende Systeme* verhalten zu können. Zusammen
mit seinen Kollegen Allen Newell und Cliff Shaw begann Simon Anfang der
50er Jahre, an solchen heuristischen Problemlösungsprogrammen zur Simulation
künstlicher Intelligenz zu arbeiten. Am 15. Dezember des Jahres 1955 hatten
er, Newell und Shaw, wie ihm schien, mit einem Programm, das einfachere
mathematische Beweisaufgaben löste, einen entscheidenden Durchbruch erzielt:

„Ich habe immer den 15. Dezember 1955 als den Geburtstag heuristischer Computerprogramme gefeiert - als den Tag, an dem wir den Beweis dafür fanden, dass ein
Computer mit heuristischen Suchmethoden schwierige Probleme lösen konnte. Nach
Ed Feigenbaum, einem graduierten Studenten in einem meiner Kurse an der GSIA,
reagierte ich auf dieses Ereignis, indem ich in die Vorlesung kam und verkündete,
‚Während der Weihnachtsferien haben Al Newell und ich eine denkende Maschine
erfunden.'" (ibid. S. 206)

Ungefähr zur gleichen Zeit publizierte Simon seine berühmte Kritik des vermeintlich oder tatsächlich „unrealistischen" Nutzenmaximierungsmodells der
Mikroökonomie, und stellte diesem das Modell des „satisfycing behavior", d. h.
des in Wirklichkeit meist gar nicht nach optimalen, sondern „nur" nach brauch-
baren Lösungen strebenden Menschen zur Seite.[8] Da Jack Muth am Carnegie
Tech damals auch die Grundzüge der später in der Ökonomie höchst bedeutsamen Theorie rationaler Erwartungen entwarf, bezeichnet Simon rückblickend die
50er Jahre für die GSIA als ein goldenes Jahrzehnt:

„Es ist nicht ohne Ironie, dass die Konzepte begrenzter Rationalität und rationaler
Erwartungen, zwei der wichtigsten Vorschläge nach Keynes zur Revision der ökonomischen Theorie (die Spieltheorie ist der dritte), fast zur selben Zeit an derselben
kleinen Wirtschaftshochschule konzipiert und entfaltet wurden, obwohl sie einander
vollkommen entgegengesetzt waren." (ibid. S. 250)

Die von Simon bevorzugte Art, sozialwissenschaftlich zu forschen, stieß in
den 50er Jahren auf außergewöhnlich günstige Entwicklungsbedingungen. Mäch-
tige Stiftungen, vorab die Ford Foundation, förderten mit höchster Priorität
die sog. *„Behavioral Sciences"* (Verhaltenswissenschaften). Zu ihnen gehörten naturwissenschaftlich orientierte Disziplinen wie die Sozialpsychologie,
Teile der Psychologie, Soziologie, Politologie und der Kulturanthropologie. Die
„bloß" qualitativen, intersubjektiv schwer überprüfbaren Forschungsmethoden der
Human Relations-Bewegung galten zunehmend als vorwissenschaftliche, vom
Erkenntnisfortschritt der Wissenschaften überholte Verfahren. Hochangesehen
waren demgegenüber die im Zweiten Weltkrieg entstandenen Fachrichtungen

---

[8] Gemäß Simons klassischem Aufsatz „A Behavioral Model of Rational Choice" (1955)
begnügen sich Menschen in sehr vielen Entscheidungssituationen damit, die Suche nach
einer befriedigenden Problemlösung mit dem Auffinden der ersten Problemlösung, die ihren
Ansprüchen genügt, abzubrechen – unter mehreren oder gar „allen rational denkbaren" Alternativen die optimale Lösung zu finden, die ihren Nutzen maximiert, überfordert danach
vielfach die grundsätzlich *begrenzte Rationalität* („bounded rationality") der Menschen. Je
erfolgreicher (bzw. je weniger erfolgreich) die Problemlösungssuche verläuft, desto höher
(bzw. desto tiefer) setzt der Mensch sein Anspruchsniveau fest.

des *Operations Research* und der allgemeinen Regelungs- und Systemtheorie
(Kybernetik). Interdisziplinär arbeitende Naturwissenschaftler lösten in diesen
neuen, stark mathematisch orientierten Disziplinen Probleme der Steuerung von
Lenkwaffen, der Logistik, Geleitzugformierung, Warteschlangenbildung usw. mit
Modellbildungs- und Messmethoden der Naturwissenschaften (vgl. dazu u. a.
Martin 1970 und Heims 1975, 1980, 1991). Es lag nahe, die bei wohldefinierbaren
Problemen dieser Art bewährten Methoden auch auf Fragen der optimalen Gestal-
tung und Entwicklung menschengemachter Systeme anzuwenden. Das *„Systems
Engineering"* und die *„Systemanalyse"* taten dies alsbald, in den Vereinigten
Staaten beispielsweise im Rahmen der berühmten RAND Corporation (vgl. dazu
Checkland 1983; Optner 1973; Smith 1966). Im weiten Feld von Organisati-
onstheorien und (vor allem) von Organisationspraktiken waren damit erstmals
seit Taylor wieder angewandte Natur- und Ingenieurswissenschaften mit eigenen
neuen Konzepten und Untersuchungsmethoden vertreten.

Simon begrüßte diese Entwicklung. Seiner Ansicht waren für die bevorstehen-
den Zukunftsaufgaben in Wirtschaft und Gesellschaft nicht etwa praxisorientierte
Wirtschaftshochschulen, die dem Modell der Harvard Business School folgten,
sondern solche, die wie seine Graduate School of Industrial Administration
revolutionär neuartige Grundlagenforschung betrieben, am besten gerüstet. Denn
allein hier wurde die der Management*praxis* exakt entsprechende Management-
Science entwickelt – dasjenige Fach mithin, dem es aufgegeben war, die Kunst
der Gestaltung und Lenkung von Organisationen endlich in eine echt inge-
nieurs*wissenschaftliche „science of the artificial"* zu transformieren (Simon 1976,
S. 335 ff.; vgl. Simon 1969, sowie Simon 1991a, S. 198 f.):

> „[...] Die GSIA wurde in den USA rasch als das neue Modell einer Wirtschaftshoch-
> schule bekannt. Europäische Universitäten [...] fanden die szientifische Orientierung
> der GSIA im Allgemeinen ein attraktiveres Vorbild als die [...] Fallmethodik der Har-
> vard Business School. Der Status, den unsere Schule Ende 1957 erreicht hatte, kann
> gut durch den überaus arroganten Brief illustriert werden, den ich dem Kanzler der
> Universität von Chicago am 26. Dezember 1957 schrieb: ‚Manchmal denken wir ganz
> unbescheiden, dass wir für die Ausbildung von Managern das tun, was das MIT für
> das Ingenieurswesen erreicht hat [...]'" (ibid. S. 154 f.)

Die neue, streng verhaltens*wissenschaftliche* Entscheidungs- und Managementtheorie war Simon zufolge nicht nur dazu bestimmt, wohldefinierte Routine-
probleme von Organisationen mit Mitteln des Operations-Research und der
Elektronischen Datenverarbeitung zu lösen. Sie sollte auch und vor allem schlecht
definierte Nicht-Routineprobleme wissenschaftlich präzise lösbar machen (vgl.
Abb. 8.2). Simon schienen in Zukunft heuristische Problemlösungsprogramme

Entscheidungstechniken von Organisationen
(nach H.A. Simon 1965)

Entschei-dungsarten:	Techniken des Entscheidens:	
	traditionell	modern
programmiert: repetitive Routine-Entscheidungen, für die Organisationen spezielle Verfahren entwickeln	1. Gewohnheit 2. Verfahrensroutinen 3. Organisatorisch ge-regelte Erwartungen, Definition von Unter-zielen und Informa-tionskanälen	1. Operations Research: mathematische Modelle, Computersimulation 2. Elektronische Daten-verarbeitung
nicht programmiert: nicht repetitive, schlecht definierte, von allgemeinen Problemlösungs-heuristiken zu bearbeitende Entscheidungen	1. Urteilskraft, Intuition, Kreativität 2. Daumenregeln 3. Auswahl und Ausbildung von Vorgesetzten	Heuristische Problem-lösungstechniken, ange-wandt auf: a. Ausbildung menschli-cher Entscheidungs-spezialisten b. heuristische Computer-programme, künstliche Intelligenz (AI)

Abb. 8.2   Entscheidungstechniken von Organisationen (nach H. A. Simon)

eben jener Art, die er und Newell erstmals Ende 1955 realisiert hatten, diese Aufgabe übernehmen zu können (Simon 1965; Newell und Simon 1972). Der sozioökonomisch umwälzende Prozess der Automation erfasste damit erstmals nicht nur Routinevorgänge der industriellen Produktion und Verwaltung, son-dern auch kognitiv höherstehende Problemlösungsheuristiken des Managements (s. das rechte untere Feld von Abb. 8.2). Über die von heuristischen Compu-terprogrammen radikal veränderte Zukunft des Managements schrieb Simon im Jahre 1960:

„Es gibt inzwischen gute Gründe anzunehmen, dass nichtprogrammierte Entschei-dungsprozesse bald einer ähnlich revolutionären Umwälzung erfasst werden, wie es gegenwärtig mit programmierten Entscheidungen in Organisationen der Wirtschaft geschieht. Über die Natur menschlichen Problemlösens sind grundlegend wichtige Entdeckungen gemacht worden. Während diese Entdeckungen sich noch immer im Stadium der Grundlagenforschung befinden, zeichnen sich erste Möglichkeiten ihrer praktischen Anwendung in der Wirtschaft ab. Wir erwarten, dass diese zweite der ersten Revolution mit einer Verzögerung von zehn bis zwanzig Jahren folgen wird." „[...] es ist zu erwarten, dass wir bald über die technischen Mittel verfügen, [...] um

alle Managemententscheidungen, programmierte wie nichtprogrammierte, zu automatisieren." „Wir können voraussagen, dass wir in der Welt von 1985 psychologische
Theorien haben werden, die ebenso erfolgreich sind wie die Theorien, über die wir
heute schon in der Chemie oder Biologie verfügen. Wir werden recht gut verstehen,
wie der menschliche Geist funktioniert." (Simon 1965, S. 76, 47, 51)

Gut dreißig Jahre nach Simons Voraussage, dass heuristische Computerprogramme Entscheidungsaktivitäten des mittleren Managements automatisieren und
dieses dadurch zu einem großen Teil wegrationalisieren würden, stehen zwar tatsächlich Disziplinen wie die Cognitive Science und Artificial Intelligence, als
wissenschaftliche Großunternehmen mit Tausenden hochspezialisierter Forscher,
hoch im Kurs. Expertensysteme, die für einen abgegrenzten Fachwissensbe-
reich aus Fakten und Regeln weitere Fakten herleiten, erleichtern beispielsweise
Medizinern die Diagnose und Therapie von Krankheiten, oder schlagen Möglichkeiten der Beseitigung von Funktionsstörungen komplexer Maschinen, z. B.
von Flugzeugmotoren, vor. Auch hat die von Simon verfrüht prognostizierte
Wegrationalisierung des mittleren Managements tendenziell doch noch stattgefunden. In den 90er Jahren, dem Jahrzehnt der zunehmenden Verbreitung schlanker,
dezentraler Strukturen und intelligenter Prozesse in Wirtschaft und Verwaltung,
gibt es weitaus weniger mittlere Managementstellen zu besetzen als noch in
den 60er und 70er Jahren. Es waren aber wohl – anstelle der von Simon
vorausgesagten heuristischen Computerprogramme, die nichtrepetitive Entschei-
dungsaufgaben des mittleren Managements übernehmen sollten – andere, vor
allem sozioökonomische Faktoren, die diese Entwicklung verursachten.

Verlief so die spätere Entwicklung der Management*praxis* nur teilweise in
dem von Simon vorhergesagten Sinne, so hat auch das *Programm zur empirischen Erforschung von Organisationen,* das Simon zusammen mit seinen Schülern
bzw. Kollegen James G. March und Richard M. Cyert in den 50er Jahren initiierte, die ihm gesetzten Ziele kaum realisieren können. Simon war von Bernard
Berelson und der Ford Foundation der Auftrag erteilt worden, ein Inventar aller
wesentlichen Gesetzeshypothesen der auf den neusten Stand gebrachten Organisationsforschung zu erstellen (s. dazu v. a. Berelson 1964). Der Grundgedanke
des Buches „Organizations", das aus diesem Auftrag hervorging (March, Simon
1958), schließt eng an Simons Modell der begrenzten Rationalität von Menschen an. Die „grundlegenden Wesenszüge der Strukturen und Funktionen von
Organisationen" lassen sich danach „aus den Charakteristiken menschlicher Pro-
blemlösungsprozesse und dem rationalen Entscheidungshandeln von Menschen
ableiten" (ibid. S. 157):

„Die Organisationsstruktur kommt schlicht aufgrund jener Aspekte des Verhaltens von Organisationen zustande, die relativ stabil sind und sich nur langsam verändern. Unter der Annahme, dass Verhalten in Organisationen seiner Intention nach rational ist, kann man dabei erwarten, dass jene Verhaltensaspekte vergleichsweise stabil sind, die entweder a. Anpassungen an relativ unveränderliche Elemente der Umwelt oder die b. die Lernprogramme repräsentieren, die den Anpassungsprozess lenken." (ibid. S. 158) „Die Organisation hat [also] eine Struktur [...], weil es Grenzen der Rationalität gibt [...]" (ibid. S. 159)

Auf der Grundlage dieser interessanten Idee versuchten March und Simon gleichsam, ein kognitivistisches, d. h. theoretisch von Simons Konzept beschränkter Rationalität fundiertes Kontingenzmodell der wesentlichen Zusammenhänge zwischen Organisationsstruktur- und -prozessvariablen zu erstellen. Es unterscheidet sich von den kontingenztheoretischen Ansätzen der 60er und 70er Jahre einerseits positiv durch diesen Theoriebezug, der Kontingenzmodellen sonst weitgehend fehlt (s. Abschn. 8.5). Ein entscheidender Mangel des Organisationsforschungsprogramms von Simon bestand andererseits darin, dass dessen Schlüsselvariablen (z. B. „Zahl der Informationsquellen", „wahrgenommene Veränderungsmöglichkeiten in der Organisation", „Suchintensität", „erwarteter Wert der Belohnung") ausgesprochen schwer operationalisierbar waren. Simon selber hielt das Buch „Organizations" darum zwar für eine nützliche Systematik organisationstheoretischer Grundprobleme. „Weniger erfolgreich" aber hatte es ihm zufolge die Aufgabe gelöst, für die postulierten Gesetzeshypothesen empirische Belege beizubringen oder die Fabrikation solcher Belege zu initiieren (Simon 1991a, S. 163 f.).

Anfang der 60er Jahre war am Carnegie Tech nach Auffassung von Simon das „goldene Zeitalter der Organisationstheorie und der verhaltenswissenschaftlichen Firmentheorie" vorbei (ibid. S. 163). R. Cyert und J. March (1963) setzten mit ihrer koalitionstheoretischen[9] Konkretisierung des Ansatzes von March und Simon (1958) sozusagen den Schlusspunkt. Danach dominierten an der GSIA (wieder) traditionelle Ansätze der neoklassischen Ökonomie und des Operations-Research, obwohl ihnen Simon mit seinem Modell beschränkt

---

[9] Nach Auffassung dieser Theorie versuchen Organisationsmitglieder einzeln oder kollektiv, ihre Interessen und Ziele teils im Einvernehmen mit, teils gegen andere Gruppen durchzusetzen. Einschätzungen des Nutzwerts von Entscheidungsalternativen dienen dabei häufig nur dazu, wie Cyert und March in ihren empirischen Fallstudien feststellen konnten, die von der entscheidungsmächtigsten Koalition bevorzugten oder durchgesetzten Lösungen nachträglich zu rechtfertigen – ein Gedanke, den March später radikalisiert hat, und der auch für andere Organisationsforscher der vernunftskeptischen Postmoderne bedeutsam wurde (s. unten, Abschn. 9.1 und 9.2).

rationalen Entscheidungsverhaltens, wie er meinte, eine weniger realitätsfremde, leistungsfähigere Alternative zur Seite gestellt hatte. Seinen Lehr- und Forschungsauftrag nun definitiv auf die Disziplinen der „Computer Science und Psychologie" beschränkend, forschte Simon in der Folge nicht mehr organisationswissenschaftlich, sondern nur noch auf den von ihm und Newell begründeten Fachgebieten der künstlichen Intelligenz und Problemlösungsheuristik. Simon wurde 1978 der Nobelpreis für Wirtschaftswissenschaften nicht für seine organisations- und verwaltungswissenschaftlichen Leistungen, sondern für seine Beiträge zur Theorie und Computertechnologie rationaler Problemlösungsverfahren zugesprochen – die oben erwähnte „Geheimwaffe" der persönlichen Forschungsstrategie Simons (die möglichst frühzeitige Aneignung der fortgeschrittensten Computertechnik und mathematischer Analysemethoden; s. ibid. S. 111, 326) hatte sich offenkundig glänzend bewährt.

8.3   ‚Große Theorie' von Parsons bis Luhmann

Im Sommer des Jahres 1945 sandte C. Barnard dem von ihm hochgeschätzten Soziologen an der Universität Harvard, *Talcott Parsons (1902–1979),* seinen Aufsatz über „Funktionen und Pathologien von Statussystemen in Organisationen" zu (s. Barnard 1948). Parsons reagierte auf die Arbeit von Barnard, den er im Zusammenhang hochschulpolitischer Aktivitäten kennengelernt hatte, mit einer fünfseitigen, ausführlichen Stellungnahme. Sie zeigt, dass Parsons' Blick auf Organisationen wesentlich stärker als derjenige Barnards von den großen Klassikern der Soziologie – besonders von Durkheim, Pareto und Weber, vgl. Abb. 8.3 – bestimmt war. Parsons fand zwar Barnards Versuch, nachzuweisen, dass soziale Statussysteme von Organisationen „funktional notwendig" seien, durchaus sinnvoll. Ihm schien dieser Nachweis aber nicht zwingend geleistet werden zu können, wenn man Organisationen so wie Barnard bloß organisationstheoretisch, und nicht auch vom Standpunkt der allgemeinen Soziologie aus als spezialisierte Strukturen und Subsysteme des sozialen Systems, innerhalb dessen und für das sie Funktionen erfüllten, betrachtete. Die Chancen, dass man in der Soziologie demnächst eine leistungsfähige „allgemeine Theorie" werde etablieren können, beurteilte Parsons damals sehr optimistisch. Die Soziologie hatte in seinen Augen mittlerweile den Reifegrad etwa der Physiologie erreicht, und stand ähnlich wie die Physik des 17. Jahrhunderts unmittelbar vor einem äußerst vielversprechenden theoretischen Durchbruch: dem der allgemeinen Handlungssystem- und Gesellschaftstheorie von Parsons (vgl. Walter-Busch 1989, S. 140 f.).

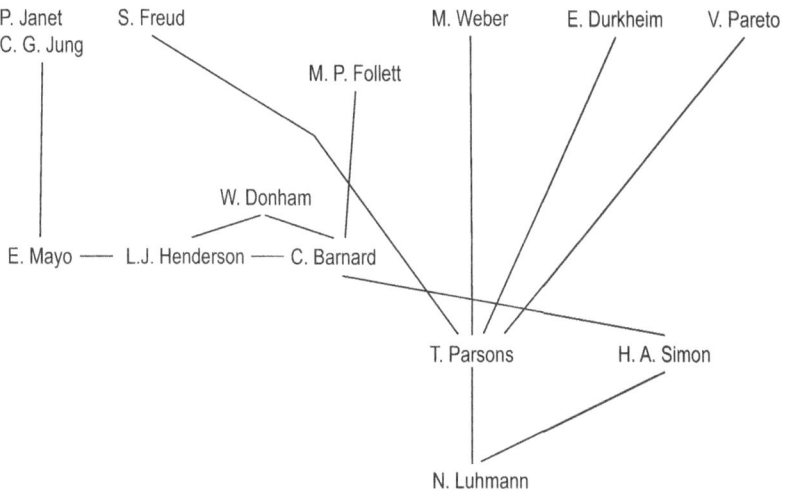

Abb. 8.3 Parsons, Luhmann, Harvards Organisationstheoretiker und die Traditionen ‚großer sozialwissenschaftlicher Theorie'

Gut zehn Jahre nach seiner Kritik an der, wie er meinte, soziologisch unzureichend fundierten Organisationstheorie Barnards führte Parsons in zwei längeren Abhandlungen genauer aus, wie er sich eine solche theoretische Vertiefung vorstellte (Parsons 1956, 1958). Beide Aufsätze wandten theoretische Differenzierungen aus der allgemeinen Gesellschafts- und Handlungssystemtheorie, die Parsons inzwischen konzipiert hatte, auf Problemstellungen der Organisationsforschung an. Die wichtigste dieser Differenzierungen betraf die vier Grundfunktionen, die Parsons zufolge Systeme ganz allgemein entlang den beiden Dimensionen interner vs. externer und instrumentell aufgeschobener vs. konsumatorisch sofortiger Problembearbeitung zu erfüllen haben. Diesem Vierfelderschema entnahm Parsons die vier Grundfunktionen (oder „functional imperatives") A-G-I-L der Menschenwelt, nämlich 1) Anpassung (A), 2) Zielerreichung (G: von englisch „goal attainment"), 3) Integration (I) und 4) Bewahrung latenter Strukturen (L, von englisch „latency" bzw. „latent pattern maintenance"):

Dimensionen:	Instrumentell	Konsumatorisch
intern	Bewahrung latenter Strukturen: **L**	Integration: **I**
extern	Anpassung: **A**	Zielerreichung: **G**

Parsons hat diese Kreuztabelle, wie er Niklas Luhmann noch wenige Tage vor seinem Tode versicherte, „mehr und mehr als seine eigentliche Theorieleistung" eingeschätzt (Luhmann 1988b, S. 127). Indem er das AGIL-Schema in der Hierarchie möglicher Unterscheidungen nach unten wie oben rekursiv verwendete, fasste er es zuletzt als *das* Mittel zur Bestimmung der für den Menschen wesentlichen Weltdimensionen schlechthin auf (Parsons 1978, S. 352 ff., sowie Abb. 8.4). Die vier Grundfunktionen schienen ihm die großen Zusammenhänge, in denen menschliche Handlungssysteme einerseits in der Seins Schichtung vom

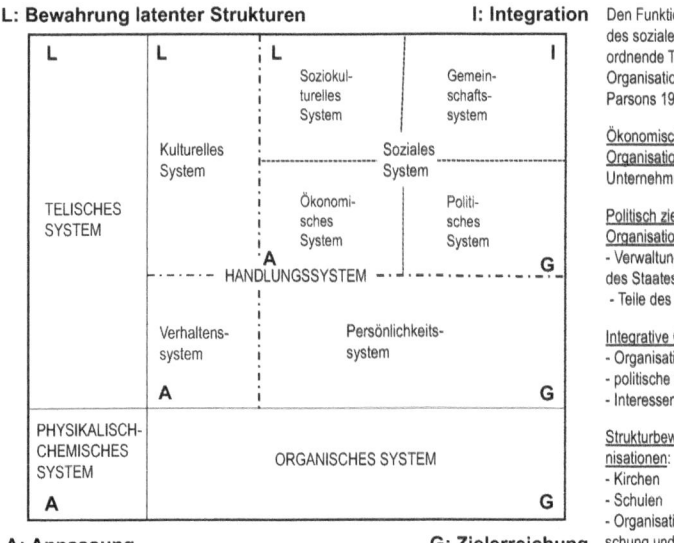

Abb. 8.4 Parsons' AGIL-Schema

unbelebten Sein bis zum transzendenten „telischen System" der Religionen[10], andererseits mit ihren Subsystemen des psychophysischen Verhaltenssystems, des Persönlichkeits-, des sozialen und des kulturellen Systems stehen, besser wiederzugeben als es die diversen Spezialwissenschaften vom Menschen, die arbeitsteilig eben je nur die besonderen Probleme ihres Fachgebietes (der Ökonomie, Psychologie usw.) abhandeln, tun können.

In seinen zwei erwähnten Beiträgen zur Organisationstheorie benützte Parsons das AGIL-Schema vor allem dazu, verschiedene Typen von Organisationen und die ihnen zur Verfügung stehenden Instrumente der Zielverwirklichung zu unterscheiden (Parsons 1956, S. 28 ff., 44 ff.). „Pattern-maintenance organizations" wie Kirchen oder Schulen haben ihm zufolge beispielsweise ganz andere Aufgaben als Unternehmungen, d. h. „organizations oriented to economic production", zu lösen, politisch zielorientierte andere als „integrative organizations" (ibid. S. 45 f.; s. Abb. 8.4). Großes Gewicht legte Parsons ferner auf die Unterscheidung der drei Hierarchiestufen 1. des „technischen", 2. des „Management-" und 3. des „institutionellen" Systems von Organisationen. Die auf diesen drei Ebenen zu lösenden Probleme seien, was die traditionelle Organisationslehre verkannt habe, völlig unterschiedlicher Art, und dürften nicht miteinander vermengt werden (Parsons 1958).

Obwohl er seine begrifflichen Differenzierungen organisationstheoretisch eher pauschal und vage als in konkreter Auseinandersetzung mit Erfahrungen von Organisationsforschern oder -praktikern entwickelte, hatte Parsons den Eindruck, dass es ihm gelungen sei, Unterscheidungen der allgemeinen soziologischen Theorie, die sich bereits in gruppendynamischen und gesellschaftsbezogenen Betrachtungen bewährt hatten, auch auf Organisationen erfolgreich anzuwenden:

> „Es hat sich als möglich erwiesen, eine generelle Klassifikation funktionaler Imperative von sozialen Systemen auf Organisationen anzuwenden, und an diesen so die wichtigsten Mechanismen der Zielerreichung zu identifizieren. Die eingesetzte Klassifikation hat sich bisher auf der Ebene der Gesellschaft und auf derjenigen der Kleingruppe bewährt. Dass sie sich auch auf Probleme der mittleren Ebene von Organisationen

---

[10] Was mit dem „telic system", dem in der Hierarchie der Seins schichten vom Gestein über die Amöbe bis zu Gott zuoberst stehenden „System", eigentlich gemeint ist, verrät das folgende Glaubensbekenntnis im Spätwerk von Parsons: „Das telische System, das wir als in kybernetischer Hinsicht dem Handlungssystem übergeordnet betrachten, hat u. E. ganz klar vor allem etwas mit der Religion zu tun. Es ist primär der religiöse Kontext, der im Verlaufe der Kulturgeschichte eine Art von Glauben an die ‚Realität' des [transzendent] Nichtempirischen besonders stark fördert. Obwohl wir die philosophischen Schwierigkeiten voll anerkennen, die jeder Versuch einer Definition dieser Realität bereitet, möchten wir uns ausdrücklich dazu bekennen, dass wir den uralten Glauben an ihre Existenz teilen." (Parsons 1978, S. 356)

anwenden lässt, spricht für ihre Allgemeingültigkeit." „Die Resultate unserer Überlegungen scheinen die Erwartung zu rechtfertigen, dass wir mittels solcher Analysen unser Wissen über Organisationen systematischer als bisher kodifizieren und mit demjenigen über andere soziale Systeme sowie über die Umwelt, in der formale Organisationen in unserem Gesellschaftstyp operieren müssen, enger und besser als bisher verknüpfen können." (Parsons 1956, S. 56 f., 58)

Zwar war Parsons zufolge noch eine „immense Arbeit" zu leisten, bis seine Kollegen und Schüler die von ihm erstmals skizzierten Vermittlungen zwischen allgemeiner Gesellschafts- und Organisationstheorie theoretisch ausgefeilt und empirisch getestet haben würden. Der Anfang hierzu aber sei vollbracht:

> „Immerhin haben wir einen durchaus vielversprechenden Anfang gemacht. Für Führungskräfte liegt die große Bedeutung sozialwissenschaftlicher Theorie in deren Zukunft - dort, wo sich diese Anfänge zu einer reifen Wissenschaft entwickelt haben werden." (Parsons 1958, S. 96)

Ging man so wie der Henderson- und Mayo-Schüler George C. Homans von konsequenter naturwissenschaftlich orientierten Forschungsstandards aus, so konnte Parsons' Vision einer zur „reifen Wissenschaft" entwickelten Organisationstheorie allerdings auch ganz anders gesehen und beurteilt werden. Homans hat in seinen Memoiren recht drastisch geschildert, für wie unfruchtbar er stets Parsons' durch und durch begriffsanalytische Weise hielt, Probleme der allgemeinen und der speziellen, darunter der organisationssoziologischen Theorie zu definieren und zu „lösen". Viel wichtiger als in Vierfelderschemen von Kästchen zu Kästchen zu springen, schien es Homans zu sein, die Regelmäßigkeiten, Quasi-Gesetze oder echten Gesetzmäßigkeiten, die von den begriffsanalytischen Übungen Parsons' mehr verhüllt als entschleiert würden, endlich klar auszusprechen:

> „Jedes Kästchen (d.h. jede Kategorie) in dieser sogenannten Theorie war angeblich mit den anderen drei Kästchen derselben Ebene sowie mit den entsprechenden Kästchen der hierarchisch über- und untergeordneten Ebene verbunden. Aber wie genau waren sie miteinander liiert? Welche bestimmte Veränderung in einem Kästchen (einer Variablen) produzierte welche und wie gerichtete Veränderungen bei einer anderen Variablen? Parsons sagte darüber nichts aus. Wenn es aber ein Prinzip gab, an das ich mich hielt, so war es die Maxime: ,Keine Theorie ohne Propositionen!'" (Homans 1984, S. 324 f.)

In der Organisationsforschung haben vor allem strenger erfahrungswissenschaftliche Kontingenztheoretiker versucht, diesen Forderungen von Homans, aber auch etwa von H.A. Simon zu genügen – mit zweifelhaftem Erfolg, wie Abschn. 8.5

und 8.6 zeigen werden. Es ist darum ein Gebot der Klugheit, Homans' Devise „No proposition, no theory" auf dem endlos langen Weg zu einer wirklich erklärungskräftigen Organisationstheorie allenfalls als ein Hinweis- oder Warnschild, keinesfalls aber als eine Verbotstafel aufzufassen.

Von Bedenken der Homans'schen Art wenig beeindruckt, hat der enorm produktive Soziologe *Niklas Luhmann (geb. 1927)* „großer Theorie" sogar eher noch mehr Vertrauen als sein Lehrer Parsons entgegengebracht. Da er vor seinem Zweitstudium der Soziologie bei Parsons zunächst Jurisprudenz studiert und als Verwaltungsbeamter praktisch gearbeitet hatte, war ihm die Welt der Organisationen, mit der er sich in seinen ersten soziologischen Schriften primär auseinandersetzte, im Gegensatz zu Parsons intim vertraut. Die Teile III und IV von Luhmanns umfangreicher Habilitationsschrift „Funktionen und Folgen formaler Organisation" (1964) verknüpfen ihre theoretischen Überlegungen mit einer in der Tat sehr „sorgfältige(n) Beobachtung des täglichen Lebens in formalisierten Systemen" (Luhmann 1964, S. 271). „Elementare Verhaltensweisen" wie Takt, Höflichkeit, Neckereien und Scherz, Klatsch usw. werden hier hinsichtlich ihrer Ursachen, Funktionen und Folgen genau untersucht – in anderen, separaten Untersuchungen darüber hinaus auch etwa Probleme der Einführung neuer Chefs (1962), der Zeitdisziplin und der Zeitplanung in Organisationen (1968) oder ganz allgemein solche der praktischen Umsetzung organisationssoziologischer Theorien (1966).

Namentlich diese zuletzt erwähnte Übersicht über den Stand, den die organisationssoziologische Forschung Mitte der 60er Jahre erreicht hatte, ist in ihrer Präzision und Kürze, ihrer Literaturbeherrschung und ihrem Scharfsinn eine exemplarische, bis heute sehr lesenswerte Arbeit. Luhmann stellt in ihr einerseits fest, dass der Organisationssoziologie nach wie vor „die 'große Theorie'" fehle (Luhmann 1966, S. 185). In welcher Richtung nach ihr zu suchen sei – nämlich mit Parsons über diesen hinaus nach einer allgemeinen Systemtheorie – war für Luhmann andererseits damals – Mitte der 60er Jahre – bereits klar:

„In einer wesentlichen Hinsicht kann man die soziologische Perspektive als systemtheoretisch kennzeichnen (wenngleich nicht alle Soziologen sich zur Systemtheorie bekennen). Man gelangt in sie hinein, indem man die Perspektive des Handelnden, der bestimmte, für wertvoll erachtete Wirkungen (Zwecke) verwirklichen will, verlässt und sich in Handlungssysteme hineindenkt, die sich in einer schwierigen, für sie unkontrollierbaren Umwelt erhalten wollen. Die Systemanalyse fragt dann nach den Bedingungen, die erfüllt sein müssen, damit ein System mit bestimmten strukturellen Merkmalen bestehen kann." „Die soziologische Perspektive ist expansiv. Sie geht in mehreren Richtungen über den Erlebnishorizont des Handelns hinaus: von der Einzelhandlung zum Handlungssystem, vom Bewährten zum Problematischen und [...] von

manifesten Zielen zu latenten Funktionen. Diese Ausweitung ist nicht als Widerle-
gung oder Ablehnung der Handelnsperspektive zu verstehen. Im Gegenteil wird diese
im weiteren Horizont der Soziologie bewahrt, aber nur als eine Möglichkeit unter
anderen. Der Sinn des Handelns wird durch die Anlegung inkongruenter Perspektiven
erhellt, die nicht in der Intention des Handelnden liegen und ihm nicht bewusst zu sein
brauchen." (Luhmann 1966, S. 185 f.)

Was sieht man aus einer solchen inkongruenten Perspektive, die sich in Handlungs*systeme „hineindenkt"*, anders und besser als durch die Brille der klassischen Modelle formaler und informaler Organisationsstrukturen? Überwunden
ist damit nach Luhmann zunächst der irreführend scharfe Dualismus der beiden
Sichtweisen:

> „Einen strenger soziologischen Charakter bekam die empirische Betriebsforschung
> erst nach dem zweiten Weltkrieg durch ihre Orientierung am Begriff des *sozialen
> Handlungssystems* - einem Grundbegriff, der zugleich den Zusammenhang mit der
> großen soziologischen Theorie vermittelte. Nun wurde klar, dass es sich bei der Unter-
> scheidung von formaler und informaler Organisation nicht um zwei verschiedene
> Sozialsysteme handeln konnte, sondern nur um verschiedene Aspekte, verschiedene
> Erwartungsqualitäten eines einheitlichen Sozialsystems: des Systems der formal orga-
> nisierten Kooperation, das sich als System faktischer Interaktionen nicht in seinem
> formalen Normengerüst erschöpft." (ibid. S. 182)

Aus systemtheoretischer Sicht kommentiert Luhmann außerdem auch die herkömmlichen Einstellungen zum hierarchischen Grundprinzip und zum Management des Wandels von Organisationen in neuartiger, jedenfalls unkonventioneller
Weise. Hierarchische Prinzipien waren und sind in der Organisationspraxis,
namentlich beim Organisieren, Planen und Entscheiden, ganz und gar unentbehrlich. Für Luhmann ist es so gesehen eigentlich „umso erstaunlicher [...], wie
weit die Organisationssoziologie sich mit einer Kritik der hierarchischen Ordnung
menschlicher Beziehungen vorgewagt hat":

> „Die informale Gleichheit in Gruppen wird gegen die formale Über- und Unterordnung
> ins Feld geführt, horizontale gegen vertikale Kommunikation, nachsichtig-toleranter
> gegen autoritativ-befehlsmäßigen Führungsstil, der Sachverstand von Experten gegen
> reine Positionsautorität [...] Vielleicht lässt sich in der Tat eine gewisse Tendenz zur
> Abschwächung der hierarchischen Orientierung durch Sachzwänge und horizontale
> Interdependenzen beobachten. Diese Erweiterung des Blicks ist von Wert, aber sie
> wird auf die Dauer nicht als *Kritik* der Hierarchie, sondern nur durch ein genaue-
> res Verständnis ihrer *Funktion* fruchtbar sein. Zum Kreuzzug gegen Hierarchie und
> Vorgesetztenautorität hat man allzu oft ohne klares Verständnis der Funktion des
> hierarchischen Organisationsaufbaus aufgerufen. Eine Alternative zur hierarchischen
> Ordnung ist gelegentlich erträumt [...], nie jedoch erarbeitet worden." (ibid. S. 183)

Mehr handlungssystemtheoretisch aufgeklärte Umsichtigkeit ist nach Luhmann auch beim Thema „Einführung von Änderungen" angezeigt. Organisationsinterner Widerstand gegen Änderungen soll gemäß Vorstellungen der älteren wie der neueren (Neo)Human Relations-Theorie vor allem dadurch überwunden werden, dass man die von einem Änderungsprozess Betroffenen an diesem beteiligt. Luhmann zufolge lässt dies „unberücksichtigt, wie sehr sich gerade durch vorherige ‚Stellungnahmen' und Diskussionen die Positionen verhärten können":

„Organisationen müssen, das gerade unterscheidet sie von emotional zusammengewachsenen, traditionsgefestigten Gruppierungen, durch Entscheidung umstellbar sein, und dies nach Maßgabe von sehr spezifischen Relevanzgesichtspunkten; denn anders wären sie nicht elastisch genug, um einer hochkomplexen und fluktuierenden Umwelt zügig folgen zu können. Es ist unmöglich, jedem einzelnen all seine Gefühle für den alten Zustand vorher abzutauschen oder wegzusuggerieren. Es wäre daher wichtig, unter Beibehaltung der soziologisch erweiterten Sicht auf den Änderungsvorgang nur jene Systemvariablen zu studieren, welche für die Umstellbarkeit von Bedeutung sind. Vor allem wird es sich um den Grad von Indifferenz handeln, der in einer Organisation tragbar ist, ohne die Arbeit zu untermotivieren; ferner um die Isolierbarkeit einzelner Änderungen; weiter um das Vertrauen, dass eine gewisse Grenze in den Rückwirkungen auf die Person keinesfalls überschritten wird; schließlich um die Institutionalisierung und Routinisierung des Änderungsvorganges selbst." (ibid. S. 184)

Wo in Organisationen *konkret* jene für den Änderungsprozess bedeutsamen „Systemvariablen" zu identifizieren wären; wie man im Einzelnen die Balance zwischen übermäßiger und zu schwacher („untermotivierender") Mitarbeitermotivation auffinden und einhalten könnte; wie einzelne Änderungen von anderen zu isolieren, und der Änderungsvorgang als ganzer zu „institutionalisieren", ja zu „routinisieren" wäre – solch konkret praxisorientierter Urteile enthält sich Luhmann freilich, damals wie heute. Er tat und tut dies mit dem guten Gewissen des Theoretikers, der davon überzeugt ist, dass die Theorie der Praxis das Entscheiden in gewissem Sinne nicht erleichtern, sondern erschweren sollte. Soziologischer Theorie ist es demnach aufgegeben, die Steuerungskapazität bzw. Varietät praktisch operierender Lenkungssysteme mittels inkongruenter Perspektiven zu erhöhen – selbst wenn die der Praxis also vermittelte soziologische Perspektive „als Handlungsorientierung unschlüssig", und demzufolge auf komplementäre Disziplinen des Wissens „und auf Entscheidungstechniken" angewiesen bleibt, „welche die soziologisch erschlossene Komplexität reduzieren auf Ausmaße, die der eng begrenzten und vor allem langsamen Fähigkeit des Menschen zum Überlegen und Entscheiden entsprechen" (ibid. S. 187):

„[…] die Sachverhalte, die der Mensch erkennen und handelnd bewältigen muss, um
mit einem bestimmten zivilisatorischen Niveau zu überleben, [sind] komplexer […]
als seine Kapazität für rationales Entscheiden […] Daraus ergibt sich ein Zwang zur
Kooperation stilverschieden forschender Wissenschaften. Die Soziologie - vor allem,
aber nicht nur, die Organisationssoziologie - könnte die Aufgabe übernehmen, ohne
Rücksicht auf das Entscheidungspotential des Menschen eine analytische Technik für
die Erfassung komplexer (organisierter) Sozialsysteme zu entwickeln. Der Betriebswirtschaftslehre fiele die Aufgabe zu, die ‚Systemprobe‘ der Soziologie in ‚lösbare
Entscheidungsprobleme‘ umzudenken und im Hinblick darauf eine Entscheidungslo-
gik zu entwerfen, die der planmäßig-rationalen Reduktion von Komplexität dient.“
(ibid. S. 188)

Zeitweise behandelte Luhmann zwar auch Fragen solcher „stilverschieden“
forschender Wissenschaften, etwa der verhaltenswissenschaftlichen Entscheidungstheorie oder der entscheidungsorientierten Betriebswirtschaftslehre (s. v. a.
Luhmann 1973). Faszinierender war es für ihn als Soziologen aber stets, „einen andersartigen Versuch der Annäherung an die Praxis zu machen“ – nämlich
„den paradoxen Versuch, durch äußerste Abstraktion den Boden wieder unter
die Füße zu bekommen“ (Luhmann 1966, S. 185). In der Höhenluft abstrakter Theorie, in der er wider Erwarten auch wieder praktisch begehbaren, festen
Boden betreten zu können hoffte, entwarf Luhmann in den 60er und 70er Jahren zunächst eine allgemeine systemtheoretische Soziologie und Philosophie, die
er u. a. sehr scharfsinnig gegen Einwände des Philosophen Jürgen Habermas
verteidigte (Habermas, Luhmann 1971). Luhmanns Verlangen nach den „äußers-
ten Abstraktionen“ großer Theorie war aber durch diese Art systemtheoretischer
Reflexion anscheinend nicht ganz zu stillen. Um 1980 vollzog er einen „Paradigmawechsel“, durch den seine früheren systemtheoretischen Überlegungen von
solchen über autopoietische Systeme abgelöst wurden (vgl. v. a. Luhmann 1984).
Der überaus kühne Grundgedanke dieser Autopoiese-Theorie, zu der vor allem
die Biologen H. Maturana und F. Varela, H. von Foersters Kybernetik beobachten-
der Systeme und G. Spencer Brown mit seinem Formenkalkül die für Luhmann
maßgebenden Beiträge leisteten (vgl. u. a. Maturana, Varela 1987 und Baecker
1993), postuliert, dass autopoietische Systeme allein durch jene eine Operationsweise – und nur durch sie, nicht etwa durch mehrere Operationen oder gar
die Systemumwelt – definiert sind, durch die sie sich zugleich produzieren und
reproduzieren:

„Für alles, was folgt, ist es wichtig, die Bedeutung des Begriffs der Operation zu
erkennen und die mit ihm verbundenen Ansprüche an begriffliche Genauigkeit ernst
zu nehmen. Systeme werden durch diejenige Operationsweise definiert, mit der das
System sich selbst produziert und reproduziert. Eine bestimmte Art von Systemen, etwa

lebende Systeme, psychische Systeme, soziale Systeme, kommt durch eine bestimmte Art von Operation zustande. Der Einheit des Systems entspricht die Einheit der konstituierenden Operation. Damit ist es ausgeschlossen, ein System durch eine Mehrheit von Operationen, die es vollziehen kann, zu charakterisieren, also psychische Systeme zum Beispiel durch Wahrnehmen, Fühlen, Denken und Wollen [...] Wenn [...] die Einheit des Systems, etwa in der Form der Einheit des Bewusstseins, evident ist, muss man auch in der Lage sein, die Operationsweise anzugeben, deren sequentielle Aktualisierung das System produziert." (Luhmann 1992, S. 118 f.)

Die Frage, ob ein systemähnlicher Zusammenhang ein sich selbst produzierendes System ist oder nicht, kann man demnach nur beantworten, „wenn man klar angibt, was die Operationsweise ist, die dies leistet", d. h. wenn man deutlich beschreiben kann, „wie das System sich selbst produziert und reproduziert" (ibid. S. 121). Nach Luhmann fällt es im Falle von sozialen Systemen und von Organisationen nicht schwer, die Operationsweisen zu bestimmen, die diese beiden autopoietischen Systemtypen ermöglichen. Während es sich bei sozialen Systemen „nur um Kommunikation handeln" kann und bei psychischen Systemen wahrscheinlich um Bewusstsein (ibid. S. 122 f.), sind es im Falle von Organisationen Entscheidungen. Organisationen definiert Luhmann nach seinem Paradigmawechsel nun als „Systeme, die aus Entscheidungen bestehen und die Entscheidungen, aus denen sie bestehen, durch die Entscheidungen, aus denen sie bestehen, selbst anfertigen" (Luhmann 1988c, S. 166). Analog ließen sich soziale Systeme als Systeme definieren, die aus Kommunikation bestehen und die Kommunikation, aus der sie bestehen, durch die Kommunikation, aus der sie bestehen, selbst anfertigen; bzw. psychische Systeme als Systeme, die aus Bewusstsein bestehen und das Bewusstsein, aus dem sie bestehen, durch das Bewusstsein, aus dem sie bestehen, selbst anfertigen – usw.

Was *gewinnt* und – allenfalls auch – was *verliert* die Organisationstheorie durch diese autopoietische Wende, der Luhmann die Bedeutung eines Paradigmawechsels zugeschrieben hat? Auffallend ist zunächst, dass Luhmann seit dieser Wende – Luhmann II sozusagen – sich kaum noch für konkrete Organisationsprobleme, weder für solche der älteren noch für solche der neueren Forschung, interessiert. In den relativ wenigen organisationstheoretischen Schriften von Luhmann II dominieren, ganz anders als in denen von Luhmann I, grundlagentheoretische Erwägungen, die immer wieder dieselben Kerngedanken der autopoietischen Systemtheorie umkreisen (s. v. a. Luhmann 1990, 1988a, c; ferner Baecker 1994; Kirsch 1992; Lentge 1994). Ließen sich deren Ansprüche, die ebenso gewagt sind wie die erstrebte Theorieform nun allerdings „äußerst abstrakt" ist, tatsächlich einlösen, so wäre sozialwissenschaftlicher Theorie zweifellos der große Schritt in die Zukunft, den bereits Parsons gemacht zu haben glaubte, gelungen. Vorläufig ist es indessen eher wahrscheinlich, dass die *modo scientifica* – quasinaturwissenschaftlich – erstrebte Klarheit und Eindeutigkeit bei der Bestimmung der systemkonstitutiven Operationsweisen autopoietischer Systeme so wie bisher eine *Fiktion* bleibt, und nicht zur *Realität* werden kann.

Luhmann selbst räumt ein, dass bei psychischen Systemen, anders als bei Organisationen oder bei sozialen Systemen, die notwendige „reductio ad unum" (d. h. Ableitung des Systems aus der *einen* systemkonstituierenden Operationsweise) schwerfällt:

> „Das Problem ist hier, dass Tradition und Denkgewohnheiten eine Mehrheit von bewusstseinstypischen Operationen anbieten [...] Man spricht von Wahrnehmen, Denken, Fühlen, Wollen als verschiedenen ‚Fähigkeiten' des Bewusstseins und lässt dabei offen, was denn die Einheit (der Operationsweise) des Bewusstseins ist." (Luhmann 1992, S. 123)

Bieten aber Tradition und Denkgewohnheiten – glücklicherweise! – nicht auch und gerade für Organisationen und soziale Systeme je eine *Mehrheit* systemtypischer Operationen an, weit über die von Luhmann einzig in Betracht gezogenen, als solche überdies grundsätzlich *mehrdeutigen* Kategorien der Entscheidung und der Kommunikation hinaus? Dass es im Falle sozialer Systeme so wie in dem von Organisationen „überraschend einfach" ist, „die eine Operation begrifflich genau zu bezeichnen, die das System als Differenz zur Umwelt produziert und reproduziert" (ibid. S. 122), hätte dann eher als eine Behauptung zu gelten, deren allgemein akzeptable Begründung noch aussteht.

Wie immer auch das Urteil der Fachwelt über Luhmanns Theorie autopoietischer Systeme ausfallen mag – Organisationsforscher werden wohl auch in Zukunft entschieden mehr von einem Dialog mit Luhmann I und dessen konkreten Organisationsanalysen als von den – ebenso ehrgeizigen wie bisher uneingelösten – Theorieversprechen und Theorierätseln von Luhmann II profitieren können.

8.4   Wege und Probleme der Organisationsentwicklung

Die am weitesten verbreitete Definition von „Organisationsentwicklung", die von R. Beckhard stammt, lautet:

> „Organisationsentwicklung (OE) ist (1.) eine geplante, (2.) organisationsweit operierende, (3.) von der Spitze aus gelenkte Aktivität zur (4.) Verbesserung der

Leistungsfähigkeit und Gesundheit der Organisation, die (5.) mit Mitteln geplanter, verhaltenswissenschaftlich begründeter Interventionen in Organisationsprozesse erfolgt."
(Beckhard 1969, S. 9)

Gruppendynamische Trainingsmethoden einerseits, die Diskussion und Umsetzung innerbetrieblicher Umfrageergebnisse *(Survey Feedback)* andererseits waren die beiden wichtigsten Interventionstechniken amerikanischer Verhaltenswissenschaftler, die sich um 1960 als OE-Spezialisten zu definieren begannen. Richtig eingesetzt, konnte man mit diesen und einigen anderen, aus ihnen abgeleiteten Techniken (s. dazu Beer 1976) hintergründige Beziehungsprobleme in Organisationen offenlegen und damit Energien entfesseln, die zuvor brachgelegen hatten oder hierarchisch blockiert gewesen waren. OE-Experten beanspruchten, mit ihren Interventionen sozialen Wandel von Organisationen, Nachbarschaften oder sogar von ganzen Gemeinden rationaler planen und durchführen zu können, als dies vor Lewins und Likerts grundlegenden Innovationen möglich gewesen war (Bennis et al. 1961, 1969; Thomas und Bennis 1972 sowie Abschn. 7.6). Zwar wies bereits das großangelegte Interviewing-Programm der Hawthorne-Werke alle Merkmale der zitierten Definition Beckhards auf, und könnte so problemlos als eines der ersten Organisationsentwicklungsprogramme (durchgeführt lange bevor es den Begriff dafür gab) aufgefasst werden (s. Abschn. 7.5). In den 50er Jahren galt die Human Relations Bewegung jedoch zunehmend als von den Erkenntnisfortschritten der strenger wissenschaftlichen „Behavioral Sciences" (Verhaltenswissenschaften) überholt. *Chris Argyris* beispielsweise, der seine ersten, übrigens durchaus erinnerungswürdigen Organisationsforschungen[11] noch als konstruktiv-kritische Beiträge zum Human Relations-Ansatz verstand, glaubte diesen Ende der 50er Jahre mit seiner These überwunden zu haben, dass hierarchische Organisationsstrukturen den Selbstverwirklichungsbedürfnissen „reifer" Organisationsmitglieder grundsätzlich widersprechen (Argyris 1957, 1958).

Seinen eigenen Beitrag zur Theorie und Praxis der Beratung und Entwicklung von Organisationen betrachtete er seitdem als einen, der jenseits der Human Relations Bewegung stehe:

> „Ich begann mich für die Gesundheit von Organisationen (organizational health) vor einigen Jahren zu interessieren, als mir meine Forschungen und meine Beratungstätigkeit klar machten, dass traditionelle Vorstellungen davon übervereinfachend, ja

---

[11] Argyris' Studie über unbeabsichtigte, teilweise kontraintuitive soziale Auswirkungen von Budgetierungsverfahren (Argyris 1953b) nimmt manche Ergebnisse des „Behavioral Accounting", seine genaue Beschreibung der Aktivitäten einer starken Führungspersönlichkeit solch neuerer Analysen der Tätigkeiten von Managern vorweg (Argyris 1953a, 1954).

teilweise irreführend sind. Einmal dachte ich, dass der Human Relations-Ansatz eine neue Definition der Gesundheit von Organisationen bieten könne. Zahlreiche Untersuchungen führten mich indessen zur Einsicht, dass ‚Human Relations' ganz schön inhuman sein können. Dies bewirkte, dass ich über keine Wissensbasis mehr verfügte, von der aus ich einen gültigen Begriff organisationaler Gesundheit entwickeln konnte. Infolgedessen übernahm ich […] die Leitung eines Forschungsprojekts, dessen Aufgabe es eben ist, ein solches valides und praktisch nützliches Konzept der Gesundheit von Organisationen zu erarbeiten." (Argyris 1958, S. 10)

Argyris gehört seit diesem offenbar bewusst vollzogenen Akt der Lossagung vom Quasiparadigma der Human Relations zusammen mit Warren Bennis (s. Bennis 1969, 1970) und Edgar Schein (s. Schein 1969, 1990) zu den prominentesten OE-Experten der Vereinigten Staaten (s. u. a. Argyris 1970, Argyris und Schon 1974, 1978). Freilich identifizierte sich der eigenwillige Argyris auch mit der OE-Bewegung nie ohne Vorbehalte. Dem Ende der 60er Jahre modisch gewordenen OE-Begriff zog er den der *„Intervention"*, und dem des *„change agent"* den des *„interventionist"* (beratenden Aktionsforschers) vor. Die OE-Bewegung schien ihm damals zu einseitig nur für Sozialreformen und sozialen Wandel Partei zu ergreifen. Sie verletzte damit in seinen Augen Standards professionell intervenierender Organisationsforschung:

„[…] Wandel zu bewirken gehört *nicht* zu den primären Aufgaben des beratenden Aktionsforschers (interventionist). […] seine primären Aufgaben bestehen darin, gültige Information zu erzeugen, dem Klientensystem wohlinformierte und eigenverantwortliche Entscheidungen zu ermöglichen, und internes Engagement für diese Entscheide zu entwickeln. Klienten mögen sich dafür entscheiden, Aspekte ihres Systems zu verändern. Wenn dieser Entscheid in eigener Verantwortung erfolgte, kann der beratende Aktionsforscher dem Klienten bei der Verwirklichung des Wandels helfen […] Wandel ist aber nicht a priori gut, und das Gegenteil von Wandel schlecht. Dieser Standpunkt scheint hinter dem der aktuellen Fachliteratur zurückzubleiben […] In letzter Zeit hat man Wandel so sehr hervorgehoben [S. 23: „fast zwanghaft idealisiert"], dass beratende Aktionsforscher gewöhnlich ‚change agents' genannt werden […] Man hört nicht selten solche change agents von der Herausforderung sprechen, das Klientensystem ‚aufzutauen', es zu ‚konfrontieren' oder zu ‚sprengen' […] [Infolgedessen] hat in vielen OE-Programmen nur das Top-Management das Veränderungsprojekt frei wählen können. In mehreren Stadtentwicklungsprojekten haben change agents […] Konfrontationsmeetings zwischen Schwarzen und Weißen herbeigeführt, ohne über valide Daten zu verfügen." (Argyris 1970, S. 21 f.)

Als Argyris dies 1970, zur Zeit der Nachwehen der 68er Bewegung, sagte, war es in der Tat ein unzeitgemäßes, bei vielen Sozialwissenschaftlern unpopuläres Argument (vgl. zur Gegenposition z. B. Bennis 1970). Argyris blieben als Organisationsberater so andererseits die negativen Erfahrungen erspart, die

die OE-Bewegung seit der gesellschaftspolitischen Tendenzwende Mitte der 70er
und vollends in den 80er Jahren durchmachte. Auf die stark sozialreformerisch,
d. h. für sozialen Ausgleich, Partizipation, den Abbau von Privilegien und Macht,
die Verbesserung der Lebensqualität usw. engagierte OE-Bewegung wirkten sich
die 60er und frühen 70er Jahre günstig, die darauffolgende Epoche aber, in der
ökologische Fragen, wirtschaftliche Revitalisierungsziele und Sozialstaatskritik
den Ton angaben, ungünstig aus. Die OE-Bewegung geriet in eine „Identitäts-
krise", von der sie sich bis heute nie mehr richtig erholt hat. Englischsprachige
Publikationen mit direktem Bezug zu OE-Problemen, von denen es vor 1960
schätzungsweise 40, in den 60er Jahren 210 und in den 70er Jahren 720 gab, sta-
gnierten in den 80er Jahren (Sashkin und Burke 1990, S. 324 f.). Die meisten von
31 amerikanischen Experten, die im Jahre 1987 über Gegenwarts- und Zukunftsprobleme der Organisationsentwicklung befragt wurden, bezeichneten deren Lage
als kritisch. Falls es der OE – Bewegung nicht gelinge, sich den wirtschaftlich
und sozial viel turbulenter und rauer gewordenen Zeiten anzupassen, werde sie
die Krise nicht überleben:

> „Diese Ansicht wurde am entschiedensten von Personen vertreten, die angaben, dass
> sie den Begriff ‚Organisationsentwicklung' gar nie gebrauchten, und die wünschten,
> dass der Begriff ganz einfach verschwinde. Sie schienen hier fast gehemmt zu sein
> und einigen Widerstand dagegen zu verspüren, mit einem Begriff, der Vorstellungen
> von ‚Weichheit' und ‚rührseliger Gefühlsbetontheit' evoziert, in Verbindung gebracht
> zu werden." (Esper 1990, S. 300 f.)

Umstritten waren und sind in der OE-Bewegung außer diesen Fragen nach ihren
Wertprämissen auch solche nach der *Tiefe, der Breite und dem Standardisierungsgrad ihrer Instrumente*. Wie *tief* sollten gruppendynamische Prozesse in
den Intimbereich der Beziehungsprobleme einer Organisation eingreifen, und hier
nach tiefenpsychologischem Vorbild klärend oder heilend wirken (dürfen)? Schon
früh gehörte zur exotisch angehauchten Aura der OE-Bewegung das Gerücht, dass
Sensitivitätstrainings in fortschrittlichen Unternehmungen, z. B. Fluggesellschaf-
ten, die sie ausprobierten, dramatische psychische Zusammenbrüche verursacht
hätten (dabei stellte man sich bei Luftverkehrsgesellschaften natürlich vor allem
Zusammenbrüche von Hostessen vor). Die Gerüchte waren keineswegs nur frei
erfunden, sondern entsprachen in manchen Fällen der Realität. Beispielsweise
hat sich ein alles in allem erfolgreicher OE-Prozess, der von 1975 bis Anfang
der 80er Jahre die Strukturen und die Kultur im Verlagshaus des Zürcher Tages-
Anzeigers einschneidend veränderte, auf viele Redaktoren, Redaktorinnen und
leitende Verlagsangestellte, also keineswegs nur auf hierarchisch tiefer platzierte
Frauen, höchst dramatisch ausgewirkt. Nach dem Zeugnis direkt Betroffener ging

es bei den von Psychologen moderierten „Retraiten", wie man die mehrtägigen Gruppensitzungen betriebsintern nannte, hoch zu und her:

> „Auch [Chefredaktor] Studer erlebte die OE-Sitzungen als harte Konfrontationen [...] In einem Kurhaus in Braunwald, Wildhaus oder Weggis saß man sich im großen Geviert gegenüber. Zum Beispiel einige Vertreter der Redaktion verstreut zwischen den Kaderleuten des Betriebs. Es gab eine kurze Sachagenda mit Themen, die man besprechen wollte. Doch man begann mit seiner eigenen Seelenlage und kam, wie Studer es formuliert, ‚fast nie zum Entscheid über die Themen, sondern krallte sich an den Befindlichkeiten fest. Die meisten Untergebenen hielten einem den Spiegel vor, sagten offen, wie sie einen erlebten. Das waren fürchterliche Situationen. Mehrmals wurde ein Kadermitglied in solchen Auseinandersetzungen vernichtet, ging heim und dankte ab. Es war dramatisch!' - Niemand stand nur gut da. Auch Heinrich Hächler, der kommende starke Mann, hatte - wie mehrere andere Kaderleute - seinen Weinkrampf. ‚Das waren eruptive Dinge, die einen durchschüttelten', sagt Peter Studer im Rückblick, ‚auch ich kam gewaltig dran!'" (Catrina 1993, S. 358)

Kontrovers diskutieren OE-Experten ferner die *Breite* und den *Standardisierungsgrad* ihrer Instrumente: Sollten Organisationsentwickler „nur" als Beziehungsproblemspezialisten, die innerbetriebliche Kommunikationsdynamiken zu nutzen verstehen, wirken? Oder sollten sie sich mit eigenen Organisations- und Managementmodellen an der Lösung der von OE-Prozessen aufgedeckten oder sie veranlassenden Sachprobleme beteiligen? (Die erste der beiden Auffassungen wird als „personaler", die zweite als „strukturaler" OE-Ansatz bezeichnet, vgl. z. B. Gebert 1974; Sashkin und Burke 1990.) Eine Unternehmung möchte ihre veralteten Organisations- und Führungsprinzipien verbessern. Sollten OE-Experten hier so wie Unternehmensberater sachkundige eigene Lösungskonzepte anbieten, und nicht nur als Spezialisten für Beziehungsprobleme in Erscheinung treten? Wie vorweg festgelegt und standardisiert sollten ihre Vorgehensmethodiken und etwaigen Problemlösungskonzepte außerdem sein?

Hinsichtlich der Standardisierungsfrage sind namentlich OE-Experten, die nicht den „strukturalen", d. h. personen- *und* sachproblembezogenen, sondern „nur" den personalen Ansatz der Organisationsentwicklung verfechten, sehr unterschiedlicher Meinung. Das Spektrum reicht hier von hochgradig vorstrukturierten OE-Ansätzen (vgl. z. B. das „Verhaltensgitter"-Programm von Blake und Mouton (1964) und Likerts „System 4" (1967)) über vorgehensmethodisch vorstrukturierte, sonst aber offene Ansätze (Lievegoed 1974) bis zur therapeutisch zurückhaltenden Organisationsdiagnostik des Roethlisberger-Schülers Paul Lawrence (Lawrence und Lorsch 1969) oder zum ausgesprochen offenen Prozessberatungskonzept von Edgar Schein (Schein 1969, 1990). Schein zufolge verkennen schematisch vorstrukturierende Konzepte, die der Praxis – nicht selten erfolgreich – Standardlösungen verkaufen, das „Wesen der Organisationsentwicklung". In seinem „Zurück in die Zukunft" betitelten Plädoyer zugunsten einer Erneuerung der ursprünglichen OE-Vision führt er hierzu aus:

> „Die große Entdeckung, die OE auf den Weg brachte, war, dass man wirkungsvoll in Arbeitsprozessen, in Gruppen und Organisationsprozessen intervenieren konnte, ganz und gar ohne den Inhalt zu manipulieren [...] Die große Entdeckung der ersten OE-Praktiker bestand in der Erkenntnis, dass eine der besten Möglichkeiten, in menschliche Systeme einzugreifen, darin besteht, den Betroffenen dabei zu helfen, sich selbst zu helfen. Dieses Konzept stimmte gut mit anderen Wandlungstheorien überein, etwa [...] mit Bateson's und Argyris' Konzepten gewöhnlicher Lernprozesse, des ‚double-loop learning' [des Erlernens neuer Verhaltensprämissen] und des ‚deutero-learning' [des Lernens des Lernens]" (Schein 1990, S. 14).

Lisl Klein hat in einer instruktiven Fallstudie beschrieben, wie sie mit dem vergleichbar offenen Systementwicklungskonzept des Tavistock Institutes in der englischen Tochtergesellschaft der damaligen Esso Petroleum Company zunächst Erfolg hatte – um mit ihm schließlich doch dem wesentlich standardisierteren Survey Feedback-Programm von Likerts Institute of Social Research (ISR, s. Abschn. 7.6), dem sog. „System 4-Programm", zu unterliegen (Klein 1983, S. 167 ff.). Die einfache Botschaft des ISR, dass der partizipative Gruppenführungsstil des „Systems 4" (s. Likert 1967) menschlich wie ökonomisch am effektivsten sei, und mit einer bewährten Serie innerbetrieblicher Meinungsumfragen und Führungskurse zügig realisiert werden könne, fand bei der personell veränderten Führungsspitze der englischen Esso vorübergehend mehr Gehör. Vergeblich wies Lisl Klein darauf hin, dass die Firmenmitglieder sich auf der Grundlage der frohen Botschaft des ISR zu einseitig allein „für den Führungsstil als die erlösende unabhängige Variable enthusiasmierten und andere wichtige Faktoren in ihrer Situation zu vernachlässigen anfingen" (Klein 1983, S. 174 f.). Einfache Rezepte und fertige Produkte verkaufen sich unter Umständen eben, wie Klein am Ende ihrer fünfjährigen Tätigkeit in der englischen Esso erfahren musste, besser als „geistige Offenheit oder diagnostische Fähigkeiten".[12]

---

[12] Ibid. S. 291. – Um bei etwaigen Lesern der Fallstudie Kleins ein terminologisches Durcheinander zu vermeiden, sei ausdrücklich vermerkt: Klein grenzt ihren eigenen, d. h. den soziotechnischen Systemansatz (STS) des Tavistock Institutes, der den Selbstdiagnose- und Selbststeuerungskompetenzen arbeitender Menschen große Bedeutung beimisst, von standardisierten OE-Programmen wie Likerts „System 4" ab, indem sie STS komplexen „Organisationstheorien", die ihrer Ansicht nach größtenteils standardisierten OE-Programme aber „Human Relations-Ansätzen" zuordnet (ibid. S. 220 ff.). Klein übernimmt damit einerseits die (seit Mitte der 50er Jahre) überwiegend negativen Konnotationen des Begriffs „Human Relations", ignoriert aber andererseits den Anspruch so gut wie aller OE-Experten,

In Firmen anderer Länder und Kulturen waren die Organisationsberatungs-konzepte des Tavistock Institutes im gleichen Jahr 1970, als Klein ihre Stelle bei Esso aufgab, wesentlich erfolgreicher. Oben (in Abschn. 7.6) ist bereits kurz E. Jaques' OE-Praxis für die Firma Glacier Metal dargestellt worden. Welt-weit bekannt wurde das Tavistock Institut in den späten 60er und 70er Jahren aber weniger mit diesem Zweig seiner Aktivitäten, als mit seinem *soziotechni-schen Systemansatz (STS)*, der bisher nur erwähnt, nicht näher erläutert wurde. Dieser ist noch ausgeprägter als das OE-Konzept von E. Jaques arbeitnehmer-orientiert. Im Rahmen australischer, deutscher, vor allem aber norwegischer Arbeitsverbesserungsprogramme orientierte und rechtfertigte STS theoretisch ziemlich weitgehende, radikale Konzepte der Humanisierung *und* Demokrati-sierung der Arbeit. Der norwegische Staat erließ 1977 gesetzliche Vorschriften zur Beseitigung inhumaner, entfremdender Arbeitsbedingungen und zur Verbes-serung der Qualität des Arbeitslebens. Der Norweger Einar Thorsrud, seit 1948 am Tavistock Institut tätig, hatte STS-Methoden in Norwegen schon in den 60er Jahren erfolgreich angewandt. Davon ausgehend wurden nun verstärkt Prozesse der Arbeitsverbesserung und der Systementwicklung in Gang gesetzt, die zwar (da Kooperation mit dem Management unumgänglich war) nicht klassenkämpfe-risch, wohl aber ausgesprochen arbeitnehmerorientiert waren. Noch weiter als bei analogen Experimenten mit teilautonomen Arbeitsgruppen in Schweden (etwa bei Volvo) oder in Deutschland ging man insbesondere mit dem Abbau von Experten-macht. STS-Experten übergaben die Aufgabe, die gegebenen Arbeitsverhältnisse kritisch zu untersuchen, um sie in alternative, womöglich humanere *und* ökono-misch leistungsfähige Arbeitssysteme zu transformieren, den direkt Betroffenen. Die Expertenmacht wurde so sukzessive nicht nur dem höheren Management,

---

dem veralteten Quasiparadigma der Human Relations nicht anzugehören (vgl. dazu die oben zitierten Ausführungen von Argyris). Um das Maß der Begriffsverwirrung vollzumachen, ent-lastet Klein ausgerechnet das Organisationsdiagnosekonzept von P. Lawrence (s. Lawrence und Lorsch 1969) von ihrer Kritik, so wie die übrigen OE-Programme ein typischer Human Relations-Ansatz zu sein (Klein 1983, S. 290 f.). Das Wort „ausgerechnet" meint dabei nicht, Kleins Charakterisierung des OE-Konzeptes von Lawrence, „das die sozialwissenschaftliche Tätigkeit […] ähnlich versteht wie ich selbst zu Beginn des Esso-Projekts", sei unzutref-fend (ibid. S. 290). Lawrence vom Vorwurf, simplifizierende Human Relations-Gedanken zu vertreten, auszunehmen, ist vielmehr darum merkwürdig, weil Lawrence sein ausgeprägt diagnoseorientiertes OE-Konzept stets (und zu Recht) nur als Fortführung des genauso kli-nisch diagnoseorientierten Beratungskonzeptes seines Lehrers Roethlisberger auffasste (s. dazu oben, Abschn. 7.4 und 7.5). – Begriffliche Definitions- und Abgrenzungsschwierigkeiten dieser Art gibt es in anwendungsorientierten Sozialwissenschaften, mit ihren unübersichtli-chen Gemengelagen von in Theorie und Praxis sich ständig fortentwickelnden Redeweisen, Praktiken, „Theorien" usw., recht häufig.

sondern auch „soziotechnokratischen" STS-Spezialisten, die auf die Fiktion der Überlegenheit ihres Fachwissens nicht verzichten mochten, entzogen. Von den Betroffenen selber in Eigenregie durchgeführte Untersuchungen nannte man, um sie von gewöhnlicher Aktionsforschung abzugrenzen, *„partizipative Forschung"*, und die in ihr maßgebenden Konzepte und Theorien *„lokale Theorien"*:

> „Indem die Arbeiter sich auf die Veränderungsprozesse partizipativer Forschung einlassen, explizieren sie ihre individuellen Kausalkarten. Zusammen mit andern bilden diese eine vollständigere, lokal begründete Erklärung der Situation der Arbeiter. Diese im Gegensatz zur allgemeineren, abstrakten, ‚kontextfreien' Theorie der Sozialwissenschaften stehenden Erklärungen werden ‚lokale Theorie' genannt. In Norwegen durchgeführte Projekte haben gezeigt, dass Arbeiter [...] über lokale Theorien ihres Arbeitsplatzes verfügen, die komplexer und elaborierter sind als die Theorien ihrer Vorgesetzten oder auswärtiger Experten [...] Den Wandlungsprozess einer Organisation zu demokratisieren bedeutet, die Arbeiter zu [...] einem Neuentwurf ihres Arbeitsplatzes zu ermutigen, der mit dem umfassenden System der übrigen Organisation harmonisiert." (Elden 1986, S. 244)

Elden bemerkt mit Recht, dass Tavistocks STS in dieser stark arbeitnehmerorientierten Auslegung eigentlich nur „zum Ursprung von STS selber" zurückgekehrt sei (ibid. S. 245). Denn die Idee, dass Arbeiter ihre Arbeit am besten in Eigenregie selber organisieren, haben Eric Trist und seine Mitarbeiter nicht etwa selber erfunden, sondern von englischen Kohlenbergwerksarbeitern übernommen. Arbeiter *praktizierten* in einzelnen Kohlengruben weitgehend unabhängig vom Management Prinzipien selbstgesteuerter Gruppenarbeit, *bevor* diese von Sozialwissenschaftlern des Tavistock Institutes als *generalisierbare* Arbeitsverbesserungsprinzipien *erkannt* und zu *STS-Theorien ausgebaut* wurden (ibid. S. 245; vgl. zu diesem „Gründungsmythos" des Tavistock Institutes Fox, Trist 1990, S. 260 f., 267).

Veränderungen der Art, wie sie das norwegische STS-Konzept anstrebte, sind natürlich stets von der Gunst oder Ungunst der gesellschaftspolitischen „Großwetterlage" abhängig. Den national verschieden ausgeprägten Bewegungen zur Humanisierung der Arbeit, die insbesondere in Norwegen und in der Bundesrepublik Deutschland staatlich kräftig unterstützt oder subventioniert wurden, begann ab Ende der 70er Jahre der Wind ins Gesicht zu blasen (etwas später, aber im Prinzip ähnlich wie der OE-Bewegung im engeren Sinne). Vielen der an Humanisierungsprojekten beteiligten Sozialwissenschaftler kam die gesellschaftspolitische Veränderungsperspektive abhanden – ihre Bemühungen schienen im Niemandsland zwischen betriebsamer Auftragsforschung auf der einen und einer stillgestellten sozialen Bewegung auf der anderen Seite vertrocknen zu müssen (Offe in Beck 1982, S. 110 ff.; Elsenau und Jäger 1982; Beck und Bonss 1989).

Gleichwohl ist das Prinzip der Hilfe zur Selbsthilfe und Selbstorganisation, das Thorsrud und Elden – in anderen Varianten außerdem auch E. Schein, C. Argyris, K. Lewin, M.P. Follett u. a. – klar formuliert haben, zu einem in der ganzen Organisationsberatungspraxis, also nicht nur für OE-Praktiker, sehr wichtigen Prinzip geworden. Selbst jene überwiegende Mehrheit von Unternehmensberatern und Systementwicklern, die sich nach wie vor auf inhaltlich konkrete Diagnose- und Therapiemodelle verlassen, wenden neben anderen immer mehr auch OE-Prinzipien an. Im Rahmen der managementkybernetischen Organisationsberatung beispielsweise, die F. Malik und seine Mitarbeiter erfolgreich praktizieren, hat die sog. Workshop-Technik die wichtige Funktion zu übernehmen, „das System zum Sprechen zu bringen". Dies geschieht konkret dadurch, dass Führungskräfte während zweitägigen Arbeitstagungen Prozessflussdiagramme entwerfen, die ihre individuellen Arbeitsbeiträge und deren Voraussetzungen, die direkt oder indirekt relevanten Arbeitsbeiträge anderer Organisationsmitglieder, darstellen. Ähnlich wie bei OE-Projekten setzt die Gruppendiskussion konkreter Abstimmungs- und Aggregationsprobleme dieser Diagramme Energien frei, die ein erfahrener Prozessmoderator gut für weiterführende Systementwicklungen nutzen kann (Malik 1984, S. 516 ff.; vgl. ferner z. B. Beck, Hillmar 1972).

Wie diese und andere Beispiele moderner Systemberatungskonzepte den Selbststeuerungskompetenzen von Klienten die Hauptrolle, Objektmodellen und Problemlösungskonzepten von Experten dagegen nur Nebenrollen zuweisen, entspricht weitgehend der, gemäß E. Schein, grundlegenden Entdeckung der OE-Praxis, die darin besteht, in Organisationsprozessen folgenreich zu intervenieren, ohne Inhalte zu manipulieren.

Neuere Entwicklungstendenzen verhaltenswissenschaftlicher OE-Ansätze und qualitativer Konzepte der Systementwicklung (vgl. Abschn. 9.2) *konvergieren* demnach. Scheins Vision für (wenn nicht dem Namen, so doch der Sache nach) OE-Praktiken der Zukunft hat genau den Fluchtpunkt dieser Entwicklungsperspektive im Auge:

> „Die OE-Vision sollte meiner Ansicht nach dafür eintreten, dass die Fähigkeit, Organisationsprozesse zu beobachten und in sie einzugreifen, kontinuierlich weitergegeben wird. Eine Organisation muss sich nicht nur von einem außenstehenden OE-Berater helfen lassen, sondern jederzeit dazu fähig sein, sich selber zu helfen. *Voraussetzung hierfür ist, dass das Management lernt, selber in Systemprozessen so zu intervenieren, dass Organisationsentwicklung zunehmend zu einer normalen Führungs- und Managementfunktion wird, die Manager und interne Berater in Organisationen ausüben."*
> (Schein 1990, S. 18)

8.5 Strukturvergleichende Organisationsforschung, Kontingenz- und Institutionenmodelle

Es waren vor allem amerikanische und englische Soziologen, die in den 50er Jahren die *strukturvergleichende Organisationsforschung* begründeten. Ab ungefähr 1960 entwickelte sich auf deren Grundlage die *kontingenz-* und die neuere *institutionentheoretische* Organisationswissenschaft. Gemeinsam ist allen drei Theoriefamilien der Blick auf die Organisation als ganze, insbesondere auf die Strukturen und interne Prozesse, auf Umweltbezüge und gesellschaftliche Funktionen von Organisationen.

Der Begründer des „institutionalistischen" Zweiges strukturvergleichender Organisationsforschung, *Philip Selznick,* rückte nicht die von Organisationen zweckrational zu erledigenden *Sachaufgaben,* sondern die Prozesse ihrer *Institutionalisierung,* d. h. ihre *Verankerung in der Ordnung gesellschaftlicher Werte und Normen,* ins Zentrum seiner Betrachtungen. Selznick definierte die „Institutionalisierung" von Organisationen als einen dynamischen Prozess der *„Infusion von Werten,* über die jeweiligen technischen Sachaufgaben hinaus" (Selznick 1957, S. 17). Er beschrieb in der ersten einer Reihe sehr bekannt gewordener organisationssoziologischer Fallstudien (meist Dissertationen), die bei Robert K. Merton an der Columbia University entstanden, solche Institutionalisierungsprozesse am Beispiel der Tennessee Valley Authority (TVA). Diese Organisation war eines der bedeutendsten New Deal-Projekte, dem ursprünglich sehr ehrgeizige, wirtschaftliche und sozialreformerische Ziele vorgegeben worden waren. Selznick zeigte in seiner Dissertation, wie die Ziele der TVA, die von der Öffentlichkeit überwiegend kritisch beurteilt wurde, sich im Verlaufe ihres Institutionalisierungsprozesses verschoben. Die TVA sicherte sich mit dem Kooptationsmechanismus, d. h. über die Einsitznahme extern einflussreicher Personen in ihren Leitungsgremien, die Kooperationsbereitschaft ihrer Umwelt – und entwickelte in dem Maße, in dem sie so gesellschaftlich eingebunden wurde, eine andere als die ursprünglich angestrebte Identität (Selznick 1949). Die TVA erfuhr damit das typische Schicksal gesellschaftlich institutionalisierter Organisationen, „die, von Werten durchdrungen, nun die Ambitionen und das Gefühl der Identität der Gemeinschaft", in die sie eingebunden wurden, repräsentieren (Selznick 1957, S. 19).

Andere Fallstudien, die Organisationen vom Standpunkt und mit den Mitteln jener „Theorien mittlerer Reichweite" untersuchten, die Robert K. Merton den „großen Theorien" seines Kollegen und Konkurrenten Talcott Parsons vorzog (s. Abschn. 8.3), waren Alvin Gouldners Analyse einer Gipsfabrik (Gouldner 1954), Peter Blaus vergleichende Analyse zweier staatlicher Verwaltungsstellen

(Blau 1955; vgl. dazu Blau 1964) sowie Seymour M. Lipsets, M. Trows und James S. Colemans Untersuchung einer ungewöhnlich demokratisch organisierten Gewerkschaft der Druckereiindustrie (Lipset et al. 1956; vgl. dazu Lipset 1964).

Die erwähnten Untersuchungen waren zwar durchwegs soziologisch respektable Leistungen, die auch heute noch mit Gewinn gelesen werden können. In der Organisationstheorie und -praxis scheint sich aber Ende der 50er Jahre zunehmend die Vorstellung verbreitet zu haben, dass die Organisationsforschung der Zukunft sich nicht mit eher nur theoretisch interessanten Einzelfallstudien begnügen dürfe, sondern wenn möglich 1) *größere Stichproben* von Organisationen erfassen und 2) *praktisch relevanter* werden sollte. Man kann die Forschungsprojekte von S. Udy (1959), A. Etzioni (1961, 1975; s. dazu oben, Abschn. 1.4), T. Burns und G. Stalker (1961) sowie J. Woodward (1958, 1965) als erste Versuche deuten, wenigstens einem dieser zwei Desiderate, die sich um 1960 abzeichneten, zu genügen. Während *Stanley Udy* nach sehr aufwendigen Recherchen in einer kulturanthropologischen Datenbank (den Human Relations Area Files, s. Udy 1964) Schlüsselmerkmale von 150 Arbeitsorganisationen nichtindustrieller Gesellschaften statistisch auswertete, untersuchte *Joan Woodward* Strukturmerkmale von 100 kleineren bis mittelgroßen Industriefirmen Südenglands. Die „Produktionstechnologie" war in ihrem Modell die zentrale unabhängige Variable. Woodward schienen jene Firmen die kommerziell erfolgreichsten zu sein, deren „*Funktion und Form komplementär* waren", die also ihre Produktionstechnologie den Anforderungen ihrer Umwelt entsprechend gestaltet hatten (Woodward 1980, S. VI).

Auch *Tom Burns* und *G.M. Stalker* wagten es, aus ihren Studien in der schottischen Elektronikindustrie empirisch begründete Aussagen über Voraussetzungen erfolgreichen Managements abzuleiten. Da ihre anwendungsorientierten Schlussfolgerungen plausibler wirkten als die wesentlich komplexeren, messtechnisch nicht unproblematischen Resultate Woodwards, wurden sie von der anwendungsorientierten Literatur rasch rezipiert. Das Hauptergebnis ihrer Untersuchung, dass Organisationen unter *statischen* Umweltbedingungen mit einer „*mechanistischen*" Organisationsstruktur, unter *dynamischen* Umweltbedingungen mit einer „*organischen*" Struktur am besten fahren, wurde und wird häufig zitiert. Nach Burns und Stalker verfügen mechanistisch bzw. organisch strukturierte Organisationen über die folgenden Merkmale:

Merkmale ...	... mechanistischer	... organischer Organisationen:
Arbeitsteilung:	hochspezialisiert	integrativ spezialisiert
Aufgabenerfüllung:	mittelorientiert	zielorientiert
Koordination:	durch Vorgesetzte	lateral über Kollegen
Arbeitsaufgaben:	positionsfix definiert	ad hoc zugeordnet
Kommunikationskanäle:	hierarchisch fixiert	netzartig flexibel
Fachkompetenzen:	oben konzentriert	organisationsweit verteilt
Interaktionen:	vertikal	horizontal
Kommunikationsinhalte:	Anordnungen	Ratschläge
Loyalität:	firmenbezogen	aufgabenzentriert
Arbeitsstolz:	lokal firmenbezogen	kosmopolitisch, professionsbezogen

(vgl. Burns und Stalker 1994, S. 119 ff.)

Viele Gestaltungsmodelle für Organisationen orientieren sich bis heute an denselben oder ähnlichen Unterscheidungen – beispielsweise Mintzbergs Definition von Maschinenbürokratien und Adhokratien (s. oben, Abschn. 1.4), Morgans „organische Netzwerkorganisation" als Gegenbild zur „rigiden Bürokratie" (Morgan 1993, S. 161), oder die Organisationsprofile von Gomez und Zimmermann (1992), die ebenfalls Motive aus der Dichotomien Liste von Burns und Stalker verarbeiten.

Die aufgeführten Buchpublikationen der „zweiten Generation" strukturvergleichender Organisationsforscher[13] verstärkten den Eindruck, dass die Organisationswissenschaften im Begriffe stünden, die Einseitigkeiten einerseits der klassischen Organisations- und Managementtheorie, andererseits der Human Relations-Schule zu überwinden. Die Praxis glaubte man nun nicht mehr nur mit

---

[13] Dazu zählt man i. a. Udy, Burns und Stalker, Woodward sowie den französischen Soziologen M. Crozier (1963), der hier indessen (aufgrund seines Buches „L'acteur et le système" (1977)) der qualitativ interpretierenden Gegenbewegung zur quantifizierenden Kontingenzforschung zugerechnet wird (s. Abschn. 8.6). – T. Burns hat im Vorwort zur dritten Auflage seines Buches über das Management von Innovationen darauf hingewiesen, dass er, Woodward und Crozier die organisationssoziologischen Projekte, die ihren wissenschaftlichen Ruf begründeten, völlig unabhängig, und lange Zeit ohne voneinander zu wissen, durchführten (Burns, Stalker 1994, S. VII f.).

simplen Prinzipien, sondern mit erfahrungswissenschaftlich begründeten, situativ spezifizierten Propositionen beraten zu können: In der einen Situation waren beispielsweise eher mechanistische, in der andern eher organische Gestaltungsprinzipien empfehlenswert. Einige Sozialwissenschaftler, die in dieser später *kontingenztheoretisch* genannten Richtung forschten, kamen im Herbst der Jahre 1963 und 1964 zweimal zu informellen Treffen auf Cape Cod (Massachusetts) zusammen, um Ideen und Untersuchungsresultate auszutauschen. Nach J. Lorsch gehörten zu dieser Gruppe außer ihm selbst T. Burns, J. Woodward, S. Udy, J. Thompson sowie Lorschs Lehrer bzw. Kollege an der Harvard Business School, P. Lawrence:

> „Wir führten eine Konferenz durch [...] in Coonamessett (Cape Cod), ich glaube, [...] zweimal, im Herbst 1963 und 1964. Wir hatten das erste Mal da wirklich die Gruppe zusammen, die sich mit dem beschäftigte, was später Kontingenztheorie genannt wurde [...] Es gab da eine Konvergenz [...]: eine Art Gefühl unter einigen von uns, dass universalistische, normative Theorien, wie zu managen sei, nicht wirklich widerspiegelten, was in der Realität vorging. Wir versuchten, ein begriffliches Orientierungsschema (oder vielmehr eine Mehrzahl solcher Schemen) zu entwerfen, welche die Zusammenhänge zwischen der Umwelt und der Organisation beschrieben. Dies führte zumindest in der Organisationstheorie zu einem einschneidenden Wandel, [...] in Kuhns Worten, zu einem Paradigmawechsel. Es gab einige Anzeichen dafür, wie mir scheint, dass schon die früheren Arbeiten von March und Simon (1958) ähnliches versucht hatten. Interessanterweise aber nahm damals niemand von unserer Gruppe auf March und Simon Bezug - wahrscheinlich, weil uns deren Werk zu komplex und in gewissem Sinne auch zu mechanistisch erschien. Wer es aus heutiger Sicht erneut liest, dem wird allerdings klar, dass [Simons] Leute am Carnegie Tech in die gleiche Richtung gingen wie wir." (Lorsch in Sonnenfeld und Steckler 1982, S. 126)

Drei der von J. Lorsch erwähnten Konferenzteilnehmer sollten einige Jahre später Bücher veröffentlichen, die den Durchbruch des neuen ‚Paradigmas‘ der Organisationswissenschaften bewirkten. *James Thompson* publizierte 1967 ein „Begriffs-Inventar" („a conceptual inventory") organisationstheoretischer Aussagen, das klugerweise auf den Anspruch, empirisch bereits erhärtete Gesetzeshypothesen zusammenzustellen – so wie es Berelson und Steiner (1964) mit ihren 1045 empirisch angeblich bewährten Befunden der Verhaltenswissenschaften getan hatten – verzichtete:

> „Ich nehme [demgegenüber] nur an, dass die zur Bezeichnung wichtiger Kausalbeziehungen benötigten Begriffe vorhanden sind. Nach der Identifikation einiger von ihnen hoffe ich, potentiell aussagekräftige Propositionen formulieren zu können. Vorläufig fehlen uns noch die systematischen Belege, die es in Zukunft geben wird. Immerhin

liegen schon Studien vor, die gleichsam illustrativ aufzeigen, welche Aussagen als plausibel gelten dürfen." (Thompson 1967, S. VIII)

Thompsons Inventar von Dutzenden solcher organisationstheoretisch bedeutsamer Propositionen teilte allerdings mit demjenigen von March und Simon (1958) das Schicksal, viel zitiert, aber kaum empirisch oder praktisch umgesetzt zu werden. Dies war beim mehrfach preisgekrönten Buch „Organization and Environment", dessen erste Auflage *Paul Lawrence* und *Jay Lorsch* ebenfalls im Jahre 1967 veröffentlichten, anders. Die von Lawrence und Lorsch bevorzugte Bezeichnung für die neue Weise, Organisationen zu sehen – für das also, „was wir *eine Kontingenztheorie von Organisationen* nennen möchten" (Lawrence und Lorsch 1967, S. 184) – setzte sich erstaunlich rasch durch. Die Zeit war nun offenbar reif für den Gedanken, dass die Einseitigkeiten einerseits der klassischen Organisations- und Managementtheorie, andererseits der Human Relations-Tradition überwunden werden müssten:

> „Wir haben gesehen, dass anscheinend jede der [beiden] Theorien unter gewissen Umweltbedingungen anwendbar ist. Vereinfacht kann man sagen, dass sich die klassische Theorie unter Bedingungen einer eher stabilen Umwelt bewährt, während die Human Relations-Theorie dynamischen Situationen besser entspricht. Diese Feststellung erklärt die historisch paradoxe Erscheinung [...], dass die zwei theoretischen Perspektiven während mindestens dreier Jahrzehnte nebeneinander existiert haben." „[Der neue Ansatz] weist klar den Weg zu einem elaborierteren Modell, das nicht nur die Konfusion in der bisherigen Organisationstheorie reduzieren wird, sondern auch für die Gestaltung und das Management komplexer Organisationen bedeutsame Implikationen enthält." (ibid. S. 183, 210)

Die von Lawrence und Lorsch angedeuteten Implikationen für die Praxis gehen formal gleich wie bei Woodward davon aus, dass Organisationen, deren Formen ihren umweltbezogenen Funktionen entsprechen, überdurchschnittlich leistungsfähig sind. Inhaltlich spielt bei Lawrence und Lorsch aber nicht wie bei Woodward die Technologie, sondern das Begriffspaar *Differenzierung und Integration* die Hauptrolle:

> „Wenn die internen Zustände und Prozesse einer Organisation den äußeren Umwelterfordernissen entsprechen, wird sie, wie die Ergebnisse unserer Studie zeigen, die Probleme ihrer Umwelt effektiv bewältigen." „Um effektiv zu sein, muss eine Organisation annähernd die von ihrer Umwelt geforderte Konstellation von Differenzierung und Integration verwirklichen." (ibid. S. 157, 132)

Zu dieser zentralen Schlussfolgerung ihrer Studie gelangten Lawrence und Lorsch aufgrund aufwendiger Recherchen in 6 großen Firmen der Kunststoffindustrie und in je 2 sehr bzw. wenig erfolgreichen Firmen der Nahrungsmittel- und der Containerindustrie. Jede dieser 10 Firmen wurde hinsichtlich ihrer Umwelterfordernisse, ihrer internen Differenzierung und ihrer Integrationsinstrumente genauer unter die Lupe genommen. Schriftliche Befragungen höherer Führungskräfte und ausführliche Interviews mit dem Topmanagement ermittelten für die Funktionsbereiche Forschung und Entwicklung, Produktion und Absatz jeder Firma die Statik bzw. Dynamik der Umwelten, mit denen sich diese Hauptfunktionsbereiche auseinanderzusetzen hatten. Grade der Ausdifferenzierung der einzelnen Funktionen, und solche der Koordination zwischen ihnen bzw. ihrer Integration wurden errechnet (vgl. ibid. S. 247 ff.). Methodisch zum Teil recht gewagte Datenanalysen legten den Autoren den Schluss nahe, dass unter statischen Umweltbedingungen tätige Organisationen (etwa Containerfirmen) intern relativ wenig differenziert sein müssen, und entsprechend auch nur relativ einfacher Integrationsinstrumente bedürfen. Firmen, deren Umwelt wie die der Kunststoffbranche ausgesprochen dynamisch ist, müssen demgegenüber sowohl hochgradig differenziert sein als auch über leistungsfähige Integrationsinstrumente, etwa Koordinationsausschüsse oder spezielle Integrationsabteilungen, verfügen (ibid. S. 138).

Die Hauptthese von Lawrence und Lorsch wirkt wie diejenige von Burns und Stalker intuitiv plausibel, und wurde nicht zuletzt wohl darum von der Praxis annähernd ebenso gut aufgenommen. Dass Lawrence und Lorsch damit zu Mitbegründern und Namengebern eines neuen Quasiparadigmas der Organisationsforschung wurden, ist eigentlich merkwürdig. Denn immerhin gehörten sie der dritten Generation von Sozialwissenschaftlern an, die an der Harvard Business School den Human Relations-Ansatz bzw. (nachdem dieser als überholt galt) das Fach „Organizational Behavior" vertraten (vgl. oben, Abb. 7.2 zu Abschn. 7.4). Grundsätzlich bekannten sie sich durchaus, wie u. a. ihre Auffassungen von Organisationsentwicklung bezeugen (s. oben, Anm. 12), zu Mayos und Roethlisbergers klinisch-qualitativer Organisationsforschungsmethodik. Hochschulen fallen andererseits zurück, wenn sie veralteten Ideen zu lange verhaftet bleiben, und nicht selbst neues Denken fördern (so wie beispielhaft etwa H.A. Simon an der GSIA der 50er Jahre, s. Abschn. 8.2). Das kontingenztheoretische Quasiparadigma, an dem Lawrence und Lorsch mitwirkten, eignete sich so gesehen geradezu hervorragend dazu, einerseits das Alte (die klassische Doktrin sowie den Human Relations-Ansatz) als vom Neuen (der Kontingenztheorie) überholt darzustellen, ohne es andererseits – da man es ja als partiell nach wie vor brauchbare Vorstufe zum Neuen gelten ließ – ganz zu verleugnen.

Aktuellen Erfordernissen der Organisations*forschungs*umwelt, d. h. ihrer eigenen Umwelt als Organisationsforscher Rechnung tragend, hatten Lawrence und
Lorsch ihre kontingenztheoretische Argumentation auch auf Ergebnisse quantitativer Datenanalysen abgestützt. Stärker naturwissenschaftlich ausgerichtete
Organisationsforscher gingen diesbezüglich viel weiter, und begründeten damit
andere, szientifischere Varianten von Kontingenzmodellen. An erster Stelle sind
hier *Peter Blau* mit seinem in den 60er und 70er Jahren ausgesprochen quantitativen Ansatz (Blau 1970; Blau und Schoenherr 1971) sowie das *Aston-Programm*
der Organisationsforschung, das an der Universität Aston in Birmingham entstand, zu erwähnen (Pugh und Hickson 1976; Pugh und Hinings 1976; Pugh und
Paynes 1977; Hickson und McMillan 1981). *Derek Pugh,* der neben David Hickson wohl prominenteste Promotor des Aston-Projekts, hat die Motive, von denen
es ausging, wie folgt beschrieben:

> „Wir fanden, dass es genug Einzelfallstudien gebe, und dass wir in einer vergleichen-
> den Perspektive die das Funktionieren von Organisationen beeinflussenden Faktoren
> präzise identifizieren sollten. [...] Wir fragten: ‚Welche Faktoren bestimmen das Ver-
> halten in Organisationen?‘ Wir nahmen uns die Zeit für Brainstormings, während derer
> wir alle möglichen Faktoren festhielten, die wir uns ausdenken konnten - von der ‚Ein-
> richtung der Maschine eines einzelnen Arbeiters‘ über ‚ein neues Entlohnungssystem
> wird implementiert‘ und ‚die Königin besucht die Fabrik‘ bis zu ‚ein allgemeiner Streik
> wird ausgerufen‘ [...] Der Begriff ‚vergleichende Studie‘ war dabei für diejenigen unter
> uns, die über Erfahrungen in der differenziellen Psychologie verfügten, gleichbedeu-
> tend mit standardisierten Fragen und klassierbaren Antworten. Wir wollten Begriffe
> entwickeln, die als Variablen systematisch über mehrere Organisationen hinweg zwi-
> schen diesen trennscharf unterscheiden konnten. Wir wollten mit anderen Worten -
> insoweit es in den Sozialwissenschaften überhaupt Messbares gibt - Begriffe mes-
> sen, die irgendwie skalierbar waren. Infolgedessen führten wir zur Gewährleistung der
> Skalierbarkeit, Zuverlässigkeit und Gültigkeit unserer Maße eine Menge statistischer
> Analysen durch - eine uns offensichtlich notwendig erscheinende Entwicklungsar-
> beit, die aus der Anwendung individualpsychologischer Methoden auf Fragen von
> Organisationen, deren Umwelt und Gruppen bestand.“ (Pugh 1988, S. 125)

Die Sozialwissenschaftler der Aston-Gruppe erhoben demnach mit einem möglichst breit anwendbaren Set von Messgrößen die Strukturmerkmale der Organisationen, die sie in ihre Organisationssamples aufgenommen hatten. Wie in der
Testpsychologie üblich, bestimmten sie dann faktorenanalytisch die Dimensionen, auf die positiv korrelierte Bündel von Variablen schließen ließen – hinter
Messgrößen für Spezialisierung, Standardisierung und Formalisierung konnte
so beispielsweise eine als „Strukturierung von Aktivitäten“ interpretierbare
Dimension erschlossen werden, verschiedene Zentralisierungsmaße ergaben einen
„Konzentration der Herrschaft“ genannten Faktor, usw. (vgl. ibid. S. 128 f.).

Da manche dieser Variablen und Faktoren auf organisationspraktisch tatsächlich bedeutsame Strukturmerkmale von Organisationen verwiesen, hielten einige deutsche Betriebswirtschaftler die „Situations-" bzw. „Kontingenztheorie" des Aston-Ansatzes in den 70er Jahren für *die* Chance zur längst fälligen Verwissenschaftlichung der betriebswirtschaftlichen Organisationslehre (vgl. v. a. Kieser 1971, 1974; Kieser und Kubicek 1992; Kubicek 1975; Kubicek und Wollnik 1975; Staehle 1973).

Beeindruckend ist in der Tat die (hier nicht im Einzelnen zu dokumentierende) Intensität, mit der die Promotoren des Aston-Ansatzes zunächst in Großbritannien, dann in Kanada, Deutschland, Frankreich, Japan und weiteren Ländern die verschiedensten Stichproben von Organisationen mit einem immer differenzierteren Variablenset vermaßen, um regelmäßigen Zusammenhängen zwischen Gegebenheiten der Umwelt, Optionen und Ergebnissen der Gestaltung von Organisationsstrukturen auf die Spur zu kommen. An der Universität Essex wurde aus den Ergebnissen dieser Untersuchungen eine Datenbank erstellt, die für Sekundär- oder Meta-Analysen, d. h. die zusammenfassende Zweitanalyse der festgestellten Zusammenhänge, zur Verfügung steht. Lex Donaldson, der eine solche Meta-Analyse selbst durchgeführt hat (Donaldson 1986), war noch im Jahre 1988 ganz entschieden der Ansicht, dass der Aston-Ansatz das einzige streng erfahrungswissenschaftliche Forschungsprogramm der Organisationswissenschaften darstelle, dem seine Kritiker bisher bloß unwissenschaftliche Alternativen gegenüberzustellen vermochten (Donaldson 1985, 1988; zur Kritik vgl. u. a. Clegg und Dunkerley 1977; Burrell und Morgan 1979 sowie zusammenfassend Kieser 1993, S. 175 ff.).

Ausgewogener und anderen Ansätzen gegenüber toleranter wirkt demgegenüber, wie D. Pugh das Aston-Programm eingeschätzt hat:

> „Rückblickend betrachte ich es als die Hauptleistung des Aston-Programmes, dass es uns gelang, eine breite Auswahl relevanter Variablen in einen begrifflichen Bezugsrahmen zu integrieren und, meiner Ansicht nach erfolgreich, die relative Bedeutung der Variablen zu ermitteln. Vorher gab es beispielsweise Organisationsforscher, welche die entscheidende Bedeutung der Größe hervorhoben. Andere beharrten darauf, dass die Eigentumsverhältnisse oder die Technologie die Verhaltensweisen des Managements am stärksten determinierten. Wir hoben demgegenüber die Notwendigkeit eines vergleichenden Ansatzes hervor, mit dem die relative Bedeutung aller dieser Faktoren ermittelt werden konnte.- Die größte Enttäuschung, die mir die Resultate des Aston-Programmes bereitet haben, besteht aus *heutiger* Sicht in der alles überragenden Bedeutung der Größe einer Organisation [...] Meine eigene Hypothese lautete ursprünglich, dass das relative Gewicht aller möglichen Strukturdeterminanten wahrscheinlich mehr oder weniger gleich groß sein würde. So bin ich ein wenig enttäuscht darüber, dass die Größe allein anscheinend rund die Hälfte der Varianz des Strukturierungsfaktors erklärt [...]" (Pugh 1988, S. 129)

Wie Abschn. 9.2 über neuere qualitative Ansätze ausführen wird, wirkten die Resultate kontingenztheoretischer Forschung ganz allgemein nicht besonders überzeugend. Es entstand das Bedürfnis, vom Aston-Ansatz vernachlässigte, aufschlussreichere Gesichtspunkte, die mehr Aufmerksamkeit verdienten, aufzugreifen. *Jeffrey Pfeffer* und *Gerald Salancik* erweiterten so den kontingenztheoretischen Bezugsrahmen um macht- und ressourcentheoretische Überlegungen, die sie zum Teil mit kontraintuitiven Pointen versahen. Der Verhaltensspielraum von Managern ist ihrem „strategisch-kontingenztheoretischen Machtmodell" zufolge weitgehend von Umweltkonstellationen wie der Interdependenz von Organisationen, deren Angewiesenheit auf und Verfügungsmacht über Ressourcen, der Ressourcenknappheit u. a. abhängig (Pfeffer und Salancik 1978; Salancik und Pfeffer 1977). Manager können demzufolge die Ergebnisse der weitgehend umweltdeterminierten Sachaufgaben ihrer Organisation viel weniger beeinflussen, als es ihrem Selbstverständnis als Macher entspricht. Vergleichsweise viele Wirkungsmöglichkeiten haben sie demgegenüber im symbolischen Management, etwa bei der Legitimationsbeschaffung oder Imagepflege (Pfeffer 1981a).

Die neuere *institutionalistische Organisationstheorie* übernimmt und verschärft diese unkonventionelle Sichtweise des Handlungsspielraums von Managern, indem sie Selznicks oben erwähnten Vorschlag, Organisationen auch als Institutionen zu betrachten, die gesellschaftlichen Institutionalisierungsprozessen unterliegen, theoretisch zuspitzt. Organisationsstrukturen und -prozesse sind demnach nicht nur, wie die Kontingenztheorie postuliert, durch Technologien (im weitesten Sinne), die Ressourcenausstattung und sonstige Abhängigkeiten von der Umwelt determiniert (Scott 1987, S. 507). Die für Organisationen relevante Umwelt besteht nicht nur aus den Herausforderungen, den Restriktionen und Chancen von „Sachaufgabenfeldern". Ebenso wichtig, ja für manche Organisationstypen, etwa Schulen, viel wichtiger ist das, was J. Meyer und B. Rowan deren „institutionalisierten gesellschaftlichen Kontexte" nennen. Diese bestehen in modern rationalisierten, professionalisierten und verwissenschaftlichten Gesellschaften vor allem aus den Wertorientierungen, Lösungsmustern und Ritualen *„rationalisierter Mythen"* (Meyer und Rowan 1977, S. 340, 343). Meyer und Rowan verstehen darunter die von anwendungsorientierten Professionen, etwa von Pädagogen, Psychologen, Ökonomen und Ingenieuren geschaffenen Verfahren und Mythen u. a. zur Selektion, Erziehung, Belohnung und Therapie von Organisationsmitgliedern und -klienten. Organisationen übernehmen solche rationalisierten Verfahren, Mythen bzw. Zeremonien, ohne ernsthaft deren Nützlichkeit zu überprüfen – entsprechende Rentabilitätsberechnungen sind selbst nur „Mythen und Zeremonien", die institutionalisierte Rationalitätsmuster imitieren. Viele dieser Rationalitätsmuster, die in verwissenschaftlichten Gesellschaften in großer Zahl und Dichte zirkulieren, lassen sich gut als Bauelemente „rational" zweckorientierter Organisationen verwenden. Deren Gründung bedarf so eigentlich keiner besonderen unternehmerischen Initiative mehr (ibid. S. 345). Zwischen der „Sprache von Organisationen", dem „Vokabular ihrer Strukturen", und den rationalisierten Mythen ihrer institutionalisierten Kontexte bestehen viele Gemeinsamkeiten, ja „Isomorphien" (ibid. S. 349). Organisationen erscheinen vom Standpunkt dieser pointiert institutionalistischen Theorie aus also nicht so sehr als „Einheiten, die mit ihrer Umwelt wie immer auch komplizierte Austauschbeziehungen pflegen", sondern als „dramatische Inszenierungen und Verwirklichungen (enactments) der rationalisierten Mythen, von denen moderne Gesellschaften durchdrungen sind" (ibid. S. 346; vgl. auch Powell und DiMaggio 1991; Zucker 1987 sowie (wohlwollend kritisch) Perrow 1985).

In der neueren, Selznicks Ansatz fortführenden Institutionentheorie von Organisationen spielen offenbar, anders als bei Kontingenztheorien, auch Gedanken eine Rolle, die für den „postmodernen" Zeitgeist der 80er und 90er Jahre, der wissenschaftliche Rationalität kurzerhand als einen der Mythen moderner Gesellschaften interpretiert, typisch sind. Kap. 9 wird darauf unter verschiedenen Gesichtspunkten zurückkommen.

8.6   Populationsökologie

Die Gruppe von Organisationsforschungen, über die der vorstehende Abschn. 8.5 informierte, ist groß, in ihren Außengrenzen relativ verschwommen und intern heterogen. Man könnte sie mit geringfügig veränderten Unterscheidungskriterien – ähnlich wie man in Clusteranalysen verfährt – auch anders benennen oder in kleinere, homogenere Subgruppen besser zusammenpassender Organisationstheorien aufspalten. Demgegenüber lässt sich der populationsökologische Ansatz, den die Soziologen H.E. Aldrich, J. Freeman, M. Hannan und B. McKelvey in den 70er Jahren begründet haben, vergleichsweise einfach klassifizieren. Es handelt sich bei ihm, wie Michael Hannan und John Freeman in einer umfassenden Zwischenbilanz ihrer Forschungen dargelegt haben, um den Versuch, zur Perspektive der Kontingenztheoretiker, die um 1970 noch durchaus vorherrschte, eine radikale Alternative zu entwickeln. Die kontingenztheoretische Prämisse, der gegenüber sich deren Kritiker mit einer eigenen ganz anderer Art zu profilieren versuchten, besagt, dass sich Organisationen „veränderten Umweltbedingungen rational, flexibel und zügig anzupassen" vermögen (Hannan, Freeman 1989, S. XI). Diese Annahme stimmte mit der Organisationserfahrung, über die Hannan und Freeman verfügten, schlecht überein:

„Diese Berichte widerspiegelten unsere Erfahrungen mit konkreten Organisationen kaum [...] Organisationen, wie wir sie kannten, schienen keine einheitlichen, stabilen Präferenzstrukturen und keine einfachen Instrumente zu besitzen, um diese unter wechselnden Bedingungen umzusetzen. Sie schienen uns eher aus Subgruppen, die unterschiedliche Interessen verfolgten, zusammengesetzt zu sein [...] Unserer Erfahrung nach pflegten Subgruppen und Koalitionen politisch kompetitiv um Entscheidungen und Ressourcen zu streiten. Solche politischen Prozesse bewirkten [...], dass diese Organisationen in ihren Reaktionen auf wechselnde Gelegenheiten und Restriktionen der Umwelt alles andere als flexibel und rasch waren." (ibid. S. XI)

Hannan und Freeman stellten der traditionellen infolgedessen eine neue Perspektive, die Organisationen als äußerst träge Systeme mit sehr engen Grenzen der Reaktionsfähigkeit und Flexibilität zu sehen lehrt, gegenüber. Sie versuchten ihre ungewohnte Sichtweise dabei mit dem einfachen Trick eines Wechsels des Beobachtungsstandorts plausibel zu machen: Anstatt einzelne Organisationen während mehr oder weniger langer Phasen ihres Lebenszyklus zu beobachten, wandten sie ihre Aufmerksamkeit *ganzen Populationen* von Organisationen, zumal deren *Neugründungs-* und deren *Abgangsraten* zu. Sie schalteten damit eine Einseitigkeit traditioneller organisationstheoretischer Überlegungen aus, die ihnen zu verzerrten Rückschlüssen auf Ursachen der Überlebenschancen von Organisationen zu führen schien. Erfasst man nicht systematisch alle für einen bestimmten Organisationstyp, etwa Zeitungsverlage oder Gewerkschaften, während eines längeren Zeitraums registrierbaren Neugründungen und Abgänge, so hat man es stets nur mit einer einseitig vorselektierten Auswahl von besonders überlebensfähigen Organisationen zu tun. Denn die übliche Weise, Organisationen zu beobachten, rückt einem viel häufiger längerfristig lebensfähige als solche Organisationen, die kurz nach ihrer Gründung bereits wieder ausscheiden, ins Blickfeld.

Nun interessieren sich auch Teilgebiete der Ökonomie, insbesondere die Firmentheorie und die Industrieökonomie, für die Zutritts- und die Wettbewerbsbedingungen der unterschiedlich strukturierten Märkte, in denen Unternehmungen tätig sind. Da indessen nach Hannan und Freeman gerade auch Firmen- und Industrieökonomen ihre Beobachtungsobjekte – in Märkten mehr oder weniger erfolgreich tätige Unternehmungen – „als rationale, einheitliche Akteure mit einem breiten Repertoire von Verhaltensmöglichkeiten" auffassen (ibid. S. XII), schieden sie diese Betrachtungsweise ebenfalls als ungeeignet aus. Wesentlich besser schienen ihnen *evolutionsbiologische Modelle der Ökologie* geeignet zu sein, ihren neuen, darum „populationsökologisch" genannten Ansatz der Organisationstheorie zu begründen. Mathematisch arbeitende Biologen, an erster Stelle Alfred Lotka, hatten schon Anfang des 20. Jahrhunderts theoretisch und empirisch gezeigt, wie im Einzelnen die Vermehrung von Lebewesen von Größen wie ihrer „intrinsischen" oder „natürlichen Wachstumsrate r" und der „oberen Tragfähigkeitsgrenze K" ihres Lebensmilieus abhängt. Das Wachstum einer Population von N Individuen folgt gemäß Lotka-Volterra der vom Produkt aus rN und (K-N)/K gebildeten Wachstumskurve:

$$\frac{dN}{dt} = rN.\frac{K-N}{K}$$

Nimmt eine Population mit $N \ll K$ noch sehr wenige der ihr maximal zur Verfügung stehenden Ressourcen in Anspruch, so kann sie sich annähernd mit ihrer intrinsischen Wachstumsrate r vermehren. Mit zunehmender Populationsdichte steigende Abgangs- und sinkende Zugangsraten reduzieren dieses Wachstum, bis es im Grenzfall N = K den Nullpunkt erreicht. Lebewesen oder Organisationen, die relativ viel in die Verbesserung ihrer Lebensfähigkeit unter den harten Konkurrenzkampfbedingungen von N = K investieren, verfolgen eine K-Wachstumsstrategie; Lebewesen oder Organisationen, die ökologische Nischen mittels hoher Reproduktionsraten rasch besetzen, realisieren eine r-Wachstumsstrategie (ibid. S. 118, sowie Brittain und Freeman 1980, S. 324 f.).

Der ökologischen Biologie bereitet es keine Schwierigkeiten, Zusammenhänge dieser oder anderer Art, z. B. spezifische Fitness-Funktionen, die die Wachstumsrate bestimmter Populationen mit deren Umweltbedingungen in Beziehung setzen, empirisch zu spezifizieren. In dieser Weise *biologisch* bewährte Modelle brauchen sich indessen keineswegs analog auch *organisationstheoretisch* zu bewähren. Hannan und Freeman raten darum davon ab, die Analogie zwischen Populationen biologischer Lebewesen und soziokulturell definierten Organisationen zu weit zu treiben. Denn die Soziologie kennt keinen Vererbungsmechanismus, der im Falle von Organisationen ähnlich wie die Gene von Lebewesen und deren Mutationen für die Reproduktion überlebender Varianten eines Genotyps sorgt. B. McKelveys Versuch, mit dem Kunstbegriff *Comps* (von competences) für Organisationen einen solchen Mechanismus zu postulieren, halten Hannan und Freeman mit gutem Grund für eher fragwürdig (Hannan und Freeman 1980, S. 48 f.).

Zu weit darf andererseits Hannans und Freemans selbstkritische Skepsis, die organisationstheoretische Brauchbarkeit biologischer Modelle betreffend, natürlich auch nicht gehen – sie würden so ja das Fundament ihrer eigenen populationsökologischen Alternative zur herkömmlichen Organisationsforschung in Frage stellen. Zum unangefochtenen Kernbestand populationsökologischer Überzeugungen gehört darum bis heute die Auffassung, dass der Evolutionsprozess auch

auf der menschlichen Entwicklungsstufe strukturell träge, wenig wandlungsfähige
Organisationen bevorzugt:

> „Wir nehmen an, dass Selektionsprozesse Organisationen begünstigen, deren Kern-
> struktur schwer rasch geändert werden kann. Wir behaupten also, dass das hohe Niveau
> struktureller Trägheit in Organisationspopulationen als ein *Resultat* ökologisch-
> evolutionärer Prozesse erklärt werden kann." (ibid. S. 67)

Die in der Organisationspraxis weitverbreitete Auffassung, dass das Überleben
von Organisationen vor allem von deren Fähigkeit abhängt, sich veränderten
Umweltbedingungen rechtzeitig anzupassen, ist danach gefährlich einseitig, ja
falsch. Denn sie fasst Organisationen naiverweise als „simple Instrumente in den
Händen des Managements" auf, und verkennt damit die Stärke wandlungsresis-
tenter Trägheitskräfte (der „inertial forces") von Organisationen (ibid. S. 33).
Organisationskohorten zeichnen sich lebenslang vor allem durch das Eigen-
schaftsbündel aus, das ihnen ihre Umgebung zur Zeit ihrer Entstehung mit auf
den Weg gab[14] – einschneidende Änderungen ihrer „Form", d. h. vor allem ihrer
Strategie und Struktur, sind danach nur noch ausnahmsweise möglich, und haben
aus der Weitwinkel Perspektive der Populationsökologen niemals die Bedeutung, die ihnen Organisationspraktiker mit ihren Illusionen und Ideologien des
Management of Change gewöhnlich zuschreiben.

Es würde hier zu weit führen, einlässlicher zu überprüfen, inwieweit die populationsökologische Schule ihr durchaus kontraintuitives Konzept der mangelnden
Wandlungs- und Lernfähigkeit von Organisationen empirisch zu untermauern
verstand. Wie allen übrigen organisationstheoretischen Perspektiven (vgl. dazu
Walter-Busch 1977a, c), ist es auch der populationsökologischen sicher nicht
gelungen, ihren Ansatz allgemeinverbindlich als erfahrungswissenschaftlich besser als alle anderen fundiert auszuzeichnen. Setzt man sich die von Populationsökologen benützte Brille empirischer Organisationsforschung auf, so *kann* man
gewiss etwa zum Schluss gelangen, „dass radikaler Strategie- und Strukturwandel
in den Organisationspopulationen, die wir studierten, extrem selten vorkommt"
(Hannan und Freeman 1989, S. 336). Diese Beobachtung lässt sich indessen
leicht als eine selbstverständliche Folge der Weise interpretieren, in der Populationsökologen die längerfristige Entwicklung von Organisationspopulationen (z. B.
von Zeitungsverlagen der Region San Francisco, 1840–1980, oder von Unternehmungen der elektronischen Industrie, 1946–1984) zu untersuchen pflegen. Die
Eintritts- und Abgangsraten in einer Branche der elektronischen Industrie wurden beispielsweise schlicht auf der Basis von Inseraten im „Electronics Buyer's

---

[14] Dies ist ein Gedanke, den A. Stinchcombe (1965) publizierte.

Guide" der Jahrgänge 1946–1984 errechnet. Von den dabei registrierten 1197 Neuzugängen – definiert als erstmaliges Erscheinen eines Firmennamens – existierten 1984 noch 302 – wobei Firmen, die während mehrerer Jahre keine Inserate aufgegeben hatten, dann aber erneut inserierten, als Neuzugänge kodiert wurden, selbst wenn sie ihren alten Namen unverändert beibehielten (ibid. S. 168 f.). – Dass Strategie- und Strukturwandel von Firmen auf der Grundlage so, also eher breit und dünn als einzelfallbezogen gründlich erhobener Daten kaum beobachtet werden *kann,* vermag da nicht weiter zu erstaunen. Was uns Populationsökologen empirisch zu sehen erlauben, ist primär – nicht mehr, aber auch nicht weniger – ein Artefakt ihrer – ziemlich eigenwilligen – Beobachtungsmethodik.

8.7   Zusammenfassung

1. *Chester Barnard (1886–1961)* betätigte sich sowohl in der Managementpraxis – als Spitzenmanager der AT&T – als auch in der akademischen Organisationswissenschaft sehr erfolgreich. Er leistete den theoretisch scharfsinnigsten Beitrag zum Harvard Hawthorne-Ansatz der Human Relations. Barnards erstmals 1938 publiziertes, klassisches Buch „The Functions of the Executive" steht zugleich am Anfang system- und entscheidungstheoretischer Ansätze der Organisationstheorie. In diesem Buch behandelt Barnard v. a. die Themen a) Individuum, kooperative Systeme und Organisationen, b) formale und informale Organisation, c) Kommunikation und Autorität sowie d) Funktionen der Zielorientierung, Entscheidungsprozesse und Aufgaben des Managements in Organisationen.
2. Menschen gründen Barnard zufolge zweckorientierte Kooperationssysteme um bestimmter Ziele willen, die sie vereint besser als im Alleingang realisieren können. Wichtige *Komponenten* kooperativer Systeme sind neben Individuen *(formale) Organisationen,* die Barnard als *„unpersönliche Systeme koordinierter menschlicher Bestrebungen"* definiert. Organisationen bestehen *nicht* aus Individuen – die an Organisationen immer nur in ihrer Rolle als Organisationsmitglied beteiligt sind –, sondern ausschließlich aus koordinierten menschlichen Aktivitäten.
3. Barnard bezeichnet Organisationen als *effektiv („effective"),* wenn sie die Ziele, die sie sich setzen, erreichen. Sie sind in seiner Terminologie *effizient („efficient"),* wenn sie ihren Mitgliedern genügend Kooperationsanreize bieten. Organisationsmitglieder sind bereit, sich für die Verwirklichung von Organisationszielen einzusetzen, solange ihnen das dabei in Aussicht stehende Verhältnis von organisationsseitig gewährten Anreizen und eigenen

Beiträgen, verglichen mit von anderen erzielten oder anderswo erzielbaren Netto-Belohnungen, akzeptabel erscheint (*Anreiz-Beitragsmodell* der Motivation von Organisationsmitgliedern).

4. Organisationen können nur auf der Grundlage *informaler* Beziehungen, Gewohnheiten, Bräuche, Gruppennormen und Werte funktionieren. *Autorität* ist in Organisationen derjenige Aspekt einer Kommunikation, der – innerhalb einer situationsabhängigen *„Indifferenzzone"* des unhinterfragten Akzeptierens von Anordnungen – Organisationsmitglieder zur Ausführung der Aufträge vorgesetzter Stellen veranlasst. Die Entscheidung darüber, ob und inwieweit eine Anordnung angenommen oder übergangen, stillschweigend redefiniert oder sabotiert wird, liegt demnach bei den Befehlsempfängern, nicht bei den Anordnungsbefugten.

5. Vorgesetzte haben nach Barnard Organisationsmitglieder mittels *Zielvisionen* („purposes") davon zu überzeugen, dass es die von generellen *Zielbezeichnungen* postulierten Ziele auch tatsächlich gibt. *Symbolisches Management,* das überzeugende Zielorientierungen vermittelt, entfesselt ungenutzte Energien der informalen Organisation. Unter der Hülle *abstrakter* Zieldefinitionen können dabei ältere laufend durch neue, der veränderten Situation besser angepasste Ziele ersetzt werden.

6. In Organisationen wird Barnard zufolge nie nur zweckrational *zielorientiert,* sondern immer auch ziel*interpretierend* in dem Sinne gehandelt, dass man *„explorativen"* Handlungen bestimmte Ziele erst *nachträglich* zuschreibt.

7. Organisationen streben nach Barnard lokal oder organisationsweit mehr oder weniger prekären *„Gleichgewichtslagen"* zu. Vorgesetzte müssen solche dynamischen Gleichgewichtslagen und deren Entwicklungsmöglichkeiten richtig einschätzen lernen. Hierzu ist häufig ein *intuitives,* analytisch nur schwer oder gar nicht reproduzierbares *Gefühl für komplexe Systemzusammenhänge* unentbehrlich. Da Organisationsprozesse zu einem schönen Teil *selbstorganisierender* Art sind, wirken sich voreilige Eingriffe des Managements in sie nicht selten eher negativ als positiv aus.

8. Der 1916 geborene Verwaltungs- und Wirtschaftswissenschaftler *Herbert A. Simon* war sich mit Barnard darin einig, dass „Prozessen persönlichen und organisierten Entscheidens in den Sozialwissenschaften eine Schlüsselstellung" zukomme. Anders als Barnard rechnete der strenger naturwissenschaftlich gesinnte Simon aber damit, dass sozialwissenschaftliche Erkenntnis das von Barnard „intuitiv" genannte Managementverhalten als Sequenz heuristischer Problemlösungsschritte entschlüsseln und in Zukunft (mit den Mitteln einer *„science of the artificial"*) technisch werde nachvollziehen können.

9. Das „Geheimnis" der persönlichen Forschungsstrategie Simons, seine lebens-
    lange Beschäftigung mit avancierter Mathematik und der Computertech-
    nologie, zahlte sich in den 50er Jahren aus: Die von Simon und seinen
    Kollegen erfundenen *heuristischen Problemlösungsprogramme* für Computer
    machten aus diesen scheinbar *intelligente, lernende Maschinen,* und aus der
    Entscheidungs*kunst* des Managements eine computerunterstützte *Technik.*
10. Simon versuchte seine verwaltungswissenschaftliche Organisationstheorie
    mit einer allgemeinen *Psycho-Logik* menschlicher Wahlhandlungen zu
    begründen. Danach können die „grundlegenden Wesenszüge der Strukturen
    und Funktionen von Organisationen" mehr oder weniger direkt „aus den
    Charakteristiken menschlicher Problemlösungsprozesse und dem rationalen
    Entscheidungshandeln von Menschen" abgeleitet werden. Dieses Handeln
    folgt Simons Auffassung nach nicht den unrealistischen Nutzenmaximie-
    rungsmaximen der Mikroökonomie, sondern den von seinem Modell des
    „satisfycing behavior" formulierten Regeln *begrenzter Rationalität.*
11. Auf der Grundlage der Forschungsergebnisse von H.A. Simon und denjeni-
    gen der strukturvergleichenden Organisationssoziologie von P. Selznick, P.
    Blau, J. Woodward, T. Burns u. a. untersuchte die *kontingenztheoretische
    Organisationsforschung* der 60er Jahre systematisch Zusammenhänge zwi-
    schen Gegebenheiten der Organisationsumwelt, Struktureigenschaften und
    Handlungsweisen von Organisationen. Viele Organisationsforscher glaub-
    ten vorübergehend, dass die Kontingenzmodelle des Aston-Ansatzes, von P.
    Lawrence, J. Lorsch, J. Thompson u. a. die Einseitigkeiten einerseits der
    klassischen Organisations- und Managementtheorie, andererseits der Human
    Relations Theorie überwunden hätten.
12. Ziemlich erfolgreich und jedenfalls expansiv waren in den 60er Jahren auch
    Praktiken der *Organisationsentwicklung (OE),* d. h. die von „change agents"
    gesteuerte Entfesselung hierarchisch blockierter Kooperationsmotive von
    Organisationsmitgliedern. Umstritten waren und sind in der OE-Bewegung
    vor allem Fragen der *Wertprämissen,* der *Tiefe, Breite* und des *Standardi-
    sierungsgrades* ihrer (mehr oder weniger *rein verhaltenswissenschaftlichen*)
    Interventionspraktiken. Eines ihrer Prinzipien – die Einsicht, dass man über
    Beziehungsprobleme in Arbeits-, Gruppen- und Organisationsprozesse ein-
    greifen kann, ohne zu Sachproblemen Stellung zu nehmen – spielt heute
    nicht nur bei OE-Prozessen, sondern ganz allgemein in der Organisationsbe-
    ratungspraxis eine wichtige Rolle.
13. Die Mitte der 70er Jahre zunehmend kritisch beurteilten Kontingenztheo-
    rien wurden u. a. von J. Pfeffers macht- und ressourcentheoretischen sowie

von „institutionalistischen" Überlegungen, vor allem aber vom sog. *populationsökologischen Ansatz* von J. Freeman, M. Hannan u. a. teils ergänzt, teils ersetzt. Der Grundgedanke der Populationsökologie, dass der Evolutionsprozess die Selektion von strukturell trägen, vom Management kaum veränderbaren Organisationen bevorzuge, konnte empirisch nicht sehr überzeugend validiert werden.

14. Über den Stand von nur beschränkt allgemeingültigen Organisationstheorienmittlerer Reichweite versuchten bisher am entschiedensten *T. Parsons (1902–1979)* und *N. Luhmann (geb. 1927)* hinauszugelangen. Parsons tat dies, indem er mit seinem AGIL Schema Grundprobleme von Organisationen bestimmte. Dieses Schema unterscheidet in allen denkbaren Stufen und Regionen des Seins die vier Grundfunktionen 1) der Anpassung (A), 2) der Zielerreichung („goal attainment": G), 3) der Integration (I) und 4) der Bewahrung latenter Strukturen („latent pattern maintenance", L). Gemäß G. C. Homans verletzt das AGIL-Schema allerdings so wie Parsons' begriffsanalytische Methode im Allgemeinen den naturwissenschaftlich bewährten Grundsatz, dass es ohne inhaltlich bestimmte Gesetzeshypothesen keine wirklichen Theorien geben kann („no proposition, no theory").

15. Wer sich die Perspektive der *Handlungssystemtheorie* aneignen möchte, muss nach Luhmann den Erlebnishorizont handelnder Individuen verlassen und sich in die komplexitätsverarbeitenden Mechanismen von Handlungs*systemen* hineindenken. Luhmann wandte die von ihm „inkongruent" genannte Perspektive der Handlungssystemtheorie organisationstheoretisch um einiges konkreter an als sein Lehrer Parsons. Das Begriffspaar formale/informale Organisation etwa verweist nach Luhmann nicht auf zwei verschiedene Sozialsysteme, sondern auf verschiedene Aspekte eines einheitlichen Sozialsystems formal organisierter Kooperation. Manche gängigen Vorstellungen verhaltenswissenschaftlicher Organisationsforschung erweisen sich ferner handlungssystemtheoretisch genauer besehen als problematisch – beispielsweise die Vorstellung, dass die von Änderungen Betroffenen an diesen zu beteiligen seien, oder dass hierarchische Strukturen Zusammenarbeitsenergien blockierten.

16. Luhmanns Organisationstheorie ist seit seinem systemtheoretischen „Paradigmawechsel" zu Beginn der 80er Jahre wesentlich abstrakter geworden. Von der Theorie *autopoietisch geschlossener Systeme* der Biologen H. Maturana und F. Varela ausgehend, versucht Luhmann seitdem die *eine* Operationsweise zu bestimmen, durch die Systeme – z. B. psychische, soziale oder Organisationssysteme – „sich selbst *produzieren* und *reproduzieren*". Solche systemerzeugenden Mechanismen sind nach Luhmann im Falle *sozialer*

Systeme die *Kommunikation,* im Falle psychischer Systeme das *Bewusstsein* und im Falle von Organisationen *Entscheidungen.* Organisationen definiert Luhmann demzufolge als „Systeme, die aus Entscheidungen bestehen und die Entscheidungen, aus denen sie bestehen, durch die Entscheidungen, aus denen sie bestehen, selbst anfertigen.“

Organisationstheorien im Reifestadium der Verwissenschaftlichung der Organisationspraxis (seit 1970)

9

9.1 Karl Weicks prozesstheoretische Wende

Das 1969 erstmals erschienene Lehrbuch „The Social Psychology of Organizing" von *Karl Weick (geb. 1936)* war das Produkt einer heftigen Krise, in die Ende der 60er Jahre Weicks Leitvorstellungen von solider Organisationsforschung geraten waren. Zwar versuchten damals viele Wirtschafts- und Sozialwissenschaftler, die ihnen wissenschaftlich und politisch überholt erscheinenden Konventionen traditioneller Humanwissenschaft durch bessere, zeitgemäße zu ersetzen. Es waren meistens, den revolutionären Motiven der Studentenbewegung von 1968 entsprechend, emanzipatorische Standards. Weicks Bruch mit der traditionellen Organisationsforschung erfolgte aber keineswegs im Gleichschritt mit dieser um 1968 ziemlich kräftigen Bewegung kritischer Sozialwissenschaft, sondern lag auch zu ihr quer. Obwohl weder vor noch nach der Umbruchsphase der Jahre 1967–1969 konservativ gesinnt, verfolgte Weick mit dem Buch, das ihn in den 80er Jahren sehr bekannt machen sollte, keine politischen Emanzipationsziele. Er wollte mit ihm vielmehr radikal neue Perspektiven auf Organisationen eröffnen — Perspektiven, die Theoretikern und Praktikern unnötige Fesseln des Denkens durchschneiden und dadurch befreiend wirken sollten. Die zehn Ratschläge für die Praxis, die er an seine theoretischen Überlegungen anschloss, lauten (in der vollständigeren Version der zweiten Auflage des Buches von 1979):

„1. Geraten Sie angesichts von Unordnung nicht in Panik.
2. Sie können nie eine Sache allein abschließend erledigen.
3. 3. Chaotisches Handeln ist geordnetem Nichthandeln vorzuziehen.
4. Die wichtigsten Entscheidungen sind häufig die am wenigsten sichtbaren.

© Der/die Autor(en), exklusiv lizenziert durch Springer Fachmedien Wiesbaden GmbH, ein Teil von Springer Nature 2021
E. Walter-Busch, *Organisationstheorien von Weber bis Weick*,
https://doi.org/10.1007/978-3-658-35125-0_9

5. Es gibt keine Lösung.[1]
6. Stampfen Sie die ‚Nützlichkeit' ein.
7. Die Karte ist das Gelände.
8. Schreiben Sie das Organisationsdiagramm um.
9. Stellen Sie sich Organisationen als evolutionäre Systeme vor.
10. Verkomplizieren Sie sich!" (Weick 1979, S. 243)

Diese Devisen bevorzugen offensichtlich ungebundenes, freies Denken und Handeln. „Anything goes" in Organisationen – sofern in ihnen nur kreativ gehandelt, und nicht bloß ordentlich analysiert und reflektiert, d. h. geschlafen wird. Die sich hier aufdrängende Vermutung, dass Weick gleichsam der Paul Feyerabend der Organisationstheorie sei, trifft aber nur teilweise zu. Zweifellos teilt Weick mit diesem bedeutenden Vertreter einer anarchistischen Wissenschaftstheorie und Lebensphilosophie die Freude an der Provokation, am freien Denken, und ist ähnlich wie Feyerabend, wenngleich weniger vielseitig, einerseits in der Wissenschaft, andererseits im belebenden Element der Künste verwurzelt. Diese doppelte Verwurzelung in den „zwei Kulturen" erzeugte bei beiden Gelehrten eine kreative Spannung – bei Weick innerhalb eines Wissenschaftstyps allerdings (desjenigen der Sozialwissenschaften), den Feyerabend stets für überaus fragwürdig hielt[2]. Weick wollte die Organisationsforschung mit seiner originellen Prozesstheorie des Organisierens nicht etwa abschaffen, sondern verbessern, und in theoretisch wie empirisch fruchtbarere Gefilde führen. Er nimmt bis heute, ganz anders als der diesbezüglich viel skeptischere Feyerabend, an, dass es solche Wege zur Erneuerung sozialwissenschaftlicher Forschung tatsächlich gibt.

---

[1] Nur die Ratschläge 1–4 der zweiten Auflage sind identisch mit den ersten 4 der insgesamt 5 Ratschläge der ersten Auflage (Weick 1969, S. 106–108). Ratschlag 5 lautete ursprünglich: „Sie sollten eher Prozesse als Gruppen koordinieren." (ibid. S. 108)

[2] Paul Feyerabend (1924–1994), der sich in der Quantenphysik ebenso gut auskannte wie in Literatur und Musik (beinahe wäre er Sänger oder Regisseur geworden, s. Feyerabend 1995), hat in mehreren Interviews offen ausgesprochen, wie ärgerlich banal ihm viele der sog. Forschungsergebnisse der Sozialwissenschaften erschienen. Diese richteten nur darum keinen größeren Schaden an, weil es neben ihnen auch noch die den Menschen viel tiefsinniger darstellenden Künste gebe (Feyerabend 1992, S. 293 f.). – C.F. von Weizsäcker, der alles andere als ein erkenntnistheoretischer Anarchist, jedoch ebenfalls einerseits Naturwissenschaftler, andererseits Philosoph und Geisteswissenschaftler war, und der als Direktor des Starnberger Instituts außerdem auch sozialwissenschaftliches Denken gut kennenlernte, bekannte ähnlich, dass er sich auf seinem Berufsweg mitunter vorgekommen sei wie der Junge im Märchen, der dreimal geheiratet habe: zuerst die Goldprinzessin (d. h. die bewundernswerter Erkenntnisfortschritte fähigen Naturwissenschaften), dann die Silberprinzessin (die traditionsreiche Philosophie und die Geisteswissenschaften) und zuletzt die Blechprinzessin (die vielfach nützlichen Sozialwissenschaften mit ihren fragwürdigen Ansprüchen auf Wissenschaftlichkeit; Weizsäcker 1992, S. 970 f.).

Während die erste Auflage von Weicks „The Social Psychology of Organizing" noch vergleichsweise wenig verstanden und gelesen wurde, war die zweite, zehn Jahre später erschienene ein großer Erfolg. Umfangmäßig rund dreimal so dick, argumentierte das stark überarbeitete Buch um einiges leichtfüßiger, weniger gelehrt, und war witzig illustriert. Weicks schwer berechenbarer Provokationsstil traf nun offenbar einen Nerv des zunehmend „postmodern" eingefärbten Zeitgeistes (s. nachstehend Abschn. 9.3). Dass dies Weick mit einem schon 1969 publizierten Konzept der Organisationstheorie gelang, das er nur noch formal, nicht auch inhaltlich zu überarbeiten brauchte, ist erstaunlich. Dies allein schon rechtfertigt es, seinen Ansatz in der Reihe theoretisch profilierter Positionen, die in der postmodernistischen Reifephase der Verwissenschaftlichung der Organisationspraxis bisher hervorgetreten sind, an vorderster Stelle zu platzieren.

Die ersten Arbeiten Weicks, etwa über Experimente mit Organisationen, lagen noch durchaus auf der Linie der Mainstreamforschung (Weick 1965, 1967). Allenfalls seine 1966 veröffentlichte Diskussion experimenteller Untersuchungen, die von J.S. Adams' „Gerechtigkeitstheorie" (Equity Theory) ausgingen, nimmt etwas von der Provokationslust vorweg, die er später so gerne äußerte. Weick hob in diesem Aufsatz die kontraintuitiven Ergebnisse einiger Experimente, die er besprach, besonders hervor. Diese hätten beispielsweise empirisch *nachgewiesen,* dass überdurchschnittlich bezahlte, „privilegierte" Fließbandarbeiter mit ihrem Job *weniger* zufrieden sind als weniger gut bezahlte Arbeiter; oder dass als privilegierend empfundene Überbezahlung bei Zeitlohn zu höherer, bei Stücklohn aber zu tieferer Produktivität führt.[3]

Der Gedanke, mit dem Weick in seinem wegweisenden Buch von 1969 primär provozierte, verkehrt die alltagstheoretisch vertraute Vorstellung, dass Menschen zielorientiert handeln, in ihr Gegenteil. Organisationsmitglieder gestalten demnach ihre Handlungen keineswegs nach dem subjektiven Bild von der Situation, in der sie sich befinden, und nach ihren Präferenzen. Am Anfang aller menschlichen Dinge steht für Weick vielmehr die *Tat* („action") bzw. die *Gestaltung* („enactment"), für die deren Urheber nicht etwa vorgängig, sondern erst *nachträglich*

---

[3] Weick 1966, S. 414. – Weick ging damals wie später nie so weit, Organisationstheorien grundsätzlich ein sozialempirisches Begründungsdefizit zu unterstellen (s. Walter-Busch 1977a), oder, was auf dasselbe hinausläuft, K. Gergens „Pandämoniumsprinzip" zu unterstützen. Dieses postuliert, dass der *empirische* Nachweis annähernd *beliebiger* Zusammenhänge zwischen äußeren und inneren Aspekten menschlichen Handelns jederzeit möglich ist. Empirische Organisationsforscher brauchen den sog. Test der Realität nicht zu fürchten. Denn selbst streng hypothesentestende Sozialforschung fordert primär nur ihre Phantasie heraus, diejenigen Untersuchungskontexte herauszufinden, die die erwünschten Zusammenhänge am besten herbeizuführen erlauben (Gergen 1985b, S. 121 ff.).

hinreichend situations- und präferenzengerechte Zielorientierungen konstruieren. Organisationsmitglieder handeln insofern nicht so sehr zielorientiert als vielmehr zielinterpretierend. Wie phänomenologisch geschulte Sozialwissenschaftler, etwa A. Schütz oder H. Garfinkel, gezeigt haben, können sich Menschen dessen, was sie tun, grundsätzlich immer nur versichern, indem sie einen Schritt aus dem Bewusstseinsstrom heraustun, und ihre Aufmerksamkeit alsdann nachträglich darauf richten, was da soeben geschehen ist. Denn „es ist nur möglich, seine Aufmerksamkeit dem zuzuwenden, was bereits geschehen ist; es ist unmöglich, sie auf das, was kommen wird, zu richten":

> „Eine Handlung kann Gegenstand bewusster Aufmerksamkeit erst werden, nachdem sie geschehen ist. Während sie geschieht, kann sie nicht beobachtet werden." (Weick 1969, S. 64 f.) „Alles Verstehen geht aus rückwärts gerichteter Reflexion hervor." „Menschliches Verhalten ist nicht zielorientiert, es ist zielinterpretierend [...] die Wirkung kommt hier gewissermaßen vor der Ursache, die Reaktion vor dem Reiz, der Output vor dem Input. Wirkungen, Reaktionen und Outputs sind der Vorwand, um retrospektiv plausible Ereignisse zu finden, von denen sie erzeugt sein könnten." (Weick 1979, S. 194 f.)

Mit philosophischer Erkenntnistheorie spielt Weick allerdings eher nur, als dass er sie seinem prozesstheoretischen Ansatz konsequent zugrunde legen würde. Die zitierten Bruchstücke von Erkenntnissen sozialwissenschaftlich angewandter Phänomenologie bleiben bei Weick wenig präzise Anspielungen, die er an anderen, schlechter passenden Stellen seines Organisationsprozessmodells, wie weiter unten deutlich werden wird, stillschweigend auch außer Kraft setzt.

Weicks Organisationsprozessmodell verwertet neben Ideen der Phänomenologie auch sozialwissenschaftlich angewandte Gedanken der Evolutionstheorie sowie der Systemtheorie. Wichtig ist für Weick zunächst die evolutionsbiologische Unterscheidung von Prozessen der Variation, der Selektion und der Retention. Bei Lebewesen sorgen Mutationen dafür, dass ständig neue Varianten (auch Mutanten genannt) erzeugt werden (Variationsfunktion). Während der Selektionsmechanismus Mutanten bevorzugt, die (wie etwa dunkel gefärbte Varianten einer weißen Schmetterlingsart in rauchverschmutzten Industriegebieten) ihren Umweltbedingungen noch besser als ihre nicht mutierten Artverwandten angepasst sind, sorgt der Vererbungsmechanismus dafür, dass diese überlebensfähigeren Varianten der Nachkommenschaft nicht verlorengehen (Retentionsfunktion).

Weick passt die evolutionsbiologische Trias Variation – Selektion – Retention den auf dem soziokulturellen Entwicklungsniveau der Menschheit gegebenen Bedingungen an, indem er den Begriff der Variation durch den der Gestaltung („enactment") ersetzt. Deren zwei sich gegenseitig verstärkenden, positiv miteinander korrelierten Komponenten sind der „ökologische Wandel" und die „gestaltete Mehrdeutigkeit" (s. Abb. 9.1). Weick hebt damit die für den Menschen ganz allgemein, aber auch speziell in Organisationen überragende Bedeutung von *Sinngebungsprozessen* hervor:

> „Gestaltung bedeutet in Organisationsprozessen dasselbe wie Variation in Selektionsprozessen der Natur. Der Begriff der Gestaltung wird dem der Variation darum vorgezogen, weil er besser die aktive Rolle zum Ausdruck bringt, die Organisationsmitglieder, wie wir annehmen, bei der vorgängigen Gestaltung der Umwelt spielen, mit der sie sich auseinandersetzen müssen. Gestaltung hängt eng mit ökologischem Wandel zusammen. Wenn im Bewusstseinsstrom Differenzen auftreten, kann ihnen der Akteur zur genaueren Beobachtung besondere Beachtung schenken. Solche Handlungen des Einklammerns [d.h. der Fokussierung der Aufmerksamkeit] sind eine Art Gestaltung. Andere Formen der Gestaltung bestehen darin, dass der Akteur mit seinen Handlungen einen ökologischen Wandel bewirkt, der die Bedingungen verändert, unter denen er seine nächstfolgende Handlung vollzieht, die wiederum ökologischen Wandel produziert, usw." (ibid. S. 130)

Karl Weicks Organisationsprozessmodell

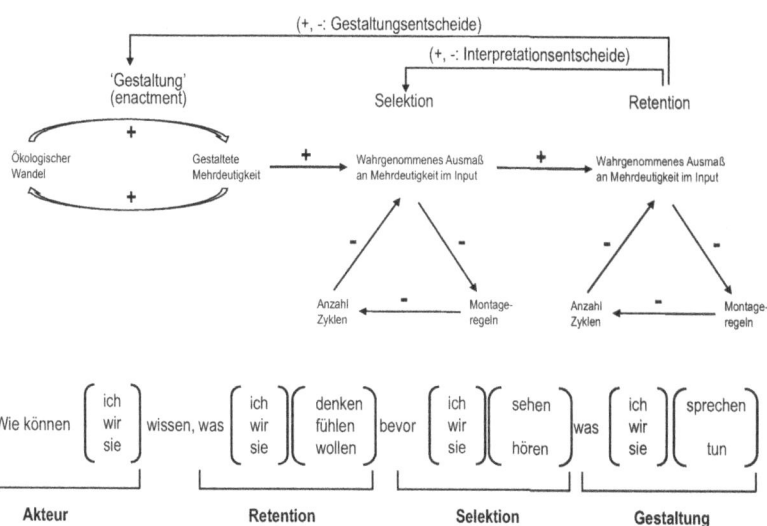

Abb. 9.1 Karl Weicks Organisationsprozessmodell

Prozesse der Gestaltung *reduzieren* insofern nicht, sondern *produzieren* Mehrdeutigkeit. Sie stellen das Geschehen her, „dem der Selektionsprozess anschließend Sinn geben kann" (ibid. S. 133). Sie unterscheiden sich dadurch sowohl von der Selektions- wie auch von der Retentionsfunktion, deren Aufgabe je darin besteht, die wahrgenommenen Mehrdeutigkeiten mittels mehrfach applizierter Montageregeln („Assembly rules") zu reduzieren (s. Abb. 9.1). „Montageregeln" sind kognitive Schemen, die aus mehrdeutigem Rohmaterial der Wahrnehmung und Sinndeutung sinnvolle Gestalten verfertigen (bzw. „montieren"). Je mehrdeutiger das Rohmaterial ist, desto allgemeiner und unspezifischer sind zweckmäßigerweise die kognitiven Schemen, die es zu deuten versuchen. Je weniger mehrdeutig das Rohmaterial ist, desto eher passt definitionsgemäß ein kognitives Schema mit relativ vielen, inhaltsreichen Montageregeln zu ihm. Es braucht dann im Gegensatz zu einfachen Schemen (mit wenig Montageregeln, aber vielen Zyklen) eine kleinere Anzahl Zyklen, d. h. wiederholter Anwendungen dieser Montageregeln, bis das mehrdeutige Rohmaterial hinreichend Sinn macht. Erscheint beispielsweise eine unbekannte Frau in der Türe eines Zimmers, in dem mehrere Menschen miteinander diskutieren, so setzen diese Menschen mit einfachen Schemen zu mehreren Deutungsversuchen an, bis sie eine hinreichend sinnvolle Interpretation der zunächst fremden Erscheinung (z. B.: „es ist eine attraktive betriebsfremde Frau") gefunden haben. Auf diese Deutung passt dann ein komplexeres, in weniger Zyklen zu erprobendes Schema (viele Montageregeln wenige Zyklen), mit dem die nun schon erheblich weniger mehrdeutige Erscheinung beispielsweise als „sogleich anzusprechende und den eigenen Freunden vorzustellende Person" definiert wird (ibid. S. 137). Die nicht eingeklammerten Minuszeichen von Abb. 9.1 bedeuten demnach negative Korrelationen je zwischen der wahrgenommenen Mehrdeutigkeit, der Anzahl Montageregeln und der Anzahl Zyklen: je mehrdeutiger das Rohmaterial, desto weniger Montageregeln, desto mehr Zyklen, desto weniger Mehrdeutigkeit usw.

Weick erweist sich hier offenkundig als ein auch stark *systemtheoretisch* beeinflusster Sozialwissenschaftler. Organisationstheoretiker und -praktiker sollten ihm zufolge von der Systemtheorie vermehrt lernen, in zirkulären Wirkungszusammenhängen zu denken und zu handeln (ibid. S. 86). Für besonders bedeutsam hält er die These einzelner Systemanalytiker, dass in komplex vernetzten, geschlossenen Systemen eine gerade (ungerade) Anzahl negativer Korrelationskoeffizienten Instabilität (bzw. Stabilität) signalisiere (Weick 1969, S. 82 f., 1979, S. 74 f.). Damit begründet Weick (methodisch freilich durchaus fragwürdig[4])

---

[4] Phänomene, die an den gut messbaren Variablen physischer oder lebender Systeme leicht beobachtet werden können, sind es auf der höheren Seinsebene sinnvermittelter Handlungen

seinen Entscheid, die beiden Feedback-Schlaufen zurück von der Retentions- zur Gestaltungs- und zur Selektionsfunktion im Gegensatz zu den übrigen direkten Kausalbeziehungen zwischen ihnen sowohl mit einem positiven wie mit einem negativen Korrelationsvorzeichen zu versehen (s. Abb. 9.1):

> „Die vier Teilprozesse des Organisierens hängen, wie wir annehmen, so wie von Abb. 9.1 dargestellt miteinander zusammen [...]: 1. Ökologischer Wandel und Gestaltung sind in einem abweichungs-ausweitenden Zirkel kausal verbunden. 2. Gestaltung ist mit Selektion durch eine direkte Kausalbeziehung verbunden, was bedeutet, dass das Ausmaß an Gestaltungsaktivität dasjenige an Selektionstätigkeit direkt beeinflusst. 3. In gleicher Weise hat die Selektion eine direkte Auswirkung auf die Retention [...] 4. Die Retention beeinflusst sowohl die Selektion wie auch die Gestaltung; dabei können diese Auswirkungen positiv oder negativ sein, je nachdem, ob sich die Person dafür entscheidet, ihrer früheren Erfahrung zu vertrauen (+) oder zu nicht zu vertrauen (-) [...] zu beachten ist, dass diese Prozesse des Organisierens instabil sind und dass das gesamte System abweichungs-ausweitend wird, wenn Organisationsmitglieder sich gegenüber ihrer früheren [von der Retentionsfunktion gespeicherten] Erfahrung nicht ambivalent verhalten. Wenn sie ihren früheren Erfahrungen völlig vertrauen, liegen sechs negative Vorzeichen vor, wenn sie ihnen völlig misstrauen, sind es acht negative Vorzeichen – beides gerade Zahlen. Nur gleichzeitiges Vertrauen und Misstrauen kann das System stabilisieren[...]" (Weick 1979, S. 132 f.)

Einseitige Diäten von entweder nur Vertrauen oder nur Misstrauen gegenüber bisher Geleistetem tun demnach Organisationen nicht gut. Besser bekommen ihnen gesunde Mischungen von beidem, d. h. *ambivalente* Reaktionen auf gemachte Erfahrungen (Weick 1979, u. a. S. 7, 30, 217 ff.). Vor die Wahl gestellt, ob die von der Retentionsfunktion im Organisationsgedächtnis gespeicherten Kausalkarten, Werte, Heuristiken, Planungen usw. zu diskreditieren sind oder nicht, sollten Organisationen nie *nur* alles Überlieferte akzeptieren *oder* es ebenso pauschal verwerfen – das System würde so als Ganzes instabil, wie Weick in der ersten Auflage noch glaubte systemtheoretisch *voraussagen* zu können (1969, S. 95 f.), in der zweiten Auflage aber zurückhaltender nurmehr *annimmt* (1979, S. 217 f.):

> „Auf der Grundlage auszugsweise gestalteter Umwelt, die dem Organisationsgedächtnis entnommen wird, ist ein *Interpretationsentscheid* der folgenden Art zu fällen: ,Das, was ich jetzt weiß, wissend: soll ich die Art, wie ich im Strom von Erfahrungen Dinge benenne und miteinander verknüpfe, ändern?' Dieser Entscheid betrifft den *Selektionsprozess*, d.h. die Frage, ob der Akteur die Interpretationen, die er neueren

---

von Menschen häufig nicht mehr. Deren Probleme und Rätsel werden von der Religion, Philosophie, Kunst und Literatur zur Sprache gebracht. Sie können, wenn überhaupt, nur *human*wissenschaftlich adäquat definiert und gelöst werden.

Gestaltungen gegeben hat, revidieren soll oder nicht.- Der *Gestaltungsentscheid* lautet demgegenüber: ‚Das, was ich jetzt weiß, wissend: soll ich anders handeln?‘ [...] Gestaltungsentscheide beinhalten Revisionen der Handlungen, mit denen Akteure ökologischen Wandel kreieren oder auf ihn reagieren [...] Ausschließliches Diskreditieren produziert allzu flexible, ausschließliches Vertrauen allzu statische Organisationen; beides sind keine längerfristig stabilen Organisationsformen." (ibid. S. 217 f.; analog in anderer Terminologie bei Weick 1969, S. 59 f.)

Nun zieht Weick zugleich aber, wie oben gezeigt wurde, das Modell zielinterpretierenden Handelns demjenigen zielorientierten Handelns entschieden vor. Er übertrumpft die Devise „zielorientiert handeln heißt, vorgängig zu wissen, was man tun will und tun kann" mit der provokativen Gegenthese: „Wie kann ich wissen, was ich denke, bevor ich sehe, was ich spreche?" (Weick 1979, S. 133). Organisationsanalysen haben Weick zufolge bisher viel zu wenig auf die Tathandlungen geachtet, die Entscheidungsmodellen, Plänen, Strategien usw. *vorhergehen* und sie erst *ermöglichen*. Individuelle oder kollektive Handlungen von Organisationsmitgliedern wurden mit dem kognitivistischen Vorurteil untersucht, dass sie von mehr oder weniger „rationalen" Situations- und Präferenzmodellen gelenkt seien. In Wirklichkeit gilt:

> „Das Handeln geht dem Denken voraus [...] Diejenigen zu bevorzugen, die denken, bevor sie handeln, ist unfair, da man ganz allgemein zuerst etwas tun oder aussprechen muss, bevor man anschließend entdecken kann, was man eigentlich gedacht, entschieden oder getan hat." (ibid. S. 194) „[...] Menschen in Organisationen sollten sich vorab dessen, was sie *tun,* bewusster werden, und mehr Zeit darauf verwenden, darüber nachzudenken [...] Anstatt endlos die Frage zu diskutierten, ob wir die Dinge so sehen, wie sie wirklich sind, [...] sollten unsere Diskussionen sich auf Fragen konzentrieren wie ‚Was haben wir getan? Welchen Sinn können wir diesen Handlungen geben? Was haben wir nicht getan?'" (ibid. S. 168 f.)

Für Weick ist darum sein „Rezept für Sinngebungsakte" - die Devise „Wie kann ich (wir, sie) wissen, was ich (wir, sie) denke(n) (fühlen, wollen), bevor ich (wir, sie) sehe(n), was ich (wir, sie) spreche(n) (tun)", s. Abb. 9.1 – *„das* zentrale Thema des ganzen Organisationsprozessmodells":

> „‚Wie kann ich wissen, was ich denke, bevor ich sehe, was ich spreche?' Von Organisationen wird also angenommen, dass sie immer und immer wieder mit sich selbst reden, um herauszufinden, was sie denken. Das ist im Wesentlichen das, worum es in diesem Buch geht." (ibid. S. 133 f.) „Das Argument lautet im Kern, dass eine Organisation die Weise, wie sie Prozesse des Organisierens durchläuft, *ist.*" (Weick 1969, S. 90)

Vorausgesetzt, das Rezept für Sinngebungsakte gelte – wie kann man sich dann die Funktionsweise von Weicks Interpretations- und Gestaltungsentscheiden vorstellen? Personen, die solche Entscheide treffen, gehen nach Weick von im Organisationsgedächtnis gespeicherten Erfahrungen, Werten, Heuristiken etc. aus. Sie operieren definitionsgemäß auf der Basis von und „im Wissen davon, was sie jetzt wissen", handeln also zielorientiert. Könnte, ja müsste man ihnen nicht *ebenfalls* Weicks Grundfrage stellen, „Wie können *sie* wissen, was sie denken, bevor sie sehen, was sie sprechen?"

Man kann die Inkonsistenz, in die sich Weicks Organisationsmodell an dieser Stelle verstrickt, wohl nur dadurch vermeiden, dass man das Rezept für Sinngebungsakte nicht als eine *streng erkenntnistheoretisch* begründete, radikale *Alternative* zu traditionell zielorientierten Handlungsmodellen, sondern als deren *Korrektiv und Komplement* versteht. Weicks unkonventionelle Sinngebungs- und Gestaltungsperspektive („enactment perspective") will so verstanden herkömmliche Sichtweisen nicht ein für alle Mal *überwinden* und durch sich selber als alternatives „Paradigma" ersetzen, sondern bloß deren Einseitigkeiten *korrigieren* (zu einem analogen Problem Roethlisbergers vgl. oben, Abschn. 7.5 und Abb. 7.3).

Diese Auslegung wird bestätigt, wenn man darauf achtet, wie Weick *erstens* (Punkt 1) Möglichkeiten der *empirischen Validierung* sowie *zweitens* (Punkt 2) solche der *praktischen Anwendung* seines Organisationsprozessmodells sieht.

1. Weick nahm zunächst an, wie bereits kurz angedeutet wurde, dass seine prozesstheoretische Sichtweise, empirisch spezifiziert und validiert, dazu beitragen werde, die nach wie vor arg fragmentierte Organisationstheorie homogener und robuster zu gestalten (Weick 1969, S. 18 f.). Er hielt die Kernaussagen seines Modells für empirisch direkt überprüfbar, und behauptete dementsprechend, dass aus spezifischen Gegebenheiten, etwa der Mehrdeutigkeit des Inputs, der Anzahl Montageregeln oder Anzahl Zyklen bestimmter Organisationen, Voraussagen ableitbar seien, mit denen das Modell empirisch getestet und verfeinert werden könne (ibid. S. 95 f.). Die zweite Auflage des Buches enthält solche – unrealistischen – Ansprüche nicht mehr. Dennoch gab Weick den Versuch, weniger abstrakte Bestandteile seines Modells empirisch zu validieren, nicht auf. Sich auf das Teilproblem der Umweltbeobachtung bzw. Umweltkonstruktion von Organisationen konzentrierend, nahm er beispielsweise an, dass es die nachstehende Vierfeldertafel ermögliche, eine vielversprechende Serie empirischer Organisationsstudien in Gang zu setzen (s. Daft und Weick 1984, S. 289):

		Bereitschaft, in die Umwelt einzugreifen:	
		Klein	Gross
Analysierbarkeit der Umwelt	Schlecht	UNGERICHETES BEOBACHTEN: Gelegenheits-Interpretationen, Zufallsfunde, Nichtroutine-Suche u. Ä.	GESTALTEN (ENACTING): Experimentieren, Testen, die Umwelt erfinden, Learning by doing u. Ä.
	gut	KONDITIONIERTES BEOBACHTEN: Routine-Suche nach vordefinierten Daten u. Ä.	ENTDECKEN: Aktive Informationssuche, Datensammeln, Umfrageforschung, Befragungen u. Ä.

Organisationen können sich danach einerseits ihrer Umwelt gegenüber passiv oder aktiv (in sie eingreifend und sie gestaltend) verhalten. Sie können die Umwelt andererseits für entweder gut strukturiert analysierbar, oder für schlecht analysierbar halten. Daraus resultieren vier verschiedene Strategien des Umgangs mit der Organisationsumwelt. Weick und Daft behaupten, dass diese Strategien kontingenztheoretisch erklärbar mit sonstigen Merkmalen der sie anwendenden Organisationen zusammenhängen (ibid. S. 290). Im Zusammenhang des soeben angesprochenen Interpretationsproblems fällt dabei auf, dass Weick und Daft nur von *einer* der vier Strategien sagen, dass sie „die von Weick (1979) beschriebenen Merkmale des Gestaltungs-Verhaltens (enactment behavior)" aufweise (ibid. S. 289). Die beiden Autoren unterscheiden damit zwischen empirisch feststellbaren *Graden* eines je nachdem aktiv-gestaltenden vs. passiven, bzw. zielinterpretierenden vs. zielorientierten Handelns von und in Organisationen. Verhalten, das die Umwelt zielorientiert beobachtet, wird nicht mehr als etwas betrachtet, was es vom Standpunkt der philosophisch reflektierten Gestaltungsperspektive aus gesehen gar nicht geben kann (da ja auch sog. Umwelt-Beobachtungsverfahren von Organisationen „immer schon" realitätsgestaltende Sinngebungsakte *sind,* denen an sich nichts „da draußen in der real existierenden Umwelt" objektiv vorgegeben ist[5]). In der real existierenden

---

[5] Weick (1979, S. 168 f.) – Organisationsumwelten sind dieser erkenntnistheoretisch zugespitzten Fassung der „enactment perspective" zufolge grundsätzlich immer schon *interpretativ gestaltete Umwelten,* „enacted environments", in Bezug auf die weniger die Frage, wie sie

Welt von Organisationen gibt es für Weick letztlich beides: traditionell zielorientierte Beobachter, und innovativ zielinterpretierende, experimentierfreudige Gestalter. Weick zieht, wie seine praktischen Empfehlungen zeigen, die letzteren den „rational" zielorientierten Akteuren eindeutig vor.

Weick hat aus seinem Organisationsprozessmodell u. a. die folgenden Regeln für die Praxis abgeleitet:

„Wenn wir die Organisationsprozessformel in eine Reihe von diagnostischen Fragen umformen, könnten diese Fragen u.a. folgendes beinhalten:

1. Was und wo ist der Retentionsprozess?

2. Wer bindet den Retentionsprozess an Gestaltung und Selektion an? Wie häufig, und in Bezug auf welche Inhalte?

3. Wie ist die Retention mit Selektion und Gestaltung verbunden – positiv oder negativ?

4. Wenn die Retention nicht diskreditiert werden kann – wer vertritt die Überzeugung, dass die gegenwärtig gespeicherten Inhalte unbedingt gelten, und warum mag die betreffende Person so auf diese Einstellung fixiert sein?

5. Welche anderen Mechanismen zur Veränderung des Inhalts von gespeicherten Kausalkarten gibt es, wenn die Karten nicht von der Praxis diskreditiert werden?

6. Ist das Angebot an Varietät in der Organisation hinreichend? Reicht die Varianz der Anzahl zur Verfügung stehender Regeln zur Gestaltung von Prozessen aus, die eine hochgradig variable Anzahl von Zyklen aufweisen? (Beachten Sie, dass, wenn Sie nur zwei Montageregeln haben, diese beiden Regeln auf Variationen im Input nicht sehr empfindlich reagieren können [...])

11. Wie aktiv ist die Organisation bei der Untersuchung ihrer Umwelt? [...] Eine mobile Existenz produziert mehr Daten als eine sesshafte [...]

12. Wer bereinigt wann die Aktenbestände, gemäß welchen Regeln, und wie energisch?" (Weick 1979, S. 241 f.)

Offenkundig plädieren sowohl diese direkt an Weicks Organisationsprozessmodell anschließenden wie auch die eingangs zitierten Handlungsmaximen für mehr kreative Tatkraft, Offenheit und für den Mut, überlieferte Ordnungen kritisch in Frage zu stellen. Weick favorisiert ganz allgemein in den Dilemmen von Ordnung und Unordnung, Statik und Dynamik, Struktur und Prozess, Passivität und aktiver Gestaltung, Routine und Kreativität, Einheit und Vielfalt jeweils die schöpferisch

---

realiter beschaffen sind, sinnvoll ist, als die Frage, wie man sie mehr oder weniger vernünftig *gestalten* solle (vgl. zur Erkenntnistheorie des Konstruktivismus im Übrigen unten, Abschn. 9.4).

bewegende Seite. In welchen Situationen solche Devisen organisationspraktisch sinnvoll, und in welchen anderen sie durchaus auch (indem sie eine Organisation beispielsweise übermäßig destabilisieren würden) weniger sinnvoll sind, können sich erfahrene Praktiker wie Laien leicht ausmalen. Umso relevanter wird die im Reifestadium der Verwissenschaftlichung von Organisationspraktiken grundsätzlich neu zu stellender Frage: Brauchen wir wirklich, um zuletzt doch nur bei Common Sense-Weisheiten dieser Art (bei Simons „proverbs of administration") zu landen, immerzu noch kompliziertere, aus noch exotischeren Gegenden bezogene Organisationstheorien?

9.2 Qualitative Konzepte der Organisationsforschung und der Systementwicklung

Im Frühjahr 1974 führte ein holländischer Sozialwissenschaftler an amerikanischen Hochschulen Expertengespräche über Gegenwarts- und Zukunftsprobleme der Organisationssoziologie durch. Gut auswertbar waren insgesamt 20 Interviews, darunter manche mit renommierten Soziologen wie H. Aldrich, P. Blau, R. Scott, P. Selznick und W. Whyte. Auf die Frage, welches Schwerpunkte der aktuellen Organisationsforschung seien, nannten die Experten mit großem Abstand am häufigsten, nämlich 15mal, kontingenztheoretisch vergleichende Untersuchungen von Organisationsstrukturen (Lammers 1974, S. 423). Von allen aufgezählten Strömungen wurde diese Forschungsrichtung zugleich, mit 12 kritischen gegenüber bloß 3 positiven Bewertungen, am negativsten beurteilt. Die kritischen Urteile reichten von „nicht besonders aufregend" bis zu „das Pulver nicht wert, das es braucht, um sie [Kontingenztheorien] zur Hölle zu schicken" (ibid. S. 423 f.).

D. Pugh stand demnach mit seiner oben zitierten gelinden Enttäuschung, die ihm die Ergebnisse des aufwendigen Aston-Projektes bereitet hatten (s. Abschn. 8.5), nicht alleine da. Andere Organisationssoziologen teilten sie zu Beginn der 70er Jahre, und beurteilten die Mathematisierung organisationswissenschaftlicher Forschung, die manche Kontingenztheoretiker sowie alle Populationsökologen befürworteten, skeptisch bis ablehnend. Nach dem kontingenztheoretischen war es der Trend zur Mathematisierung der Organisationsforschung, der mit 4 zustimmenden gegenüber 7 ablehnenden Äußerungen am negativsten bewertet wurde (ibid. S. 423, 426).

Wenige Jahre nach Lammers' Expertenbefragung erfuhr tatsächlich die *qualitative Organisationsforschung,* die man weitgehend als Versuch einer *grundsätzlichen* Korrektur der Defizite quantifizierender Methoden verstand, eine in ihrer Intensität und Breitenwirkung erstaunliche Renaissance. Dass diese Wende kommen werde, hatten die von Lammers befragten Experten so nicht vorausgesehen – und vermutlich auch nicht voraussehen können.

Die qualitative Organisationsforschung, der um 1980 dank einer günstigen Konstellation der Durchbruch gelang, brauchte das Rad nicht noch einmal neu zu erfinden. Sie konnte im fortgeschrittenen Stadium der Versozialwissenschaftlichung im Allgemeinen, der Verwissenschaftlichung der Managementpraxis im Besonderen, in dem sie stattfand, von einer langen Tradition durchaus bewährter Ansätze interpretativer Sozialwissenschaft profitieren. Diesen hätte man grundsätzlich auch den Human Relations-Ansatz, der qualitativ-klinische Methoden ja entschieden bevorzugt hatte, zurechnen können. Es lag aber näher, auf akademisch anerkanntere, gegenwärtig noch aktive Strömungen interpretativer Sozialforschung zurückzugreifen. Dazu gehörten Ende der 70er Jahre an erster Stelle der *symbolische Interaktionismus* von George H. Mead, H. Blumer, A. Strauss, Erving Goffman u. a. sowie die *phänomenologische* und die *ethnomethodologische Soziologie* von Alfred Schütz, T. Luckmann, P. Berger, von Harold Garfinkel, A. Cicourel, H. Sacks, D. Zimmerman u. a.

Einige wenige Beiträge zur qualitativen Organisationsforschung waren von symbolischen Interaktionisten und ihnen nahestehenden Sozialforschern schon lange vor 1980 erarbeitet worden. *H. Becker, B. Geer, E. Hughes und A. Strauss* hatten in den späten 50er Jahren beispielsweise detailliert untersucht, wie die Studiensituation bei Medizinstudenten einer amerikanischen Medical School eine bestimmte, von den Autoren „pragmatisch-idealistisch" genannte Berufsperspektive erzeugte. Die Sozialforscher werteten die über 5000 Seiten Beobachtungs- und Interviewprotokolle, die sie im Verlauf ihrer mehrjährigen Beobachtungen und Gespräche gesammelt hatten, zwar auch quantitativ aus. Es waren aber bezeichnenderweise nicht Auswertungen, die eine von Anfang an wegleitende Datenmatrix vordefiniert hatte, sondern solche, die ad hoc aufgetretene Fragen von induktiv im Felde gewonnenen Theorien beantworten sollten (Becker et al. 1961; vgl. Abschn. 3.2).[6]

Andere, weniger direkt der Mead-Schule verpflichtete Untersuchungen, die um 1980 als Modelle qualitativer Organisationsforschung dienen konnten, stammten von E. Goffman, M. Dalton, A. Pettigrew, M. Crozier und D. Silverman. *E. Goffman* hatte mit seiner Arbeit über Selbstdarstellungsstile im Alltag von Menschen

---

[6] Das Begriffspaar „qualitative" vs. „quantifizierende" Sozialforschung ist insofern irreführend: Qualitative Sozialforscher lehnen keineswegs alle, sondern nur die quantifizierenden Messoperationen ab, die das, was man eigentlich messen möchte, nicht willkürfrei operationalisieren (vgl. dazu v. a. Cicourel 1964).

bewiesen, dass er über eine ungewöhnlich scharfsinnige Beobachtungsgabe verfügte (Goffman 1959). Er wandte sie brillant auch auf den Sonderfall „totaler
Organisationen" an, die so wie etwa psychiatrische Anstalten oder Gefängnisse
das Leben ihrer Klienten annähernd lückenlos bestimmen (Goffman 1961).

Das mikrosoziologische Instrumentarium, mit dem *M. Dalton* während seiner
verdeckten Beobachtungstätigkeit in mehreren Unternehmungen deren Macht-
strukturen und -prozesse enthüllte, war weniger differenziert als dasjenige
Goffmans. Dafür wählte Dalton als seine Untersuchungsobjekte nicht, wie bei
vielen qualitativen Organisationsforschern üblich, Spitäler, Schulen, psychiatri-
sche Anstalten oder Gefängnisse aus, sondern den vergleichsweise prosaischen,
aber häufig vorkommenden Organisationstyp Unternehmung. Und trotz der
einfachen Begrifflichkeit Daltons wirkten und wirken die Einblicke, die sein
Insiderwissen in die Machtspiele, Intrigen, die offiziösen und die realen Macht-
strukturen von Unternehmungen gewährt, höchst informativ (Dalton 1959, 1964;
vgl. auch Pettigrew 1973).

M. Croziers Fallstudien über staatliche Verwaltungs- und Produktionsbetriebe
Frankreichs interpretierten Details des Verhaltens von Organisationsmitgliedern
demgegenüber vom Standpunkt einer ziemlich spekulativen Bürokratie- und
Kulturkritik aus (Crozier 1963). Crozier entwickelte sie in seinem zweiten
organisationssoziologischen Hauptwerk (Crozier und Friedberg 1977) zu einem
mikropolitischen Ansatz weiter, der in Frankreich nach Bernoux (1985, 1995) das
führende Quasiparadigma organisationssoziologischer Forschung geworden ist.
Es versucht aufzuzeigen, wie eigensinnig selbst formal einflusslose Akteure die
von keiner Macht je ganz zu beseitigenden Freiräume in einer Organisation dazu
benützen können, einzeln oder kollektiv eigene Machtspiele zu inszenieren. Die
formale Organisationsstruktur ist eine immer auch prekäre *Resultierende* dieser
informellen Mikropolitik, und nicht etwa umgekehrt diese eine Folgeerscheinung
der formalen Regeln (Crozier und Friedberg 1977 S. 79, 37f.; vgl. dazu auch
Küpper und Ortmann 1988 sowie (im anderen Zusammenhang industrie- und
betriebssoziologischer Forschung) Volmerg et al. 1986).

Die qualitative Wende der organisationswissenschaftlichen Forschung um
rund 10 Jahre vorwegnehmend, hatte sich schließlich *D. Silverman* bereits im
Jahre 1970 darum bemüht, alternativ zur Mainstream-Forschung einen sog.
„handlungstheoretischen Bezugsrahmen" interpretativer Organisationsforschung
(„action frame of reference") durchzusetzen (Silverman 1970). In ihm spielten
zunächst die zitierten älteren Musterbeispiele qualitativer Organisationsforschung
von Becker et al., Goffman, Dalton, Crozier u. a. eine wichtige Vorbildrolle.
Später bekehrte sich Silverman zur ethnomethodologischen Variante phänomenologischer Soziologie (Silverman 1972). Aus Gründen, die Abschn. 9.4 erläutern

wird, hat sich allerdings weder die phänomenologische Soziologie von A. Schütz und seinen Schülern noch Garfinkels Ethnomethodologie als organisationstheoretisch direkt umsetzbar erwiesen. Silverman entfernte sich demzufolge in dem Maße von der Organisationstheorie, in dem er sich der phänomenologischen Soziologie annäherte (vgl. Silverman 1993). Der ersten Auflage von Silvermans Buch „Die Theorie der Organisationen" (1970) ist bezeichnenderweise keine phänomenologisch oder ethnomethodologisch überarbeitete zweite Auflage nachgefolgt.

Warum ist es Ende der 70er Jahre, erstaunlicherweise auch und gerade in den Vereinigten Staaten, sonst *dem* Entwicklungszentrum quantitativer Wirtschafts- und Sozialwissenschaften, zu dieser kräftigen Aktualisierung qualitativer Organisationsforschung gekommen? Die zwei wichtigsten Ursachen, die dies bewirkten, waren wohl 1) die, wie u. a. Beispiele „weicher" Systementwicklungsmethodiken zeigen, auch praktisch immer wirksamere Theorie- und Methodenkritik an der organisationswissenschaftlichen Mainstream-Forschung sowie 2) die Organisationskulturbewegung, d. h. die (Re-) Sensibilisierung der Praxis für die „weichen" Schlüsselfaktoren kulturbewusster Führung und symbolischen Managements.

1. Kritik an „hart" quantifizierenden Methoden der Organisationsforschung und der Systementwicklung.- Im Jahre 1979 widmete der damalige Herausgeber K. Weick das Heft Nr. 4 des einflussreichen „Administrative Science Quarterly" (ASQ) vollständig Problemen „qualitativer Methodologie". Man verstand dies allgemein als ein starkes Signal dafür, dass die Organisationsforschung sich in Zukunft verstärkt qualitativ ausrichten werde. Anders als zehn Jahre zuvor, als politisierte Sozialwissenschaftler die Mainstream-Forschung vor allem wegen deren weltanschaulichen Prämissen angegriffen hatten, überwogen nun methodenkritische Einwände. H. Mintzberg beispielsweise begründete in seinem Beitrag zum ASQ-Heft seine Überzeugung von der Überlegenheit qualitativer Methoden wie folgt:

„Methoden, die Organisationen allzu grob anfassen, indem sie diese in abstrakte Kategorien zwängen, die nichts mit deren wahren Funktionsweise zu tun haben, bilden beim Aufbau von Organisationstheorien wahrscheinlich das größte Hindernis. Man stelle sich eine lebendige Organisation vor, voller Prozesse und Strömungen [...] Da tritt nun ein Forscher auf mit einem Untersuchungsinstrument, das einer Brotschneidemaschine gleicht. Er füttert sie mit dem Laib einer Organisation - und erhält als Resultat lauter dünne Scheiben, [...] [auf denen etwa steht:] ‚die Kontrollintensität beträgt 4.2, die Umweltkomplexität 3.6'. Was aber bedeutet es, die ‚Kontrollintensität' einer Unternehmung oder die ‚Komplexität ihrer Umgebung' zu messen? [...] Dem Organisationsforscher, der diese Größen direkt messen möchte, bleibt nichts anderes übrig, als Gewährspersonen entsprechende Fragen mit, beispielsweise, siebenstufigen

> Antwortskalen zu stellen. Er erhält Antworten, sicherlich, die dem Computer eingege-
> ben werden können. Was er so aber nicht bekommt, ist eine Vorstellung davon, was er
> da eigentlich gemessen hat [...] Das Resultat sind sterile Beschreibungen von Organi-
> sationen, so als ob diese aus abstrakten Variablen, und nicht aus lebendigen Prozessen
> bestünden." (Mintzberg 1979, S. 586)

Wer anstelle dürftiger Maßzahlen lebendige Beschreibungen von Gegenständen
„aus Fleisch und Blut" erzeugen möchte, kommt nach Mintzberg nicht darum
herum, Organisationen während längerer Zeit teilnehmend zu beobachten, bzw.
an ihren Aktivitäten (so wie etwa M. Dalton, s. Dalton 1959, 1964) beobachtend
teilzunehmen. Nur so kann er oder sie den richtigen Sinn – oder das „Organ", vgl. Abschn. 1.2 – für die organisationsintern wirklich relevanten Dinge
ausbilden – dafür gleichsam, wie sie sich anfühlen und schmecken (Mintzberg
1979, S. 587). Mintzberg zufolge ist gerade auch die Management*praxis* auf
„dichte" Beschreibungen, die aussagekräftiger sind als quantifizierte Einzel- und
Sammelindikatoren, dringend angewiesen:

> „‚Dichte' Information [...] ist detail- und farbenreiche Information, die weit über das,
> was quantifizierbar und aggregierbar ist, hinausreicht. Sie muss an Ort und Stelle
> von Leuten gesammelt werden, die intim mit den Phänomenen, die sie beeinflussen
> möchten, vertraut sind [...] Dies ist, wie mir scheint, die Art von Information, die
> intuitivem Handeln und ‚dichtem Management' zugrunde liegt, d.h. einem Mana-
> gement, das Aktivitäten tiefgreifend beeinflussen und integrieren möchte. Wer ein
> Management dieser Art pflegt, ist zu seiner Information nicht auf MIS [Management-
> Informations-Systeme] angewiesen." „Die große Täuschung besteht aus der Annahme,
> dass Analysen in einer Art magischer Verwandlung zu Synthesen werden [...] das
> Zeitalter des Managements ist zu einem schneller Einfachlösungen geworden. Zieht
> Eure Technokraten zu Rate, überzieht das Problem mit einem Haufen von Techniken,
> ertränkt es in einer Flut sog. harter Daten - die Ihr bekommen könnt, ohne Euer kom-
> fortables Büro je verlassen zu müssen - und alles wird OK sein." (Mintzberg 1989, S.
> 354 f., 357).

Mintzbergs Apologie qualitativ wohlinformierten, „intuitiven" Urteilens (die der
Position Barnards in dessen Auseinandersetzung mit H.A. Simon entspricht, s.
Abschn. 8.2) nimmt zur theoretisch wie praktisch wichtigen Frage Stellung, wie
erreicht werden kann, dass Dinge nicht nur richtig („effizient") erledigt, sondern dass unter veränderten Rahmenbedingungen auch „effektiv" die richtigen
Dinge getan werden (s. Anm. 6 von Kap. 4). So definierte Effektivitätsprobleme
sind „analytisch", d. h. mit standardisierten Verfahren der Gewinnung und Verarbeitung von Informationen, in der Tat kaum lösbar. Sie verlangen den Einsatz
heuristischer, hermeneutisch sensibler Methoden der Situationsdeutung, die sich
(bisher jedenfalls) nicht als wissenschaftlich exakt reproduzierbar erwiesen. Wo

immer man in der Organisationstheorie und -praxis einen Unterschied macht zwischen „ganzheitlich" zu behandelnden Problemen der Gesamtführung und solchen der Managementtechnik, ist diese Frage angesprochen. P. Selznick beispielsweise hat sie das von „positivistischen" Entscheidungstechniken nicht lösbare Problem der *„institutionellen Führung"* von Unternehmungen genannt:

> „[...] Techniker [des Managements] müssen spezifische Ziele als gegeben annehmen, wenn sie ihre technischen Fähigkeiten anwenden wollen. Führer von Unternehmungen als Institutionen dagegen können nicht zulassen, dass irgendein partieller Gesichtspunkt Entscheidungen dominiert, die das Unternehmen als Ganzes betreffen [...] Deren Kontrolle ist nicht ohne eine Konzeption vom Wesen der Unternehmung, von deren langfristigen Zielen und langfristigen Verpflichtungen, möglich. Institutionelle Führung in diesem Sinne versagt, wenn sie sich auf kurzfristige Perspektiven einschränken lässt. Solche Einschränkungen aber werden begünstigt, wenn man sich unkritisch auf Technologien, denen Mittel stets wichtiger als Ziele sind, verlässt." (Selznick 1957, S. 81 f.)

Hervorstechende Repräsentanten der von Selznick und Mintzberg kritisierten Managementtechnik waren die neuen Disziplinen des Systems Engineering und der Systemanalyse (SE/A), die in den USA nach 1945 staatlich stark gefördert wurden, und in denen sich alsbald zahlreiche Ingenieure, Mathematiker, Spezialisten des Operations Research (OR), Systemtheoretiker, Informatiker und Ökonomen (sowie einige Sozialwissenschaftler) betätigten. Ihr Ziel war es, mit den gleichen Methoden, die sich bei der Lösung logistische Warteschlangenprobleme oder servomechanischer Lenkungsprobleme bewährt hatten, auch schlechter definierte, weltanschaulich kontroverse Probleme menschlicher Handlungssysteme zu lösen. Die von der „hart" naturwissenschaftlich orientierten SE/A durchgeführten Analysen der Kosten, des Nutzens und der Realisierbarkeit großer Systeme (von Waffen- über Verkehrs- bis Schul- oder Gesundheitssystemen) stießen in den 70er Jahren inhaltlich und methodisch auf zwei Arten von Einwänden: Einerseits kritisierten eher geisteswissenschaftlich orientierte Sozialwissenschaftler, dass SE/A-Methoden ihrem Erkenntnisobjekt nicht angemessen seien, und sich wissenschaftlich scheinbar eindeutige Lösungen vielfach bloß erschlichen (s.v. a. Hoos 1972). Naturwissenschaftler rieten andererseits davon ab, naturwissenschaftlich bewährte Verfahren auf Probleme anzuwenden, für deren Lösung sie, unvoreingenommen betrachtet, überhaupt nicht geeignet seien (Berlinski 1976). Besonders aufschlussreich wirkten die Überlegungen, mit denen Systemtheoretiker, die ursprünglich von den neuen „Management Sciences" OR und SE/A überzeugt waren, ihre Umstellung auf eine „weichere", nichtszientifische Systementwicklungsphilosophie begründeten. Neben West Churchmans philosophisch erweiterter Systemtheorie (Churchman 1981; vgl. dazu W. Ulrich 1979, 1983) ist hier an erster Stelle die praktisch vielfach bewährte „Soft Systems Methodology" von *Peter Checkland* zu nennen (SSM; vgl. v. a. Checkland 1981; Checkland und Scholes 1991).

Checkland hat vorbildlich klar erläutert, worin sich seine SSM von den inhaltlich (zu) Vieles präjudizierenden Modellen der SE/A oder der Management-Kybernetik unterscheidet. Diese nehmen an, dass die *Realität R,* von der wir uns mit den *Methodologien M* die Vorstellungen x_1 [...] x_n erarbeiten, *systemisch sei,* und dass M *systematisch* sein *können.* SSM geht demgegenüber von der wesentlich schwächeren Annahme aus, dass R *problematisch sei,* und M *systemisch* sein *können:*

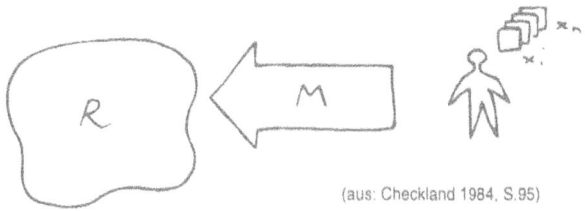

(aus: Checkland 1984, S.95)

Annahmen traditioneller SE/A   „R ist systemisch
                                M kann systematisch sein"
Annahmen der SSM   „R ist problematisch,
                                M kann systemisch sein" (Checkland 1984,
                                S.103).

Jay Forresters Systems Dynamics beispielsweise macht, was die wesentlichen Zusammenhänge zwischen den Schlüsselvariablen von Stadt- oder ganzer Welt-systeme betrifft, massive Annahmen über den Systemcharakter der Realität. Als Simulationsmodelle auf Personal Computer portiert, können Modelle dieses Typs wohl bei der Einübung systemischen Denkens nützliche Dienste leisten (Senge 1990; vgl. auch Vester 1976, 1978). Inwieweit ihre Annahmen indessen empirisch valide, also mehr als bloße Als-ob-Fiktionen sind, ist fraglich (Berlinski 1976, S. 39 ff.). Ähnliches gilt von Stafford Beers Modell lebensfähiger Systeme (Beer 1962, 1973). Beers überaus gewagte Kernthese, dass lebensfähige Systeme aller Art, vom Zentralnervensystem bis zu Firmen oder nationalen Wirtschaftssyste-men, eine invariante Struktur aufweisen, an der sich managementkybernetische Diagnosen und Therapien orientieren können, bleibt ein Postulat, von dem bisher bloß behauptet, aber nicht im einzelnen nachgewiesen wurde, dass es theoretisch-empirisch wohlbegründet ist (Checkland 1980, W. Ulrich 1981).

Checklands SSM lässt demgegenüber offen, wie die Realität, mit der sich Menschen allein oder kollektiv (d. h. in „Handlungssystemen": action systems) auseinandersetzen, „objektiv" beschaffen ist. Die Realität wird vom SSM-Standpunkt aus als „objektiv" weder systemisch noch unsystemisch beschaffen, sondern als „problematisch" angesehen. Im *Umgang* mit ihr *können* sich allerdings systemische Vorgehensweisen bewähren. Checkland konzipiert sie von vorneherein so, dass die *Selbststeuerungskompetenzen der Klienten* nicht wie bei SE/A von den „umfassenden" und „objektiven" Ziel- und Objektmodellen der Experten partiell stillgestellt, sondern *maximal aktiviert* werden:

> „SSM ist [...] ein lernendes System, das den sich selbstorganisierenden Akteuren eines SSM-Projektes zur Verfügung steht. [...] Während diese Methodologie entstand, verstärkte sich die ihr zugrundeliegende Überzeugung, dass sie keine Fertigkeit einer neuen Art von Experten darstellt. SSM sollte vielmehr zu den normalen Fähigkeiten von jedem und jeder, der oder die sich kohärent mit realen Problemen auseinandersetzt, gehören [...] Da SSM ihrem Wesen nach vor allem der Exploration der Wahrnehmungen betroffener Akteure dient[7], sollten an der Systementwicklungsdebatte möglichst viele Teilnehmer partizipieren, so dass vor der Aktionsphase ein breites Spektrum möglicher Veränderungen in Betracht gezogen wird." (ibid. S. 101)

2. Die Organisationskulturbewegung der 80er Jahre. Zur gleichen Zeit, als H. Mintzberg und P. Checkland ihre Einwände gegen tatsächlich oder vermeintlich „harte" Methoden der Organisationsforschung und der Systemanalyse veröffentlichten, nahm in der Praxis das Unbehagen an den negativen Folgen analytisch zergliedernder Managementtechniken ebenfalls zu. So vertraten 1980 R. Hayes und W. Abernathy in einem einflussreichen Artikel die Auffassung, dass die wirtschaftlichen Terrainverluste der USA gegenüber ihren Konkurrenten Japan und Deutschland nicht zuletzt auf die „wissenschaftlichen" Entscheidungstechniken zurückzuführen seien, die ihren Führungsspitzen an den Hochburgen der amerikanischen Managementausbildung beigebracht würden (Hayes und Abernathy 1980). Die Organisationskulturbewegung der 80er Jahre nun hat mit ihrer ausgesprochen qualitativen Orientierung u. a. auch dieser Kritik Rechnung getragen. T. Peters und R. Waterman wiesen im Millionenbestseller „In Search of Excellence"

---

[7] Hinsichtlich der überragenden Bedeutung vieldeutiger, nicht allgemein zustimmungsfähigen Wertorientierungen, von denen die Realitätswahrnehmung in menschlichen Handlungszusammenhängen abhängt, stimmt Checkland mit Geoffrey Vickers' ausgesprochen geisteswissenschaftlichem Systemdenken überein (s. Vickers 1967, 1968, 1970, sowie Checkland und Casar 1986).

(1982) darauf hin, dass es nicht nur in Japan, sondern auch in den Vereinigten Staaten hervorragend geführte Unternehmen gebe, die das Geheimnis der erfolgsentscheidenden Bedeutung einer starken Firmenkultur entdeckt und praktisch erfolgreich realisiert hätten. Die Devise „zurück zu den einfachen Grundsätzen einer kultur- und menschenorientierten, kundennahen, schlanken Führung" wurde in der Folge außerordentlich populär. Unzählige Managementberater und in der akademischen Forschung Hunderte von Organisationswissenschaftlern bemühten sich darum, das Konzept „Organisationskultur" praktisch umzusetzen, empirisch fassbar und theoretisch stringent zu machen (s. z. B. Schein 1985; Neuberger und Kompa 1987; Dülfer 1991; Osterloh 1991, 1993; Ulrich 1993).

Der Begriff „Organisationskultur" meint meistens den *identitätsprägenden Werte- und Normenkern* einer Organisation. E. Schein definiert Organisationskultur als „das Muster grundlegender Annahmen (basic assumptions), das eine Gruppe von Menschen erfunden, entdeckt oder entwickelt hat, während sie lernte, mit ihren Problemen der Anpassung nach außen und der Integration im Innere umzugehen. Diese Annahmen haben in der Vergangenheit gut genug funktioniert, um als gültig akzeptiert, und neuen Mitgliedern als der richtige Weg, Dinge wahrzunehmen, zu denken und zu fühlen, gelehrt zu werden" (Schein 1984, S. 3, sowie Schein 1985, S. 1 ff.).

Organisationen definieren sich durch die höchsten Ziele („Mission" oder bei Follett und Barnard „purpose"), die sie als für sich verbindlich erachten, und durch die Werte- und Normenordnung, in der sie diese Ziele und die für sie wichtigsten Mittel der Zielerreichung verankern. Dass diese Verankerung oder Institutionalisierung einer organisationsspezifischen Ziele- und Mittelordnung sozio*kulturelle* Aspekte aufweist, war klar, wo immer man den „Faktor Mensch" in Organisationen hinreichend zu würdigen wusste (und das traf, worauf hier wiederholt hingewiesen wurde, schon in der Pionierphase der Verwissenschaftlichung der Organisations- und Managementpraxis viel häufiger zu, als man heute gerne annimmt). Infolgedessen waren organisationskulturelle Phänomene, wenn nicht dem Namen, so doch *der Sache nach* in der kurzen Geschichte der Organisationswissenschaften so gut wie „immer schon" bekannt. G. Krell hat dies mit Belegstellen aus der Geschichte deutscher Betriebsgemeinschaftsideen der 20er und 30er Jahre, M. Ebers vor allem mit solchen aus der Geschichte der Human Relations-Bewegung nachgewiesen (Krell 1991; Ebers 1991 sowie oben Kap. 7 und Abschn. 8.1). Zwei Auszüge aus Begründungen des soziotechnischen Systemansatzes einerseits, der institutionalistischen Organisationstheorie von P. Selznick andererseits seien im Folgenden den von Krell und Ebers gesammelten Belegen hinzugefügt. Die erste Belegstelle definiert Organisationskultur ausdrücklich, die zweite kennt sie nur inhaltlich, nicht auch namentlich.[8] Der soziotechnische System- und Organisationsentwicklungsansatz des Tavistock Institutes (s. dazu Abschn. 7.6 und 8.4) betrachtete Organisationen bereits um 1950 unter den Gesichtspunkten der Technik, der sozialen Struktur, der *Kultur* und der Persönlichkeit (Jaques 1951, S. XVII). Der kulturelle Gesichtspunkt wurde dabei etwas weiter, als es unsere beiden obenstehenden Definitionsvorschläge tun, wie folgt erläutert:

> „Die Kultur einer Fabrik (the culture of a factory) ist deren herkömmliche, traditionelle Weise, über Dinge nachzudenken und sie zu tun. Mehr oder weniger alle Organisationsmitglieder teilen sie, neue müssen sie erlernen und wenigstens teilweise akzeptieren, um anerkannt zu werden und in den Dienst der Firma treten zu können." (ibid. S. 25)

Unternehmungspolitische Dokumente gehören gemäß diesem weiten Organisationskulturbegriff ebenso zur Firmenkultur wie die Produktionsweise, Bezahlungs- und Mitbestimmungsmethoden, Firmenziele, politische Grundeinstellungen usw. (ibid. S. 25, 271). Selbst perfekt ausformulierte unternehmungspolitische Dokumente können nie vollständig darlegen, was die Firma eigentlich will und wie sie es anstrebt:

> „[...] es ist unmöglich, die Firmenpolitik vollständig zu explizieren. Immer bleibt ein Restbestand von nicht wahrgenommenen und nicht identifizierten Aspekten der Firmenkultur bestehen - beispielsweise firmentypische Bräuche, Konventionen und Tabus, unausgesprochene Statuskriterien. Diese Dinge sind sehr schwer zugänglich, da sie tief [im Unterbewusstsein der Firma] vergraben und oft auch verdrängt sind. Sie zu identifizieren und zu benennen, ist ein nie endender[9] Prozess[...]" (ibid. S. 270 f.)

---

[8] Begriffsgeschichtliche Komplikationen dieser Art erklären, warum es nicht leicht fällt, die Entwicklung von Organisationstheorien und -praktiken auch nur zu beschreiben: Einander eigentlich nahe stehende Dinge werden oft unterschiedlich benannt, oder gehören verschiedenen Überlieferungszusammenhängen an, die kaum miteinander kommunizieren.

[9] „Nie endend" nicht nur im Sinne des endlosen psychoanalytischen „Durcharbeitens" von Organisationsproblemen (Abschn. 7.6), sondern auch im organisationswissenschaftshistorischen Sinne: Die Identifikation der wesentlichen Elemente einer Firmenkultur ist in der Tat ein Vorgang, der beispielsweise noch den modernen Nachfahren jener Pioniere, die um 1910 die Verwissenschaftlichung verhaltensorientierter Managementpraktiken in Gang setzten (s. Abschn. 6.2), immer wieder neue Aufgaben beschert – darunter neuerdings eben auch solche einer kultursensiblen Organisationsentwicklung.

Auch für P. Selznick gehört die umsichtige Entwicklung der Organisationskultur zu den Hauptaufgaben der „institutionellen Führung" einer Unternehmung.
Er versteht darunter die Wahrnehmung „ganzheitlicher" Führungsfunktionen, die
nicht managementtechnisch eindeutig lösbare, sondern „kritische" Probleme bearbeiten. Bei Selznick verweisen im Gegensatz zu E. Jaques nicht der Kulturbegriff,
sondern andere Begriffe (an erster Stelle der des „Charakters" einer Organisation)
auf organisationskulturelle Phänomene:

> „[Institutionelle] Führung geht über bloße Effizienzgesichtspunkte hinaus, indem sie
> erstens die grundlegende Mission einer Organisation definiert, und indem sie zweitens
> den sozialen Organismus kreiert, der diese Mission erfüllen kann." (Selznick 1957,
> S. 135 f.) „Wo man [institutioneller] Führung bedarf, [...] besteht deren Hauptaufgabe
> immer darin, *Schlüsselwerte auszuwählen und die soziale Struktur zu schaffen, die*
> *diese Schlüsselwerte verkörpert.*" (ibid. S. 60) „[...] Kernaufgaben von Führern sind
> [demnach] [...]: 1. *die Definition der institutionellen Mission und Rolle* [...] 2. *die insti-*
> *tutionelle Verkörperung der Hauptaufgabe* [...] Damit ist die Formung des ‚Charakters'
> der Organisation gemeint, bzw. die Aktivierung zweckdienlicher Weisen des Denkens
> und Reagierens [...] 3. *die Bewahrung der institutionellen Integrität* [...] Sich mit dem
> bloßen Überleben zu begnügen, genügt nicht. Das richtig verstandene Überleben einer
> Institution setzt auch die Bewahrung von Werten und einer klar profilierten Identität
> voraus [...] 4. *die Ordnung interner Konflikte.*" (ibid. S. 62 f.)

Die zitierten Belegstellen zeigen, dass die Rede von organisationskulturellen
Phänomenen offensichtlich nicht erst Ende der 70er Jahre entstanden ist. Diese
Redeweise scheint vielmehr eine relativ konstante, unregelmäßig wiederkehrende
Komponente von Organisations- und Managementdiskursen (gemäß Abb. 4.3)
darzustellen. Die Organisationskulturbewegung der 80er Jahre lässt sich aber
natürlich nicht nur als Wiederkehr vorübergehend vergessener Diskurselemente
erklären. An ihrem durchschlagenden Erfolg waren außerdem auch einmalige
Gegebenheiten (wie die Herausforderung durch das als besonders kulturbewusst
geltende japanische Management) sowie langfristige Entwicklungstendenzen
(v. a. der unumkehrbare Verwissenschaftlichungs- und Professionalisierungstrend)
beteiligt (vgl. dazu v. a. Ebers 1991, S. 43 ff.; Neuberger und Kompa 1987; Kieser
1995). Erscheinungsformen der letztgenannten Komponente seien abschließend
am Beispiel des anspruchsvollen Organisationskulturkonzeptes von *Peter Ulrich*
erläutert.

Der Begriff „Organisationskultur" scheint im Dilemma zu stecken, *entwe-*
der sozialwissenschaftlich elaboriert, dafür managementpraktisch wenig relevant,
oder praktisch (etwa im Rahmen kulturbewusster Strategieentwicklung) anwendbar, dafür theoretisch wenig differenziert zu sein (vgl. zu diesem Dilemma
oben Abschn. 2.3, Abb. 2.3, sowie z. B. Smircich 1983; Schein 1985; Pümpin

Management als Systemsteuerung und als Kulturentwicklung
(nach P. Ulrich 1984)

	Management als Systemsteuerung	Management als Kulturentwicklung
allgemeine Prämissen	Unternehmung als ... - soziotechnisches System - spezialisiertes Subsystem der Gesellschaft - funktional zu rationalisierendes System	Unternehmung als ... - soziokulturelle Institution - soziale Lebenswelt - kommunikativ zu rationalisierende Lebenswelt
managementtheoretische Prämissen	Managementziele, -konzepte und -methoden: - Komplexitätsbeherrschung - Informationsverarbeitung - Sozialtechnologie - funktionale Systemintegration - Aufbau strategischer Erfolgs- und operativer Leistungspotentiale - Informations-, Entscheidungs-, Organisations-, Führungs-, Kontrolltechniken	Ziele, Konzepte und Methoden des Managements: - Sinnvermittlung und Sinnverständigung - Traditionsentwicklung - soziale Interaktion - normative Sozialintegration - Aufbau symbolischer Sinn- und kommunikativer Verständigungspotentiale - symbolisches Handeln, argumentative Konsensfindung, dialogische Ansätze der Team-, Organisations- und Strategieentwicklung
wissenschaftstheoretische Prämissen	Wissenschaftsverständnis, Erkenntnisinteressen, Theorie-Leitbild: - Quasi-Naturwissenschaft nach dem Vorbild von Kybernetik, allgemeiner Systemtheorie und biologischer Evolutionstheorie - Verfügungswissenschaft - Erklärung komplexer Kausalzusammenhänge als Ziel	Wissenschaftsverständnis, Erkenntnisinteressen, Theorie-Leitbild: - Kulturwissenschaft nach dem Vorbild von Hermeneutik und Habermas' Theorie des kommunikativen Handelns - Kulturwissenschaft - Verstehen und genetische Rekonstruktion von Sinnzusammenhängen als Ziel

Abb. 9.2 Management als Systemsteuerung und als Kulturentwicklung

et al. 1985). P. Ulrich weist demgegenüber in seiner als praktische Sozialökonomie konzipierten Betriebswirtschaftslehre dem Organisationskulturbegriff eine sowohl theoretisch wie praktisch bedeutsame Schlüsselrolle zu. Von J. Habermas' Kommunikationstheorie ausgehend, unterscheidet Ulrich zwei[10] grundlegend verschiedene Dimensionen des Organisationsgeschehens und der Managementpraxis (s. Abb. 9.2). Wenn der Mensch mit sozialen Gegenständen der Menschenwelt strategisch und mit nicht sozialen Objekten instrumentell umgeht, handelt er nach Habermas *erfolgsorientiert*. Einer ganz anderen Logik folgt *verständigungsorientiertes, kommunikatives* Handeln von Mensch zu Mensch (vgl. dazu analog auch Steinmann und Schreyögg 1993, S. 76 ff.). Ulrich ordnet *„Management als Systemsteuerung"* der Sphäre instrumentell oder strategisch

---

[10] In anderen Schriften unterteilt Ulrich die Probleme des „Managements als Systemsteuerung" gemäß Figur 9b zusätzlich in solche des operativen und des strategischen Managements. Den Unternehmungsführungsstufen des operativen, strategischen und normativen Managements entsprechend unterscheidet er dann die *drei* Ebenen des operativen Ressourceneinsatzes, der strategischen Systemsteuerung und der unternehmungspolitischen Verständigung (Ulrich 1988, S. 205) bzw. der tayloristischen, der systemischen und der kommunikativen Rationalisierung (Ulrich 1989, S. 149).

erfolgsorientierten Handelns zu. Für dessen Probleme sind sozialtechnische „Verfügungswissenschaften" wie die Systemtheorie oder funktionsbereichsorientierte Managementlehren zuständig (s. Abb. 9.2). *„Management als Kulturentwicklung"* bezieht sich im Gegensatz dazu auf die soziokulturelle Dimension von Organisationen bzw. Unternehmungen, und damit auf Probleme der „kommunikativen Rationalisierung der sozialen Lebenswelt". Problemen dieser Art werden nur die qualitativ verständigungsorientierten Verfahren der Kulturwissenschaften oder (hinsichtlich ihrer tieferliegenden Prämissen) die Habermas'sche Theorie des kommunikativen Handelns gerecht (Ulrich 1984, s. Abb. 9.2).

Vergleichen wir die Darstellung Ulrichs mit der formal gleich aufgebauten von F. Roethlisberger (Abb. 7.3), in der dieser traditionell definierte „Realitäten" des erfolgsorientierten Managements (linke Kolonne) den von der Human Relations-Theorie neu entdeckten Realitäten informeller Beziehungsstrukturen gegenübergestellt hat (rechte Kolonne von Abb. 7.3), so springen Gemeinsamkeiten und Unterschiede der beiden Schemen ins Auge. Zunächst zu den *Unterschieden:* Roethlisbergers Begriffe sind offensichtlich akademisch weniger ausgefeilt als diejenigen Ulrichs – nicht zuletzt wohl darum, weil das zu seiner Zeit durchschnittlich erreichte Niveau der Verwissenschaftlichung der Organisations- und Managementpraxis noch vergleichsweise gemeinverständige und praxisnahe Redeweisen der Theorie begünstigte. Dem weiter vorangeschrittenen Verwissenschaftlichungstrend entsprechend, können es sich demgegenüber Ulrichs zwei Begriffsfamilien bereits leisten, auf wesentlich komplexere Ansätze wie die allgemeine Systemtheorie und Kybernetik, die Hermeneutik und die Theorie kommunikativen Handelns zurückzugreifen. Wenn man die Verfeinerung und Differenzierung, d. h. Elaborierung theoretischer Konzepte mit „Erkenntnisfortschritt" gleichsetzt, so scheinen hier zunächst Erkenntnisfortschritte der Organisationswissenschaften auf ihrem Weg von Roethlisberger zu Ulrich gegeben zu sein. Indessen ist beiden Weisen, zwischen grundlegend verschiedenartigen Dimensionen des Organisationsgeschehens zu differenzieren, *gemeinsam* ein *relativ konstant unlösbares Grundproblem* solcher Differenzierungen. Sowohl Roethlisberger wie Ulrich favorisieren an sich die auf einem höheren Niveau des Erkennens stehenden Einsichten des *neuen* (Quasi-) Paradigmas (rechte Kolonne der Abb. 7.3 und 9.2). Sie erachten dessen Erkenntnisse grundsätzlich als denen des *älteren* (Quasi-) Paradigmas (linke Kolonne der Abb. 7.3 und 9.2) überlegen, und interpretieren insofern den Übergang vom Alten zum Neuen als Erkenntnisfortschritt. So bezeichnete Roethlisberger als die große Entdeckung der Human Relations-Bewegung den Gedanken, dass vor dem Hintergrund des eigentlich *realen* informalen Organisationsgeschehens sich die Annahmen traditionell erfolgsorientierten Managements wie künstliche *Fiktionen* ausnehmen (s.

zu Abb. 7.3 Abschn. 7.5). Bei Ulrich ist es analog der mit *„entwicklungslogi-scher Notwendigkeit"* sich bewegende *subjektive Faktor,* der die Denkzwänge und Borniertheiten instrumentell oder strategisch verfügender Rationalität gleichsam *immanent* „sprengt" bzw. „aufhebt", d. h. im Sinne dialektischer Entwick-lungslogik zugleich negiert und auf die höhere Ebene eines umfassenderen, vernünftigeren Rationalitätsverständnisses hebt:

> „Ist erst einmal begriffen, in welcher genauen Weise auf der Stufe systemischer Rationalisierung unablösbar *subjektgebundene* und damit strategische Vorausset-zungen des Unternehmungserfolgs ökonomisch relevant werden [...], so wird es denkbar, dass der ‚subjektive' Faktor [...] aus ökonomischen Gründen auch noch die Fassungskraft der systemischen Perspektive sprengt. Diese Entwicklungsstufe der Unternehmungsführungsproblematik kündigt sich meines Erachtens in jüngster Zeit unter Modethemen wie jenem der *‚Unternehmenskultur'* an. Das Problematischwer-den der Unternehmenskultur signalisiert [...] die aufsteigende ökonomische Bedeutung von *nicht-systemischen Voraussetzungen gelingender Interaktion und Verständigung,* sei es zwischen Mitarbeitern, mit Kunden oder anderen ‚Anspruchsgruppen' der Unternehmung. Diese Grenzen systemischer Rationalisierung kommen mit entwick-lungslogischer Notwendigkeit auf einem fortgeschrittenen Niveau von operativer und strategischer (Funktions-)Rationalisierung ins Spiel, weil sie im Wesen ‚funktionie-render' Verständigung zwischen Menschen selbst ihren Grund haben." (Ulrich 1989, S. 151)

Von seiner „umfassenden Idee und Konzeption lebenspraktisch vernünftigen Wirtschaftens" her gesehen, werden die tayloristische und die systemische Ent-wicklungsstufe der Rationalisierung bei Ulrich zu „Momenten" im Prozess einer vernünftigen Entwicklung hin zu einem „unverkürzten sozialökonomischen Rationalitätsverständnis". Im Gegensatz zu anderen Autoren fasst Ulrich somit alle zwei oder drei „unterschiedenen Ebenen rationalen Wirtschaftens" nicht „nur additiv als Kombination von [mehreren] unvermittelt nebeneinander ste-henden Rationalitätskriterien", Perspektiven, Prae- oder Quasiparadigmen auf, sondern wahrhaft „umfassend" als „Momente" der theoretisch wie praktisch entscheidenden Idee „lebenspraktisch vernünftigen Wirtschaftens" (ibid. S. 145, 152).

So wie bei Roethlisberger aber die Human Relations-Perspektive der traditio-nellen gegenüber zuletzt doch nicht im Ernst als ein neues, das alte ersetzendes *Paradigma,* sondern „bloß" als ein es *ergänzendes,* zu ihm *komplementäres Quasi*paradigma auftritt[11], so finden sich auch bei Ulrich zahlreiche Spuren

---

[11] Vgl. dazu oben, Abschn. 7.5 zu Abb. 7.3. – Ähnlich hat auch R. Scott die drei bzw. vier verschiedenen Perspektiven der Organisationstheorie, die er unterscheidet, *Prae*paradigmen

einer toleranteren, weniger imperial-pyramidalen Konzeption des gegenseitigen
Verhältnisses der unterschiedenen Rationalitätsstufen:

> „Notwendig erscheint zumindest ein *dualistisches* Wissenschaftsprogramm praxis-
> orientierter Ökonomie, das die beiden Perspektiven der funktionalen Systemratio-
> nalisierung einerseits und der kommunikativen Rationalisierung sozialer Interaktion
> gleichermaßen gelten lässt [...] Dementsprechend kommt den Wirtschaftswissen-
> schaften eine durchaus spannungsgeladene lebenspraktische Doppelfunktion als
> kritisch-normative Verständigungswissenschaft *und* als sozialtechnologisch anwend-
> bare Verfügungswissenschaft zu." (Ulrich 1987, S. 355) „[Ich] postuliere [...] einen
> *dualen* Ansatz, in dem die beiden Perspektiven des Managements als Systemsteuerung
> und als Kulturentwicklung gleichrangig (aber nicht gleichgültig) nebeneinanderstehen.
> Keine der beiden Perspektiven kann oder soll auf die andere reduziert werden. Denn
> der Umgang mit *alternierenden Problemperspektiven* ist für [...] ganzheitliches Den-
> ken geradezu konstitutiv. Fruchtbare Sozialwissenschaft, die mehr daran interessiert
> ist, für unsere Lebenspraxis als Ganzes offen zu sein [...], lebt ganz wesentlich von
> solch mehrseitigem Problemzugang." (Ulrich 1984, S. 320)

Diese tolerante Grundeinstellung zu Problemen der Organisationstheorie und
-praxis, die mit einer Mehrzahl gleichwertiger Perspektiven und Ansätze rechnet,
ist geradezu zu einem Definitionsmerkmal des „postmodernen" Reifestadiums
organisationswissenschaftlicher Forschung geworden.

9.3   Postmodernistische Verkehrung und Vermehrung organisationstheoretischer Perspektiven

Ungefähr zur gleichen Zeit, als in den 80er Jahren Organisationsfachleute Vieles
über Organisationskulturen und symbolisches Management publizierten, diskutierten Intellektuelle und Künstler die Frage, ob die Epoche der Moderne
inzwischen an ihrem Ende angelangt sei, und im Begriffe stehe, von der neuen
Zeit der Nach- oder Postmoderne abgelöst zu werden. Als Hauptmerkmale der je
nach Weltanschauung begrüßten oder abgelehnten Postmoderne betrachtete man
dabei im Allgemeinen 1) die weltweite Etablierung der alternativenlos *einen,* nach
innen zunehmend multikulturell bunten und ökologisch gefährdeten Weltindustriegesellschaft; sowie 2) das Ende (oder, etwas weniger dramatisch formuliert,
die Schwäche) der großen Metaerzählungen der Moderne. J.-F. Lyotard, der 1979

---

genannt, deren älteren Exemplare durch die jüngeren und neusten keineswegs verdrängt und
ersetzt, sondern allenfalls ergänzt worden seien (s. oben, Abschn. 3.4 zu Abb. 3.5).

einen der Schlüsseltexte der Postmoderne-Diskussion veröffentlichte, hob besonders das zweite Merkmal hervor. „Postmodern" heißt für ihn einfach „Skepsis
gegenüber Metaerzählungen" („l'incrédulité à l'égard des métarécits", Lyotard
1979, S. 7). Lyotard zufolge ist heute das Vertrauen in die Leitideen der abendländisch dominierten Neuzeit, d. h. in die philosophisch einst hochreflektierten
und gefeierten Instanzen der Vernunft, Wahrheit, Aufklärung, Geschichte, Huma-
nität usw., weitgehend zusammengebrochen. An die Stelle der Kritik der reinen
ist die der zynischen Vernunft getreten, in Alltag und Kunst regieren Motive, die
Feyerabends Devise „anything goes" oder Nietzsches Ideal „freien Denkens"[12]
nahestehen.

Theoretisch interessierte Organisationswissenschaftler haben seit den späten
80er Jahren Gedanken der wichtigsten Leitfiguren der Postmoderne-Diskussion
erstaunlich rasch rezipiert. R. Cooper und G. Burrell eröffneten 1988 eine Serie
von Aufsätzen über „Modernität, Postmodernismus und Organisationsanalyse"
(Cooper und Burrell 1988). Im Rahmen dieser Serie wurden die Ansätze von
M. Foucault, J. Derrida und J. Habermas, und deren möglicherweise erhebli-
che Bedeutung für die organisationswissenschaftliche Forschung, zur Diskussion
gestellt (Burrell 1988; Cooper 1989; Burrell 1994). K. Gergen nahm den Faden
mit einem Beitrag über „Organisationstheorie im Zeitalter der Postmoderne" auf,
und M. Parker erörterte im Anschluss daran die Frage „Postmoderne Organisationen oder postmoderne Organisationstheorie?" (Gergen 1992; Parker 1992; s.
auch Clegg 1990). M. Kilduff führte an einem Beispiel vor, wie man Organisationen im Sinne Derridas „dekonstruieren" kann (Kilduff 1993). In Deutschland
waren es vor allem W. Kirsch (1992), seine ausgesprochen interdisziplinären
Doktoranden (z. B. Wiesmann 1989; Strasser 1991), D. Baecker (1994) und P.
Pelzer (1995), in der Schweiz B. Vaassen (1994) und J. Lentge (1994), die Überlegungen der Gegenwartsphilosophie organisations- und managementtheoretisch
fruchtbar zu machen versuchten. Während in der angelsächsischen Diskussion
Luhmann bislang kaum rezipiert wurde, betrachteten mehrere deutschsprachige
Autoren dessen autopoietische Systemtheorie (s. oben, Abschn. 8.3) als die für

---

[12] Nietzsche hat radikal freies Denken sehr eindrücklich u. a. wie folgt beschrieben: „Jenes
ungeheure Gebälk und Bretterwerk der Begriffe, an die sich klammernd der bedürftige Mensch
sich durch das Leben rettet, ist dem freigewordenen Intellekt nur ein Gerüst und ein Spielzeug
für seine verwegensten Kunststücke: und wenn er es zerschlägt, durcheinanderwirft, ironisch
wieder zusammensetzt, das Fremdeste paarend und das Nächste trennend, so offenbart er,
dass er jene Notbehelfe der Bedürftigkeit nicht braucht, und dass er jetzt nicht von Begriffen
sondern von Intuitionen geleitet wird." (Nietzsches WW, Ed. Colli / Montinari, Bd.I, S. 188) –
Zunehmende Nähe des Fernen und Ferne des Nahen sind wie angedeutet auch Hauptmerkmale
der postmodernen Weltindustriegesellschaft.

postmoderne Reflexionen am besten geeignete Theoriebasis (so v. a. Baecker 1994; Lentge 1994).

Inwieweit ist die verblüffend rasche Rezeption theoretisch avancierter Positionen durch ein ursprünglich eher philosophiefernes Fach typisch für das Reifestadium seiner Verwissenschaftlichung (s. Abschn. 2.2)? Ein kleines Gedankenexperiment weise den Weg zur Beantwortung dieser Frage. Führen wir uns noch einmal die oben von Kap. 6 vorgestellten Pioniere einer praxisorientierten Organisationslehre vor Augen. Es leuchtet ein, dass Taylor, die Gilbreths, Fayol, Dennison u. a. sich primär mit Anfangsproblemen der eben entstehenden Organisationswissenschaften beschäftigen mussten. Die gleichzeitigen philosophischen Neuerungen der Phänomenologie, der Sprachphilosophie, des logischen Empirismus usw. lagen weit jenseits ihres fachwissenschaftlichen Horizontes. Warum aber rezipieren heute theoriefreundliche Organisationsforscher Errungenschaften der Gegenwartsphilosophie relativ rasch, und können ihre Funde alsbald sogar in praxisorientierten Periodika präsentieren (s. z. B. Bretz 1988; Baecker 1992)?

Nach der Pionier- wurden in der Etablierungsphase der Organisationswissenschaften zahlreiche Forschungs- und Beratungszentren errichtet. An ihnen betätigen sich weltweit inzwischen viele Tausende von Fachleuten. Ihr Ziel ist es, sich als Forscher, Lehrer oder Praxisberater zu profilieren. Dies setzt voraus, dass sie in Theorie und/oder Praxis erfolgreich neue Ideen verbreiten – im Idealfall wenn möglich solche, die wie etwa Mayos Hawthorne-Experimente, Lewins gruppendynamische Aktionsforschung oder Weicks Organisationsprozesstheorie als Durchbrüche ganzer Forschungsprogramme (theoretischer oder empirischer) gelten.

Weder gelingt es indessen, wie die Erfahrung zeigt, einem einzelnen Forschungsprogramm, auch nur größere Minderheiten forschender Fachleute für sich einzunehmen (vgl. Kap. 4), noch wächst die Menge individuell je verschieden profilierungsfähiger Theorien, Methoden und Praxisberatungskonzepte im Gleichschritt mit der gewaltig gestiegenen Nachfrage nach ihnen. Jenseits ungewisser Grenzen der Verwissenschaftlichung der Organisationspraxis fällt es darum immer schwerer, echt Neues zu finden, das nicht nur Altbekanntes mehr oder weniger kunstvoll variiert, differenziert oder wiederholt. Zwar wäre es übertrieben, die Organisationswissenschaften so wie Arnold Gehlen in den 50er Jahren die Moderne als ganze für „kulturell kristallisiert" zu erklären. Gehlen meinte damit, dass die Moderne alle ihre wesentlichen Denkformen bereits ausgebildet habe, und künftig nur noch mit ihren Beständen, dem eigentlich schon Bekannten, rechnen könne. Von „kultureller Kristallisation", die gemäß Gehlen für das „Posthistoire" (wie er seine Postmoderne seinerzeit nannte) charakteristisch sein soll, werden die Organisationswissenschaften voraussichtlich nie heimgesucht werden (vgl. Abschn. 9.5). Aber unzweifelhaft verbreitet sich heute gerade auch in der zunehmend sozialwissenschafts*erfahrenen* Praxis, die auf Theorien recht verblüffungsfest zu reagieren gelernt hat, das Gefühl, dass das sich immer rascher drehende Karrussell organisationswissenschaftlicher Neuerungen *echt* Neues immer seltener bietet. Organisationstheoretisch und -praktisch wirksame Ideenbewegungen gleichen mehr und mehr *Modeströmungen* – dem also, was Walter Benjamin einmal treffend die *„ewige Wiederkehr des Neuen"* nannte (vgl. dazu u. a. Eccles und Nohria 1994; Kieser 1994; Walter-Busch 1991, 1994).

Was liegt in dieser Lage näher als der Versuch, die relativ innovationsschwachen Organisationswissenschaften mit interdisziplinären Präparaten zu stärken? Besonders vielversprechend ist die Strategie, Bereiche der Philosophie oder sonstiger großer Theorie, deren Details an sich nur hochspezialisierten Experten vertraut sind, nach Komponenten abzusuchen, die organisationstheoretisch, mittelbar vielleicht sogar organisationspraktisch verwertbar sein könnten. Entsprechen die betreffenden Theorien dem Zeitgeist – so wie in den 70er Jahren etwa die imponierenden Gedankengebäude von J. Habermas und M. Foucault, seit Mitte der 80er und in den 90er Jahren diejenigen von J.-F. Lyotard, J. Derrida und N. Luhmann –, so winken interdisziplinären Importgeschäften umso größere Gewinnprämien. Staunenswert schnell sich verbreitende Fachworte – neuerdings etwa „Anschlussfähigkeit", „Differenz", „Dekonstruktion", „(Selbst-) Beobachtung", „Irritation", neben Evergreens wie „Diskurs", „Tiefengrammatik", „Realitätskonstruktion" etc. – signalisieren, dass die Wissenstransfers, so fraglich ihre Erfolge von nahem besehen auch sein mögen, insgesamt Wirkung zeigten.

„Wirkung zeigen" kann man organisationswissenschaftlich, indem man aus einer hinreichend schwer durchschaubaren Sammlung theoretischer Reflexionen oder empirischer Forschung überraschend neuartig, innovativ oder fruchtbar erscheinende Schlussfolgerungen ableitet. Nachstehend werden einige aus ganz unterschiedlichen Untersuchungen stammende Beispiele für solche Schlussfolgerungen aufgeführt:

1. Nicht (nur) gilt: Hohe Arbeitszufriedenheit verursacht hohe Arbeitsleistung, sondern (auch): Hohe Arbeitsleistung verursacht hohe Arbeitszufriedenheit.
2. Nicht (nur) gilt: Handeln ist zielorientiert, sondern (auch): Handeln ist zielinterpretierend.
3. Nicht (nur) gilt: Kluges Abwarten ist überstürztem Handeln vorzuziehen, sondern(auch): Chaotisches Handeln ist geordnetem Nichthandeln vorzuziehen.

4. Nicht (nur) gilt: Die Karte repräsentiert das Gelände, sondern (auch): Die Karte ist das Gelände.

5. Nicht (nur) gilt: Ich glaube es, wenn ich es sehe, sondern (auch): Ich werde es sehen, wenn ich es glaube.

6. Nicht (nur) gilt: Die Struktur folgt der Strategie, sondern (auch): Die Strategie folgt der Struktur.

7. Nicht (nur) gilt: Organisationen sind strukturierte Kollektionen von Problemen auf der Suche nach Lösungen, sondern (auch): Organisationen sind Lösungssammlungen auf der Suche nach Problemen.

8. Nicht (nur) gilt: Organisationen suchen nach Instrumenten zur Lösung ihrer Probleme, sondern (auch): Problemlösungsmittel suchen in Organisationen nach Problemen, deren Lösung sie sind.

9. Nicht (nur) gilt: Organisationen sind Systeme von Entscheidungen, die sich emotional vielschichtig auswirken, sondern (auch): Organisationen sind Kollektionen von Gefühlen, die nach Entscheidungen suchen, von denen sie gebraucht werden.

10. Nicht (nur) gilt: Erkenntnis ist in sich rational, sondern (auch): Erkenntnis besteht aus in sich weder rationalen noch irrationalen Operationen erkennender Systeme.

11. Nicht (nur) gilt: Lernen verbessert den Zustand des lernenden Systems, sondern(auch): Lernen verschlechtert den Zustand des lernenden Systems.

12. Nicht (nur) gilt: Mehr Kommunikation dient der Verständigung, sondern (auch): Mehr Kommunikation verhindert Verständigung.

13. Nicht (nur) gilt: Gegenstand Y wird von Aussage A der Person X beschrieben, sondern (auch): Aussage A sagt mehr über ihren Autor X aus als über Y.

Die ersten fünf Aussagen illustrieren Karl Weicks unkonventionelle Ansichten von Organisationen. Aussage (6) verkehrt die bekannte These des Firmen- und Managementhistorikers Alfred Chandler, „structure follows strategy", in ihr (zumal, wenn man sie wissenssoziologisch interpretiert) genauso sinnvolles Gegenteil.[13] Mit den Aussagen (7) bis (9) beschreiben die Autoren des bekannten *Mülleimer-Modells* („garbage can model") das Entscheidungsverhalten „organisierter Anarchien". Darunter verstehen James March, Michael Cohen und Johan

---

[13] Als Hauptursache der Divisionalisierung großer amerikanischer Firmen identifizierte Chandler (1962) vorgängigen Strategiewandel. – Fasst man den Organisationsstrukturbegriff weit genug, so wird leicht vorstellbar, dass sozialstrukturelle Gegebenheiten auch den Vorstellungshorizont von Organisationsmitgliedern je nachdem einengen oder ausweiten können.

Olsen Systeme, z. B. Hochschulen, deren Komponenten „lose gekoppelt" sind (ein von Weick populär gemachter Begriff, s. Weick 1976 sowie Orton und Weick 1990), und in denen mehrdeutige Entscheidungssituationen (ohne eindeutige Ziel- und Mittelvorstellungen) überwiegen. Eine Organisation gleicht unter solchen Bedingungen einer „Sammlung von Entscheiden, die nach Problemen suchen, von Themen und Gefühlen, die auf der Suche nach Entscheidungssituationen sind, in denen sie eine Rolle spielen könnten, von Lösungen auf der Suche nach Fragen, deren Antwort sie sind, und schließlich von Entscheidungsträgern auf der Suche nach Arbeit" (Cohen et al. 1972, S. 2; vgl. auch March 1990). Die Aussagen (10) bis (12) schließlich stellen dar, wie nach Luhmann Erkenntnisse der autopoietischen Systemtheorie Grundannahmen des Common Sense und der Sozialwissenschaften untergraben (Luhmann 1992, S. 66, 129).

Bedienen sich Organisationswissenschaftler, um mehr „neue" Erkenntnisse produzieren zu können, dieses im Grunde recht einfachen Prinzips der *Perspektivenverkehrung,* so liegt es nahe, zugleich auch das Prinzip der *Perspektivenvermehrung* einzusetzen. Denn die von den inkongruenten neuen Ansichten ergänzten alten Sichtweisen verlieren ja nicht überhaupt, sondern nur unter bestimmten, vorübergehend als weniger relevant geltenden Bedingungen ihren Sinn. Das bewusst aus Freude an *zusätzlichen* Einsichten praktizierte Prinzip der Perspektivenverkehrung funktioniert so, wie man beispielsweise schon der folgenden Äußerung Weicks entnehmen kann, auch als eines der Perspektivenvermehrung:

> „Wir haben [...] vorgeschlagen, dass Sie sich Ihre Organisation als Orchester, als verstellbaren Tisch, als Satz von bloß schwach vertretenen Annahmen, als Mülltonne, als Schaukel, als organisierte Anarchie, als Zuchtfarm, als Baseball-Spiel, als Statuen-Ausstellung und so weiter vorstellen sollten." (Weick 1979, S. 241)

Seit Mitte der 80er Jahren macht an erster Stelle *Gareth Morgan* von einem konsequent pluralistisch ausgelegten Prinzip der Perspektivenvermehrung Gebrauch. Ähnlich Weick waren Morgan im Gefolge der 68er-Bewegung Zweifel am Sinn herkömmlicher Organisationsforschung gekommen. Er drückte seine Kritik zunächst dadurch aus, dass er alle wesentlichen Ansätze der Sozial- und der Organisationswissenschaften in einem Orientierungsschema verortete. Damit wollte er die spezifischen Forschungslogiken herausarbeiten, denen die ausgewählten Theoriesprachen (vom anarchistischen Individualismus und Solipsismus bis zum Marxismus und Strukturalismus) folgen (Burrell, Morgan 1979). Als einer der ersten Autoren an den Funktionen von Metaphern in der organisationswissenschaftlichen Theoriebildung interessiert (Morgan 1980), präsentierte er dann aber in seinem bisher erfolgreichsten Buch „Images of Organization"

G. Morgan's 8 organisationstheoretische Metaphern

Maschine
(machine
metaphor)

Unterdrückungs-
apparat (domina-
tion metaphor)

Organismus
(organismic
metaphor)

Entwicklungs-
strom (flux
metaphor)

Organisationen
gesehen als ...

Gehirn
(brain
metaphor)

Seelengefängnis
(psychic prison
metaphor)

Politisches
Spiel
(political
metaphor)

Kultur (culture
metaphor)

(nach G. Morgan 1986)

Abb. 9.3 Morgan's 8 organisationstheoretische Metaphern

die unübersichtliche Vielfalt organisationstheoretischer Ansätze nurmehr in Form
von acht grundlegenden „Metaphern" (Morgan 1986, s. Abb. 9.3). Diese acht
Metaphern hatten zwar auch noch die Aufgabe, dem Leser einen Überblick über
die Gesamtheit aller organisationstheoretisch und praktisch relevanten Theorien,
Konzepte, Ideen usw. zu vermitteln. Als Vertreter der Maschinenmetapher wurden
beispielsweise das Scientific Management, Fayol und Weber (!), als solche der
Organismus-Metapher der Human Relations-Ansatz, Kontingenztheorien und die
Populationsökologie dargestellt. Kybernetische und systemtheoretische Perspektiven wurden der Gehirn- und der Entwicklungsstrom Metapher, psychische und
politökonomische Repressionstheorien der „psychic prison", der „political" und
der „domination metaphor" subsumiert. Ebenso wichtig wie diese systematische
Ordnungsfunktion, die nur noch von sehr schwachen Erkenntnisfortschrittsprä-
missen ausging[14], war für Morgan indessen die *heuristische Anregungsfunktion*
seines Metaphernschemas. Da von seinem pluralistischen Standpunkt her gesehen

---

[14] Diese kommen vor allem in der Reihenfolge der Metaphern zum Ausdruck: mit, einmal
mehr, der „mechanistischen" Maschinenmetapher am Anfang, der Organismusmetapher an
zweiter Stelle, usw. Die implizite Erkenntnisfortschrittsprämisse von Scotts Vierstufenschema
der Evolution organisationstheoretisch relevanter Ansätze (von der Perspektive geschlossen

Organisationen stets „mehrere Dinge zugleich" sind („Organizations are many things at once!", ibid. S. 339), maß er der Fähigkeit von Praktikern wie von Theoretikern, Organisationssituationen möglichst gut „lesen" und „fortschreiben" zu lernen, größte Bedeutung bei:

> „Die vom Buch ‚Images of Organization‘ entwickelte Untersuchungsmethode macht den Prozess explizit, der unserer Weise zu denken und das facettenreiche Leben zu verstehen, zugrunde liegt. Indem wir Metaphern beiziehen, um Organisationen zu verstehen, brauchen wir nicht komplexe Theorien oder lange Listen abstrakter Konzepte zu memorieren. Wir lernen so einfach, wie wir über Situationen von verschiedenen Standpunkten aus nachdenken können [...] Personen, die dies beherrschen, [...] sind im Vorteil gegenüber jenen, die auf eine Position fixiert sind. Denn sie können die Grenzen einer bestimmten Perspektive besser erkennen." „Das Metaphernschema, das entwickelt wurde, stellt nicht so sehr ein Modell oder einen statischen Bezugsrahmen dar, als vielmehr einen Prozess der Interpretation, der sensibilisierend wirkt." (ibid. S. 336 f., 342)

Seit „Images of Organization" nennt Morgan das Verfahren, Organisationen kreativ aus dem Blickwinkel mehrerer, auch gegensätzlicher Metaphern zu betrachten, *„Imaginization"* (ein aus „image", Bild, und „imagination", d. h. Phantasie, Einbildungskraft gebildetes Kunstwort). Als Mittel der Organisations- und der Systementwicklung eingesetzt, hat sich „Imaginization" gemäß Morgan (1993) praktisch bewährt. Die im Buch von 1986 noch besonders hervorgehobenen acht Metaphern spielen inzwischen keine zentrale Rolle mehr: Auch mit spontan gewählten Tier-, Pflanzen- oder sonstigen Bildern, die die Phantasie beflügeln, lassen sich Morgan zufolge Organisationen genauso gut verstehen und, mit alternativen Leitbildern ausgestattet, weiterentwickeln. Der relativistische Grundgedanke des konsequenten Pluralisten Morgan hat mittlerweile sogar dazu geführt, dass er sich als Theoretiker nurmehr die Aufgabe stellt, seinen Lesern oder Klienten bei der Formulierung *eigener* Theorien zu helfen:

> „Anstatt autoritative Feststellungen darüber zu offerieren, ‚was Organisationen sind‘, gibt [das Buch] die Aufgabe, Organisationen zu verstehen, jedem und jeder von uns zurück [...] Es verpflichtet und ermutigt uns dazu, ‚unsere eigenen Theoretiker‘ zu werden, und als solche die Situationen, mit denen wir konfrontiert sind, eigenständig auszulegen [...] da jede *spezielle* Sichtweise (diese hier inklusive!) ihre Grenzen hat, kommt es darauf an, uns in der ‚Kunst zu sehen‘, in der Kunst des ‚Verstehens‘, in der Kunst des ‚Auslegens‘ und des ‚Lesens‘ der Situationen, die uns begegnen, gut auszukennen. – Dieser Ansatz entspricht in mancher Hinsicht dem, was als postmoderne

---

rationaler über geschlossen natürliche und offen rationale bis zu offen natürlichen Systemen), ist deutlich stärker ausgeprägt (Scott 1992, s. oben Abschn. 3.3).

Auffassung von Organisationen bekannt geworden ist. Die postmodernistische Bewe-
gung ist in den letzten Jahrzehnten umfang- und bedeutungsmäßig stärker geworden.
Sie bringt zum Ausdruck, dass die Suche nach universalen, autoritativen, ‚wahren‘
Erklärungen der sozialen Realität stets, da mit der Aufwertung einer besonderen
auf Kosten anderer Perspektiven verbunden, problematisch und unvollständig ist.“
(Morgan 1993, S. 281)

Die relativistischen Tendenzen, die Morgan diagnostiziert, lassen sich auch bei
älteren und neueren Konzepten des sog. „Konstruktivismus“, den die „postmodernistische Bewegung“ stark gefördert hat, beobachten.

9.4 Konstruktivistische Alternativen

Postmodern gestimmtes Denken identifiziert bei andern, aber auch bei sich
selbst gerne (insoweit dies überhaupt möglich ist) blinde Flecken. Jede Perspektive wird mit dem konfrontiert, was sie ausklammert oder verdrängt. Kaum
einer Tradition, und sei sie noch so ehrwürdig, bleibt es erspart, anders gelesen oder fortgeschrieben, ja „neu erfunden“ zu werden. Man verkehrt und
vermehrt die Perspektiven, erfreut sich und leidet unter der Vielfalt gleichwertiger, je gleich sinnvoll erscheinender Standpunkte. Selbst die Ergebnisse
exakter naturwissenschaftlicher Forschung – früher der Inbegriff wissenschaftlicher Objektivität – werden als menschengemachte, sozial fabrizierte, also auch
nur unter Voraussetzungen, die anders sein könnten, geltende „Wahrheiten“ relativiert. Da die Naturwissenschaften den erkenntnistheoretischen Sonderstatus, den
man ihnen früher einräumte, anscheinend verloren, beobachtet die neue Wissenschaftssoziologie die Weise, wie naturwissenschaftliche Erkenntnisse fabriziert
werden, nicht anders als die Fabrikation und Verbreitung beliebiger anderer Produkte des Geistes (Heintz 1993; vgl. z. B. Knorr-Cetina 1984; Latour 1995).
Das bekannte Thomas-Theorem, dass real ist, was Menschen als real definieren,
scheint auch auf das von Menschen für wahr Gehaltene anwendbar zu sein: Wahr
ist, was Menschen je nach Situation so oder anders als wahr definieren.

In dieser Situation hat das dreizehnte der oben (Abschn. 9.3) aufgeführten
Beispiele für sozialwissenschaftlich anwendbare Verkehrungsprinzipien Hoch-
konjunktur. Es behauptet, dass eine Aussage mehr als über ihren Gegenstand
über ihren Autor aussagt. Das Prinzip klammert somit den Gegenstandsbezug
einer Aussage ein, d. h. es suspendiert vorläufig deren gegenstandsbezogenen
Geltungsanspruch. Anstelle der Lesart „Y ist, was Satz A der Person X über Y
aussagt“ ($_{(X)}A_{Y!}$) soll nun gelten „Satz A sagt mehr über seinen Autor X aus als

über Y" bzw., zugespitzter formuliert, „Y ist, was Person X gemäß A als real definiert": $X! A_{(Y)}$.

Um Prozesse des Nachdenkens oder der Kommunikation über einen Gegenstand in schwieriger Lage nicht abbrechen zu lassen, wenden wir dieses Verkehrungsprinzip *in beiden Richtungen,* als skeptisches Prinzip des Einklammerns eines Gegenstandsbezuges *und* als Prinzip der Wiederherstellung desselben, recht häufig an. Aus „es regnete endlos" wird dann „war Deine Stimmung so schlecht?", eine Klage über die „entsetzliche Biederkeit von Kollege M" entwickelt sich zu „regt sich da nicht etwas in Dir über Dich selbst auf?", um schließlich doch bei „M ist aber tatsächlich sehr brav" zu landen, usw. Unzählige Alltagsäußerungen sind eben nicht so unmissverständlich wie Aussagen des Typs „dieser lange Bleistift da" oder „jenes gelbe Heft dort", die dem *Repräsentationsmodell der Erkenntnis* als Paradebeispiele seiner nur allzu plausiblen, leicht irreführenden Grundvorstellung dienen. Ihr zufolge *ist* die Bedeutung eines Wortes *der Gegenstand* oder *der Sachverhalt Y* (also dieser real existierende Bleistift da oder jenes gelbe Heft dort), auf den es verweist.

Im weiteren Sinne *konstruktivistisches Denken* versagt es sich demgegenüber, auf Realitäten, die von Aussagen „abgebildet" oder sonst wie „repräsentiert" werden, Bezug zu nehmen. Als primär gegeben gelten ihm einzig die verschiedenen Weisen, in denen Menschen ihre Wirklichkeit *konstruieren*. Realitätskonstruktionen repräsentieren danach keine „objektiv gegebenen" Realitäten – in welchem Sinne nicht, beurteilen Konstruktivisten allerdings unterschiedlich. Alternativen zum traditionellen Repräsentationsmodell der Erkenntnis liegen mindestens in Form der drei Ansätze 1) des sog. „radikalen Konstruktivismus", 2) des Sozialkonstruktivismus sowie 3) der phänomenologischen und der ethnomethodologischen Soziologie vor.

1. Radikaler Konstruktivismus. Nach Auffassung dieser Variante des Konstruktivismus, die in der Organisationstheorie besonders viel Anklang fand (vgl. dazu auch oben, Abschn. 8.3 zu Luhmann II), sind sozusagen nur Aussagen der Form $X! A_{()}$ zulässig:

„[...] man [kann] das Phänomen des Erkennens nicht so auffassen [...], als gäbe es ‚Tatsachen' und Objekte *da draußen,* die man nur aufzugreifen und in den Kopf hineinzutun habe [...] Die Erfahrung von jedem Ding ‚da draußen' wird auf eine spezifische Weise durch die menschliche Struktur konfiguriert, welche ‚das Ding', das in der Beschreibung entsteht, erst möglich macht.- Diese Zirkularität, [...] diese Untrennbarkeit einer bestimmten Art zu sein von der Art, wie die Welt uns erscheint, sagt uns, dass *jeder Akt des Erkennens eine Welt hervorbringt."* (Maturana, Varela 1987, S. 31)

H. Maturana und F. Varela, die Begründer des radikalen Konstruktivismus, präsentieren ihre erkenntnistheoretische Position als direkte Konsequenz einer völlig neuartigen Theorie lebender Systeme, die Zellen und Nervensysteme als autopoietisch („selbsterzeugend") geschlossene Systeme betrachtet. Nervensysteme kennen danach im Gegensatz zu dem, was ein ihre Interaktionen mit der Umwelt beschreibender Beobachter wahrnimmt, weder ein Innen noch ein Außen, sondern nur „die Erhaltung der eigenen Korrelationen" und „internen Relationen", d. h. die autopoietische Selbsterzeugung und Selbstreproduktion:

> „Das Nervensystem ‚empfängt' keine ‚Information', wie man häufig sagt. Es bringt vielmehr eine Welt hervor, indem es bestimmt, welche Konfigurationen des Milieus Perturbationen darstellen und welche Veränderungen diese im Organismus auslösen."
> „[...] alles Erkennen eines Organismus [ist] ein Tun im Sinne sensoeffektorischer Korrelationen in den Bereichen von Strukturkopplung [mit der ‚Umwelt'] [...], in denen er existiert." (Ibid. S. 182, 185)

Bloß hingewiesen sei hier auf das Konsistenzproblem, das entsteht, wenn man sich zugleich auf empirisch angeblich erhärtete, also offenbar für „objektiv" gehaltene Erkenntnisse der Neurobiologie $_{(X)}Aa_Y!$ *und* auf den aus ihnen abgeleiteten erkenntnistheoretischen Grundsatz $_{X!}Ab_{()}$ beruft, dass lebende Systeme die Welt nicht erkennen, indem sie sie abbilden, sondern indem sie „ihre" Welt „hervorbringen": Kann man $_{X!}Ab_{()}$ ausgerechnet aus $_{(X)}Aa_Y!$ ableiten?
2. Sozialkonstruktivismus. Der amerikanische Sozialpsychologe *Kenneth Gergen* nennt seinen hier „sozialkonstruktivistisch" genannten Ansatz „Konstruktionismus", um ihn ausdrücklich vom radikalen Konstruktivismus zu unterscheiden, den er für zu solipsistisch, d. h. ichzentriert, hält (Gergen 1994, S. 67 f., 120 f., 294 f.). Die Welt radikalkonstruktivistisch zu einer Projektion oder Produktion einzelner Organismen zu erklären, bleibe einem individualistischen Paradigma der Erkenntnis verhaftet, das inzwischen überholt sei (s. Abb. 9.4). Der Behaviorismus und die kognitivistische Theorie (z. B. Weicks Prozesstheorie des Organisierens) beruhen Gergen zufolge beide auf individualistischen Prämissen. Diese beherrschten die Szene, solange die behavioristische Verhaltensforschung gut funktionierte. Als die sie stützende empiristische Metatheorie und experimentelle Forschungsmethodik in eine Krise gerieten, von der sie sich bis heute nicht mehr erholt haben, lösten kognitivistische Theorien den Behaviorismus ab – ohne freilich über wissenschaftstheoretisch oder methodisch hinreichend gute Begründungen zu verfügen (ibid. S. 27 f.). Das sozialkonstruktivistische Paradigma kann nach Gergen solche Begründungen liefern. Indem es an die Stelle des individualistischen Paradigmas tritt, ermöglicht es „relationale", beziehungsorientierte Forschung eines grundsätzlich neuen Typs (ibid. S. 45 f.; s. Abb. 9.4).

Von zwei individualistischen zum sozialkonstruktivistischen Paradigma

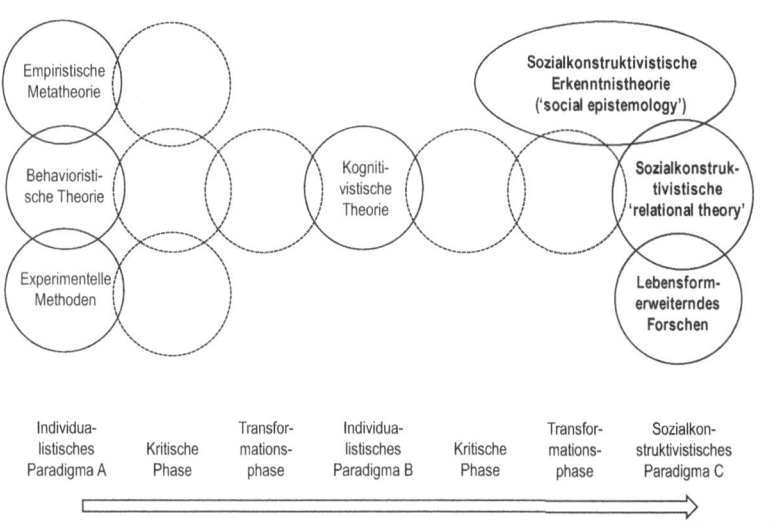

(nach Gergen 1994)

Abb. 9.4 Von zwei individualistischen zum sozialkonstruktivistischen Paradigma

Der Grundgedanke des Sozialkonstruktivismus, den Gergen hauptsächlich auf die „linguistische Wende" der Philosophie bei Wittgenstein und auf die (post)strukturalistischen bzw. dekonstruktivistischen Ansätze von Foucault, Lyotard, Derrida u. a. zurückführt, lautet schlicht: *„Communicamus, ergo sum"* – wir kommunizieren, also bin ich (ibid. S. VIII). Erkenntnis ist kein individueller Besitz, und schon gar nicht etwas, das objektiv Gegebenes repräsentiert. Sie ist vielmehr ein Nebenprodukt der gemeinschaftlichen Beziehungen („communal relationships", ibid. S. 25), die das individuelle Ich konstituieren, ihm gegenüber also prioritär sind:

> „Individuelles Bewusstsein wird stets nur als ein Nebenprodukt gemeinschaftlicher Beziehungen realisiert." „Was wir Dinge nennen, [...] ist eine Angelegenheit der bestimmten Beziehungen, an denen wir teilnehmen. Dies macht die Urteile des Wissenschaftlers nicht genauer als die eines sechsjährigen Kindes. Es bedeutet ganz einfach, dass jedes Individuum Begriffe gebraucht, die mehr oder weniger der Serie von Praktiken, in die er oder sie involviert ist, entspricht." „[Selbst realitätsbezogene] Wörter beschreiben als solche nicht die Welt. Sondern weil sie in einem Beziehungsritual gut funktionieren, übernehmen sie im Rahmen der Regeln dieses Sprachspiels die Rolle

von ‚Deskriptoren' [...] Wenn man sagt, dass Wörter beschreiben, abbilden [usw.] [...], sollte dies als ein Nebenprodukt ihres Eingebundenseins in gemeinsam vollzogene Beziehungsprozesse aufgefasst werden." (ibid. S. 87, 130, 249).

Dem Sozialkonstruktivismus gilt somit als real, was kollektive Beziehungsprozesse je als real definieren: $X_1!, X_2! [...]X_N! A_{(Y)}$. Die Bedeutung solcher kollektiv produzierter Realitätsdefinitionen wird umso klarer, je differenzierter wir zwischenmenschliche Beziehungsprobleme darstellen können (ibid. S. 214). Beziehungsorientierung braucht dabei unser traditionell individualistisches Denken bloß zu ergänzen, nicht ganz an dessen Stelle zu treten. Es genügt, das traditionelle Vokabular mit neuen, beziehungsorientierten Bedeutungen zu erweitern (ibid. S. 218). Entscheidend ist, inwieweit es damit gelingt, die Grenzen der eigenen Lebenswelt zu überschreiten, und mit anderen Lebensformen kreativ zu kommunizieren:

„[...] jeder Kommunikationsversuch versetzt einen in einen anderen diskursiven Raum, das heißt, in eine andere Beziehungsdomäne. Sozialkonstruktivistisch kritisches Denken führt somit nicht in endlose Zirkel des Hinterfragens hinein, sondern ist ein Mittel, andersartige Realitäten zu erkennen, und damit neuen Arten von Beziehungen eine Stimme zu geben. Indem sozialkonstruktivistische Gelehrte ihren eigenen Standpunkt selbstkritisch dekonstruieren, [...] bereichern sie ihre Redeweise mit anderen Stimmen." „Sozialkonstruktivistische Auffassungen sind wie eine Einladung zum Tanz, zu einem Spiel, zu einer Lebensform. Im Gegensatz zu traditionellem Denken, das den Bereich korrekter Lösungsmöglichkeiten restriktiv festlegt, versucht der Sozialkonstruktivist nicht, Alternativen auszuschließen [...] [er] erhebt keinen exklusiven Wahrheitsanspruch [...] - und schließt dadurch alternative Sichtweisen nicht aus seinem Blickfeld aus. Er fordert einen stattdessen dazu auf, danach zu fragen, welches die Gewinne und welches die Verluste für die eigene Lebensform wären, die diese Alternativen zur Folge hätten." (ibid. S. 54, 79)

Der Sozialkonstruktivismus setzt demnach an die Stelle traditioneller Wahrheitskriterien *normative* Kriterien der allseitigen *Erweiterungs- und Dialogfähigkeit* einer Lebens- oder Denkform (ibid. S. 130 f.). Er fördert in der Organisationstheorie vor allem *mainstreamkritische und pluralistische Ansätze,* die für die Postmoderne ganz allgemein typisch sind (s. Abschn. 9.3).

   3. Phänomenologische Sozialwissenschaft und Ethnomethodologie. Die soziale Welt ist für die phänomenologische und die ethnomethodologische Soziologie ebenfalls nichts objektiv Gegebenes, leicht Abbildbares, sondern eine sozial höchst voraussetzungs- und facettenreich konstruierte Realität. Die Methoden, mit denen diese beiden sozialwissenschaftlich bedeutsamen Perspektiven

die tieferliegenden Konstitutionsprinzipien sozialer Realitäten zu enthüllen versuchen, unterscheiden sich freilich von denen des radikalen Konstruktivismus
oder des Sozialkonstruktivismus erheblich. Es sind Verfahren, die dem Vorbild von Edmund Husserls Phänomenologie folgend mit „gleichschwebender
Aufmerksamkeit" *in einem Zug sowohl* das Objekt *als auch* das Subjekt eines
Erkenntnisaktes beschreiben: $x_! A_{Y!}$.

Für *Alfred Schütz,* den Begründer der phänomenologischen Soziologie, müssen
die Konstruktionen, mit denen Sozialwissenschaftler „die soziale Realität in den
Griff zu bekommen [versuchen], auf den Gedankenobjekten, die das Alltagsden-
ken der in ihr Lebenden konstruiert hat, fundiert sein." Sozialwissenschaftliche
Konstruktionen „sind daher sozusagen Konstruktionen zweiten Grades, nämlich
Konstruktionen von Konstruktionen, die die Handelnden auf der sozialen Szene
gemacht haben" (Schütz 1958, S. 301 f.). Diesem wichtigen Grundsatz entsprechend sollte beispielsweise die Organisationstheorie die Alltagstheorien, die das
Handeln von Organisationsmitgliedern anleiten, eingehend hinsichtlich typischer
Motive, Relevanzsysteme, Typisierungen usw. untersuchen. Versäumt sie dies, so
läuft sie Gefahr, ihre Konstruktionen zweiten Grades an diejenigen ersten Grades
der sozial Handelnden nicht adäquat anschließen, d. h. die soziale Lebenswelt
nicht angemessen verstehen und erklären zu können (vgl. dazu u. a. auch Berger
und Luckmann 1969; Eberle 1984).

Der Parsons-Schüler *Harold Garfinkel,* der die Theorien von T. Parsons und
A. Schütz ursprünglich für miteinander kompatibel hielt (Filmer et al. 1972,
S. 222), legt auf Analysen alltags*theoretischer Bewusstseins*leistungen weniger
Wert als Schütz. Von zentraler Bedeutung sind für Garfinkel demgegenüber die
Methoden (daher der Name „Ethnomethodologie", s. Turner 1974, S. 16), mit
denen Gesellschaftsmitglieder ihre Alltagswelt immer wieder neu als eine sozial
geordnete Welt *erzeugen.* Garfinkel hält die Begriffe regel- oder normgeleiteten
bzw. wertorientierten Handelns, mit denen Mainstream-Soziologen das Phänomen sozialer Ordnung erklären, für allzu pauschale, theoretisch irreführende
Kategorien. Ethnomethodologisch genau betrachtet, sind nämlich auch Normen
oder Werte, nach denen sich Menschen vermeintlich oder tatsächlich orientieren, nichts einfach Gegebenes. Menschen vergewissern sich ihrer Existenz und
teilen sich diese gegenseitig mittels höchst komplexer Sinngebungsakte mit. Normen, Werte und andere normative oder faktische „Gegebenheiten" der sozialen
Alltagswelt sind insofern *lokal,* d. h. unvermeidlich situationsabhängig, *konstruierte Realitäten.* Sie sind das Produkt von sehr komplexen, ja geradezu virtuosen
Leistungsvollzügen („accomplishments"), welche die kontextsensiblen *Praktiken*
(„situated practices") der Mitglieder einer Gesellschaft fortlaufend erbringen. Die

scheinbar objektiv gegebenen Moleküle des Soziallebens setzen sich in Wirklichkeit aus den Elementarteilchen lokaler Mikropraktiken der Realitätskonstruktion
zusammen. Was in einer konkreten Situation als „real gegeben" oder „irreal",
als eine möglicherweise oder wirklich relevante Eigenschaft, Ursache, Folge von
etwas gilt usw., müssen sich die beteiligten Menschen körpersprachlich, mit ihren
Reden und Taten ständig mitteilen. Menschen leben insofern in lauter *lokal konstruierten sozialen Realitäten,* deren Feinstruktur allein der ethnomethodologische
Blick erschließt:

> „[...] Garfinkels [...] Forschungsdevise [ist es], Alltagshandlungen *als* Methoden zur
> sinnhaften Interpretation eben dieser Alltagshandlungen, als *‚Organisationen'* von
> Alltagshandlungen zu analysieren." „Die konventionelle Soziologie ist in ethnometho-
> dologischer Sicht eben deshalb unfähig, die[se] Tiefenschichten der sozialen Realität
> zu erreichen, weil [...] sie die alltagsweltlichen Wirklichkeitskonstruktionen ungefragt
> übernimmt.[15] Demgegenüber [gibt] die Ethnomethodologie [...] die Prämisse einer
> unmittelbaren Gegebenheit sozialer Fakten preis und thematisiert diejenigen alltags-
> weltlichen Praktiken der Wirklichkeitskonstruktion, in denen der dinghafte Charakter
> der sozialen Realität sich allererst konstituiert." (Eickelpasch 1982, S. 7, 9)

Ethnomethodologen interessiert demnach in erster Linie, wie Menschen ihren
Alltag als eine sinnvolle Welt *konstruieren,* d. h. ihn im ethnomethodologischen
Wortsinn fortlaufend *organisieren.* Garfinkel nennt „Ethnomethodologie" die
Analyse der Methoden, mit denen Menschen ihre Alltagswelt aus „Organisationen
normaler Alltagshandlungen" („organizations of commonplace everyday activities"), die „für alle möglichen Praxiszwecke sichtbar-rational-und-mitteilbar" sind
(„visibly-rational-and-reportable-for-all-practical-purposes", ibid. S. 7), verfertigen. Der bei Garfinkel offenbar zentrale Organisationsbegriff ist natürlich nicht
mit demjenigen der sozialwissenschaftlichen Organisationstheorie, der Organisationen als zweckorientierte Kooperationssysteme definiert (s. Abschn. 1.1),
identisch. Die Begriffe „organisierte Alltagshandlungen" und „Organisationen
normaler Alltagshandlungen" greifen vielmehr auf die allgemeine Grundbedeutung des „gestaltenden Ordnens" zurück, die dem modernen Organisationsbegriff
zugrunde liegt (Abschn. 1.2).

Nimmt man den ethnomethodologischen Ansatz ernst, so folgt aus ihm zwingend ein kritischer Einwand gegen herkömmliche Organisationstheorie: Wie die
Mitglieder einer Organisation deren informalen und formalen Aspekte in ihren

---

[15] Ethnomethodologen kritisieren an der Mainstream-Sozialwissenschaft also, dass diese die
Alltagspraktiken des Common Sense als Ressource (resource) gebrauche, d. h. in ihren eigenen
Überlegungen ungeklärt voraussetze, anstatt sie zum untersuchungsbedürftigen Gegenstand
(topic) ihrer Analysen zu machen.

Reden und Taten tatsächlich berücksichtigen – wie sie mit anderen Worten ihren Organisationsalltag im ethnomethodologischen Sinne *organisieren* –, konnte bisher definitionsgemäß kein Thema der ethnomethodologisch (noch) unaufgeklärten Organisationsforschung sein. Wenn Organisationsforscher die diversen alltagspraktischen Bedeutungen des Organisationsbegriffs ihren Untersuchungen aber nicht nur wie eine wissenschaftlich unausgewiesene Ressource unterschieben, sondern zu einem Objekt wissenschaftlicher Erkenntnis erheben möchten, so müssen sie das Bedeutungsspektrum der von Organisationsmitgliedern wirklich benützten und vorausgesetzten Organisationsbegriffe wissenschaftlich gründlicher, d. h. ethnomethodologisch untersuchen (Bittner 1965, S. 75).

Seitdem E. Bittner dies 1965 in einem Aufsatz „Über den Begriff der Organisation" forderte, ist, obwohl der Aufsatz nach wie vor als der wichtigste organisationstheoretische Beitrag der Ethnomethodologie gilt (Hassard 1990, S. 102 ff.), erstaunlich wenig zur Einlösung seiner Forderungen geschehen. Vereinzelt sind ethnomethodologische Organisationsforschungen im engeren Sinne erschienen (v. a. Silverman 1975; Gephart 1978; Fairhurst 1983; s. auch Patzelt 1987, S. 154 ff.) – ohne dass es ihnen freilich gelungen wäre, Bittners Forschungsprogramm wesentlich voranzubringen. Das Vorhaben „organisationstheoretische Anwendungen der Ethnomethodologie" blieb bis heute im Zustand programmatischer oder definitorischer Überlegungen, die manchmal eher verwirrend als klärend wirken, stecken (Hassard 1990; Maeder 1995, S. 36 ff.).

C. Perrow führt die auffallenden Schwierigkeiten organisationstheoretisch angewandter Ethnomethodologie darauf zurück, dass diese *andere,* „formalere" Fragen beantworte, als es die Fragen sind, die den Organisationsforscher *eigentlich* („inhaltlich") interessieren. Organisationsforscher wollen beispielsweise erfahren, welche Anforderungen bestimmte Firmen oder Branchen an ihre verschiedenen Personalkategorien stellen:

> „Ihnen genügt es, die Regel herauszufinden, dass sich nur Personen mit Hochschulbildung zu bewerben brauchen. Irrelevant sind demgegenüber Details der intersubjektiven Konstruktion dieser Regel [...] Prozesse der Realitätskonstruktion spielen sich jederzeit und überall im Sozialleben ab. Aber die Regel, dass man eine Arbeit nicht ohne Hochschulbildung ausüben könne, gilt nur für bestimmte Organisationen, und sagt über sie
> - anders als ethnomethodologische Analysen des Wie sozialer Realitätskonstruktion -
> etwas Spezifisches aus." (Perrow 1980, S. 261)

Perrow bezweifelt nicht, dass ethnomethodologisch oder phänomenologisch orientierte Autoren manchmal auch inhaltlich aufschlussreich über Vorgänge in Organisationen informieren. D. Sudnows Studie über die „soziale Organisation des Sterbens" in Spitälern wäre hier wohl zu erwähnen (Sudnow 1967), ferner J.

Emersons von Berger, Luckmann (1969) ausgehende Analyse des Verhaltens von Ärzten und deren Patientinnen während gynäkologischer Untersuchungen. Joan Emerson hat nach eingehender Beobachtung von über 70 solcher Untersuchungen überzeugend aufzeigen können, wie raffiniert die sprachlichen und die körpersprachlichen Mittel sind, mit denen es die beteiligten Patientinnen, Schwestern und Ärzte schaffen, die prekäre Definition der Untersuchungssituation als einer rein medizinisch-sachlichen gegen alternative Situationsbestimmungen (darunter natürlich vor allem solche erotisch-sexueller Art) zu verteidigen (Emerson 1970).

In vielen anderen Fällen bewähren sich indessen Perrows Zweifel an der organisationstheoretischen Relevanz phänomenologischer oder ethnomethodologischer Soziologie. Die qualitative Organisationsforschung, die in den 80er Jahren generell erstarkt ist (Abschn. 9.2), greift zwar häufiger als früher auf diese Ansätze zurück. Bahnbrechende Beispiele einer neuen Art von (im weiteren Sinne) phänomenologischer Organisationsforschung sind aber vorläufig nicht zu erkennen. Programmatische Deklarationen dominieren nach wie vor, da sich in der Organisationsforschung „bisher kein einigermaßen konturiertes interpretatives Forschungsprogramm herausgeschält" hat (Wollnik in Kieser 1993, S. 295).

Geben organisationstheoretische Anwendungen der anderen zwei Spielarten des Konstruktivismus, die hier unterschieden wurden, weniger Anlass zur Kritik? Sowohl der radikale Konstruktivismus wie der Sozialkonstruktivismus sind erheblich jünger als die bis in die späten 30er bzw. 50er Jahre zurückreichenden Richtungen phänomenologischer und ethnomethodologischer Soziologie. Als Repräsentanten allerneuster Geistesströmungen wirken sie auf innovationsfreudige Organisationstheoretiker verständlicherweise besonders anziehend. Sieht man vom Sonderfall der autopoietischen Systemtheorie Luhmanns ab (Abschn. 8.3), so kann man sagen, dass der radikale Konstruktivismus und der Sozialkonstruktivismus in der aktuellen Organisationstheorie vor allem die folgenden zwei Gedankenpaare, die je aus Satz (These) und Gegensatz (Antithese) bestehen, gefördert haben.

1. Die Schwerkraft der Verhältnisse in Organisationen – und deren Re-Konstruierbarkeit. Der radikale Konstruktivismus betont den selbstreferentiellen, geschlossenen Charakter lebender Systeme. Deren systemspezifische Entwicklungslogiken setzen den Wirkungsmöglichkeiten äußerer Eingriffe enge Grenzen. Nach Auffassung von *C. Baitsch,* der die Frage „Was bewegt Organisationen?" in Anlehnung an den radikalen Konstruktivismus von H. Maturana und F. Varela beantwortet, sind Arbeitsorganisationen oder andere Typen von Organisationen „selbstorganisierende Systeme", die „ihre eigene Identität – das Netzwerk ihrer internen Beziehungen als fundamentale Invariante – beizubehalten suchen":

„Dieser Selbstorganisationsprozess vollzieht sich primär über die Aktivität der Menschen, die als Mitglieder der Arbeitsorganisation die ausführenden Objekte dieses Prozesses sind und sich in dieser Aktivität explizit oder implizit auf Lokale Theorien beziehen. Einen zentralen Stellenwert in diesem Prozess nehmen sogenannte Materialisierungen ein, die als scheinbar von Menschen losgelöste Faktizitäten auftreten und subjektiv Sachzwänge herstellen [...] Die Komponenten [von Arbeitsorganisationen] [...] sind in der Regel überdeterminiert. Dies erschwert ihre Veränderung; Arbeitsorganisationen befinden sich häufig in einem Zustand der Metastabilität. Die Entwicklung des Systems erfolgt vorzugsweise systemimmanent, da dies für alle Systemmitglieder die Entwicklungsrichtung mit der höchsten Plausibilität ist." (Baitsch 1993, S. 40)

Auch nach dieser Auffassung, die die eigensinnigen Entwicklungskräfte selbstorganisierender Systeme sehr hervorhebt, unterliegen Organisationsmitglieder andererseits nicht *nur* der Schwerkraft der Verhältnisse. Die arbeitenden Mitglieder oder Klienten von Organisationen sind zugleich deren „Stützen" *und* „Störpotential":

„Sie sind einerseits an der Systemreproduktion und -stabilisierung beteiligt, aufgrund ihres nur partiellen Einschlusses sind sie andererseits das Medium, über das systemstörende Einflüsse Eingang in das System finden. Störungen bewirken Widersprüche; diese sind potentielle Quelle von Entwicklungen des Gesamtsystems." (ibid. S. 41)

Andere Befürworter einer konstruktivistischen Ausrichtung der Organisationstheorie betonen noch stärker als Baitsch das kontingent *konstruierte* Moment von Organisationen. Als *Erfindungen* des Menschen können Organisationen, wenn man die lokalen Theorien, mit denen sie operieren, gründlich genug hinterfragt, immer auch *neu erfunden* werden. Nach Abschluss eines mehrjährigen Forschungsprojektes über Prämissen praktisch angewandten Führungswissens (s. Dachler 1988; Müller 1988) wurde der Leiter der Basler Projektgruppe, *W.R. Müller,* vom Chef der Ausbildungsabteilung einer großen Firma angefragt, ob er bereit sei, ein anwendungsorientiertes Forschungsprojekt über Führungsprobleme ausgewählter Zielgruppen der Unternehmung durchzuführen. Den Grundsätzen seines „konstruktivistischen Führungsverständnisses" verpflichtet, wies W.R. Müller in seiner Beantwortung der Anfrage von vornehrein darauf hin, dass er sich außerstande fühle, „qualifiziert auf die Frage Antwort zu geben, ob ein bestimmtes Führungsselbstverständnis, eine bestimmte Führungskultur richtig oder falsch, angemessen oder überholt sei." Die Beantwortung dieser Frage müsse aus konstruktivistischer Sicht „denjenigen überlassen bleiben, die ihre Führungsrealität laufend schaffen und erhalten." Führungsentwicklung sollte an ihnen also niemals, etwa im Anschluss an sog. objektive Beschreibungen der gegebenen Führungsrealitäten, wie „an zu entwickelnden Mitarbeitern ‚vollzogen'" werden. Denn Entwicklung sei als ein „aktiver Prozess" aufzufassen, der „eigene Führungsrealitäten, nicht diejenigen von andern", betreffe (Burla et al. 1994, S. 34):

> „Die Mitarbeiter im Konzern sind nicht ‚Forschungsobjekte', die von neutralen Beobachtern beforscht werden. Vielmehr agieren sie selbst als Subjekte, als Forscher in ihrer eigenen Führungs- bzw. Arbeitswelt. Dementsprechend spielen die externen Forscher auch nicht die Rolle neutraler Experten, die aufgrund einer objektiven Analyse die ‚richtigen' Maßnahmen empfehlen. Sie verstehen sich als ‚Aktionsforscher', die ihr Fachwissen und ihre wissenschaftliche Energie zur Mitgestaltung und Betreuung eines betrieblichen Entwicklungsprozesses zur Verfügung stellen und dabei - gemeinsam mit den ‚Internen' - neue Erkenntnisse gewinnen." (ibid. S. 16)

Die Berater wollten ihre Interventionen demnach nicht nur möglichst „nah [...] am kollektiven Selbstverständnis der Betroffenen" ansetzen, um anschließend „im Rahmen der gewohnten Systemgrenzen" ausschließlich „Implizites explizit zu machen". Ihr Grundprinzip, Führungsphänomene als kollektiv konstruierte Realitäten aufzufassen, vermittelte vielmehr zusätzlich „eine andere, fremde Sichtweise [...], die zum Aussteigen[16] aus den bisherigen kollektiven Selbstverständlichkeiten provozierte." (ibid. S. 93) Die vielfältigen Realitäten der Führungspraxis, der Arbeitsgestaltung, der Organisation der Arbeit usw. sollten insofern in Organisationen periodisch rekonstruiert oder „neu erfunden" werden (s. auch Straumann et al. 1996, S. 20 f., 178 f.).

2. Der Konstruktivismus als alternatives Paradigma – und konstruktivistisches Denken in Alternativen. Die erkenntnistheoretischen Voraussetzungen bisheriger Organisationsforschung als „szientistisch" (Vaassen 1994, S. 20 ff.) oder „entitativ" bezeichnend (Hosking und Morley 1991, S. 40 ff.), halten

---

[16] Apropos „Aussteigen" aus den Selbstverständlichkeiten des Alltags: Wie weit man diesbezüglich im Prinzip gehen kann, demonstrieren die originellen, ebenfalls stark konstruktivistisch inspirierten Feldexperimente einer Berliner Gruppe von Sozialpädagogen, Sozialwissenschaftlern und Künstlern, die 1981 die „Story Dealer A.G." gründeten. Diese kreative Firma organisiert für Kinder und Jugendliche im Alter von 10–16 Jahren seit Anfang der 80er Jahre regelmäßig Abenteuerreisen, in deren Verlauf raffiniert improvisierte „Wirklichkeitsinszenierungen" die unglaublichsten Dinge – wie das Aufstöbern und Erlegen einer bisher unbekannten Saurierart – geschehen lassen, die von den Reiseteilnehmern ausnahmslos als wirkliche Ereignisse erlebt werden (Geisslinger 1992). Die zur Beantwortung der theoretischen Leitfrage der Experimente („welche Qualität muss ein Ereignis besitzen, damit es Menschen als wirklich definieren?") erzeugten „Wirklichkeitsinszenierungen" stellen dabei die Unterscheidbarkeit von „bloß imaginierter" und „wirklicher Realität" nicht etwa in Frage, sondern sind überhaupt nur auf der Basis einer funktionierenden Unterscheidung zwischen beidem möglich.

manche konstruktivistischen Sozialwissenschaftler „die Zeit reif [...] für einen Paradigmenwechsel" (Vaassen 1994, S. 259). *P. Dachler, D.-M. Hosking* und *I. Morley* möchten das, was sie die „entitative", d. h. dem objektivistischen Repräsentationsmodell der Erkenntnis verpflichtete Sichtweise der bisherigen Organisationstheorie nennen, durch ihre sozialkonstruktivistische „Beziehungstheorie" („relational theory", s. oben Abb. 9.4) nicht nur ergänzen, sondern ersetzen (Hosking und Morley 1991, S. 69 ff.). Entitatives Denken geht davon aus, dass das Subjekt die Eigenschaften der ihm gegenüberstehenden Welt der unbelebten und belebten Objekte, seiner äußeren und inneren Natur möglichst „objektiv" erfassen muss, wenn es sich in der Welt behaupten will. Individuelle Merkmalsprofile kennzeichnen die verschiedenen Wesenheiten („entities"; daher der Begriff „entitativ", s. ibid. S. IX), mit denen es das Subjekt zu tun hat. Dies gilt auch für Menschen, für die anderen ebenso wie für das mit persönlichen Eigenschaften wie Trieben, Motiven, Fähigkeiten, Idealen usw. ausgestattete Ich. Aus den Prämissen entitativer Erkenntnistheorie folgen zwingend die des *possessiven Individualismus,* d. h. der *maskulinen Verfügungsperspektive,* die in der Organisationstheorie und -praxis bislang dominierte (Dachler und Hosking 1995, S. 2 ff., 10 ff.; s. Abb. 9.5). Ihr Konzept von Beziehungsprozessen („relational processes") ist ebenso individualistisch wie possessiv: Vernetzende oder zwischen Individuen vermittelnde Aktivitäten werden als Mittel zur individuellen Profilierung, Macht- und Leistungssteigerung betrachtet – und damit in ihrem Potential, Organisationen ganz neu sehen, d. h. neu erfinden zu können, verkannt.

Die im Anschluss an K. Gergen *„relational"* genannte *Beziehungstheorie* geht demgegenüber von den eher *weiblichen* als männlichen Prämissen des Sozialkonstruktivismus aus. In deren Licht erscheinen Beziehungsprozesse in Organisationen völlig anders. Der Sozialkonstruktivismus lehrt Vernetzungen als Prozesse zu sehen, die um ihrer selbst willen erfolgen. Organisationsmitglieder werden qualifiziert, um Ungleichheiten zwischen ihnen abzubauen, und zwischen Individuen wird vermittelt, um deren gegenseitiges Verständnis zu fördern (Abb. 9.5). Führung kann aus sozialkonstruktivistischer Sicht nicht mehr als männlich-possessives Verfügen über andere Subjekte, so als ob es Objekte wären, aufgefasst werden. Sie ist vom Standpunkt des neuen Paradigmas aus zu definieren als „ein mehr oder weniger kompetenter Prozess des Organisierens und [...] Vermittelns, der das Ziel verfolgt, allgemein annehmbaren Einfluss auf das Beschreiben und Handhaben von Angelegenheiten zu erlangen, die innerhalb und zwischen Gruppen geschehen" (Hosking und Morley 1991, S. 240).

Interpretiert man Übergänge vom Alten, Abgelebten zum Neuen derart emphatisch, so wendet man auf sie wenigstens implizit das Paradigmenwechselschema

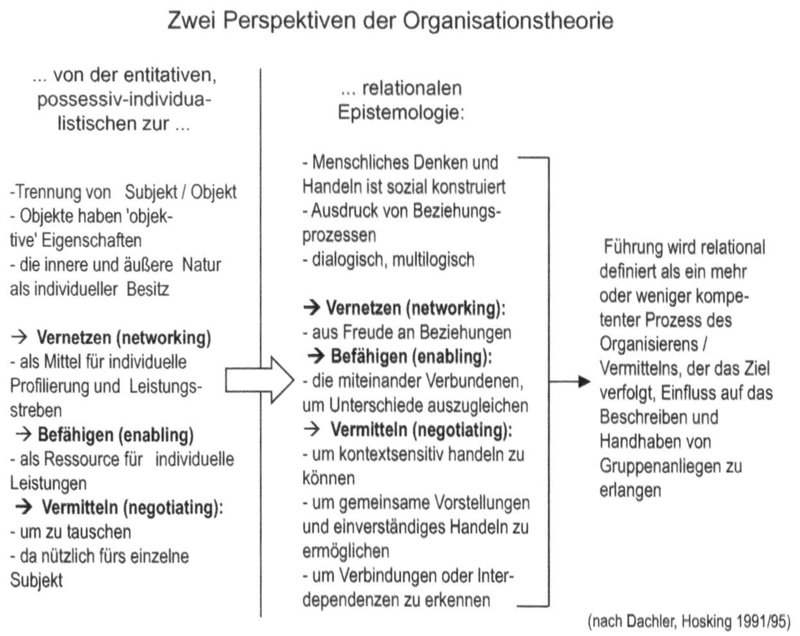

Zwei Perspektiven der Organisationstheorie

... von der entitativen, possessiv-individua-listischen zur ...

... relationalen Epistemologie:

-Trennung von Subjekt / Objekt
- Objekte haben 'objek-tive' Eigenschaften
- die innere und äußere Natur als individueller Besitz

→ **Vernetzen (networking)**
- als Mittel für individuelle Profilierung und Leistungs-streben
→ **Befähigen (enabling)**
- als Ressource für individuelle Leistungen
→ **Vermitteln (negotiating):**
- um zu tauschen
- da nützlich fürs einzelne Subjekt

- Menschliches Denken und Handeln ist sozial konstruiert
- Ausdruck von Beziehungs-prozessen
- dialogisch, multilogisch

→ **Vernetzen (networking):**
- aus Freude an Beziehungen
→ **Befähigen (enabling):**
- die miteinander Verbundenen, um Unterschiede auszugleichen
→ **Vermitteln (negotiating):**
- um kontextsensitiv handeln zu können
- um gemeinsame Vorstellungen und einverständiges Handeln zu ermöglichen
- um Verbindungen oder Inter-dependenzen zu erkennen

Führung wird relational definiert als ein mehr oder weniger kompe-tenter Prozess des Organisierens / Vermittelns, der das Ziel verfolgt, Einfluss auf das Beschreiben und Handhaben von Gruppenanliegen zu erlangen

(nach Dachler, Hosking 1991/95)

Abb. 9.5 Zwei Perspektiven der Organisationstheorie

an (s. Abschn. 4.2). Manche feministisch oder ökologisch engagierten Wende-zeittheoretiker sind davon überzeugt, dass die primär maskuline, technokratische Lebensform unserer Industriegesellschaft von einer anderen, nachindustriellen abgelöst werden muss. Analog kann man die Zukunft der Organisationstheorie und -praxis im relationalen Denken und Handeln erblicken. Denn nur dieses stellt Beziehungsprozesse in Organisationen nicht verzerrt dar (Hosking und Morley 1991, S. IX, 69, 90 f., 229 ff.), und vermittelt vom Menschen kein technokratisch verkürztes Bild, das bloß männlichen Verfügungsinteressen dient, sondern erkennt mit weiblichem Blick das menschliche Beziehungspotential in seiner ganzen, belebenden Größe (Dachler 1990, S. 8 ff.).

Nun können solche unverhohlen weltanschaulichen Bekenntnisse in moder-nen Gesellschaften, wie u. a. Max Weber plausibel darlegte, kaum hoffen, je Ansprüche auf Allgemeinverbindlichkeit erheben zu dürfen. Ihnen liegen zwar keine grundlos irrationalen, sondern durchaus vernünftig begründbare, aber des-wegen eben doch nicht allgemein konsensfähige Wertentscheidungen zugrunde.

Es ist darum ein Gebot der Klugheit, die Ablösung der entitativen durch die relationale Perspektive in der Organisationstheorie nicht *nur* als Paradigmenwechsel, sondern *auch* als einen konstruktivistisch ermöglichten Übergang zu einem *Denken in Alternativen* auszulegen. Zur *pluralistischen* Verfassung des so interpretierten Sozialkonstruktivismus gehört es, den nun als prinzipiell *gleichwertig* betrachteten „Stimmen" bzw. „Erzählungen" einerseits der relationalen Perspektive, andererseits des possessiven Individualismus *gleich viel* Raum zu gewähren (s. so tendenziell schon Dachler und Hosking 1995, S. 10 ff.).

B. Vaassen konzipiert das neue Paradigma, das an die Stelle des alten treten soll, etwas anders als P. Dachler, D.-M. Hosking und I. Morley als eine „postmodern orientierte Epistemologie", die sich alternativen Groß- und Metaerzählungen gegenüber von vorneherein toleranter verhält. Vaassen nimmt im Anschluss an verschiedene Ansätze des Konstruktivismus und des Dekonstruktivismus an, dass Menschen ihre Wirklichkeit in einem steten Spannungsverhältnis zwischen „*konstruktiven* Kräften der Einheit, Identität und Unmittelbarkeit" auf der einen, und „*de-konstruktiven Kräften*" der Entgrenzung und Zerstreuung" auf der anderen Seite konstruieren (ibid. S. 133):

> „Die Kräfte der Konstruktion sind darauf gerichtet, durch Eingrenzungen Kohärenz, Einheit, Stabilität und ‚natürliche' Klarheit und Präsenz zu generieren. Die Kräfte der De-Konstruktion sind darauf gerichtet, durch permanentes zeitliches und ‚räumliches' Verweisen jede Festlegung wieder zu zerstreuen und Stabilität und Klarheit in grundloser Unentscheidbarkeit zu verwischen. Die Resultante dieser Kräfte ist [...] ein fortwährendes Werden einer kulturellen Wirklichkeit, die sich aber unvermeidlich selbst destruiert, indem sie sich unmittelbarer Klarheit und Präsenz mit Notwendigkeit versagt." (ibid. S. 135)

Vaassen nennt die Resultierende des Kräftepaars konstruktiver, zentripetaler und dekonstruktiver, zentrifugaler Kräfte auch „Narrationen", und die menschenweltlichen Gegebenheiten, mit denen es Organisationsforscher zu tun haben, die „narrative Gestalt(ung) der Wirklichkeit" (wobei Gestaltung aktiv-prozessual und Gestalt passiv-strukturbezogen gemeint ist). Da Menschen immer schon und unhintergehbar in Narrationen verstrickt sind, gilt:

> „Wo wir auch nachforschen, überall stoßen wir auf Narrationen von Narrationen von Narrationen; Myriaden von Narrationen, die aufeinander verweisen, sich aufeinander berufen; die uns von andern unterscheiden und die uns einschließen. Eindeutige Bedeutungen lassen sich nirgendwo festmachen [...] Ebenso wie Texte stets Transformationen anderer Texte darstellen, so gehen auch Narrationen stets aus der Umwandlung anderer Narrationen hervor." (ibid. S. 135)

Der Schritt, der von diesem *Narrationsrelativismus* hin zu einer pluralistischen Erkenntniskonzeption zu tun bleibt, ist nicht mehr groß. Pluralistische Grundeinstellungen rechnen mit einer „irreduziblen Vielfalt an Verständnismöglichkeiten" und einer „unübersehbaren Multiplizität zu wissen und zu sein" – wobei die eigene Sichtweise ebenfalls nur *eine* unter vielen, neuen *und* älteren, unkonventionellen *und* traditionellen Perspektiven darstellt. Vaassen versteht am Ende seine postmoderne Epistemologie ausdrücklich „nur als eine mögliche Perspektive, die keinerlei Überlegenheit gegenüber anderen Betrachtungsweisen beanspruchen kann", und die ihre Hauptaufgabe konsequenterweise „,nur' noch darin [erblickt], [...] andere, alternative Sichtweisen und damit neue Möglichkeiten des Bedeutens anzuregen". Sie beansprucht nicht, „,besser' oder ,richtiger' zu sein als etablierte Auffassungen". Sie begreift sich vielmehr „ausschließlich als Plädoyer für die Vielfalt" (ibid. S. 13, 306). Sie ist damit so wie seinerzeit der Human Relations-Ansatz von F. Roethlisberger (Abschn. 7.5), P. Ulrichs Kulturentwicklungs-Perspektive (Abschn. 9.2) oder neuerdings P. Dachlers und D.-M. Hoskings Beziehungstheorie *kein* echt *alternatives Paradigma* im Sinne von Kuhn (s. Abschn. 4.2), sondern ein Plädoyer für ein *Denken in Alternativen*. Sie verhält sich allenfalls gegen Intoleranz intolerant, sonst aber allen möglichen Ansätzen gegenüber konsequent, wenn nicht gar im Sinne der Postmoderne radikalpluralistisch tolerant. Sie fasst so K. Gergens berechtigte Frage, warum wir Organisationen eigentlich immer nur höchst einseitig als Strukturen, Systeme, Prozesszusammenhänge usw., und nicht ganz anders und neu zum Beispiel als wolkig, luftig, zärtlich, leidenschaftlich usw. erleben, als ernstzunehmenden Anstoß zur *kreativen* (bzw. nach Gergen *generativen*) *Erweiterung* unserer Wahrnehmungs- und Aktionshorizonte auf:

> „Warum eigentlich finden wir es so selbstverständlich, Organisationen als Strukturen aber nicht als Wolken, als Systeme aber nicht als Lieder, als schwach oder stark aber nicht als zärtlich oder leidenschaftlich zu bezeichnen? Ist dies etwa darum der Fall, weil Organisationen physisch so und nicht anders beschaffen sind, weil wir durch das Chaos unserer Sinneseindrücke hindurch plötzlich etwas unterscheiden können, das strukturell, aber nicht wolkig, das eher systemisch als rhapsodisch, stark, aber nicht zärtlich ist? [...] Nein, es macht wenig Sinn anzunehmen, dass wir unsere Organisationstheorien aus der Welt, wie sie ist, [...] induktiv ableiten [...] Denn Organisationstheorien sind zuerst und vor allem Sprachspiele." „Und mit diesen Sprachkörpern, die wir Wissen nennen, sollten wir [...] spielerischer umgehen. Indem wir sie aussprechen, geben wir weder der Realität, wie sie ist, noch unserem eigenen Innern (unsere Einsichten, Begründungen, Intentionen) eine Stimme. Sondern wir geben uns öffentlichen Schaustellungen hin, oder nehmen an anderen Ritualen und Lebensformen teil [...]" „[Dabei] müssen wir uns vor allem auch des Potentials unserer Theorien, neue kulturelle Alternativen und Optionen zu eröffnen, bewusst werden. An anderer Stelle habe ich dies

das *generative* Beurteilungskriterium für Theorien genannt. Es bewertet eine Theorie danach, wie sehr sie es schafft, das Selbstverständliche in Frage zu stellen und zugleich neue Dimensionen des Handelns zu eröffnen." (Gergen 1992, S. 207, 215, 218)

9.5 Neue Institutionenökonomie und die Zukunft der Organisationstheorie

Stellen wir uns vor – dazu lädt uns ein anregendes Gedankenexperiment von Herbert A. Simon ein –, dass ein außerirdisches Wesen mit einem Teleskop, das sozialökonomische Strukturen sichtbar machen kann, die Erdoberfläche aus großer Höhe beobachtet. Das Teleskop stellt Firmen als grüne Flecken dar, deren Fläche der Firmengröße entspricht. Die zwischen Vorgesetzten und Untergebenen innerhalb einer Firma bestehenden Unterstellungsverhältnisse (die der institutionalistische Ökonom John R. Commons „managerial transactions" genannt hat) erscheinen als blaue Linien, die auf Güter- und Finanzmärkten stattfindenden Markttransaktionen („bargaining transactions" nach Commons) als braune Linien.

Hätte der außerirdische Beobachter sein fantastisches Teleskop auf städtische Verdichtungsgebiete einer kapitalistischen Industriegesellschaft, z. B. auf London oder Los Angeles, gerichtet, so fielen ihm wohl zuerst die zahlreichen grünen Flecken auf. Er würde sich etwa notieren „viele grüne Flächen, die von blauen Linien durchsetzt und untereinander mit braunen Linien verbunden sind". Weit weniger wahrscheinlich wäre die Notiz: „ein Netzwerk brauner Linien, das grüne Flecken miteinander verbindet". Und auch wenn dieses außerirdische Wesen sein Teleskop zufällig nicht auf hochentwickelte, sondern auf ländliche Gebiete eines Entwicklungslandes gerichtet hätte, so würden zwar die grünen Flächen wesentlich weniger Raum einnehmen – ebenso aber, wegen des hohen Selbstversorgungsgrades dieser Wirtschaften, die braunen Linien (leicht modifiziert nach Simon 1991b, S. 27 f.).

Der ökonomische Blick der Wirtschaftswissenschaften hebt demgegenüber überall zuerst Markttransaktionen hervor. Der Devise folgend „Am Anfang waren die Märkte [...]", betrachtet er auch nichtökonomische Transaktionen vom Standpunkt der Kosten- und Nutzenlogik von Markttransaktionen aus (Williamson 1981b, S. 1547). Ökonomen bezeichnen das Wirtschaftssystem einer Industriegesellschaft darum nicht wie Simons Beobachter aus dem Weltraum als eine „Organisations-Wirtschaft, durchsetzt von Marktbeziehungen zwischen Organisationen" (Simon 1991b, S. 28). Erklärungsbedürftig ist für sie die Entstehung von Organisationen, nicht Märkten. So forderte etwa Ronald H. Coase

in seinem wegweisenden Aufsatz „The Nature of the Firm" (1937) die neoklassische Ökonomie mit der Frage heraus, warum es in Marktwirtschaften
überhaupt erwerbswirtschaftliche Organisationen gibt, und nicht nur (vom Preismechanismus gesamtwirtschaftlich optimal gelenkte) Transaktionen zwischen
Marktteilnehmern. Warum bestehen Marktwirtschaften, um in Simons Bild zu
bleiben, nicht nur aus einem Netzwerk brauner Linien, die unzählige kleine
grüne Punkte miteinander verbinden? Was hat dazu geführt, dass rasch wachsende Großunternehmen wie General Motors, Exon, Siemens oder Nestlé immer
mehr Markttransaktionen internalisierten, die „unsichtbare Hand des Marktes"
also sukzessive durch die „sichtbare Hand des Managements" ergänzten (Chandler 1977)? Was hat auf Simons imaginärer Landkarte die grünen Flächen so groß
und die sie strukturierenden blauen Weisungsbeziehungen so zahlreich gemacht?
Und was hat andererseits dieser Expansion von Firmen und der sie lenkenden
Hände des Managements insofern Grenzen gesetzt, als sicherlich nie *alle* wirtschaftlichen Transaktionen firmenintern, im Rahmen *einer* einzigen Riesenfirma
also, stattfinden werden?

Ronald Coase skizzierte zur Beantwortung dieser Fragen schon im Jahre 1937
eine *transaktionskostentheoretische Antwort,* die, nach einer langen, ungefähr
dreißigjährigen Inkubationszeit, in den 70er Jahren den Hauptanstoß gab zum
Durchbruch der *neuen Institutionenökonomie* („New Institutional Economics").
Coase verwies in seinem Aufsatz auf die bei der Nutzung des Preissystems
anfallenden „Transaktionskosten". Darunter sind teils monetär bezifferbare, teils
schwer operationalisierbare Informations- und Kontrollkosten zu verstehen, die
bei der Anbahnung, Vereinbarung, Abwicklung, Kontrolle und Anpassung wechselseitiger Leistungsbeziehungen entstehen. Transaktionskosten verteuern nach
Coase unter gewissen Bedingungen Markttransaktionen so sehr, dass es kostengünstiger ist, an die Stelle des *Koordinationsmechanismus Markt* denjenigen der
Firmenhierarchie (von „managerial transactions" nach Commons) treten zu lassen. Die Expansion der Grenzen von Firmen, die immer mehr Dinge nicht kaufen,
sondern selber herstellen, verursacht andererseits ebenfalls Transaktionskosten,
die verhindern, dass es als Resultat dieses Expansionsprozesses am Ende nur
noch eine einzige Firma gibt, die alle wirtschaftlichen Transaktionen erledigt.

Erklärungen, die etwas, z. B. eine Organisationsform X oder eine Handlung
Y, auf ein kostenminimierendes oder nutzenmaximierendes Prinzip zurückführen,
laufen Gefahr, tautologisch zu argumentieren. Die Aussagen „Organisationsform
X setzte sich durch, weil sie am wenigsten Transaktionskosten verursachte" oder
„Handlung Y erfolgte, weil sie die subjektiv nützlichste war" sind allein dann
nicht annähernd tautologisch, wenn sie sich nicht nur mit einem Verweis auf das

bloße Vorhandensein von X oder Y als hinreichendem Nachweis der behaupteten Erklärungsgründe begnügen, sondern für diese unabhängig gemessene, valide Indizien vorbringen können (s. z. B. Osterloh 1988, S. 5; Walter-Busch 1977a, S. 80 ff.).

Der scharfsinnigen Kritik von Alchian und Demsetz (1972) an Unschärfen des Transaktionskostenbegriffs von Coase Rechnung tragend, präzisierte ihn *Oliver Williamson* in mehreren Schriften (u. a. Williamson 1975, 1981a, b, 1985). Transaktionskosten sind nach Williamson empirisch durchaus fassbare Größen. Der theoretische Bezugsrahmen, der dies leisten soll, besteht im Wesentlichen aus zwei Annahmen über menschliches Verhalten und aus der Unterscheidung von drei kritischen Dimensionen von Transaktionen, von deren Ausprägung die mögliche Effizienz bestimmter *Koordinationsmechanismen* oder *„institutioneller Arrangements" („governance structures")* vor allem abhängt. Die beiden Verhaltensannahmen, die der „Natur des Menschen, wie wir sie alle kennen", möglichst gerecht werden möchten, sind erstens H.A. Simons Prinzip der *begrenzten Rationalität* von Menschen (vgl. Abschn. 8.2, Anm.8). Menschen verhalten sich danach nicht irrational, sondern ihren Intentionen nach rational. Sie können Rationalität allerdings aufgrund ihrer begrenzten kognitiven Kapazitäten immer nur relativ grob über das situationsgerechte Setzen, Realisieren und Modifizieren subjektiver Anspruchsniveaus verwirklichen. Transaktionen zwischen Menschen stehen außerdem zweitens unter dem Einfluss der Geneigtheit wenigstens einiger von ihnen, zu ihrem eigenen Vorteil Mitmenschen zu hintergehen oder zu täuschen *(„opportunistisches Verhalten")*.

Williamson hebt an Transaktionen deren Dimensionen 1) *Ungewissheit und Komplexität,* 2) *Häufigkeit* und 3) *transaktionsspezifisch erforderliche Investitionen* an Sach- oder Humankapital (d. h. deren *Spezifität*) hervor. Opportunistisches Verhalten und begrenzte Rationalität vorausgesetzt, entscheidet nebst der Ungewissheit vor allem die Spezifität transaktionsspezifischer Investitionen darüber, ob grundsätzlich der Koordinationsmechanismus Markt, derjenige von Firmenhierarchien („managerial transactions") oder andere, „hybride" Arrangements transaktionskostengünstiger sind. Bei geringem Spezifitäts-, Unsicherheits- und Komplexitätsgrad einer Transaktion funktionieren, wie Williamson im Einzelnen nachweist, marktförmige Koordinationsmechanismen effizienter als Firmenhierarchien. Mit wachsender Spezifität, Unsicherheit und Komplexität wird das institutionelle Arrangement „Hierarchie" transaktionskostenmäßig relativ immer billiger, bis es effizienzmäßig (gemessen an seinen Transaktions- und Produktionskosten) dasjenige des Marktes übertrifft (vgl. hierzu v. a. Ebers und Gotsch 1993; Löhr und Osterloh 1993, S. 119 ff.; Williamson 1981a).

Gegenüber anderen, hier nicht behandelten Ansätzen ökonomischer Organisationstheorien (dazu zählen hauptsächlich die *Theorie der Verfügungsrechte* (Property Rights-Theorie) und die *Agenturtheorie* (Principal-Agent-Theorie), s. z. B. Ebers und Gotsch 1993; Picot 1991; Hart 1990) kann die Transaktionskostentheorie von Williamson beanspruchen, organisationstheoretisch und vielleicht sogar organisationspraktisch besonders gut verwertbare Erklärungsangebote zu machen. Williamson hat das diesbezügliche Erklärungspotential seiner Transaktionskostentheorie vor allem aufgrund von Anregungen des Organisationsforschers W. Ouchi und des Managementhistorikers A. Chandler auszuschöpfen versucht.

Schon Williamsons erste Buchpublikation zur Transaktionskostentheorie (1975; vgl. auch Williamson 1985) überzeugte W. Ouchi davon, dass hier eine allgemein wie speziell organisationstheoretisch vielversprechende Theorie entstehe. Ouchi glaubte sich dank ihr zur Hoffnung berechtigt, „dass vielleicht noch zu unseren Lebzeiten eine umfassende Einheits-Sozialwissenschaft sich als machbar erweisen wird" (Ouchi 1977, S. 544). Ouchi stellte in der Folge japanische Organisations- und Managementpraktiken, die der Gruppensolidarität und Unternehmensidentifikation große Bedeutung beimessen, als eine transaktionskostentheoretisch erklärbare dritte Form institutioneller Arrangements denen des Marktes und der klassischen Firmenhierarchie (Bürokratie) gegenüber (Ouchi 1980; vgl. damit zusammenhängend Ouchis Managementbestseller „Theory Z", 1981). O. Williamson nahm Ouchis Überlegungen auf, und integrierte sie seiner Transaktionskostentheorie, indem er je nach Ausprägung der beiden (dichotomisierten) Variablen „tiefe (H_1) / hohe (H_2) firmenspezifische Investitionen in Humankapital" und „geringe (L_1) / große (L_2) Schwierigkeit individueller Leistungszurechnung" vier Varianten organisationsinterner Koordinationsmechanismen unterschied (Williamson 1981a, S. 564 ff.). Wenn Organisationen Arbeitsplätze mit einfachen Aufgaben anbieten, deren Ausübung keine firmenspezifischen Ausbildungsinvestitionen erfordert, und wenn die Leistung individuell gut zurechenbar ist (H_1 / L_1), gleichen die firmeninternen Beziehungen zwischen Arbeitgeber und Arbeitnehmern einem „internen (Arbeits-) Spot-Markt": Die Arbeitnehmer können ihren Arbeitgeber und diese ihre Arbeitnehmer ohne Verluste an Produktivität auswechseln (ibid. S. 564 f.). Sobald unter sonst gleichen Bedingungen Leistungen individuell nicht sicher zurechenbar sind (H_1 / L_2), entsteht nach Williamson eine „einfache Teamorganisation", unter der Bedingungskonstellation H_2 / L_1 ein „verpflichtender" firmeninterner Arbeitsmarkt, dem zuzugehören bzw. den zu pflegen Arbeitgebern wie

Arbeitnehmern Vorteile bringt. Unter der besonders interessanten Bedingungskonstellation H_2 / L_2 schließlich lohnt es sich für Firmen, ihre Arbeitnehmer materiell und ideell, über starke Unternehmensidentifikationen vor allem, an die Unternehmung zu binden. Diese von Ouchi etwas missverständlich „Clanorganisation" genannte Organisationsform heißt bei Williamson „beziehungsorientierte (relationale) Teamorganisation" (ibid. S. 565):

| | | Investitionen in Humankapital: | |
		Nicht firmenspezifisch (H_1)	Firmenspezifisch hoch (H_2)
Individuelle Leistungszurechnung	Leicht möglich (L_2)	INTERNER (ARBEITS-) SPOT-MARKT (spot market)	VERPFLICHTENDER ARBEITSMARKT (obligational market)
	Schwierig (L_1)	EINFACHE TEAMORGANISATION (primitive team)	BEZIEHUNGSORIENTIERTE TEAM-ORGANISATION (relational team)

Mit ähnlichen Argumenten versuchte O. Williamson, den vom Firmenhistoriker A. Chandler beschriebenen Wandel grundlegender Organisationsformen transaktionskostentheoretisch zu erklären (Williamson 1981b; vgl. Chandler 1962, 1977, 1990). Für die funktionsbereichsorientierte Struktur der ersten Großunternehmen des Industriezeitalters gibt es demnach transaktionskostentheoretische Gründe, desgleichen für die je nach Branchenbedingungen unterschiedlich ausgeprägte Tendenz von Firmen zur vertikalen Vorwärts-Integration, d. h. zur Eingliederung des ursprünglich von unabhängigen Händlern betriebenen Vertriebs der eigenen Produkte (Williamson 1981b, S. 1551 ff.). Williamson erstellte ferner transaktionskostentheoretische Erklärungsskizzen für die im 20. Jahrhundert unter Großfirmen verbreiteten multidivisionalen, multinational divisionalisierter oder Konglomerate-Strukturen (ibid. S. 1555 ff.). Diese Organisationsformen setzten sich Williamson zufolge je nach Umweltbedingungen bald rascher, bald langsamer durch, weil die von Firmen gebildeten institutionellen Arrangements einem Selektionsdruck unterstehen, der effizientere Arrangements längerfristig bevorzugt (Annahme eines effektiven Institutionenwettbewerbes, s. Williamson 1985, S. 22 ff.).

Transaktionskostentheoretische Erklärungen anderer, organisations- oder managementtheoretisch relevanter Sachverhalte beziehen sich u. a. auf das betriebliche Rechnungswesen, auf Finanzierungsformen, auf die Gestaltung von Informations- und Kommunikationssystemen und auf den Gründungserfolg innovativer Unternehmungen (Picot und Dietl 1990, S. 182; vgl. auch Milgrom und Roberts 1992). Der Vorwurf der Realitätsferne, den Organisationstheoretiker und -praktiker mit guten Gründen lange Zeit gegen die Abstraktionen der neoklassischen Firmentheorie erhoben, betrifft die Transaktionskostentheorie offenbar viel weniger. Diese beansprucht, reale Grundprobleme der Organisationspraxis erklären, und manchmal sogar Wege zu deren Lösung aufzeigen zu können. Die ökonomische Theorie, deren organisationspraktische und betriebswirtschaftliche Relevanz traditionell eher fraglich erschien, wird damit zu einer bedeutsamen, ja aus der Sicht einiger ihrer Repräsentanten künftig vielleicht sogar zur wichtigsten intellektuellen Ressource der Organisationsforschung.

In der aktuellen Organisationstheorie lassen sich ganz allgemein zwei gegenläufige Entwicklungstendenzen unterscheiden: *erstens* eine *zentripetale* Tendenz zur *Reintegration* der Organisationstheorie im Zeichen der Volkswirtschaftslehre, insbesondere der neuen Institutionenökonomie; sowie *zweitens* anhaltend *zentrifugale* Tendenzen zur *Vermehrung* unterschiedlichster Ansätze der Organisationsforschung. Neuere *sozialwissenschaftliche Integrationskonzepte* reagieren auf diesen Theorienpluralismus flexibler als die als allgemeine Sozialwissenschaft auftretende Ökonomie. Auch sie aber akzeptieren ihn in der Regel nicht vorbehaltlos, sondern versuchen ihn wenn nicht einzuschränken, so doch irgendwie zu regulieren.

1. Ökonomische Organisationstheorie als neues Paradigma? Wohl gibt es auch in der Volkswirtschaftslehre mainstreamkritische Strömungen, die Alternativen zum anerkannten Theorie- und Methodenkern der Disziplin, wie ihn deren Lehrbücher vermitteln, vorschlagen (vgl. z. B. Ward 1972; Bell und Kristol 1981; Dopfer 1992). Der Hauptstrom ökonomischer Theorie hat sich aber, seitdem er die Form der „neoklassischen Synthese" annahm, von solchen Herausforderungen wenig beeinflussen oder gar ablenken lassen. So entschärfte man den Disput zwischen Keynesianern und Monetaristen theoretisch, indem man die beiden Denkweisen als Varianten eines an sich unbestrittenen Grundmodells neoklassischer Theorie auslegte. Diese gilt seitdem als von solchen Kontroversen kaum erschütterbar. Manche Ökonomen trauen außerdem dem verallgemeinerten Verhaltensmodell des „homo oeconomicus", etwa dem RREEMM-Modell des „*r*esourceful, *r*estricted, *e*xpecting, *e*valuating, *m*aximizing *m*an", zu, dass es auch nichtwirtschaftliches Handeln von Menschen präziser erklären könne als die hierfür traditionell zuständigen sozialwissenschaftlichen Disziplinen, von der Politologie über die Psychologie bis zur Familien-, Gruppen- oder Organisationssoziologie (vgl. z. B. McKenzie und Tullock 1975; Kirchgässner 1991). Sie bestätigen dabei ausdrücklich W. Ouchis oben zitierte Vermutung, „dass vielleicht noch zu unseren Lebzeiten eine umfassende Einheits-Sozialwissenschaft sich als machbar erweisen wird":

„Die Sozialwissenschaften befinden sich, wie man annehmen kann, in einem Prozess des Zusammenwachsens und der Integration. In dem Maße, in dem die Ökonomie ihre

Analyseinstrumente ,imperialistisch' auf einen zunehmend breiteren Bereich sozialer Probleme anwendet, *wird* sie zur Soziologie, Kulturanthropologie oder politischen Wissenschaft. Und umgekehrt gilt: Indem diese anderen Disziplinen wissenschaftlich exakter vorgehen, werden sie der Ökonomie nicht nur gleichen, sondern Ökonomie *sein.*" (Hirschleifer 1977, S. 3 f.)

Es gibt Vertreter der also herausgeforderten Sozialwissenschaften, die diesen „imperialen" Anspruch einer als allgemeine sozialwissenschaftliche Theorie auftretenden Ökonomie akzeptieren. Sie ziehen dem unübersichtlichen „Multiparadigmen-Spiel" traditioneller Sozialwissenschaften die „klar formulierten" Erklärungsmodelle der Mikroökonomie vor (Gäfgen und Monissen 1978, S. 131, 137; vgl. Esser 1991, 1993; Vanberg 1982). Viele Sozialwissenschaftler halten andererseits Versuche, soziales Verhalten ökonomisch zu erklären, für problematisch (Moldofsky 1987) oder grundsätzlich verfehlt (Biervert und Held 1991), und versuchen im Gegenzug dazu die rein ökonomisch nicht ableitbaren sozialen, moral- und sozialphilosophischen Voraussetzungen wirtschaftlichen Handelns herauszuarbeiten (Granovetter 1985, 1992; Ulrich 1987, 1988, 1989, sowie Löhr und Osterloh 1993).

In den Vereinigten Staaten ist der Streit zwischen Befürwortern und Gegnern einer Ökonomisierung der Organisations- und Managementtheorie vorübergehend erstaunlich hitzig ausgefochten worden. Während Pausengesprächen konnte man an Kongressen der „Academy of Management" (dem in den USA wichtigsten Forum für Organisations- und Managementforscher) Ende der 80er Jahre Äußerungen vernehmen, in denen auf der einen Seite Ökonomen als „habgierige Faschisten", Verhaltenswissenschaftler andererseits als „sentimentale linksliberale Weichlinge" beschimpft wurden (Barney 1990, S. 390). L. Donaldson erklärt die ungewöhnliche Heftigkeit der Auseinandersetzungen damit, dass es Gründe gebe, den „jüngsten Angriff seitens der Ökonomie für stärker und ernster zu halten als alle früheren Angriffe". Sozialwissenschaftler, die sich zugunsten einer autonomen Organisations- und Managementtheorie engagiert hatten, mussten so geradezu ihr Lebenswerk gefährdet sehen (Donaldson 1990b, S. 395 f.). Für ihr Anliegen Partei ergreifend, schlägt Donaldson vor, die neue Institutionen- und Organisationsökonomie als *einen,* aber nicht *den* paradigmatischen Ansatz der modernen Organisationstheorie schlechthin zu betrachten:

„[...] die ökonomische Organisationstheorie sollte als eine Klasse organisationstheoretischer Forschung ermutigt und gefördert werden, ohne ihr zu erlauben, andere Theorietypen zu dominieren [...] jeglicher Tendenz, wissenschaftliche Managementzeitschriften zu kolonialisieren und in Außenstellen der Ökonomie umzuwandeln, sollte widerstanden werden [...] [damit sollte] ein Beitrag dazu geleistet werden, die

‚Academy of Management' wieder den Theoretikern und Praktikern des Managements zurückzugeben." (ibid. S. 400)

Wie immer man Donaldsons entschiedene Zurückweisung ökonomischer Expansions- und Vereinnahmungstendenzen beurteilt – für seine Annahme, dass es auch in Zukunft eine Mehrzahl unterschiedlichster wirtschafts- *und* sozialwissenschaftlicher Organisations- und Managementtheorien geben wird, und dass diese Theorienvielfalt vom Paradigmenmonismus der Ökonomie höchstens *vermehrt,* jedoch nicht *reduziert* werden kann, spricht einiges.

2. **Sozialwissenschaftliche Integrationskonzepte im Zeichen des postmodernen Pluralismus organisationstheoretischer Perspektiven.** Typisch für das Reifestadium der Verwissenschaftlichung der Organisationspraxis, in dem wir uns befinden, ist nicht nur die große Populationsdichte unterschiedlichster Modelle, Methoden und praxisanleitender Konzepte, die zur Auswahl stehen. Hierfür bezeichnend ist auch das hohe Kompetenzniveau, das diese Ansätze ihren potenziellen Anwendern inzwischen zugestehen. Traditionell oder sozialkonstruktivistisch orientierte Organisationsentwickler verzichten ausdrücklich darauf, ihren Klienten irgendwelche inhaltlichen Ratschläge zu geben – die Pointe ihres Expertenwissens besteht gerade darin, dem Klientensystem zu helfen, seine brachliegenden Selbstentwicklungskräfte zu entfesseln (Abschn. 8.4 und 9.4). Karl Weicks Prozesstheorie des Organisierens ermuntert Praktiker dazu, ihre Organisation unter unkonventionellen Gesichtspunkten neu zu sehen, und dadurch entwicklungs- und lernfähiger zu machen (Abschn. 9.1). Die Systementwicklungskonzepte des Tavistock Institutes und die „Soft Systems Methodology" von P. Checkland gestehen den lokalen Theorien ihrer Klienten sehr wichtige, ja im Prozess der Organisationsentwicklung eigentliche Schlüsselrollen zu (Abschn. 9.2). Vertreter des Sozialkonstruktivismus und G. Morgan schließlich betrachten Organisationstheorien nurmehr als „Narrationen" oder „Metaphern", die Laien und Praktiker dazu animieren sollen, *eigene,* selbstbestimmte Konzepte zu generieren (Abschn. 9.3 und 9.4).

Gibt es in diesem reifestadiumstypischen Stimmengewirr überhaupt noch so etwas wie ein sinngebendes Integrationsprinzip, eine *Einheit der Organisationstheorie in der Vielfalt ihrer Stimmen*[17] sozusagen, zu entdecken? Während Theoretiker, die so wie etwa J. Habermas (1981, 1985, 1986) unhintergehbaren Prinzipien der Vernunft oder Wahrheitskriterien der Wissenschaft auf der Spur sind, diese Frage bejahend beantworten, halten sie die Kritiker solcher Grundsätze

---

[17] Vgl. dazu das Kapitel „Die Einheit der Vernunft in der Vielfalt ihrer Stimmen" in Habermas (1986, S. 153 ff.).

für eine prinzipiell nicht eindeutig beantwortbare Frage, die sich zudem unter Bedingungen des postmodernen Pluralismus zunehmend erübrigt. Sie misstrauen den Einheitszwängen, die von der Spitze „pyramidaler" Hierarchien des Wissens ausgehen, und plädieren stattdessen für die frei bewegliche, „laterale" oder „transversale" Vernunft dialogischer Verständigung (vgl. dazu z. B. Waldenfels 1985; Welsch 1987).

Mit Nietzsche kann man das Resultat der Bestrebungen herkömmlich forschender Wissenschaftler „pyramidal" organisiertes Wissen nennen. Gelehrte perfektionieren ihre Erkenntnisse, indem sie ein theoretisch und/oder empirisch fundiertes Gedankengebäude so weit in die Höhe ziehen, bis sie vom relativ höchsten Standpunkt ihrer Interpretations- oder Erklärungskompetenz aus konkurrierenden Erkenntnissen entweder überzeugend kritisieren und zurückweisen oder dem eigenen Unternehmen als Spezialfall subsumieren können. Exakte Wissenschaften, die unumstrittene Erkenntnisfortschritte (zumal solche mittels Theorienintegration, s. oben Abb. 4.1) erzielen, sind in diesem Sinne pyramidal organisiert. In anderen, das Wissen von Laien und Praktikern bloß kommentierenden, aber nicht wirklich überwindenden oder ersetzenden Wissenschaften sollte Zygmunt Bauman zufolge die dialogisch interpretierende Vernunft der Postmoderne an die Stelle der eher monologisch gesetzgebenden Vernunft früherer Zeiten treten. Diese passt mit ihren Einheitszwängen immer weniger zu den zunehmend multikulturellen, pluralistischen Verhältnissen der Gegenwart:

> „Das der ‚Postmoderne' zugeschriebene Hauptmerkmal ist [...] der [...] irreduzible Pluralismus der Kulturen, kommunalen Traditionen, Ideologien, ‚Lebensformen' oder ‚Sprachspiele' [...], bzw. das Bewusstsein eines solchen Pluralismus und seine Anerkennung. Dinge, die in der postmodernen Welt plural sind, können nicht in einer evolutionären Abfolge angeordnet, oder als jeweils rückschrittliche oder fortgeschrittene Entwicklungsstadien betrachtet werden [...] Ohne universelle Maßstäbe besteht das Problem der postmodernen Welt nicht darin, eine überlegene Kultur zu globalisieren, sondern darin, die Kommunikation und das gegenseitige Verständnis zwischen den Kulturen zu sichern." „Die Pluralität der Interpretationen (die Koexistenz rivalisierender Erkenntnisse) wird nicht mehr als bedauerliche, aber vorübergehende und in Ordnung zu bringender Unannehmlichkeit betrachtet (wie die gesetzgebende Vernunft dies tat), sondern [...] die interpretierende Vernunft beginnt im Augenblick der Versöhnung mit der dem Wesen nach pluralistischen Natur der Welt und mit deren unvermeidlicher Konsequenz: der Ambivalenz und Kontingenz der menschlichen Existenz." (Bauman 1995b, S. 132 f., 165)

Es würde dem organisationstheoretischen Diskurs der Zukunft m. E. guttun, wenn er sich, anstatt an traditionellen Wissenschaftlichkeitskriterien, mehr an solchen

Grundsätzen interpretierender Vernunft orientieren würde. Die damit verbundenen Umorientierungen sind in der Organisationstheorie vor allem von *Werner Kirschs* multidisziplinärem „Scheinwerfermodell" einer angewandten, evolutionären Führungslehre bedacht worden. Kirsch bezeichnet die verschiedenen organisationstheoretischen „Rationalitätsperspektiven", die es gibt, ausdrücklich als „inkommensurabel", d. h. schlechthin unvergleichlich. Er bejaht den bestehenden Theorienpluralismus vorbehaltlos, und betrachtet „alle" organisationspraktisch bedeutsamen Traditionen der Forschung – z. B. die mikroökonomische Theorie, verhaltenswissenschaftliche Erkenntnisse, Operations Research, die Informationswissenschaften – „als a priori relevante Kontexte für die Explikation und Bewältigung von Problemen der Praxis" (Kirsch 1992, S. 521). Die „Lehre *von* der Führung", welche die real existierenden Praxisprobleme behandelt, bildet gleichsam den Scheinwerfer, der diese verschiedenen Forschungstraditionen, die „Lehren *für* die Führung", anstrahlt, und unter einem Gesichtspunkt, von dem kein Einheitszwang ausgeht, zusammenführt, ohne ihnen ihre Eigenständigkeit zu nehmen:

„[...] seit ungefähr 1985 zeichnet sich [...] eine organisationstheoretische Konzeption im Sinne einer evolutionären Wissenschaftskonzeption ab, die die bis zu diesem Zeitpunkt [...] auseinanderdriftenden Entwicklungslinien ‚zusammenführt'. Freilich nicht in dem Sinne, dass alles in einem Kontext ‚integriert' wird. Stattdessen steht die Komplexitätsbejahung im Sinne des gewachsenen Pluralismus der Managementlehre im Vordergrund." „Die [...] in der Betriebswirtschaftslehre bislang diskutierten [...] Ansätze werden von ihren Verfechtern stets mit der Grundhaltung postuliert, dass sie mit anderen Ansätzen konkurrieren und diese letztlich überflüssig machen, sofern sich der jeweils eigene Ansatz in dieser wissenschaftlichen Konkurrenz durchsetzt. Ich gehe dagegen von der A-Priori-Akzeptanz aller Ansätze aus, die damit zwangsläufig als eher komplementär angesehen werden." (ibid. S. 535 f., 514)

Traditionell pyramidalem Denken mag eine derart ausgeprägt tolerante, pluralistische Einstellung als „resignativ" und konturlos, ja als Ausfluss einer postmodernistisch oder sonst wie „halbierten Vernunft" erscheinen.[18] Wenn organisationstheoretisch so gut wie alles möglich ist und vernünftigerweise toleriert

---

[18] Vgl. v. a. Ulrich (1989, S. 146 f.), sowie Türk (1989, S. 21 f.). – W. Kirsch nimmt trotz seines relativistischen Pluralismus in seinem Modell der „fortschrittsfähigen Organisation" an, dass Organisationen sich vom einfachen Ziel- über das Überlebensmodell bis zur „fortschrittsfähigen Organisation als Ausdruck des höchsten gegenwärtig vorstellbaren Entwicklungsniveaus einer Organisation" entwickeln können (Kirsch 1992, S. 13). Kirsch lässt damit P. Ulrich zufolge sein „eher resignatives Programm des Pluralismus von inkommensurablen Rationalitätsperspektiven ansatzweise hinter sich" – nicht mehr als „ansatzweise" darum, weil Kirschs Fortschrittsvorstellung die für Ulrich entscheidende „Idee *sozialökonomischer Rationalität*" bloß „*implizit* [...] entfaltet", und nicht auch „explizit auf den Begriff" bringt (Ulrich 1989,

werden muss, die Perspektive X ebenso wie die ihr entgegenstehenden bzw. mit ihr inkommensurablen Perspektiven – droht sozialwissenschaftliche Organisationsforschung dann nicht ins vollkommen Unverbindliche und Beliebige abzugleiten?

Dass *starke* Begründungen von Wissenschaftlichkeit und Vernünftigkeit in den Organisationswissenschaften zunehmend unplausibel geworden sind, bedeutet jedoch keineswegs, wie an anderer Stelle B. Waldenfels betont hat, dass nurmehr der „pure Relativismus" des „anything goes" gilt. Die Undurchführbarkeit starker Begründungen hat zur Folge nicht etwa *überhaupt keine,* sondern die *bewusst schwachen* Argumente der *interpretierenden Vernunft,* die Rationalitäten umsichtig sowohl *einschränkt* wie *konkretisiert:*

> „Um einer puren Auflösung der Vernunft zu begegnen, sind wir [...] nicht auf vertikale Steuerungen angewiesen, sie lässt sich auch aufhalten durch laterale Formen des Austauschs. Ein Netz aus heterogenen, jedoch vielfältig verflochtenen, sich nicht nur ausschließenden, sondern auch überschneidenden Rationalitätsfeldern, Diskursen, Lebensformen, Lebenswelten hätte viele Knotenstellen, aber keinen einheitlichen Mittel- und Fluchtpunkt. Diese Dezentrierung ginge nicht einseitig auf Kosten des Besonderen." „Gefordert ist damit ein Aushalten von Differenzen, eine Toleranz für Ambiguitäten und gleichzeitig ein Widerstand gegen Einheitszwänge." (Waldenfels 1985, S. 117, 32)

Es bleibe also dabei: Postmodern „schwache", „transversale" Integrationskonzepte entsprechen dem aktuellen Reifestadium der Verwissenschaftlichung von Organisationstheorien und -praktiken besser als sog. „starke", pyramidale Prinzipien, wie sie die gesetzgebende Vernunft der Moderne bevorzugt hat. – Den vielfach verzweigten, langen Weg organisationstheoretischer Konzepte von Weber bis Weick (und darüber hinaus) überblickend, darf man vielleicht sagen: So wie diese Entwicklung hier geschildert wurde, nämlich als „Netz aus heterogenen, jedoch vielfältig verflochtenen, sich nicht nur ausschließenden, sondern auch überschneidenden Rationalitätsfeldern, Diskursen, Lebensformen", sollte – unbeabsichtigterweise – *auch* etwas zum heute gebotenen „Aushalten von Differenzen", zur „Toleranz für Ambiguitäten" und zum „Widerstand gegen Einheitszwänge" beigetragen werden. – Man kann solche Zusammenhänge zwischen Texten und Sozialkontexten in der komplizierten Geschichte von Organisationstheorien und -praktiken immer wieder beobachten. Entwicklungstendenzen des

---

S. 189 f.). Die Methode, die Ulrich anbietet, um solche Dinge im Rahmen herkömmlich pyramidaler Begründungsverfahren „auf den Begriff zu bringen", ist die einer Dialektik objektiver und subjektiver Entwicklungskräfte von Organisationen (vgl. dazu, sowie zu Grenzen dieser dialektischen Entwicklungslogik auch bei Ulrich oben, Abschn. 9.2, zu Abb. 9.2).

Praktikerwissens auf der einen und des akademischen Fachwissens auf der anderen Seite waren und sind über unzählige Fäden – gedankenverbindende Fäden, die mit am Netzwerk des Zeitgeistes weben – miteinander verknüpft. Ihre hinreichend detailgenaue Beschreibung ist, wie dieses Buch erst andeuten konnte, eine ebenso anspruchsvolle wie reizvolle Forschungsaufgabe.

9.6   Zusammenfassung

1. *Karl Weick (geb. 1936)* veröffentlichte 1969 in erster, 1979 in einer stark überarbeiteten zweiten Auflage einen *prozesstheoretischen* Ansatz der Organisationstheorie, der für das Reifestadium der Verwissenschaftlichung der Organisationspraxis in mancher Hinsicht paradigmatisch ist. Weick übernimmt aus der Evolutionsbiologie die drei Grundbegriffe der *Variation* (biologisch realisiert als Mutationstendenz), der *Selektion* überlebensfähiger Exemplare einer Art und der *Retention,* d. h. der Weitervererbung unveränderter oder mutierter Erbanlagen einer Art.

2. Den soziokulturell geprägten Lebensbedingungen sprachfähiger Menschen Rechnung tragend, ersetzt Weick den Begriff der Variation durch den der *Gestaltung („enactment")*. Im Unterschied zur Selektions- und Retentionsfunktion *reduzieren* Prozesse der Gestaltung Mehrdeutigkeit nicht, sondern *produzieren* und *vermehren* sie. Sie stellen das Geschehen her, „dem der Selektionsprozess *anschließend* Sinn verleiht."

3. Wie sich Weick den *Kernmechanismus* von Organisationsprozessen vorstellt, veranschaulicht er mit der Frage „Wie kann ich (wir, sie) wissen, was ich (wir, sie) denke(n) (fühlen, wollen), bevor ich (wir, sie) sehe(n), was ich (wir, sie) spreche(n) (tun)?" Weick empfiehlt, Organisationen konkret insbesondere daraufhin zu untersuchen
   - wo und wie ihre Retentionsprozesse ablaufen
   - wie diese mit der Gestaltungs- und Selektionsfunktion verknüpft sind
   - inwieweit man den vom Retentionsmechanismus gespeicherten Erfahrungen, Regeln und sonstigen Wissensbeständen einer Organisation vertraut, und/oder sie diskreditiert
   - welche anderen Mechanismen zur Veränderung der Inhalte des gespeicherten Wissens es gibt.

4. Weicks organisationsbezogene Handlungsmaximen plädieren alles in allem für mehr Tatkraft, Offenheit und für den Mut, überlieferte Ordnungen kritisch in Frage zu stellen. Weick favorisiert in den Dilemmas von Ordnung und Unordnung, Statik und Dynamik, Struktur und Prozess, Passivität und aktiver

Gestaltung, Routine und Kreativität, Einheit und Vielfalt jeweils die kreativ bewegt bewegende Seite.

5. Weick wirkte mit seinem organisationsprozesstheoretischen Lehrbuch am *Wiederaufschwung qualitativer Konzepte und Methoden der Organisationsforschung* mit, der um 1980 gerade auch in den USA die langjährige Dominanz quasinaturwissenschaftlicher, quantifizierender Forschungs- und Systementwicklungsstrategien (der Kontingenztheorie und Populationsökologie, des Systems Engineering und der Systemanalyse (SE/A) usw.) in Frage stellte.

6. Im Gefolge dieser Wende wurden Ende der 70er Jahre einerseits ältere, auch in der Organisationsforschung verbreitete qualitative Ansätze *aufgewertet* – an erster Stelle der *symbolische Interaktionismus* von George H. Mead, A. Strauss, Erving Goffman u. a. sowie die *phänomenologische* und die *ethnomethodologische Soziologie* von A. Schütz, T. Luckmann, H. Garfinkel, A. Cicourel u. a. (s. zu dieser unten, die Punkte 14–16).

7. Andererseits wurden zur strenger wissenschaftlichen SE/A auch neue, qualitative Alternativen entwickelt – darunter P. Checklands *„Soft Systems Methodology" (SSM)*. Während traditionelle SE/A annimmt, dass die Realität *systemisch beschaffen sei,* und mit den quantifizierenden Methodologien der SE/A *systematisch* erforscht und verändert werden könne, geht die SSM nach Checkland von der wesentlich schwächeren Annahme aus, dass die Realität *problematisch,* aber mit *systemischen Methoden* durchaus gut erforschbar und veränderbar sei.

8. Im Rahmen der ebenfalls ausgesprochen qualitativ orientierten *Organisationskulturbewegung* der 80er Jahre wurde die Devise „zurück zu den einfachen Grundsätzen einer kultur- und menschenorientierten, kundennahen, schlanken Führung" populär. Mit dem Begriff „Organisationskultur" bezeichnete man dabei meistens den *identitätsprägenden Werte- und Normenkern* einer Organisation. Er war bereits in den 50er Jahren teils nur der Sache, nicht dem Namen nach (P. Selznick), teils sowohl der Sache wie dem Namen nach (E. Jaques) bekannt.

9. Neuere Bestrebungen gehen dahin, den Organisationskulturbegriff mit Unterscheidungen anspruchsvoller sozialwissenschaftlicher Theorie, etwa derjenigen von J. Habermas, in Verbindung zu bringen (P. Ulrich). Dies ist für das Reifestadium der Verwissenschaftlichung der Managementpraxis typisch: In ihm rezipieren die Organisationswissenschaften, deren Ansatzvielfalt sehr groß geworden ist, immer rascher theoretisch avancierte Positionen (von Habermas' Kommunikationstheorie über Foucaults Diskurs- und Machttheorie bis zu Derridas Dekonstruktivismus) – vermutlich weil das Angebot

individuell profilierungsfähiger Theorien, Methoden und Praxisberatungskonzepte nicht der mit zunehmender Verwissenschaftlichung und Professionalisierung der Managementpraxis gewaltig gestiegenen Nachfrage genügen konnte. Importe aus anderen Fachgebieten, etwa der zeitgenössischen Philosophie, sollen diese Angebotslücke schließen.

10. Die sich gegenseitig verstärkenden Tendenzen zur *Perspektivenvermehrung* und *Perspektivenverkehrung* führen im Reifestadium der Verwissenschaftlichung der Managementpraxis zu einem *Pluralismus* unterschiedlichster Ansätze und Methoden, der scheinbar nur noch der typisch „postmodernen" Devise des „anything goes" gehorcht. Der radikalpluralistische Organisationsforscher G. Morgan bezeichnet Organisationstheorien seit einiger Zeit als „Metaphern", und stellt sich als Theoretiker nurmehr die Aufgabe, seine Leser oder Klienten ohne spezielle Theorieempfehlungen zur Formulierung *eigener* Vorstellungen von Organisationen *anzuregen*.

11. Die skeptische Grundstimmung des postmodernen Radikalpluralismus stärkt die Bereitschaft anzunehmen, dass eine Aussage mehr als über ihren Gegenstand über ihren Autor aussagt. Diese *„konstruktivistische"* Denkfigur klammert den Gegenstandsbezug einer Aussage ein, und setzt an die Stelle der Aussage „Y ist, was Satz A der Person X über Y aussagt" ($_{(X)}A_{Y}!$) die Lesart: „Satz A sagt mehr über seinen Autor X aus als über Y" bzw., zugespitzter formuliert, „Y ist, was Person X gemäß A als real definiert": $_{X!}A_{(Y)}$. In der aktuellen Organisationstheorie bedeutsame Spielarten des Konstruktivismus sind: a) der sog. „radikale Konstruktivismus", b) der Sozialkonstruktivismus sowie c) die phänomenologische Soziologie und Ethnomethodologie.

12. Lebende Systeme kennen nach Auffassung *radikaler Konstruktivisten* weder ein Innen noch ein Außen, sondern nur „die Erhaltung der eigenen Korrelationen" und „internen Relationen", d. h. die autopoietische Selbsterzeugung und Selbstreproduktion. Die Art, wie ihnen die Welt erscheint, ist nicht auf sog. „Tatsachen" und Objekte „da draußen" zurückzuführen, sondern wird ausschließlich vom Erkenntnisakt selber *erzeugt*: $_{X!}A_{()}$.

13. Für *Sozialkonstruktivisten,* etwa K. Gergen, ist Erkenntnis im Gegensatz zum radikalen Konstruktivismus kein individueller Besitz, sondern ein Nebenprodukt der *gemeinschaftlichen* („communal") *Beziehungen,* die das individuelle Ich *konstituieren,* ihm gegenüber also prioritär sind. Wirklich ist nach sozialkonstruktivistischer Auffassung, was kollektive Beziehungsprozesse je als real definieren: $_{X1!, X2! [...]XN!}A_{(Y)}$.

14. Auch für die *phänomenologische Sozialwissenschaft* und *Ethnomethodologie* von A. Schütz, T. Luckmann, H. Garfinkel u. a. ist die soziale Welt

nichts objektiv „Gegebenes", leicht „Abbildbares", sondern eine sozial höchst voraussetzungs- und facettenreich *konstruierte* Realität. Die Methoden, mit denen diese beiden Perspektiven die tieferliegenden Konstitutionsprinzipien sozialer Realitäten enthüllen, unterscheiden sich aber von denen des radikalen Konstruktivismus oder des Sozialkonstruktivismus erheblich. Es sind Verfahren, die dem Vorbild von Edmund Husserls Phänomenologie folgend mit „gleichschwebender Aufmerksamkeit" *in einem Zug sowohl* das Objekt *als auch* das Subjekt eines Erkenntnisaktes beschreiben: $\chi_! A_{Y!}$.

15. Ethnomethodologen interessiert dabei in erster Linie, wie Menschen ihren Alltag als eine sinnvolle Welt *konstruieren,* und ihn im ethnomethodologischen Wortsinn fortlaufend *organisieren.* Die bei Garfinkel zentralen Begriffe „organisierte Alltagshandlungen" und „Organisationen normaler Alltagshandlungen" greifen dabei nicht auf den Organisationsbegriff der sozialwissenschaftlichen Organisationstheorie, sondern auf die allgemeine Grundbedeutung des „gestaltenden Ordnens" zurück, die dem modernen Organisationsbegriff zugrunde liegt.

16. Während ethnomethodologische und phänomenologische Soziologen ihre Ansätze „paradigmenmonistisch" für fundamentaler halten als alle anderen, wissenschaftlich zu wenig tiefgründigen Perspektiven, beanspruchen radikale Konstruktivisten sowie namentlich auch Sozialkonstruktivisten nicht unbedingt, dass ihr Denken „besser" oder „wahrer" sei als andere Auffassungen. Sie verstehen es nicht als ein echt *alternatives Paradigma* im Sinne von Kuhn, sondern als ein Plädoyer für ein *radikalpluralistisches Denken in Alternativen.*

17. Die dadurch verstärkte, für das postmoderne Reifestadium der Verwissenschaftlichung der Organisationspraxis typische Perspektivenvielfalt wirft dennoch immer wieder neu die Frage auf, inwieweit und allenfalls wo es im Stimmengewirr der aktuellen organisationstheoretischen Ansätze doch noch so etwas wie ein sinngebendes *Integrationsprinzip,* eine *Einheit der Organisationstheorie in der Vielfalt ihrer Stimmen* sozusagen, zu entdecken gebe. *Tolerant pluralistische* Konzepte einer *„transversalen" Vernunft* dialogischer Verständigung (vgl. dazu v. a. W. Kirsch) stehen hier mit *„paradigmenmonistischer" Pluralismuskritik* im Wettbewerb.

18. Ausgeprägt paradigmenmonistisch argumentiert neuerdings wieder die *ökonomische Organisationstheorie.* Während die traditionelle mikroökonomische Theorie der Firma als zu realitätsfremd galt, um in sozialwissenschaftlicher Organisationsforschung eine maßgebende Rolle spielen zu können, haben sich die Modelle der *neuen Institutionenökonomie* („New Institutional Economics"), darunter namentlich deren *transaktionskostentheoretische* Spielart

von R. Coase, O. Williamson u. a., diesen Realitäten so weit angenähert, dass manche Sozialwissenschaftler den jüngsten Angriff der Ökonomie auf ihr Fachgebiet für gravierender halten als alle früheren Expansionsversuche.

19. Die Benutzung des Preissystems ist gemäß der transaktionskostentheoreti-schen Institutionenökonomie nicht gratis, sondern verursacht teils monetär bezifferbare, teils schwer operationalisierbare Informations- und Kontroll-kosten. Diese bei der Anbahnung, Vereinbarung, Abwicklung, Kontrolle und Anpassung wechselseitiger Leistungsbeziehungen entstehenden *Trans-aktionskosten* verteuern unter gewissen Bedingungen Markttransaktionen so sehr, dass es kostengünstiger ist, den *Koordinationsmechanismus Markt* durch denjenigen der *Firmenhierarchie* zu ersetzen. Dieser tritt nach Williamson je nach Ausprägung der Gegebenheiten a) Ungewissheit und Komplexität, b) Häufigkeit sowie c) transaktionsspezifisch erforderliche Investitionen an Sach- oder Humankapital in verschiedenen Formen auf (vom firmeninter-nen Arbeits-Spotmarkt bis zur beziehungsorientierten Teamorganisation bzw., nach W. Ouchi, „Clanorganisation").

20. Das vorliegende Buch hält zwar paradigmenmonistische Forschungsstra-tegien – darunter diejenige ökonomischer Einheitswissenschaftler – für durchaus sinnvoll und vernünftig begründbar. Es geht dennoch davon aus, dass es auch in Zukunft eine Mehrzahl unterschiedlichster wirtschafts- *und* sozialwissenschaftlicher Organisations und Managementtheorien geben wird, und dass diese Theorienvielfalt von Paradigmenmonismen gleich welcher Art höchstens *vermehrt,* jedoch nicht *reduziert* werden kann. Postmodern „schwache", „transversale" Verständigungskonzepte dürften diesen Gege-benheiten, mit denen auch in absehbarer Zukunft gerechnet werden muss, angemessener sein als „starke" Intergrationsstrategien und Erkenntnisfort-schrittsillusionen.

Literatur

ABBOTT, A. (1988): The System of Professions. An Essay on the Division of Expert Labor. Univ. of Chicago Press: Chicago, London

ACHINGER, H. (1958): Sozialpolitik als Gesellschaftspolitik. Von der Arbeiterfrage zum Wohlfahrtsstaat. Rowohlt: Hamburg

ADORNO, T.W. (1953): Individuum und Organisation. Einleitungsvortrag zum Darmstädter Gespräch 1953. In: ADORNO, T.W. (1971): Kritik. Kleine Schriften zur Gesellschaft. Suhrkamp: Frankfurt a. M., S. 67–86

ALCHIAN, A., und DEMSETZ, H. (1972): Production, Information Costs, and Economic Organization. American Economic Review 62, S. 777–795

ALDRICH, H. (1979): Organizations and Environments. Prentice-Hall: Englewood Cliffs

ALDRICH, H. (1988): Paradigm Warriors: Donaldson versus the Critics of Organization Theory. Organization Studies 9, S. 19–25

ALTENMELLE-TAGUNG über Alternative Ökonomie, 7.–21. 8. 1982. Mim. Man.

ARGYRIS, C. (1953a): Executive Leadership. An Appraisal of a Manager in Action. Harper: New York

ARGYRIS, C. (1953b): Human Problems with Budgets. Harvard Business Review 31, Nr. 1, S. 97–110

ARGYRIS, C. (1954): Leadership Pattern in the Plant. Harvard Business Review 32, Nr. 1, S. 63–75

ARGYRIS, C. (1957): Personality and Organization. The Conflict between System and the Individual. Harper: New York

ARGYRIS, C. (1958): The Organization: What Makes It Healthy? Harvard Business Review 36, Nr. 6, S. 10 und S. 107–116

ARGYRIS, C. (1970): Intervention Theory and Method. A Behavioral Science View. Addison-Wesley: Reading, Menlo Park, London, Don Mills

ARGYRIS, C. und SCHON, D. (1974): Theory in Practice. Increasing Professional Effectiveness. Jossey Bass: San Francisco, Washington, London

ARGYRIS, C. und SCHON, D. (1978): Organizational Learning. Addison-Wesley: Reading, Mass.

© Der/die Herausgeber bzw. der/die Autor(en), exklusiv lizenziert durch Springer Fachmedien Wiesbaden GmbH, ein Teil von Springer Nature 2021
E. Walter-Busch, *Organisationstheorien von Weber bis Weick*,
https://doi.org/10.1007/978-3-658-35125-0

ARONOFF, C. (1975): The Rise of the Behavioral Perspective in Selected General Management Textbooks: An Empirical Investigation through Content Analysis. Academy of Management Journal 18, S. 753–768

BAECKER, D. (1992): Fehldiagnose ‚Überkomplexität‘. Komplexität ist die Lösung, nicht das Problem. gdi impuls 10, Nr. 4, S. 55–62

BAECKER, D. (Hrsg.) (1993): Kalkül der Form. Suhrkamp: Frankfurt a. M.

BAECKER, D. (1994): Postheroisches Management. Ein Vademecum. Merve: Berlin

BAHRDT, P. (1958): Industriebürokratie. Versuch einer Soziologie des industrialisierten Bürobetriebes und seiner Angestellten. Enke: Stuttgart

BAITSCH, C. (1985): Kompetenzentwicklung und partizipative Arbeitsgestaltung. Eine hermeneutische Analyse bei Industriearbeitern in einer sich verändernden Situation. Peter Lang: Bern, Frankfurt a. M., New York

BAITSCH, C. (1993): Was bewegt Organisationen? Selbstorganisation aus psychologischer Perspektive. Campus: Frankfurt a. M., New York

BARDMANN, T.W. (1994): Wenn aus Arbeit Abfall wird. Aufbau und Abbau organisatorischer Realitäten. Suhrkamp: Frankfurt a. M.

BARITZ, L. (1960): The Servants of Power. A History of the Use of Social Science in American Industry. 3. Auflage 1977, Greenwood Press: Westport

BARLEY, S., und KUNDA, G. (1992): Design and Devotion: Surges of Rational and Normative Ideologies of Control in Managerial Discourse. Administrative Science Quarterly 37, S. 363–399

BARNARD, C. (1938): The Functions of the Executive. Harvard University Press: Cambridge Mass., London (27th printing, 1976)

BARNARD, C. (1939/40): Comments on the Job of the Executive. Harvard Business Review 18, pp. 295–308

BARNARD, C. (1948): Organization and Management. Harvard University Press: Cambridge Mass.

BARNEY, J. (1990): The Debate Between Traditional Management Theory and Organizational Economics: Substantive Differences or Intergroup Conflict? Academy of Management Review 15, S. 382–393

BATESON, G. (1958): Naven. A Survey of the Problems suggested by a Composite Picture of the Culture of a New Guinea Tribe drawn from Three Points of View. Nachdruck 1980 der 2. Auflage von 1958. Wildwood House: London

BATESON, G. (1972): Steps to an Ecology of Mind. Ballantine: New York

BAUMAN, Z. (1995a): Moderne und Ambivalenz. Das Ende der Eindeutigkeit. Fischer Tb.: Frankfurt a. M. (engl. Original „Modernity and Ambivalence", 1991)

BAUMAN, Z. (1995b): Ansichten der Postmoderne. Argument: Hamburg (engl. Original „Intimations of Postmodernity", 1992)

BAUMGARTEN, E. (Hrsg.) (1964): Max Weber - Werk und Person. Mohr: Tübingen

BAUMGARTEN, E. (1977): Über Max Weber. Brief an Nicolaus Sombart. Merkur 31, S. 296–300

BAUMGARTEN, F. (1928): Die Berufseignungsprüfungen. Francke: Bern

BECK, A., und HILLMAR, E. (1972): A Practical Approach to Organization Development Through MBO. Addison-Wesley: Reading Mass., Menlo Park, London, Amsterdam, Don Mills, Sydney

BECK, U. (Hrsg.) (1982): Soziologie und Praxis. Erfahrungen, Konflikte, Perspektiven. Soziale Welt, Sonderband 1. Schwartz: Göttingen

BECK, U. (1986): Risikogesellschaft. Auf dem Weg in eine andere Moderne. Suhrkamp: Frankfurt a. M.

BECK, U., und BECK-GERNSHEIM, E. (1990): Das ganz normale Chaos der Liebe. Suhrkamp: Frankfurt a. M.

BECK, U., und BONSS, W. (Hrsg.) (1989): Weder Sozialtechnologie noch Aufklärung? Analysen zur Verwendung sozialwissenschaftlichen Wissens. Suhrkamp: Frankfurt a. M.

BECKENBACH, N. (1991): Industriesoziologie. de Gruyter: Berlin, New York

BECKHARD, R. (1969): Organization Development: Strategies and Models. Addison Wesley: Reading Mass., Menlo Park, London, Amsterdam, Don Mills, Sydney

BEER, M. (1976): The Technology of Organization Development. In Dunnette 1976, S. 937–993

BEER, S. (1962): Kybernetik und Management. Fischer: Frankfurt a. M. (engl. Original: Cybernetics and Management, 1959)

BEER, S. (1973): Kybernetische Führungslehre. Herder & Herder: Frankfurt a. M., New York (engl. Original: The Brain of the Firm, 1972)

BELL, D., und KRISTOL, I. (Hrsg.) (1981): The Crisis in Economic Theory. Basic Books: New York

BENNIS, W. (1969): Organization Development: Its Nature, Origins, and Prospects. Addison-Wesley: Reading Mass., Menlo Park, London, Amsterdam, Don Mills, Sydney

BENNIS, W. (1970): A Funny Thing Happened on the Way to the Future. In: THOMAS, BENNIS 1972, S. 92–120

BENNIS, W., BENNE, K., und CHIN, R. (Hrsg.) (1961): The Planning of Change. Holt, Rinehart: London, New York, Sydney, Toronto (2., stark veränderte Auflage 1969)

BENSON, K. (Hrsg.) (1977): Organizational Analysis. Critique and Innovation. Sage: Beverly Hills, London

BERELSON, B., und STEINER, G. (1964): Human Behavior. An Inventory of Scientific Findings. Harcourt, Brace: New York, Chicago, Burlingame

BERGER, P. und LUCKMANN, T. (1969): Die gesellschaftliche Konstruktion der Wirklichkeit. Eine Theorie der Wissenssoziologie. Fischer: Frankfurt a. M. (engl. Erstausgabe 1966)

BERGMANN, J. (1985): Flüchtigkeit und methodische Fixierung sozialer Wirklichkeit. In: BONSS, HARTMANN 1985, S. 299–320

BERLINSKI, D. (1976): On Systems Analysis. An Essay Concerning the Limitations of Some Mathematical Methods in the Social, Political, and Biological Sciences. MIT Press: Cambridge Mass., London

BERNOUX, P. (1985): La sociologie des organisations. Initiation théorique suivie de douze cas pratiques. Seuil: Paris (Tb. Points)

BERNOUX, P. (1995): La sociologie des entreprises. Seuil: Paris (Tb. Points)

BIERVERT, B., und HELD, M. (Hrsg.) (1991): Das Menschenbild der ökonomischen Theorie. Campus: Frankfurt a. M., New York

BION, W.R. (1959): Experiences in Groups. Basic Books: New York

BITTNER, E. (1965): The Concept of Organization. Social Research 32, S. 239–255 (auch in: TURNER 1974, S. 69–81

BLAKE, R., und MOUTON, J. (1964): Breakthrough in Organization Development. Harvard Business Review 42, Nr. 6, S. 133–155

BLANCPAIN, F. (1973): Les carnets inédits de Fayol: présentation. Bulletin IIAP (Institut international d'administration publique) Nr. 28 (1973), S. 590–608

BLAU, P. (1955): The Dynamics of Bureaucracy. University of Chicago Press: Chicago

BLAU, P. (1964): The Research Process in the Study of 'The Dynamics of Bureaucracy'. In: HAMMOND 1964, S. 16–49

BLAU, P. (1970): A Formal Theory of Organization. American Sociological Review 35, S. 210–218

BLAU, P., und SCOTT, R. (1962): Formal Organizations. Engl. Ausgabe 1963, Routledge & Kegan: London

BLAU, P., und SCHOENHERR, R. (1971): The Structure of Organizations. Basic Books: New York, London

BÖCKENFÖRDE, E.-W. (1978): Organ, Organismus, Organisation, politischer Körper II. In: BRUNNER, O., CONZE, W. und KOSELLECK, R. (Hrsg): Geschichtliche Grundbegriffe. Historisches Lexikon zur politisch-sozialen Sprache in Deutschland. Klett-Cotta: Stuttgart, Bd 4, S. 561–622

BÖHME, G. (1993): Am Ende des Baconschen Zeitalters. Studien zur Wissenschaftsentwicklung. Suhrkamp: Frankfurt a. M.

BONSS, W. und HARTMANN, H. (Hrsg.) (1985): Entzauberte Wissenschaft. Zur Relativität und Geltung soziologischer Forschung. Soziale Welt, Sonderband 3. Schwarz: Göttingen

BORNSCHEUER, L. (1976): Topik. Zur Struktur der gesellschaftlichen Einbildungskraft. Suhrkamp: Frankfurt a. M.

BORNSCHIER, V. (1988): Westliche Gesellschaft im Wandel. Campus: Frankfurt a. M., New York

BOSETZKY, H. (1970): Grundzüge einer So-ziologie der Industrieverwaltung. Enke: Stuttgart

BRAMEL, D., und FRIEND, R. (1981): Hawthorne, the Myth of the Docile Worker, and Class Bias in Psychology. American Psychologist 36, S. 867–878

BRAVERMAN, H. (1974): Labor and Monopoly Capital. The Degradation of Work in the Twentieth Century. Monthly Review Press: New York, London

BRETZ, H. (1988): Führung in der Postmoderne oder: Wie Paradoxien zum Motor des Fortschritts werden können. gdi impuls 6, Nr. 4, S. 53–62

BRIEFS, G. (1930): Der wirtschaftliche Wert der Sozialpolitik. In: Bericht über die Verhandlungen der 11. Generalversammlung der Gesellschaft für Soziale Reform in Mannheim am 24. und 25. Oktober 1929. G. Fischer: Jena, S. 144–170

BRITTAIN, J.W., und FREEMAN, J. (1980): Organizational Proliferation and Density Dependent Selection. In: KIMBERLY, MILES 1980, S. 291–338

BROWN, W. (1960): Exploration in Management. Heinemann: London (als Penguin Book 1965)

BROWN, W. (1971): Organization. Heinemann: London (als Penguin Book 1974)

BROWN, W., und JAQUES, E. (1965): Glacier Project Papers. Heinemann: London

BRYMAN, A. (Hrsg.) (1988): Doing Research in Organizations. Routledge: London, New York

BUDE, H. (1993): Die soziologische Erzählung. In: JUNG, MÜLLER-DOOHM 1993, S. 409–429

BURLA, S., ALIOTH, A., FREI, F. und MÜLLER, W.R. (1994): Die Erfindung von Führung. Vom Mythos der Machbarkeit in der Führungsausbildung. VDF: Zürich

BURNS, T., und STALKER, G.M. (1994): The Management of Innovation. Third Edition. Oxford University Press: Oxford (1. Auflage 1961)

BURRELL, G. (1988): Modernism, Postmodernism and Organizational Analysis 2: The Contribution of Michel Foucault. Organization Studies 9, S. 221–235

BURRELL, G. (1989): Modernism, Postmodernism and Organizational Analysis 3: The Contribution of Jaques Derrida. Organization Studies 10, S. 479–502

BURRELL, G. (1994): Modernism, Postmodernism and Organizational Analysis 4: The Contribution of Jürgen Habermas. Organization Studies 15, S. 1–45

BURRELL, G., und MORGAN, G. (1979): Sociological Paradigms and Organizational Analysis. Heinemann: London, Exeter

BÜSCHGES, G. (Hrsg.) (1976): Organisation und Herrschaft. Klassische und moderne Studientexte zur sozialwissenschaftlichen Organisationstheorie. Rowohlt: Reinbek

BÜSCHGES, G. (1983): Einführung in die Organisationssoziologie.Teubner: Stuttgart

BÜSCHGES, G., und LÜTKE-BORNEFELD, P. (1977): Praktische Organisationsforschung. Rowohlt: Reinbek

CAMPBELL, D. (1978): Qualitative Knowing in Action Research. Mim. Paper

CANCIK, H. (1983): Die Rechtfertigung Gottes durch den 'Fortschritt der Zeiten'. Zur Differenz jüdisch-christlicher und hellenistisch-römischer Zeit- und Geschichtsvorstellungen. In: GUMIN, H., und MEIER, H. (Hrsg.): Die Zeit. 2. Auflage 1989. Piper: München, S. 257–288

CAREY, A. (1967): The Hawthorne Studies. A Radical Criticism. American Sociological Review 32, S. 403–416

CARTWRIGHT, D., und ZANDER, A. (1968): Origins of Group Dynamics. In: OTT 1989, S. 183–200

CATRINA, W. (1993): Kontroversen: Redaktion, Management und Aktionäre, ein Spannungsfeld. In: CATRINA, W., BLUM, R., und LIENHARD, T. (Hrsg.) (1993): Medien zwi-schen Geld und Geist. 100 Jahre Tages-An-zeiger. Tages-Anzeiger: Zürich, S. 319–505

CHANDLER, A. (1952): Henry Varnum Poor. Philosopher of Management. In: MILLER 1952, S. 255–285

CHANDLER, A. (1962): Strategy and Structure. Chapters in the History of the Industrial Enterprise. MIT Press: Cambridge (Mass.), London

CHANDLER, A. (1977): The Visible Hand. The Managerial Revolution in American Business. Harvard University Press: Cambridge Mass., London

CHANDLER, A. (1990): Scale and Scope. The Dynamics of Industrial Capitalism. Harvard University Press: Cambridge (Mass.), London

CHANDLER, A., und DAEMS, H. (Hrsg.) (1980): Managerial Hierarchies. Comparative Perspectives on the Rise of the Modern Industrial Enterprise. Harvard Univ. Press: Cambridge (Mass.), London

CHASE, S. (1948): The Proper Study of Mankind. An Inquiry into the Science of Human Relations. Harper: New York (2., erweiterte Auflage 1956)

CHECKLAND, P. (1980): Are Organizations Machines? A Review of S. Beer 'The Heart of the Enterprise'. Futures 12, S. 421–424

CHECKLAND, P. (1981): Systems Thinking, Systems Practice. Wiley: Chichester, New York, Brisbane, Toronto

CHECKLAND, P. (1983): OR and the Systems Movement: Mappings and Conflicts. Journal of the Operational Research Society, 34, S. 661–675

CHECKLAND, P. (1984): Systems Thinking in Management: The Development of Soft Systems Methodology and Its Implications for Social Science. In: ULRICH, PROBST 1984, S. 94–104

CHECKLAND, P. und CASAR, A. (1986): Vickers' Concept of an Appreciative System: A Systemic Account. Journal of Applied Sy-stems Analysis 13, S. 3–10

CHECKLAND, P. und SCHOLES, J. (1991): Soft Systems Methodology in Action. Wiley: Chichester, New York, Brisbane, Toronto

CHILD, J. (1969): The Business Enterprise in Modern Industrial Society. Collier-Macmillan: London, Toronto

CHURCHMAN, C.W. (1970): Einführung in die Systemanalyse. Verlag moderne Industrie: München (amerik. Original: The Systems Approach, 1968)

CHURCHMAN, C.W. (1981): Der Systemansatz und seine ‚Feinde'. Haupt: Bern, Stuttgart (amerik. Original: The Systems Approach and Its Enemies, 1979)

CICOUREL, A. (1964): Method and Measurement in Sociology. Free Press: Glencoe, Ill., New York (dte Übersetzung 1970: Methode und Messung in der Soziologie. Suhrkamp: Frankfurt a. M.)

CLEGG, S.R. (1983): Phenomenology and Formal Organizations: A Realist Critique. In: Research in the Sociology of Organizations 2, S. 109–152 (JAI Press)

CLEGG, S.R. (1990): Modern Organizations. Organization Studies in the Postmodern World. Sage: London, Newbury Park, New Dehli

CLEGG, S.R., und DUNKERLEY, D. (Hrsg.) (1977): Critical Issues in Organizations. Routledge: London, New York

COASE, R.H. (1937): The Nature of the Firm. Economica N.S. 4, S. 386–405

COASE, R.H. (1988): The Nature of the Firm: Origin, Meaning, Influence. Journal of Law, Economics and Organization 4, S. 3–47

COHEN, M., MARCH, J. und OLSEN, J. (1972): A Garbage Can Model of Organizational Choice. Administrative Science Quarterly 17, S. 1–25

COHEN, P.C. (1982): A Calculating People. The Spread of Numeracy in Early America. University of Chicago Press: Chicago und London

COLLIER, P., und HOROWITZ, D. (1976): The Rockefellers. An American Dynasty. Holt, Rinehart: New York (Signet Pb. 1977)

COOPER, R., and BURRELL, G. (1988): Modernism, Postmodernism and Organizational Analysis: An Introduction. Organization Studies 9, S. 91–112

CRAWFORD, D. (1971): Follett, Mary Parker. In: JAMES, E. u. a. (Hrsg.): Notable American Women 1607–1950. Harvard University Press: Cambridge Mass., Bd 1, S. 639–641

CROZIER, M. (1963): Le Phénomène bureaucratique. Essai sur les tendances bureaucratiques des systèmes d'organisation modernes et sur leurs relations en France avec le système social et culturel. Seuil: Paris (als Tb. Points 1971)

CROZIER, M. (1994): L'Entreprise à l'écoute. Apprendre le management post-industriel. Du Seuil: Paris

CROZIER, M., und FRIEDBERG, E. (1977): L'acteur et le système. Les contraintes de l'action collective. Seuil: Paris (als Tb. Points 1981)

CRUIKSHANK, J. (1986): A Delicate Experiment. The Harvard Business School 1908–1945. Harvard Business School Press: Boston

CULLER, J. (1988): Dekonstruktion. Derrida und die poststrukturalistische Literaturtheorie. Rowohlt: Reinbek (amerik. Original 1982: On Deconstruction)

CYERT, R.M., und MARCH, J.G. (1963): A Behavioral Theory of the Firm. Prentice-Hall: Englewood Cliffs

DACHLER, P. (1988): Führungslandschaft Schweiz: Erfahrungen und Konsequenzen für die Praxis. Die Unternehmung 42, S. 297–307

DACHLER, P. (1990): Ecological Thinking as a Relational Phenomenon. Integrating the Contradictory Cultures of the Sexes. Unver-öffentlichtes Manuskript, S. 28

DACHLER, P., und HOSKING, D.M. (1995): The Primacy of Relations in Socially Constructing Organizational Realities. In: HOSKING, D.M., DACHLER, P., und GERGEN, K. (Hrsg.): Management and Organization: Relational Alternatives to Individualism. Avebury: Aldershot, Brookfield, Hong Kong, Singapore, Sydney, S. 1–28

DAFT, R., und SHARFMAN, M. (1990): Organization Theory. Cases and Applications. Third Edition ([1]1984). West Publishing Company: St.Paul, New York, Los Angeles, San Francisco

DAFT, R., und WEICK, K. (1984): Toward a Model of Organizations as Interpretation Systems. Academy of Management Review, 9, S. 284–295

DALTON, M. (1959): Men Who Manage. Wiley: New York

DALTON, M. (1964): Preconceptions and Methods in 'Men Who Manage'. In: HAMMOND 1964, S. 50–95

DECHMANN, B., und RYFFEL, C. (1990): Soziologie im Alltag. Eine Einführung. 6. Auflage. Beltz: Weinheim und Basel

DETERS, J. (1990): Mensch und Betriebswirtschaftslehre: zur Entwicklung und Kritik der verhaltenstheoretischen Betriebswirtschaftslehre als individualistisches Wissenschaftskonzept. Poeschel: Stuttgart

DEVINAT, P. (1927): L'Organisation Scientifique du Travail en Europe. BIT: Genève

DICKSON, W., und ROETHLISBERGER, F. (1966): Counseling in an Organization. A Sequel to the Hawthorne Researches. Harvard Graduate School of Business Administration: Boston

DOHRN- VAN ROSSUM, G. (1978): Organ, Organismus, Organisation, politischer Körper I. In: BRUNNER, O., CONZE, W. und KOSELLECK, R. (Hrsg): Geschichtliche Grundbegriffe. Historisches Lexikon zur politisch-sozia-len Sprache in Deutschland. Klett-Cotta: Stuttgart, Bd 4, S. 519–560

DONALDSON, L. (1985): In Defence of Organization Theory: A Reply to the Critics. Cambridge University Press: Cambridge

DONALDSON, L. (1986): Size and Bureaucracy in East and West: A Preliminary Meta-Analysis. In: CLEGG, S.R., DUNPHY, D., und REDDING, S.G. (Hrsg.): The Enterprise and Management in East Asia. Centre of Asian Studies, University of Hong Kong: Hong Kong, S. 67–91

DONALDSON, L. (1988): In Successful Defence of Organization Theory: A Routing to the Critics. Organization Studies 9, S. 28–32

DONALDSON, L. (1990a): The Ethereal Hend: Organizational Economics and Management Theory. Academy of Management Review 15, S. 369–381

DONALDSON, L. (1990b): A Rational Basis for Criticisms of Organizational Economics: A Reply to Barney. Academy of Management Review 15, S. 394–401

DONHAM, W. (1927): The Emerging Profession of Business. Harvard Business Review 5, S. 401–405

DONHAM, W. (1936): The Theory and Practice of Administration. Harvard Business Review 14/1936, S. 405–413

DONHAM, W. (1952): Administration and Blind Spots. The Biography of an Adventurous Idea. Harvard Business School: Boston

DOPFER, K. (1992): Evolutionsökonomie in der Zukunft: Programmatik und Theorieentwicklungen. In: HANUSCH, H., und RECKTENWALD, H.C. (Hrsg.) (1992): Ökonomische Wissenschaft in der Zukunft. Handelsblatt: Düsseldorf, S. 96–125

DORSCH, F. (1963): Geschichte und Probleme der angewandten Psychologie. Huber: Bern, Stuttgart

DÜLFER, E. (Hrsg.) (1991): Organisations-kultur. Phänomen, Philosophie, Technologie. 2. Auflage. Poeschel: Stuttgart

DUNNETTE, M. (Hrsg.) (1976): Handbook of Industrial and Organizational Psychology. Rand McNally: Chicago

EBERLE, T. (1984): Sinnkonstitution in Alltag und Wissenschaft. Der Beitrag der Phänomenologie an die Methodologie der Sozialwissenschaften. Haupt: Bern

EBERS, M. (1991): Der Aufstieg des Themas 'Organisationskultur' in problem- und disziplingeschichtlicher Perspektive. In: DÜLFER 1991, S. 39–63

EBERS, M., und GOTSCH, W. (1993): Institutionenökonomische Theorien der Organisation. In: KIESER 1993, S. 193–242

ECCLES, R., und NOHRIA, N. (1992): Beyond the Hype. Rediscovering the Essence of Management. Harvard Business School Press: Boston

EDWARDS, R. (1981): Herrschaft im modernen Produktionsprozeß. Übersetzung von Contested Terrain (1979). Campus: Frankfurt a. M., New York

EICKELPASCH, R. (1982): Das ethnomethodologische Programm einer ‚radikalen' Soziologie. Zeitschrift für Soziologie 11, S. 7–27

ELDEN, M. (1986): Sociotechnical Systems Ideas as Public Policy in Norway: Empowering Participation Through Worker-Managed Change. Journal of Applied Behavioral Science 22, S. 239–255

ELSENAU, D. V., und JÄGER, W. (1982): Forschungsmethode und Arbeitnehmerinteresse. Probleme, Erfahrungen und Perspektiven einer ‚humanisierungsorientierten' Sozialforschung. In: BECK 1982, S. 417–441

EMERSON, J. (1970): Behavior in Private Places: Sustaining Definitions of Reality in Gynecological Examinations. In: DREITZEL, H.P. (Hrsg.) (1970): Recent Sociology No. 2: Patterns of Communicative Behavior. Collier-Macmillan: London, S. 74–97

ENGELMANN, W. (1846): Bibliothek der Handlungswissenschaft oder Verzeichnis der vom Jahre 1750 bis zu Anfang des Jahres 1845 in Deutschland erschienenen Bücher über alle Teile der Handlungskunde und deren Hilfswissenschaften. Engelmann: Leipzig

ENGLANDER, E. (1987): The Inside Contract System of Production and Organization: A Neglected Aspect of the History of the Firm. Labor History 28, S. 429–446

ESPER, J. (1990): Organizational Change and Development: Core Practitioner Competencies and Future Trends. In: MASSARIK 1990, S. 277–314

ESSER, H. (1991): Alltagshandeln und Verstehen. Zum Verhältnis von erklärender und verstehender Soziologie am Beispiel von Alfred Schütz und ‚Rational Choice'. Mohr: Tübingen

ESSER, H. (1993): Soziologie: Allgemeine Grundlagen. Campus: Frankfurt a. M.

ETCHEGOYEN, A. (1990): Les entreprises ont-elles une âmes? F. Bourin: Paris

ETZIONI, A. (1961): A Comparative Analysis of Complex Organizations. Free Press: New York, Glencoe

ETZIONI, A. (1975): A Comparative Analysis of Complex Organizations. Third Edition. Free Press: New York, Glencoe

FAIRHURST, E. (1983): Organizational Rules and the Accomplishment of Nursing Work on Geriatric Wards. Journal of Management Studies 20, S. 315–332

FAYOL, H. (1898): Henri Fayol: Textes inédits ... Nr. 1. Bulletin IIAP (Institut international d'administration publique) Nr. 28 (1973), S. 609–616 (Nr. 2–4: ibid. S. 616–622 und Nr. 29 (1974), S. 101–116)

FAYOL, H. (1900): Discours prononcés par M. Henri Fayol et M. Haton de la Goupillière. In: FAYOL 1916, S. 139–147

FAYOL, H. (1916): Administration industrielle et générale. Neuausgabe Dunod: Paris 1966

FAYOL, H. (1918): L'industrialisation de l'état. In: FAYOL, H. (1921): La capacité industrielle de l'état: Les P.T.T. Dunod: Paris, S. 89–116

FESTINGER, L. (Hrsg.) (1980): Retrospections on Social Psychology. Oxford University Press: New York, London

FEYERABEND, P. (1980): Erkenntnis für freie Menschen. Veränderte Ausgabe. Suhrkamp: Frankfurt a. M.

FEYERABEND, P. (1984): Wissenschaft als Kunst. Suhrkamp: Frankfurt a. M.

FEYERABEND, P. (1989): Irrwege der Vernunft. Suhrkamp: Frankfurt a. M.

FEYERABEND, P. (1992): Artikel ‚Relativismus (2)‘. In: SEIFFERT, H., und RADNITZKY, G. (Hrsg.) (1992): Handlexikon zur Wissenschaftstheorie. dtv: München, S. 280–282

FEYERABEND, P. (1995): Zeitverschwendung. Suhrkamp: Frankfurt a. M.

FILMER, P., PHILLIPSON, M., SILVERMAN, D., und WALSH, D. (Hrsg.) (1972): New Directions in Sociological Theory. Collier-Macmillan: London

FINEMAN, S. (Hrsg.) (1993): Emotion in Organizations. Sage: London, Newbury Park, New Dehli

FLETCHER, G.J.O. (1984): Psychology and Common Sense. American Psychologist 39, S. 203–213

FOLLETT, M. PARKER (1927): The Psychology of Control; ... of Consent and Participation; ... of Conciliation and Arbitration; Leader and Expert. In: METCALF 1927, S. 156–243

FOLLETT, M. PARKER (1941): Dynamic Administration. The Collected Papers of Mary Parker Follett (ed. by H. Metcalf and L. Urwick). Camelot Press: London

FOUCAULT, M. (1975): Surveiller et punir. Naissance de la prison. Dt. Überwachen und Strafen. Suhrkamp: Frankfurt a. M. 1976

FOX, W., [und TRIST, E.L.] (1990): An Interview with Eric Trist, Father of the Socio-technical Systems Approach. Journal of Applied Behavioral Science 26, S. 259–279

FRANK, M., und SOLDATI, G. (1989): Wittgenstein Literat und Philosoph. Neske: Pfullingen

FRANKE, R., und KAUL, J. (1978): The Hawthorne Experiments: First Statistical Interpretation. American Sociological Review 43, S. 623–643

FREEMAN, D. (1983): Margaret Mead and Samoa. The Making and Unmaking of an Anthropological Myth. Harvard University Press: Cambridge, Mass., und London

FREEMAN, J. (1986): Data Quality and the Development of Organizational Social Science: An Editorial Essay. Administrative Science Quarterly 31, S. 298–303

FREI, F., und UDRIS, I. (1990): Forschung für die Arbeitswelt - Reflexionen im Diskurs. In: FREI, F., und UDRIS, I. (Hrsg.): Das Bild der Arbeit. Huber: Bern, Stuttgart, Toronto, S. 341–350

FRENCH, W., und BELL, C. (1977): Zur Geschichte der Organisationsentwicklung. In: SIEVERS 1977, S. 33–42

FRESE, E. (1988): Grundlagen der Organisation. Die Organisationsstruktur der Unternehmung. 4. Auflage (1. Auflage 1980). Gabler: Wiesbaden

FRESE, E. (1991): Organisationstheorie. Stand und Aussagen aus betriebswirtschaftlicher Sicht. Gabler: Wiesbaden

FRIEND, R., und BRAMEL, D. (1982): More Harvard Humbug. American Psychologist 37, S. 1399–1402

FÜGEN, H. N. (1985): Max Weber. Rowohlt: Reinbek

GADAMER, H.-G. (1960): Wahrheit und Methode. Grundzüge einer philosophischen Hermeneutik. 2. Auflage. Mohr: Tübingen

GÄFGEN, G., und MONISSEN, H.G. (1978): Zur Eignung soziologischer Paradigmen. Betrachtungen aus der Sicht des Ökonomen. Jahrbuch für Sozialwissenschaft 29, S. 113–144

GASSER, C. (Hrsg.) (1949): Mensch und Betrieb. Zollikofer: St. Gallen

GASSER, C. (1950): Der Mensch im modernen Industriebetrieb. Vortrag vom Juni 1950 (zit. nach der 3. Auflage, 1958). Westdeutscher Verlag: Köln.

GASSER, C. (1972): Unternehmensführung im Strukturwandel. Econ: Düsseldorf, Wien

GEBERT, D. (1974): Organisationsentwicklung. Probleme des geplanten organisatorischen Wandels. Kohlhammer: Stuttgart, Berlin, Köln, Mainz

GECK, A. (1951): Zur Entstehungsgeschichte der Betriebssoziologie. In: SPECHT, K.G. (Hrsg.): Soziologische Forschung in unserer Zeit. Festschrift für L. v. Wiese. Westdeutscher Verlag: Köln, Opladen, S. 107–122

GECK, A. (1953): Soziale Betriebsführung. 2. Auflage. Girardet: Essen

GEERTZ, C. (1990): Die künstlichen Wilden. Der Anthropologe als Schriftsteller. Hanser: München, Wien (engl. Works and Lives. The Anthropologist as Author, 1988)

GEISSLINGER, H. (1992): Die Imagination der Wirklichkeit. Experimente zum radikalen Konstruktivismus. Campus: Frankfurt a. M., New York

GEPHART, R.P. (1979): Status Degradation and Organizational Succession: An Ethnomethodological Approach. Administrative Science Quarterly 23, S. 553–581

GERGEN, K. (1973): Social Psychology as History. Journal of Personality and Social Psychology 26, S. 309–320

GERGEN, K. (1982): Toward Transformation in Social Knowledge. Springer: New York, Heidelberg, Berlin

GERGEN, K. (1985a): The Social Constructionist Movement in Modern Psychology. American Psychologist 40, S. 266–275

GERGEN, K. (1985b): Social Pragmatics and the Origins of Psychological Discourse. In: DAVIS, K. (Hrsg.) (1985): The Social Construction of the Person. Springer: Berlin, Heidelberg, New York, Tokyo, S. 111–127

GERGEN, K. (1991): The Saturated Self. Basic Books: New York

GERGEN, K. (1992): Organization Theory in the Postmodern Era. In: REED 1992, S. 207–226

GERGEN, K. (1994): Realities and Relationships. Soundings in Social Construction. Harvard University Press: Cambridge Mass., London

GERKEN, G. (1989): Neue Wege für Manager. Erfolg zwischen High-Tech und Ethik. Econ Tb.: Düsseldorf

GIDDENS, A. (1984): Interpretative Soziologie. Eine kritische Einführung. Campus: Frankfurt a. M., New York (engl. Original 1976: New Rules of Sociological Method)

GIESE, F. (Hrsg.) (1930): Handwörterbuch der Arbeitswissenschaft. 2 Bde, C. Marhold: Halle a.S.

GILBRETH, L.M. (1914): The Psychology of Management. The Function of the Mind in Determining, Teaching and Installing Methods of Least Waste. 2. unver. Auflage 1919, MacMillan: New York

GILLESPIE, R. (1991): Manufacturing Knowledge. A History of the Hawthorne Experiments. Cambridge University Press: Cambridge, New York, ... Sydney

GOFFMAN, E. (1959): The Presentation of Self in Everyday Life. Doubleday: Garden City, New York (dte Übersetzung 1969: Wir alle spielen Theater. Piper: München)

GOFFMAN, E. (1961): Asylums. Essays on the Social Situation of Mental Patients and Other Inmates. Doubleday: Garden City, New York (Pelican Edition 1968)

GOMBRICH, E. (1987): Kunst und Fortschritt. Dumont: Köln (engl. The Ideas of Progress and their Impact on Art, 1971)

GOMEZ, P. und ZIMMERMANN, T. (1992): Unternehmensorganisation. Profile, Dynamik, Methodik. Campus: Frankfurt a. M., New York

GOULD, S.J. (1987): Time's Arrow, Time's Cycle. Myth and Metaphor in the Discovery of Geological Time. Penguin: Harmondsworth

GOULDNER, A. (1954): Patterns of Industrial Bureaucracy. Free Press: Glencoe, Ill.

GRAHAM, P. (1991): Integrative Management. Creating Unity from Diversity. Blackwell: Oxford, Cambridge Mass.

GRAHAM, P. (Hrsg.) (1995): Mary Parker Follett - Prophet of Management. A Celebration of Writings from the 1920s. Harvard Business School Press: Boston

GRANOVETTER, M. (1985): Economic Action and Social Structure: The Problem of Embeddedness. American Journal of Sociology 91, S. 481–510

GRANOVETTER, M. (1992): Economic Institutions as Social Constructions: A Framework for Analysis. Acta Sociologica 35, S. 3–11

GREEN, M. (1976): Else und Frieda, die Richthofen-Schwestern. Kindler: München (englisch: The von Richthofen Sisters. The Triumphant and the Tragic Modes of Love, 1976)

GROCHLA, E. (Hrsg.) (1972): Unternehmungsorganisation. Rowohlt: Reinbek

GROß, H. (1952): Manager von Morgen. Partnerschaft als Wirtschaftsform der Zukunft. 4. Auflage (1. Auflage 1949). Droste: Düsseldorf

GROSS, P. (1983): Die Verheissungen der Dienstleistungsgesellschaft. Soziale Befreiung oder Sozialherrschaft? Westdeutscher Verlag: Opladen

GRÖSSLE, H. (1957): Der Mensch in der industriellen Fertigung. Ergebnisse der betrieblichen Sozialforschung in den USA. Gabler: Wiesbaden

GVISIANI, D.M. (1974): Management. Eine Analyse bürgerlicher Theorien von Organisation und Leitung. Akademie-Verlag: Berlin Ost

GYGI, U., und SIEGENTHALER, P. (1978): Erkenntnisfortschritt in der Betriebswirtschaftslehre. Die Unternehmung 32, S. 259–293

HAASE, N. et al. (Hrsg.) (1983): Social Science as Moral Inquiry. Columbia University Press: New York

HABER, S. (1964): Efficiency and Uplift. University of Chicago Press: Chicago

HABERMAS, J. (1981): Theorie des kommunikativen Handelns. 2 Bde. Suhrkamp: Frankfurt a. M.

HABERMAS, J. (1985): Der philosophische Diskurs der Moderne. Suhrkamp: Frankfurt a. M.

HABERMAS, J. (1986): Nachmetaphysisches Denken. Suhrkamp: Frankfurt a. M.

HABERMAS, J. (1991): Vergangenheit als Zukunft. Pendo: Zürich

HABERMAS, J. und LUHMANN, N. (1971): Theorie der Gesellschaft oder Sozialtechnologie - Was leistet die Systemforschung? Suhrkamp: Frankfurt a. M.

HALL, R. (1991): Organizations: Structures, Processes, and Outcomes. Fifth Edition ([1]1972, [4]1987). Prentice-Hall: Englewood Cliffs

HALL, R., HAAS, E., und JOHNSON, N. (1967): An Examination of the Blau-Scott and Etzioni Typologies. Administrative Science Quarterly 12, S. 118–139

HAMMOND, P.E. (Hrsg.) (1964): Sociologists at Work. Essays on the Craft of Social Research. Basic Books: New York, London

HANDKE, P. (1982): Die Geschichte des Bleistifts. Suhrkamp: Frankfurt a. M. (Taschenbuchausgabe 1985)

HANNAN, M.T., und FREEMAN J. (1989): Organizational Ecology. Harvard University Press: Cambridge Mass., London

HART, O. (1990): An Economist's Perspective on the Theory of the Firm. In: WILLIAMSON 1990, S. 154–171

HARTMANN, H. (1964): Funktionale Autorität. Enke: Stuttgart

HARVEY, D., und BROWN, D. (1992): An Experiential Approach to Organisation Development. Fourth Edition. Prentice-Hall: Englewood Cliffs (1. Auflage 1976, 2. 1982

HARVEY, D. (1989): The Condition of Postmodernity. Basil Blackwell: Cambridge (Mass.)

HASKELL, T. (1985): Capitalism and the Origins of the Humanitarian Sensibility. American Historical Review 90, S. 339–361 Teil I, S. 547–566 Teil II

HASSARD, J. (1990): Ethnomethodology and Organizational Research: An Introduction. In: HSSARD, PYM 1990, S. 97–108

HASSARD, J., und PYM, D. (Hrsg.) (1990): The Theory and Philosophy of Organizations. Critical Issues and New Perspectives. Routledge: London, New York

HAYES, R., und ABERNATHY, W. (1980): Managing Our Way to Economic Decline. Harvard Business Review 58, Nr. 4, S. 67–77

HAYS, S. (1959): Conservation and the Gospel of Efficiency. The Progressive Conservation Movement, 1890–1920. Harvard Univ. Press: Cambridge (Mass.), London

HEGEL, G.W.F. (1802): Einleitung: Über das Wesen der philosophischen Kritik überhaupt und ihr Verhältnis zum gegenwärtigen Zustand der Philosophie insbesondere. In: Theorie-Werkausgabe Bd 2, 1970, Suhrkamp: Frankfurt a. M., S. 171–187

HEIMANN, E. (1929): Soziale Theorie des Kapitalismus. Theorie der Sozialpolitik. Mohr: Tübingen (zitiert nach der von B. Badura besorgten Neuausgabe im Verlag Suhrkamp: Frankfurt a. M. 1980)

HEIMS, S. (1975): Encounter of Behavioral Sciences With New Machine-Organism Analogies in the 1940's. Journal of the History of the Behavioral Sciences 11, S. 368–373

HEIMS, S. (1980): John von Neumann and Norbert Wiener. From Mathematics to the Technologies of Life and Death. MIT Press: Cambridge Mass., London

HEIMS, S. (1991): The Cybernetics Group. MIT Press: Cambridge Mass., London

HEINEN, E. (1976): Grundfragen der entscheidungsorientierten Betriebswirtschaftslehre. Goldmann: München

HEINTZ, B. (1993): Wissenschaft im Kontext. Neuere Entwicklungstendenzen der Wissenschaftssoziologie. Kölner Zeitschrift für Soziologie und Sozialpsychologie 45, S. 528–552

HENDERSON, L.J. (1970): On the Social System. (Hrsg.: B. Barber). University of Chicago Press: Chicago, London

HENNIS, W. (1987): Max Webers Fragestellung. Mohr: Tübingen

HENRICH, D. (1952): Die Einheit der Wissenschaftslehre Max Webers. Mohr: Tübingen

HESTERLY, W., LIEBESKIND, J., und ZENGER, T. (1990): Organizational Economics: An Impending Revolution in Organization Theory? Academy of Management Review 15, S. 402–420

HICKSON, D.J., und MCMILLAN, C.J. (Hrsg.) (1981): Organization and Nation: The Aston Progamme IV. Gower: Aldershot

HILL, W., FEHLBAUM, R., und ULRICH, P. (1989/92): Organisationslehre. 2 Bde, 4. Auflage. Haupt: Bern, Stuttgart

HINRICHS, P. (1981): Um die Seele des Arbeiters. Arbeitspsychologie, Industrie- und Betriebssoziologie in Deutschland. PahlRugenstein: Köln

HINRICHS, P., und PETER, L. (1976): Industrieller Friede? Arbeitswissenschaft, Rationalisierung und Arbeiterbewegung in der Weimarer Republik. Pahl-Rugenstein: Köln

HIRSCHLEIFER, J. (1977): Economics from a Biological Point of View. Journal of Law and Economics 20, S. 1–52

HIRSCHMAN, A.O. (1980): Leidenschaften und Interessen. Politische Begründungen des Kapitalismus vor seinem Sieg. Suhrkamp: Frankfurt a. M. (engl. The Passions and the Interests, 1977)

HIRSCHMAN, A.O. (1984): Engagement und Enttäuschung. Über das Schwanken der Bürger zwischen Privatwohl und Gemeinwohl. Suhrkamp: Frankfurt a. M. (engl. Shifting Involvements, 1982)

HIRSCHMAN, A.O. (1991): The Rhetoric of Reaction. Harvard University Press: Cambridge, Mass., und London

HODGE, B.J., und ANTHONY, W. (1988): Organization Theory. 3. Auflage. Allyn and Bacon: Boston, London, Sydney, Toronto

HOLLSTEIN, W., und PENTH, B. (Hrsg.) (1980): Alternativ-Projekte. Beispiele gegen Resignation. Rowohlt: Reinbek.

HOLTON, G. (1981): Thematische Analyse der Wissenschaft. Suhrkamp: Frankfurt a. M.

HOMANS, G.C. (1984): Coming to My Senses. The Autobiography of a Sociologist. Transaction: New Brunswick, London

HOMANS, P. (1989): The Ability to Mourne: Disillusionment and the Social Origins of Psychoanalysis. University of Chicago Press: Chicago

HOOS, I. (1972): Systems Analysis in Public Policy. A Critique. University of California Press: Berkeley, Los Angeles, London

HOSKING, D.-M., und MORLEY, I. (1991): A Social Psychology of Organizing. People, Processes and Contexts. Harvester: New York, London ... Singapore

HURWITZ, E. (1978): Otto Gross - von der Psychoanalyse zum Paradies. In: Monte Verità. Ausstellungskatalog des Kunsthauses Zürich. Electa Editrice: Milano, S. 107–116

HURWITZ, E. (1979): Otto Gross - Paradies-Sucher zwischen Freud und Jung. Suhrkamp: Frankfurt a. M.

JACOBY, S. (1984): The Development of Internal Labor Markets in American Manufacturing Firms. In: OSTERMAN, P. (Hrsg.): Internal Labor Markets. MIT Press: Cambridge Mass., S. 23–69

JAQUES, E. (1951): The Changing Culture of a Factory. Tavistock Publ.: London

JAQUES, E. (1976): A General Theory of Bureaucracy. Heineman: London

JASPERS, K. (1920): Max Weber. Eine Gedenkrede. In: JASPERS, K. (1988): Max Weber. Piper: München, S. 32–48

JAUN, R. (1986): Management und Arbeiterschaft. Verwissenschaftlichung, Amerikanisierung und Rationalisierung der Arbeitsverhältnisse in der Schweiz 1873–1959. Chronos: Zürich

JAUSS, H.R. (1982): Ästhetische Erfahrung und literarische Hermeneutik. Suhrkamp: Frankfurt a. M.

JOHNSON, R.A., KAST, F.E., und ROSENZWEIG, E. (1963): The Theory and Management of Systems. McGraw-Hill: New York, San Francisco, Toronto, London

JUNG, T. und MÜLLER-DOOHM, S. (Hrsg.) (1993): ,Wirklichkeit' im Deutungsprozess. Verstehen und Methoden in den Kultur- und Sozialwissenschaften. Suhrkamp: Frankfurt a. M.

KAKAR, S. (1970): Frederick Taylor: A Study in Personality and Innovation. MIT Press: Cambridge Mass.

KAMBARTEL, F. (1989): Philosophie der humanen Welt. Suhrkamp: Frankfurt a. M.

KANTER, R.M. (1972): Commitment and Community. Communes and Utopias in Sociological Perspective. Harvard University Press: Cambridge, Mass., London

KANTER, R.M. (1977): Men and Women of the Corporation. Basic Books: New York

KANTER, R.M. (1983): The Change Masters. Corporate Entrepreneurs at Work. Counterpoint, Unwin Paperback Edition: London (1985)

KAPPLER, E. (Hrsg.) (1983): Rekonstruktion der Betriebswirtschaftslehre als ökonomische Theorie. Wilfer: Spardorf

KAPPLER, E., und SCHEYTT, T. (Hrsg.) (1995): Unternehmensführung - Wirtschaftsethik - gesellschaftliche Evolution. Annäherungen an eine verantwortungsbewusste Führungspraxis. Bertelsmann-Stiftung: Gütersloh

KASPER, H. (1991): Neuerungen durch selbstorganisierende Prozesse. In: STAEHLE, SYDOW 1991, S. 1–74

KAST, F., und ROSENZWEIG, J. (1979): Organization and Management. A Systems and Contingency Approach. Third Edition ([1]1970, [4]1985). McGraw-Hill: New York ... Toronto

KATZ, D., und KAHN, R. (1966): The Social Psychology of Organizations. Wiley: New York, London

KERN, H. (1982): Empirische Sozialforschung. Ursprünge, Ansätze, Entwicklungslinien. Beck: München

KERN, H., und SCHUMANN, M. (1984): Das Ende der Arbeitsteilung? Rationalisierung in der industriellen Produktion: Bestandsaufnahme, Trendbestimmung. Beck: München

KIESER, A. (1971): Zur wissenschaftlichen Begründbarkeit von Organisationsstrukturen. Zeitschrift für Organisation 40, S. 239–249

KIESER, A. (1974): Klassische Organisationslehre, empirische Organisationsforschung und Organisationspraxis. Wirtschaftswissenschaftliches Studium 3, S. 510–514

KIESER, A. (1989): Organizational, Institutional, and Societal Evolution: Medieval Craft Guilds and the Genesis of Formal Organizations. Administrative Science Quarterly 34, S. 540–564

KIESER, A. (Hrsg.) (1993): Organisationstheorien. Kohlhammer: Stuttgart, Berlin, Köln (2., überarbeitete Auflage 1995)

KIESER, A. (1995): Moden und Mythen des Organisierens. Mim. Man., S. 31

KIESER, A. und KUBICEK, H. (1992): Organisation. 3. Auflage. de Gruyter: Berlin, New York

KILDUFF, M. (1993): Deconstructing Organizations. Academy of Management Review 18, S. 13–31

KIMBERLY, J.R., und MILES, R.H. (Hrsg.) (1980): The Organizational Life Cycle. Issues in the Creation, Transformation, and Decline of Organizations. Jossey-Bass: San Francisco, Washington, London

KIRCHGÄSSNER, G. (1991): Homo oeconomicus. Das ökonomische Modell individuellen Verhaltens und seine Anwendung in den Wirtschafts- und Sozialwissenschaften. Mohr: Tübingen

KIRSCH, W. (1970/71): Entscheidungsprozesse. 3 Bde. Gabler: Wiesbaden

KIRSCH, W. (1978): Die Handhabung von Entscheidungsproblemen. Universität München, Planungs- und Organisationswissenschaftliche Schriften Bd 26: München

KIRSCH, W. (1992): Kommunikatives Handeln, Autopoiese, Rationalität. Sondierungen zu einer evolutionären Führungslehre. Münchener Schriften zur angewandten Führungslehre Bd 66. B. Kirsch: München

KIRSCH, W. und KNYPHAUSEN, D. ZU (1991): Unternehmungen als ‚autopoietische' Systeme? In: STAEHLE, SYDOW 1991, S. 75–101

KLAGES, H. (1984): Wertorientierungen im Wandel. Rückblick, Gegenwartsanalyse, Prognosen. Campus: Frankfurt a. M., New York

KLEIN, L. (1983): Sozialwissenschaftliche Beratung in der Wirtschaft. Eine Einzelfallstudie. Klett-Cotta: Stuttgart (engl. Original „A Social Scientist in Industry", 1976)

KNORR-CETINA, K. (1984): Die Fabrikation von Erkenntnis. Suhrkamp: Frankfurt a. M.

KOCKA, J. (1969a): Industrielles Management: Konzeptionen und Modelle in Deutschland vor 1914. Vierteljahrsschrift für Sozial- und Wirtschaftsgeschichte 56, S. 332–372

KOCKA, J. (1969b): Unternehmensverwaltung und Angestelltenschaft am Beispiel Siemens, 1847-1914. Klett: Stuttgart

KOCKA, J. (1975): Unternehmer in der deutschen Industrialisierung. Vandenhoeck: Göttingen

KOONTZ, H. (1961): The Management Theory Jungle. Journal of the Academy of Management 4, Nr. 3, S. 174–188

KOONTZ, H. (Hrsg.) (1964): Toward a Unified Theory of Management. McGraw-Hill: New York, San Francisco, Toronto, London

KOSELLECK, R. (1979): Vergangene Zukunft. Zur Semantik geschichtlicher Zeiten. Suhrkamp: Frankfurt a. M.

KOSELLECK, R. (1980): ‚Fortschritt' und ‚Niedergang' - Nachtrag zur Geschichte zweier Begriffe. In: KOSELLECK, R., und WIDMER, P. (Hrsg.): Niedergang. Studien zu einem geschichtlichen Thema. Klett-Cotta: Stuttgart, S. 214–230

KRAUTH, W.-H. (1978): Disziplingeschichte als Form wissenschaftlicher Selbstreflexion. Das Beispiel der deutschen Nationalökonomie. Geschichte und Gesellschaft 4, S. 498–519

KRELL, G. (1991): Organisationskultur - Renaissance der Betriebsgemeinschaft? In: DÜLFER 1991, S. 147–160

KRÜGER, D. (1983): Nationalökonomen im wilhelminischen Deutschland. Vandenhoeck: Göttingen

KUBICEK, H. (1975): Empirische Organisationsforschung. Poeschel: Stuttgart

KUBICEK, H., und WOLLNIK, M. (1975): Zur Notwendigkeit empirischer Grundlagenforschung in der Organisationsforschung. Zeitschrift für Organisation 44, S. 301–312

KUHN, T. (1962): The Structure of Scientific Revolutions. Dt. Die Struktur wissenschaftlicher Revolutionen. Suhrkamp: Frankfurt

KÜPPER, W., und ORTMANN, G. (Hrsg.) (1988): Mikropolitik. Rationalität, Macht und Spiele in Organisationen. Westdeutscher Verlag: Opladen

LAMMERS, C. (1974): The State of Organizational Sociology in the United States: Travel Impressions by a Dutch Cousin. Administrative Science Quarterly 19, S. 422–430

LANDES, D. (1983): Der entfesselte Prometheus. Technologischer Wandel und industrielle Entwicklung in Westeuropa von 1750 bis zur Gegenwart. DTV: München (amerik. Original: The Unbound Prometheus, 1968)

LARSON, H. (1941): A Proposal for Schools of Business Administration in Seventeenth-Century England. Bulletin der Business Historical Society 15, S. 43–46

LATOUR, B. (1995): La science en action. Introduction à la sociologie des sciences. Gallimard: Paris

LATOUR, B., und WOOLGAR, S. (1979): Laboratory Life. The Social Construction of Scientific Facts. Sage: London, Beverly Hills

LAUGHEAD, M. (1930): The Psychiatric Social Worker in Mercantile Life. In: WILLIAMS, F. (Hrsg.): Some Social Aspects of Mental Hygiene. The Annals of the American Academy of Political and Social Science, S. 160–166

LAUX, H., und LIERMANN, F. (1993): Grundlagen der Organisation. Die Steuerung von Entscheidungen als Grundproblem der Betriebswirtschaftslehre. Dritte Auflage. Springer: Berlin, Heidelberg, New York ... Budapest

LAWRENCE, P., und LORSCH, J. (1967): Organization and Environment. Managing Differentiation and Integration. Irwin: Homewood, Ill.

LAWRENCE, P., und LORSCH, J. (1969): Developing Organizations: Diagnosis and Action. Addison-Wesley: Reading, Menlo Park, London, Amsterdam, Don Mills, Sydney

LAWRENCE, P. (1983): Historical Development of Organizational Behavior. Working Paper, Harvard Business School

LENIN, W.I. (1971): Über wissenschaftliche Arbeitsorganisation. Dietz: Berlin (Ost)

LENTGE, J. (1994): Management in der Postmoderne. Phänomene, Unterscheidungen, Perspektiven. HSG-Dissertation: Difo-Druck Bamberg

LIEVEGOED, B.C.J. (1974): Organisationen im Wandel. Haupt: Bern, Stuttgart (holländisches Original 1972)

LIKERT, R. (1967): The Human Organization. Its Management and Value. MacGraw-Hill: New York, St. Louis, San Francisco, Toronto, London, Sydney

LINDBLOM, C.E., und COHEN, D.K. (1979): Usable Knowledge. Social Science and Social Problem Solving. Yale University Press: New Haven, London

LINSE, U. (1986): Ökopax und Anarchie. Eine Geschichte der ökologischen Bewegung in Deutschland. DTV: München

LIPOVETSKY, G. (1983): L'ère du vide. Essais sur l'individualisme contemporain. Gallimard: Paris 1983, Tb. Folio 1989

LIPOVETSKY, G. (1987): L'empire de l'éphémère. La mode et son destin dans les sociétés modernes. Gallimard: Paris 1983, Tb. Folio 1991

LIPPITT, R. (1940): An Experimental Study of the Effect of Democratic and Authoritarian Group Atmospheres. University of Iowa Studies in Child Welfare, 16, S. 43–195

LIPSET, S.M. (1964): The Biography of a Research Project: Union Democracy. In: HAMMOND 1964, S. 96–120

LIPSET, S.M., TROW, M., und COLEMAN, J. (1956): Union Democracy. Free Press: Glencoe, Ill.

LÖFFELHOLZ, J. (1935): Geschichte der Betriebswirtschaft und der Betriebswirtschaftslehre. Poeschel: Stuttgart

LÖHR, A., und OSTERLOH, M. (1993): Ökonomik und Ethik als Grundlage organisationaler Beziehungen. In: STAEHLE, SYDOW 1993, S. 109–155

LÖWITH, K. (1932): Max Weber und Karl Marx. In: LÖWITH, K. (1960): Gesammelte Abhandlungen. Zur Kritik der geschichtlichen Existenz. Kohlhammer: Stuttgart, S. 1–67

LÜBBE, H. (1973): Was heisst: ,Das kann man nur historisch erklären'? In: KOSELLECK, R., STEMPEL, W.-D. (Hrsg.): Geschichte - Ereignis und Erzählung. Poetik und Hermeneutik V. Fink: München, S. 542–554

LÜBBE, H. (1983): Zeit-Verhältnisse. Zur Kulturphilosophie des Fortschritts. Styria: Graz Wien Köln

LÜBBE, H. (1990): Der Lebenssinn der Industriegesellschaft. Springer: Berlin, Heidelberg, New York etc.

LUBOVE, R. (1965): The Professional Altruist. The Emergence of Social Work as a Career, 1880–1930. Harvard University Press: Cambridge Mass. (Atheneum Tb. 1980)

LUHMANN, N. (1962): Der neue Chef. Verwaltungsarchiv 53, S. 11–24

LUHMANN, N. (1964a): Funktionen und Folgen formaler Organisation. Duncker & Humblot: Berlin

LUHMANN, N. (1964b): Lob der Routine. In: LUHMANN 1971, S. 113–142

LUHMANN, N. (1966): Die Bedeutung der Organisationssoziologie für Betrieb und Unternehmung. Arbeit und Leistung 20, S. 181–189

LUHMANN, N. (1968): Die Knappheit der Zeit und die Vordringlichkeit des Befristeten. In: LUHMANN 1971, S. 143–164

LUHMANN, N. (1971): Politische Planung. Westdeutscher Verlag: Opladen

LUHMANN, N. (1973): Zweckbegriff und Systemrationalität. Neuauflage. Suhrkamp: Frankfurt a. M.

LUHMANN, N. (1984): Soziale Systeme. Suhrkamp: Frankfurt a. M.

LUHMANN, N. (1988a): Die Wirtschaft der Gesellschaft. Suhrkamp: Frankfurt a. M.

LUHMANN, N. (1988b): Warum AGIL? Kölner Zeitschrift für Soziologie und Sozialpsychologie 40, S. 127–139

LUHMANN, N. (1988c): Organisation. In: KÜPPER, ORTMANN 1988, S. 165–185

LUHMANN, N. (1990): Was tut ein Manager in einem sich selbst organisierenden System? gdi impuls, 8, Nr. 1, S. 11–16

LUHMANN, N. (1992): Die operative Geschlossenheit psychischer und sozialer Systeme. In: FISCHER, H.R. et al. (Hrsg.) (1992): Das Ende der grossen Entwürfe. Suhrkamp: Frankfurt a. M., S. 117–131

LUHMANN, N. (1992): Beobachtungen der Moderne. Westdeutscher Verlag: Opladen

LYOTARD, J.-F. (1979): La condition postmoderne. Editions de Minuit: Paris

MAAS, P., SCHÜLLER, A., und STRASMANN, J. (Hrsg.) (1992): Beratung von Organisationen. Enke: Stuttgart

MAEDER, C. (1995): In totaler Gesellschaft. Eine ethnographische Untersuchung zum offenen Strafvollzug. Dissertation HSG: Bamberg

MAIER, H. (1986): Die ältere deutsche Staats- und Verwaltungslehre. [1]1966. Erweiterte Taschenbuchausgabe dtv: München.

MALIK, F. (1984): Strategie des Managements komplexer Systeme. Ein Beitrag zur Management-Kybernetik evolutionärer Systeme. Haupt: Bern, Stuttgart

MAN, H. DE (1926): Psychologie des Sozialismus. Diederichs: Jena

MAN, H. DE (1927): Der Kampf um die Arbeitsfreude. Diederichs: Jena

MAN, H. DE (1930): Arbeiterpsychologie. In: GIESE 1930, Bd. 1, S. 199–217

MARCH, J.G. (Hrsg.) (1965): Handbook of Organizations. Rand McNally: Chicago

MARCH, J.G. (Hrsg.) (1990): Entscheidung und Organisation. Kritische und konstruktive Beiträge, Entwicklungen und Perspektiven. Gabler: Wiesbaden (engl. Original: Decisions and Organizations, 1988)

MARCH, J.G., und SIMON, H.A. (1958): Organizations. Wiley: New York. (Dte Übersetzung (1976): Organisation und Individuum. Gabler: Wiesbaden)

MARROW, A.J. (1977): Kurt Lewin. Leben und Werk. Klett-Cotta: Stuttgart (engl. Original: The Practical Theorist, 1969)

MARTIN, M. (1970): Operational Research. A New Discipline. In: TILLETT et al. 1970, S. 140–165

MASSARIK, F. (Hrsg.) (1990): Advances in Organization Development. Vol. 1. Ablex Publishing: Norwood, New Jersey

MATURANA, H., und VARELA, F. (1987): Der Baum der Erkenntnis. Die biologischen Wurzeln des menschlichen Erkennens. Scherz: Bern, München (auch als Goldmann-Tb.; spanisches Original 1984)

MAYNTZ, R. (1958): Die soziale Organisation des Industriebetriebes. Enke: Stuttgart

MAYNTZ, R. (1963): Soziologie der Organisation. Rowohlt: Reinbek

MAYO, E. (1922): Industrial Peace and Psychological Research; Artikel I-V im: Industrial Australian and Mining Standard, Jan./Feb. 1922 (I: Civilisation and Morale, S. 16; II: Industrial Unrest and 'Nervous Breakdown', S. 63; III: The Mind of the Agitator, S. 111; IV: The Will of the People, S. 159f.; V: Revolution, S. 253)

MAYO, E. (1929): The Maladjustment of the Industrial Worker. In: BERGER, O.S. et al. (Hrsg.): Wertheim Lectures in Industrial Relations, 1928. Harvard University Press: Cambridge Mass., S. 165–196

MAYO, E. (1933): The Human Problems of an Industrial Civilization. Macmillan: New York (Paperb. Ed. Viking Press 1960)

MAYO, E. (1937): Systematic Interviewing and Experimental Psychological Investigation in Industrial Plants. In: mim. Protokoll einer Konferenz des National Research Council, 27. November 1937, S. 24–42, 98 f.

MAYO, E. (1940): Industrial Research. Bulletin der Alumni Association der Harvard Business School 16, S. 86–91

MCGIVERING, I. (1970): The Development of Personnel Management. In: TILLETT et al. 1970, S. 171–200

MCKENZIE, R.B., und TULLOCK, G. (1975): The New Worl of Economics. Irwin: Homewood, Ill.

MERKLE, J. (1980): Management and Ideology. The Legacy of the International Scientific Management Movement. University of California Press: Berkeley, Los Angeles, London

MERTON, R. (1983): Auf den Schultern von Riesen. Ein Leitfaden durch das Labyrinth der Gelehrsamkeit. Frankfurt a. M. (amer.: On the Shoulders of Giants. 1965).

METCALF, H. (Hrsg.) (1927): The Psychological Foundations of Management. Shaw: Chicago, New York

MEYER, J., und ROWAN, B. (1977): Institutionalized Organizations: Formal Structure as Myth and Ceremony. American Journal of Sociology 83, S. 340–363

MICHELS, R. (1911): Zur Soziologie des Parteiwesens. Kröner: Stuttgart (Neuausgabe der zweiten Auflage von 1925)

MILGROM, P., und ROBERTS, J. (1992): Economics, Organization and Management. Prentice-Hall: Englewood Cliffs

MILLER, E.J. (1975): Socio-Technical Systems in Weaving, 1953–1970: A Follow-up Study. Human Relations 28, S. 349–386

MILLER, W. (Hrsg.) (1952): Men in Business. Essays on the Historical Role of the Entrepreneur. Harvard University Press: Cambridge Mass.; erweitert als Harper Torchbook: New York, Evanston (1962)

MINER, J.B. (1984): The Validity and Usefulness of Theories in an Emerging Organizational Science. Academy of Management Review, 9, S. 296–306

MINTZBERG, H. (1979): An Emerging Strategy of 'Direct' Research. Administrative Science Quarterly 24, S. 582–589

MINTZBERG, H. (1981): Organization Design: Fashion or Fit? Harvard Business Review, 59, Nr. 1, S. 103–116

MINTZBERG, H. (1989): Mintzberg on Management. Inside Our Strange World of Organizations. Free Press: New York, London

MITZMAN, A. (1970): The Iron Cage. An Historical Interpretation of Max Weber. Knopf: New York

MITZMAN, A. (1988): Persönlichkeitskonflikt und weltanschauliche Alternativen bei Werner Sombart und Max Weber. In: MOMMSEN, SCHWENTKER 1988, S. 137–146

MOEDE, W. (1930): Lehrbuch der Psychotechnik. Springer: Berlin

MOLDOFSKY, N. (1987): The Unification of Science Through the Economic Approach - Fact or Fiction? In: RADNITZKY, G. (Hrsg.) (1987): Centripetal Forces in the Sciences. Paragon: New York, S. 309–378

MOMMSEN, W. (1974a): Max Weber und die deutsche Politik 1890-1920. 2. Auflage. Mohr: Tübingen

MOMMSEN, W. (1974b): Max Weber: Gesellschaft, Politik und Geschichte. Suhrkamp: Frankfurt a. M.

MOMMSEN, W., und SCHWENTKER, W. (Hrsg.) (1988): Max Weber und seine Zeitgenossen. Vandenhoeck: Göttingen, Zürich

MONTGOMERY, D. (1979): Workers' Control in America. Studies in the History of Work, Technology, and Labor Struggles. Cambridge University Press: Cambridge etc., Sydney

MORGAN, G. (1980): Paradigms, Metaphors, and Puzzle Solving in Organization Theory. Administrative Science Quarterly 25, S. 605–622

MORGAN, G. (1986): Images of Organization. Sage: Beverly Hills, Newbury Park, London, New Dehli

MORGAN, G. (1989): Creative Organization Theory. A Resourcebook. Sage: Newburypark, London, New Delhi

MORGAN, G. (1993): Imaginization. The Art of Creative Management. Sage: Newbury Park, London, New Dehli

MOSS KANTER, R. (1972): Commitment and Community. Communes and Utopias in Sociological Perspective. Harvard University Press: Cambridge Mass., London

MOSS KANTER, R. (1977): Men and Women of the Corporation. Basic Books: New York

MOSS KANTER, R. (1984): The Change Masters. Corporate Entrepreneurs at Work. Allen and Unwin: London, Boston, Sydney

MOSS KANTER, R. (1995): Preface. In: GRAHAM 1995, S. XIII–XIX

MULHERIN, J.P. (1979): The Sociology of Work and Organizations: Historical Context and Pattern of Development. Unver. PhD Dissertation, University of California, Berkeley

MÜLLER, W.R. (1988): Führungslandschaft Schweiz: Was beschäftigt die Schweizer Führungskräfte und was heisst für sie Führung? Die Unternehmung 42, S. 246–262

MÜNSTERBERG, H. (1912): Psychologie und Wirtschaftsleben. Barth: Leipzig (4. unver. Auflage 1919)

NECKER DE SAUSSURE, A.-A. (1864): L'éducation progressive, ou étude du cours de la vie. Bd I und II 1828, Bd III 1832; 4. Auflage, Paris, 2 Bde

NEUBERGER, O., und KOMPA, A. (1987): Wir die Firma. Der Kult um die Unternehmenskultur. Beltz: Weinheim

NEURATH, O. (1991): Gesammelte bildpädagogische Schriften (Herausgeber: HALLER, R. und KINROSS, R.). Wiener Verlag: Himberg bei Wien

NEWELL, A., und SIMON, H.A. (1972): Human Problem Solving. Prentice-Hall: Englewood Cliffs

NICKLISCH, H. (1920): Der Weg aufwärts! Organisation. Poeschel: Stuttgart

NIETZSCHE, F. (1980): Sämtliche Werke. Kritische Studienausgabe in 15 Bänden, herausgegeben von G. COLLI und M. MONTINARI. dtv, de Gruyter: München, Berlin, New York

NISBET, R. (1962): Sociology as an Art Forum. Pacific Sociological Review 5, Nr. 2, S. 67–74

NOBLE, D.F. (1977): America by Design. Science, Technology, and the Rise of Corporate Capitalism. Knopf: New York (Pb. Oxford University Press 1979)

NOBLE, D.F. (1984): Forces of Production. A Social History of Industrial Automation. Knopf: New York

NOWAKOWSKA, M. (1973): Epidemical Spread of Scientific Objects. Theory and Decision 3, S. 262–297

OEVERMANN, U. (1991): Genetischer Strukturalismus und das sozialwissenschaftliche Problem der Erklärung der Entstehung des Neuen. In: MÜLLER-DOOHM, S. (Hrsg.): Jenseits der Utopie. Theoriekritik der Gegenwart. Suhrkamp: Frankfurt a. M., S. 267–336

OFFE, C. (1982): Sozialwissenschaften zwischen Auftragsforschung und sozialer Bewegung. In: BECK 1982, S. 107–113

OPTNER, S. (Hrsg.) (1973): Systems Analysis. Penguin Books: Harmondsworth

ORTON, D., und WEICK, K. (1990): Loosely Coupled Systems: A Reconceptualization. Academy of Management Review, 15, S. 203–223

OSBORNE, E. (1930): What is the Future of the Industrial Research Department. Get. Man., Mayo Collection der Baker Library Archives, Boston

OSTERLOH, M. (1988): Organisationstheorie und Transaktionskostentheorie. Kann der Transaktionskostenansatz die neoklassische Theorie der Firma mit der Organisationstheorie verbinden? Diskussionsbeitrag Nr. 40, Lehrstuhl Prof. H. Steinmann, Univerität Erlangen-Nürnberg

OSTERLOH, M. (1991): Methodische Probleme einer empirischen Erforschung von Organisationskulturen. In: DÜLFER 1991, S. 173–185

OSTERLOH, M. (1993): Interpretative Organisations- und Mitbestimmungsforschung. Poeschel: Stuttgart

OSTWALD, W. (1910): Abbe unser Führer. In: OSTWALD, W. (1912): Der energetische Imperativ. Akademische Verlagsgesellschaft: Leipzig, S. 516–533

OTT, S. (Hrsg.) (1989): Classic Readings in Organizational Behavior. Brooks, Cole: Pacific Grove Cal.

OUCHI, W.G. (1977): Review of Markets and Hierarchies. Administrative Science Quarterly 22, S. 541–544

OUCHI, W.G. (1980): Markets, Bureaucracies and Clans. Administrative Science Quarterly 25, S. 129–141

OUCHI, W.G. (1981): Theory Z. How American Business can meet the Japanese Challenge. Addison-Wesley: Reading Mass., Menlo Park, London, Don Mills

OUCHI, W.G., und WILKINS, A.L. (1985): Organizational Culture. Annual Review of Sociology 11, S. 457–483

PALAZZOLI, M.S. u. a. (1984): Hinter den Kulissen der Organisation. Klett-Cotta: Stuttgart (ital. Original 1981)

PARKER, M. (1992): Post-Modern Organizations or Postmodern Organization Theory? Organization Studies 13, S. 1–17

PARSONS, T. (1956): A Sociological Approach to the Theory of Organizations. In: PARSONS, T. (1960): Structure and Process in Modern Society. The Free Press: New York, S. 16–58

PARSONS, T. (1958): Some Ingredients of a General Theory or Formal Organization. In: PARSONS, T. (1960): Structure and Process in Modern Society. The Free Press: New York, S. 59–96

PARSONS, T. (1970): On Building Social System Theory: A Personal History. Dt. in: PARSONS, T., SHILS, E., und LAZARSFELD, P. (1975): Soziologie - autobiographisch. Enke: Stuttgart, S. 1–68

PARSONS, T. (1978): Action Theory and the Human Condition. The Free Press: New York, London

PARSONS, T., und PLATT, G. (1973): The American University. Harvard University Press: Cambridge Mass.

PASSER, H. (1952): Frank Julian Sprague. Father of Electric Traction. In: MILLER 1952, S. 212–237

PATZELT, W. (1987): Grundlagen der Ethnomethodologie. Theorie, Empirie und politikwissenschaftlicher Nutzen einer Soziologie des Alltags. Fink: München

PELZER, P. (1995): Der Prozeß der Organisation. Zur postmodernen Ästhetik der Orga-nisation und ihrer Rationalität. Gordon and Breach, Verlag Fakultas: o.O.

PERELMAN, CH., und OLBRECHTS-TYTECA, L. (1969): The New Rhetoric. A treatise on Argumentation (franz. La Nouvelle Rhétorique, 1958). University of Notre Dame Press: Notre Dame, London

PERROW, C. (1970): Organizational Analysis: A Sociological View. Tavistock Publications: London

PERROW, C. (1972): Complex Organizations. A Critical Essay. Scott, Foresman: Glenview, London

PERROW, C. (1980): 'Zoo Story' or 'Life in the Organizational Sandpit'. In: SALAMAN, THOMPSON 1980, S. 259–277

PERROW, C. (1985): Review Essay: Overboard with Myth and Symbols. American Journal of Sociology 91, S. 151–155

PETERS, T., und WATERMAN, R. (1982): In Search of Excellence. Lessons from America's Best-Run Companies. Warner: New York

PETTIGREW, a. M. (1973): The Politics of Organizational Decision-making. Tavistock: London

PETTIGREW, a. M. (1979): On Studying Organizational Cultures. Administrative Science Quarterly 24, S. 570–581

PFEFFER, J. (1981a): Management as Symbolic Action: The Creation and Maintenance of Organizational Paradigms. In Cummings, L., und Staw, B., (Hrsg.): Research in Organizational Behavior 3, S. 1–52

PFEFFER, J. (1981b): Power in Organizations. Pitman: Marshfield, Mass.

PFEFFER, J. (1982): Organizations and Organization Theory. Pitman: Boston, London, Melbourne, Toronto

PFEFFER, J., und SALANCIK, G.R. (1978): The External Control of Organizations: A Resource Dependence Perspective. Harper & Row: New York, Evanston, London

PFEIFFER, D. (1976): Organisationssoziologie. Eine Einführung. Kohlhammer: Stuttgart, Berlin, Köln, Mainz

PICOT, A. (1991): Ökonomische Theorien der Organisation - ein Überblick über neuere Ansätze und deren betriebswirtschaftliches Anwendungspotential. In: ORDELHEIDE, D., RUDOLPH, B., und BÜSSELMANN, H. (Hrsg.) (1991): Betriebswirtschaftslehre und ökonomische Theorie. Poeschel: Stuttgart, S. 143–170

PICOT, A., und DIETL, H. (1990): Transaktionskostentheorie. Wirtschaftswissenschaftliches Studium 19, S. 178–184

PIEPER, R. (1988): Diskursive Organisationsentwicklung. Ansätze einer sozialen Kontrolle von Wandel. De Gruyter: Berlin, New York

PIORE, M.J., und SABEL, C.F. (1985): Das Ende der Massenproduktion. Studie über die Requalifizierung der Arbeit und die Rückkehr der Oekonomie in die Gesellschaft. Wagenbach: Berlin

POLLARD, S. (1965): The Genesis of Modern Management. Penguin Ed.: Harmondsworth (1968)

POLLNER, M. (1987): Mundane Reason. Reality in Everyday and Sociological Discourse. Cambridge University Press: Cambridge, New York ... Sydney

PORRAS, J., und SILVERS, J. (1991): Organization Development and Transformation. Annual Review of Psychology 42, S. 51–78

POTTER, J., und WETHERALL, M. (1987): Discourse and Social Psychology. Beyond Attitudes and Behaviour. Sage: London, Newbury Park, Beverly Hills, New Dehli

POWELL, W., und DiMAGGIO, P. (1991): The New Institutionalism in Organizational Analysis. University of Chicago Press: Chicago

PRESTHUS, R. (1966): Individuum und Organisation. Fischer: Frankfurt a. M. (amerik. Original: The Organizational Society, 1962)

PROBST, G. (1987): Selbst-Organisation. Ordnungsprozesse in sozialen Systemen aus ganzheitlicher Sicht. Parey: Berlin, Hamburg

PROBST, G. (1993): Organisation. Strukturen, Lenkungsinstrumente. Entwicklungsperspektiven. Verlag moderne Industrie: Landsberg / Lech

PUGH, D. (1988): The Aston Research Programme. In: BRYMAN 1988, S. 123–135

PUGH, D., und HICKSON, D.J. (1976): Organizational Structure in its Context: The Aston Progamme I. Gower: Aldershot

PUGH, D., und HININGS, C.R. (Hrsg.) (1976): Organizational Structure - Extensions and Replications: The Aston Progamme II. Gower: Aldershot

PUGH, D., und PAYNES, R.L. (Hrsg.) (1977): Organizational Behaviour and its Context: The Aston Progamme III. Gower: Aldershot

PUGH, D., HICKSON, D.J., und HININGS, C.R. (Hrsg.) (1971): Writers on Organizations. Second Edition. Penguin Books: Harmondsworth

PÜMPIN, C., KOBI, J.-M., und WÜTHRICH, H. (1985): Unternehmenskultur - Basis strategischer Profilierung erfolgreicher Unternehmen. Schweizerische Volksbank: Die Orientierung Nr. 85

RABINBACH, A. (1990): The Human Motor. Energy, Fatigue, and the Origins of Modernity. Basic Books: o.O.

REDLICH, F. (1957): Academic Education for Business. Business History Review 31, 35–91

REED, M. und HUGHES, M. (Hrsg.) (1992): Rethinking Organization. New Directions in Organization Theory and Analysis. Sage: London, Newbury Park, New Dehli

REID, D. (1986): Genèse du fayolisme. Sociologie du Travail 28, S. 75–93

RICE, A.K. (1958): Productivity and Social Organisation: The Ahmedabad Experiment. Tavistock: London

RICHTER, M. (1994): Organisationsentwicklung. Entwicklungsgeschichtliche Rekonstruktion und Zukunftsperspektiven eines normativen Ansatzes. Haupt: Bern, Stuttgart, Wien

ROETHLISBERGER, F. (1941): Management and Morale. Harvard University Press: Cambridge Mass.

ROETHLISBERGER, F. (1964): Contributions of the Behavioral Sciences to a General Theory of Management. In: KOONTZ 1964, S. 41–66

ROETHLISBERGER, F. (1968): Man-in-Organization. Harvard University Press: Cambridge Mass.

ROETHLISBERGER, F. (1977): The Elusive Phenomena. An Autobiographic Account of My Work in the Field of Organizational Behavior at the Harvard Business School. (Hrsg.: G. LOMBARD). Division of Research, Harvard Business School: Boston

ROETHLISBERGER, F., und DICKSON, W. (1939): Management and the Worker. An Account of a Research Program Conducted by the Western Electric Company, Hawthorne Works, Chicago. Harvard University Press: Cambridge Mass., London

ROTH, G. (1989): Marianne Weber und ihr Kreis. In: WEBER, MARIANNE (1989), S. IX–LXXII

RÜEGSEGGER, R. (1986): Die Geschichte der Angewandten Psychologie 1900-1940. Huber: Bern, Stuttgart, Toronto

RUMMLER, H.-M. (1984): Die Entstehungsgeschichte der Betriebssoziologie in Deutschland. Campus: Frankfurt a. M., Bern, New York.

SACHSSE, C. (1986): Mütterlichkeit als Beruf. Sozialarbeit, Sozialreform und Frauenbewegung 1871–1929. Suhrkamp: Frankfurt a. M.

SALAMAN, G., und THOMPSON, K. (Hrsg.) (1980): Control and Ideology in Organizations. MIT Press: Cambridge, Mass.

SALANCIK, G.F., und PFEFFER, G. (1977): Who Gets Power - and How They Hold On to It. A Strategic-Contingency Model of Power. Organizational Dynamics 5, Nr. 1, S. 3–21

SANCHEZ, J. (1993): The Long and Thorny Way to an Organizational Taxonomy. Organization Studies 14, S. 73–92

SASHKIN, M., und BURKE, W. (1990): Organization Development in the 1980s. In: MASSARIK 1990, S. 315–349

SCAFF, L. (1989): Fleeing the Iron Cage: Culture, Politics, and Modernity in the Thought of Max Weber. University of California Press: Berkeley, Los Angeles, London

SCHEIN, E. (1969): Process Consultation. Addison-Wesley: Reading Mass., Menlo Park, London, Don Mills

SCHEIN, E. (1984): Coming to a New Awareness of Organizational Culture. Sloan Management Review 25, Nr. 2, S. 3–16

SCHEIN, E. (1985): Organizational Culture and Leadership. Jossey-Bass: San Francisco, Washington, London

SCHEIN, E. (1990): Back to the Future: Recapturing the OD Vision. In: MASSARIK 1990, S. 13–26

SCHNEIDER, D. (1981): Geschichte betriebswirtschaftlicher Theorie. Oldenbourg: München, Wien

SCHUSTER, H. (1987): Industrie und Sozialwissenschaften. Eine Praxisgeschichte der Arbeits- und Industrieforschung in Deutschland. Westdeutscher Verlag: Opladen

SCHÜTZ, A. (1958): Notizbücher I-V, 12.8.-14.11.1958. In: SCHÜTZ, A., und LUCKMANN, T. (1984): Strukturen der Lebenswelt. Band 2. Suhrkamp: Frankfurt a. M., S. 241–404

SCHWENTKER, W. (1988): Leidenschaft als Lebensform. Erotik und Moral bei Max Weber und im Kreis um Otto Gross. In: MOMMSEN, SCHWENTKER 1988, S. 661–681

SCOTT, W.R. (1974): Organization Theory: A Reassessment. Academy of Management Journal 17, S. 242–254

SCOTT, W.R. (1981): Developments in Organization Theory, 1960–1980. American Behavioral Scientist 24, S. 407–422

SCOTT, W.R. (1986): Grundlagen der Organisationstheorie. Frankfurt a. M., New York (amerik. Original: Organizations. Rational, Natural, and Open Systems, 1981).

SCOTT, W.R. (1987): The Adolescence of Institutional Theory. Administrative Science Quarterly 32, S. 493–511

SCOTT, W.R. (1990): Symbols and Organizations: From Barnard to the Institutionalists. In: WILLIAMSON 1990, S. 38–55

SCOTT, W.R. (1992): Organizations. Rational, Natural, and Open Systems. 3. Auflage. Prentice-Hall: Englewood Cliffs

SELEKMAN, B. (1924): Employes' Representation in Steel Works. A Study of the Industrial Representation Plan of the Minnequa Steel Works of the Colorado Fuel and Iron Company. Russell Sage: New York

SELEKMAN, B. (1947): Labor Relations and Human Relations. McGraw-Hill: New York, London

SELEKMAN, B., und VAN KLEECK, M. (1924): Employes' Representation in Coal Mines. A Study of the Industrial Representation Plan of the Colorado Fuel and Iron Company. Russell Sage: New York

SELZNICK, P. (1949): TVA and the Grass Roots. University of California Press: Berkeley, Los Angeles

SELZNICK, P. (1957): Leadership in Administration: A Sociological Interpretation. Harper & Row: New York, Evanston, London

SEMLER, R. (1993): Das Semco System. Management ohne Manager: das neue revolutionäre Führungsmodell. Heyne: München

SENGE, P. (1990): Catalyzing Systems Thinking within Organizations. In: MASSARIK 1990, S. 197–246

SHAFRITZ, J.M., und OTT, S. (Hrsg.) (1992): Classics of Organization Theory. Brooks / Cole: Pacific Grove, Cal.

SHAW, A.W. (1916): An Approach to Business Problems. Harvard University Press: Cambridge Mass.

SIEGRIST, H. (1981): Vom Familienbetrieb zum Managerunternehmen. Angestellte und industrielle Organisation am Beispiel der Georg Fischer AG in Schaffhausen 1797–1930. Vandenhoeck: Göttingen.

SIEVERS, B. (Hrsg.) (1977): Organisationsentwicklung als Problem. Klett-Cotta: Stuttgart

SILVERMAN, D. (1970): The Theory of Organizations. Heinemann: London

SILVERMAN, D. (1972): Some Neglected Questions about Social Reality. Methodology and Meaning. In: FILMER et al. (1972), S. 165–200

SILVERMAN, D. (1975): Accounts of Organizations: Organizational Structure and the Accounting Process. In: MCKINLAY, J. (Hrsg.) (1975): Processing People. Cases in Organizational Behavior. Holt, Rinehart: London, New York, Sydney, Toronto, S. 269–302

SILVERMAN, D. (1993): Interpreting Qualitative Data. Methods for Analysing Talk, Text and Interaction. Sage: London, Thousand Oaks, New Dehli

SIMON, H.A. (1946): The Proverbs of Administration. Public Administration Review 6, S. 53–67

SIMON, H.A. (1950): Modern Organization Theories. Advanced Management 15, S. 2–4

SIMON, H.A. (1952): A Comparison of Organization Theories. The Review of Economic Studies, 20, S. 40–48

SIMON, H.A. (1955): A Behavioral Model of Rational Choice. Quarterly Journal of Economics 69, S. 99–118

SIMON, H.A. (1957): Models of Man. Wiley: New York

SIMON, H.A. (1965): The Shape of Automation for Men and Management. Harper & Row: New York

SIMON, H.A. (1969): The Sciences of the Artificial. M.I.T. Press: Cambridge Mass., London

SIMON, H.A. (1976): Administrative Behavior. 1. Aufl. 1947. 3. Auflage 1976. The Free Press: New York, London

SIMON, H.A. (1991a): Models of My Life. Basic Books: o.O.

SIMON, H.A. (1991b): Organizations and Markets. Journal of Economic Perspectives 5, Nr. 2, S. 25–44

SMIRCICH, L. (1983): Concepts of Culture and Organizational Analysis. Administrative Science Quarterly 28, S. 339–358

SMITH, B. (1966): The RAND Corporation. Case Study of a Nonprofit Advisory Corporation. Harvard University Press: Cambridge Mass.

SOHN-RETHEL, A. (1973): Ökonomie und Klassenstruktur des deutschen Faschismus. Aufzeichnungen und Analysen. Suhrkamp: Frankfurt a. M.

SOMBART, N. (1976): Max Weber und Otto Gross: Zum Verhältnis von Wissenschaft, Politik und Eros im Wilhelminischen Zeitalter. In: SOMBART 1987, S. 22–51

SOMBART, N. (1987): Nachdenken über Deutschland. Piper: München, Zürich

SOMBART, N. (1991): Die deutschen Männer und ihre Feinde. Carl Schmitt - ein deutsches Schicksal zwischen Männerbund und Matriarchatsmythos. Hanser: München, Wien

SONNENFELD, J. (1983): Hawthorne Hoopla in Perspective: Contextual Illumination and Critical Illusions. Working Paper, Division of Research, Harvard Business School

SONNENFELD, J., und STECKLER, N., (Hrsg.) (1982): The History of Applied Organization Study at Harvard. Agendas of the Past and Agendas of the Future. Protokoll der Tagung vom 21./22. Mai 1982, mim. Man., Harvard Business School

SOUTHARD, E.E. (1920a): The Movement for a Mental Hygiene of Industry. Mental Hygiene 4, S. 43–64

SOUTHARD, E.E. (1920b): The Modern Specialist in Unrest: A Place for the Psychiatrist in Industry. The Journal of Industrial Hygiene 2, S. 11–19

SOUTHARD, E.E. (1920c): Trade-Unionism and Temperament. Reprint der Engineering Foundation Nr. 2, New York City

STAEHLE, W. (1973): Organisation und Führung sozio-technischer Systeme. Grundlagen einer Situationstheorie. Enke: Stuttgart

STAEHLE, W. (1989): Management. Eine verhaltenswissenschaftliche Perspektive. 4. Auflage, München.

STAEHLE, W. und SYDOW, J. (Hrsg.) (1991 bzw. 1993): Managementforschung 1 bzw. Managementforschung 3. Walter de Gruyter: Berlin, New York

STAHL, T. (1984): Betriebssoziologie und Moral: zur Kritik der soziologischen Sichtweise. Campus: Frankfurt a. M., New York

STARR, P. (1982): The Social Transformation of American Medicine. Basic Books: New York

STEINMANN, H., und SCHREYÖGG, G. (1993): Management. Grundlagen der Unternehmensführung. 3. Auflage. Gabler: Wiesbaden

STINCHCOMBE, A. (1965): Social Structure and Organizations. In: MARCH 1965, S. 142–193

STRASSER, G. (1991): Zur Evolution von Unternehmungen. Münchener Schriften zur angewandten Führungslehre Nr. 64. B. Kirsch: München

STRAUMANN, L., HIRT, M., und MÜLLER, W.R. (1996): Teilzeitarbeit in der Führung. Perspektiven für Frauen und Männer in qualifizierten Berufen. VDF: Zürich

STUCKENSCHMIDT, H.H. (1989): Schönberg. Leben, Umwelt, Werk. Piper, Schott: München, Main (1. Auflage 1974)

SUDNOW, D. (1967): Passing On: The Social Organization of Dying. Prentice-Hall: Englewood Cliffs

TAYLOR, F. (1911): The Principles of Scientific Management. Zitiert nach der deutschen Ausgabe von R. ROESLER (1922): Die Grundsätze wissenschaftlicher Betriebsführung. Oldenbourg: München, Berlin

TAYLOR, F. (1947): Scientific Management. Harper: New York

TEDLOW, R., und JOHN, R. (Hrsg.) (1986): Managing Big Business. Essays from the Business History Review. Harvard Business School Press: Boston

THEWELEIT, K. (1977/78): Männerphantasien. 2 Bde, Roter Stern: Frankfurt a. M.

THOMAS, J.M., und BENNIS, W. (Hrsg.) (1972): The Management of Change and Conflict. Penguin Books: Harmondsworth

THOMAS, R. (1978): The British Philosophy of Administration. A Comparison of British and American Ideas 1900–1939. Longman: London (2. Auflage: Centre for Business and Public Sector Ethics, Cambridge 1989)

THOMPSON, J.D. (1967): Organizations in Action. Social Science Bases of Administrative Theory. Mac Graw-Hill: New York ... London, Sydney

THORSRUD, E. (1977): Democracy at Work: Norwegian Experiences with Nonbureaucratic Forms of Organization. Journal of Applied Behavioral Science 13, S. 410–421

THÜRER, G. (1963): Aus der Geschichte der Hochschule St.Gallen. Schweizerische Hochschulzeitung 36, S. 46–54

TILLETT, A., KEMPNER, T., und WILLS, G. (Hrsg.) (1970): Management Thinkers. Penguin Books: Harmondsworth

TOULMIN, S. (1972): Human Understanding. The Collective Use and Evolution of Concepts. Princeton University Press: Princeton

TOULOUSE, E. (1929): Le Problème de la Prophylaxie Mentale. Hôpital Henri Rousselle: Paris
TOULOUSE, E. (1932): The Organization of the Psychiatric Hospital and its Role in Social Life. In: WILLIAMS, F. (Hrsg.): Proceedings of the First International Congress on Mental Hygiene. New York. Bd I, S. 295–342
TOWNE, H. (1886): The Engineer as an Economist. Reprint in: WREN, D., und PEARCE, J. (Hrsg.): Papers Dedicated to the Development of Modern Management. 50th Anniversary of the Academy of Management, 1986, S. 3 f.
TRAHAIR, R. (1984): The Humanist Temper: The Life and Work of Elton Mayo. Transaction Books: New Brunswick, London
TRIST, E.L., und BAMFORTH, K.W. (1951): Some Social and Psychological Consequences of the Longwall Method of Coal-Getting. An Examination of the Psychological Situation and Defences of a Work Group to the Social Structure and Technological Content of the Work System. Human Relations 4, S. 3–38 (auch in: OTT 1989, S. 373–391)
TÜRK, K. (1978): Soziologie der Organisation. Eine Einführung. Enke: Stuttgart
TÜRK, K. (1989): Neuere Entwicklungen in der Organisationsforschung. Ein Trend Report. Enke: Stuttgart
TURNER, S. (1977): Blau's Theory of Differentiation: Is It Explanatory? In: BENSON 1977, S. 19–34
UDY, S.H. (1959): Organization of Work: A Comparative Analysis of Production among Nonindustrial Peoples. Human Relations Area Files Press: New Haven
UDY, S.H. (1964): Cross-Cultural Analysis: A Case Study. In: HAMMOND 1964, S. 161–183
ULRICH, H., und PROBST, G., (Hrsg.) (1984): Self-Organization and Management of Social Systems. Springer: Berlin, Heidelberg, New York, Tokyo
ULRICH, P. (1984): Systemsteuerung und Kulturentwicklung. Auf der Suche nach einem ganzheitlichen Paradigma der Managementlehre. Die Unternehmung 38, S. 303–325
ULRICH, P. (1987): Transformation der ökonomischen Vernunft. Fortschrittsperspektiven der modernen Industriegesellschaft. 2. Aufl. Haupt: Bern, Stuttgart
ULRICH, P. (1988): Betriebswirtschaftslehre als praktische Sozialökonomie. Programmatische Überlegungen. In: WUNDERER 1988, S. 191–215
ULRICH, P. (1989): Der spezielle Blick der Allgemeinen Betriebswirtschaftslehre für die ökonomischen Dinge der Unternehmensführung. Ein sozialökonomischer Ansatz. In: KIRSCH, W., und PICOT, A. (Hrsg.): Die Betriebswirtschaftslehre im Spannungsfeld zwischen Generalisierung und Spezialisierung. Edmund Heinen zum 70. Geburtstag. Gabler: Wiesbaden, S. 137–154
ULRICH, P. (1993): Unternehmenskultur. In: WITTMANN, W., et al. (Hrsg.) (1993): Handwörterbuch der Betriebswirtschaft. Bd 3. Schäffer-Poeschel: Stuttgart, S. 4351–4366
ULRICH, P., und THIELEMANN, U. (1992): Ethik und Erfolg. Unternehmensethische Denkmuster von Führungskräften - eine empirische Studie. Haupt: Bern, Stuttgart
ULRICH, W. (1979): Zur Metaphysik der Planung. Eine ‚Debatte‘ zwischen Herbert A. Simon und C. West Churchman. Die Unternehmung 33, S. 201–214
ULRICH, W. (1981): A Critique of Pure Cybernetic Reason: The Chilean Experience with Cybernetics. Journal of Applied Systems Analysis 8, S. 33–59
ULRICH, W. (1983): Critical Heuristics of Social Planning. A New Approach to Practical Philosophy. Haupt: Bern, Stuttgart
URWICK, L.F. (1930): Das Wesen der Rationalisierung. Poeschel: Stuttgart

URWICK, L.F. (1948): Personnel Management in Relation to Factory Management. 2. Auflage. Institute of Personnel Management: London

URWICK, L.F. (1966): Organization. NIVE: The Hague

VAASSEN, B. (1994): Die narrative Gestalt(ung) der Wirklichkeit. Grundlinien einer postmodern orientierten Epistemologie für die Sozialwissenschaften. HSG-Dissertation: Difo-Druck Bamberg

VANBERG, V. (1982): Markt und Organisation. Individualistische Sozialtheorie und das Problem korporativen Handelns. Mohr: Tübingen

VANDERLIP, F. (1907): Business and Education. Duffield: New York

VESTER, F. (1976): Ballungsgebiete in der Krise. Eine Anleitung zum Verstehen und Planen menschlicher Lebensräume mit Hilfe der Biokybernetik. DVA: Stuttgart

VESTER, F. (1978): Unsere Welt - ein vernetztes System. DVA: Stuttgart

VETTERLI, R. (1978): Industriearbeit, Arbeiterbewusstsein und gewerkschaftliche Organisation. Dargestellt am Beispiel der Georg Fischer AG (1890–1930). Vandenhoeck: Göttingen

VICKERS, G. (1967): Towards a Sociology of Management. Chapman and Hall: London

VICKERS, G. (1968): Value Systems and Social Process. Tavistock: London (Penguin Ed. 1970)

VICKERS, G. (1970): Freedom in a Rocking Boat. Changing Values in an Unstable Society. Penguin: Harmondsworth

VOLMERG, B., SENGHAS-KNOBLOCH, E., und LEITHÄUSER, T. (1986): Betriebliche Lebenswelt. Eine Sozialpsychologie industrieller Arbeitsverhältnisse. Westdeutscher Verlag: Opladen

VROOM, V. (Hrsg.) (1967): Methods of Organizational Research. University of Pittsburg Press: Pittsburgh

WAGNER, B. (1990): Bedürfnisorientierte Unternehmenspolitik. Haupt: Bern, Stuttgart

WAHL, K., HONIG, M.-S., und GRAVENHORST, L. (1985): Plurale Wirklichkeit als Herausforderung. Methodologische und forschungspraktische Überlegungen am Beispiel von ,Gewalt in Familien'. In: BONSS, HARTMANN 1985, S. 391–412

WALDENFELS, B. (1985): In den Netzen der Lebenswelt. Suhrkamp: Frankfurt a. M.

WALTER-BUSCH, E. (1977a): Arbeitszufriedenheit in der Wohlstandsgesellschaft. Beitrag zur Diagnose der Theoriesprachenvielfalt betriebspsychologischer und industriesoziologischer Forschung. Haupt: Bern, Stuttgart

WALTER-BUSCH, E. (1977b): Bürokratisierung in Grossunternehmungen und Human Relations. In: LEUENBERGER, T., und RUFFMANN, K.-H. (Hrsg.): Bürokratie - Motor oder Bremse der Entwicklung? Huber: Bern, Frankfurt, Las Vegas, S. 189–208

WALTER-BUSCH, E. (1977c): Labyrinth der Humanwissenschaften. Ein Leitfaden. Haupt: Bern, Stuttgart

WALTER-BUSCH, E. (1983): Genese und Funktionen humanbiologischer Lenkungsmodelle der Managementlehre. In: SIEGWART, H., und PROBST, G. (Hrsg.): Mitarbeiterführung und gesellschaftlicher Wandel. Festschrift zum 70. Geburtstag von C. Lattmann. Haupt: Bern, Stuttgart, S. 71–102

WALTER-BUSCH, E. (1984): Methodische Aspekte des Interdisziplinaritätsproblems in der systemorientierten Managementlehre. In: ULRICH, H., MALIK, F., PROBST, G., SEMMEL, M., DYLLICK, T., DACHLER, P. und WALTER-BUSCH, E.: Grundlegung einer allgemeinen Theorie der Gestaltung, Lenkung und Entwicklung zweckorientierter sozialer Systeme.

Diskussionsbeiträge des Instituts für Betriebswirtschaft an der Hochschule St.Gallen, Nr. 4, 1984, S. 227–252

WALTER-BUSCH, E. (1985): Zur Sozialgeschichte des wissenschaftstheoretischen Selbstverständnisses der Betriebswirtschaftslehre. In: PROBST, G., und SIEGWART, H. (Hrsg.): Integriertes Management. Festschrift Hans Ulrich. Haupt: Bern, Stuttgart, S. 113–134

WALTER-BUSCH, E. (1986): Entwicklung von Arbeitsverhältnissen und Arbeitsverhalten des Sandoz-Personals. In Jubiläums-Sondernummer des Sandoz Bulletin 22/1986, S. 47–70

WALTER-BUSCH, E. (1988): Zweihundert Jahre Vor- und Nachteilreden über Arbeit in der Industriegesellschaft: Ein Blick zurück nach vorn. In: BIERTER, W., HAGEMANN, S., LEVY, R., UDRIS, I. und WALTER-BUSCH, E.: Keine Zukunft für lebendige Arbeit? Ein Szenario. VDF: Zürich, S. 93–113

WALTER-BUSCH, E. (1989): Das Auge der Firma. Mayos Hawthorne-Experimente und die Harvard Business School, 1900–1960. F. Enke: Stuttgart.

WALTER-BUSCH, E. (1990): Integrationskonzepte der Betriebswirtschaftslehre: Das Beispiel der Harvard Business School. DBW - Die Betriebswirtschaft 50, S. 237–248

WALTER-BUSCH, E. (1991): Entwicklung von Leitmotiven verhaltensorientierten Managementwissens. In: STAEHLE, SYDOW 1991, S. 347–399

WALTER-BUSCH, E. (1992): Besprechung von Niels Beckenbach: Industriesoziologie (1991). Schweizerische Zeitschrift für Soziologie 18, S. 511–515

WALTER-BUSCH, E. (1994): Gemeinsame Denkfiguren von Experten und Laien. Über Stufen der Verwissenschaftlichung und einfache Formen sozialwissenschaftlichen Wissens. In: HITZLER, R., HONER, A., und MAEDER, C. (Hrsg.): Expertenwissen. Die institutionalisierte Kompetenz zur Konstruktion von Wirklichkeit. Westdeutscher Verlag: Opladen 1994, S. 83–102

WARD, B. (1972): What's Wrong with Economics? Macmillan: London, Basingstoke

WEBER, MARIANNE (1926): Max Weber. Ein Lebensbild. Nachdruck 1989, Piper: München

WEBER, M. (1904): Die ‚Objektivität' sozialwissenschaftlicher Erkenntnis. In: WEBER, M. (1922): Gesammelte Aufsätze zur Wissenschaftslehre. Mohr: Tübingen, S. 146–214

WEBER, M. (1908): Methodologische Einleitung für die Erhebungen des Vereins für Sozialpolitik über Auslese und Anpassung (Berufswahlen und Berufsschicksal) der Arbeiterschaft der geschlossenen Grossindustrie. In: WEBER, M. (1924): Gesammelte Aufsätze zur Soziologie und Sozialpolitik. Mohr: Tübingen, S. 1–60

WEBER, M. (1918): Der Sozialismus. In: WEBER, M. (1924): Gesammelte Aufsätzen zur Soziologie und Sozialpolitik. Mohr: Tübingen, S. 492–518

WEBER, M. (1919): Wissenschaft als Beruf. Zitiert nach der 4. Auflage, Duncker & Humblot: Berlin 1959

WEBER, M. (1920/21): Gesammelte Aufsätze zur Religionssoziologie. 3 Bände. Mohr: Tübingen

WEBER, M. (1922): Wirtschaft und Gesellschaft. Studienausgabe 1964 (Hrsg.: WINCKELMANN, J.). Kiepenheuer und Witsch: Köln, Berlin

WEICK, K. (1965): Laboratory Experimentation with Organizations. In: MARCH 1965, S. 194–260

WEICK, K. (1966): The Concept of Equity in the Perception of Pay. Administrative Science Quarterly, 11, S. 414–439

WEICK, K. (1967): Organizations in the Laboratory. In: VROOM 1967, S. 1–56

WEICK, K. (1969): The Social Psychology of Organizing. Addison-Wesley: Reading, Menlo Park, London, Don Mills

WEICK, K. (1974): Amendments to Organizational Theorizing. Academy of Management Journal, 17, S. 487–502

WEICK, K. (1976): Educational Organizations as Loosely Coupled Systems. Administrative Science Quarterly, 21, S. 1–19

WEICK, K. (1977): Organization Design: Organizations as Self-Designing Systems. Organizational Dynamics, 6, Nr. 2, S. 31–46

WEICK, K. (1979): The Social Psychology of Organizing. 2. Auflage. Addison-Wesley: Reading, Menlo Park ... Sydney (deutsche Übersetzung 1985 bei Suhrkamp: Der Prozess des Organisierens)

WEICK, K. (1995): Sensemaking in Organizations. Sage: Beverly Hills, Newbury Park, London, New Dehli

WEINGARTEN, E., SACK, F., und SCHENKEIN, J. (Hrsg.) (1976): Ethnomethodologie. Beiträge zu einer Soziologie des Alltagshandelns. Suhrkamp: Frankfurt a. M.

WEINSTEIN, J. (1968): The Corporate Ideal in the Liberal State: 1900-1918. Beacon Press: Boston

WEISS, J. (Hrsg.) (1989): Max Weber heute. Suhrkamp: Frankfurt a. M.

WEIZSÄCKER, C.F. VON (1992): Zeit und Wissen. Hanser: München (als dtv Taschenbuch 1995)

WEIZSÄCKER, C.F. VON und JUILFS, J. (1952): Physik der Gegenwart. Vandenhoeck: Göttingen

WELSCH, W. (1987): Unsere postmoderne Moderne. VCH: Weinheim

WESTERLUND, G., und SJÖSTRAND, S.-E. (1981): Organisationsmythen. Klett-Cotta: Stuttgart (schwedisches Original 1975)

WHITAKER, B. (1979): The Foundations. An Anatomy of Philanthropic Bodies. Penguin: Harmondsworth

WHITEHEAD, T.N. (1936): Leadership in a Free Society. Harvard University Press: Cambridge Mass.

WHITEHEAD, T.N. (1938): The Industrial Worker. Harvard University Press: Cambridge Mass., 2 Bde

WHYTE, W.F. (1948): Human Relations in the Restaurant Industry. McGraw-Hill: New York

WHYTE, W.H. (1956): The Organization Man. Simon and Schuster: New York (Pelican Edition 1963)

WIESMANN, D. (1989): Management und Ästhetik. Münchener Schriften zur angewandten Führungslehre Nr. 57. B. Kirsch: München

WIKSTRÖM, S., und NORMANN, R. (1994): Knowledge and Value. A New Perspective on Corporate Transformation. Routledge: London, New York

WILLIAMSON, O. (1975): Markets and Hierarchies. Analysis and Antitrust Implications. Free Press: New York, Glencoe

WILLIAMSON, O. (1981a): The Economics of Organization: The Transaction Cost Approach. American Journal of Sociology 87, S. 548–577

WILLIAMSON, O. (1981b): The Modern Corporation: Origins, Evolution, Attributes. Journal of Economic Literature 19, S. 1537–1568

WILLIAMSON, O. (1985): The Economic Institutions of Capitalism. Firms, Markets, Relational Contracting. Free Press: New York, Glencoe

WILLIAMSON, O. (Hrsg.) (1990): Organization Theory: From Chester Barnard to the Present and Beyond. Oxford University Press: New York, Oxford

WINN, A. (1966): Social Change in Industry: From Insight to Implementation. The Journal of Applied Behavioral Science 2, S. 170–184

WINSCHUH, J. (1954): Das neue Unternehmerbild. Grundzüge einer Unternehmerpolitik. 2. Auflage. A. Lutzeyer: Baden-Baden, Frankfurt a. M.

WOHLGEMUTH, A. (1984): Das Beratungskonzept der Organisationsentwicklung. Neue Formen der Unternehmungsberatung auf Grundlage des sozio-technischen Systemansatzes. Paul Haupt: Bern, Stuttgart (2. Auflage)

WOODWARD, J. (1958): Management and Technology. H.M.S.O.: London

WOODWARD, J. (1965): Industrial Organization: Theory and Practice. Oxford University Press: Oxford (2. Auflage 1980)

WREGE, C. (Hrsg.) (1961): Facts and Fallacies of Hawthorne. A Historical Study of the Origins, Procedures and Results of the Hawthorne Illumination Tests and Their Influence upon the Hawthorne Studies. PhD Dissertation 1961. Garland Reprint: New York, London 1986

WREGE, C. (Hrsg.) (1978): A Collection of Original Frederick W. Taylor Documents. Mim., Management History Division of the Academy of Management

WREGE, C., und GREENWOOD, R. (1991): Frederick W. Taylor. The Father of Scientific Management: Myth and Reality. Irwin: Homewood Ill.

WREGE, C., und PERRONI, A. (1974): Taylor's Pig-Tale: A Historical Analysis of Frederick W. Taylor's Pig-Iron Experiment. Academy of Management Journal 17, S. 6–27

WREN, D. (1987): White Collar Hobo. The Travels of Whiting Williams. Iowa State University Press: Ames

WREN, D. (1994): The Evolution of Management Thought. John Wiley: New York (4. Auflage)

WUNDERER, R. (Hrsg.) (1988): Betriebswirtschaftslehre als Management- und Führungslehre. 2. Auflage. Poeschel: Stuttgart

ZALEZNIK, A. (1984): Foreword: The Promise of Elton Mayo. In: TRAHAIR 1984, S. 1–13

ZILSEL, E. (1976): Die sozialen Ursprünge der neuzeitlichen Wissenschaft. (Hrsg.: W. Krohn). Suhrkamp: Frankfurt a. M.

ZUCKER, L. (1987): Institutional Theories of Organization. Annual Review of Sociology 13, S. 443–464

The manufacturer's authorised representative in the EU is Springer
Nature Customer Service Centre GmbH, Europaplatz 3, 69115 Heidelberg,
Germany. If you have any concerns regarding our products, please
contact ProductSafety@springernature.com

Printed and bound by CPI Group (UK) Ltd, Croydon, CR0 4YY
28/04/2026
02098499-0006